Theorie

Herausgegeben von
Jürgen Habermas, Dieter Henrich und Niklas Luhmann
Redaktion Friedhelm Herborth

W0219647

Durkheims Arbeit *Über die Teilung der sozialen Arbeit* ist ein Meilenstein in der Entwicklung soziologischen Problembewußtseins. Sie formuliert ihr Problem vor dem Hintergrund der Frage: wie ist soziale Ordnung möglich; das heißt für dieses Buch: wie ist soziale Ordnung trotz Arbeitsteilung möglich.

Durkheim beantwortet diese Frage mit Hilfe einer Theorieannahme und eines Gegenbegriffs. Die theoretische Hypothese lautet: bei Veränderung der Form struktureller Differenzierung müssen sich die Formen des sozialen Zusammenhalts ändern. Der Gegenbegriff zur Arbeitsteilung ist: Solidarität. Die Theorie postuliert, daß Veränderungen in den Formen der Teilung sozialer Arbeit zu neuen Formen der Solidarität führen müssen.

Emile Durkheim (1858–1917) war seit 1902 Professor der Pädagogik und Soziologie an der Sorbonne. Seine Hauptwerke sind: *De la division du travail social*, 1893; *Les règles de la méthode sociologique*, 1895 (deutsch: *Die Regeln der soziologischen Methode*, 1961); *Le suicide*, 1897 (deutsch: *Der Selbstmord*, 1974); *Les formes élémentaires de la vie religieuse*, 1912 (deutsch: *Die elementaren Formen des religiösen Lebens*, 1978).

Emile Durkheim

Über die Teilung der sozialen Arbeit

Eingeleitet
von Niklas Luhmann
Übersetzt
von Ludwig Schmidts

Suhrkamp Verlag

Titel der Originalausgabe: *De la division du travail social*
© 1930 Presses Universitaires de France, Paris

CIP-Kurztitelaufnahme der Deutschen Bibliothek
Durkheim, Emile
Über die Teilung der sozialen Arbeit. – 1. Aufl.
– Frankfurt am Main: Suhrkamp, 1977.
(Theorie)
Einheitssacht.: De la division du travail social ⟨dt.⟩
ISBN 3-518-06405-3

Erste Auflage 1977
© der deutschen Ausgabe: Suhrkamp Verlag Frankfurt am Main 1977
Alle Rechte vorbehalten
Druck: Hieronymus Mühlberger, Augsburg
Printed in Germany

Inhalt

7. Kapitel: Organische Solidarität und Vertragssolidarität

zwungen ist. Was macht den Zwang aus: Jede Art von Ungleichheit in den äußeren Bedingungen des Kampfes. Allerdings gibt es keine Gesellschaft, die frei von dieser Ungleichheit wäre. Aber sie werden ständig kleiner. Der Ersatz der organischen durch die mechanische Solidarität macht diese Verkleinerung notwendig **416**
II. Noch ein Grund, der diesen Fortschritt auf dem Weg zur Gleichheit nötig macht. Die Vertragssolidarität wird ein immer wichtigerer Faktor des sozialen Konsens. Nun bindet der Vertrag nur, wenn die ausgetauschten Werte wirklich gleichwertig sind; damit sie gleichwertig sind, müssen die Tauschpartner unter äußerlich gleichen Bedingungen verhandeln. Das sind die Gründe, die diese Ungerechtigkeiten in dem Maß unerträglich machen, als die organische Solidarität immer mehr überwiegt. Das Vertragsrecht und die Vertragsmoral werden in dieser Hinsicht immer anspruchsvoller.
Die wahre individuelle Freiheit besteht nicht in der Unterdrükkung jeglicher Reglementierung, sondern sie ist das Produkt einer Reglementierung. Denn diese Gleichheit gibt es nicht in der Natur. Dieses Werk der Gerechtigkeit ist die Aufgabe, die höhere Gesellschaften zu vollbringen haben. Sie können sich nur unter dieser Bedingung halten **422**

3. Kapitel: Eine andere anormale Form

Fall, in dem die Arbeitsteilung keine Solidarität erzeugt, weil die funktionale Tätigkeit eines jeden Arbeiters ungenügend ist. Wie sich die organische Solidarität mit der funktionalen Tätigkeit in den Organismen erhöht; – in der Gesellschaft. Wie sich tatsächlich die funktionale Tätigkeit gleichzeitig mit der Arbeitsteilung erhöht, wenn sie normal ist. Sekundärer Grund, warum diese die Solidarität erzeugt **430**

Zusammenfassung

I. Lösung des praktischen Problems, wie es im Anfang gestellt worden ist. Die Regel, die uns befiehlt, die Züge des Kollektivtyps zu erfüllen, hat die Aufgabe, den sozialen Zusammenhalt zu sichern. Andrerseits ist sie moralisch und kann sich ihrer Aufgabe

Niklas Luhmann

Arbeitsteilung und Moral

Durkheims Theorie

I.

Als Durkheims Buch über die gesellschaftliche Bedeutung der Arbeitsteilung im Jahre 1893 erschien, gab es noch keine Soziologie im Sinne einer akademisch institutionalisierten Disziplin. Es gab den Fachtitel »Soziologie«, und es gab soziologische Literatur. Zum Beispiel war Simmels Studie über soziale Differenzierung 1890 erschienen. Aber es gab keine Soziologen. Es fehlte die Menge der schon vorher Bescheid wissenden, kritikbereiten Fachkollegen. Der Ideenumschlag, aber auch der Theorieverzehr verlief sehr viel langsamer als heute[1]. Der Prozeß der Übersetzung in andere Sprachen erfaßt daher erst den erkannten Klassiker. Die erste englische Übersetzung erschien 1933[2], die erste deutsche Übersetzung wird erst jetzt vorgelegt. Solche Zeitverschiebungen sind in einem rapide sich entwickelnden Fach von erheblicher Bedeutung. Sie machen es schwierig, und wir versuchen es gar nicht erst zu rekonstruieren, wie man Durkheim im Jahre 1893 lesen konnte. Wir lesen ihn als Klassiker.

Das heißt gerade nicht: ihn historisch interpretieren. Klassisch ist eine Theorie, wenn sie einen Aussagenzusammenhang herstellt, der in dieser Form später nicht mehr möglich ist, aber als Desiderat oder als Problem fortlebt. Die Bedingungen dieser Form sind historische, sie können als solche ermittelt werden[3]. Was aber der

1 Ein kleines Detail: Durkheim zitiert die bereits 1890 erschienene Schrift von Simmel über soziale Differenzierung erst in einem Zusatz zur 2. Auflage (S. 86 Anm. 12) ohne Datierung als nach 1893 erschienen.

2 Siehe George Simpson, Emile Durkheim on the Division of Labor in Society, New York 1933. Bereits damals sprach Robert K. Merton, Durkheim's Division of Labor in Society, American Journal of Sociology 40 (1934), S. 319–328 von »belated English translation« (319).

3 Das leisten biographisch-werkhistorische Arbeiten, etwa Steven M. Lukes, Emile Durkheim: His Life and Work, London 1973. Auf dieser Ebene meint übrigens Robert Nisbet, The Sociology of Emile Durkheim, New York 1974,

Klassiker selbst den Späteren zu sagen hat, liegt auf der Ebene der Theorie. Man muß in der Analyse klassischer Texte den gegenwärtigen Stand des Faches zugrunde legen: das inzwischen gestiegene Auflösevermögen, die größere Tiefenschärfe der theoretischen und methodischen Gegenstandsprojektion. Auf der Folie veränderter Ansprüche zeichnet sich dann ab, was der klassische Text mit relativ einfachen Mitteln zusammenfügen konnte. Der Text bleibt aktuell, solange seine Problemstellung kontinuierbar ist. Er bleibt maßgebend in einem ambivalenten Sinne: Man kann an ihm ablesen, was zu leisten wäre; aber nicht mehr: wie es zu leisten ist.

Ganz anders, nämlich im Sinne von Rezeption, hatte Talcott Parsons sich auf Durkheim berufen[4]. Für Parsons ist die Leistung der soziologischen Klassiker, darunter Durkheims, eine solche des Erkenntnisgewinns, der die Grundlagen einer einheitlichen soziologischen Theorie gelegt und damit die Einheit des Fachs Soziologie konstituiert hat. Parsons meint daher, an die Problemlösung, nicht nur an die Problemstellung der soziologischen Klassik anknüpfen zu können. Das zwingt ihn, Konsistenz, nicht nur Kontinuität, in der Theoriegeschichte herauszuarbeiten. Die Klassiker werden zu »founding fathers« seiner eigenen Theorie.

In dem Maße, als die eigene Theorieleistung Parsons' in ihren besonderen Konturen sich abzeichnet, wird es jedoch schwierig, ein rezeptives Verhältnis zur Klassik durchzuhalten; denn das hieße, die Parsonssche Theorie des allgemeinen Aktionssystems als legitimes Erbe anerkennen – oder Interpretationskontroversen als

S. 30, De la division du travail social sei »in a certain sense an unsuccessful book«; weder sei die These bewiesen, noch komme Durkheim selbst später auf die Unterscheidung von mechanischer und organischer Solidarität zurück. Es wäre dann aber zu fragen, wie viele Klassiker der wissenschaftlichen Literatur vor diesen Maßstäben bestehen würden.

4 Vgl. The Structure of Social Action, New York 1937, 2. Aufl. Glencoe Ill. 1949, S. 301 ff.; ders., Durkheim's Contribution to the Theory of Integration of Social Systems, in: Kurt H. Wolff (Hrsg.), Emile Durkheim 1858–1917, Columbus Ohio 1960, S. 118–153; ders., Unity and Diversity in the Modern Intellectual Disciplines: The Role of the Social Sciences, Daedalus 94 (1965), S. 39–65 (die beiden letztgenannten Aufsätze auch in: ders., Sociological Theory and Modern Society, New York 1967); ders., Durkheim Emile, in: International Encyclopedia of the Social Sciences Bd. 4, New York 1968, S. 311–320; ders., The Life and Work of Emile Durkheim, in: Emile Durkheim, Sociology and Philosophy, New York 1974, S. XLIII – LXX.

Erbstreitigkeiten anzuheizen. Es empfiehlt sich daher, im Verhältnis zum Klassiker-Text nicht unbedingt Konsistenz, sondern nur Kontinuität zu suchen[5] und dies am Leitfaden von Problemstellungen, nicht unbedingt von Problemlösungen durchzuführen. Auch die größer werdende zeitliche Distanz und die unentschieden-pluralistische Theorielage der Gegenwart ermutigen zu diesem Schritt.

Ohnehin muß man den »Katalysator« der Ausdifferenzierung eines besonderen Faches Soziologie in einer zentralen Problemstellung suchen und nicht in einer bestimmten Theorie[6]. Das Problem kommt auf in dem Maße, als es schwierig wird, sich vorzustellen, wie soziale Ordnung überhaupt möglich ist. Parsons beruft sich gern auf die Art, wie Hobbes mit Hilfe von Annahmen über den Naturzustand das Problem der sozialen Ordnung stellte[7]; aber das war auf Politik, nicht auf Sozialität gemünzt. Eher findet man ein Suchen nach Grundlagen der Sozialität in der Moraltheorie – so wenn Adam Smith die Fundierung der Moralität auf Selbstliebe kritisiert mit dem Argument: Sympathie und Altruismus bedeuten nicht, *sich selbst* an die Stelle des anderen zu setzen, sondern sich in den anderen *als anderen* einzufühlen[8]. Damit sind alle Freundschaftstheorien (und abhängig davon: alle Gesellschaftstheorien) unterlaufen, die irgendeine Art von natürlicher Gleichheit der Menschen voraussetzten[9]. Statt dessen wird die Anders-

5 »History is the realm of continuity, not of consistency«, formuliert für einen anderen theoriegeschichtlichen Zusammenhang Aram Vartanian, Diderot and Descartes: A Study of Scientific Naturalism in the Enlightenment, Princeton N. J. 1953, S. 9.

6 Vgl. dazu Shmuel N. Eisenstadt / M. Curelaru, The Form of Sociology: Paradigms and Crises, New York 1976, insb. S. 55 ff. Eisenstadt sagt, zu einer spezifisch soziologischen Theorietradition sei es durch einen Wechsel der Problemstellung gekommen. Nicht mehr, wie soziale Ordnung entstanden und zu erklären sei, sondern wie sie möglich sei, sei das Problem, an das relevante Theorieentwicklungen anschlössen. Dem entspricht Durkheims Polemik gegen die Lehre vom Gesellschaftsvertrag. Vgl. unten S. 241.

7 Z. B. The Structure of Social Action a.a.O. S. 89 ff. Vgl. auch John O'Neill, The Hobbesian Problem in Marx and Parsons, in: Jan J. Loubser et al. (Hrsg.), Explorations in General Theory in Social Science: Essays in Honor of Talcott Parsons, New York 1976, Bd. 1, S. 295–308.

8 Theorie der ethischen Gefühle, Dt. Übers. Leipzig 1926, Bd. 2, S. 528 f.

9 Im Kontext der Parsonsschen Theorie müßte man sagen: alle Sozialtheorien, die die Differenzierung der Subsysteme Persönlichkeit und Organismus nicht hinreichend beachten.

heit des anderen zu dem Befund, der Sozialität – nicht nur notwendig oder förderlich, sondern überhaupt erst möglich macht.

II.

Durkheim zitiert Adam Smith nicht als Moraltheoretiker, sondern als berühmten Urheber der Lehre von den Vorteilen der Arbeitsteilung. Das ist symptomatisch für seine Problemsicht und für den take off seiner Theorie. Durkheim sieht zumindest in diesem Buch rückblickend die Sozialtheorie als Theorie der Arbeitsteilung und des Vertrages. Er bricht mit dieser Theorie, weil sie utilitaristisch war und auf individuellen Nutzenkalkül aufbaute; nicht: weil sie eine Theorie der Arbeitsteilung war. Innerhalb der Theorie der Arbeitsteilung findet der Soziologe Möglichkeiten der Polemik gegen die rein individualistisch-ökonomische Ableitung des Phänomens. Damit wird der soziologische Theorieansatz gewonnen. Der Verzicht auf theorie-geschichtliche Konsistenz im Verhältnis zur ökonomisch-utilitaristischen Klassik etabliert die Eigenständigkeit des Faches Soziologie.

Daß der Bruch an dieser Stelle erfolgt, bedeutet zugleich aber auch ein Fortsetzen der Tradition; denn diese Wahl setzt voraus, daß Arbeitsteilung ein zumindest für heutige Gesellschaften zentraler Modus der Konstitution sozialer Beziehungen ist. Eine überlegt placierte Polemik erzwingt geradezu Kontinuität. Durkheims wissenschaftstheoretische Reflexion erweckt zwar den Eindruck, als ob ganz einfach eine neue Art von Tatsachen entdeckt worden sei, die sozialen Tatsachen, so daß es nun gelte, diese Tatsachenwelt streng wissenschaftlich zu erforschen. Darauf komme ich unter VII zurück. Gleichwohl wird die neue Theorie nicht einfach auf freies Feld gebaut. Sie sucht (wenn auch polemische) Anschlüsse an die relevante Tradition. Und es ist zumindest für die Anfangsentwicklung der Durkheimschen Theorie von ausschlaggebender Bedeutung gewesen, daß der Einstieg sowohl polemisch als auch theoriebautechnisch beim Problem der Arbeitsteilung gewählt wird.

Die These einer besonderen Relevanz ökonomischer Tatsachen und Gesetzmäßigkeiten für die Struktur und Entwicklung der Gesellschaft, die man seit der zweiten Hälfte des 18. Jahrhunderts

im Kontext der politischen Ökonomie ausgearbeitet hatte, wird also akzeptiert, wenn auch in etwas retouchierter Form. Durkheim wählt, um den Begriff der Arbeitsteilung auf das Begriffsniveau einer soziologischen Gesellschaftstheorie zu bringen, den Weg der Generalisierung des Konzepts. Der Begriff wird (S. 79 ff.) auf nichtökonomische Bereiche ausgedehnt, bis die Begriffskomponente »Arbeit« in der Vorstellung der »Teilung sexueller Arbeit« jede spezifische Kontur verliert. Die Nachfolger schlüpfen deshalb aus der Begriffshülse der Ökonomie und sprechen allgemeiner von sozialer Differenzierung, Rollendifferenzierung, Systemdifferenzierung. Für Durkheim hat jedoch die Beibehaltung des Begriffs der Arbeitsteilung den Vorteil einer Gleitschiene, die es ermöglicht, Illustrationen und Argumente aus dem Bereich wirtschaftlicher Produktions- und Dienstleistungsprozesse in den Kontext einer Gesellschaftstheorie einzubringen, die allgemeine, alle Lebensbereiche übergreifende Geltung zu haben beansprucht.
Durkheims Text läßt im übrigen genau erkennen, was ihn veranlaßt, die Ausweitung des Begriffs der Arbeitsteilung zu stoppen und Arbeitsteilung gegen einen allgemeineren Begriff der Differenzierung abzugrenzen. Es ist dies das Problem der Pathologie, das Problem des abweichenden Verhaltens, das Problem des Entgleisens der moralischen Solidarität. Durkheim weigert sich (3. Buch, 1. Kap.), die Profession der Verbrecher als einen Fall von Arbeitsteilung anzuerkennen[10], und reserviert hierfür einen allgemeineren, wertneutralen Begriff der Differenzierung. Nichtverzichtbar erscheint ihm am Begriff der Arbeitsteilung also nur der Rahmen solidaritätskonformen Handelns, der Bezug auf einen anerkannten gesellschaftlichen (nicht notwendig ökonomischen) Nutzen. Daran wird deutlich, daß der Begriff der Arbeitsteilung vorweg koordiniert ist mit den Begriffen Solidarität und Moral. Ich will nicht sagen, daß die Korrelation von Arbeitsteilung und Moral, die Zentralthese des Buches, dann nur noch eine Tautologie darstellt. Aber die Begriffe sind vorweg auf Korrelation abgestellt, und diese theoretische Absicht bestimmt ihre Ausweitung bzw. Eingrenzung.

10 obwohl er, namentlich in China, durchaus Beispiele dafür hätte finden können, daß Verbrecher in der Form von Gilden korporativ organisiert und als verhandlungsfähig anerkannt sind.

III.

Solidarität und Moral sind bei Durkheim kongruent gebrauchte Begriffe. Man kann auch sagen: Moral wird in dieser Theorie als Solidarität konzeptualisiert. Es handelt sich um das »Kollektivbewußtsein«[11] selbst, das in den Köpfen der einzelnen Menschen seinen Platz hat und dort mehr oder weniger Raum gibt für die Entfaltung von Individualität. Das Kollektivbewußtsein wiederum ist die Gesellschaft – eine Konzeptualisierung, die es erlaubt, Soziales als Subjekt und als Objekt für sich selbst zu denken. Probleme der Selbstreferenz und der Selbstbegründung werden damit in den Begriff gebannt[12]. Sie werden nicht zu Sätzen ausformuliert, und das erlaubt es Durkheim, den Gegenstand der Begriffskette Gesellschaft–Kollektivbewußtsein–Solidarität–Moral–Recht im weiteren wie eine Tatsache zu behandeln, die methodisch-korrekter wissenschaftlicher Erforschung zugänglich ist. Solidarität ihrerseits wird positiv nur als Zusammenhalt oder Einigung, also nur tautologisch bestimmt, negativ dagegen als Widerstand gegen Auflösung. Über diese *negative* Umschreibung wird der zunächst nur metaphorisch-tautologisch eingeführte Begriff *fruchtbar gemacht.* Durkheim bildet zwei Typen, mechanische und organische Solidarität, und versucht zu zeigen, daß die Zerreißfestigkeit des sozialen Zusammenhalts im Laufe der sozialen Entwicklung nicht etwa abnimmt, sondern zunimmt. Fast könnte man formulieren: die Evolution führt zur Steigerung des

11 Der Begriff ist schwierig, für verschiedene Interpretationen zugänglich und viel kritisiert worden. Vielleicht leuchtet er aber auch heute noch ein, wenn man festhält, daß jeder in sich selbst Wissen und Werten danach unterscheiden kann, ob es mit ihm vergehen wird oder ob sein Sinngehalt durch das Bewußtsein anderer mitgarantiert ist (eine Annahme, die natürlich subjektiv bleibt, aber sich doch wohl selbst ausmerzen würde, wenn sie ganz auf Irrtum beruhte). Diese Fassung löst den Begriff des Kollektivbewußtseins auf in eine Theorie der Bezugsgruppen und wird gesellschaftliches Kollektivbewußtsein (Bezugsgruppe aller Kommunikationspartner) nur noch als einen Grenzfall ansehen können.

12 Zur Mehrdeutigkeit des Begriffs der conscience collective und zur Unterscheidung eines normativen, eines subjektiven und eines objektiven (kulturthematischen) Bedeutungsgehaltes vgl. Paul Bohannan, Conscience collective and Culture, in Kurt H. Wolff a.a.O. S. 77–96. Auch Bohannan (S. 79 f.) betont, daß diese Mehrdeutigkeit sich nicht in ein intern-relationales Gefüge auflösen lasse, weil sie gerade als Einheit gemeint ist.

Begriffs. Der Beweis läuft über das bekannte Phänomen, daß in primitiven Gesellschaften infolge ihrer segmentären Struktur die Auflösung und Neugründung sozialer Gruppierungen (Sezession) leicht fällt, daß dagegen Schuster ohne Schneider nicht leben können. Wenn sich Solidarität – immer dieser Begriff unterstellt! – in primitiven Gesellschaften als Kollektivbewußtsein in den Köpfen der Menschen auch breitmacht und für Individualität kaum Raum läßt: ihre eigentliche Entwicklung beginnt mit der Arbeitsteilung und der durch sie erzwungenen organischen Solidarität.
Damit wird die *noch zusammenhaltbare Ungleichheit* (und nicht etwa: die bloße Intensität des Gefühls) zum Maß der Solidarität[13]. Solidarität hat, obwohl sie sich immer nur im Erleben und Handeln einzelner Menschen realisiert, ihr davon unabhängiges eigenes Maß und damit eine Steigerungsmöglichkeit, der nichts Psychologisches mehr zu entsprechen braucht. Daraufhin läßt sich dann formulieren, daß zunehmende Arbeitsteilung mit zunehmender Solidarität korreliert, wobei die Form der Solidarität von Gleichheit auf Ungleichheit umgestellt werden muß.
Für Moral bedeutet dies: Freisetzen von Individualität und Orientierung auf Andersheit des anderen. Ganz auf der Linie des Theorieprogramms von Adam Smith wird der Moral also eine Identität des Nichtidentischen abverlangt (und nicht nur eine Selbstverwirklichung des Subjekts). Individualität und Freiheit der Verhaltenswahl sind dabei abgeleitete Phänomene. Sie springen sozusagen als Notbehelf ein, wenn das Kollektivbewußtsein seine Basis in der Gleichheit verliert, die eine mechanische Solidarität ermöglicht hatte. Das Individuum muß seine Andersheit durch nachgeschobene Bewußtseinsleistungen, durch eigene Zwekke kompensieren und sich über eigene Intentionalität (und insofern nicht mehr bewußtlos-mechanisch) zu anderen in ein Verhältnis setzen. Die Moral, die nach solchen Umstrukturierungen aufgeht, kann nur noch auf Freiheit basiert sein. Aber das ist nicht konstitutiv für die gesellschaftliche Tatsache der Moral schlechthin. Erst die zweite Moral ist eine Moral der Freiheit[14].

13 Vgl. besonders 1. Buch, 5. Kap. I.

14 Hier zweigen übrigens methodologische Überlegungen ab, die es Durkheim ratsam erscheinen lassen, funktionale Analysen (später vor allem: der Religion) zunächst an primitiven Gesellschaften durchzuführen, weil hier die Funktionalität noch an einfach-mechanischen Reaktionen ablesbar sei und nicht vom

Dadurch, daß diese evolutionäre Perspektive ihre Zweier-Typik aufdrängt, tritt ein anderes Problem zurück. Man könnte das verdrängte Problem auf der Ebene des Solidaritätsbegriffs als das des Eigenwerts der Ungeselligkeit, auf der Ebene des Moralbegriffs als das der Eigenqualität des Bösen bezeichnen. Formal gesehen geht es darum, wie eigentlich der Zweier-Schematismus der Moral selbst gesehen und begründet wird.

Was zunächst Egoismus und Altruismus angeht, behandelt Durkheim (S. 238 f.) diese Unterscheidung ganz im Sinne der englisch-schottischen Moralphilosophie des 18. Jahrhunderts als Naturausstattung des Menschen unabhängig von aller Sozialität. Das muß man schlicht als einen Theorie-Defekt ansehen – einen Defekt, der bestimmte Folge-Entscheidungen ermöglicht. Wenn nämlich diese beiden Urqualitäten für Leben und Dynamik in der Theorie sorgen, kann der moralische Schematismus selbst stark vereinfacht präsentiert werden. Durkheim spricht zwar – und diese Schwebelage ist nicht uninteressant – auch von negativer Solidarität, weist aber den Begriff der negativen Solidarität und damit eine besondere, eigene Qualität des Negativen explizit ab (S. 160 f.)[15]: Negative Solidarität sei nicht eine besondere Art von Solidarität, sondern nur das Fehlen jeder Art von Solidarität. Das gleiche müßte, wenn man sich dem Duktus der Theorie überläßt, dann auch für Moral gelten. Unmoral wird zur Mangelerscheinung und verschmilzt so mit Anomie. Die Lust des Bösen findet keinen Platz in der Theorie.

Begriffstechnisch heißt das zunächst, daß ein Oberbegriff für solidarisch/unsolidarisch oder für moralisch/unmoralisch entbehrlich wird. Das ist, gerade wenn man mit Durkheim auf moralische Fakten abstellt, eigentlich seltsam. Es gibt nicht faktisch-morali-

intervenierenden Bewußtsein abhänge. Das setzt natürlich voraus, daß man gesellschaftliche Funktionen nicht ihrerseits als evolutionsabhängige Variable begreifen muß, und daß man sagen kann: Die innere Struktur der Phänomene bleibe dieselbe, ob sie nun bewußt seien oder nicht (S. 129).

15 Zur Bedeutung dieser Frage für spätere Theorieentwicklungen vgl. Gideon Sjoberg / Leonard D. Cain, Negative Values, Countersystem Models, and the Analysis of Social Systems, in: Herman Turk / Richard L. Simpson (Hrsg.), Institutions and Social Exchange: The Sociology of Talcott Parsons and George C. Homans, Indianapolis 1971, S. 212–229. Vgl. auch die ganz verständnislose Erwiderung von Parsons im gleichen Band, die eine Vorstellung davon vermittelt, wie auch Durkheim geantwortet haben könnte.

sches und faktisch-unmoralisches Verhalten, das nochmals in einem Gesamtbegriff von – sagen wir Moralität oder moralischer Relevanz zusammengefaßt werden könnte; sondern es gibt nur Solidarität und Moral, die durch besondere Umstände an ihrer Realisierung gehindert werden können. Somit genügt der Theorie, und insofern bleibt sie aristotelisch, ein privativer Negationsgebrauch. Sie artikuliert, bei allem Verständnis für Korruptibilität und Unvollkommenheit, ein positives Verhältnis zur Gesellschaft und eine optimistische Grundstimmung in bezug auf ihre Zukunft.

Mit der Verkürzung eines Mehrebenen-Problems (Moralität = moralisches und unmoralisches Verhalten) auf eine privativ negierbare Positivität hängt auch zusammen, daß die Wertungslust theorieintern schlecht kontrolliert werden kann. Mit Solidarität und Moral verbindet Durkheim daher zumeist einen positiv wertenden Sinn. Aller Rückzug auf positive Wissenschaftlichkeit im Umgang mit Fakten und alle Distanzierung von der Moral, wie der Moralist sie sich vorstellt (S. 84), kann das nicht verhindern, wenn die Theorie nicht komplex genug angelegt ist. Ähnlich wie der Begriff des Kollektivbewußtseins die Probleme der Selbstreferenz überspielt und dadurch verdeckt, wird mit den Begriffen Solidarität und Moral ein Problem »nur begrifflich« gelöst – das heißt nicht auf Relationen und Aussagen zurückgeführt. Und am Ende wird dann das, was der Theorie nach sowieso geschieht, zur Aufgabe: »Mit einem Wort: Unsere erste Pflicht besteht heute darin, uns eine neue Moral zu bilden« (S. 450). Der Soziologe, der sich über das erheben wollte, was die Moralisten aus ihren Prinzipien herleiten, wird am Ende selbst zum Moralisten[16].

IV.

Warum wird Moral an eine so zentrale Stelle placiert? Ich vermute: weil Durkheim in der Formulierung seines Zentralproblems unscharf operiert.

Man müßte zwei Fragen zumindest analytisch klar unterscheiden. Die eine lautet: Wie konstituieren selbständig agierende, entschei-

16 »Der Soziologe als Moralist«, mit diesem Untertitel resümiert auch René König sein Urteil über Durkheim in: Dirk Käsler (Hrsg.), Klassiker des soziologischen Denkens Bd. I, München 1976, S. 312 ff.

dungsfähige Personen eine soziale Beziehung oder ein soziales System? Wie ist, mit anderen Worten, soziale Ordnung möglich, obwohl Personen je für sich Handlungen wählen können? Die andere lautet: Wie ist das Verhältnis der Person zur immer schon konstituierten Sozialordnung zu begreifen? Daß beide Fragen nicht unabhängig voneinander *beantwortet* werden können, versteht sich von selbst; denn eine soziologische Theorie muß in dem, was sie als Sozialität in beiden Fragestellungen hinstellt, konsistent bleiben. Aber das sollte nicht hindern, *die Fragestellungen selbst zu unterscheiden,* denn das macht es möglich, sich Beantwortungsmöglichkeiten offenzuhalten und sich nicht vorweg auf die Lösung »Moral« festzulegen.

Die alteuropäische Sozialphilosophie hatte soziale Gemeinschaft (bzw. Gesellschaft, communitas, societas) als Interpenetration von Personen, als Freundschaft gedacht[17]. Auch Durkheim geht von Freundschaft und überdies explizit von Aristoteles aus (S. 95). So kann ihm auch aus der Feder fließen (S. 146), daß die Bürger einander lieben und suchen und sich vor Fremden den Vorzug geben. Auf dieser Grundlage kann man die Gesellschaft definieren als Solidarität der Personen im Verhältnis zueinander, und Moral wird gleichsam zum Bindemittel, die Solidarität wird als Moral erlebt. Die Gesellschaft bleibt ein interpersonales Verhältnis, und Moral ist ihr Regulativ.

Müßte dann aber nicht abweichendes Verhalten ganz außerhalb der Gesellschaft liegen, also im strengen Sinne außergesellschaftliches, sozial irrelevantes Verhalten sein, und kann es nicht durchaus sein, daß im Verhältnis zwischen Personen moralwidrige oder auch gänzlich normfreie Sozialität konstituiert wird? Könnte es nicht eine Art laufendes Regenerieren von Sozialität in interpersonalen Kontakten geben, das weder auf eine vorkonstituierte Moral noch auf ein in den Köpfen schon vorhandenes Kollektivbewußtsein zurückgeführt werden kann, aber auch nicht (was Durkheim als Alternative vorschwebt) den Individuen als Eigenleistung zurechenbar ist? Ferner drängt sich die Frage auf, ob nicht, gerade wenn man Soziales als eigenständige Faktenwelt annimmt und wenn man evolutionär zunehmende Individualisierung in

17 Dabei waren von Anfang an Selbstreferenz und Vermögen, den anderen als anderes Selbst zu erfahren, vorausgesetzt gewesen. Vgl. grundlegend das VIII. und IX. Buch der Nikomachischen Ethik, insb. 1166 a 31 f.

Rechnung stellt, unterschieden werden müßte zwischen Intensivierung des moralisch bindenden Kollektivbewußtseins und Intensivierung interpersonaler Beziehungen im Sinne wechselseitiger Identifikation. Rousseau hatte das bereits gewußt: Erziehung in Clarens ist nicht Vorbereitung auf ein bürgerliches Leben in einer arbeitsteiligen Großgesellschaft[18].

Solche Überlegungen werden Nachfolger Durkheims zwingen, das Problem, wie soziale Ordnung möglich ist, zu abstrahieren und es von der Frage des Verhältnisses von Individuum und Gesellschaft abzukoppeln. Beide Fragen können nicht mehr mit einer Antwort abgefunden werden, die Antworten müssen nur noch aufeinander beziehbar sein. Das wiederum erzwingt eine Abstraktion der (bereits in der Antike recht formalen, mehrere Typen übergreifenden) Theorie freundschaftlicher Interaktion. Eine Theorie interpersonal-verdichteter Sozialbeziehungen ist noch kein ausreichendes Grundlagenkonzept für die Soziologie schlechthin. Für Parsons ist das Grundproblem ein solches der »doppelten Kontingenz«[19], das Verhältnis von personalen und sozialen Systemen dagegen eine Frage des strukturellen Aufbaus des allgemeinen Aktionssystems und der in ihm erforderlichen »interchanges«. So ungeklärt die Beziehung zwischen diesen beiden Theorieteilen im Falle von Parsons auch geblieben ist[20], hinter ihre Unterscheidung kann eine ernst zu nehmende Theorie nicht mehr zurück.

18 Auch im übrigen werden Rousseaus Analysen des Eigentums und der Arbeitsteilung (z. B. im zweiten Teil des Discours sur l'origine et les fondements de l'inégalité parmi les hommes, Oeuvres, éd. de la Pléiade, Bd. III, Paris 1964, S. 164 ff.) von Durkheim übergangen. Hierzu auch Henri Grange, Rousseau et la division du travail, Revue des Sciences Humaines, 86 (1957), S. 143–155.

19 Im »General Statement« von: Talcott Parsons / Edward A. Shils (Hrsg.), Toward A General Theory of Action, Cambridge Mass. 1951, S. 16, heißt es zum Beispiel: »There is a double contingency inherent in interaction. On the one hand, ego's gratifications are contingent on his selection among available alternatives. But in turn, alter's reaction will be contingent on ego's selection and will result from a complementary selection on alter's part. Because of this double contingency, communication, which is the precondition of cultural patterns, could not exist without both generalization from the particularity of specific situations (which are never identical for ego and alter) and *stability* of meaning which can only be assured by »conventions« observed by both parties.«

20 Hierzu Niklas Luhmann, Generalized Media and the Problem of Contingency in: Jan J. Loubser et al. (Hrsg.) Explorations in General Theory in Social Science: Essays in Honor of Talcott Parsons, New York 1976, Bd. 2, 507–532.

Dann aber kann die Antwort auf die Frage, wie soziale Ordnung möglich ist, nicht mehr einfach mit dem Hinweis auf die Faktizität von Moral oder Kollektivbewußtsein gegeben werden, und an diese Stelle treten jetzt, ohne daß man Realität oder Relevanz moralischer Fragen leugnen müßte, Konzepte wie: symbolische Generalisierung, selektives Akkordieren, Reduktion sozialer Komplexität, Kommunikationscodes – in jedem Falle Konzepte, die Steigerbarkeit von Chancen durch strukturelle Restriktionen betonen.
Das führt uns wieder zu Durkheim zurück.

V.

Durkheims Theorie hat eine ihrer eindrucksvollsten Chancen in der Möglichkeit, Summenkonstanz- oder Knappheitsannahmen zu durchbrechen und Steigerungsverhältnisse darzustellen. Ihr dominierendes Interesse, ja wahrscheinlich das Theoriemotiv schlechthin, ist die Absicht, das Verhältnis von Individuum und Gesellschaft in einer Weise zu fassen, die die Stärkung beider Realitäten zugleich als möglich erscheinen läßt. Individualisierung der Personen geht nicht notwendig auf Kosten gesellschaftlicher Solidarität oder umgekehrt; vielmehr bedingen beide Steigerungsprozesse sich wechselseitig und sind beide nur aufgrund einer bestimmten Sozialstruktur, aufgrund von Arbeitsteilung möglich, die ihrerseits wieder durch sie ermöglicht wird. Später wird Parsons von »combinatorial gains« sprechen und nach den evolutionären Errungenschaften fragen, die solche Gewinne ermöglichen.
Wir halten einen Augenblick an, um das Raffinement der Theorieanlage zu bewundern. Die Zentralaussagen werden nicht apriorisiert, nicht in die Grundlagen der Theorie eingebaut. Sie werden auch nicht präformativ in die Anfänge der Entwicklung ihres Gegenstandes zurückverlegt. Sie spielen im Bereich von Variablen, die unter angebbaren Umständen empirisch co-variieren. Ein solches Arrangement ist ein wichtiger Zug auf dem Wege zur Eigenständigkeit der Disziplin Soziologie; Eisenstadt hat dies kürzlich in einem allgemeineren Rahmen als Weg von geschlossenen zu offenen Theoriekonzepten dargestellt[21]. Die Erkenntnis, auf die es

21 Vgl. Shmuel N. Eisenstadt / M. Curelaru a.a.O. S. 80 ff.

primär ankommt, erscheint dann im jeweiligen Theoriekontext als selbstgarantiert – zwar nicht als unabhängig von Prämissen und Fakten, aber jedenfalls nicht als deren bloß tautologische Reformulierung. Dem entspricht die für Durkheim typische Zurückweisung der Argumentation aus Prämissen – etwa die berühmte Kritik der Herleitung der Strafe aus dem Strafzweck oder der Geltung von Verträgen aus der Norm, daß Verträge binden; und an die Stelle tritt jener tieferliegende Zirkel: daß Soziales nur durch Soziales erklärt werden könne.

Will man nun dieses offene Spiel der sich wechselseitig bedingenden und zu höherer Komplexität steigernden Variablen als eine Theorie mit Erklärungsanspruch formulieren, muß die bloße These der Wechselwirkung irgendwo durchbrochen werden. Das leistet die Evolutionstheorie. Sie stellt einen unabhängigen Faktor oder Antriebsmechanismus bereit, der gegen das eigentliche Theorie-Konzept hinreichend isoliert ist (also nicht wiederum von dessen Variablen abhängt).

Zwei Varianten, zwei Typen von Startmechanismen stehen zur Diskussion – zur Zeit Durkheims ebenso wie heute. Die eine Konzeption schließt an Darwin an und fragt nach einem *Mechanismus der Variation*[22]. Die Annahme dieser Variante ist für Durkheim verbaut, weil die soziologische Darwin-Rezeption den Variationsmechanismus an das Individuum gebunden hatte, die Reduktion auf Merkmale von Individuen aber den Grundannahmen der Durkheimschen Theorie, der Gesellschaft als einer Realität sui generis, widersprechen würde. Die gesellschaftliche Evolution kann nicht als Nebeneffekt individuellen Glückstrebens oder individueller Bedürfnisse nach Abwechslung begriffen werden (2. Buch, 1. Kap., III). Daher kommt nur die zweite Variante in Betracht: die Erklärung über *Größenveränderungen,* insbesondere demographische Veränderungen, aber auch Kommunikationsverdichtungen, z. B. durch Stadtbildung[23] (2. Buch, 2. Kap.). Daß Größenveränderungen mit Übergang zur Arbeitsteilung korrelie-

22 Heute z. B. Donald T. Campbell, Variation and Selective Retention in Socio-Cultural Evolution, General Systems 14 (1969), S. 69–85.

23 Heute z. B. Ester Boserup, The Conditions of Agricultural Growth: The Economics of Agrarian Change under Population Pressure, London 1965, und dazu Brian Spooner (Hrsg.), Population Growth: Anthropological Implications, Cambridge Mass. 1972.

ren, wird sehr überzeugend dargetan; ob aber Größenveränderungen nicht ihrerseits auch wieder Arbeitsteilung schon voraussetzen und ohne sie gar nicht möglich sind, steht auf einem anderen Blatt[24]. Muß man dies zugestehen, gelingt es nicht mehr, einen wirklich primären, nicht durch Effekte mitbedingten Antriebsmechanismus zu bestimmen, und die Alternative ist dann nur noch, eine Evolutionstheorie auszuarbeiten, die Evolution als einen selbstreferentiellen Prozeß beschreibt, der sich die Bedingungen seiner eigenen Möglichkeit selbst aufbaut.

Wie dem auch sei, Durkheim jedenfalls sucht mit jenem Rückgriff auf Kommunikationsverdichtung und Bevölkerungszunahme die Form eines sich selbst erklärenden Konzepts – Arbeitsteilung erklärt Arbeitsteilung, oder: Entwicklung »ist« zunehmende Differenzierung – zu vermeiden. Vor allem aber gelingt ihm auf diese Weise ein komplexitätstheoretisches Argument: Größenzunahme verhindert den Kontakt von jedem mit jedem, das führt zur Rezession derjenigen Form von Solidarität, die auf Gleichheit basiert, und das wiederum schafft einen Freiraum für die Ausnutzung der Vorteile von Arbeitsteilung. Fast kommt es zu einem Theorem, das man erst aus der neueren, neodarwinistischen Evolutionstheorie kennt: Der Aufbau organisierter Komplexität sei ein Nebenprodukt ganz außerhalb des eigentlichen Sinnes evolutionärer Prozesse und sei deshalb auch nicht zu erklären[25].

VI.

Das Ergebnis, die auf diesen Grundlagen aufgebaute Theorie, ist bekannt und im Durchlesen dieses Buches leicht zu erfassen. Die Gesellschaft habe sich von einer nur segmentären Strukturierung

24 Diese Frage diskutiert Theodore D. Kemper, Emile Durkheim and the Division of Labour in Society, The Sociological Quarterly 16 (1975), S. 190 bis 206. Berechtigt ist insbesondere der Hinweis, daß die Generalisierung des Begriffs der Arbeitsteilung in Widerspruch steht zu der Absicht, das Phänomen selbst als nicht fundamental, sondern als historisch abgeleitet zu behandeln.

25 Vgl. z. B. B. G. Ledyard Stebbins, The Basis of Progressive Evolution, Chapel Hill NC. 1969, S. 120 ff.; ders., Adaptive Shifts and Evolutionary Novelty: A Compositionist Approach, in: Francisco Jose Ayala / Theodosius Dobzhansky (Hrsg.), Studies in the Philosophy of Biology: Reduction and Related Problems, London 1974, S. 285–306.

auf der Basis der Gleichheit aller Segmente zu einem hochgradig arbeitsteiligen Sozialsystem entwickelt. Dabei habe sie ihre Solidaritätsgrundlagen von Gleichheit auf Ungleichheit umstellen müssen, habe ihre Moral, und davon abhängig, auch ihr Recht geändert. Moral und Recht beruhen auch in der modernen Gesellschaft auf Kollektivbewußtsein, enthalten aber eingebaut die Notwendigkeit individueller Zielsetzungen. In der Notwendigkeit, diese zu respektieren, entwickele sich eine Moral der Freiheit und ein Recht, daß das Kollektivbewußtsein immer weniger repressiv einsetzt, sondern es reduziert auf Anerkennung (1) restitutiver Sanktionen, (2) nichtvertraglicher Grundlagen der Vertragsform und (3) autoritativer Agenten für kollektiv bindende Entscheidungen.

Die weittragenden (und in manchen Hinsichten umstrittenen) Konsequenzen für die Rechtssoziologie und die Beweisführung im einzelnen können hier nicht angemessen behandelt werden, denn das hieße: das Buch neu schreiben. Eine Zusatzprämisse, die kaum expliziert und jedenfalls nicht kritisch herausgearbeitet wird, verdient indes eine besondere Behandlung; denn gerade sie stützt Durkheims Hoffnung auf kommende organische Solidarität, auf eine neue Moral und auf ein Wiedererstarken professionell-korporativer Bindungen.

Die Prämisse lautet: daß Kontakte Moral generieren. Wenn man das akzeptiert, wenn man die »polemogenen«[26] Aspekte der Moral übergeht und wenn man zugesteht, daß Arbeitsteilung zu einer Vervielfältigung lebensnotwendiger Kontakte führt, erscheint in der Tat die Erwartung einer Art interaktioneller Wiedergesundung der Gesellschaft als begründbare Zukunftsperspektive. Dann erscheinen die eine solche Entwicklung blockierenden Aspekte der modernen Gesellschaft, zum Beispiel anomische, Ungleichheit verstärkende Folgen der Arbeitsteilung oder die Polarisierung von Kapital und Arbeit als vermeidbare Pathologien. So zu denken liegt ohnehin im Duktus einer Theorie, die Moral positiviert, Positivität moralisiert und allenfalls privative Negationen in Rechnung stellt. Wo liegt der Fehler?

Am meisten erstaunt vielleicht, erstaunt vor allem bei einer nach Karl Marx entworfenen Theorie, daß die Effekte des *Geldmecha-*

26 Eine Formulierung Julien Freunds.

nismus, Moral in der Interaktion zu neutralisieren, außer acht bleiben. Hier rächt sich die Generalisierung des Begriffs der Arbeitsteilung und besonders der Verzicht auf eine wirtschaftsspezifische und damit geldbezogene Bestimmung des Begriffs der Arbeit. Gewiß kann man nicht sagen, daß Durkheim für Probleme der politischen Ökonomie keinen Blick und kein Verständnis gehabt hätte[27]; aber im Übergehen der strukturellen Auswirkungen des Geldwesens, also gerade des Ausgangspunktes der Marxschen Theorie, liegt tatsächlich eine Blindstelle.

Durkheims eigene »Kritik der politischen Ökonomie« bezieht sich auf den Fehlschluß von individueller auf soziale Rationalität, nicht auf die Verunsicherung und Disbalancierung der Gesellschaft durch die geldorientierte Wirtschaft des »Kapitalismus«. Auch wenn man die Überspitzung der Marxschen Theorie nicht teilt und nicht von einer zentralen Asymmetrie der ausbeutenden und ausgebeuteten Klassen ausgeht, bleibt das andere Extrem ebenso bedenklich: die Vermittlung praktisch aller relevanten Arbeit durch Geld und die weitgehende Ersetzung moralgebundener Interaktion durch organisations- und/oder preisgebundene Interaktion ganz außer acht zu lassen; und dies in einer Theorie, die das Verhältnis von Arbeitsteilung und Moral zum Thema hat! Hieraus erklärt sich im übrigen auch, daß Durkheim die Teilung der Arbeit nur auf der Ebene der Berufe und Rollen behandelt, nicht aber bis in die (organisations- und geldabhängige) minutiöse Zerlegung des Arbeitsprozesses selbst hinein verfolgt.

Entsprechend mißlingt – das kann man schon sagen, und zwar auch nach rein theorieimmanenten Kriterien – die Erklärung der »Pathologie« der negativen Solidarität von Arbeit und Kapital. Sie wird nicht auf die sonst die Theorie leitenden Kontaktstrukturen zurückgeführt, hier eben fehlt das Thema Geld, sondern auf mangelnde Konkordanz von Funktionsteilung und natürlichen Talenten (3. Buch, 2. Kap., I). Wenn man aber annehmen muß, daß die Entwicklung organischer Solidarität auch davon abhängen soll: wie soll sie dann jemals erreichbar sein?

Durkheim muß angenommen haben, jene politökonomische Problemstellung mit seiner Ausweitung des Begriffs der Arbeitstei-

27 So mit der bei Marxisten üblichen Etikettierung als »bürgerlich« Inge Hofmann, Bürgerliches Denken: Zur Soziologie E. Durkheims, Frankfurt 1973.

lung und mit seiner Rückführung des Tausch- und Vertragsprinzips auf institutionelle Grundlagen überwunden zu haben. Aber selbst wenn man all das als relevante Erkenntnis akzeptiert: *wie stark* solche institutionellen Grundlagen Interaktionen moralisch binden, ist damit noch nicht ausgemacht. Und darauf käme es an, wenn man abschätzen will, ob und in welchen Interaktionsbereichen der Gesellschaft eine reale Aussicht besteht, daß Kontakte organische Solidarität in einem Sinne, der mehr meint als bloße Unaufgebbarkeit, regenerieren.

VII.

Durkheim geht von der Vorstellung aus, Soziologie sei eine positive, an empirischen Fakten zu orientierende Wissenschaft; sie habe sich deshalb erkenntnistheoretisch und methodisch nach den Bedingungen der Wissenschaftlichkeit zu richten, und dazu gehöre die Verifikation ihrer Aussagen anhand von Fakten. Die Begriffskette Gesellschaft–Kollektivbewußtsein–Solidarität–Moral–Recht kann deshalb auch als eine Kette von Indikatoren gelesen werden, die sich wechselseitig Realitätsbezug garantieren. Vor allem Durkheims Rechtssoziologie wird nicht als Selbstzweck ausgearbeitet, sondern dient der indirekten Verifikation von Aussagen über Kollektivbewußtsein und Solidarität anhand von leichter zugänglichen, objektiven Fakten. Wie oben schon angedeutet, hat der Rückgang auf primitive Gesellschaften, methodisch gesehen, einen ähnlichen Sinn.

Bei diesem Vorgehen wird Wissenschaftstheorie als unabhängiger Faktor, als eine Art Gesetzgeber vorausgesetzt. Man kann aber auch umgekehrt fragen: Welche Wissenschaftstheorie könnte eine Theorie des Typs Durkheim sich leisten?

Den Schlüssel für die Behandlung dieser Frage bietet uns die Beobachtung, daß Durkheim komplexe Relationierungsprobleme in Kompaktbegriffe wie zum Beispiel Kollektivbewußtsein einlagert, um sie dann als unanalysierte Abstraktionen weiterzuverwenden. Diese Theorietechnik erzwingt hochaggregierte Tatsachenbegriffe und zwangsläufig die Unterstellung entsprechender »faits sociaux«. Die These besonderer faits sociaux dient der Abgrenzung gegen Psychologie und Biologie, und sie bringt die Soziologie in eine Parallellage zu den Naturwissenschaften, die es ebenfalls mit einem besonderen Weltausschnitt, mit besonderen Fakten zu tun haben. Dabei bleibt jedoch eine wichtige Dimension außer acht, die man nach hundert Jahren Soziologie nicht mehr vernachlässigen kann.

Wissenschaftsgeschichtlich gesehen, kann die Entwicklung der Naturwissenschaften zurückgeführt werden auf eine allmählich anlaufende, dann rasch zunehmende Steigerung des Auflösevermögens in bezug auf Tatsachen und Evidenzen der Lebenswelt[28]. Die Annahmen über letzte (derzeit unauflösbare) Elemente, die für Relationierungen zur Verfügung stehen, werden tiefer gelegt. Damit wird zugleich bewußter, wie komplex die Welt ist und wie selektiv sie aufgebaut ist. Die Anforderungen an die theoretische Rekonstruktion ihrer relationalen Struktur wachsen. Nur mit hinreichender Aussicht auf ein entsprechendes Theorievermögen wird eine Wissenschaft es daher wagen, das, was in einer gegebenen Theorielage als Einheit fungiert, in Relationen zwischen Einheiten aufzulösen – zum Beispiel in den subatomaren Bereich vorzustoßen oder Zellen als kleine, aber hochkomplexe chemische Fabriken zu analysieren.

Die Soziologie des 20. Jahrhunderts hat, vielleicht ohne ausreichende theoretische Absicherung und daher in mehrere Richtungen zugleich, diesen Weg des Auflösens und Rekombinierens beschritten: Von Mensch zu Rolle, von Mensch zu Handlung, von Mensch zu personalen und sozialen Systemen. Die Ergebnisse und Folgeprobleme können hier nicht präsentiert, ja nicht einmal angedeutet werden. Jedenfalls unterläuft dieser Prozeß Theorieformen und Argumentationsweisen der soziologischen Klassik, nicht zuletzt Durkheims. Deren Begriffe und Tatsachen erscheinen als zu hoch aggregiert. Diese Aggregationsebene erlaubt Rückgriffe auf lebensweltlich Bekanntes, knappe und doch verständliche Erläuterungen, Lektüre ohne viel Vorkenntnisse, explizite und implizite Bezugnahmen auf täglichen Sprachgebrauch und Allerweltswissen. In diesem Sinne bremst die klassische Theorie den Prozeß der Ausdifferenzierung des Faches durch Bindung an die Alltagssprache und ihre Überzeugungsmittel. Die Formulierung einer besonderen Problemstellung und die Variabilisierung des Begriffsgefü-

28 Vgl. nur Gaston Bachelard, Le matérialism rationnel, Paris 1953.

ges, das die Zentralaussagen trägt, sind nur erste Schritte in einem wissenschaftsgeschichtlichen Prozeß, der in der Phase Durkheim klassische Form ermöglicht, die aber die Keime ihrer Wiederauflösung schon in sich trägt.

Emile Durkheim

Über die Teilung der sozialen Arbeit

Vorwort zur zweiten Auflage

> Eine Stadt besteht nicht aus Gleichen, denn es ist ein Unterschied zwischen Kampfgenossenschaft und Stadt.
>
> *Aristoteles, Pol., B, 1, 1261 a, 24.*

Einige Bemerkungen über die Berufsgruppen

Bei der Neuauflage dieses Werkes haben wir darauf verzichtet, das Original zu verändern. Jedes Buch besitzt eine Individualität, die gewahrt bleiben muß. Es empfiehlt sich, ihm die Physiognomie zu lassen, unter der es bekannt geworden ist[1].

Es gibt aber eine Ansicht, die in der ersten Auflage im dunkeln geblieben ist, die aber, und das scheint uns wichtig zu sein, herausgestellt und deutlicher bestimmt werden muß, denn sie beleuchtet gewisse Teile der vorliegenden Arbeit und sogar jener Arbeiten, die wir seither veröffentlicht haben[2]. Es handelt sich um die Rolle, die die professionellen Gruppierungen in der sozialen Organisation der heutigen Völker erfüllen müssen. Wenn wir ursprünglich dieses Problem nur andeutungsweise berührt haben[3], so darum, weil wir damit rechneten, es in einer gesonderten Studie wieder aufzugreifen. Andere Vorhaben haben uns aber von dem Projekt abgehalten. Da wir nicht sehen, wann es möglich sein wird, sie wieder aufzunehmen, wollen wir die Gelegenheit dieser 2. Auflage benützen, um zu zeigen, wie diese Frage mit dem Thema zusammenhängt, das wir in diesem Werk behandelt haben, unter welchen Bedingungen sie sich stellt und vor allem mit dem Bemühen, die Gründe zu widerlegen, die noch immer viele daran hindern, ihre Dringlichkeit und ihre Tragweite zu begreifen. Das ist das Ziel dieser neuen Vorrede.

1 Wir haben uns damit begnügt, aus der alten *Einleitung* ungefähr 30 Seiten auszulassen, die uns heute überflüssig erscheinen. Die Erklärung dieser Auslassung erfolgt an dem Ort selbst, wo sie gemacht worden ist.

2 S. *Der Selbstmord,* Zusammenfassung.

3 S. weiter unten, S. 222–231 und 258.

I

Mehrere Male haben wir in diesem Buche auf die juridische und moralische Anomie hingewiesen, in der sich augenblicklich das ökonomische Leben befindet[4]. In diesem Funktionsbereich existiert in der Tat die Berufsmoral nur im rudimentären Zustand. Es gibt eine professionelle Moral des Anwalts und des Beamten, des Soldaten und des Professors, des Arztes und des Priesters usw. Wollte man aber in einer ein wenig deutlicheren Sprache die landläufigen Ideen über die Beziehungen zwischen dem Arbeitgeber und dem Arbeitnehmer, zwischen dem Arbeiter und dem Unternehmer, den untereinander oder mit dem Publikum konkurrierenden Industriellen festhalten, welche ungenaue Formeln würde man dann erhalten! Einige Gemeinplätze über die Treue und die Ergebenheit, die die Lohnempfänger denen schuldig sind, die sie beschäftigen, über die Zurückhaltung, der sich die letzteren wegen ihrer ökonomischen Überlegenheit befleißigen müssen, eine gewisse Mißbilligung für jede zu offenbar unehrliche Konkurrenz, für jede zu schreiende Ausbeutung des Konsumenten, das ist ungefähr alles, was das moralische Bewußtsein dieser Berufe enthält. Außerdem entbehren die meisten dieser Beschreibungen jeden juridischen Charakter; sie werden nur von der öffentlichen Meinung gebildet und nicht vom Gesetz, und es ist bekannt, wie nachsichtig die öffentliche Meinung für die Art ist, mit der diese unklaren Verpflichtungen erfüllt werden. Die tadelnswertesten Handlungen werden wegen des Erfolges so oft freigesprochen, daß die Grenze zwischen dem, was erlaubt, und dem, was verboten ist, was Recht und was nicht Recht ist, nicht mehr fest ist, sondern scheinbar fast willkürlich von den Individuen verschoben werden kann. Eine so ungenaue und unbeständige Moral kann keine Disziplin ergeben. Daraus folgt, daß diese ganze Sphäre des kollektiven Lebens zum großen Teil der zügelnden Wirkung der Regel entzogen ist.

Diesem Zustand der Anomie müssen die ständig auflebenden Konflikte und die Unregelmäßigkeiten aller Art zugeschrieben werden, von denen uns die ökonomische Welt ein trauriges Schauspiel bietet. Da nichts die konfligierenden Kräfte zurückhält und nichts

4 S. unten, S. 257 f. und 395.

ihre Grenzen festlegt, die sie zu respektieren hätten, haben sie die Tendenz, sich maßlos zu entwickeln. Sie stoßen aneinander, um sich gegenseitig zurückzudrängen und zu entmachten. Natürlich vernichten die stärksten die weniger starken oder unterwerfen sie sich. Aber wenn der Besiegte auch eine Zeitlang eine erzwungene Unterwerfung erduldet, so stimmt er ihr doch nicht zu, und diese Unterwerfung kann folglich kein stabiles Gleichgewicht bilden[5]. Burgfrieden, die von der Gewalt erzwungen werden, sind immer nur provisorisch und befrieden die Geister nicht. Die menschlichen Leidenschaften halten nur vor einer moralischen Macht ein, die sie respektieren. Wenn aber jede Autorität dieser Art fehlt, dann herrscht das Recht des Stärkeren und der latente oder offene Kriegszustand ist notwendigerweise chronisch.

Daß eine solche Anarchie ein krankhaftes Phänomen ist, ist offenkundig, denn es geht gegen das Ziel selbst einer jeden Gesellschaft; dieses Ziel ist, den Krieg zwischen den Menschen zu unterdrücken oder zum wenigsten zu mildern, indem man das physische Recht des Stärkeren einem höheren Recht unterordnet. Um diesen Zustand der Regellosigkeit zu rechtfertigen, macht man vergebens geltend, daß er den Aufschwung der individuellen Freiheit begünstigt. Nichts ist falscher als dieser Antagonismus, den man nur zu oft zwischen der Autorität der Regel und der Freiheit des Individuums aufstellen hat wollen. Die Freiheit – wir verstehen darunter die gerechte Freiheit, deren Beachtung zu erzwingen, die Gesellschaft verpflichtet ist – ist selbst das Ergebnis einer gesetzlichen Regelung. Ich kann nur in dem Maß frei sein, in dem ein anderer daran gehindert wird, seine physische, ökonomische oder andere Überlegenheit, die er besitzt, auszunützen, um meine Freiheit zu unterdrücken; nur die soziale Regel kann einen Mißbrauch der Macht verhindern. Wir wissen jetzt, welche komplizierte Regelung nötig ist, um den Individuen die ökonomische Unabhängigkeit zu sichern, ohne die ihre Freiheit nur ein Wort wäre.

Was aber, besonders heute, diesen Zustand so außerordentlich bedenklich macht, ist die bis dahin unbekannte Entwicklung, die die ökonomischen Funktionen seit ungefähr zwei Jahrhunderten genommen haben. Während sie früher nur eine zweitrangige Rolle spielten, stehen sie heute an erster Stelle. Wir sind weit von der

5 S. 3. Buch, 1. Kap., § III.

Zeit entfernt, wo man sie mit Verachtung den niedrigen Klassen überlassen hatte. Die militärischen, administrativen und religiösen Funktionen weichen immer mehr vor ihnen zurück. Nur die wissenschaftlichen können ihnen noch den Platz streitig machen. Aber auch die Wissenschaft wird nur in dem Maß gewertet, in dem sie der Praxis dient, d. h. zum größten Teil den ökonomischen Berufen. Darum hat man von unseren Gesellschaften behaupten können – und dies nicht ohne Grund –, daß sie im wesentlichen industrielle Gesellschaften sind oder dahin streben. Eine Form der Tätigkeit, die im Ganzen des sozialen Lebens einen solchen Platz eingenommen hat, kann natürlich nicht derart ungeregelt bleiben, ohne daß daraus schwere Schäden entstehen. Dieser Zustand ist vor allem eine Quelle allgemeiner Demoralisierung. Denn gerade, weil die ökonomischen Funktionen heute den größten Teil der Bürger absorbieren, gibt es eine Vielzahl von Individuen, deren Leben fast ganz in der industriellen und kaufmännischen Welt verläuft. Daraus folgt, daß ihre Welt nur schwach von Moralität geprägt ist, weil der größte Teil ihrer Existenz außerhalb jeder moralischen Aktion verläuft. Damit aber das Gefühl der Pflicht fest in uns verankert ist, müssen die Umstände selbst, in denen wir leben, es ständig wachsam halten. Von Natur aus kommen wir nicht dazu, uns Zwang aufzuerlegen und uns zu zügeln. Wenn wir also nicht jeden Augenblick gehalten sind, diesen Zwang über uns auszuüben, ohne den es keine Moral gibt, wie sollen wir uns daran gewöhnen? Wenn wir in den Beschäftigungen, die fast unsere ganze Zeit ausfüllen, keine andere Regel kennen als die Regel unseres wohlverstandenen Interesses, wie sollen wir uns an die Uneigennützigkeit, an das Selbstvergessen, an das Opfer gewöhnen? Das Fehlen einer jeden ökonomischen Disziplin muß also seine Wirkungen über die ökonomische Welt selbst hinaus ausüben und einen Verfall der öffentlichen Moralität zur Folge haben.
Nachdem wir das Übel festgestellt haben, was ist seine Ursache und wie kann man es verhüten?

In unserem Werk haben wir uns vor allem bemüht, darzustellen, daß die Arbeitsteilung dafür nicht verantwortlich gemacht werden kann, wie man es ihr manchmal und ungerechtfertigterweise vorgeworfen hat. Sie erzeugt nicht notwendigerweise die Zersplitterung und die Zusammenhanglosigkeit. Die Funktionen versuchen, wenn sie untereinander genügend Kontakt haben, sich selbst anzugleichen und zu regulieren. Aber diese Erklärung ist unvollständig. Denn wenn es auch wahr ist, daß die sozialen Funktionen spontan versuchen, sich einander anzugleichen, vorausgesetzt sie stehen in regelmäßigen Beziehungen, so wird andrerseits diese Angleichungsart nur dann eine Verhaltensregel, wenn eine Gruppe sie mit ihrer Autorität sanktioniert. Eine Regel ist nämlich nicht nur eine gewohnheitsmäßige Handlungsart, sie ist vor allem *eine verpflichtende Handlungsart,* d. h. sie ist in bestimmter Hinsicht der individuellen Willkür entzogen. Nun genießt aber nur eine festgefügte Gesellschaft über die moralische und materielle Überlegenheit, die unerläßlich ist, um den Individuen das Recht zu setzen. Denn die einzige moralische Persönlichkeit, die über der Privatpersönlichkeit steht, ist die Persönlichkeit, die die Kollektivität bildet. Sie allein hat auch die Dauer und den nötigen Fortbestand, um die Regel über die vergänglichen Beziehungen zu erhalten, die ihre tägliche Existenz sichern. Mehr noch: ihre Rolle beschränkt sich nicht einfach darauf, die allgemeinsten Ergebnisse privater Abmachungen in Mußvorschriften aufzurichten. Sie greift im Gegenteil aktiv und positiv in die Bildung jeder Regel ein. Zuerst ist sie der natürliche Schiedsrichter, um bei strittigen Interessen den Ausschlag zu geben und jedem die Grenzen anzuweisen, die ihm zukommen. Dann aber ist sie auch und am ersten daran interessiert, daß Ordnung und Frieden herrscht. Wenn die Anomie ein Übel ist, so vor allem darum, weil die Gesellschaft darunter leidet, weil sie, um zu leben, den Zusammenhang und die Regelmäßigkeit nicht missen kann. Eine moralische und juridische Regelung drückt also wesentlich soziale Bedürfnisse aus, die die Gesellschaft allein kennen kann; sie ruht auf einem Meinungszustand. Jede Meinung ist aber eine Kollektivangelegenheit, das Ergebnis einer kollektiven Ausarbeitung. Damit die Anomie aufhört, muß also eine Gruppe existieren oder sich bilden, in der sich das Regelsystem herausbilden kann, das augenblicklich fehlt.

Weder die politische Gesellschaft in ihrer Gesamtheit noch der Staat können diese Funktion erfüllen. Weil das ökonomische Leben sehr speziell ist und sich jeden Tag weiter spezialisiert, entgleitet es ihrer Kompetenz und ihrem Wirkungsbereich[6]. Die Tä-

6 Wir kommen, Seite 401 ff., auf diesen Punkt noch einmal zurück.

tigkeit einer Berufsgruppe kann nur durch eine Gruppe wirkungsvoll geregelt werden, die selber diesem Beruf so nahesteht, daß sie ihre Arbeitsweise gut kennt, alle ihre Bedürfnisse fühlt und allen ihren Wandlungen folgen kann. Die einzige, die diese Bedingungen erfüllt, ist die Gruppe, die aus allen Trägern eines gleichen Gewerbes besteht und die in einem einzigen Verband vereinigt und organisiert ist, das heißt in einer Berufsorganisation.

Nun gibt es aber in der ökonomischen Ordnung weder die professionelle Gruppe noch die professionelle Moral. Seitdem man im letzten Jahrhundert, *und zwar nicht ohne Grund*, die alten Berufsorganisationen aufgelöst hat, hat man nur fragmentarische und unvollständige Versuche gemacht, um sie auf neuen Grundlagen wiederaufzubauen. Zweifellos stehen die Individuen, die den gleichen Beruf haben, auf Grund ihrer ähnlichen Tätigkeit untereinander in Verbindung. Schon ihre Konkurrenz selbst bringt sie in Berührung. Aber diese Beziehungen sind nicht regelmäßig; sie hängen vom Zufall ab und haben meistens einen rein individuellen Charakter. Dieser Gewerbetätige steht mit jenem in Verbindung; es handelt sich aber nicht um den Gewerbeverband dieses oder jenes Industriezweigs, der zusammenkommt, um gemeinsam zu handeln. Ausnahmsweise kann man beobachten, wie sich alle Mitglieder eines Gewerbes in einem Kongreß versammeln, um eine Frage allgemeinen Interesses zu behandeln. Aber diese Kongresse dauern nur eine begrenzte Zeit. Sie überleben nicht die besonderen Umstände, die sie hervorgerufen haben, und folglich erlischt das kollektive Leben, für das sie der Anlaß waren, mehr oder weniger vollständig mit ihnen.

Die einzigen Gruppierungen, die eine bestimmte Beständigkeit haben, sind die sog. Syndikate, d. h. entweder Arbeitgeber- oder Arbeitnehmerzusammenschlüsse. Damit ist zwar ein Anfang einer Berufsorganisation gemacht worden, aber er bleibt formlos und stückhaft. Denn erstens ist ein Syndikat eine private Vereinigung, ohne legale Autorität, folglich ohne alle Ordnungsmacht. Theoretisch ist ihre Zahl unbegrenzt, selbst innerhalb einer und derselben Wirtschaftskategorie. Da sie untereinander unabhängig sind, wenn sie sich nicht zusammenschließen und vereinigen, drückt nichts die Einheit ihres Berufs in seiner Gesamtheit in ihnen aus. Schließlich sind nicht nur die Arbeitgebervereinigungen und die Arbeitnehmervereinigungen untereinander verschieden, *was legitim und notwendig ist,* sondern sie haben auch untereinander keinen regelmäßigen Kontakt. Es gibt keine gemeinsame Organisation, die sie annäherte, ohne sie zum Verlust ihrer Identität zu bringen, und wo sie gemeinsam Regelungen ausarbeiten könnten, die ihre gegenseitigen Beziehungen fixieren und den einen wie den anderen die gleiche Autorität aufzwingen. Folglich löst immer wieder das Gesetz des Stärkeren die Konflikte und der Kriegszustand bleibt weiter bestehen. Außer den Handlungen, die von der gemeinsamen Moral abhängen, befinden sich Arbeitgeber und Arbeitnehmer untereinander in der gleichen Lage wie zwei autonome Staaten, die ungleich stark sind. Sie können, so wie es die Völker durch die Vermittlung ihrer Regierungen machen, untereinander Verträge abschließen. Aber diese Verträge drücken nur den jeweiligen Stand der ökonomischen Macht aus, genauso wie die Verträge zweier kriegführender Mächte nur den jeweiligen Stand ihrer militärischen Kräfte ausdrücken. Sie bestätigen einen faktischen Zustand; sie können aber daraus keinen Rechtsstand machen.

Damit sich eine Berufsmoral und ein Recht der Berufe in den verschiedenen ökonomischen Wirtschaftszweigen entwickeln kann, muß die Vereinigung, statt ein wirres und uneinheitliches Geschiebe zu sein, eine abgegrenzte und organisierte Gruppe, mit einem Wort, eine öffentliche Einrichtung werden oder vielmehr wieder werden. Aber jeder derartige Versuch stößt auf eine bestimmte Anzahl von Vorurteilen, die es zu vereiteln oder zu zerstören gilt.

Die Berufsorganisation hat als ersten Gegner ihre eigene Vergangenheit. Man glaubt, daß sie unserer alten politischen Ordnung eng verpflichtet wäre und sie deshalb nicht überleben dürfe. Wenn man für das Gewerbe und den Handel eine korporative Organisation verlangt, scheint man gegen den Strom der Geschichte zu schwimmen. Nun werden aber solche Rückwendungen zu Recht als unmöglich oder als anormal betrachtet.

Dieses Argument würde zu Recht bestehen, wenn man vorschlüge, künstlich die alten Korporationen, so wie sie im Mittelalter bestanden haben, wieder ins Leben zu rufen. Aber das kommt ja hier gar nicht in Frage. Es handelt sich nicht darum zu wissen, ob die mittelalterlichen Einrichtungen genauso unseren zeitgenössischen Gesellschaften zupaß kämen, sondern ob die Bedürfnisse, die sie befriedigten, nicht für alle Zeiten gültig sind, wobei diese Einrichtungen sich nur nach den Gegebenheiten verändern müßten, um ihnen zu genügen.

Was aber verbietet, in den Korporationen nur zeitlich begrenzte Organisationen zu sehen, die nur für eine Epoche und für eine bestimmte Zivilisation tauglich sind, ist sowohl ihr hohes Alter und die Art, wie sie sich in der Geschichte entwickelt haben. Wenn sie nur aus dem Mittelalter stammten, so könnte man annehmen, daß sie, mit einem bestimmten politischen System entstanden, auch notwendigerweise mit ihm verschwinden müßten. In Wirklichkeit sind sie aber viel älter. Sie erscheinen im allgemeinen mit dem Augenblick, wo es Handwerke gibt, d. h. wo der Mensch aufhört, nur Ackerbauer zu sein. Wenn sie anscheinend in Griechenland unbekannt waren, wenigstens bis zur Epoche der römischen Unterwerfung, so liegt das daran, daß das Handwerk verachtet war und fast ausschließlich von Fremden ausgeübt wurde. Damit befand es sich außerhalb der gesetzlichen Organisation des Stadtstaates[7]. In Rom dagegen stammen sie aus der ersten Zeit der Republik. Die Legende schreibt ihre Entstehung sogar dem König Numa[8] zu. Natürlich führten sie lange Zeit eine bescheidene Existenz, denn die Historiker und die Dokumente sprechen nur selten von ihnen. Daher wissen wir nur sehr schlecht, wie sie organisiert waren. Aber seit der Epoche von Cicero nimmt ihre Zahl bereits bedeutend zu, und sie begannen, eine Rolle zu spielen. Von diesem Augenblick an, sagt Waltzing, »scheinen alle Arbeiterklassen vom Wunsch getrieben zu sein, die beruflichen Vereinigungen zu vervielfachen«. Dieses Anwachsen setzte sich fort, bis es unter dem Kaiserreich »eine Ausdehnung angenommen hat, die vielleicht seither niemals mehr überschritten wurde, wenn man die

7 S. Herrmann, *Lehrbuch der griechischen Antiquitäten*, 4. Bd., 3. Aufl., S. 398. Manchmal hatte der Handwerker wegen seines Berufes kein Stadtrecht (*ibid.*, S. 392). – Offen bleibt, ob es nicht eine heimliche Organisation gab, weil es keine legale und offizielle gab. Sicher ist dagegen, daß es eine Körperschaft der Händler gab (S. Francotte, *L'industrie dans la Grèce antique*, T. II, p. 204 et suiv.).

8 Plutarch, *Numa*, XVII; Plinius, *Naturgeschichte*, XXXIV. Zweifellos ist das nur eine Legende, sie beweist aber, daß die Römer in ihren Korporationen eine ihrer ältesten Einrichtungen sahen.

ökonomischen Unterschiede in Rechnung stellt«[9]. Schließlich waren alle Arbeiterkategorien, die sehr zahlreich waren, anscheinend in Verbänden zusammengefaßt. Das gleiche gilt für die, die vom Handel lebten. Zu der gleichen Zeit verwandelte sich aber der Charakter dieser Gruppierungen. Sie wurden schließlich ein Teil des administrativen Räderwerks. Sie erfüllten öffentliche Aufgaben. Jedes Gewerbe wurde als ein öffentlicher Dienst angesehen; und die entsprechende Körperschaft war mit der Verantwortung gegenüber dem Staat belastet[10].

Das war der Ruin dieser Einrichtung. Denn diese Abhängigkeit vom Staat degenerierte alsbald in eine unerträgliche Hörigkeit, die die Kaiser nur durch Zwang aufrechterhalten konnten. Alle möglichen Prozeduren wurden angewendet, um die Arbeiter zu hindern, sich ihren schweren Verpflichtungen zu entziehen, die ihnen aus ihrem Beruf selbst erwachsen waren. Man ging sogar so weit, sie mit Gewalt anzuwerben und einzuziehen. Ein derartiges System konnte offenbar nur solange bestehen, als die politische Macht stark genug war, es aufzuzwingen. Darum überlebte es das Kaiserreich nicht. Im übrigen hatten die Bürgerkriege und die Invasionen Handel und Gewerbe vernichtet. Die Handwerker nützten diese Gelegenheit, um aus den Städten zu fliehen und sich auf dem Land zu zerstreuen. So erlebten die ersten Jahrhunderte unserer Ära ein Phänomen, das sich spiegelgleich am Ende des 18. Jahrhunderts wiederholte: das korporative Leben erlosch fast vollkommen. Es blieben nur mehr Spuren in Gallien und in Germanien übrig. Wenn sich also ein Theoretiker in diesem Augenblick der Lage bewußt geworden wäre, so hätte er wahrscheinlich geschlossen, so wie es später die Ökonomisten getan haben, daß die Berufsorganisationen keine oder wenigstens keine wesentliche Daseinsberechtigung mehr hatten und daß sie unwiederbringlich verschwunden wären. Vermutlich hätte er jeden Versuch, sie wiederzubeleben, als rückständig und undurchführbar angesehen. Aber die Ereignisse hätten eine derartige Prophezeiung rasch Lügen gestraft.

9 Waltzing, *Étude historique sur les corporations professionnelles chez les Romains*, t. I, p. 56–57.

10 Einige Historiker glauben, daß die Körperschaften vom Anfang an in Beziehung zum Staat gestanden haben. Es ist aber auf alle Fälle sicher, daß ihr offizieller Charakter erst unter dem Kaiserreich deutlich entwickelt wurde.

Denn in Wirklichkeit begannen die Berufsorganisationen nach einem zeitweiligen Verschwinden eine neue Existenz in allen europäischen Gesellschaften. Im 11. und im 12. Jahrhundert erwachen sie wieder zum Leben. Von dem Augenblick an, sagt Levasseur, »fühlten die Handwerker das Bedürfnis, sich zu vereinigen und ihre ersten Verbindungen zu gründen«[11]. Auf alle Fälle stehen sie im 13. Jahrhundert wieder in voller Blüte und sie entwickelten sich bis zu dem Tag, an dem sie aufs neue verfielen. Eine derartig beständige Einrichtung kann nicht von einer willkürlichen und zufälligen Besonderheit abhängen; noch weniger ist die Annahme möglich, daß sie das Ergebnis irgendeiner kollektiven Verirrung seien. Wenn sie von der Gründung Roms an bis zum Höhepunkt des Kaiserreichs, vom Beginn der christlichen Gesellschaft bis in die modernen Zeiten notwendig waren, dann waren sie die Antwort auf dauerhafte und tiefe Bedürfnisse. Besonders die Tatsache, daß sie, nachdem sie ein erstes Mal verschwunden waren, aus sich selbst und in einer neuen Form wiedererstanden sind, nimmt dem Argument jeden Wert, daß ihr gewaltsames Verschwinden am Ende des vorigen Jahrhunderts als Beweis gälte, daß sie nicht mehr mit den neuen Bedürfnissen der kollektiven Existenz harmonieren. Im übrigen ist das Bedürfnis, das heute alle großen zivilisierten Gesellschaften empfinden, sie ins Leben zu rufen, das sicherste Symptom, daß diese radikale Unterdrückung kein Heilmittel war und daß die Reform von Turgot eine andere Reform erzwang, die nicht ständig aufgeschoben werden darf.

II

Wenn nicht jede korporative Organisation notwendigerweise ein historischer Anachronismus ist, darf man annehmen, daß sie in unserer gegenwärtigen Gesellschaft die bedeutende Rolle spielen kann, die wir ihr zuschreiben. Denn wenn wir sie für unabdingbar halten, so nicht wegen der ökonomischen Dienste, die sie leisten, sondern wegen des moralischen Einflusses, den sie haben könnte. Was wir vor allem in der Berufsgruppe sehen, ist die moralische Kraft, die die individuellen Egoismen zügeln, im Herzen der Ar-

11 Levasseur, *Les classes ouvrières en France jusqu'à la Révolution*, I, 194.

beiter ein lebhafteres Gefühl ihrer Solidarität unterhalten und das Gesetz des Stärkeren daran hindern kann, sich dararart brutal auf die gewerblichen und kaufmännischen Beziehungen auszuwirken. Sie gilt aber als ungeeignet für eine derartige Rolle. Weil sie ihre Entstehung weltlichen Interessen verdankt, scheint es, als ob sie nur zu Utilitätszwecken geeignet wäre, und die Erinnerung an die Zünfte des *Ancien Régime* bestätigt nur diesen Eindruck. Man stellt sich diese in der Zukunft gerne so vor, wie sie in den letzten Jahren ihrer Existenz gewesen sind, als sie vor allem darauf bedacht waren, ihre Privilegien und ihre Monopole zu erhalten. Kein Mensch sieht daher ein, wie derartig engbegrenzte professionelle Betätigungen eine günstige Wirkung auf die Moralität der Körperschaft oder ihrer Mitglieder haben könnten.

Man muß sich aber davor hüten, auf das ganze korporative System auszudehnen, was nur für bestimmte Körperschaften und während einer sehr kurzen Zeit ihrer Entwicklung wahr gewesen ist. Statt daß sie von einer Art moralischen Gebrechens heimgesucht wurden, das in ihrer Konstitution selber läge, handelt es sich im besonderen um die moralische Rolle, die sie im größten Teil ihrer Geschichte gespielt hat. Das ist in hohem Maß bei den römischen Berufsorganisationen sichtbar. »Die Handwerkergilden hatten keineswegs bei den Römern jenen professionellen Charakter wie im Mittelalter: man findet bei ihnen weder Vorschriften noch Methoden, weder aufgezwungene Lehre noch Monopole; ihr Ziel war es außerdem nicht, die nötigen Kapitalien zu sammeln, um ein Gewerbe auszubeuten.«[12] Zweifellos vermittelte ihnen die Vereinigung mehr Macht, um bei Bedürfnis ihre gemeinsamen Interessen zu stützen. Aber das war nur eine nützliche Zugabe, die ihnen die Einrichtung abwarf; das war nicht ihr Daseinszweck, nicht ihre Hauptfunktion. Die Berufsorganisation war vor allem eine religiöse Vereinigung. Jede einzelne hatte ihren besonderen Gott, dessen Kult in einem besonderen Tempel gefeiert wurde, wenn sie die Mittel dazu hatten. Genauso wie jede Familie ihren *lar familiaris* und jede Stadt ihren *genius publicus*, so hatte jede Vereinigung ihren Schutzgott, ihren *genius collegii*. Natürlich hatte dieser Kult der Handwerker seine Feste, die man gemeinsam mit Opfern und Festessen feierte. Alle möglichen Um-

12 Waltzing, *Op. cit.*, I, 194.

stände dienten im übrigen dazu, um fröhlich zusammenzukommen. Oft wurden auch Lebensmittel oder Geld auf Kosten der Gemeinschaft verteilt. Man hat sich gefragt, ob die Berufsorganisation nicht auch eine Unterstützungskasse hatte, ob sie regelmäßig Mitglieder unterstützte, die dessen bedurften. Über diesen Punkt sind die Ansichten geteilt[13]. Was aber diese Diskussion zum Teil uninteressant und bedeutungslos macht, ist die Tatsache, daß diese gemeinsamen Essen, die mehr oder weniger periodisch stattfanden, und die Zuweisungen, die sie begleiteten, an die Stelle der Unterstützung traten und die Aufgabe einer indirekten Hilfsmaßnahme erfüllten. Auf alle Fälle wußten die Bedürftigen, daß sie mit dieser verhohlenen Unterstützung rechnen konnten. – Als Folge dieses religiösen Charakters war die Genossenschaft der Handwerker zu gleicher Zeit auch ein Beerdigungsverein. Wie die *gentiles* in einem gemeinsamen Kult während ihres Lebens verbunden waren, wollten, wie sie, die Mitglieder der Genossenschaft ihren letzten Schlaf gemeinsam schlafen. Alle Genossenschaften, die reich genug waren, hatten ihre gemeinsamen Begräbnisstätten (*columbarium*), wo die Genossenschaft, falls sie nicht die Mittel hatte, um eine Grabstätte zu kaufen, ihren Mitgliedern wenigstens ein ehrenhaftes Begräbnis auf Kosten der Gemeinschaftskasse sicherte.

Ein gemeinsamer Kult, gemeinsame Essen, gemeinsame Feste, gemeinsame Begräbnisstätten, all das zusammen, ist das nicht das Hauptkennzeichen der Familienorganisation der Römer? So konnte man sagen, daß die römische Berufsorganisation eine »große Familie« war. Waltzing schreibt: »Kein Wort bezeichnet besser die Natur dieser Beziehungen, die die Berufskollegen verbanden, und viele Merkmale beweisen, daß eine große Brüderlichkeit in ihrem Schoß regierte.«[14] Die Gemeinschaft der Interessen ersetzte die Blutsbande. »Die Mitglieder sehen einander als Brüder an und manchmal geben sie sich untereinander diesen Namen.« Allerdings war die gewöhnliche Bezeichnung *sodales* (Genossen). Aber dieses Wort drückt eine geistige Verwandtschaft aus, die eine enge Brüderlichkeit beinhaltet. Der Schirmherr und die Schirmherrin der Genossenschaft hatten oft den Titel Vater

13 Die Mehrheit der Historiker vertritt die Ansicht, daß bestimmte Genossenschaften zum mindesten Vereine zur gegenseitigen Unterstützung waren.

14 Waltzing, *Op. cit.*, I, p. 330.

und Mutter. »Ein Beweis für die Ergebenheit, die die Berufsgenossen für ihre Genossenschaft hatten, sind die Vermächtnisse und Geschenke, die sie ihr machten. Auch die Grabsteine beweisen das: *Pius in collegio*, er war seiner Genossenschaft treu, so wie man liest: *pius in suos*, den Seinen treu.«[15] Dieses Familienleben war derart entwickelt, daß Boissier daraus das Hauptziel aller römischen Genossenschaften macht. »Selbst in den Arbeitsgenossenschaften vereinigte man sich vor allem wegen des Vergnügens, gemeinsam zu leben, um sich auch außerhalb seines Hauses von der Müdigkeit und den Plagen zu erholen, um eine weniger enge Intimität zu haben als die Familie und eine weniger ausgedehnte als die Stadt; um sich das Leben leichter und angenehmer zu machen.«[16]

Wie die christlichen Gesellschaften einem sozialen Typus angehören, der sich vom Typus des Stadtstaates stark unterscheidet, so ähnelten die Berufsorganisationen des Mittelalters nicht genau den römischen. Aber auch sie bildeten für ihre Mitglieder eine moralische Umwelt. »Die Zunft vereinigte mit engen Banden die Leute eines gleichen Gewerbes. Recht oft ließen sie sich in einer Pfarrei oder in einer besonderen Kapelle nieder und stellten sich unter den Schutz eines Heiligen, der der Patron der ganzen Gemeinschaft wurde ... Dort versammelte man sich, dort nahm man unter großem Pomp an den feierlichen Messen teil, nach denen die Mitglieder der Brüderschaft gemeinsam den Tag mit einem Festessen beendeten. In dieser Hinsicht ähnelten die Zünfte des Mittelalters stark den Berufsorganisationen der römischen Epoche.«[17] Im übrigen widmete die Zunft oft einen Teil ihres Vermögens wohltätigen Werken.

Andrerseits fixierten für jedes Handwerk genaue Regeln die jeweiligen Pflichten der Arbeitgeber und der Arbeiter wie die Pflichten der Arbeitgeber untereinander[18]. Natürlich gibt es Regeln, die nicht mit unseren heutigen Ideen übereinstimmen; aber man muß sie nach der Moral der damaligen Zeit beurteilen, die

15 Waltzing, *Op. cit.*, I, p. 331.

16 Boissier, *La religion romaine*, II, p. 287–288.

17 Levasseur, *Op. cit.*, I, 217–218.

18 Levasseur, *Op. cit.*, I, p. 221. – Über den gleichen moralischen Charakter der Körperschaften s. für Deutschland: Gierke, *Das deutsche Genossenschaftswesen*, I, 384; für England: Ashley, *Hist. des doctrines économiques*, I, p. 101.

sie ja ausdrückten. Unwiderlegbar aber ist, daß sie alle aus der Sorge nicht dieser oder jener individuellen Interessen gekommen sind, sondern aus dem korporativen Interesse, ganz gleich ob sie es nun gut oder schlecht verstanden haben. Nun hat aber die Unterordnung des privaten Nutzens unter den gemeinsamen Nutzen, wie er auch beschaffen sei, immer einen moralischen Charakter, denn er beinhaltet notwendigerweise einen gewissen Geist des Opfers und der Selbstverleugnung. Im übrigen kamen viele dieser Vorschriften aus moralischen Gefühlen, die uns heute noch bewegen. Der Diener wurde vor den Launen des Herren beschützt, der ihn nicht nach seinem Willen entlassen konnte. Allerdings war diese Bedingung gegenseitig; aber außer daß diese Gegenseitigkeit in sich schon gerecht ist, ist sie umso mehr auf Grund der bedeutenden Privilegien gerechtfertigt, die damals der Arbeiter genoß. So war es den Arbeitgebern verboten, ihn seines *Rechts auf Arbeit* zu berauben, indem sie sich von ihren Nachbarn oder gar von ihren eigenen Frauen helfen ließen. Mit einem Wort, »diese Vorschriften über die Lehrlinge und die Arbeiter darf der Historiker oder der Volkswirtschaftler nicht gering schätzen. Sie sind nicht das Werk eines barbarischen Jahrhunderts. Sie tragen den Stempel eines folgerichtigen und gesunden Menschenverstandes, der zweifellos der Beachtung würdig ist.«[19] Schließlich war ein ganzer Teil der Vorschriften darauf gerichtet, die Redlichkeit im Beruf zu garantieren. Alle möglichen Vorsichtsmaßnahmen waren vorgesehen, um den Händler oder den Handwerker daran zu hindern, den Käufer zu betrügen, um sie zu verpflichten, »ein gutes und redliches Werk zu tun«[20]. – Natürlich kam ein Augenblick, wo die Regeln unnötigerweise lästig wurden, wo die Meister sich viel mehr damit beschäftigten, ihre Privilegien zu schützen als auf den guten Ruf ihres Gewerbes und auf die Ehrlichkeit ihrer Mitglieder zu achten. Aber es gibt keine Einrichtung, die nicht zu einem bestimmten Zeitpunkt degeneriert, entweder weil sie sich nicht beizeiten gewandelt hat und sich festfährt, oder weil sie sich in einer einzigen Richtung entwickelt und bestimmte ihrer Eigenschaften auswuchern: Damit wird sie ungeschickt, die Dienste zu leisten, mit denen sie betraut ist. Das kann ein Grund sein, um sie zu reformieren, aber nicht, um sie für ewig unnütz zu erklären und sie zu zerstören.

19 Levasseur, *Op. cit.*, p. 238. 20 ID., *Op. cit.*, p. 240–261.

Wie es sich auch in diesem Punkt verhalten mag, die vorhin aufgeführten Tatsachen genügen als Beweis, daß die Berufsgruppe keineswegs ungeeignet ist, eine moralische Wirkung auszuüben. Der so bedeutende Platz, den die Religion im Leben sowohl in Rom als im Mittelalter eingenommen hatte, beleuchtet ganz besonders die wahre Natur ihrer Funktionen; denn jede religiöse Gemeinschaft stellte damals eine moralische Welt dar, so wie jede moralische Disziplin notwendigerweise dahin neigt, eine religiöse Form anzunehmen. Im übrigen hängt dieser Charakterzug der korporativen Organisation von der Wirkung sehr allgemeiner Gründe ab, die man auch unter anderen Umständen wirken sehen kann. Von dem Augenblick an, wo im Schoß einer politischen Gesellschaft eine bestimmte Anzahl von Individuen Ideen, Interessen, Gefühle und Beschäftigungen gemeinsam haben, die der Rest der Bevölkerung nicht mit ihnen teilt, ist es unvermeidlich, daß sie sich unter dem Einfluß der Gleichartigkeit untereinander angezogen fühlen, daß sie sich suchen, in Verbindung treten, sich vereinen und auf diese Weise nach und nach eine engere Gruppe bilden, die ihre eigene Physiognomie im Schoß der allgemeinen Gesellschaft hat. Sobald aber die Gruppe gebildet ist, entsteht ein moralisches Leben, das auf natürliche Weise den Stempel der besonderen Bedingungen trägt, in denen sie entstanden ist. Denn es ist unmöglich, daß Menschen zusammenleben und regelmäßig miteinander verkehren, ohne nicht schließlich zu fühlen, daß sie mit ihrer Vereinigung ein Ganzes bilden, ohne daß sie sich an dieses Ganze anschließen, sich mit dessen Interessen beschäftigen und es in ihr Verhalten einbeziehen. Nun ist aber dieses Festhalten an etwas, was das Individuum überschreitet, diese Unterordnung der Einzelinteressen unter ein Gesamtinteresse, die Quelle selber jeder moralischen Tätigkeit. Ob sich nun dieses Gefühl auf die gewöhnlichsten oder bedeutsamsten Umstände auswirkt und ausbildet, es drückt sich immer in bestimmten Formeln aus; und damit entsteht eine Sammlung moralischer Regeln.

Zur gleichen Zeit, wo dieses Ergebnis aus sich selber und der Macht der Dinge entsteht, ist es nützlich, und das Gefühl seiner Nützlichkeit trägt dazu bei, es zu festigen. Aber nicht nur die Gesellschaft ist daran interessiert, daß sich diese Sondergruppen bilden, um die Tätigkeit zu regeln, die sich in ihnen ausbildet und die sonst anarchisch würde; auch das Individuum findet darin eine Quelle der Freude. Denn die Anarchie bereitet sich selber nur Schmerzen. Sie selbst leidet an den Reibungen und an der Unordnung, die jedesmal dann entstehen, wenn die zwischenmenschlichen Beziehungen keinem regelnden Einfluß unterworfen sind. Es ist nicht gut für den Menschen, inmitten seiner engsten Umwelt auf dem Kriegsfuß zu leben. Dieses Gefühl einer allgemeinen Feindschaft, das gegenseitige Mißtrauen, das daraus entsteht, und die Spannung, die sie bedingt, sind schmerzhafte Zustände, wenn sie chronisch werden. Wenn wir schon den Krieg lieben, so lieben wir doch auch die Freuden des Friedens, und die sind umso wertvoller für Menschen, je tiefer sie sozialisiert, d. h. (denn die beiden Wörter sind gleichwertig) je tiefer sie zivilisiert sind. Das gemeinsame Leben ist anziehend und zu gleicher Zeit zwingend. Zweifellos ist der Zwang nötig, um den Menschen dahin zu bringen, sich selbst zu übertreffen und seiner physischen Natur eine andere hinzuzufügen. In dem Maß, wie er lernt, die Reize dieser neuen Existenz auszukosten, werden sie ihm notwendig, und es gibt keine Art von Tätigkeit, wo er sie nicht leidenschaftlich sucht. Wenn also Individuen, die gemeinsame Interessen haben, sich vereinigen, so geschieht das nicht nur, um diese Interessen zu verteidigen, sondern um sich zu vergesellschaften, um sich nicht mehr inmitten der Gegner verloren zu fühlen, um das Vergnügen zu haben, in Verbindung zu stehen, um eins zu sein mit anderen, d. h. nichts anderes, als um gemeinsam ein gleiches moralisches Leben zu führen.

Die Familienmoral hat sich nicht anders herausgebildet. Wegen des Prestiges, das die Familie in unseren Augen behalten hat, scheint es uns, daß sie, wenn sie immer eine Schule der Hingabe und der Selbstverleugnung und die eigentliche Heimstätte der Moralität war und ist, das auf Grund der ganz besonderen Charaktereigenschaften ist, die ihr eigen und die anderswo nirgends zu finden sind. Man bildet sich zwar ein, daß in der Blutsverwandtschaft ein außergewöhnlich mächtiger Grund einer moralischen Annäherung liegt. Aber wir haben schon oft die Gelegenheit gehabt zu zeigen[21], daß die Blutsverwandtschaft keineswegs diese außerordentliche Wirksamkeit hat, die man ihr zuschreibt. Der

21 S. bes. *Année sociologique*, I, p. 313 et suiv.

Beweis dafür ist, daß in einer Vielzahl von Gesellschaften die Nichtblutsverwandten in großer Zahl im Schoß der Familie leben: die sog. künstliche Verwandtschaft wird dort mit großer Leichtigkeit geschlossen und sie hat dieselben Wirkungen wie die natürliche Verwandtschaft. Umgekehrt kommt es häufig vor, daß sehr nahe Verwandte moralisch und juridisch untereinander fremd sind: das ist z. B. der Fall mit den Verwandten mütterlicherseits in der römischen Familie. Die Familie verdankt also ihre Tugenden nicht der Einheit der Abstammung: Es handelt sich einfach um eine Gruppe von Individuen, die einander im Schoß einer politischen Gesellschaft durch eine besonders enge Gemeinschaft von Ideen, Gefühlen und Interessen nähergerückt sind. Die Blutsverwandtschaft hat diese Verbindung erleichtert; denn sie hat auf natürliche Weise die Wirkung, daß sich das Bewußtsein des einen dem des anderen zuneigt. Aber viele andere Faktoren haben mitgewirkt: die materielle Nachbarschaft, die Solidarität der Interessen, das Bedürfnis, sich zu vereinen, um gegen eine gemeinsame Gefahr zu kämpfen oder einfach, um sich zu vereinigen, das waren wesentlich mächtigere Gründe für die Annäherung.

Sie sind also nicht nur der Familie zu eigen, und wir finden sie, wenn auch unter anderen Formen, in der Berufsorganisation wieder. Wenn die erste dieser Gruppen eine so bedeutsame Rolle in der moralischen Geschichte der Menschheit gespielt hat, warum soll die zweite dessen nicht fähig sein? Zweifellos wird es zwischen ihnen diesen Unterschied geben, daß die Mitglieder der Familie die Gesamtheit ihrer Existenz gemeinsam haben, die Mitglieder der Berufsorganisation jedoch nur ihre beruflichen Betätigungen. Die Familie ist also so etwas wie eine vollständige Gesellschaft, deren Wirkung sich sowohl auf unsere ökonomische wie auf unsere religiöse, politische, wissenschaftliche usw. Tätigkeit ausdehnt. Alles, was wir tun, und sei es auch von geringer Wichtigkeit, auch außerhalb des Hauses, spiegelt sich in ihr wider und ruft angemessene Reaktionen hervor. Die Einflußsphäre der Zunft ist in gewissem Sinn viel enger. Trotzdem darf man den immer bedeutenderen Platz nicht außer acht lassen, den der Beruf in dem Maß im Leben einnimmt, in dem sich die Arbeit weiter teilt; denn das individuelle Betätigungsfeld verengt sich immer mehr in den Grenzen, die von den Funktionen gesetzt werden, mit denen das Individuum speziell betraut ist. Wenn die Wirkung der

Familie sich also auf alles auswirkt, so kann sie nur sehr allgemein sein; die Einzelheiten entgehen ihr. Da die Familie ihre Einheit und ihre Unteilbarkeit von ehedem verloren hat, so hat sie schließlich und vor allem zu gleicher Zeit einen großen Teil ihrer Leistungsfähigkeit verloren. Da sie sich heute mit jeder Generation mehr zerstreut, verbringt der Mensch einen großen Teil seiner Existenz weitab von jedem häuslichen Einfluß[22]. Die Zunft kennt keine dieser Unterbrechungen; sie ist stetig wie das Leben. Der geringere Rang, den sie in gewissen Hinsichten gegenüber der Familie haben kann, ist also nicht ohne Ausgleich.

Wenn wir also geglaubt haben, die Familie der Zunft annähern zu müssen, so geschah das nicht einfach, um zwischen ihnen eine lehrreiche Parallele zu ziehen, sondern weil diese beiden Einrichtungen in gewissem Grad verwandt sind. Das zeigt vor allem die Geschichte der römischen Berufsorganisationen. Wir haben gesehen, wie sie sich nach dem Vorbild der Familie entwickelt haben, von der sie zuerst eine neue und vergrößerte Form waren. Nun würde die Berufsgruppe nicht derart der Familiengruppe ähnlich sein, wenn es nicht zwischen ihnen irgendwelche Verbindung gäbe. In der Tat war die Berufsorganisation in einem bestimmten Sinn Erbin der Familie. Solange das Gewerbe rein landwirtschaftlich war, hat es in der Familie und im Dorf, das selbst nur eine Art großer Familie war, sein unmittelbares Organ; es braucht kein anderes. Weil der Tausch nicht oder nur wenig entwickelt ist, zieht das Landleben den Landarbeiter nicht aus dem Familienkreis heraus. Da die ökonomische Tätigkeit sich nicht außerhalb des Hauses auswirkt, genügt die Familie, um sie zu regeln, und diese dient selber als Arbeitsgruppe. Aber das hört auf, sobald es Handwerker gibt. Um von einem Handwerk zu leben, braucht man Kunden, man muß aus dem Haus herausgehen, um sie zu finden. Man muß auch aus dem Haus herausgehen, um mit den Konkurrenten in Verbindung zu treten, um gegen sie zu kämpfen oder sich mit ihnen zu verständigen. Im übrigen setzen die Handwerke mehr oder weniger direkt die Städte voraus, und die Städte entstehen immer hauptsächlich mit Hilfe von Einwanderern, d. h. von Individuen, die ihre Geburtsstätten verlassen haben. Damit war eine neue Form der Tätigkeit entstanden, die über den alten

22 Wir haben diese Idee im »*Selbstmord*« S. 447 entwickelt.

Familienrahmen hinausging. Damit sie nicht unorganisiert bleibt, mußte sie sich einen neuen Rahmen schaffen, der ihr eigen war. Mit anderen Worten: eine zweitrangige Gruppe einer neuen Art muß sich notwendigerweise bilden. So entstand die Zunft. Sie trat an die Stelle der Familie in der Ausübung einer Funktion, die zuerst häuslich war, die aber diesen Zug nicht mehr bewahren konnte. Ein derartiger Ursprung gestattet nicht, ihr eine Art eingeborener Amoralität anzudichten. So wie die Familie der Ort war, an dem sich die Moral und das Recht der Familie entwickelt hat, so ist die Zunft der natürliche Ort, in dessen Schoß sich die Moral und das Recht des Gewerbes entwickeln mußte.

III

Um alle Vorurteile zu zerstreuen und um zu zeigen, daß das korporative System nicht nur eine Einrichtung der Vergangenheit ist, wäre es notwendig zu zeigen, welche Wandlungen es durchgehen muß und kann, um sich den modernen Gesellschaften anzupassen. Denn es ist klar, daß es heute nicht das sein kann, was es im Mittelalter war.

Um diese Frage methodisch behandeln zu können, müßte man vorher dargelegt haben, auf welche Weise sich das korporative System in der Vergangenheit entwickelte und welches die Gründe für die hauptsächlichsten Veränderungen waren, die es erlitten hat. Dann könnte man mit einiger Sicherheit voraussagen, was aus ihm werden wird, wenn man die Bedingungen kennt, unter denen die europäischen Gesellschaften heute stehen. Dazu wären aber vergleichende Studien nötig, die noch nicht unternommen wurden und die wir hier nicht machen können. Vielleicht ist es aber trotzdem nicht unmöglich, schon heute, wenn auch nur in den Hauptlinien, wahrzunehmen, wie diese Entwicklung verlaufen ist.

Aus dem Vorhergehenden ergibt sich schon, daß die Berufsorganisation in Rom nicht das war, was sie später in den christlichen Gesellschaften geworden ist. Sie unterscheidet sich von ihnen nicht nur durch ihren religiöseren und weniger professionellen Charakter, sondern auch durch die Stellung, die sie in der Gesellschaft einnimmt. Sie war, wenigstens am Anfang, eine außersoziale Einrichtung. Der Historiker, der die politische Organisation der Römer in ihren Elementen zu erfassen sucht, begegnet im Verlauf seiner Analyse keinem Faktum, das ihn auf die Existenz der Berufsorganisation aufmerksam machen könnte. Sie treten bei der Bildung Roms nicht als bestimmte und anerkannte Einheiten auf. In keiner Wählerversammlung und in keinem der Heeresverbände waren die Handwerker in Genossenschaften vereint: nirgends nahm das Gewerbe als Körperschaft oder durch die Vermittlung ordentlicher Stellvertreter am öffentlichen Leben teil. Die Frage könnte höchstens für 3 oder 4 Genossenschaften gestellt werden, die man mit bestimmten von Servius Tullius aufgestellten Hundertschaften identifizieren zu können glaubt (*tignarii, aerarii, ticicines, cornicines* = Zimmerleute, Schmiede, Flöten- und Hornspieler). Aber selbst dieses ist unsicher[23]. Was die anderen Berufsorganisationen betrifft, so lagen sie bestimmt außerhalb der offiziellen Organisation des römischen Volkes[24].

Diese ausgefallene Situation kann man in gewissem Sinn durch die Bedingungen selbst erklären, unter denen sie entstanden sind. Sie erscheinen in dem Augenblick, wo sich die Handwerke zu entwickeln beginnen. Nun waren aber lange Zeit die Handwerke nur eine Neben- und zweitrangige Beschäftigung der sozialen Betätigung der Römer. Rom war im wesentlichen eine Bauern- und Kriegergesellschaft. Als Bauerngesellschaft war sie in *gentes* (Volk) und *curiae* (Rat) eingeteilt. Die Versammlung in Hundertschaften spiegelte eher die militärische Organisation wider. Was die Gewerbefunktionen betrifft, so waren sie zu rudimentär, um die politische Struktur der Stadt zu beeinflussen[25]. Im übrigen

23 Wahrscheinlicher ist, daß die so benannten Hundertschaften nicht nur Zimmerleute und Schmiede enthielten, sondern nur jene, die die Waffen oder die Kriegsmaschinen herstellten oder reparierten. Dionysios von Helicarnas sagt ausdrücklich, daß die derart gruppierten Arbeiter eine rein militärische Funktion hatten εἰς τὸν πολεμὸν ; das waren also keine eigentlichen Genossenschaften, sondern Unterabteilungen des Heeres.

24 Alles, was wir über die Lage der Körperschaften sagen, läßt die umstrittene Frage offen, ob der Staat vom Anfang an in ihre Bildung eingegriffen hat. Selbst wenn sie vom Anbeginn unter der Abhängigkeit des Staates gestanden hätten (was nicht wahrscheinlich erscheint), so bleibt doch, daß sie die politische Struktur nicht berührt haben. Das ist für uns ausschlaggebend.

25 Wenn man eine Entwicklungsstufe weiter hinabsteigt, so ist ihre Situation noch ausgefallener. In Athen sind sie nicht nur außersozial, sondern fast außerlegal.

litten die Handwerke bis in eine sehr späte Zeit der römischen Geschichte unter einem moralischen Mißkredit, der ihnen nicht erlaubte, einen geregelten Platz im Staat einzunehmen. Zweifellos kam eine Zeit, wo sich ihre soziale Stellung verbesserte. Aber die Art, wie diese Verbesserung erreicht wurde, ist selbst schon bedeutsam. Um ihre Interessen respektiert zu sehen und um im öffentlichen Leben eine Rolle zu spielen, mußten die Handwerker zu regelwidrigen und außerlegalen Mitteln greifen. Sie triumphierten über die Mißachtung, deren Ziel sie waren, nur mit Hilfe von Intrigen, Komplotten und geheimen Umtrieben[26]. Das ist der beste Beweis, daß ihnen die römische Gesellschaft von sich aus nicht offen stand. Wenn es ihnen auch später gelang, in den Staat eingegliedert zu werden, um ein Rädchen in der administrativen Maschine zu werden, so war diese Lage für sie kein ruhmreicher Erfolg, sondern eine lästige Abhängigkeit. Als sie dann in den Staat eingegliedert waren, nahmen sie nicht den Platz ein, den sie nach ihren sozialen Verdiensten berechtigt waren einzunehmen, sondern nur, um durch die Staatsmacht unauffälliger überwacht zu werden. So sagt Levasseur: »Die Berufsorganisation wurde eine Kette, die sie zu Gefangenen machte, und die die kaiserliche Hand um so kürzer hielt, je lästiger oder notwendiger ihre Arbeit für den Staat war.«[27]

Ganz anders ist ihr Platz in den Gesellschaften des Mittelalters. Vom Anfang an, sobald die Zunft erscheint, stellt sie den normalen Rahmen jenes Bevölkerungsteiles dar, der schließlich eine so bedeutende Rolle im Staat spielen sollte: das Bürgertum oder der Dritte Stand. Denn in der Tat sind Bürger und Handwerker lange Zeit ein und dasselbe. »Das Bürgertum des 13. Jahrhunderts war ausschließlich aus Handwerkern zusammengesetzt. Die Klasse der Rats- und Gerichtsbeamten wagte sich erst zu bilden. Die Gelehrten gehörten noch dem Klerus an; die Zahl der Rentner war sehr klein, weil fast der gesamte Grundbesitz in den Händen des Adels war. So blieb den Nichtadligen nur die Arbeit in der Werkstatt oder am Ladentisch. Durch das Gewerbe und den Handel haben sie ihren Rang im Königreich erobert.«[28] Das gleiche gilt für Deutschland. Bürger und Städter waren synonyme Aus-

26 Waltzing, *Op. cit.*, I, p. 85 sequ.
27 Levasseur, *Op. cit.*, I, 31.
28 Id, *Op. cit.*, I, 191.

drücke. Andrerseits wissen wir, daß sich die deutschen Städte rund um ständige Märkte entwickelt haben, die ein Grundherr an einer bestimmten Stelle seines Besitzes eröffnet hatte. Die Bevölkerung, die sich um diese Märkte gruppierte und zur Stadtbevölkerung wurde, war fast ausschließlich aus Handwerkern und Kaufleuten zusammengesetzt. So dienten die Wörter *forenses* (Städter) oder *mercatores* (Händler) in gleichem Maß, um die Bewohner von Städten zu kennzeichnen[29], und das *jus civile* oder Stadtrecht wurde auch sehr oft *jus fori* oder Marktrecht genannt. Die Organisation der Handwerke und des Handels scheint also die ursprüngliche Organisation des europäischen Bürgertums gewesen zu sein.

Als sich die Städte von der lehnsherrlichen Bevormundung befreiten und sich die Gemeinden bildeten, wurden die Innungen der Handwerker, die dieser Bewegung vorausgingen und sie vorbereitet hatten, zur Grundlage der Gemeindeeinrichtung. In der Tat »waren in fast allen Gemeinden das politische System und die Wahl der Ratsmitglieder auf die Einteilung der Bürger in Handwerksgilden begründet«[30]. Sehr oft wählte man nach Handwerksgilden, und zwar zu gleicher Zeit die Vorsteher der Zünfte und die Vorsteher der Gemeinde. »In Amiens z. B. versammelten sich die Handwerker jährlich, um die Bürgermeister jeder Zunft oder jedes Zunftbanners zu wählen. Die gewählten Bürgermeister ernannten dann 12 Schöffen, die wieder 12 andere Schöffen ernannten und diese Schöffen stellten ihrerseits den Bannerbürgermeistern 3 Personen vor, aus denen sie den Bürgermeister der Gemeinde wählten ... In einigen Städten war der Wahlmodus noch komplizierter, aber in allen Städten war die politische und die Gemeindeorganisation eng mit der Arbeitsorganisation verbunden.«[31] Wie die Gemeinde ein Zusammenschluß von Handwerkszünften war, so war umgekehrt die Zunft eine verkleinerte Gemeinde, aus dem einfachen Grund, weil sie das Vorbild gewesen ist, von dem die Gemeinde nur eine vergrößerte und entwickeltere Form war.

Nun wissen wir aber aus der Geschichte unserer Gesellschaften,

29 S. Rietschel, *Markt und Stadt in ihrem rechtlichen Verhältnis*, Leipzig, 1897, *passim*, und alle Werke von Sohm über diesen Punkt.

30 Waltzing, *op. cit.*, I, 193.

31 *Ibid.*, I, 183.

daß die Gemeinde mit der Zeit zu ihrem Eckstein geworden ist. Da sie eine Vereinigung der Zünfte war und da sie nach dem Modell der Zünfte gebildet war, ist folglich sie es, die letztlich zur Grundlage eines ganzen politischen Systems gedient hat, das aus der Gemeindebewegung hervorgegangen ist. Man sieht, daß sie im Lauf der Zeit außerordentlich an Bedeutung und Würde gewonnen hat. Während sie in Rom damit begonnen hatte, fast außerhalb des normalen Lebens zu stehen, hat sie hier im Gegenteil als Urzelle unserer heutigen Gesellschaften gedient. Das ist ein neuer Grund, warum wir uns wehren, in ihr eine Art archaischer Einrichtung zu sehen, die bestimmt sei, aus der Geschichte zu verschwinden. Denn wenn die Rolle, die sie in der Vergangenheit gespielt hat, umso lebenswichtiger geworden ist, je mehr sich Handel und Gewerbe entwickelt haben, dann ist es völlig unwahrscheinlich, daß neue ökonomische Fortschritte die Wirkung haben sollten, ihr jede Daseinsberechtigung zu entziehen. Die entgegengesetzte Hypothese würde gerechtfertigter erscheinen[32].

Aber wir können noch andere Lehren aus dem raschen Überblick ziehen, den wir getan haben.

Zuerst können wir daraus ersehen, wie die Berufsorganisation seit ungefähr zwei Jahrhunderten vorübergehend in Mißkredit gefallen ist, und was sie werden muß, um ihren Rang in unseren öffentlichen Einrichtungen wieder einzunehmen. Wir haben in der Tat gesehen, daß sie unter der Form, die sie im Mittelalter hatte, eng mit der Organisation der Gemeinde verbunden war. Diese Solidarität hatte keinen Nachteil, solange die Zünfte selbst einen kommunalen Charakter hatten. Solange im Prinzip die Handwerker und Händler mehr oder weniger ausschließlich nur die Bewohner der Stadt oder der nächsten Umgebung zu Kunden hatten, d. h. solange es sich hauptsächlich um einen Lokalmarkt handelte, solange genügte die Innung der Zünfte mit ihrer muni-

32 Zwar haben die Handwerker, als sie sich in Kasten organisierten, sehr rasch einen sichtbaren Platz in dem sozialen Gefüge eingenommen. Das ist der Fall mit den Gesellschaften in Indien. Aber die Kaste ist keine Körperschaft. Sie ist im wesentlichen eine Familien- und religiöse Gruppe, aber keine Berufsgruppe. Jede hat ihren eigenen Grad an Religiosität. Da die Gesellschaft religiös organisiert ist, weist diese Religiosität, die von verschiedenen Ursachen abhängt, jeder Kaste einen bestimmten Rang in der Gesamtheit des sozialen Systems zu. Ihre ökonomische Bedeutung spielt in dieser offiziellen Situation keine Rolle. (S. Bouglé, Remarques sur le régime des castes, *Année sociologique*, IV.)

zipalen Organisation allen Bedürfnissen. Das war aber nicht mehr der Fall, als die große Industrie entstand; da diese nichts besonders Städtisches an sich hat, konnte sie sich nicht einem System beugen, das nicht für sie gemacht war. Erstens hat sie ihren Sitz nicht notwendigerweise in einer Stadt; sie kann sich außerhalb jeder schon bestehenden ländlichen oder städtischen Ortschaft ansiedeln. Sie sucht nur die Gegend, wo sie am besten beliefert wird und von wo sie am leichtesten ausstrahlen kann. Außerdem wird ihr Wirkungsfeld von keiner bestimmten Nation begrenzt und ihre Kundschaft sitzt überall. Eine so vollständig in die Gemeinde eingegliederte Einrichtung wie die Zunft der Handwerker konnte also nicht dazu dienen, eine Form der kollektiven Tätigkeit zu erfassen und zu regeln, die so vollständig dem kommunalen Leben fremd war.

Sobald die große Industrie erschienen war, befand sie sich folgerichtig außerhalb des Zunftsystems. Darum versuchten auch die Handwerksverbände ihren Fortschritt mit allen Mitteln zu verhindern. Trotzdem war auch sie deswegen nicht jeder Regelung ledig: in der ersten Zeit spielte der Staat unmittelbar für sie die gleiche Rolle, die die Zünfte für den Kleinhandel und für die städtischen Handwerke gespielt hatten. Zur gleichen Zeit, als die Königsmacht den Manufakturen bestimmte Privilegien gewährte, unterwarf sie sie ihrer Kontrolle, wie schon der Name königliche Manufakturen bezeugt, der ihnen zugebilligt wurde. Aber es ist bekannt, wie ungeeignet der Staat für diese Funktion ist; diese direkte Bevormundung konnte zu nichts anderem als zum Zwang führen. Sie war von dem Augenblick an fast unmöglich, als die Industrie einen bestimmten Grad der Entwicklung und der Mannigfaltigkeit erreicht hatte. Darum forderten die klassischen Ökonomen mit Recht ihre Aufhebung. Wenn sich aber die Körperschaft, so wie sie damals existiert hatte, nicht auf diese neue Form der Industrie anpassen und der Staat die alte korporative Disziplin nicht ersetzen konnte, so folgt daraus nicht, daß von nun an jede Disziplin unnötig wäre. Es blieb nichts anderes übrig, als daß sich die alte Berufsorganisation verändern mußte, um ihre Rolle unter den neuen Bedingungen des ökonomischen Lebens weiterzuspielen. Unglücklicherweise hatte sie nicht die nötige Geschmeidigkeit, um sich rechtzeitig zu reformieren; darum wurde sie zerbrochen. Weil sie sich nicht an das neue Leben anpassen konnte, wurde sie steril; sie wurde das, was sie am Vorabend der Revolution war, eine Art toter Substanz, ein Fremdkörper, der sich im sozialen Organismus nur durch die Trägheit erhielt. Es ist daher nicht überraschend, daß der Augenblick kam, wo man sie mit Gewalt aus ihm hinausstieß. Aber sie zu zerstören war nicht das Mittel, um den Bedürfnissen zu genügen, die sie nicht mehr zu befriedigen vermochte. So bleibt die Frage offen und umso dringlicher dank eines Jahrhunderts unfruchtbaren Herumtastens und Experimentierens.

Die Aufgabe des Soziologen ist nicht die des Staatsmannes. Wir brauchen also nicht im einzelnen aufzuzeigen, wie diese Reform sein müßte. Wir begnügen uns damit, die allgemeinen Prinzipien aufzuzeigen, so wie sie aus den aufgeführten Tatsachen hervorzugehen scheinen.

Die Erfahrung der Vergangenheit zeigt vor allem, daß der Rahmen der Berufsgruppe immer in Beziehung zu dem Rahmen des ökonomischen Lebens stehen muß. Weil das Zunftsystem diese Bedingung nicht erfüllt hat, ist es verschwunden. Weil der Markt national und international geworden ist, muß die Berufsorganisation dieselbe Ausdehnung annehmen. Statt auf die Handwerker einer Stadt begrenzt zu bleiben, muß sie sich derartig vergrößern, daß sie alle Berufsmitglieder umfaßt, die über das ganze Land verstreut sind[33]. Denn wo sie sich auch befinden, in der Stadt oder auf dem Land, sie bleiben untereinander solidarisch und nehmen an einem gemeinsamen Leben teil. Da dieses Leben in bestimmter Hinsicht ortsunabhängig ist, muß ein geeignetes Organ geschaffen werden, das es ausdrückt und seinen Gang regelt. Aufgrund seiner Ausmaße müßte ein derartiges Organ notwendigerweise in Kontakt und in direkten Beziehungen mit dem zentralen Organ des kollektiven Lebens stehen, denn die Ereignisse, die bedeutend genug sind, um eine ganze Kategorie von industriellen Unternehmungen in einem Land zu interessieren, haben notwen-

33 Wir brauchen nicht von der internationalen Organisation zu sprechen, die sich wegen des internationalen Charakters des Marktes notwendigerweise über diese nationale Organisation hinweg entwickeln müßte, die allein heute eine juristische Institution darstellen könnte. Jene kann beim augenblicklichen Stand des europäischen Rechts nur aus freien Abmachungen zwischen den nationalen Körperschaften entstehen.

digerweise sehr allgemeine Rückwirkungen, die der Staat nicht einfach ignorieren kann; das aber führt zu seiner Intervention. Es war daher nicht ohne Grund, daß das Ancien régime instinktiv dahin drängte, die große Industrie, sobald sie erschienen war, nicht außerhalb seines Wirkungsbereiches zu lassen. Es war unmöglich, daß es sich an einer Tätigkeit uninteressiert zeigte, die ihrer Natur nach immer die Gesamtgesellschaft in Mitleidenschaft zieht. Aber diese Zügelung darf nicht, wenn sie nötig ist, in eine enge Unterordnung degenerieren, wie dies im 17. und 18. Jahrhundert der Fall war. Die beiden Organe müssen unterschiedlich und autonom bleiben: jedes von ihnen hat seine Funktionen, die es allein erfüllen kann. Wenn es auch Sache der Parlamente ist, die allgemeinen Prinzipien der industriellen Rechtgebung zu setzen, so sind sie doch unfähig, sie nach den verschiedenen Industriezweigen abzuwandeln. Diese Abwandlung ist die eigentliche Aufgabe der Berufsorganisation[34]. Diese für ein und dasselbe Land zentrale Organisation schließt keineswegs die Bildung nachgeordneter Organe aus, die die Arbeiter des gleichen Gewerbezweiges in einer Region oder an einem Ort umfaßt, und deren Rolle es wäre, die allgemeine Berufsordnung nach den lokalen oder regionalen Bedürfnissen zu spezialisieren. Das ökonomische Leben könnte auf diese Weise geregelt und gefestigt werden, ohne etwas von seiner Vielfalt zu verlieren.

Damit wäre das System der Berufsorganisation gegen jene Neigung zur Unbeweglichkeit geschützt, die man ihm oft und zu Recht in der Vergangenheit vorgeworfen hat; denn das ist ein Fehler, der mit dem begrenzten kommunalen Charakter der Innung zu-

34 Diese Spezialisierung kann nur mit Hilfe von gewählten Versammlungen gemacht werden, die mit der Vertretung der Körperschaft beauftragt sind. Beim gegenwärtigen Stand der Industrie müßten diese Versammlungen, genauso wie die Gerichte, die mit der Anwendung der Berufsordnung beauftragt sind, selbstverständlich auch Vertreter der Angestellten und der Arbeitgeber umfassen, so wie es schon bei den Arbeitsgerichten (*tribunaux de prud'hommes*) der Fall ist; und das im Verhältnis der respektiven Bedeutung, die die Meinung dieser beiden Faktoren der Tradition zubilligt. Wenn es notwendig ist, daß die eine und die andere sich in den Direktionsräten der Körperschaft begegnen, dann ist es nicht weniger unerläßlich, daß sich an der Basis der korporativen Organisation unterschiedliche und unabhängige Gruppen bilden, denn ihre Interessen sind zu oft rivalisierend und feindlich. Um sich frei zu entscheiden, müssen sie sich getrennt entscheiden. Die beiden derart gebildeten Gruppierungen könnten dann ihre Vertreter in die gemeinsame Versammlung entsenden.

sammenhängt. Solange sie auf die Stadtmauern eingeengt war, war es unvermeidlich, daß sie die Gefangene der Tradition wurde, wie die Stadt selbst. Da in einer derart eingeschränkten Gruppe die Lebensbedingungen fast unveränderlich sind, übt die Gewohnheit über die Menschen und Dinge ihre Macht aus, der kein Gegengewicht begegnet, und schließlich werden Neuerungen sogar gefürchtet. Der Traditionalismus der Zünfte war also nur eine Seite des kommunalen Traditionalismus, und er hatte die gleichen Ursachen. Einmal in die Sitten eingedrungen, überlebte er die Ursachen, die ihn hervorgerufen und die ihn anfangs gerechtfertigt hatten. Als dann die materielle und moralische Konzentration des Landes und der großen Industrie, die deren Folge war, die Geister für neue Wünsche geöffnet und neue Bedürfnisse erweckt und im Geschmack und in den Moden eine bis dahin unbekannte Beweglichkeit eingeführt hatten, da war dann die Zunft, die zäh an ihren alten Gebräuchen hing, außerstande, die neuen Forderungen zu erfüllen. Aber nationale Berufsorganisationen wären aufgrund ihrer Ausdehnung und ihrer Komplexität diesen Gefahren nicht ausgesetzt. Zu viele verschiedene Ansichten wären darin wirksam, als daß sich eine unbeweglich ruhende Gleichförmigkeit durchsetzen könnte. In einer Gruppe, die aus zahlreichen und verschiedenen Elementen gebildet ist, entstehen ständig Umgruppierungen, die ebensoviele Quellen von Neuerungen sind[35]. Das Gleichgewicht einer solchen Organisation hätte also nichts Starres und befände sich folglich auf natürliche Weise im Einklang mit dem beweglichen Gleichgewicht der Bedürfnisse und der Ideen.

Im übrigen muß man sich vor dem Glauben hüten, daß die Rolle der Berufsorganisation darin bestünde, Regeln aufzustellen und sie anzuwenden. Zweifellos bildet sich überall, wo sich eine Gruppe bildet, auch eine moralische Disziplin. Aber die Institution dieser Disziplin ist nur eine der zahlreichen Arten, in denen sich jede kollektive Tätigkeit äußert. Eine Gruppe ist nicht nur eine moralische Autorität, die das Leben ihrer Mitglieder lenkt, sie ist auch eine Lebensquelle *sui generis*. Aus ihr strömt eine Wärme, die anregt und die Herzen belebt, die sie für die Sympathie öffnet und die Egoismen zergehen läßt. So war die Familie in der Ver-

35 S. weiter unten, 2. Buch, Kap. 3, § 4.

gangenheit die Gesetzgeberin eines Rechtes und einer Moral, deren Strenge oft bis zur äußersten Grausamkeit gegangen ist, während sie gleichzeitig die Welt war, wo die Menschen zum erstenmal den Überschwang der Gefühle gelernt haben. Ebenso haben wir gesehen, wie die Berufsorganisation in Rom wie im Mittelalter diese gleichen Gefühle erweckte und sie zu befriedigen suchte. Die Berufsorganisationen der Zukunft werden noch größere und noch komplexere Kompetenzen wegen ihrer noch größeren Ausmaße haben. Rund um ihre rein professionellen Funktionen werden sich noch andere gruppieren, die jetzt den Gemeinden oder den privaten Unternehmungen zufallen; etwa die Fürsorgefunktionen, die zu ihrer Erfüllung zwischen den Unterstützungsempfängern und -gebern Solidaritätsgefühle voraussetzen, eine bestimmte intellektuelle und moralische Homogenität, wie sie die Ausübung eines gleichen Berufes leicht zustandekommen läßt. Viele Erziehungswerke (technischer Unterricht; Erwachsenenunterricht usw.) scheinen ebenfalls in der Berufsorganisation ihre natürliche Einbettung finden zu müssen. Ebenso steht es mit einem bestimmten ästhetischen Leben; denn es scheint natürlich zu sein, daß sich diese edle Form des Spieles und der Erholung neben dem ernsten Leben entwickelt, dem sie als Gegengewicht und Erholung dienen soll. Schon heute kann man Gewerkschaften sehen, die zu gleicher Zeit Gesellschaften zur gegenseitigen Unterstützung sind, andere, die Gemeinschaftshäuser gründen, wo Vorträge, Konzerte, Schauspiele gegeben werden. Die korporative Tätigkeit kann sich also in den verschiedensten Formen ausdrücken.

Man ist sogar zur Annahme berechtigt, daß die Berufsorganisation zur Basis oder zu einer der wesentlichen Basen unserer politischen Organisation berufen ist. In der Tat haben wir gesehen, daß sie sich, wenn sie zuerst auch damit beginnt, außerhalb unseres sozialen Systems zu stehen, in dem Maß immer tiefer einschaltet, als sich das ökonomische Leben entwickelt. Alles läßt also voraussehen, daß sie, wenn der Fortschritt in derselben Richtung weitergeht, in der Gesellschaft einen immer zentraleren und überragenderen Platz einnehmen wird. Sie war früher die Grundeinteilung der kommunalen Organisation. Jetzt, wo sich die Gemeinde aus der autonomen Organisation, die sie einstmals war, im Staat verliert, wie sich der städtische Markt im nationalen Markt verloren hat, ist da nicht der Gedanke legitim, daß die Innung ebenfalls eine entsprechende Veränderung erfährt und die Grundeinteilung des Staates wird, die fundamentale politische Einheit? Statt daß die Gesellschaft bleibt, was sie heute noch ist, ein Aggregat von aneinandergefügten örtlichen Distrikten, müßte sie ein riesiges System von nationalen Berufsorganisationen werden. Man verlangt von vielen Seiten, daß die Wahlkollegien nach Professionen aufgegliedert würden und nicht nach örtlichen Wahlkreisen; es ist sicher, daß auf diese Weise die politischen Versammlungen besser die Verschiedenheit der sozialen Interessen und ihre Beziehungen ausdrücken würden; sie wären eine getreuere Zusammenfassung des sozialen Lebens in seiner Gesamtheit. Aber wenn man sagt, daß sich das Land, um seiner bewußt zu werden, nach Berufen gruppieren müsse, heißt das nicht anzuerkennen, daß die organisierte Profession oder die Berufsorganisation das Hauptorgan des öffentlichen Lebens sein müßte?

Damit wäre die tiefe Lücke ausgefüllt, die wir weiter unten in der Struktur der europäischen Gesellschaften, besonders aber in unserer eigenen Gesellschaft, aufdecken werden[36]. Wir werden in der Tat feststellen, daß die Organisation, die die örtlichen Gruppierungen (Dorf oder Stadt, Distrikt, Provinz, usw.) zur Grundlage haben, in dem Maß, wie wir in der Geschichte fortschreiten, immer mehr verschwindet. Zweifellos gehört jeder von uns einer Gemeinde, einem Département an; aber die Bande, die uns mit ihnen verbinden, werden von Tag zu Tag brüchiger und lockerer. Diese geographischen Einteilungen sind meistens künstlich und erwecken in uns keine tiefen Gefühle mehr. Der Provinzgeist ist endgültig vorbei; der Kirchturmpatriotismus ist ein Anachronismus geworden, den man nicht auf Wunsch wiedererwecken kann. Die Gemeinde- oder Kreisangelegenheiten berühren und begeistern uns nur mehr in dem Maß, in dem sie mit unseren Berufsangelegenheiten übereinstimmen. Unsere Tätigkeit reicht weit über diese für sie zu engen Gruppen hinaus. Andrerseits berührt uns ein guter Teil dessen, was dort geschieht, überhaupt nicht mehr. Es hat sich eben so etwas wie ein spontaner Zusammenbruch der alten sozialen Struktur ereignet. Nun ist es aber nicht möglich, daß diese innere Organisation einfach verschwindet, ohne daß etwas an ihre Stelle tritt. Eine Gesellschaft, die aus einer

36 S. weiter unten, 1. Buch, Kap. 7, § 3.

Unmasse von unorganisierten Individuen zusammengesetzt ist und die sich ein Überstaat bemüht einzugrenzen, ist ein wahres soziologisches Monstrum. Denn die kollektive Tätigkeit ist immer zu komplex, als daß sie durch das alleinige und einzige Organ des Staates ausgedrückt werden könnte. Im übrigen steht der Staat viel zu weit von den Individuen; er hat mit ihnen nur äußerliche Beziehungen, als daß es ihm möglich wäre, in das individuelle Bewußtsein einzudringen und die Einzelpersonen von innen her zu sozialisieren. Darum ist es dort, wo er die einzige Umwelt ist, in der sich die Menschen für die gemeinsame Lebenspraxis bilden können, unvermeidlich, daß sie sich von ihm lösen, daß sie sich voneinander entfernen und daß sich im selben Maß die Gesellschaft auflöst. Eine Nation kann sich nur dann erhalten, wenn sich zwischen dem Staat und den Bürgern eine ganze Serie von sekundären Gruppen einschiebt, die den Individuen genügend nahe sind, um sie in ihren Wirkungsradius einzufangen und sie im allgemeinen Strom des sozialen Lebens mitzureißen. Wir haben gezeigt, daß die Berufsgruppen fähig sind, diese Rolle zu erfüllen, und daß sogar alles sie dafür bestimmt. Damit wird einsichtig, wie wichtig es ist, besonders für die Ökonomie, daß sie aus diesem Zustand der Unbeständigkeit und der Nichtorganisation herauskommen, in dem sie seit einem Jahrhundert stecken, besonders wenn man bedenkt, daß die Berufe dieser Art heute den größten Teil der kollektiven Kraft absorbieren[37].

Vielleicht ist man jetzt besser imstande, die Ergebnisse zu erklären, zu denen wir am Ende unseres Buches *Der Selbstmord*[38] gekommen sind. Wir haben schon dort eine starke korporative Organi-

37 Wir möchten damit nicht sagen, daß die örtlichen Kreise verschwinden sollen, sondern nur, daß sie zweitrangig werden. Die alten Einrichtungen verschwinden niemals ganz vor den neuen Einrichtungen, ohne Spuren zu hinterlassen. Sie überleben nicht nur, sie entsprechen, eben weil sie überleben, bestimmten Bedürfnissen. Die materielle Nachbarschaft stellt immer ein Band zwischen den Menschen her. Folglich bleibt die politische und soziale Organisation auf örtlicher Ebene bestimmt bestehen. Sie hat nur nicht mehr ihr aktuelles Übergewicht, eben weil dieses Band seine Kraft verliert. Im übrigen haben wir weiter oben gezeigt, daß man an der Basis der Körperschaft immer geographische Einteilungen findet. Außerdem muß es zwischen den verschiedenen Berufsorganisationen einer bestimmten Landschaft und eines bestimmten Regimes immer soziale Solidaritätsbeziehungen geben, die zu allen Zeiten eine angemessene Organisation erfordern.

38 S. *Der Selbstmord*, S. 448 ff.

sation als das Mittel hingestellt, um dem Unbehagen abzuhelfen, von dem die zunehmende Selbstmordrate, im übrigen mit manchen anderen Symptomen verbunden, Zeugnis ablegt. Manche Kritiker haben gefunden, daß das Heilmittel nicht mit der Größe des Übels übereinstimmt. Aber sie haben sich über die wahre Natur der Berufsorganisation getäuscht, über den Platz, der ihr in der Gesamtheit unseres kollektiven Lebens zukommt, und über die schwere Anomalie, die sich aus ihrem Verschwinden ergibt. Sie hat darin nur eine nützliche Vereinigung gesehen, deren ganze Wirkung in der besseren Bewirtschaftung der ökonomischen Interessen liegt, während sie in Wirklichkeit das Hauptelement unserer sozialen Struktur sein müßte. Das Fehlen einer jeden korporativen Einrichtung bewirkt also in der Organisation eines Volkes wie des unsrigen eine Lücke, deren Bedeutung man schwerlich übertreiben kann. Damit fehlt uns ein ganzes System von notwendigen Organen für das normale Funktionieren des Gemeinschaftslebens. Ein derartiger Konstitutionsfehler ist natürlich kein lokales Übel, das nur auf einen Bereich der Gesellschaft begrenzt bliebe. Das ist eine Krankheit *totius substantiae*, die den ganzen Organismus befällt, und der Versuch, sie zu beenden, kann folglich nur die weitestgehenden Folgen haben. Die allgemeine Gesundheit des sozialen Körpers ist daran interessiert.

Das heißt natürlich nicht, daß die Berufsorganisation das Allheilmittel ist, das für alles tauglich ist. Die Krise, an der wir leiden, hängt nicht von einer einzigen Ursache ab. Damit sie aufhört, genügt es nicht, daß irgendeine Reglementierung dort durchgeführt wird, wo sie nötig ist. Sie muß das sein, was sie sein soll, d. h. gerecht sein. Solange es aber, so wie wir weiter unten sagen werden, »von Geburt an Reiche und Arme gibt, kann es keinen gerechten Vertrag geben« noch eine gerechte Verteilung der sozialen Bedingungen[39]. Wenn aber die korporative Reform auch nicht von den anderen Reformen befreit, so ist sie doch die erste Bedingung für ihre Wirksamkeit. Stellen wir uns vor, daß die Grundbedingung der idealen Gerechtigkeit erfüllt wäre, daß die Menschen in vollkommener ökonomischer Gleichheit ins Leben treten, d. h. daß der Reichtum vollkommen aufgehört habe, erblich zu sein, dann wären die Probleme, mit denen wir uns herum-

39 S. weiter unten, 3. Buch, Kap. 2.

schlagen, damit noch nicht gelöst. In der Tat gibt es immer einen ökonomischen Apparat und verschiedene Kräfte, die an seinem Funktionieren mitwirken. Ihre Rechte und Pflichten müßten erst festgelegt werden, und zwar für jeden Beruf. Es müßte also in jedem Beruf ein Regelspiegel aufgestellt werden, der die Arbeitsgänge festlegt, die gerechte Entlohnung der verschiedenen Funktionäre, ihre Pflichten untereinander und gegenüber der Gemeinschaft usw. Man stünde also, genausowenig wie jetzt, vor einer leeren Tafel. Obwohl der Reichtum nicht mehr nach den gleichen Prinzipien wie jetzt weitergereicht wird, wäre der anarchische Zustand nicht verschwunden, denn er hängt nicht davon ab, daß die Dinge eher hier als dort sind, in diesen eher als in jenen Händen, sondern daß die Tätigkeit, für die diese Dinge Anlaß oder Instrument sind, nicht geregelt ist. Und sie wird sich nicht wie durch Zauberei regeln lassen, sobald das nützlich ist, wenn die nötigen Kräfte, um diese Regelung durchzuführen, nicht vorher erweckt und organisiert worden sind.

Mehr noch: Neue Schwierigkeiten würden auftauchen, die ohne eine korporative Organisation unlösbar bleiben. Den Fortbestand des ökonomischen Lebens sicherte bis heute die Familie, entweder durch das kollektive Eigentum oder durch die Erbschaft. Entweder besaß und bewirtschaftete sie die Güter ungeteilt oder sie erhielt sie von dem Augenblick an, wo der alte Familienkommunismus erschüttert war, vertreten durch die nächsten Verwandten beim Tod des Eigentümers[40]. Im ersten Fall gab es nicht einmal Wechsel durch Tod, und die Beziehung der Dinge zu den Personen blieben, was sie waren, ohne durch den Generationswechsel verändert worden zu sein. Im zweiten Fall vollzog sich der Wechsel automatisch und es gab keinen wahrnehmbaren Augenblick, wo die Güter herrenlos und ohne Nutzen blieben. Wenn aber die Familie nicht mehr diese Rolle spielen kann, muß eben ein anderes soziales Organ sie in der Ausübung dieser nötigen Funktion ersetzen. Denn es gibt ein Mittel, um zu verhindern, daß die Funktionssachen periodisch unterbrochen werden, nämlich daß eine

40 Allerdings kann dort, wo das Testament existiert, der Eigentümer selbst den Nachlaß seiner Güter bestimmen. Aber das Testament berechtigt nur, von der Regel des Nachfolgerrechts abzuweichen; die Regel selbst ist die Norm, in der sich die Nachfolge vollzieht. Die Abweichungen sind im übrigen sehr begrenzt und bleiben immer die Ausnahme.

Gruppe, die genauso ewig ist wie die Familie, sie entweder selbst besitzt und bewirtschaftet oder sie bei jedem Todesfall wieder erhält, um sie, wenn es soweit ist, irgendeinem anderen Individuum zu überlassen, das sie auswertet. Wir haben aber schon gesagt und wiederholen es, wie wenig der Staat für solche ökonomischen Aufgaben geeignet ist, die viel zu speziell für ihn sind. Es gibt also nur die Berufsgruppe, die diese Aufgabe zweckdienlich erledigen kann. Sie entspricht nämlich zwei nötigen Bedingungen: sie ist selbst viel zu sehr am ökonomischen Leben interessiert, um nicht deren Bedürfnisse zu spüren, während sie zu gleicher Zeit eine Dauer besitzt, die mindestens der Dauer der Familie gleicht. Um aber dieses Amt auszufüllen, muß sie existieren und genügend Fähigkeit und Reife besitzen, um auf der Höhe der neuen und komplexen Rolle zu sein, die ihr zugefallen ist.

Wenn also das Problem der Berufsorganisation nicht das einzige ist, das sich der öffentlichen Aufmerksamkeit aufdrängt, so gibt es doch keines, das dringlicher wäre, denn die anderen können nur dann angegangen werden, wenn dieses erledigt ist. Es könnte keine etwas bedeutendere Veränderung in der Rechtsordnung durchgesetzt werden, wenn man nicht damit beginnt, das notwendige Organ für die Einrichtung dieses neuen Rechts zu schaffen. Daher ist es sogar müßig, sich dabei aufzuhalten und bis ins Einzelne erforschen zu wollen, wie dieses Recht eigentlich aussehen soll; denn beim heutigen Stand der wissenschaftlichen Erkenntnisse können wir es nur mit grober und stets unsicherer Annäherung voraussehen. Um wie viel nötiger ist es aber, sofort ans Werk zu gehen und die moralischen Kräfte zu begründen, die sie allein stiften können, indem sie sie verwirklichen!

Vorwort zur ersten Auflage

Dieses Buch ist vor allem ein Versuch, Tatsachen des moralischen Lebens nach der Methode der positiven Wissenschaften zu behandeln. Man hat aber von diesem Wort einen Gebrauch gemacht, der seinen Sinn entstellt und der nicht unser Gebrauch ist. Die Moralisten, die ihre Meinung nicht aus einem Prinzip *a priori* deduzieren, sondern aus Erkenntnissen, die man einer oder mehreren positiven Wissenschaften entlehnt wie der Biologie, der Psychologie, der Soziologie, qualifizieren ihre Moral als wissenschaftlich. Das ist nicht die Methode, die wir zu befolgen uns vorgenommen haben. Wir wollen die Moral nicht aus der Wissenschaft ableiten, sondern die Wissenschaft der Moral treiben, was etwas ganz anderes ist. Die moralischen Faktoren sind Phänomene wie alle anderen auch. Sie bestehen aus Verhaltensregeln, die man an bestimmten Unterscheidungsmerkmalen erkennen kann. Es muß also möglich sein, sie zu beobachten, sie zu beschreiben, sie zu klassifizieren und die Gesetze zu suchen, die sie erklären. Das wollen wir für einige von ihnen tun. Man wird die Existenz der Freiheit entgegenhalten. Wenn sie wirklich die Verneinung eines jeden bestimmten Gesetzes beinhaltet, so ist sie ein unübersteigbares Hindernis, und zwar nicht nur für die psychologischen und sozialen Wissenschaften, sondern für alle Wissenschaften, denn sie macht, da die menschlichen Willensakte immer an irgendwelche äußeren Antriebe gebunden sind, den Determinismus in uns genauso unverständlich wie den außer uns. Niemand aber bestreitet die Möglichkeit der Naturwissenschaften. Wir fordern also dasselbe Recht für unsere Wissenschaft[1].

So verstanden, steht diese Wissenschaft nicht im Gegensatz zu irgendeiner Philosophie, denn sie bewegt sich auf einem anderen Gebiet. Es ist möglich, daß die Moral ein transzendentes Ziel hat, das die Erfahrung nicht erfassen kann; dem Metaphysiker obliegt

1 Man hat uns vorgeworfen (Beudant, *Le droit individuel et l'Etat*, p. 244), irgendwo diese Frage der Freiheit als spitzfindig abgewertet zu haben. Wir haben dieses Wort nicht verächtlich gebraucht. Wenn wir dieses Problem aber ablehnen, so nur darum, weil die Lösung, die man uns anbietet, *und sei es welche immer*, für unsere Untersuchungen kein Hindernis darstellt.

es, sich damit zu beschäftigen. Ganz sicher aber ist, daß sie sich in der Geschichte und unter der Herrschaft historischer Gründe entwickelt und daß sie eine Funktion in unserem weltlichen Leben zu erfüllen hat. Wenn sie zu einer bestimmten Zeit diese oder jene Form annimmt, so liegt das daran, daß die Bedingungen, unter denen die Menschen leben, ihr nicht erlauben, anders zu sein; der Beweis dafür ist, daß sie sich ändert, wie sich die Bedingungen ändern, und zwar nur in diesem Fall. Heute ist es nicht mehr möglich zu glauben, daß die moralische Entwicklung in der Entwicklung einer einzigen Idee besteht, die beim primitiven Menschen verschwommen und unbestimmt gewesen sei und sich nach und nach durch den spontanen Fortschritt der Vernunft aufgeklärt und verdeutlicht habe. Wenn die Römer nicht die breite Auffassung von der Menschheit hatten, die wir heute haben, so liegt das nicht an einem Irrtum, etwa weil ihre Intelligenz zu eng war; sondern weil derartige Ideen unvereinbar mit der Natur des römischen Gemeinwesens waren. Unser Kosmopolitismus konnte dort genausowenig in Erscheinung treten wie eine Pflanze nicht auf einem Boden gedeihen kann, der sie nicht ernährt. Im übrigen wäre er für Rom ein totes Prinzip gewesen. Wenn der Kosmopolitismus dagegen seither aufgetaucht ist, so nicht als Folge philosophischer Entdeckungen. Es liegt nicht daran, daß unser Geist für Wahrheiten offen wäre, die sie nicht erkannt hätten. Es haben sich aber Veränderungen in der Struktur der Gesellschaften zugetragen, die diesen Wechsel in den Sitten nötig gemacht haben. Die Moral bildet sich also, verändert sich oder bleibt, was sie war, aus Gründen der Erfahrung. Nur diese Gründe sind es, die die Wissenschaft der Moral zu bestimmen versucht.

Aber weil wir uns vorgenommen haben, die Wirklichkeit zu studieren, folgt daraus nicht, daß wir auf ihre Verbesserung verzichten: wir meinen, daß unsere Untersuchungen nicht der Mühe wert wären, wenn sie nur spekulatives Interesse hätten. Wenn wir aber sorgfältig die theoretischen von den praktischen Problemen trennen, wollen wir doch nicht die letzteren vernachlässigen: wir wollen uns im Gegenteil rüsten, sie besser zu lösen. Es ist schon Gewohnheit geworden, denen, die die Aufgabe übernehmen, die Moral wissenschaftlich zu studieren, ihre Ohnmacht vorzuwerfen, ein Ideal zu formulieren. Man behauptet, daß ihnen ihre Achtung vor dem Faktum nicht erlaubt, es zu überschreiten; sie könnten wohl beobachten, was ist, uns aber keine Verhaltensregeln für die Zukunft geben. Wir hoffen, daß dieses Buch wenigstens dazu dienen möge, dieses Vorurteil zu erschüttern, denn man wird feststellen, daß uns die Wissenschaft helfen kann, die Richtung zu finden, nach der wir unser Verhalten ausrichten müssen, und das Ideal zu bestimmen, nach dem wir in dunklem Drange streben. Wir können uns nur zu diesem Ideal erheben, wenn wir die Wirklichkeit beobachten und sie von ihm abtrennen. Ist es denn möglich, anders vorzugehen? Selbst die maßlosesten Idealisten können keiner anderen Methode folgen, denn das Ideal ist auf nichts gegründet, wenn es nicht seine Wurzeln in der Wirklichkeit hat. Der ganze Unterschied liegt darin, daß sie sie nur summarisch studieren und sich sogar oft damit begnügen, eine Bewegung ihrer Sensibilität, eine etwas lebhaftere Regung ihres Herzens, *die ja doch auch nur ein Faktum ist,* zu einer Art Imperativ zu erheben, vor dem sie ihre Vernunft beugen und uns bitten, auch unsere Vernunft zu beugen.

Man wirft der Methode der Beobachtung vor, daß ihr Regeln fehlen, um die gesammelten Fakten zu beurteilen. Aber diese Regel entwickelt sich aus den Fakten selbst; wir werden Gelegenheit haben, das zu beweisen. Zunächst: es gibt einen Zustand moralischer Gesundheit, den zu bestimmen der Wissenschaft allein gebührt. Da dieser Zustand nirgends vollkommen realisiert ist, ist es bereits ein Ideal, sich ihm zu nähern zu versuchen. Außerdem wechseln die Bedingungen dieses Zustandes, weil sich die Gesellschaften ändern, und die schwersten praktischen Probleme, die wir zu lösen haben, bestehen gerade darin, ihn jeweils aufs neue in bezug auf die Veränderungen, die sich in der Umwelt vollzogen haben, zu bestimmen. Wenn uns die Wissenschaft das Gesetz der Veränderungen liefert, durch die er bereits gegangen ist, so erlaubt sie uns, die Veränderungen vorwegzunehmen, die gerade entstehen und die die neue Änderung der Dinge erheischt. Wenn wir wissen, in welche Richtung sich das Eigentumsrecht in dem Maß entwikkelt, in dem die Gesellschaften größer und dichter werden, und wenn ein neuer Zuwachs an Volumen und an Dichte neue Veränderungen notwendig macht, dann könnten wir sie vorhersehen und sie im vorhinein schätzen, indem wir sie vorhersehen. Wenn wir schließlich den Normaltyp mit sich selber vergleichen – eine rein wissenschaftliche Operationen –, dann können wir finden, daß er nicht ganz mit sich übereinstimmt, daß er Widersprüche enthält, d. h. Unvollkommenheiten, und wir können versuchen, sie auszuschalten oder zu verbessern. – Aber, so sagt man, wenn die Wissenschaft auch vorausschauen kann, so kann sie doch nicht befehlen. Das ist wahr. Sie sagt uns nur, was zum Leben notwendig ist. Aber wie kann man übersehen, daß, *vorausgesetzt, der Mensch möchte leben,* eine sehr einfache Operation sofort die Gesetze verändert, die sie in Verhaltensimperativen aufgestellt hat? Zweifellos wird sie dann zur Kunst; aber der Übergang der einen zur anderen geschieht ohne Unterbrechung der Kontinuität. Bleibt also nur mehr zu wissen übrig, ob wir leben wollen möchten. Aber selbst über diese letzte Frage bleibt die Wissenschaft nach unserer Meinung nicht stumm[2].

Wenn aber die Wissenschaft der Moral aus uns keine gleichgültigen oder der Wirklichkeit entsagenden Zuschauer macht, so lehrt sie uns doch zur gleichen Zeit, sie mit der größten Vorsicht zu behandeln, d. h. sie vermittelt uns einen weise konservativen Sinn. Man könnte, und das mit Recht, bestimmten Theorien, die sich für wissenschaftlich halten, vorwerfen, daß sie umstürzlerisch und revolutionär sind. Sie sind aber nur dem Namen nach wissenschaftlich. Sie konstruieren zwar, aber sie beobachten nicht. Sie sehen in der Moral nicht das Zusammenspiel von erfahrenen Fakten, die man studieren muß, sondern eine Art von stets widerrufbarer Gesetzgebung, die jeder Philosoph aufs neue aufrichtet. Die von den Menschen wirklich praktizierte Moral wird dann nur als eine Ansammlung von Gewohnheiten und Vorurteilen angesehen, die nur Wert haben, wenn sie mit der Lehrmeinung übereinstimmen; und diese Lehrmeinung wird von einem Prinzip abgeleitet, das nicht aus der Beobachtung der moralischen Fakten geschlossen wird, sondern von fremden Wissenschaften geborgt ist. Es ist unvermeidlich, daß sie in mehr als einem Punkt mit der existierenden Moralordnung in Widerspruch steht. Weniger als jeder andere sind wir diesen Gefahren ausgesetzt, denn die Moral ist für uns ein System von realisierten Fakten, das an das Gesamtsystem der Welt gebunden ist. Nun verändert sich aber ein Faktum nicht im Handumdrehen, selbst wenn es wünschenswert wäre. Da es von anderen Fakten abhängt, kann es nicht verändert werden,

2 Wir berühren das Thema weiter unten, 2. Buch, 1. Kap., S. 285.

ohne daß auch diese berührt werden, und es ist oft recht schwierig, das Endergebnis dieser Serie von Rückwirkungen vorauszusehen. Vor der Aussicht derartiger Risiken hält sich auch der kühnste Geist zurück. Schließlich kann kein lebenswichtiges Faktum – wie die Tatsachen der Moral – andauern, wenn es nicht zu etwas dient, wenn es nicht irgendeinem Bedürfnis entspricht. Solange also kein Gegenbeweis besteht, hat es auf unsere Achtung Anrecht. Zweifellos ist es oft nicht das, was es sein soll. Folglich besteht Grund zur Intervention; wir haben das selbst zugegeben. Aber diese Intervention ist dann begrenzt: sie hat das Ziel, nicht eine völlig neue Moral neben oder über der aufzustellen, die gerade regiert, sondern diese zu korrigieren oder teilweise zu verbessern.

So verschwindet die Antithese, die man oft zwischen der Wissenschaft und der Moral aufzustellen versucht hat, ein gefährliches Argument, mit dem die Mystiker aller Zeiten die menschliche Vernunft zu Fall bringen wollten. Um die Beziehungen mit den Menschen zu regeln, ist es nicht nötig, auf andere Mittel zurückzugreifen als auf die, die dazu dienen, unsere Beziehungen mit den Dingen zu regeln; die Überlegung, methodisch angewendet, genügt in dem einen wie im anderen Fall. Was die Wissenschaft mit der Moral versöhnt, ist die Wissenschaft der Moral; denn während sie uns zu gleicher Zeit lehrt, die moralische Wirklichkeit zu achten, liefert sie uns die Mittel, sie zu verbessern.

Wir glauben also, daß die Lektüre dieses Werkes ohne Mißtrauen und ohne Hintergedanken begonnen werden kann und soll. Trotzdem muß der Leser darauf gefaßt sein, Urteile vertreten zu finden, die bestimmte vorgefaßte Meinungen verletzen werden. Da wir das Bedürfnis fühlen, die Gründe unseres Verhaltens zu verstehen oder zu verstehen glauben, hat sich die Vernunft mit der Moral beschäftigt, lange bevor sie ein Gegenstand der Wissenschaft geworden ist. Eine bestimmte Art, uns darzustellen und uns die wichtigsten Tatsachen des moralischen Lebens zu erklären, ist uns zur Gewohnheit geworden, die dann doch nichts Wissenschaftliches an sich hat; denn sie hat sich zufällig und ohne Methode gebildet. Sie ist das Ergebnis von summarischen und oberflächlichen Prüfungen, sozusagen beiläufig. Wenn man sich nicht von diesen vorgefaßten Urteilen befreit, kann man offensichtlich nicht den weiteren Betrachtungen folgen: die Wissenschaft setzt hier wie überall eine völlige geistige Freiheit voraus. Man muß sich von den Ansichten und Vorurteilen freimachen, die eine lange Gewöhnung in uns verfestigt hat. Man muß sich ernsthaft der Disziplin des methodischen Zweifels unterwerfen. Dieser Zweifel ist im übrigen ohne Gefahr, denn er wendet sich ja nicht gegen die moralische Wirklichkeit, die nicht in Frage steht, sondern gegen die Erklärung, die eine unzuständige und schlecht unterrichtete Überlegung von ihr gibt.

Wir müssen es also wagen, keine Erklärung anzunehmen, die nicht auf authentischen Beweisen beruht. Die Methode, die wir angewendet haben, um unserer Beweisführung die größte Kraft zu geben, kann beurteilt werden. Um der Wissenschaft eine Reihe von Tatsachen zu unterbreiten, genügt es nicht, sie sorgfältig zu beobachten, sie zu beschreiben und zu klassifizieren; man muß, was viel schwieriger ist, nach dem Wort von Descartes, *die Stellen finden, wo sie wissenschaftlich sind,* d. h. in ihnen irgendein objektives Element finden, das eine exakte Bestimmung, wenn möglich ein Maß enthält. Wir haben uns bemüht, diese Bedingung einer jeden Wissenschaft zu erfüllen. Im besondern wird man feststellen, wie wir die soziale Solidarität durch das System der juridischen Regeln studiert haben; wie wir auf der Suche nach Gründen alles ausgeschlossen haben, was zu sehr vom persönlichen Urteil und von den subjektiven Bewertungen abhängt, um bestimmte Tatsachen der sozialen Struktur zu erreichen, die so profund liegen, daß sie Gegenstand des Verstandes und damit Gegenstand der Wissenschaft werden können. Zu gleicher Zeit haben wir prinzipiell auf die Methode verzichtet, die nur zu oft von solchen Soziologen angewendet wird, die sich, um ihre Thesen zu beweisen, damit begnügen, ohne Ordnung und nach Gefühl eine mehr oder weniger imponierende Anzahl passender Tatsachen aufzuführen, ohne sich um die entgegengesetzten Tatsachen zu kümmern. Wir haben uns dagegen bemüht, wirkliche Erfahrungen zu ordnen, d. h. methodische Vergleiche anzustellen. Welche Vorsicht man auch walten läßt, so müssen derartige Versuche gewiß sehr unvollkommen bleiben; wie fehlerhaft sie auch sein mögen, so glauben wir trotzdem, daß es nötig ist, sie zu versuchen. Es gibt nämlich nur ein Mittel, um eine Wissenschaft herzustellen, nämlich sie, allerdings mit Methode, zu wagen. Zweifellos ist es unmöglich, sie zu unternehmen, wenn jeder Grundstoff fehlt. Andrerseits aber täuscht man sich, wenn man glaubt, daß die beste Art, ihr Erscheinen vorzubereiten, die wäre, zuerst mit Geduld alle Materialien aufzuhäufen, denn man kann erst wissen, welche sie braucht, wenn sie sich schon ihrer selbst und ihrer Bedürfnisse bewußt ist, d. h. wenn sie bereits existiert.

Die Frage, die am Anfang dieser Arbeit stand, war die Frage nach den Beziehungen der individuellen Persönlichkeit und der sozialen Solidarität. Wie geht es zu, daß das Individuum, während es immer autonomer wird, immer mehr von der Gesellschaft abhängt? Wie kann es zu gleicher Zeit persönlicher und solidarischer sein? Denn es ist unwiderlegbar, daß diese beiden Bewegungen, wie gegensätzlich sie auch erscheinen, parallel verlaufen. Das ist das Problem, das wir uns gestellt haben. Uns schien, daß die Auflösung dieser scheinbaren Antinomie einer Veränderung der sozialen Solidarität geschuldet ist, die wir der immer stärkeren Arbeitsteilung verdanken. Das hat uns dazu geführt, die Arbeitsteilung zum Gegenstand unserer Studien zu machen[3].

3 Wir brauchen nicht zu wiederholen, daß die Frage der sozialen Solidarität im zweiten Teil des Buches von Marion über die *Solidarité morale* studiert wurde. Aber Marion hat das Problem von einer anderen Seite angefaßt; er hat sich vor allem den Nachweis der Wirklichkeit des Phänomens der Solidarität angelegen sein lassen.

Einführung

Das Problem

Obwohl es die Arbeitsteilung nicht erst heute gibt, ist dieses Gesetz erst am Ende des vorigen Jahrhunderts den Gesellschaften bewußt geworden; sie hatten es bis dahin fast ohne ihr Wissen ertragen. Zweifellos haben schon im Altertum mehrere Philosophen seine Bedeutung geahnt[1]. Aber Adam Smith ist der erste, der versucht hat, es theoretisch zu erfassen. Er hat auch das Wort erfunden, das die Sozialwissenschaft dann der Biologie ausborgte.

Heute ist das Phänomen so offensichtlich, daß es jedem in die Augen springt. Niemand mehr kann sich über die Tendenzen unserer modernen Industrie täuschen. Sie wendet sich immer mehr den großen Mechanismen, den großen Kraft- und Kapitalballungen und folglich der äußersten Arbeitsteilung zu. Nicht nur innerhalb der Fabriken sind die Beschäftigungen getrennt und bis ins Unendliche spezialisiert, sondern jede Fabrik ist selbst eine Spezialität, die andere voraussetzt. Adam Smith und John Stuart Mill hatten noch die Hoffnung, daß wenigstens die Landwirtschaft eine Ausnahme von der Regel bilden würde, und sie sahen in ihr das letzte Asyl des Kleinbesitzes. Obwohl man sich bei einer derartigen Materie hüten muß, zu sehr zu generalisieren, kann man heute schwerlich ableugnen, daß die wichtigsten Zweige der landwirtschaftlichen Industrie immer mehr von der allgemeinen Bewegung mitgerissen werden[2]. Selbst der Handel bemüht sich, die unendliche Vielfalt der industriellen Betriebe in allen ihren Schattierungen mitzumachen und widerzuspiegeln. Während sich diese Evolution mit einer gedankenlosen Spontaneität vollzieht, verkünden die Volkswirtschaftler, die die Gründe untersuchen und die Ergebnisse beurteilen, ihre Notwendigkeit, statt sie zu verurteilen und zu bekämpfen. Sie sehen in ihr das höchste Gesetz der menschlichen Gesellschaften und die Bedingung für den Fortschritt.

1 »Denn es können nicht zwei Ärzte eine Austauschgemeinschaft bilden, wohl aber ein Arzt und ein Bauer, oder allgemein ausgedrückt: Partner, die verschiedenartig, nicht gleich sind« (*Nikomachische Ethik,* E, 1133 a, 16).

2 *Journal des Économistes,* Nov. 1881, S. 211.

Aber die Arbeitsteilung ist nicht nur der ökonomischen Welt eigentümlich; man kann ihren zwingenden Einfluß in den verschiedensten Gebieten der Gesellschaft beobachten. Die politischen, administrativen und Justizfunktionen spezialisieren sich immer mehr. Das gleiche gilt für die künstlerischen und wissenschaftlichen Funktionen. Wir sind weit von der Zeit entfernt, wo die Philosophie die einzige Wissenschaft war; sie hat sich in eine Vielzahl von Spezialdisziplinen aufgeteilt, von denen jede ihr Ziel, ihre Methode und ihren Geist hat. »Alle 50 Jahre sind die Leute, die in den Wissenschaften etwas zu sagen hatten, immer größere Spezialisten geworden.«[3]

Als de Candolle die Natur der Studien untersuchte, mit denen sich die berühmtesten Gelehrten seit zwei Jahrhunderten beschäftigt haben, bemerkte er, daß er in der Epoche von Leibniz und Newton »fast immer zwei oder drei Bezeichnungen für jeden Gelehrten« hätte gebrauchen müssen; z. B. Astronom und Physiker, oder Mathematiker, Astronom und Physiker, oder allgemeine Ausdrücke wie Philosoph oder Naturwissenschaftler. Selbst das hätte nicht genügt. Die Mathematiker und die Naturwissenschaftler waren manchmal Gelehrte oder Dichter. Selbst am Ende des 18. Jahrhunderts wären mehrfache Bezeichnungen nötig gewesen, um genau auszudrücken, was Leute wie Wolff, Haller, Charles Bonnet auf mehreren Gebieten der Wissenschaften und der Literatur geleistet haben. Im 19. Jahrhundert besteht diese Schwierigkeit nicht mehr oder sie wird zum mindesten sehr selten[4]. Nicht nur, daß der Gelehrte nicht mehr gleichzeitig mehrere Wissenschaften pflegt, er überschaut nicht einmal mehr die Gesamtheit einer einzigen Wissenschaft. Der Kreis seiner Untersuchungen verengt sich auf eine bestimmte Ordnung von Problemen oder gar auf ein einziges Problem. Zu gleicher Zeit genügt die wissenschaftliche Funktion, die früher fast immer mit einer anderen, einträglicheren wie die des Arztes, Priesters, Richters, Offiziers verbunden war, immer mehr sich selber. De Candolle sieht sogar voraus, daß sich der Beruf des Forschers und der Beruf des Professors, die heute noch so eng verbunden sind, endgültig voneinander trennen.

Die jüngsten Überlegungen der biologischen Philosophie haben

3 de Candolle, *Histoire des Sciences et des Savants*, 2e éd., p. 263.

4 *Loc. cit.*

uns endgültig in der Arbeitsteilung eine Tatsache von einer Allgemeinheit gezeigt, die die Volkswirtschaftler, die doch von ihr zum erstenmal gesprochen haben, nicht einmal ahnen konnten. Seit den Arbeiten von Wolff, von Baer, Milne-Edwards wissen wir in der Tat, daß sich das Gesetz der Arbeitsteilung auch auf die Organismen wie auf die Gesellschaften bezieht; man hat sogar sagen können, daß ein Organismus einen um so höheren Platz im Tierreich einnimmt, je spezialisierter die Funktionen in ihm sind. Diese Entdeckung hat die Wirkung gehabt, den Aktionsradius der Arbeitsteilung übermäßig auszudehnen; auch ihr Ursprung wurde unendlich weit zurückverlegt, denn sie setzt fast gleichzeitig mit dem Erscheinen des Lebens in der Welt selbst ein. Es handelt sich also nicht mehr um eine soziale Einrichtung, die ihre Wurzeln in der Intelligenz und im Willen des Menschen hat, sondern um ein Phänomen der allgemeinen Biologie, dessen Bedingungen man anscheinend in den Wesenseigenschaften der organisierten Materie suchen muß. Die Teilung der sozialen Arbeit erscheint damit nur mehr eine besondere Form des allgemeinen Prozesses zu sein, und die Gesellschaften scheinen sich, indem sie sich nach diesem Gesetz richten, einer Strömung zu überlassen, die weit vor ihnen entstanden ist und die die ganze lebendige Welt in die gleiche Richtung mitreißt.

Eine derartige Tatsache kann natürlich nicht umhin, unsere moralische Konstitution tief zu beeinflussen; denn die Entwicklung des Menschen geht in zwei völlig verschiedene Richtungen, je nachdem wir uns dieser Bewegung überlassen oder ihr widerstehen. Dann taucht aber die dringende Frage auf: welche von den beiden Richtungen soll man wählen? Ist es unsere Pflicht, ein vollendetes und ganzes Wesen werden zu wollen, ein Ganzes, das sich selbst genügt, oder im Gegenteil nur ein Teil eines Ganzen zu sein, das Organ eines Organismus? Mit einem Wort: Ist die Arbeitsteilung, die zu gleicher Zeit ein Naturgesetz ist, auch eine Moralregel des menschlichen Verhaltens, und wenn ihr diese Eigentümlichkeit zukommt, aus welchen Gründen und in welchem Maß? Es ist unnötig, die Schwere dieses praktischen Problems zu beweisen; denn, wie man auch die Arbeitsteilung beurteilt, jeder fühlt, daß sie eine Grundlage der sozialen Ordnung ist und es immer mehr wird.

Dieses Problem hat sich dem Moralbewußtsein der Nationen oft gestellt, aber undeutlich und ohne zu einer Lösung zu kommen. Zwei Tendenzen stehen einander gegenüber, ohne daß es einer gelingt, eine unwidersprochene Übermacht über die andere zu gewinnen.

Zweifellos scheint die öffentliche Meinung dahin zu neigen, aus der Arbeitsteilung eine imperative Regel des Verhaltens zu machen und sie wie eine Pflicht aufzuzwingen. Allerdings werden die, die sich ihr entziehen, nicht eindeutig durch ein bestimmtes Gesetz bestraft, aber man tadelt sie. Die Zeit ist längst vorbei, wo uns der als vollendeter Mensch erschienen ist, der sich für alles interessiert, ohne sich an etwas Besonderes zu binden, der fähig ist, an allem Gefallen zu finden und alles zu verstehen, und der imstande wäre, in sich alles zu vereinen und zu verdichten, was die Zivilisation an Bestem hat. Heute macht uns diese, ehemals so gerühmte allgemeine Bildung nur mehr den Eindruck einer weichen und vernachlässigten Disziplin[5]. Um gegen die Natur zu kämpfen, brauchen wir stärkere Fähigkeiten und produktivere Energien. Wir wollen, daß sich die Tätigkeit, statt sich auf eine große Fläche zu verteilen, konzentriert und an Intensität gewinnt, was sie an Ausdehnung verloren hat. Wir mißtrauen jenen allzu beweglichen Talenten, die für alle Beschäftigungen geeignet sind und sich weigern, eine spezielle Rolle zu wählen und sich daran zu halten. Wir empfinden eine Abneigung für jene Leute, deren einzige Sorge es ist, alle ihre Fähigkeiten auszubilden und geschmeidig zu machen, die aber davon keinen bestimmten Gebrauch machen und auch keine opfern, als ob jede von ihnen sich selbst genügen müßte und eine unabhängige Welt bildete. Uns erscheint es, als ob dieser Zustand von Gleichgültigkeit und Unentschlossenheit etwas Antisoziales an sich hat. Der *honnête homme* von ehedem ist für uns nur mehr ein Dilettant, und wir verweigern dem Dilettantismus jeden moralischen Wert; wir sehen viel eher die Vollendung im kompetenten Menschen, der nicht versucht, vollkommen zu sein, sondern der etwas erschafft, der eine begrenzte Aufgabe hat und sich ihr widmet, der seinen Dienst tut oder seine Furche zieht. »Sich vervollkommnen heißt, seine Rolle

5 Man hat manchmal diesen Satz dahingehend interpretiert, daß er eine vollständige Verurteilung jeder Art von allgemeiner Bildung enthielte. Wie aus dem Text aber hervorgeht, sprechen wir hier nur von der humanistischen Bildung, die wohl eine allgemeine Bildung ist, aber nicht die einzig mögliche.

lernen, sich fähig zu machen, seine Funktion auszufüllen ... Das Maß unserer Vollendung findet sich nicht mehr in unserem Gefallen an uns selbst, im Beifall der Menge oder im zustimmenden Lächeln eines preziösen Dilettantismus, sondern in der Summe der geleisteten Dienste und in unserer Fähigkeit, weitere Dienste zu leisten.«[6] Also vervielfacht sich das moralische Ideal, das einst einfach und unpersönlich war, immer mehr. Wir glauben nicht mehr, daß die ausschließliche Pflicht des Menschen darin bestünde, in sich die Qualitäten des Menschen im allgemeinen zu verwirklichen; sondern wir glauben, daß er nicht weniger verpflichtet ist, die Qualitäten seines Berufes zu haben. Eine Tatsache verdeutlicht diesen Meinungszustand: das immer speziellere Wesen, das die Erziehung annimmt. Immer mehr halten wir es für nötig, nicht mehr unsere Kinder einer uniformen Kultur zu unterwerfen, als ob sie alle das gleiche Leben leben müßten, sondern sie im Hinblick auf die verschiedenen Funktionen, die sie einmal ausüben müssen, unterschiedlich zu bilden. Mit einem Wort: In einer Hinsicht nimmt der kategorische Imperativ des moralischen Bewußtseins allmählich folgende Form an: *Bereite dich vor, einen bestimmten Beruf nützlich auszufüllen.*

Aber man kann auch andere Tatsachen anführen, die dem widersprechen. Wenn die öffentliche Meinung die Regel der Arbeitsteilung sanktioniert, so nicht ohne eine gewisse Unruhe und ein gewisses Zögern. Während sie den Menschen befiehlt, sich zu spezialisieren, scheint sie immer zu befürchten, daß sie sich zu sehr spezialisieren. Neben den Maximen, die die intensive Arbeit rühmen, gibt es andere, die genauso verbreitet sind und die auf die Gefahren hinweisen. »Man muß sich ein trauriges Zeugnis ausstellen lassen, niemals mehr gemacht zu haben, als den 18. Teil einer Stecknadel; und man braucht sich nicht vorzustellen, daß nur der Arbeiter allein sein Leben lang eine Feile oder einen Hammer führt und der damit von der Würde seiner Natur herabsinkt, und wieder ist es der Mensch, der, seinem Wesen nach, die scharfsinnigsten Fähigkeiten seines Geistes ausübt.«[7] Schon zu Beginn des Jahrhunderts verglich Lemontey[8] die Existenz des modernen Arbeiters mit dem freien und unabhängigen Leben des Wilden,

6 Secrétant, *Le principe de la morale*, p. 189.
7 Jean-Baptiste Say, *Traité d'économie politique*, liv. I, chap. VIII.
8 *Raison ou folie*, Kapitel über den Einfluß der Arbeitsteilung.

den er gegenüber dem Arbeiter stark begünstigt fand. Tocqueville ist nicht weniger streng: »Je durchgreifender der Grundsatz der Arbeitsteilung angewandt wird, um so schwächer, beschränkter und abhängiger wird der Arbeiter. Die Fertigkeit schreitet voran, der Fertigende zurück.«[9] Im allgemeinen scheint die Maxime, die uns die Spezialisation befiehlt, überall von der gegenteiligen Maxime negiert zu werden, die uns allen befiehlt, ein gleiches Ideal zu verwirklichen; sie ist weit davon entfernt, ihre ganze Autorität verloren zu haben. Im Prinzip enthält der Konflikt nichts, was uns überraschen könnte. Das moralische Leben, wie das Leben des Leibes und des Geistes, antwortet auf die verschiedensten und sogar widersprüchlichsten Notwendigkeiten. Es ist also nur natürlich, wenn es zum Teil aus feindlichen Elementen besteht, die einander begrenzen und sich gegenseitig aufwiegen. Trotzdem bleibt wahr, daß in einer derart betonten Feindschaft etwas liegt, das das moralische Bewußtsein der Nationen trübt. Denn man muß erklären können, woher ein derartiger Widerspruch kommt.

Um diese Ungewißheit zu bannen, werden wir nicht auf die gewöhnliche Methode der Moralisten zurückgreifen, die, wenn sie den Wert eines moralischen Gebotes bestimmen wollen, damit beginnen, eine allgemeine Formel der Moralität aufzustellen, um dann die umstrittene Maxime mit ihr zu vergleichen. Heute wissen wir, was diese summarischen Verallgemeinerungen wert sind[10]. Wenn man sie, vor jeder Beobachtung der Fakten, schon am Anfang der Untersuchung aufstellt, haben sie nicht das Ziel, darüber Rechenschaft zu geben, sondern das abstrakte Prinzip einer idealen Gesetzgebung anzukündigen, die von A bis Z gesetzt und eingerichtet wird. Sie geben uns also keine Zusammenfassung der wesentlichen Züge, die die Moralregeln in dieser Gesellschaft oder in jenem bestimmten sozialen Typus wirklich darstellen, sondern sie drücken nur die Art aus, wie sich der Moralist die Moral vorstellt. Zweifellos sind sie selbst in dieser Hinsicht lehrreich; denn sie unterrichten uns über die moralischen Tendenzen, die sich in

9 Tocqueville, *Über die Demokratie in Amerika*, Zweiter Teil, Stuttgart 1962, S. 176.

10 In der ersten Auflage dieses Buches haben wir ausführlich die Gründe dargelegt, die nach unserer Meinung die Unfruchtbarkeit dieser Methode beweisen. Heute glauben wir, kürzer bleiben zu dürfen. Es gibt Diskussionen, die man nicht unendlich hinausziehen darf.

dem betreffenden Augenblick zu bilden beginnen. Aber sie haben nur das Interesse eines Faktums, nicht einer wissenschaftlichen Ansicht. Nichts erlaubt, in den persönlichen Ansichten eines Philosophen, und mögen sie noch so wirklich sein, einen angemessenen Ausdruck der moralischen Wirklichkeit zu sehen. Sie verraten Bedürfnisse, die immer nur Teilbedürfnisse sind, und sie entsprechen irgendeinem privaten und bestimmten *Desideratum*, das das Bewußtsein in einer ihm eigenen Täuschung als ein letztes und einziges Ziel aufrichtet. Wie oft kommt es denn vor, daß sie krankhafter Natur sind! Man kann sich also auf sie nicht wie auf objektive Kriterien beziehen, die die Einschätzung der Moralität der Praxis erlauben.

Wir müssen also diese Deduktionen ablehnen, die im allgemeinen nur dazu verwendet werden, um als Argumente zu dienen und vorgefaßte Gefühle und persönliche Eindrücke im nachhinein zu rechtfertigen. Die einzige Art, die Arbeitsteilung objektiv zu beurteilen, ist, sie zuerst an sich auf ganz spekulative Weise zu studieren und zu untersuchen, wozu sie dient und wovon sie abhängt; mit einem Wort, uns einen möglichst angemessenen Begriff davon zu bilden. Wenn wir das getan haben, sind wir imstande, sie mit anderen moralischen Phänomenen zu vergleichen und zu sehen, welche Beziehungen sie zu ihnen unterhält. Wenn wir finden, daß sie eine ähnliche Rolle spielt wie irgendeine andere Praxis, deren moralischer und normaler Charakter unbestritten ist, und daß sie in bestimmten Fällen diese Rolle nicht erfüllt, dann liegen anormale Abweichungen vor; wenn die Gründe, die sie bestimmen, ebenfalls die bestimmenden Bedingungen anderer Moralregeln sind, dann können wir schließen, daß sie unter die letzteren einzuordnen ist. Auf diese Art können wir, ohne daß wir uns an die Stelle des Moralbewußtseins der Gesellschaften setzen und ohne uns zu vermessen, an seiner Stelle gesetzgebend zu wirken, ein wenig Licht hineinbringen und ihre Verwirrung vermindern.

Unsere Arbeit wird also aus drei Hauptteilen bestehen: Wir untersuchen zuerst die Funktion der Arbeitsteilung, d. h. welchem sozialen Bedürfnis sie entspricht; dann bestimmen wir die Gründe und die Bedingungen, von denen sie abhängt; und schließlich versuchen wir, da sie nicht der Gegenstand so schwerer Anschuldigungen gewesen wäre, wenn sie nicht wirklich mehr oder weniger oft vom Normalzustand abwiche, die hauptsächlichsten anormalen

Formen, die sie aufweist, zu klassifizieren, um zu vermeiden, daß sie mit den anderen vermengt werden. Diese Studie ist auch insofern interessant, als hier, wie in der Biologie, das Pathologische uns helfen wird, das Physiologische besser zu begreifen.

Wenn man im übrigen so viel über den moralischen Wert der Arbeitsteilung diskutiert hat, so weniger, weil man sich nicht über die allgemeinen Formeln der Moralität einigen kann, als vielmehr, weil man die Fakten, die wir untersuchen wollen, zu sehr vernachlässigt hat. Man hat immer geschlossen, als ob sie evident wären; als ob es genügte, die Ansichten, die jeder von uns von ihr hat, zu analysieren, um die Natur, die Rolle und die Ursachen der Arbeitsteilung zu kennen. Eine derartige Methode kann nicht zu wissenschaftlichen Schlüssen führen. Daher hat die Theorie der Arbeitsteilung seit Adam Smith recht wenige Fortschritte gemacht. »Seine Nachfolger,« sagt Schmoller[11], »haben sich mit bemerkenswerter Gedankenarmut an seine Beispiele und an seine Bemerkungen geklammert bis an den Tag, wo die Soziologen das Beobachtungsfeld erweitert und die Arbeitsteilung der heutigen Fabriken mit der Arbeitsteilung der Werkstätten des 18. Jahrhunderts verglichen haben. Aber selbst damit wurde die Theorie nicht systematisch und vertieft weiterentwickelt. Die technologischen Betrachtungen und die Beobachtungen einer banalen Wahrheit einiger Volkswirtschaftler könnte die Entwicklung dieser Ideen auch nicht wesentlich weiterbringen.« Um zu wissen, was die Arbeitsteilung objektiv ist, genügt es nicht, die Idee, die wir uns von ihr machen, weiterzuentwickeln, sondern man muß sie wie eine objektive Tatsache behandeln, beobachten und vergleichen, dann werden wir feststellen, daß sich das Ergebnis dieser Beobachtungen oft sehr von dem unterscheidet, was uns das Gefühl suggeriert[12].

11 La Division du travail étudiée au point de vue historique, in *Revue d'écon. pol.*, 1889, p. 567.

12 Seit 1893 sind zwei Werke erschienen und uns bekannt geworden, die sich auf die Frage, die wir in diesem Buch behandeln, beziehen. Vor allem die *Soziale Differenzierung* von Simmel (Leipzig, VII. 147), wo die Arbeitsteilung zwar nicht besonders abgehandelt wird, wohl aber der Prozeß der Persönlichkeitsentwicklung im allgemeinen. Dann das Buch von Bücher, *Die Entstehung der Volkswirtschaft*, das kürzlich unter dem Titel *Etudes d'histoire et d'économie politique* (Paris, Alcan, 1901) ins Französische übersetzt wurde und in dem einige Kapitel der Teilung der ökonomischen Arbeit gewidmet sind.

1. Buch
Die Funktion der Arbeitsteilung

1. Kapitel

Methode zur Bestimmung dieser Funktion

Das Wort *Funktion* wird auf zwei recht verschiedene Weisen angewendet: entweder bedeutet es ein System von lebenswichtigen Bewegungen (ihre Folgen außer acht gelassen) oder es drückt die Beziehung der Abhängigkeit aus, die zwischen diesen Kräften und einigen Bedürfnissen des Organismus bestehen. So spricht man von der Funktion der Verdauung, der Atmung usw. Aber man sagt auch, daß die Verdauung die Funktion hat, die Einverleibung der flüssigen oder festen Substanzen zu lenken, die die Verluste des Organismus ersetzen sollen; daß die Atmung die Funktion hat, in das tierische Gewebe die Gase einzuführen, die für die Erhaltung des Lebens nötig sind usw. Wir verstehen das Wort unter dieser zweiten Auffassung. Wenn man sich fragt, welches die Funktion der Arbeitsteilung ist, so heißt das untersuchen, welchem Bedürfnis sie entspricht. Wenn wir diese Frage gelöst haben, können wir sehen, ob dieses Bedürfnis von der gleichen Natur ist wie die Bedürfnisse, denen die anderen Verhaltensregeln entsprechen, deren Moralcharakter nicht diskutiert wird.

Wir haben diesen Ausdruck gewählt, weil jeder andere ungenau und zweideutig wäre. Wir können die Ausdrücke Zweck oder Objekt nicht verwenden oder vom Ziel der Arbeitsteilung sprechen, weil das voraussetzen hieße, daß die Arbeitsteilung *im Hinblick auf die Ergebnisse* existiert, die wir bestimmen wollen. Der Ausdruck Ergebnisse oder Wirkungen kann uns auch nicht befriedigen, weil er keine Entsprechung bewirkt. Das Wort *Rolle* oder *Funktion* hat dagegen den großen Vorteil, diese Ideen zu beinhalten, ohne eine Vorentscheidung zu bewirken, wie diese Entsprechung entstanden ist, nämlich ob sie aus einer bewußten und vorgefaßten Anpassung entstanden ist oder erst aus einer nachherigen Annäherung. Wir wollen aber wissen, ob sie existiert und woraus sie besteht, nicht ob sie im vorhinein erahnt oder im nachhinein gefühlt wurde.

I

Nichts scheint im ersten Augenblick leichter zu sein, als die Rolle der Arbeitsteilung zu bestimmen. Sind ihre Äußerungen nicht in aller Welt bekannt? Weil sie sowohl die produktive Kraft wie die Geschicklichkeit des Arbeiters erhöht, stellt sie die nötige Bedingung der intellektuellen und materiellen Entwicklung der Gesellschaften dar. Sie ist die Quelle der Zivilisation. Da man aber andererseits der Zivilisation recht gerne einen absoluten Wert beimißt, denkt man gar nicht daran, der Arbeitsteilung eine andere Funktion zuzubilligen.

Daß sie wirklich dieses Ergebnis habe, das gedenkt man überhaupt nicht zu diskutieren. Wenn sie aber kein anderes hätte und zu nichts anderem diente, dann gäbe es überhaupt keinen Grund, ihr einen moralischen Charakter zuzuschreiben.

In der Tat sind die Dienste, die sie auf diese Art leistet, dem Moralleben fast völlig fremd, oder sie haben zum mindesten nur sehr indirekt und sehr fernliegende Beziehungen zu ihm. Wenngleich es heute gebräuchlich ist, auf die Kritiken von Rousseau mit Lobeshymnen zu antworten, so ist dennoch nicht bewiesen, daß die Zivilisation eine moralische Angelegenheit ist. Um diese Frage zu lösen, kann man sich nicht auf die Analyse von Konzepten berufen, die notwendigerweise subjektiv sind, sondern man muß eine Tatsache kennen, die dazu dienen könnte, das Niveau der mittleren Moralität zu messen, und dann beobachten, wie es sich in dem Maß ändert, in dem die Zivilisation fortschreitet. Unglücklicherweise fehlt uns die Maßeinheit; aber wir besitzen eine für die kollektive Immoralität: der Durchschnitt der Selbstmorde und der Verbrechen aller Art kann in der Tat dazu dienen, die Höhe der Immoralität in einer gegebenen Gesellschaft zu bezeichnen. Wenn man die Probe macht, so ist es nicht zu Ehren der Zivilisation, denn die Zahl der krankhaften Phänomene scheint in dem Maß zuzunehmen, in dem die Künste, die Wissenschaften und die Industrie fortschreiten[1]. Zweifellos wäre es leichtfertig, aus diesen Tatsachen zu schließen, daß die Zivilisation unmoralisch ist, aber man kann wenigstens sicher sein, daß, wenn die Zivili-

1 S. Alexander von Öttingen, *Moralstatistik*, Erlangen, 1882, §§ 37 u. folg. – Tarde, *Criminalité comparée*, 2. Kap. (Paris, F. Alcan). – Was die Selbstmorde betrifft, s. weiter unten, 2. Buch, 1. Kap., § II.

sation auf das Moralleben einen positiven und günstigen Einfluß hat, er recht schwach ist.
Wenn man im übrigen diesen schlecht definierten *Komplex*, den man Zivilisation nennt, analysiert, so findet man, daß die Elemente, aus denen er sich zusammensetzt, keinerlei moralischen Charakter haben.
Das stimmt vor allem für die ökonomische Tätigkeit, die die Zivilisation immer begleitet. Statt daß sie dem Fortschritt der Moral dient, sind die Verbrechen und die Selbstmorde in den großen Industriezentren am häufigsten. Auf alle Fälle ist es klar, daß sie nicht die äußeren Zeichen aufweist, an denen man die Moraltatsachen erkennt. Wir haben die Postkutsche durch die Eisenbahn ersetzt, die Segelschiffe durch die Ozeandampfer, die kleinen Werkstätten durch die Fabriken. Diese ganze Entfaltung der Tätigkeit wird im allgemeinen als nützlich angesehen, aber sie hat nichts zwingend Moralisches. Der Handwerker, der kleine Industrielle, die dem allgemeinen Strom widerstehen und hartnäckig in ihren kleinen Betrieben ausgeharrt haben, erfüllen genauso gut ihre Pflicht wie der große Fabrikant, der ein Land mit Fabriken überzieht und unter seinem Befehl eine Armee von Arbeitern vereint. Das moralische Bewußtsein der Nationen täuscht sich darüber nicht: es zieht ein wenig Gerechtigkeit allen industriellen Vervollkommnungen der Welt vor. Zweifellos besteht die industrielle Tätigkeit nicht ohne Grund; sie entspricht Bedürfnissen, aber es sind keine moralischen Bedürfnisse.
Noch mehr trifft das auf die Kunst zu, die für alles völlig unbeeinflußbar ist, was einer Verpflichtung ähneln könnte, denn sie gehört in das Reich der Freiheit. Sie ist ein Luxus und ein Schmuck, den zu haben schön ist, den zu erwerben man aber nicht verpflichtet ist: Was überflüssig ist, kann nicht aufgezwungen werden. Im Gegenteil ist die Moral das unentbehrliche Minimum, das streng Notwendige, das tägliche Brot, ohne das die Gesellschaften nicht leben können. Die Kunst entspricht dem Bedürfnis, das wir haben, unsere Tätigkeit ohne Zweck verströmen zu lassen, aus Freude, sie verströmen zu lassen, während die Moral uns nötigt, einen bestimmten Weg zu einem bestimmten Ziel zu verfolgen. Wer aber Verpflichtung sagt, der sagt auch Zwang. Obwohl die Kunst von moralischen Idealen beseelt oder an der Entwicklung rein moralischer Phänomene beteiligt sein kann, ist sie aus sich

nicht moralisch. Vielleicht wird die Beobachtung feststellen, daß eine ungezügelte Entwicklung der ästhetischen Fähigkeiten bei den Individuen wie bei den Gesellschaften ein bedenkliches Symptom vom Gesichtspunkt der Moralität ist.

Unter allen Elementen der Zivilisation ist die Wissenschaft allein ein Element, das unter gewissen Bedingungen einen moralischen Charakter hat. In der Tat neigen die Gesellschaften immer mehr dazu, es als eine Pflicht für das Individuum zu betrachten, seine Intelligenz zu entwickeln, indem es sich die wissenschaftlichen Wahrheiten, die erwiesen sind, aneignet. Schon heute gibt es eine bestimmte Zahl von Kenntnissen, die wir alle besitzen müssen. Wir sind nicht verpflichtet, uns in das große industrielle Getümmel zu stürzen; wir sind nicht verpflichtet, Künstler zu sein; aber jeder ist verpflichtet, nicht mehr unwissend zu bleiben. Diese Verpflichtung wird so stark empfunden, daß sie in bestimmten Gesellschaften nicht nur von der öffentlichen Meinung gebilligt wird, sondern sogar vom Gesetz. Im übrigen ist es nicht unmöglich festzustellen, woher dieses Sonderprivileg der Wissenschaft kommt. Die Wissenschaft ist aber nichts anderes als das Bewußtsein in seiner höchsten Klarheit. Damit die Gesellschaften unter den Existenzbedingungen leben können, die ihnen jetzt bereitet werden, muß sich das individuelle wie das soziale Bewußtseinsfeld erweitern und erhellen. Da die Umwelten, in denen sie leben, immer komplexer und, um zu dauern, folglich immer verwickelter werden, müssen sie oft wechseln. Je unerhellter dagegen ein Bewußtsein ist, desto mehr widersetzt es sich dem Wechsel, weil es nicht rasch genug sieht, daß der Wechsel nötig ist, noch in welcher Richtung gewechselt werden muß. Ein aufgeklärtes Bewußtsein dagegen kann im vorhinein die Art seiner Anpassung vorbereiten. Darum ist es nötig, daß die Intelligenz, von der Wissenschaft geleitet, einen immer größeren Anteil am Verlauf des Kollektivlebens nimmt.

Nur verdient die Wissenschaft, die alle Welt auf diese Weise besitzen soll, nicht, mit diesem Namen genannt zu werden. Es handelt sich nicht um die Wissenschaft, sondern höchstens um ihren allgemeinsten Teil. Sie schrumpft in der Tat auf eine kleine Anzahl von unentbehrlichen Kenntnissen zusammen, die von allen nur verlangt werden, weil sie allen zugänglich sind. Die eigentliche Wissenschaft überschreitet unendlich dieses gemeine Niveau.

Sie umfaßt nicht nur, was nicht zu wissen eine Schande ist, sondern alles, was zu wissen möglich ist. Sie setzt nicht bei denen, die sie betreiben, jene durchschnittlichen Fähigkeiten voraus, die jeder besitzt, sondern Sonderveranlagungen. Da sie folglich nur einer Elite zugänglich ist, ist sie nicht verpflichtend. Es handelt sich also um eine nützliche und schöne Sache, aber sie ist nicht derart nötig, daß die Gesellschaft sie gebieterisch verlangt. Es ist vorteilhaft, sie zu besitzen; es ist nichts Unmoralisches, sie nicht zu besitzen. Es ist ein Betätigungsfeld, das jeder Initiative offen ist, das aber niemand zu betreten gezwungen ist. Niemand braucht Gelehrter zu sein, so wie niemand Künstler zu sein braucht. Die Wissenschaft steht also, wie die Kunst und die Industrie, außerhalb der Moral[2].

Wenn es so viele Meinungsverschiedenheiten über den moralischen Charakter der Zivilisation gegeben hat, so darum, weil die Moralisten nur zu oft kein objektives Kriterium besitzen, um die moralischen Tatsachen von solchen zu unterscheiden, die es nicht sind. Gewöhnlich bezeichnet man mit moralisch alles, was ein bißchen edel und preiswert ist, alles, was Gegenstand eines höheren Strebens ist. Dank dieser übermäßigen Ausdehnung des Wortes hat man die Zivilisation in die Moral eingegliedert. Der Bereich der Ethik ist aber bei weitem nicht so unbestimmt. Er umfaßt alle Handlungsregeln, die dem Verhalten zwingend vorgeschrieben sind und denen eine Sanktion angedroht ist; aber weiter geht er nicht. Da es in der Zivilisation nichts gibt, das dieses Kriterium der Moralität darstellt, ist sie moralisch indifferent. Wenn also die Arbeitsteilung keine andere Rolle hätte, als die Zivilisation möglich zu machen, dann würde sie an der gleichen moralischen Neutralität teilhaben.

Weil man im allgemeinen an der Arbeitsteilung keine andere Funktion wahrgenommen hat, sind die Theorien, die man über sie vorgetragen hat, in diesem Punkt haltlos. Nimmt man in der Tat an, daß es in der Moral eine neutrale Zone gibt, dann ist es unmöglich, daß die Arbeitsteilung daran teilhat[3]. Wenn sie nicht gut ist, dann ist sie schlecht: wenn sie nicht moralisch ist, dann ist sie

2 »Der Wesenscharakter des Guten verglichen mit dem Wahren liegt also darin, daß er zwingend ist. Das Wahre, an sich genommen, hat diesen Charakter nicht.« (Janet, *Morale*, p. 139)

3 Denn sie steht im Gegensatz zu einer moralischen Regel.

moralisch entartet. Wenn sie also nicht zu etwas anderem dient, verfällt man in unlösbare Antimonien, denn die ökonomischen Vorteile, die sie bietet, sind von moralischen Nachteilen kompensiert, und da es unmöglich ist, diese beiden heterogenen und unvergleichbaren Mengen voneinander abzuziehen, kann man auch nicht sagen, welche von den beiden den Sieg davonträgt, und folglich nicht Partei ergreifen. Man stützt sich auf den Vorrang der Moralität, um die Arbeitsteilung völlig zu verdammen. Da aber diese *ultima ratio* immer ein wissenschaftlicher Staatsstreich ist, macht die offensichtliche Notwendigkeit der Spezialisation es unmöglich, eine derartige Position aufrechtzuerhalten.

Mehr noch: Wenn die Arbeitsteilung keine andere Rolle hat, dann hat sie nicht nur keinen moralischen Charakter, man sieht auch nicht ein, welchen anderen Daseinsgrund sie haben könnte. Wir werden in der Tat sehen, daß die Zivilisation an sich keinen eigenen und absoluten Wert hat. Wertvoll an ihr ist nur, daß sie bestimmten Bedürfnissen entspricht. Diesen Schluß werden wir weiter unten[4] beweisen; diese Bedürfnisse sind selber schon Folgen der Arbeitsteilung. Weil sie nicht ohne einen Zuwachs an Müdigkeit geht, ist der Mensch gezwungen, diese Zivilisationsgüter als Zuwachs an Reparationen anzustreben, die sonst ohne Interesse für ihn wären. Wenn also die Arbeitsteilung keinen anderen Bedürfnissen als diesen entspricht, hätte sie keine andere Funktion, als die Wirkungen zu mildern, die sie selbst hervorruft; als die Wunden zu verbinden, die sie selber schlägt. Unter diesen Bedingungen wäre es nötig, sie zu erdulden, aber es gäbe keinen Grund, sie zu wollen, da die Dienste, die sie leistet, sich darauf beschränken, die Verluste zu ersetzen, die sie verursacht.

Alles führt uns also dazu, eine andere Funktion für die Arbeitsteilung zu suchen. Einige Beobachtungen werden uns auf den Weg der Lösung bringen.

II

Jeder weiß, daß wir den lieben, der uns ähnlich ist, der so denkt und fühlt wie wir. Aber das gegenteilige Phänomen ist nicht weniger häufig. Es kommt sehr oft vor, daß wir uns zu Personen, die

4 S. 2. Buch, 1. und 5. Kap.

uns nicht ähnlich sind, hingezogen fühlen, gerade weil sie uns nicht ähnlich sind. Diese Tatsachen sind scheinbar so widersprüchlich, daß die Moralisten zu allen Zeiten über die wahre Natur der Freundschaft geschwankt haben und sie mal von dem einen Grund, mal von dem anderen abgeleitet haben. Schon die Griechen haben sich diese Frage gestellt. Aristoteles sagt:

»Es gibt aber bei der Freundschaft nicht wenige Probleme. Die einen bestimmen sie als eine Art Wesensgleichheit und sagen: Menschen von gleicher Art sind Freunde. Daher das Sprichwort: ›Gleich und gleich gesellt sich gern‹ und ›Krähe hält sich zu Krähe‹ und dergleichen. Andere sagen im Gegenteil, die Gleichen seien einander allesamt (feind wie) ›Töpfer dem Töpfer‹.

Und bei demselben Thema sucht man auch noch nach höheren und mehr naturphilosophischen Argumenten. So Euripides, wenn er sagt: ›Es sehnt die dürre Erde sich nach Regen, es sehnt der hohe Himmel, regenschwer, zur Erde sich zu stürzen‹. Und Heraklit: ›Das Widereinanderstehende zusammenstimmend und aus dem Unstimmigen die schönste Harmonie‹ und ›Alles Leben entsteht durch Streit‹.«[5]

Der Beweis für diese gegensätzlichen Lehrmeinungen ist, daß die eine wie die andere Freundschaft in der Natur existiert. Die Unähnlichkeit kann wie die Ähnlichkeit ein Grund gegenseitiger Anziehung sein. Trotzdem genügen nicht irgendwelche Unähnlichkeiten, um diese Wirkung hervorzurufen. Es macht uns kein Vergnügen, bei anderen eine von uns schlechtweg verschiedene Natur zu finden. Die Verschwender suchen nicht die Gesellschaft der Geizhälse, genauso wenig wie aufrechte Charaktere die Gesellschaft der Heuchler und Duckmäuser suchen. Liebenswerte und sanfte Geister fühlen sich nicht zu harten und mißgünstigen Charakteren hingezogen. Es handelt sich also nur um die Unterschiede einer bestimmten Art, die sich zueinander hingezogen fühlen. Es sind diejenigen, die, statt sich zu widersetzen und auszuschließen, sich gegenseitig ergänzen. »Es gibt eine Art der Unähnlichkeit, die zurückstößt, und eine andere, die anzieht; eine, die zur Rivalität führt, und eine, die zur Freundschaft führt ... Wenn eine (der beiden Personen) etwas hat, was die andere nicht hat, was sie aber wünscht, dann liegt in dieser Tatsache der Ausgangspunkt eines

5 Aristoteles, *Nikom. Ethik,* VIII, 2, 1155 a/b 32. Übers. von F. Dirlmeier, Darmstadt, 1964.

positiven Reizes.«[6] So hat der räsonierende und scharfsinnige Theoretiker eine ganz besondere Vorliebe für die praktischen Menschen, die sich durch direkte und rasche Auffassung auszeichnen; der Zaghafte für Entschlossene und Zielbewußte; der Schwache für den Starken und umgekehrt. Wir reich wir auch begabt seien, es fehlt uns immer etwas, und die Besten unter uns fühlen ihre Unzulänglichkeit. So suchen wir bei unseren Freunden die Fähigkeiten, die uns fehlen, weil wir, wenn wir uns mit ihnen vereinigen, gewissermaßen an ihrer Natur teilnehmen und uns dann weniger unvollständig fühlen. So bilden sich Freundeskreise, in denen jeder seine Rolle gemäß seinem Charakter hat, und wo ein wahrer Austausch an Diensten stattfindet. Einer schützt, der andere tröstet; dieser berät, der andere führt aus. Diese Aufteilung der Funktionen, oder um den Fachausdruck zu gebrauchen, diese Arbeitsteilung bestimmt die Freundschaftsbeziehungen.
Das hat uns dazu geführt, die Arbeitsteilung unter einem neuen Gesichtspunkt zu betrachten. In diesem Fall sind die ökonomischen Dienste, die sie leisten kann, gering, verglichen mit der moralischen Wirkung, die sie hervorruft, und ihre wahre Funktion besteht darin, zwischen zwei oder mehreren Personen ein Gefühl der Solidarität herzustellen. Wie immer dieses Ergebnis auch erlangt wird, es regt diese Freundschaften an und zeichnet sie mit seinem Stempel.

Die Geschichte der Ehe bietet uns ein noch eindrucksvolleres Beispiel von demselben Phänomen.
Zweifellos wirkt die sexuelle Anziehung nur zwischen Individuen derselben Gattung, und die Liebe setzt im allgemeinen eine gewisse Harmonie der Gedanken und der Gefühle voraus. Nicht weniger wahr ist, daß das, was dieser Zuneigung seinen spezifischen Charakter und seine besondere Energie gibt, nicht die Ähnlichkeit ist, sondern die Unähnlichkeit der Naturen, die sie vereint. Weil Mann und Frau sich voneinander unterscheiden, suchen sie sich mit Leidenschaft. Trotzdem ist das nicht, wie im vorhergegangenen Fall, ein reiner und einfacher Gegensatz, der die gegenseitigen Gefühle hervorruft: nur die Unterschiede, die sich voraussetzen und ergänzen, können diese Eigenschaft haben. Der Mann

6 Bain, *Emotions et volonté,* Fr. Übersetzung, Paris, Alcan, p. 135.

und die Frau, die voneinander getrennt sind, sind nur die verschiedenen Teile eines und desselben konkreten Ganzen, das sie, indem sie sich vereinen, wiederherstellen. Mit anderen Worten: die sexuelle Arbeitsteilung ist die Quelle der Ehesolidarität, und darum haben die Psychologen richtig festgestellt, daß die Trennung der Geschlechter ein Hauptereignis in der Entwicklung der Gefühle gewesen ist: sie hat das vielleicht stärkste aller uneigennützigen Gefühle möglich gemacht.

Mehr noch: die sexuelle Arbeitsteilung ist eines Mehr oder eines Weniger fähig. Sie kann oder kann nicht nur auf die sexuellen Organe und einige sekundäre Charaktere, die von ihnen abhängen, wirksam sein, sondern auch im Gegenteil sich auf alle organischen und sozialen Funktionen ausdehnen. Nun kann man aber in der Geschichte feststellen, daß sie sich in demselben Sinn und in derselben Weise wie die eheliche Solidarität entwickelt hat.

Diese ist um so geringer, je weiter wir in die Vergangenheit hinabsteigen. Die Frau dieser entfernten Zeiten war keineswegs das schwache Wesen, das es mit dem Fortschritt der Moralität geworden ist. Prähistorische Knochenfunde bezeugen, daß der Unterschied zwischen der Kraft des Mannes und der Kraft der Frau relativ viel kleiner war als heute[7]. Noch jetzt unterscheidet sich in der Kindheit und bis zur Pubertät das Skelett der beiden Geschlechter nicht wesentlich: es ist im großen ganzen vornehmlich weiblich. Wenn man annimmt, daß die Entwicklung des Individuums verkürzt die Entwicklung der Gattung wiedergibt, kann man mit Recht schließen, daß die gleiche Homogenität am Anfang der menschlichen Entwicklung bestanden hat. Man kann also in der weiblichen Form so etwas wie ein angenähertes Bild von dem sehen, was zuerst der einzige und allgemeine Typus war, von dem sich die männliche Spielart erst nach und nach abgespalten hat. Reisende berichten uns im übrigen, daß bei einer bestimmten Anzahl von südamerikanischen Stämmen der Mann und die Frau im Körperbau und im allgemeinen Aussehen eine Ähnlichkeit zeigen, die alles weit übersteigt, was man anderswo sieht[8]. Schließlich hat Dr. Le Bon direkt und mit mathematischer Genauigkeit die ursprüngliche Ähnlichkeit der beiden Geschlechter

7 Topinard, *Anthropologie*, p. 146.

8 Siehe Spencer, *Scientific Essays*, p. 300. – Th. Waltz berichtet in seiner *Anthropologie der Naturvölker*, Leipzig 1877, S. 76, von vielen ähnlichen Fällen.

für das Organ aufstellen können, für das das physische und psychische Leben überragend ist, für das Gehirn. Nachdem er eine große Anzahl von Schädeln der verschiedensten Rassen und Gesellschaften verglichen hatte, kam er zu folgendem Schluß: »Das Gehirnvolumen zeigt, wenn man Menschen gleichen Alters, gleicher Größe und gleichen Gewichts vergleicht, bedeutende Unterschiede zugunsten des Mannes, und diese Ungleichheit wird mit der Zivilisation immer größer, so daß sich die Frau mit dem Gehirngewicht und folglich mit der Intelligenz immer mehr vom Mann unterscheidet. Der Unterschied z. B. zwischen dem mittleren Gehirn der heutigen Pariser und Pariserinnen ist fast das Doppelte des Mittels zwischen den männlichen und weiblichen Gehirnen des alten Ägyptens.«[9] Der deutsche Anthropologe Bischoff ist in diesem Punkt zu den gleichen Ergebnissen gekommen[10].

Diese anatomischen Ähnlichkeiten werden von funktionalen Ähnlichkeiten begleitet. In jenen Gesellschaften unterscheiden sich in der Tat die weiblichen Funktionen nicht rein von den männlichen Funktionen; die beiden Geschlechter führen ungefähr die gleiche Existenz. Es gibt jetzt noch eine sehr große Anzahl von wilden Völkern, bei denen die Frau am politischen Leben beteiligt ist. Das kann man besonders bei den amerikanischen Indianerstämmen beobachten, bei den Irokesen, den Natchezen[11], auf Hawaii, wo sie auf tausenderlei Art am Leben des Mannes beteiligt ist[12], in Neuseeland und auf den Samoainseln. Sehr oft sieht man die Frauen, die die Männer in den Krieg begleiten, die sie zum Kampf anfeuern und sogar einen sehr aktiven Anteil daran nehmen. In der Provinz von Kuba und in Dahomey sind sie genauso kriegerisch wie die Männer, und sie schlagen sich neben ihnen[13]. Eines der Unterscheidungsmerkmale der Frau, die Sanftmut, scheint ihr ursprünglich nicht eigentümlich gewesen zu sein. Auch bei bestimmten Tiergattungen scheint sich das Weibchen eher durch das Gegenteil bemerkbar zu machen.

Nun zeigt sich aber bei diesen Völkern die Ehe in einem ganz rudimentären Zustand. Es ist sogar sehr wahrscheinlich, wenn auch

9 Gustave le Bon, *L'homme et les sociétés*, II, 154.

10 *Das Gehirngewicht des Menschen, eine Studie.* Bonn, 1880.

11 Waltz, *Anthropologie*, III, 101–102.

12 Id, *op. cit.*, VI, 121.

13 Spencer, *Die Principien der Sociologie*, Stuttgart 1887. II. Bd., S. 335.

nicht bewiesen, daß es in der Geschichte der Familie eine Epoche gegeben hat, wo es keine Ehe gab. Die sexuellen Beziehungen knüpften und lösten sich nach freiem Ermessen, ohne daß eine rechtliche Verpflichtung die Gatten verband. Auf alle Fälle kennen wir einen Familientypus, der uns relativ naheliegt[14], und wo die Ehe nur in einem undeutlichen, keimhaften Zustand besteht: es ist die Mutterfamilie. Die Beziehungen der Mutter zu ihren Kindern sind sehr bestimmt, aber die Beziehungen der beiden Ehegatten sind sehr locker. Sie können aufhören, sobald die beiden Teile es wünschen, oder sie bestehen nur für eine bestimmte Zeit[15]. Die eheliche Treue wird dort noch nicht verlangt. Die Ehe, oder was man so nennt, besteht einzig aus begrenzten Verpflichtungen und meistens für eine kurze Dauer, die den Gatten an die Verwandten der Frau binden. Die Ehe ist also eine unbedeutende Kleinigkeit. Nun symbolisiert aber in einer bestimmten Gesellschaft die Summe der rechtlichen Regeln, die die Ehe ausmachen, den Zustand der ehelichen Solidarität. Wenn diese sehr stark ist, sind die Bande, die die Ehegatten verbinden, zahlreich und komplex, und folglich sind die Ehevorschriften, die das Ziel haben, diese Bande zu definieren, selbst sehr entwickelt. Wenn es aber im Gegenteil der Ehe an Zusammenhalt fehlt, wenn die Beziehungen zwischen Mann und Frau schwankend und unterbrochen sind, können sie keine bestimmte Form annehmen, und folglich reduziert sich die Ehe auf eine kleine Zahl von Regeln ohne Strenge und ohne Genauigkeit. Der Stand der Ehe in den Gesellschaften, wo die Geschlechter nur schwach differenziert sind, bezeugt, daß die Festigkeit der Ehe selbst sehr schwach ist.

Je mehr man dagegen in die moderne Zeit fortschreitet, desto mehr sieht man die Ehe sich entwickeln. Das Netz der Verbindungen, das sie bildet, weitet sich immer mehr aus, und die Verpflichtungen, die sie verlangt, vervielfachen sich. Die Bedingungen, unter denen sie geschlossen bzw. aufgelöst werden kann, werden mit einer ständig wachsenden Genauigkeit abgegrenzt, ebenso wie die Wirkungen dieser Auflösung. Die Treuepflicht nimmt Gestalt an: Zuerst der Frau allein aufgezwungen, wird sie später gegenseitig.

14 Die Mutterfamilie hat bestimmt bei den Germanen existiert. – Siehe Dargun, *Mutterrecht und Raubehe im germanischen Recht*, Breslau, 1893.

15 S. bes. Smith, *Marriage and Kinship in Early Arabia*, Cambridge, 1885, p. 67.

Mit dem Erscheinen der Mitgift tauchen sehr komplexe Regeln auf, um die wechselseitigen Rechte eines jeden gegenüber seinem eigenen Vermögen und dem des anderen zu fixieren. Im übrigen genügt es, einen Blick auf unsere Gesetzesbücher zu werfen, um zu sehen, welchen bedeutenden Platz die Ehe einnimmt. Die Vereinigung zweier Gatten hat aufgehört, kurzfristig zu sein. Es handelt sich nicht mehr um einen äußerlichen, vorübergehenden und teilweisen Kontakt, sondern um eine intime, dauerhafte und oft sogar unlösbare Verbindung zweier ganzer Existenzen.
Zu gleicher Zeit ist auch gewiß, daß sich die sexuelle Arbeit immer mehr geteilt hat. Zuerst war sie auf die sexuellen Funktionen allein beschränkt; schließlich hat sie sich aber nach und nach auf die anderen ausgedehnt. Seit langem schon hat sich die Frau vom Krieg und von den öffentlichen Geschäften zurückgezogen und ihr Leben ganz auf das Familienleben konzentriert. Seither hat sich ihre Rolle immer weiter spezialisiert. Heute führt die Frau bei den zivilisierten Völkern eine ganz andere Existenz als der Mann. Man könnte sagen, daß sich die beiden großen Funktionen des psychischen Lebens getrennt haben, daß eines der Geschlechter die Gemütsfunktionen und das andere die Verstandesfunktionen an sich gerissen hat. Sieht man aber in bestimmten Klassen, wo sich die Frauen wie die Männer mit Kunst und Literatur beschäftigen, so könnte man glauben, daß die Beschäftigungen der beiden Geschlechter wieder homogener zu werden trachten. Aber selbst in dieser Beschäftigung bringt die Frau ihre eigene Natur mit, und ihre Rolle ist sehr speziell, sehr verschieden von der des Mannes. Wenn im übrigen die Kunst und die Literatur beginnen, weibliche Angelegenheiten zu werden, scheint das andere Geschlecht darauf zu verzichten, um sich speziell der Wissenschaft hinzugeben. Es könnte also sehr wohl eintreten, daß diese scheinbare Umkehr zur ursprünglichen Homogenität nichts anderes ist, als der Beginn einer neuen Differenzierung. Im übrigen werden diese funktionellen Unterschiede materiell greifbar durch die morphologischen Unterschiede, die sie ausgelöst haben. Nicht nur die Größe, das Gewicht und die allgemeinen Formen sind unterschiedlich beim Mann und bei der Frau, sondern, wie Dr. Le Bon es uns gezeigt hat, mit dem Fortschritt der Zivilisation unterscheidet sich auch das Gehirn der beiden Geschlechter immer mehr. Nach den Feststellungen dieses Beobachters hängt der fortschreitende Abstand

sowohl vom beträchtlichen Wachstum der männlichen Gehirne wie vom Stillstand und sogar von der Regression der weiblichen Gehirne ab. »Während der Durchschnitt der Pariser Gehirne zu den größten bekannten Gehirnen gehört, gehören durchschnittlich die weiblichen Pariser Gehirne zu den kleinsten beobachteten Gehirnen, weit unter dem Gehirn der Chinesinnen und kaum größer als das Gehirn der Frauen von Neu-Kaledonien.«[16]

Bei all diesen Beispielen ist die bedeutsamste Wirkung der Arbeitsteilung nicht, daß sie den Ausstoß der geteilten Funktionen erhöht, sondern daß sie sie voneinander abhängig macht. Ihre Rolle in all diesen Fällen besteht nicht darin, die bestehenden Gesellschaften zu verschönern und zu verbessern, sondern Gesellschaften möglich zu machen, die ohne sie nicht existieren würden. Schraubt man die sexuelle Arbeitsteilung unter einen bestimmten Punkt herab, so verflüchtigt sich die Ehe und läßt nur mehr äußerst kurzlebige sexuelle Beziehungen zurück. Wenn sich die Geschlechter überhaupt nicht getrennt hätten, wäre eine ganze Form des sozialen Lebens überhaupt nicht entstanden. Es ist möglich, daß die ökonomische Nützlichkeit der Arbeitsteilung irgendwie an diesem Ergebnis beteiligt ist; es übersteigt aber unendlich die Sphäre der rein ökonomischen Interessen, denn es besteht in der Einrichtung einer Sozial- und Moralordnung *sui generis*. Individuen sind untereinander verbunden, die sonst unabhängig wären. Statt sich getrennt zu entwickeln, vereinigen sie ihre Anstrengungen. Sie sind solidarisch, und diese Solidarität wirkt sich nicht nur in den kurzen Augenblicken aus, in denen sie einander gefällig sind, sondern weit darüber hinaus. Wirkt die eheliche Solidarität, wie sie heute bei den kultiviertesten Völkern existiert, z. B. nicht auf jeden Augenblick und auf jede Einzelheit des Lebens? Andrerseits müssen diese Gesellschaften, die die Arbeitsteilung hervorgerufen haben, notgedrungen diesen Stempel tragen. Da sie diesen speziellen Ursprung haben, können sie nicht denen gleichen, wo Gleiches das Gleiche anzog. Sie müssen anders eingerichtet sein, auf anderen Grundlagen ruhen und sich an andere Gefühle wenden.

Wenn man oft aus dem Austausch allein die sozialen Beziehungen entstehen ließ, die aus der Arbeitsteilung erwachsen, dann ver-

16 G. le Bon, *Op. cit.*, 154.

kannte man, was den Austausch beinhaltet und was sich aus ihm ergibt. Er setzt voraus, daß zwei Wesen gegenseitig voneinander abhängen, weil sie, das eine wie das andere, unvollständig sind; er zeigt nur diese gegenseitige Abhängigkeit von außen. Er ist also nur der oberflächliche Ausdruck eines inneren und tieferen Zustandes. Weil aber dieser Zustand konstant ist, ruft er einen ganzen Mechanismus von Bildern hervor, der mit einer Beständigkeit funktioniert, den der Austausch nicht hat. Das Bild dessen, der uns vervollständigt, wird in uns selber untrennbar von unserem Bild, nicht nur, weil es ihm oft zugesellt ist, sondern vor allem weil es die natürliche Ergänzung ist. Es wird also integrierender und ständiger Bestandteil unseres Bewußtseins in einem derartigen Ausmaß, daß wir es nicht mehr vermissen können und alles versuchen, was seine Wirkung vergrößern kann. Darum lieben wir die Gesellschaft dessen, der es darstellt, weil die Gegenwart des Gegenstandes, den es ausdrückt, indem es das Bild in den Zustand der aktuellen Wahrnehmung versetzt, ihm größeres Relief gibt. Wir leiden im Gegenteil angesichts aller Umstände, die, wie die Abwesenheit oder der Tod, bewirken könnten, die Wiederkehr zu verhindern oder die Lebhaftigkeit zu vermindern.
Bei aller Kürze dieser Analyse genügt es zu zeigen, daß dieser Mechanismus nicht dem gleicht, der den Sympathiegefühlen zugrunde liegt, deren Quelle die Ähnlichkeit ist. Zweifellos kann es nur eine Solidarität zwischen anderen und uns geben, wenn das Bild des anderen sich mit dem unsrigen vereint. Entsteht aber die Vereinigung aus der Ähnlichkeit der beiden Bilder, dann besteht sie in ihrer Verwachsung. Die beiden Bilder werden solidarisch, weil sie sich, da sie gänzlich oder zum Teil undeutlich sind, vermischen und nur mehr eins bilden; sie sind aber nur in dem Maß solidarisch, als sie sich vermischen. Im Fall der Arbeitsteilung dagegen ist das eine außerhalb des anderen, und sie sind nur verbunden, weil sie unterscheidbar sind. Weder die Gefühle können also in den beiden Fällen die gleichen sein noch die sozialen Beziehungen, die daraus fließen.

Das führt uns zur Frage, ob die Arbeitsteilung nicht dieselbe Rolle in ausgedehnteren Gruppen spielt und ob sie in den zeitgenössischen Gesellschaften, in denen sie die bekannte Ausdehnung angenommen hat, nicht die Funktion hätte, den sozialen Körper zu integrieren und seine Einheit zu sichern. Es ist eine sichere Annahme, daß die Tatsachen, die wir eben beobachtet hatten, sich hier in noch größerem Ausmaß wiederholen; daß sich diese großen Gesellschaften auch nur dank der Spezialisation der Aufgaben im Gleichgewicht halten können; daß die Arbeitsteilung die, wenn nicht einzige, so doch hauptsächlichste Quelle der sozialen Solidarität ist. Schon A. Comte hatte diesen Gesichtspunkt vertreten. Nach unserer Kenntnis ist er von allen Soziologen der erste, der darauf hingewiesen hat, daß in der Arbeitsteilung auch etwas anderes liegt als ein rein ökonomisches Phänomen. Er hat darin »die wesentlichste Bedingung des sozialen Lebens gesehen, wenn man sie in ihrer ganzen rationellen Ausdehnung erfaßt, d. h. sie auf alle unsere verschiedenen etwaigen Handlungen anwendet, anstatt sie, wie zu häufig geschieht, auf bloß materielle Aufgaben zu beschränken«. Unter diesem Gesichtswinkel gesehen, »führt sie direkt dazu, nicht allein die Individuen und die Klassen, sondern in vielen Beziehungen auch die verschiedenen Völker so anzusehen, als wenn sie gleichzeitig in einer eigentümlichen, genau bestimmten Weise und in einem besonderen, genau bestimmten Grade an einem ungeheuren und gemeinsamen Werke teilnähmen, dessen unvermeidliche, allmähliche Entwicklung überdies auch die gegenwärtigen Mitarbeiter mit der Reihe ihrer etwaigen Vorgänger und selbst mit derjenigen ihrer verschiedenen Nachfolger verknüpft. Es ist also die fortgesetzte Verteilung der verschiedenen menschlichen Arbeiten, welche vornehmlich die soziale Solidarität ausmacht und die elementare Ursache der Ausdehnung und wachsenden Komplikation des sozialen Organismus wird.«[17]

Könnte diese Hypothese bewiesen werden, so würde die Arbeitsteilung eine viel bedeutendere Rolle spielen, als man ihr gewöhnlich zugesteht. Sie würde nicht nur dazu dienen, um unseren Gesellschaften einen vielleicht beneidenswerten, aber überflüssigen Luxus zu geben; sie wäre eine Bedingung ihrer Existenz. Denn durch sie, oder zum wenigsten vor allem durch sie, würde der Zusammenhalt gesichert; sie würde die wesentlichen Züge ihrer Konstitution bestimmen. Obwohl wir noch nicht so weit sind, diese Frage streng zu lösen, kann man doch schon jetzt feststellen, daß die Arbeitsteilung, wenn das wirklich ihre Funktion ist, einen mo-

17 A. Comte, *Cours de philosophie positive*, IV, 425. – Ähnliche Gedanken findet man in Schäffle, *Bau und Leben des sozialen Körpers*, passim, und in Clement, *Science sociale*, I, 235 ff.

ralischen Charakter haben muß, denn die Bedürfnisse nach Ordnung, Harmonie und sozialer Solidarität gelten gemeinhin als moralisch.
Ehe wir untersuchen, ob diese Meinung begründet ist, müssen wir die Hypothese überprüfen, die wir über die Rolle der Arbeitsteilung aufgestellt haben. Untersuchen wir, ob von ihr in der Tat in den Gesellschaften, in denen wir leben, die soziale Solidarität abgeleitet werden kann.

III

Wie können wir diese Überprüfung vornehmen?
Wir dürfen nicht einfach untersuchen, ob in diesen Gesellschaftsarten eine soziale Solidarität existiert, die aus der Arbeitsteilung kommt. Das ist eine offensichtliche Wahrheit, da die Arbeitsteilung dort sehr entwickelt ist und Solidarität erzeugt. Man muß vor allem bestimmen, in welchem Maß die Solidarität, die sie erzeugt, zur allgemeinen Integration der Gesellschaft beiträgt: denn nur dann werden wir wissen, bis zu welchem Punkt sie nötig ist und ob sie ein wesentlicher Faktor des sozialen Zusammenhalts oder im Gegenteil, ob sie nur eine zusätzliche und zweitrangige Bedingung ist. Um diese Frage zu beantworten, muß man dieses soziale Band mit den anderen vergleichen, um den Anteil zu messen, der ihm in der Moralwirkung zusteht. Dazu ist es unerläßlich, mit der Klassifizierung der verschiedenen Arten der sozialen Solidarität zu beginnen.
Die soziale Solidarität ist aber so sehr ein moralisches Phänomen, daß es an sich nicht der exakten Beobachtung zugänglich ist, vor allem nicht der Messung. Um sowohl diese Klassifizierung wie diesen Vergleich zu erreichen, muß man der inneren Tatsache, die uns entgeht, eine äußere Tatsache entgegenstellen, die es symbolisiert, und die erste durch die zweite studieren.
Dieses sichtbare Symbol ist das Recht. Wo die soziale Solidarität existiert, bleibt sie trotz ihrem immateriellen Charakter nicht im Zustand der reinen Kraft, sondern sie bezeugt ihre Gegenwart durch fühlbare Wirkungen. Wo sie stark ist, dort drängt sie die Menschen stark zueinander, bringt sie oft in Berührung, vervielfacht die Gelegenheiten, um in Beziehungen zu treten. An dieser Stelle müssen wir allerdings feststellen, daß es schwierig ist zu sa-

gen, ob sie diese Phänomene hervorruft oder ob sie im Gegenteil deren Ergebnis ist; ob sich die Menschen einander nähern, weil sie stark ist, oder ob sie so stark ist, weil sie sich einander genähert haben. Für den Augenblick ist es nicht nötig, diese Frage zu klären; es genügt festzustellen, daß diese beiden Arten von Tatsachen miteinander verbunden sind und sich zu gleicher Zeit und in gleicher Richtung verändern. Je mehr die Mitglieder einer Gesellschaft solidarisch sind, um so mehr unterhalten sie verschiedene Beziehungen entweder nur miteinander oder mit der Gruppe als Kollektiv: denn wenn ihre Begegnungen selten wären, hingen sie von einander nur zeitweilig und schwach ab. Andrerseits ist die Anzahl dieser Beziehungen notwendigerweise der Zahl der Rechtsregeln proportional, die sie bestimmen. In der Tat drängt das soziale Leben überall, wo es dauerhaft existiert, dazu, eine bestimmte Form anzunehmen und sich zu organisieren; das Recht ist dann nichts anderes als diese Organisation selbst in dem, was es an Beständigem und an Genauem hat[18]. Das allgemeine Leben der Gesellschaft kann sich nicht über diesen Punkt ausbreiten, ohne daß sich das Rechtsleben zu gleicher Zeit und in demselben Verhältnis ausdehnt. Wir können also sicher sein, im Recht alle wesentlichen Varianten der sozialen Solidarität widergespiegelt zu finden.

Allerdings könnte man einwenden, daß sich die sozialen Beziehungen auch fixieren können, ohne deswegen eine Rechtsform anzunehmen. Es gibt solche Beziehungen, deren Regelung nicht bis zu diesem Grad der Festigkeit und der Präzisierung gelangt ist. Trotzdem bleiben sie nicht ungesatzt, aber sie sind es, statt durch das Recht geregelt zu sein, durch die Sitten. Das Recht spiegelt also nur einen Teil des sozialen Lebens wider, und folglich liefert es uns nur unvollständige Grundlagen, um das Problem zu lösen. Mehr noch: Oft stimmen die Sitten nicht mit dem Recht überein. Ständig sagt man, daß sie die Strenge des Rechts mildern, seine formalistischen Auswüchse korrigieren und sogar manchmal einen ganz anderen Geist atmen. Könnte es denn nicht sein, daß sie andere Arten der sozialen Solidarität ausdrücken als die, die das positive Recht ausdrückt?

Aber dieser Gegensatz kommt nur unter ganz außergewöhnlichen

18 S. weiter unten, 3. Buch, 1. Kap.

Umständen vor. Dazu muß der Fall eintreten, daß das Recht nicht mehr dem gegenwärtigen Stand der Gesellschaft entspricht und daß es sich trotzdem ohne Daseinsberechtigung aus reiner Gewohnheit erhält. In diesem Fall bilden sich trotzdem die neuen Beziehungen gegen das Recht heraus; denn sie können nicht überdauern, wenn sie sich nicht zu festigen versuchen. Da sie aber mit dem alten, bestehenden Recht in Konflikt stehen, überschreiten sie nicht das Stadium der Sitten, und es gelingt ihnen nicht, in das eigentliche Rechtsleben einzutreten. Damit bricht der Gegensatz aus. Aber er kann sich nur in seltenen und pathologischen Fällen entwickeln, die nicht ohne Gefahr andauern können. Normalerweise stellen sich die Sitten nicht gegen das Recht, sondern sind im Gegenteil dessen Grundlage. Allerdings kann es auch vorkommen, daß sich auf dieser Grundlage nichts erhebt. Es kann soziale Beziehungen geben, die nur diese verschwommene Regulierung kennen, die von den Sitten abhängt. Dann fehlt ihnen aber Bedeutung und Dauer, außer natürlich in den anormalen Fällen, von denen wir gesprochen haben. Wenn es also Typen sozialer Solidarität gibt, die allein durch die Sitten ausgedrückt werden, so sind sie bestimmt sehr zweitrangig. Das Recht dagegen drückt alle jene aus, die wesentlich sind, und das sind die einzigen, die wir zu kennen brauchen.

Geht man aber weiter und behauptet, daß die soziale Solidarität nicht ganz in allen ihren wahrnehmbaren Manifestationen enthalten ist; daß diese sie nur zum Teil und unvollkommen ausdrükken; daß es jenseits des Rechts und der Sitten einen inneren Zustand gibt, von dem sie abhängen, und daß man, um sie wirklich zu kennen, ihn in sich selbst und ohne Vermittler erreichen muß? – Wissenschaftlich können wir die Ursachen nur durch die Wirkungen erkennen, die sie erzeugen, und um ihre Natur besser zu bestimmen, wählt die Wissenschaft unter den Ergebnissen jene aus, die die objektivsten sind und sich am besten zum Messen eignen. Sie studiert die Wärme an den Veränderungen des Volumens, die in den Körpern Temperaturänderungen erzeugen, die Elektrizität an den physisch-chemischen Wirkungen, die Kraft an der Bewegung. Warum soll die soziale Solidarität eine Ausnahme machen?

Was bleibt im übrigen von ihr übrig, wenn man sie ihrer sozialen Formen entkleidet hat? Was ihr ihre spezifischen Züge gibt, ist die

Natur der Gruppe, deren Einheit sie sichert; darum verändert sie sich nach den sozialen Typen. Sie ist nicht die gleiche im Schoß der Familie und in den politischen Gesellschaften; wir hängen nicht in der gleichen Weise an unserem Vaterland wie der Römer an seiner Stadt und der Germane an seinem Stamm. Da aber diese Unterschiede von sozialen Gründen abhängen, können wir sie nur über die Unterschiede erfassen, die die sozialen Wirkungen der Solidarität darstellen. Vernachlässigen wir also die letzteren, dann werden alle diese Spielarten unfaßbar, und wir können nur mehr das erkennen, was ihnen allen gemeinsam ist, nämlich die allgemeine Tendenz zur Solidarität, die immer und überall die gleiche und an keinen sozialen Typus im besonderen gebunden ist. Aber dieser Überrest ist nur eine Abstraktion; denn die Solidarität an sich ist nirgends anzutreffen. Was existiert und wirklich lebt, sind die besonderen Formen der Solidarität, die häusliche Solidarität, die professionelle Solidarität, die nationale Solidarität, die von gestern, die von heute usw. Jede hat ihre eigene Natur. Folglich könnten diese Allgemeinheiten in jedem Fall von dem Phänomen nur eine recht unvollständige Erklärung geben, weil ihnen notwendigerweise entgeht, was an Konkretem und an Lebendigem vorhanden ist.

Das Studium der Solidarität hängt also von der Soziologie ab. Es handelt sich um eine soziale Tatsache, die man nur mittels der sozialen Wirkungen kennenlernen kann. Wenn trotzdem so viele Moralisten und Psychologen die Frage behandelt haben, ohne diese Methode zu verfolgen, so geschah es, weil sie der Schwierigkeit ausgewichen sind. Sie haben aus dem Phänomen alles ausgeklammert, was an ihm spezifisch sozial war, um nur den psychologischen Keim zurückzuhalten, von dem es die Entwicklung ist. Es ist in der Tat gewiß, daß die Solidarität, insoweit sie eine soziale Tatsache ersten Ranges ist, von unserem individuellen Organismus abhängt. Unsere physische Konstitution muß ihre Existenz zulassen. Man kann sich also im Notfall damit begnügen, sie unter diesem Gesichtswinkel zu studieren. In dem Fall sieht man aber nur die undeutlichste und am wenigsten spezielle Seite. Im eigentlichen Sinn handelt es sich gar nicht um sie, sondern um das, was sie möglich macht.

Im übrigen kann diese abstrakte Studie zu keinen fruchtbaren Ergebnissen führen. Denn solange sie bei einer einfachen Anlage unserer psychischen Natur verharrt, bleibt auch die Solidarität zu unbestimmt, als daß man sie bequem erreichen könnte. Sie bleibt eine unfaßbare Möglichkeit, die sich der Beobachtung entzieht. Um eine faßbare Form anzunehmen, muß sie sich in irgendwelchen sozialen Folgen äußern. Im übrigen hängt sie, selbst in diesem Zustand der Unbestimmbarkeit, von sozialen Bedingungen ab, von denen sie folglich nicht getrennt werden kann. Es ist daher recht selten, daß sich nicht in diese Analyse reiner Psychologie auch einige soziologische Gesichtspunkte eingemischt finden. So sagt man z. B. einige Worte über den Einfluß des *Herdenzustandes* über die Bildung des sozialen Gefühles im allgemeinen[19]; oder man weist in Kürze auf die hauptsächlichsten sozialen Beziehungen hin, von denen die Soziabilität auf die auffälligste Weise abhängt[20]. Aber diese zusätzlichen Betrachtungen, die ohne Methode als Beispiele und aus rein zufälligen Anregungen eingeführt wurden, können zweifellos nicht genügen, um die soziale Natur der Solidarität wirklich aufzuhellen. Sie beweisen zumindest, daß sich die soziologische Betrachtungsweise selbst den Psychologen aufdrängt.

Unsere Methode ist also vorgezeichnet. Da das Recht die hauptsächlichsten Formen der sozialen Solidarität wiedergibt, brauchen wir nur die verschiedenen Arten des Rechts zu klassifizieren, um dann zu untersuchen, welches die verschiedenen Arten der sozialen Solidarität sind, die ihnen entsprechen. Schon jetzt ist es wahrscheinlich, daß es eine gibt, die diese spezielle Solidarität symbolisiert, die in der Arbeitsteilung ihre Grundlage hat. Hat man das getan, um den Anteil der letzteren zu messen, so genügt es, die Anzahl der Rechtsregeln zu vergleichen, die sie im Gesamtvolumen des Rechts ausdrücken.

Für diese Arbeit können wir uns nicht der gebräuchlichen Unterscheidungen der Juristen bedienen. Diese sind für die Praxis erfunden worden und in dieser Hinsicht sehr bequem; aber die Wissenschaft kann sich nicht mit diesen empirischen und ungefähren Einteilungen begnügen. Die verbreitetste ist jene, die das Recht in ein öffentliches und in Privatrecht einteilt. Das erste soll die Beziehungen zwischen Individuum und Staat regeln, das zweite zwi-

19 Bain, *Émotions et volonté*, p. 117 sequ., Paris, F. Alcan.

20 Spencer, *Die Principien der Psychologie*, 8. Teil, 5. Kap., Stuttgart, S. 553 ff.

schen den Individuen untereinander. Versucht man aber, die Begriffe näher einzugrenzen, so verschwimmt die Grenzlinie, die zuerst so deutlich erschienen ist. Jedes Recht ist Privatrecht in dem Sinn, daß es sich immer und überall um Individuen handelt, die einander gegenüberstehen und wirken. Aber jedes Recht ist auch öffentlich in dem Sinn, daß es eine soziale Funktion ist, und daß alle Individuen, obwohl in verschiedenen Hinsichten, Funktionäre der Gesellschaft sind. Die Ehefunktionen, die Elternfunktionen usw. sind genausowenig auf andere Weise begrenzt und organisiert wie die ministeriellen und legislativen Funktionen, und nicht ohne Grund weist das römische Recht die Vormundschaft als *munus publicum** aus. Was ist der Staat übrigens? Wo beginnt er und wo endet er? Es ist bekannt, wie sehr diese Frage umstritten ist. Es ist aber nicht wissenschaftlich, eine Grundeinteilung auf einem so dunklen und so schlecht analysierten Begriff aufbauen zu wollen.

Um methodisch vorzugehen, müssen wir ein Charakteristikum finden, das sowohl für die Rechtsphänomene wesentlich und der Variation fähig ist, wenn sie variieren. Nun kann aber jede Rechtsvorschrift als eine sanktionierte Verhaltensregel definiert werden. Andrerseits ist es klar, daß die Sanktionen mit der Schwere wechseln, die den Vorschriften beigemessen werden, mit dem Platz, den sie im öffentlichen Bewußtsein einnehmen, und mit der Rolle, die sie in der Gesellschaft spielen. Wir müssen also mit der Klassifikation der Rechtsregeln nach den verschiedenen Sanktionen, die ihnen beigemessen sind, beginnen.

Es gibt zwei Arten. Die einen bestehen im wesentlichen aus einem Schmerz oder zum mindesten aus einer Verminderung, die über den Verursacher verhängt wird. Sie hat den Zweck, ihn in seinem Vermögen oder in seiner Ehre, in seinem Leben oder in seiner Freiheit zu treffen, ihm etwas zu nehmen, das er besitzt. Man nennt sie repressiv: Das ist der Fall im Strafrecht. Tatsächlich haben diejenigen, die den rein moralischen Regeln anhängen, denselben Charakter; nur werden sie in diffuser Art von jedermann verhängt, während die des Strafrechts nur über bestimmte Organe verhängt werden können; sie sind organisiert. Was die andere Sorte betrifft, so beinhaltet sie nicht notwendigerweise ein Leiden des Täters, sondern besteht nur in einem »Zurechtrücken der Din-

* Öffentliche Verpflichtung.

ge«, in einer Wiederherstellung der gestörten Verhältnisse in ihre normale Form, entweder daß der zur Last gelegte Akt mit Gewalt auf den Typus zurückgeführt wird, d. h. daß er des ganzen sozialen Wertes entkleidet wird. Man muß also die juridischen Regeln in 2 große Gattungen teilen, je nachdem sie organisierte repressive Sanktionen sind, oder nur wiedergutmachende. Die erste Gattung umfaßt das ganze Strafrecht; die zweite das Zivil-, das Handelsrecht, die Prozeßordnung, das administrative und das konstitutive Recht ohne die Strafregeln, die eventuell dort auftauchen.

Untersuchen wir jetzt, welcher Gattung sozialer Solidarität jede dieser Arten entspricht.

2. Kapitel

Mechanische Solidarität oder Solidarität aus Ähnlichkeiten

I

Das Band der sozialen Solidarität, dem das Strafrecht entspricht, ist das Band, dessen Bruch das Verbrechen darstellt. Wir nennen mit diesem Namen jede Tat, die in irgendeinem Grad für den Täter jene charakteristische Reaktion verursacht, die man Bestrafung nennt. Dieses Band zu suchen, heißt also sich fragen, welches die Ursache der Bestrafung ist, oder deutlicher, worin das Verbrechen wesentlich besteht.

Zweifellos gibt es verschiedenartige Verbrechen. Aber zwischen diesen Arten gibt es, und das ist nicht weniger sicher, nichts Gemeinsames. Der Beweis dafür ist, daß die Reaktion, die sie von seiten der Gesellschaft hervorrufen, nämlich die Bestrafung, bis auf den Grad immer und überall dieselbe ist. Die Einheit der Wirkung läßt die Einheit der Ursache erkennen. Und zwar bestehen mit Sicherheit wesentliche Ähnlichkeiten nicht nur zwischen allen von der Gesetzgebung einer und derselben Gesellschaft vorgesehenen Verbrechen, sondern auch zwischen allen jenen, die von den verschiedensten sozialen Typen anerkannt und bestraft werden. Wie unterschiedlich die solcherart qualifizierten Taten auf den ersten Blick auch erscheinen, es ist unmöglich, daß sie keine gemeinsame Grundlage hätten. Denn sie berühren überall auf die gleiche Weise das moralische Bewußtsein der Nationen und führen überall zu denselben Folgen. Alle sind Verbrechen, d. h. Handlungen, die von bestimmten Strafen geahndet werden. Die wesentlichen Eigenschaften einer Sache sind aber jene, die man überall dort beobachtet, wo diese Sache existiert und die nur ihr angehören. Wenn wir also wissen wollen, woraus im wesentlichen das Verbrechen besteht, müssen wir die Züge herausarbeiten, die in allen kriminologischen Spielarten der verschiedenen sozialen Typen dieselben sind. Keine darf vernachlässigt werden. Die Rechtsbegriffe der niedrigsten Gesellschaften sind nicht weniger beachtenswert als jene der höchsten Gesellschaften; sie sind nicht weniger aufschlußreich. Wollte man sie unbeachtet lassen, so liefen sie Gefahr, das Wesen des Verbrechens da zu sehen, wo es nicht ist. So hätten die Biologen von den Vitalphänomenen eine höchst ungenaue Definition gegeben, wenn sie die Beobachtung der Einzeller vernachlässigt hätten. Denn wenn sie nur die Organismen und vor allem die höheren Organismen beobachtet hätten, dann wären sie zu dem falschen Schluß gekommen, daß das Leben wesentlich in der Organisation besteht.

Das Mittel, um dieses bleibende und allgemeine Element zu finden, ist natürlich nicht, die Handlungen aufzuzählen, die immer und überall als Verbrechen bezeichnet wurden, um die Charakterzüge zu beobachten, die sie aufweisen. Denn wenn es, was man auch immer sagen mag, Handlungen gibt, die universell als verbrecherisch angesehen worden sind, so bilden sie doch nur eine winzige Minderheit, und folglich könnte uns eine derartige Methode von dem Phänomen nur einen äußerst verstümmelten Begriff geben, da sie sich nur auf Ausnahmen anwenden läßt[1]. Diese Spielarten des Strafrechts beweisen zu gleicher Zeit, daß der

1 Trotzdem hat Garofalo diese Methode angewendet. Zweifellos scheint er darauf zu verzichten, wenn er die Unmöglichkeit anerkennt, eine Liste der weltweit bestraften Handlungen aufzustellen (Criminologie, p. 5), was im übrigen übertrieben ist. Aber schließlich kommt er doch wieder darauf zurück, da das natürliche Verbrechen für ihn im großen und ganzen das Verbrechen ist, das die Gefühle verletzt, die überall die Grundlage des Strafrechts bilden, d. h. den unveränderlichen Teil des Moralgefühls und nur dieser allein. Aber warum soll das Verbrechen, das irgendein Privatgefühl bestimmter sozialer Typen verletzt, weniger Verbrechen sein als die anderen? So wird Garafalo gezwungen, Handlungen den Charakter eines Verbrechens zu verweigern, die in bestimmten Gesellschaften allgemein als verbrecherisch angesehen worden sind, und folglich die Rahmen der Kriminalität künstlich zu verengern. Daraus folgt, daß sein Begriff vom Verbrechen besonders unvollständig ist. Er ist auch recht schwankend, denn der Autor nimmt in seinen Vergleichen nicht alle sozialen Typen auf, sondern schließt eine große Anzahl aus, die er als anormal bezeichnet. Man kann von einer sozialen Tatsache sagen, daß sie in bezug auf den Gattungstyp anormal ist, aber eine Gattung kann nicht anormal sein. Diese beiden Worte können nicht gemeinsam gebraucht werden. Wie interessant auch die Anstrengung von Garofalo ist, um zu einer wissenschaftlichen Begriffsbestimmung des Vergehens zu kommen, so ist sie doch nicht mit einer genügend genauen und präzisen Methode erarbeitet worden. Das zeigt schon der Ausdruck »natürliches Vergehen«, dessen er sich bedient. Sind nicht alle Vergehen natürlich? Vermutlich handelt es sich um einen Rückgriff auf die Lehre von Spencer, für den das soziale Leben nur in den industriellen Gesellschaften wirklich natürlich ist. Leider ist nichts falscher als das.

Grundzug sich nicht unter den wesentlichen Eigenschaften der durch die Strafregeln befohlenen oder verbotenen Handlungen befindet, da sie eine solche Vielfalt aufweisen, sondern in den Beziehungen, die sie mit irgendeiner Bedingung haben, die außerhalb ihrer liegt.

Man hat diese Beziehung in einer Art Antagonismus zwischen den Handlungen und den großen sozialen Interessen zu finden geglaubt und gesagt, daß die Strafregeln für jeden sozialen Typus die Grundbedingungen des kollektiven Lebens verkündeten. Ihre Autorität wäre also aus ihrer Notwendigkeit abgeleitet. Da aber andrerseits diese Notwendigkeit mit den Gesellschaften variieren, könnte man sich die Veränderlichkeit des Strafrechts erklären. Aber wir haben uns bereits über diesen Punkt ausgesprochen. Außer daß eine derartige Theorie der Berechnung und der Überlegung einen zu großen Anteil in der Richtung der sozialen Evolution einräumt, gibt es eine Menge Handlungen, die als kriminell angesehen wurden und noch immer angesehen werden, ohne daß sie an sich für die Gesellschaft schädlich wären. Worin hat die Handlung, einen Tabu-Gegenstand, ein unreines oder heiliges Tier oder einen unreinen oder heiligen Menschen zu berühren, das heilige Feuer ausgehen zu lassen, bestimmtes Fleisch zu essen, das herkömmliche Opfer auf dem Grab der Eltern nicht zu vollziehen, nicht genau die rituellen Formeln auszusprechen, nicht bestimmte Feste zu feiern usw., jemals eine soziale Gefahr darstellen können? Trotzdem ist bekannt, welchen Platz im Strafrecht einer großen Anzahl von Völkern die Regulierung des Ritus, der Etikette, der Zeremonien, der religiösen Praktiken einnimmt. Man braucht nur den Pentateuch zu öffnen, um sich zu überzeugen. Da diese Tatsachen notwendigerweise in gewissen sozialen Gattungen anzutreffen sind, ist es unmöglich, in ihnen einfache Anomalien und pathologische Fälle zu sehen, die man vernachlässigen dürfte.

Selbst wenn die kriminelle Handlung für die Gesellschaft schädlich ist, so ist damit noch nicht gesagt, daß der Grad der Schädlichkeit, den sie darstellt, regelmäßig in Beziehung mit der Strenge der Unterdrückung steht, die sie trifft. Im Strafrecht der zivilisierten Völker wird der Mord weltweit als das größte Verbrechen angesehen. Trotzdem können aber eine ökonomische Krise, ein Börsenkrach, sogar ein Konkurs viel ernsthafter einen sozialen Körper desorganisieren als ein einzelner Mord. Zweifellos ist der

Mord immer ein Übel, aber nichts beweist, daß er das größte Übel ist. Was bedeutet schon ein Mensch weniger in der Gesellschaft? Was bedeutet eine Zelle weniger in einem Organismus? Man sagt, daß die allgemeine Sicherheit für die Zukunft bedroht wäre, wenn die Tat ungestraft bliebe. Aber man vergleiche einmal die Bedeutung dieser Gefahr, wie wirklich sie auch sei, mit der Bedeutung der Strafe: die Unverhältnismäßigkeit ist offenkundig. Die Beispiele, die wir eben aufgezählt haben, zeigen, daß eine Tat für eine Gesellschaft verheerend sein kann, ohne daß sie unterdrückt wird. Diese Definition des Verbrechens ist also auf alle Fälle unangemessen.

Könnte man unter Abwandlung dieser Definition sagen, Straftaten wären das, was der Gesellschaft, die sie unterdrückt, schädlich *erscheint*; daß die Strafregeln nicht die Bedingungen, die für die Gesellschaft wesentlich sind, ausdrücken, sondern die Bedingungen, die für die Gruppe, die sie einhält, wesentlich *erscheinen*? Eine derartige Erklärung erklärt nichts, denn sie macht uns nicht verständlich, warum sich die Gesellschaften in einer so großen Anzahl von Fällen getäuscht und Praktiken aufgezwungen haben, die an sich nicht einmal nützlich waren. Letztlich läuft diese sogenannte Lösung auf eine Binsenwahrheit hinaus, denn wenn die Gesellschaften jedes Individuum in dieser Weise auf diese Regeln verpflichten, dann offensichtlich, weil sie zu Recht oder zu Unrecht annehmen, daß ihnen dieser regelmäßige und pünktliche Gehorsam unerläßlich ist, weil sie energisch daran festhalten. Das hieße sagen, daß die Gesellschaften die Regeln für nötig erachten, weil sie sie für nötig erachten. Wir hätten aber sagen müssen, warum sie sie für nötig erachten. Wenn dieses Gefühl seine Ursache in der objektiven Notwendigkeit der Strafvorschriften oder wenigstens in ihrer Nützlichkeit hätte, dann wäre das eine Erklärung. Aber sie wird durch die Fakten widerlegt. Die Frage bleibt also offen.

Trotzdem ist diese letzte Theorie nicht ganz unbegründet, denn sie sucht in bestimmten Zuständen des Gegenstandes die konstitutiven Bedingungen der Kriminalität. In der Tat ist der einzige gemeinsame Zug aller Verbrechen, daß sie – mit einigen offensichtlichen Ausnahmen, die wir weiter unten besprechen werden – aus Taten bestehen, die weltweit von den Mitgliedern einer jeden Gesellschaft abgelehnt werden. Heute fragt man sich, ob diese Ablehnung vernünftig ist und ob es nicht klüger wäre, im Verbrechen nur eine Krankheit oder einen Irrtum zu sehen. Es ist aber nicht unsere Aufgabe, in diese Diskussion einzutreten; wir suchen zu bestimmen, was ist oder was gewesen ist, nicht was sein soll. Nun ist aber die Wirklichkeit der Tatsache, die wir dargelegt haben, nicht bestreitbar, nämlich daß das Verbrechen die Gefühle verletzt, die in dem jeweils gleichen Sozialtypus in jedem gesunden Bewußtsein leben.

Es ist unmöglich, die Natur dieser Gefühle anders zu bestimmen oder sie in bezug ihrer besonderen Objekte zu definieren, denn diese Objekte haben sich unendlich verändert und können sich noch immer verändern[2]. Heute stellen die altruistischen Gefühle diesen Zug in betontester Weise dar. Aber es gab eine Zeit, die der unsrigen sehr nahe war, wo die religiösen, die familiären und tausend andere herkömmliche Gefühle genau die gleichen Wirkungen hatten. Noch heute stimmt nicht, daß die negative Sympathie für den anderen, so wie es Garofalo will, die einzige sei, die dieses Ergebnis bewirkt. Haben wir nicht, selbst in Friedenszeiten, für den Menschen, der sein Vaterland verrät, mindestens die gleiche Abneigung wie für den Dieb oder den Verbrecher? Erheben nicht in den Ländern, wo die Königstreue noch lebendig ist, die Verbrechen der Majestätsbeleidigung eine allgemeine Entrüstung? Rufen in demokratischen Ländern Beleidigungen, die sich gegen das Volk richten, nicht die gleichen Wutausbrüche hervor? Man kann also keine Gefühlsliste aufstellen, deren Verletzung ein Verbrechen bildet. Diese Gefühle unterscheiden sich von anderen nur dadurch, daß sie einer Mehrheit von Individuen der gleichen Gesellschaft gemeinsam sind. Daher sind die Regeln, die diese Taten verbieten und die das Recht bestraft, die einzigen, auf die sich der bekannte Rechtsgrundsatz »Unkenntnis des Gesetzes schützt nicht vor Strafe« ohne Selbsttäuschung anwenden läßt. Da sie im Bewußtsein eines jeden verankert sind, kennt sie jeder und fühlt, daß sie zu Recht bestehen. Das gilt für den normalen Zustand. Wenn es Erwachsene gibt, die diese Grundregeln nicht kennen oder ihre Autorität nicht anerkennen, so sind eine derartige Unkenntnis oder

2 Wir sehen nicht, welche wissenschaftliche Begründung Garofalo für seine Behauptung hat, daß die Moralgefühle, die der zivilisierte Teil der Menschheit jetzt erworben hat, eine Moral darstellen soll, die »unverlierbar und einer ständigen Entwicklung fähig ist« (p. 9). Was erlaubt uns, den Veränderungen, die in jeder Richtung möglich sind, auf diese Weise eine Grenze zu setzen?

eine derartige Unbelehrbarkeit die einwandfreien Beweise pathologischer Perversion. Wenn sich dagegen eine Strafvorschrift eine Zeitlang hält, obwohl sie von jedem abgelehnt wird, dann dank einem Zusammenfall außergewöhnlicher und folglich anormaler Umstände; ein derartiger Zustand der Dinge kann niemals andauern.

Daraus kann man die besondere Art erklären, wie das Strafrecht kodifiziert worden ist. Jedes geschriebene Recht hat einen doppelten Zweck: bestimmte Verpflichtungen vorzuschreiben und die Strafen, die damit verbunden sind, zu definieren. Im Zivilrecht und noch allgemeiner in jeder Art von Recht mit Wiedergutmachung schneidet der Gesetzgeber diese beiden Probleme an und löst sie getrennt. Er bestimmt zuerst mit der größten Genauigkeit die Verpflichtung, und erst dann nennt er die Art, wie sie eingehalten werden soll. In dem Teil unseres Zivilrechts, der den Pflichten der Ehegatten gewidmet ist, sind zum Beispiel die Rechte und die Pflichten positiv ausgedrückt; aber es wird nicht gesagt, was eintritt, wenn die Pflichten von der einen oder der anderen Seite verletzt werden. Diese Sanktionen muß man anderswo suchen. Manchmal werden sie einfach vorausgesetzt. So verpflichtet der Artikel 214 des Zivilrechts die Frau, mit dem Mann zu wohnen: daraus schließt man, daß der Mann die Rückkehr in die eheliche Wohnung erzwingen kann, aber diese Sanktion ist nirgends formal ausgedrückt. Das Strafrecht dagegen drückt nur Sanktionen aus, aber sagt nichts über die Verpflichtungen, auf die sie sich beziehen. Es befiehlt nicht, das Leben eines anderen zu achten, sondern den Mörder mit Tod zu bestrafen. Es sagt nicht, wie es das Zivilrecht tut: Das ist deine Pflicht, sondern sofort: Das ist die Strafe. Wenn die Tat bestraft wird, dann zweifellos darum, weil sie der verpflichtenden Regel widerspricht; aber diese Regel ist nicht ausdrücklich formuliert. Dafür kann es nur einen Grund geben: Die Regel ist jedem bekannt und wird von jedem anerkannt. Wenn ein Gewohnheitsrecht zum geschriebenen Recht und kodifiziert wird, dann haben eben die Streitfragen eine endgültige Lösung erlangt; wenn die Gewohnheit weiterhin schweigend funktioniert hätte, ohne Diskussionen und Schwierigkeiten zu bereiten, dann gäbe es keinen Grund für die Umwandlung. Da das Strafrecht nur kodifiziert wird, um eine Stufenleiter der Strafen aufzustellen, kann nur diese in Zweifel gezogen werden. Wenn aber umgekehrt die Regeln, deren Verletzung der Strafe verfällt, keinen Rechtsausdruck bekommen, dann sind sie eben nicht Gegenstand irgendeiner Anfechtung, weil jeder ihre Autorität fühlt[3].

Der Pentateuch führt allerdings manchmal keine Sanktionen an, wie wir sehen werden; er enthält nur Strafbestimmungen. Das ist der Fall für die Zehn Gebote, so wie sie im 20. Kapitel des 2. Buchs und im 5. Kapitel des 5. Buchs Mose formuliert sind. Das hängt damit zusammen, daß der Pentateuch im eigentlichen Sinn des Wortes kein Gesetzbuch ist, obwohl er die Dienste eines solchen tut. Er hat nur den Zweck, die Strafregeln, denen das hebräische Volk gehorcht, in einem einzigen System zu vereinigen und sie für die Praxis zu präzisieren; es handelt sich so wenig um eine Kodifikation, daß die verschiedenen Teile, aus denen er zusammengesetzt ist, anscheinend nicht in derselben Zeit redigiert worden sind. Es handelt sich also vor allem um eine Zusammenfassung aller möglichen Traditionen, mit denen die Juden sich selbst und auf ihre Weise die Entstehung der Welt, ihrer Gesellschaft und ihrer hauptsächlichsten sozialen Praktiken erklärt haben. Wenn er also gewisse Pflichten aufstellt, die bestimmt mit Strafen belegt waren, so nicht darum, weil sie bei den Hebräern ungekannt oder verkannt waren oder weil es nötig war, sie ihnen zu offenbaren. Da das Buch nur ein Gewebe von nationalen Legenden ist, kann man im Gegenteil versichert sein, daß alles, was es enthält, im Bewußtsein aller eingeschrieben war. Es handelte sich hauptsächlich darum, die volkstümlichen Ansichten über den Ursprung dieser Vorschriften, über die historischen Umstände, in denen ihre Verkündigung angeblich geschehen ist, und über die Quellen ihrer Autorität mit Hilfe ihrer Fixierung fortzupflanzen. Von diesem Gesichtspunkt aus wird aber die Bestimmung der Strafe nebensächlich[4].

Aus dem gleichen Grund bleibt der Gang der Strafjustiz immer mehr oder weniger verschwommen. In sehr verschiedenen sozialen

3 Siehe Binding, *Die Normen und ihre Übertretung*, Leipzig, 1827, I, S. 6 ff.

4 Die einzigen wirklichen Ausnahmen in diesem Sonderfall des Strafrechts entstehen dann, wenn eine Handlung der öffentlichen Autorität das Verbrechen begeht. In diesem Fall wird die Pflicht im allgemeinen unabhängig von der Sanktion definiert; weiter unten kann man sich über die Ursache dieser Ausnahme Rechenschaft geben.

Typen eingebettet, drückt sie sich nicht durch das Organ eines besonderen Beamten aus, sondern die ganze Gesellschaft wirkt in einem mehr oder weniger großen Maß daran mit. In den primitiven Gesellschaften, in denen, wie wir sehen werden, das Recht ganz Strafrecht ist, spricht die Volksversammlung Recht. Das war der Fall bei den alten Germanen[5]. Während in Rom die Zivilangelegenheiten vom Prätor abhingen, wurden die Verbrechen vom Volk gerichtet, zuerst durch die Kurienversammlung, und vom Zwölftafelgesetz an von der Centurienversammlung. Bis zum Ende der Republik bleibt das Volk, obwohl seine Macht an ständige Kommissionen delegiert worden war, für derarige Prozesse der oberste Richter[6]. Unter der Gesetzgebung von Solon gehörte in Athen die Strafgerichtsbarkeit zum Teil der *Heliäa,* einem ausgedehnten Kollegium an, das dem Namen nach alle Bürger über 30 Jahre umfaßt[7]. Bei den germanisch-lateinischen Völkern greift schließlich die Gesellschaft, durch die Geschworenen vertreten, in die Ausübung dieser Funktionen ein. Der Zustand der Verbreitetheit, in dem sich dieser Teil der Rechtsmacht befindet, wäre unerklärlich, wenn die Regeln, deren Beachtung sie sichert, und folglich der Gefühle, denen diese Regeln entsprechen, nicht im Gewissen eines jeden immanent wären. In anderen Fällen zwar wird sie von einer privilegierten Klasse oder von besonderen Beamten ausgeübt. Diese Tatsachen verringern aber nicht den Beweiswert der erwähnten Tatsachen, denn daraus, daß die Kollektivgefühle nurmehr über bestimmte Vermittler reagieren, folgt noch nicht, daß sie aufgehört haben, kollektiv zu sein, um sich im Bewußtsein einer beschränkten Anzahl zu lokalisieren. Diese Übertragung kann entweder durch die größere Anzahl der Fälle veranlaßt worden sein, die die Einsetzung von speziellen Beamten erforderte, oder durch die übergroße Bedeutung, die bestimmte Persönlichkeiten oder bestimmte Klassen errungen haben und die sie zu autorisierten Interpreten der Kollektivgefühle macht.

5 Tacitus, *Germania,* Kap. 12.

6 Siehe Walter, *Histoire de la procédure civile et du droit criminel chez les Romains,* frz. Übers., § 829; Rein, *Criminalrecht der Römer,* S. 63.

7 Siehe Gilbert, *Handbuch der griechischen Staatsalterthümer,* Leipzig, 1881, S. 138.

Trotzdem hat man das Verbrechen nicht definiert, wenn man sagt, daß es aus einer Verletzung der Kollektivgefühle besteht. Denn es gibt Kollektivgefühle, die beleidigt werden können, ohne daß dies ein Verbrechen ist. So ist die Inzucht Gegenstand einer recht allgemeinen Ablehnung, und trotzdem ist das nur eine einfache unmoralische Handlung. Das gleiche gilt für Verfehlungen der sexuellen Ehre, die die Frau außerhalb der Ehe begeht, aus der Tatsache heraus, ihre Freiheit in die Hand eines anderen zu legen und von einem anderen einen derartigen Verlust anzunehmen. Die Kollektivgefühle, denen das Verbrechen entspricht, müssen sich also von den anderen durch eine unterschiedliche Eigenschaft herausheben: sie müssen eine bestimmte mittlere Intensität haben. Sie sind nicht nur im Bewußtsein aller gegenwärtig, sondern sie sind darin tief eingeprägt. Es handelt sich nicht um zögernde und oberflächliche Anwandlungen, sondern um Erregungen und Tendenzen, die stark in uns verwurzelt sind. Der Beweis dafür ist die extreme Langsamkeit, mit der sich das Strafrecht entwickelt. Nicht nur, daß es sich weit mühsamer verändert als die Sitten, es ist auch derjenige Teil des positiven Rechts, der sich Wandlungen am wenigsten beugt. Wenn man z. B. beobachtet, was mit der Rechtsprechung seit dem Beginn des Jahrhunderts in den verschiedenen Sphären des Rechtslebens geschehen ist, dann stellt man fest, daß die Neuerungen auf dem Gebiet des Strafrechts äußerst selten und beschränkt sind, während dagegen eine Menge von neuen Verfügungen in das Zivilrecht, in das Handelsrecht, in das Verwaltungs- und Verfassungsrecht eingedrungen sind. Man braucht nur das Strafrecht, so wie es in Rom mit dem Zwölftafelgesetz fixiert wurde, mit dem Zustand vergleichen, in dem es sich in der klassischen Epoche befand. Die Veränderungen sind gering im Vergleich zu den Veränderungen, die das Zivilrecht in der gleichen Zeit erlitten hatte. Seit der Epoche der Zwölf Tafeln, sagt Mainz, sind die wichtigsten Vergehen und Verbrechen ausgewiesen: »Innerhalb von zehn Generationen wurde der Katalog der öffentlichen Verbrechen nur durch einige Gesetze erweitert, die die Amtsunterschlagung, die Amtserschleichung und vielleicht das *plagium* (Menschenraub) bestrafen.«[8] Nur zwei neue Privatdelikte wurden anerkannt: die Erpressung (*actio bonorum vi raptorum*) und

8 Mainz, Esquisse historique du droit criminel de l'ancienne Rome, in *Nouvelle revue historique du droit français et étranger*, 1882, p. 24 et 27.

der ungerecht zugefügte Schaden (*damnum injuria datum*). Überall findet man die gleiche Tatsache. In den niedrigen Gesellschaften ist das Recht, wie wir sehen werden, fast ausschließlich Strafrecht; es verändert sich daher kaum. Das religiöse Recht ist im allgemeinen immer repressiv: es ist wesentlich konservativ. Diese Unbeweglichkeit des Strafrechts bezeugt die Widerstandskraft der kollektiven Gefühle, denen es entspricht. Umgekehrt beweisen die große Nachgiebigkeit der rein moralischen Regeln und die relative Geschwindigkeit ihrer Entwicklung die geringere Kraft der Gefühle, die ihnen zugrunde liegen. Entweder wurden sie erst kürzlich erworben und haben noch keine Zeit gehabt, tief in das Bewußtsein einzudringen, oder sie verlieren gerade ihre Wurzeln und steigen vom Grund an die Oberfläche.

Ein letzter Zusatz ist noch zur Genauigkeit unserer Definition nötig. Wenn im allgemeinen die Gefühle, die nicht von einfach moralischen, d. h. von diffusen Sanktionen geschützt werden, weniger heftig und weniger solid organisiert sind als diejenigen, die durch die eigentlichen Strafen geschützt werden, so gibt es dennoch Ausnahmen. So gibt es keinen Grund zur Annahme, daß die durchschnittliche kindliche Liebe oder sogar die elementaren Formen des Mitleids für die auffälligsten Leiden heute oberflächlichere Gefühle seien als die Achtung vor dem Eigentum oder vor der öffentlichen Autorität. Trotzdem werden der schlechte Sohn und der härteste Egoist nicht als Verbrecher behandelt. Es genügt also nicht, daß die Gefühle stark seien, sie müssen auch eindeutig sein. Denn in der Tat hängt jedes Gefühl von einer sehr bestimmten Praxis ab. Diese Praxis kann einfach oder komplex sein, positiv oder negativ, d. h. sie kann aus einer Handlung oder einer Unterlassung bestehen, aber sie ist immer bestimmt. Es handelt sich darum, das oder jenes zu tun oder nicht zu tun, nicht zu töten, nicht zu verwunden, diese Formel auszusprechen oder jenen Ritus zu vollziehen usw. Die Gefühle dagegen wie die Kindesliebe oder die Mildtätigkeit sind undeutliche Regungen gegenüber sehr allgemeinen Gegenständen. Daher fallen die Strafnormen durch ihre Deutlichkeit und Präzision auf, während die rein moralischen Regeln im allgemeinen etwas Verschwommenes haben. Ihre unbestimmte Natur ist sogar der Grund, warum es sehr oft schwierig ist, sie eindeutig zu formulieren. Wir können zwar auf eine sehr allgemeine Art sagen, daß man arbeiten muß, daß man mit anderen Mitleid haben soll usw. Aber wir können nicht ausdrücken, auf welche Weise und in welchem Maß. Hier bleibt also Raum für Variationen und Schattierungen. Weil im Gegenteil die Gefühle, die die Strafnormen verkörpern, bestimmt sind, sind sie mehr oder weniger gleichförmig; da man sie nicht auf verschiedene Weise verstehen kann, sind sie überall die gleichen.

Nun sind wir so weit, Schlüsse ziehen zu können.
Die Gesamtheit der gemeinsamen religiösen Überzeugungen und Gefühle im Durchschnitt der Mitglieder einer gleichen Gesellschaft bildet ein bestimmtes System, das sein eigenes Leben hat; man könnte es das *gemeinsame oder Kollektivbewußtsein* nennen. Zweifellos hat es nicht ein einziges Organ zum Substrat. Es ist dem Wesen nach in der ganzen Ausdehnung der Gesellschaft verbreitet. Trotzdem hat es spezifische Charakterzüge, die aus ihm eine deutlich unterscheidbare Wirklichkeit machen. In der Tat ist es von den besonderen Bedingungen abhängig, unter die die Individuen gestellt sind. Sie vergehen, und es bleibt bestehen. Es ist das gleiche im Norden und im Süden, in den großen und in den kleinen Städten, in den verschiedenen Berufen. Es wechselt nicht mit jeder Generation, sondern verbindet die aufeinanderfolgenden Generationen untereinander. Es ist also etwas ganz anderes als das Gewissen eines jeden einzelnen, obwohl es nur bei den Individuen verwirklicht ist. Es ist der psychische Typus der Gesellschaft, ein Typus, der seine Eigenschaften, seine Lebensbedingungen, seine Entwicklungsart hat, genauso wie die individuellen Typen, obwohl in einer anderen Art. In dieser Hinsicht hat es also das Recht auf einen eigenen Namen. Der Name, den wir weiter oben angewendet haben, ist nicht ohne eine gewisse Zweideutigkeit. Wie man die Ausdrücke kollektiv und sozial oft miteinander verwechselt, so könnte man leicht annehmen, daß das kollektive Bewußtsein das ganze soziale Bewußtsein ist, d. h., daß es sich genauso weit ausdehnt wie das psychische Leben der Gesellschaft, während es, besonders in den höheren Gesellschaften, nur ein recht beschränkter Teil von ihm ist. Die rechtlichen, die Regierungs-, die wissenschaftlichen und die industriellen Funktionen, mit einem Wort alle Spezialfunktionen sind psychischer Ordnung, da sie aus Systemen von Bildern (Repräsentationen) und Handlungen bestehen: aber natürlich liegen sie trotzdem außerhalb des gemeinsa-

men Bewußtseins. Um eine Verwechslung[9] zu vermeiden, wäre es vielleicht das beste, einen Fachausdruck zu erfinden, der im besonderen die Gesamtheit der sozialen Ähnlichkeiten bezeichnet. Da aber die Anwendung eines neuen Wortes, wenn es nicht absolut notwendig ist, nicht ohne Nachteile ist, behalten wir den gebräuchlichen Ausdruck eines kollektiven oder gemeinsamen Bewußtseins bei, indem wir uns immer an den engen Sinn erinnern, in dem wir ihn anwenden.

Wir können also zusammenfassend sagen, daß eine Handlung kriminell ist, wenn sie die starken und bestimmten Zustände des Kollektivbewußtseins verletzt[10].

Dem Buchstaben dieses Satzes wird kaum widersprochen, aber man gibt ihm gewöhnlich einen sehr verschiedenen Sinn von dem, den er haben muß. Man versteht ihn so, als ob er nicht die wesentliche Eigenschaft des Verbrechens enthielte, sondern eine seiner Rückwirkungen. Man weiß genau, daß er sehr allgemeine und sehr kraftvolle Gefühle verletzt, aber man glaubt, daß diese Allgemeinheit und diese Energie von der kriminellen Natur der Handlung käme, die folglich in ihrer Gänze noch zu definieren wäre. Man bestreitet nicht, daß jedes Vergehen universell verworfen wird, aber hält für erwiesen, daß die Mißbilligung des Vergehens aus dessen Strafbarkeit hervorgeht. Aber dann fällt einem der Beweis recht schwer, worin denn diese Strafbarkeit besteht: in einer besonders schweren Immoralität? Meinetwegen! Das heißt aber auf die Frage mit einer Frage antworten und ein Wort an die Stelle eines anderen stellen. Denn es handelt sich doch gerade darum zu wissen, was die Immoralität ist, und im besonderen diese besondere Immoralität, die die Gesellschaft mit Hilfe von organisierten Strafen unterdrückt und die die Kriminalität darstellt. Sie kann natürlich nur von einem oder mehreren allen kriminologi-

9 Die Verwechslung ist nicht ohne Gefahr. Manchmal fragt man sich, ob sich das individuelle Bewußtsein wie das kollektive Bewußtsein verändert oder nicht; alles hängt vom Sinn ab, den man dem Wort gibt. Stellt es soziale Ähnlichkeiten dar, dann ist die Variationsbeziehung umgekehrt; wir werden es noch sehen. Bezeichnet es das ganze psychische Leben der Gesellschaft, dann ist die Beziehung direkt. Die Unterscheidung ist daher nötig.

10 Wir wollen also nicht wissen, ob das Kollektivbewußtsein ein Bewußtsein ist wie das des Individuums. Mit diesem Wort bezeichnen wir einfach die Gesamtheit der sozialen Ähnlichkeiten, ohne damit über die Kategorie zu entscheiden, mit der dieses System von Phänomenen definiert werden muß.

schen Spielarten gemeinsamen Eigentümlichkeiten kommen. Die einzige, die dieser Bedingung entspricht, ist jener Gegensatz der zwischen den Verbrechen, welches es auch sei, und bestimmten kollektiven Gefühlen besteht. Dieser Gegensatz ist es, der das Verbrechen ausmacht; er kann also nicht von ihm abgeleitet werden. Mit anderen Worten: man darf nicht sagen, daß eine Tat das gemeinsame Bewußtsein verletzt, weil sie kriminell ist, sondern sie ist kriminell, weil sie das gemeinsame Bewußtsein verletzt. Wir verurteilen sie nicht, weil sie ein Verbrechen ist, sondern sie ist ein Verbrechen, weil wir sie verurteilen. Was die eigentliche Natur dieser Gefühle ist, so ist es unmöglich, sie zu spezifizieren. Sie hat die verschiedensten Objekte, und man kann sie nicht in eine einzige Formel kleiden. Man kann nicht sagen, daß sie sich nur auf die vitalen Interessen der Gesellschaft oder auf ein Minimum von Gerechtigkeit beziehen. Alle diese Definitionen sind unangemessen. Aber aus der Tatsache allein, daß sich ein Gefühl, welches auch immer sein Ursprung und sein Ziel sei, in dem Bewußtsein aller mit einem bestimmten Grad an Stärke und Genauigkeit wiederfindet, ist eben jede Handlung, die es verletzt, ein Verbrechen. Die zeitgenössische Psychologie greift im übrigen den Gedanken Spinozas wieder auf, nach dem die Dinge gut sind, weil wir sie lieben, statt daß wir sie lieben, weil sie gut sind. Der Hang oder die Neigung sind ursprünglich; das Vergnügen und der Schmerz sind nur abgeleitete Fakten. Genauso ist es mit dem sozialen Leben. Eine Handlung ist sozial schlecht, weil sie von der Gesellschaft zurückgewiesen wird. Aber, wendet man ein, gibt es nicht Kollektivgefühle, die aus dem Vergnügen oder aus dem Schmerz kommen, den die Gesellschaft im Kontakt mit ihren Objekten empfindet? Zweifellos, aber sie haben nicht alle denselben Ursprung. Viele, wenn nicht die Mehrzahl, hängen von ganz anderen Ursachen ab. Alles was die Tätigkeit veranlaßt, eine bestimmte Form anzunehmen, kann Ursprung für Gewohnheiten sein, aus denen Neigungen entspringen, die man von nun an befriedigen muß. Diese Neigungen sind im übrigen allein wirklich grundlegend. Die anderen sind nur besondere und besser bestimmte Formen. Denn um an diesem oder jenem Objekt Gefallen zu finden, muß die kollektive Sensibilität bereits ausgebildet sein, um sie auch genießen zu können. Wenn die entsprechenden Gefühle beseitigt sind, kann die für die Gesellschaft unheilvollste

Tat nicht nur geduldet, sondern sogar geehrt und als Beispiel hingestellt werden. Das Vergnügen ist unfähig, eine Neigung von Grund her auszubilden. Es kann nur jene binden, die für diesen oder jenen besonderen Zweck existieren, vorausgesetzt, daß der Zweck in Beziehung zu ihrer Grundnatur steht.

Es gibt jedoch Fälle, wo diese Erklärung keine Erklärung zu sein scheint. Es gibt Handlungen, die stärker unterdrückt werden, als sie von der Meinung streng zurückgewiesen werden. So werden Arbeiterkoalitionen, die Eingriffe der Gerichtsautorität auf die administrative Autorität, der religiösen Funktionen über die zivilen Funktionen Gegenstand einer Strafverfolgung, die in keinem Verhältnis steht zur Entrüstung, die sie im Bewußtsein des Einzelnen erwecken. Die Unterschlagung öffentlicher Akten läßt uns recht gleichgültig, wird aber trotzdem recht schwer bestraft. Es kommt sogar vor, daß die bestrafte Tat direkt überhaupt kein Kollektivgefühl verletzt. Nichts in uns protestiert gegen den Fischfang und die Jagd in Schonzeiten oder daß mit zu schweren Wagen über öffentliche Wege gefahren wird. Trotzdem gibt es keinen Grund, diese Vergehen völlig von den anderen zu trennen. Jede radikale Unterscheidung[11] wäre willkürlich, weil sie alle in verschiedenem Grad dasselbe äußerliche Kriterium aufweisen. Zweifellos erscheint in keinem dieser Beispiele die Strafe ungerecht. Wenn sie von der öffentlichen Meinung nicht abgelehnt wird, würde diese, sich selbst überlassen, sie nicht verlangen, und sie würde sich weniger streng zeigen. In diesen Fällen hängt also die Strafbarkeit nicht oder nicht ganz von der Lebhaftigkeit der Kollektivgefühle ab, die verletzt worden sind, sondern erkennt eine andere Ursache an.

Gewiß ist, daß eine Regierungsmacht, wenn sie einmal anerkannt ist, allein schon genug Macht hat, um spontan bestimmten Verhaltensregeln eine Strafe beizumessen. Sie ist imstand, durch ihre eigene Wirkung, bestimmte Vergehen zu stiften oder den kriminologischen Wert bestimmter anderer zu verschärfen. Alle Handlungen, die wir eben aufgezählt haben, haben diesen gemeinsamen Charakterzug, daß sie gegen eines der Führungsorgane des sozialen Lebens gerichtet sind. Muß man also zugeben, daß es zwei Arten

11 Man braucht nur zu sehen, wie Garofalo zwischen dem unterscheidet, was er die wahren Verbrechen nennt, und den anderen (p. 45); das ist eine persönliche Beurteilung, die auf keinem objektiven Kriterium beruht.

von Verbrechen gibt, die von zwei verschiedenen Ursachen abhängen? Eine solche Hypothese kann nicht in Betracht gezogen werden. Wie zahlreich die Spielarten auch sein mögen, das Verbrechen ist überall wesentlich das gleiche, da es überall dieselbe Wirkung hervorruft, nämlich die Strafe, die sich, selbst wenn sie mehr oder weniger streng ist, deswegen nicht in ihrer Natur ändert. Nun kann aber die gleiche Tatsache nicht zwei Ursachen haben, außer diese Zweiheit ist nur äußerlich und bildet im Grund eine Einheit. Die Macht, zu reagieren, die dem Staat zu eigen ist, muß aber von der gleichen Natur sein wie diejenige, die in der Gesellschaft verbreitet ist.

Denn woher käme sie sonst? Von der Schwere der Interessen, die der Staat verwaltet und die auf ganz besondere Art verteidigt werden müssen? Aber wir wissen ja jetzt, daß selbst schwere Interessenverletzungen allein nicht genügen, um eine Strafreaktion hervorzurufen. Sie müssen auch auf eine bestimmte Weise gefühlt werden. Woher kommt im übrigen, daß der geringste Schaden, den man einem Regierungsorgan zufügt, bestraft wird, während viel gefährlichere Unordnungen in den anderen sozialen Organen nur zivilrechtlich erledigt werden? Die kleinste Übertretung der Straßenordnung wird sofort bestraft; die Verletzung, selbst die wiederholte Verletzung von Verträgen, die ständige Rechtsbeugung in den ökonomischen Beziehungen verpflichtet nur zum Ersatz des Schadens. Natürlich spielt der Führungsapparat eine hervorragende Rolle im sozialen Leben, aber es gibt doch auch andere, deren Interessen nicht weniger lebenswichtig sind und deren Funktionieren trotzdem nicht auf diese Weise gesichert ist. Wenn das Gehirn seine Bedeutung hat, dann ist der Magen ein Organ, das ebenfalls wesentlich ist, und die Krankheiten des einen sind genauso lebensgefährlich wie die Krankheiten des anderen. Warum also dieses Privilegium für das, was man manchmal auch das soziale Gehirn nennt?

Die Schwierigkeit kann leicht gelöst werden, wenn man bedenkt, daß überall, wo eine Führungsmacht entsteht, ihre erste und wichtigste Funktion darin besteht, den Glaubensbekenntnissen, den Überlieferungen, den kollektiven Praktiken Ansehen zu verschaffen, d. h. das gemeinsame Bewußtsein gegen die inneren und äußeren Feinde zu verteidigen. Damit wird sie das Symbol und das lebendige Bild in den Augen aller. Das Leben, das im Bewußtsein liegt, überträgt sich auf die Macht, wie sich die Ideenverbindungen auf die Wörter übertragen, die sie darstellen. Damit bekommt die Führung einen Charakter, der sie unvergleichlich macht. Es handelt sich nicht mehr um eine mehr oder weniger wichtige soziale Funktion, sondern um den verkörperten sozialen Typus. Er nimmt also an der Autorität teil, die dieser auf das Bewußtsein aller ausübt, und daraus erwächst ihm seine Kraft. Wenn aber diese Kraft aufgebaut ist, ohne sich von der Quelle, aus der sie kommt und aus der sie sich weiter ernährt, zu lösen, dann wird sie ein autonomer Faktor des sozialen Lebens, der fähig ist, spontan eigene Bewegungen auszuführen, die von keinem äußeren Anlaß hervorgerufen sind, weil sie eben dieses Übergewicht erreicht hat. Da sie aber andrerseits nur eine Ableitung der Kraft ist, die im Wesen des gemeinsamen Bewußtseins liegt, hat sie notwendigerweise gleiche Eigenschaften und reagiert auf die gleiche Art, selbst wenn die letzte nicht ganz unisono reagiert. Sie stößt also jede feindliche Kraft ab, so wie es die diffuse Seele der Gesellschaften machen würde, selbst dann, wenn diese jene Feindschaft nicht fühlt oder nicht so lebhaft fühlt, d. h. wenn sie Handlungen als Verbrechen einstuft, die sie verletzen ohne zugleich im selben Grad die Kollektivgefühle zu verletzen. Von diesen letzteren erhält sie aber ihre ganze Energie, die ihr erlaubt, Verbrechen und Vergehen zu erzeugen. Da sie außerdem nicht von woanders und da sie ja nicht aus dem Nichts herkommen kann, bestätigen die folgenden Fakten, die in der Folge in diesem Buch noch ausführlich dargestellt werden, diese Erklärung. Die Wirkungsweite, die das Regierungsorgan auf die Zahl und auf die Qualifikation der verbrecherischen Handlungen ausübt, hängt von der Macht ab, die es in sich trägt. Diese Macht ihrerseits kann entweder in dem Ausmaß der Autorität, die sie auf die Bürger ausübt, oder aus der Schwere, die den gegen sie gerichteten Verbrechen beigemessen wird, gemessen werden. Wir können aber feststellen, daß in den niedrigen Gesellschaften diese Autorität am größten und diese Schwere am höchsten und andrerseits in diesen selben sozialen Typen das Kollektivbewußtsein am mächtigsten ist[12].

12 Wenn es sich nur um eine Geldbuße handelt, handelt es sich nur um eine Wiedergutmachung, deren Höhe bestimmt ist; die Tat steht dann an der Grenze des Straf- und des Restitutivrechts (der Wiedergutmachung).

Auf dieses Letzte muß man also immer wieder zurückkommen. Von ihm rührt direkt oder indirekt jede Kriminalität her. Das Verbrechen ist nicht nur die Verletzung selbst schwerer Interessen, sondern es ist eine Verletzung einer in gewissem Sinn transzendenten Autorität. Nun gibt es erfahrungsgemäß keine moralische Kraft, die über dem Individuum stünde außer der Kollektivkraft.

Im übrigen kann man das Ergebnis, zu dem wir gelangt sind, auch kontrollieren. Das Verbrechen ist dadurch charakterisiert, daß es die Strafe bestimmt. Wenn unsere Definition richtig ist, so muß sie Rechenschaft über alle Eigenschaften der Strafe ablegen. Wir wollen diese Überprüfung vornehmen.

Zuerst müssen wir aber diese Eigenschaften darlegen.

II

Die Strafe besteht in erster Linie aus einer leidenschaftlichen Reaktion. Je weniger die Gesellschaften kultiviert sind, desto augenfälliger ist dieser Zug. Die primitiven Völker bestrafen, um zu strafen, fügen Schmerzen zu einzig und allein, um Schmerzen zu bereiten, ohne für sich selbst aus dem Leiden, das sie zufügen, irgendeinen Vorteil zu ziehen. Der Beweis dafür ist, daß sie nicht versuchen, richtig oder nützlich zu treffen, sondern nur zu treffen. Auf diese Weise strafen sie Tiere, die die verbotenen Handlungen vollführt haben[13], oder selbst unbeseelte Wesen, die das passive Instrument dafür gewesen sind[14]. Auch dann, wenn die Strafe nur auf Personen angewendet wird, geht sie weit über den Schuldigen hinaus, so daß es auch Unschuldige erreicht, die Frau, die Kinder, die Nachbarn usw.[15]. Die Leidenschaft, die die Seele der Strafe ist, hört aber nur auf, wenn sie sich erschöpft hat. Wenn sie also den zerstört hat, der sie verursacht hat, bleiben ihr noch Kräfte; sie wirkt auf ganz mechanische Weise weiter. Aber selbst wenn sie sich so weit gemäßigt hat, daß sie sich nur an dem Schul-

13 S. 2. Mose, 21,28; 3. Mose, 20,16.

14 Zum Beispiel das Messer, mit dem der Mord begangen wurde. Siehe Post, *Bausteine für eine allgemeine Rechtswissenschaft*, I, 230–231.

15 Siehe *2. Mose*, 20, 4,5; *5. Mose*, 12,12–18; Thonissen, *Études sur l'histoire du droit criminel*, I, 70 et 178 sequ.

digen vergreift, so hat sie die Tendenz, die Schwere der Tat zu übersteigern, gegen die sie reagiert. Daher kommen die Grausamkeiten, die der Todesstrafe vorangehen. Noch in Rom mußte der Dieb nicht nur das gestohlene Gut wieder zurückgeben, sondern eine doppelte oder vierfache Buße zahlen[16]. Ist im übrigen die so verbreitete Strafe der Vergeltung nicht eine Befriedigung, die der Rache zugebilligt wird?

Heute behauptet man, daß sich die Natur der Strafe gewandelt habe. Die Gesellschaft bestraft nicht mehr, um sich zu rächen, sondern um sich zu verteidigen. Der Schmerz, den sie bereitet, ist in ihren Händen nur mehr ein methodisches Instrument des Schutzes. Sie straft nicht darum, weil die Strafe ihr an sich Befriedigung verschafft, sondern damit die Furcht vor der Strafe die Übeltäter paralysiere. Nicht mehr der Zorn, sondern die überlegte Vorsicht bestimmt die Unterdrückung. Die vorhergegangenen Beobachtungen könnten also nicht verallgemeinert werden: sie würden sich nur auf die primitive Form der Strafe beziehen und könnten nicht auf ihre heutige Form ausgedehnt werden.

Aber selbst wenn man das Recht hat, so radikal diese beiden Arten von Strafen zu unterscheiden, so genügt die Feststellung nicht, daß sie auf verschiedene Ziele angewendet werden. Die Natur eines Verfahrens ändert sich nicht notwendigerweise, weil sich die bewußten Intentionen derer ändern, die sie anwenden. Sie konnte in der Tat schon früher die gleiche Rolle spielen, ohne daß man dessen gewahr wurde. Warum soll sie sich in diesem Fall allein darum ändern, weil man sich über die Wirkungen besser Rechenschaft ablegt? Sie paßt sich an neue Existenzbedingungen, die man ihr derart bietet, ohne wesentliche Veränderungen an. Das trifft für die Strafe zu.

In der Tat irrt man, wenn man annimmt, daß die Rache nur eine unnötige Grausamkeit wäre. Es ist sehr wohl möglich, daß sie an sich aus einer mechanischen Reaktion und ohne Zweck besteht, aus einer leidenschaftlichen und unvernünftigen Bewegung, aus einem irrationalen Bedürfnis zu zerstören. Aber das, was sie zerstören möchte, war eine Bedrohung für uns. Sie stellt also in Wirklichkeit eine wahre jedoch instinktive und unüberlegte Verteidigungsgeste dar. Wir rächen uns nur an dem, was uns übel

16 Walter, *op. cit.*, § 793.

getan hat, und was uns übel getan hat, ist immer eine Gefahr. Der Instinkt der Rache ist im großen und ganzen nur der Instinkt der Erhaltung, der von der Gefahr ins Übermaß gesteigert wurde. Es stimmt also nicht, daß die Rache in der Geschichte der Menschheit die negative und sterile Rolle gespielt hat, die man ihr beimißt. Sie ist eine Verteidigungswaffe, die ihren Wert hat; nur ist sie eben eine grobe Waffe. Da sie sich der Dienste, die sie automatisch leistet, nicht bewußt ist, kann man sie folglich nicht regeln. Sie verströmt ins Geratewohl, den blinden Ursachen ausgeliefert, die sie treiben, und nichts kann ihre Ausbrüche mäßigen. Da wir heute besser das erstrebenswerte Ziel kennen, können wir die Mittel, die uns zur Verfügung stehen, besser anwenden. Wir schützen uns mit mehr Methode und folglich wirksamer. Aber dieses Ergebnis war von Anfang an erreicht worden, wenn auch auf unvollkommene Weise. Zwischen der heutigen und der ehemaligen Strafe besteht also kein Abgrund, und folglich war es nicht nötig, daß sie etwas anderes wurde, um sich der Rolle anzubequemen, die sie in unseren zivilisierten Gesellschaften spielt. Der ganze Unterschied kommt daher, daß sie ihre Wirkungen mit einem großen Bewußtsein dessen erzielt, was sie macht. Obwohl das individuelle oder soziale Bewußtsein nicht ohne Einfluß auf die Wirklichkeit ist, die sie erleuchtet, hat sie doch nicht die Macht, ihre Natur zu verändern. Die innere Struktur der Phänomene bleibt dieselbe, ob sie bewußt sind oder nicht. Wir können uns also darauf gefaßt machen, daß die Grundbausteine der Strafe die gleichen sind wie ehedem.

So ist in der Tat die Strafe, zum Teil wenigstens, ein Werk der Rache. Man behauptet, daß wir den Schuldigen kein Leid zufügen, um ihm Leid zuzufügen. Trotzdem bleibt wahr, daß wir es gerecht finden, daß er leidet. Vielleicht haben wir unrecht. Aber darum geht es ja nicht. Wir versuchen im Augenblick, die Strafe, so wie sie ist oder nicht ist, zu definieren, und nicht, wie sie sein sollte. Gewiß ist, daß jener Ausdruck der gerichtlichen Ahndung, der ständig in der Rechtssprache vorkommt, kein leeres Wort ist. Wenn wir annehmen, daß die Strafe wirklich dazu dienen könnte, uns in der Zukunft zu schützen, dann glauben wir, daß sie vor allem eine *Sühne* der Vergangenheit sein muß. Der Beweis dafür sind die sorgfältigen Vorsichtsmaßnahmen, die wir anwenden, um sie so genau wie möglich der Schwere des Verbrechens anzupassen.

Sie wären unerklärlich, wenn wir nicht glaubten, daß der Schuldige leiden muß, weil er den Schaden angerichtet hat, und zwar im selben Maß. Diese Abstufung ist nicht nötig, wenn die Strafe nur ein Verteidigungsmittel ist. Zweifellos wäre die Gesellschaft in Gefahr, wenn man die schweren Attentate den einfachen Vergehen angleichen würde; aber in den meisten Fällen könnte es nur ein Vorteil sein, wenn die zweiten den ersten angeglichen würden. Man kann nicht vorsichtig genug gegenüber einem Feind sein. Soll man also sagen, daß die Urheber kleiner Vergehen weniger verdorbene Naturen sind und daß, um ihre schlechten Instinkte zu neutralisieren, weniger strenge Strafen genügen? Wenn aber ihre Neigungen weniger lasterhaft sind, sind sie darum nicht weniger stark. Die Diebe neigen genauso stark zum Diebstahl wie die Mörder zum Mord; der Widerstand, den die ersten leisten, ist nicht geringer als der Widerstand der zweiten, und folglich müßte man, um ihn zu brechen, zu den gleichen Mitteln greifen. Wenn es, wie man behauptet hat, sich einzig und allein darum handelte, eine schädliche Kraft durch eine Gegenkraft zurückzudrängen, dann müßte die Stärke der zweiten allein nach der Stärke der ersten gemessen werden, ohne daß man ihre Qualität aufrechnet. Die Strafleiter dürfte also nur eine kleine Anzahl von Sprossen haben. Die Strafe dürfte sich nur nach dem Grad verändern, nach dem der Verbrecher mehr oder weniger verhärtet ist und nicht nach der Natur der kriminellen Handlung. Ein unverbesserlicher Dieb müßte also wie ein unverbesserlicher Mörder behandelt werden. In der Tat aber fühlen wir uns gehalten, selbst wenn es sich erweisen sollte, daß ein Schuldiger endgültig unverbesserlich ist, keine übertriebene Strafe aufzuerlegen. Das ist der Beweis, daß wir dem Prinzip der Vergeltung treu geblieben sind, obwohl wir sie in einem höheren Sinn als ehedem auffassen. Wir messen nicht mehr so materiell und grob das Ausmaß des Fehlers nach dem Maß der Strafe ab; aber wir glauben noch immer, daß es zwischen diesen beiden Gliedern eine Gleichung geben muß, ob es nun von Vorteil ist oder nicht, dieses Gleichgewicht herzustellen. Die Strafe ist also auch für uns das geblieben, was sie für unsere Väter war. Sie ist ein Racheakt, weil sie eine Sühne ist. Was wir rächen und was der Verbrecher sühnt, ist die Verletzung der Moral.

Es gibt eine Strafe, in der dieser leidenschaftliche Charakter deutlicher ist als anderswo: das ist die Schande, die die meisten Strafen verschärft, und die mit den Strafen wächst. Meistens nützt sie nichts. Wozu dient es, einen Menschen zu entehren, der nicht mehr in der Gesellschaft der Mitmenschen leben darf und der im Übermaß durch sein Verhalten bewiesen hat, daß die schrecklichsten Drohungen nicht genügten, ihn einzuschüchtern? Die Entehrung wäre verständlich, wenn es keine andere Strafe gäbe, oder als Beigabe einer rechtmäßigen materiellen Strafe. Im umgekehrten Fall ist es eine unnütze Wiederholung. Man kann sogar sagen, daß die Gesellschaft nur auf legale Strafen zurückgreift, wenn die anderen ungenügend sind; wozu also sie aufrechterhalten? Sie stellen eine Art zusätzlicher und zweckloser Strafe dar, oder eine Strafe, die keine andere Ursache hat als das Bedürfnis, Übel mit Übel zu vergelten. Es handelt sich so sehr um ein Produkt instinktiver und unwiderstehlicher Gefühle, daß sie sich oft auf Unschuldige erstrecken. Darum nehmen manchmal der Ort des Verbrechens, die Instrumente, die zum Verbrechen gedient haben, die Eltern des Schuldigen an der Schande teil, mit der wir den Verbrecher bestrafen. Die Gründe, die diese diffuse Unterdrückung bestimmen, sind dieselben Gründe der organisierten Unterdrükkung, die auch sie begleitet. Ein Blick in die Gerichte genügt im übrigen, um zu sehen, wie die Strafe funktioniert, um zu erkennen, daß ihre Beweggründe leidenschaftlicher Art sind. Denn der Ankläger wie der Verteidiger wenden sich an die Leidenschaft. Der Verteidiger versucht, die Sympathie für den Schuldigen zu erwecken, der Ankläger versucht, die sozialen Gefühle zu erwekken, die das Verbrechen verletzt hat, und unter dem Einfluß dieser entgegengesetzten Leidenschaften urteilt der Richter.

Wir stellen fest, daß sich die Natur der Strafe nicht wesentlich geändert hat. Alles, was man sagen kann, ist, daß das Rachebedürfnis heute besser gelenkt wird als früher. Der Geist der Vorsicht, der erwacht ist, läßt der blinden Tat der Leidenschaft nicht mehr freie Bahn. Er drängt sie in bestimmte Grenzen zurück; er widersetzt sich den unvernünftigen Gewalttaten und den sinnlosen Zerstörungen. Sie ist aufgeklärter und gibt weniger dem Zufall nach. Man sieht nicht mehr, daß sie sich, um sich trotzdem zu befriedigen, gegen Unschuldige wendet. Aber sie bleibt dennoch die Seele der Strafbestimmung. Wir können also sagen, daß die Strafe aus einer leidenschaftlichen Reaktion abgestufter Strenge besteht[17].

Aber woher kommt diese Reaktion? Kommt sie vom Individuum oder von der Gesellschaft?

Alle Welt weiß, daß die Gesellschaft straft; aber es könnte doch sein, daß sie es nicht für ihre Rechnung tut. Was den sozialen Charakter der Strafe außerhalb jeden Zweifels stellt, ist, daß sie, ist sie einmal ausgesprochen, nur mehr von der Regierung im Namen der Gesellschaft aufgehoben werden kann. Wenn es sich um eine Genugtuung handelt, die man dem Privatmann zugesteht, dann wäre er auch Herr über die Erlassung: ein Privilegium, das dem Begünstigten aufgezwungen wird und auf das er nicht verzichten kann, kann man sich nicht vorstellen. Wenn die Gesellschaft allein über die Bestrafung verfügen kann, dann ist sie auch dann befaßt, wenn die Individuen es sind, und es handelt sich um den Anschlag gegen sie, der durch die Strafe verfolgt wird.

Trotzdem kann man Fälle anführen, wo die Ausführung der Strafe vom Willen des einzelnen abhängt. In Rom wurden bestimmte Missetaten mit einer Buße zugunsten der geschädigten Partei belegt, die darauf verzichten oder daraus einen Gegenstand eines Vergleiches machen konnte: das waren der nicht offenbare Raub, die Erpressung, die Beleidigung, der ungerechtfertigt zugefügte Schaden[18]. Diese Vergehen, die man Privatdelikte nannte (*delicta privata*), bildeten den Gegensatz zu den eigentlichen Verbrechen, deren Bestrafung im Namen des Staates erfolgte. Dieselbe Unterscheidung finden wir bei den Griechen und bei den Hebräern[19]. Bei primitiven Völkern scheint die Strafe manchmal eine noch privatere Angelegenheit gewesen zu sein, wie es die *vendetta* zu beweisen scheint. Diese Gesellschaften sind aus Elementarbestandteilen zusammengesetzt, von fast familienhafter Natur, die man auf bequeme Weise mit dem Ausdruck *Clane*

17 Das geben sogar die zu, die die Idee der Sühne unverständlich finden. Denn ihr Schluß ist, daß die herkömmliche Auffassung von der Strafe, um mit ihrer Doktrin zu harmonieren, völlig verändert und von Grund aus reformiert werden müßte. Das heißt aber, daß sie auf dem Prinzip beruht und immer beruht hat, das sie bekämpfen. (Siehe Fouillée, *Science sociale,* p. 307 sequ.)

18 Rein, *op. cit.*, p. 111.

19 Bei den Hebräern wurden der Diebstahl, die Verletzung anvertrauten Gutes, die Veruntreuung und die tätliche Beleidigung als Privatdelikte behandelt.

bezeichnet. Wenn ein Verbrechen von einem oder mehreren Mitgliedern eines Clans gegen einen anderen begangen wird, so bestraft der Clan selbst die Beleidigung, die er erlitten hat[20]. Was wenigstens dem Anschein nach die Bedeutung dieser Fakten hinsichtlich der Doktrin erhöht, ist die Tatsache, daß man sehr oft behauptet hat, daß die *vendetta* ursprünglich die einzige Form der Strafe war: Sie hätte also zuerst aus privaten Racheakten bestanden. Wenn heute die Gesellschaft das Strafrecht innehat, so anscheinend nur, weil es ihr die Individuen übertragen haben. Sie ist also ihr Beauftragter. Sie vertritt ihre Interessen an ihrer Stelle, vermutlich weil sie sie besser vertritt; aber es sind nicht ihre Interessen. Im Prinzip rächte sie sich selber; jetzt rächt sie sie an ihrer Stelle. Da aber das Strafrecht durch diese einfache Übertragung nicht seine Natur verwandelt haben kann, hätte es nichts eigentlich Soziales an sich. Wenn die Gesellschaft darin eine überragende Rolle zu spielen scheint, dann nur als Ersatz der Individuen.

Wie verbreitet diese Theorie auch sein möge, sie steht im Widerspruch mit den Tatsachen. Es gibt keine einzige Gesellschaft, in der die *vendetta* die ursprüngliche Form der Strafe wäre. Im Gegenteil. Es ist sicher, daß das Strafrecht im Ursprung wesentlich religiös ist. Das ist offensichtlich in Indien und in Judäa, weil dort das praktizierte Recht als geoffenbartes Recht gilt[21]. In Ägypten wurden die Zehn Bücher Hermes, die das Strafrecht mit allen anderen Rechten enthalten, die die Regierung betreffen, Priesterrechte genannt, und Aelianus behauptet, daß die ägyptischen Priester von alters her die richterliche Gewalt ausgeübt haben[22]. Das gleiche galt im alten Germanien[23]. In Griechenland wurde die Gerichtsbarkeit als ein Ausfluß Jupiters angesehen, und das Gefühl als eine Rache des Gottes[24]. In Rom wird der religiöse

20 S. bes. Morgan, *Ancient Society*, London, 1870, p. 76, *Die Urgesellschaft*, Stuttgart 1891, S. 65.

21 In Judäa waren die Richter keine Priester, aber jeder Richter war der Gesandte Gottes, der Mensch Gottes (5. *Mose*, 1,17; 2. *Mose*, 22,28). In Indien richtete der König, aber diese Funktion wurde als wesentlich religiös angesehen (Manu, VIII, V. 303–311).

22 Thonissen, *Études sur l'histoire du droit criminel*, I, 10.

23 Zöpfl, *Deutsche Rechtsgeschichte*, S. 909.

24 »Der Sohn Saturns hat den Menschen die Gerichtsbarkeit gegeben« (Hesiod, *Tag und Nacht*, V. 279, 280, Ed. Didot). – »Wenn die Sterblichen ... sich laster-

Ursprung des Strafrechts sowohl durch die alte Tradition[25] sichtbar wie durch die archaischen Praktiken, die sehr lange andauerten, und durch die juridische Fachsprache selber[26]. Nun ist aber die Religion eine wesentlich soziale Angelegenheit. Statt nur individuelle Ziele zu verfolgen, übt sie über das Individuum einen immerwährenden Zwang aus. Sie verpflichtet es zu unbequemen Praktiken, zu kleinen oder großen Opfern, für die es aufkommen muß. Der Mann muß von seinem Gut die Weihgeschenke nehmen, die er der Gottheit darbietet; er muß von seiner Arbeits- oder Freizeit die zur Verrichtung des Ritus nötige Zeit nehmen; er muß sich allerlei Entbehrungen auferlegen, die ihm befohlen werden, sogar auf sein Leben verzichten, wenn die Götter es befehlen. Das religiöse Leben besteht nur aus Verzicht und Uneigennützigkeit. Wenn also das Kriminalrecht ursprünglich ein religiöses Recht ist, dann kann man sicher sein, daß die Interessen, denen es dient, soziale Interessen sind. Die Götter rächen ihre eigenen Beleidigungen und nicht die der Individuen: aber die Beleidigungen gegen die Götter sind Beleidigungen gegen die Gesellschaft.

Darum sind in den niedrigen Gesellschaften die zahlreichsten jene Vergehen, die die öffentlichen Angelegenheiten verletzen: Vergehen gegen die Religion, gegen die Sitten, gegen die Autorität usw. Man braucht nur in die Bibel zu sehen, in die Gesetze Manus, in die Monumente, die uns vom alten ägyptischen Recht geblieben sind, und den relativ kleinen Platz, der den Schutzvorschriften für das Individuum vorbehalten ist, und dazu im Gegensatz die wuchernde Entwicklung der Strafbestimmungen über die verschiedenen Formen der Gotteslästerung, über die Verstöße gegen die verschiedenen religiösen Pflichten, über die Verstöße gegen Zeremoniell usw.[27]. Zu gleicher Zeit werden die Verbrecher auch am schwersten bestraft. Bei den Juden sind die verabscheuungswürdigsten Verbrechen die Verbrechen gegen die Religion[28]. Bei den alten Germanen wurden nach Tacitus nur zwei Verbrechen mit dem Tod bestraft: Verrat und Überlaufen[29]. Nach Konfutse

haften Handlungen hingeben, verhängt der weitsichtige Jupiter sofort die Strafe« (*ibid.*, 266; Siehe *Ilias*, XVI, 384 ff.)

25 Walter, *op. cit.*, § 788.

26 Rein, *op. cit.*, S. 27–36.

27 Thonissen, *passim.*

28 Munck, *Palestine*, p. 216.

29 Tacitus, *Germania*, XII.

und Mengtse war die Gottlosigkeit ein größeres Verbrechen als der Mord[30]. In Ägypten wurde die geringste Gotteslästerung mit dem Tod bestraft[31]. In Rom stand an der Spitze der Strafleiter das *crimen perduellionis*[32].

Was sind also diese Privatstrafen, von denen wir weiter oben Beispiele angeführt haben? Sie sind gemischter Natur und sind sowohl Zwangs- wie Wiedergutmachungssanktionen. Somit stellt das Privatdelikt des römischen Rechts eine Art Bindeglied zwischen dem eigentlichen Verbrechen und der rein zivilen Verletzung dar. Es hat die Züge des einen wie des anderen und schwebt über den Grenzen beider Bereiche. Es ist ein Delikt in dem Sinn, daß die vom Gesetz fixierte Strafe nicht einfach darin besteht, die Dinge in den alten Zustand zurückzuversetzen; der Straffällige muß nicht nur den Schaden, den er angerichtet hat, ersetzen, sondern er muß außerdem noch etwas leisten: eine Sühne. Trotzdem ist es nicht ganz und gar ein Vergehen, denn wenn schon die Gesellschaft die Strafe ausspricht, so steht es doch nicht in ihrer Macht, sie anzuwenden. Das ist ein Recht, das sie dem Kläger überträgt, der allein frei darüber disponieren kann[33]. So ist die *vendetta* natürlich eine Bestrafung, die die Gesellschaft als legitim anerkennt, die sie aber dem einzelnen zur Ausführung überläßt. Alle diese Tatsachen bestätigen nur, was wir über die Natur der Strafbarkeit gesagt haben. Wenn also diese Zwischensanktion zum Teil eine Privatangelegenheit ist, dann ist sie in demselben Maß keine Strafe. Der Strafcharakter ist um so weniger betont, je mehr der soziale Charakter verwischt ist; und umgekehrt. Es stimmt also nicht, in der Privatrache den Prototyp der Strafe zu sehen. Sie ist im Gegenteil nur eine unvollkommene Strafe. Statt daß die Attentate gegen Personen die ersten gewesen wären, die unterdrückt wurden, stehen sie am Anfang nur auf der Schwelle des Strafrechts. Sie sind auf der Kriminalitätsleiter nur in dem Maß hinaufgestiegen, in dem sich die Gesellschaft ihrer stärker angenommen hat. Dieser Vorgang, den wir nicht zu beschreiben brau-

30 Plath, *Gesetz und Recht im alten China*, 1865, S. 69–70.

31 Thonissen, *op. cit.*, I, 145.

32 Walter, *op. cit.*, § 803 (Hochverrat).

33 Was aber den Strafcharakter des Privatdelikts stärker betont, ist, daß er die Schande, eine wahre öffentliche Strafe, mit sich bringt (siehe Rein, *op. cit.*, 916, und Bouvy, *De l'infamie en droit romain*, Paris, 1884, 35).

chen, war bestimmt keine einfache Übertragung. Im Gegenteil: die Geschichte dieser Strafbestimmung ist eine beständige Folge von Übergriffen der Gesellschaft über das Individuum oder vielmehr über die elementaren Gruppen, die sie in ihrem Schoß einschließt, und das Ergebnis dieser Übergriffe ist, daß man mehr und mehr das Recht der Gesellschaft an die Stelle des Rechts des einzelnen setzte[34].

Aber die vorher erwähnten Züge gehören ebenso der diffusen Unterdrückung an, die den einfach unmoralischen Akten folgt, wie der legalen Bestrafung. Der Unterschied ist nur, wie wir gesagt haben, daß sie organisiert ist. Aber worin besteht diese Organisation?

Wenn man an das Strafrecht denkt, so wie es in unseren heutigen Gesellschaften funktioniert, stellt man sich ein Gesetzbuch vor, wo sehr bestimmte Gesetze an ebenfalls bestimmte Verbrechen geknüpft sind. Allerdings verfügt der Richter über eine gewisse Breite, um auf jeden Einzelfall diese allgemeinen Bestimmungen anzuwenden; aber in ihren wesentlichen Linien ist die Strafe für jede Kategorie von Straftaten vorausbestimmt. Diese ausgeklügelte Organisation ist aber der Strafe nicht innewohnend, denn es gibt eine Menge von Gesellschaften, wo sie existiert, ohne im vorhinein fixiert zu sein. In der Bibel gibt es eine ganze Anzahl von Verboten, die völlig zwingend sind und die trotzdem mit keiner ausdrücklich formulierten Strafe bestraft werden. Der Strafcharakter ist dennoch nicht zu bezweifeln. Denn wenn die Texte auch über die Strafe schweigen, so drücken sie dennoch für die verbotene Tat einen derartigen Abscheu aus, daß man keinen Augenblick annehmen könnte, sie wäre ungestraft geblieben[35]. Wir müssen also annehmen, daß dieses Schweigen des Gesetzes einfach daher kommt, daß die Bestrafung nicht festgelegt war. Viele Erzählungen in den 5 Büchern Mose lehren uns, daß es Taten gab, deren Straffälligkeit unbestritten war und deren Strafe nur von dem Richter ausgesprochen wurde, der sie fällte. Die Gesellschaft wußte sehr genau, daß sie es mit einem Verbrechen zu tun hatte;

34 Auf alle Fälle muß man bemerken, daß die *vendetta* eine wesentlich kollektive Angelegenheit ist. Nicht das Individuum rächt sich, sondern der Clan; später wurde dem Clan oder der Familie die Abfindung ausgezahlt.

35 5. *Mose*, 5,25.

aber das Strafmaß, das mit ihm verbunden war, war eben noch nicht bestimmt[36]. Außerdem gibt es unter den Strafen, die vom Gesetzgeber ausgesprochen werden, viele, die nicht genau spezifiziert sind. So wissen wir, daß es verschiedene Arten von Todesstrafen gab, die nicht gleichwertig waren, und trotzdem sprechen die Texte in einer großen Zahl von Fällen vom Tod nur auf allgemeine Weise, ohne zu sagen, welche Todesart angewendet werden mußte. Nach Sumner Maine war es im alten Rom ebenso. Die *crimina* wurden vor der Volksversammlung verfolgt, die selbstherrlich die Strafe durch ein Gesetz aussprach, während sie zu gleicher Zeit die Wirklichkeit der beanstandeten Tat herstellte[37]. Im übrigen war bis ins 16. Jahrhundert das allgemeine Prinzip der Strafbarkeit in Geltung, »daß die Anwendung der Willkür des Richters überlassen blieb, *arbitrio et officio judicis* ... Dem Richter war nur nicht erlaubt, andere Strafen zu erfinden als die gebräuchlichen«.[38] Eine andere Wirkung dieser richterlichen Macht bestand darin, sogar die Qualifikation der Straftat von seinem Gutdünken abhängen zu lassen; die Straftat war folglich selbst unbestimmt[39].

Also besteht nicht in der gesetzlichen Regelung der Strafe die unterscheidbare Organisation der Bestrafung. Sie liegt auch nicht in der Einrichtung einer Kriminalprozedur. Die Tatsachen, die wir eben zitiert haben, zeigen deutlich genug, daß sie lange nicht vorhanden war. Die einzige Organisation, die überall angetroffen wird, wo es eine eigentliche Strafe gibt, beschränkt sich also auf die Einrichtung eines Gerichts. Wie es aber auch immer zusammengesetzt sei, ob es das ganze Volk umfaßt oder nur eine Auswahl, ob es eine geregelte Prozedur verfolgt oder nicht, sei es in der Ermittlung oder in der Durchführung der Strafe, allein dadurch,

36 »Als nun die Kinder Israel in der Wüste waren, fanden sie einen Mann, der Holz auflas am Sabbattag, und die ihn dabei gefunden hatten, wie er Holz auflas, brachten ihn zu Mose und Aaron und vor die ganze Gemeinde, und sie legten ihn gefangen, *denn es war nicht klar bestimmt, was man mit ihm tun sollte.* (4. *Mose,* 15, 32–36). – Ein Mann hatte den Namen des Herrn gelästert und geflucht. »Da brachten sie ihn zu Mose ... und legten ihn gefangen, bis ihnen klare Antwort wurde durch den Mund des HERRN«. Mose selbst weiß es nicht, »und der HERR redete mit ihm« (3. *Mose,* 24, 12–16).

37 *Ancien droit,* p. 353.

38 Du Boys, *Histoire du droit criminel des peuples modernes,* VI, 11.

39 Du Boys, *ibid.,* 14.

daß die strafbare Handlung, statt von Einem abgeurteilt zu werden, der Beurteilung einer eigens gebildeten Körperschaft unterworfen ist, allein dadurch, daß die kollektive Reaktion ein bestimmtes Organ zum Vermittler hat, hört sie auf, diffus zu sein: sie ist organisiert. Die Organisation könnte vollständiger sein, aber von diesem Augenblick an besteht sie.

Die Strafe besteht also wesentlich in einer leidenschaftlichen, in der Stärke abgestuften Reaktion, die die Gesellschaft durch die Vermittlung einer Körperschaft auf jene Mitglieder ausübt, die bestimmte Verhaltensregeln verletzt haben.

Die Definition, die wir vom Verbrechen gegeben haben, erlaubt nun aber, über alle diese Charakterzüge der Strafe Rechenschaft zu geben.

III

Jeder starke Bewußtseinszustand ist eine Lebensquelle; er ist ein wesentlicher Faktor unserer allgemeinen Lebenskraft. Alles, was ihn zu schwächen sucht, mindert und deprimiert uns. Daraus entsteht ein Eindruck von Unruhe und Unbehagen, ähnlich dem Gefühl, das uns überfällt, wenn eine wichtige Funktion unterbrochen oder verlangsamt wird. Es ist also unvermeidlich, daß wir entschlossen gegen die Ursache reagieren, die uns mit einer derartigen Minderung bedroht; wir bemühen uns, die Ursache zu beseitigen, um die Unversehrtheit unseres Bewußtseins aufrechtzuerhalten.

An die erste Stelle der Gründe, die dieses Ergebnis hervorbringen, muß man die Vorstellung eines entgegengesetzten Zustandes stellen. Denn eine Vorstellung ist kein einfaches Bild der Wirklichkeit, kein lebloser Schatten, den die Dinge in uns werfen; sondern sie ist eine Kraft, die rund um sich einen Wirbel von organischen und psychischen Phänomenen erzeugt. Nicht nur der nervöse Strom, der die Ideenbildung begleitet, strahlt in den Gehirnzentren rund um den Punkt aus, an dem er entstanden ist, und geht von einem Geflecht zum andern, er wirkt auch in den motorischen Zentren wieder, wo er Bewegungen, und in den sensorischen Zentren, wo er Bilder hervorruft, manchmal beginnende Illusionen erregt und sogar die vegetativen Funktionen beeinflussen kann[40].

40 Siehe Maudsley, *Physiologie de l'esprit,* frz. Übers., S. 270.

Diese Nachwirkung ist um so bedeutender, je intensiver die Vorstellung und je stärker das Gefühlselement entwickelt ist. So wirkt die Vorstellung eines Gefühls, das dem unsrigen entgegengesetzt ist, in uns auf dieselbe Art und Weise, wie das Gefühl, dessen Ersatz es ist; es ist, als wäre es selbst in unser Bewußtsein eingedrungen. In der Tat hat sie die gleichen Neigungen, wenn auch weniger lebhaft. Sie neigt dazu, die gleichen Ideen zu erwecken, die gleichen Bewegungen und die gleichen Gefühle. Sie setzt also dem Spiel unseres persönlichen Gefühls einen Widerstand entgegen und schwächt es folglich, indem sie einen ganzen Teil unserer Energie in eine völlig andere Richtung zieht. Es ist, als hätte sich eine fremde Kraft in uns eingedrängt, die imstande ist, das freie Spiel unseres psychischen Lebens zu verwirren. Darum kann sich keine Überzeugung, die unserer Überzeugung entgegengesetzt ist, in unserer Gegenwart äußern, ohne uns zu verwirren; denn sie dringt damit in uns ein und befindet sich mit allem, was ihr dort begegnet, im Gegensatz und verursacht ein wahres Durcheinander. Solange der Konflikt nur zwischen abstrakten Ideen ausbricht, verursacht er natürlich keinen Schmerz, weil er nicht tief geht. Die Region dieser Ideen ist die höchste, aber auch die oberflächlichste des Bewußtseins, und die Veränderungen, die sich dort ereignen, haben keine ausgedehnten Wirkungen und berühren uns daher nur schwach. Wenn es sich aber um eine Überzeugung handelt, die uns lieb ist, erlauben wir nicht – und können es gar nicht erlauben –, daß man ungestraft Hand an sie legt. Jede gegen sie gerichtete Beleidigung erzeugt eine mehr oder weniger heftige Gefühlsreaktion, die sich gegen den Angreifer wendet. Wir ereifern uns, wir entrüsten uns über ihn, wir sind ihm böse, und die derart erregten Gefühle können sich nur durch Handlungen Luft machen: wir fliehen ihn, wir halten ihn auf Abstand, wir schließen ihn aus unserer Gesellschaft aus usw.

Zweifellos wollen wir damit nicht sagen, daß jede starke Überzeugung notwendigerweise unduldsam ist. Das tägliche Leben belehrt uns vom Gegenteil. Aber dann neutralisieren äußere Ursachen jene Ursachen, deren Wirkungen wir eben analysiert haben. So kann es z. B. zwischen Gegnern eine allgemeine Sympathie geben, die ihre Gegnerschaft zurückhält und abschwächt. Aber dazu muß die Sympathie stärker sein als die Feindschaft, sonst könnte sie diese nicht überleben. Oder die beiden feindlichen Teile verzichten auf den Kampf, wenn deutlich wird, daß er zu keinem Erfolg führt; die Gegner begnügen sich mit ihrer wechselseitigen Lage; sie dulden sich, weil sie sich nicht zerstören können. Die gegenseitige Duldung, die zuweilen Religionskriege abschließt, ist von dieser Art. Wenn der Gefühlskonflikt in all diesen Fällen nicht seine natürlichen Folgen mit sich bringt, so nicht darum, weil er sie nicht in sich trägt, sondern weil er daran gehindert wurde, sie zu erzeugen.

Im übrigen sind sie so nützlich wie notwendig. Nicht nur, daß sie von den Ursachen abstammen, die sie erzeugen, sie tragen auch dazu bei, sie aufrechtzuerhalten. Alle diese heftigen Gefühle stellen in Wirklichkeit einen Appell an zusätzliche Kräfte dar, die dem angegriffenen Gefühl die Energie wiedergeben, die ihm der Widerspruch entzogen hat. Man hat manchmal behauptet, daß die Wut unnötig und nur eine zerstörerische Leidenschaft wäre, aber das heißt, sie nur von einer Seite sehen. In der Tat besteht sie aus einer Überreizung latenter und verfügbarer Kräfte, die unserem Gefühl zu Hilfe kommen, um der Gefahr zu begegnen, indem sie sie verstärken. Im Zustand des Friedens (wenn man so sagen darf) ist es für den Kampf nicht genug, gewappnet zu sein; er läuft also Gefahr zu unterliegen, wenn nicht Leidenschaftsreserven im gegebenen Augenblick zu Hilfe kommen. Die Wut ist nichts anderes als eine Mobilisation dieser Reserven. Es kann sogar vorkommen, daß die beschworene Hilfe die Bedürfnisse übersteigt und die Diskussion die Wirkung hat, statt uns zu erschüttern, unsere Überzeugung noch zu verstärken.

Wir wissen, welchen Grad an Energie eine Überzeugung oder ein Gefühl annehmen kann, wenn sie von einer Menschengemeinschaft gefühlt wird, die untereinander in Beziehung steht. Die Gründe dieses Phänomens sind heute gut bekannt[41]. So wie die gegensätzlichen Bewußtseinszustände einander schwächen, so verstärken sich gleichläufige Bewußtseinszustände, indem sie sich austauschen. Während sich die ersten aufheben, addieren sich die zweiten. Wenn jemand in unserer Gegenwart eine Idee ausdrückt, die wir ebenfalls haben, kommt die Vorstellung, die wir uns davon machen, zu unserer Idee hinzu, überlappt sie und vermischt sich mit ihr und vermittelt ihr ihre eigene Vitalität. Aus dieser Verschmel-

41 Siehe Espinas, *Sociétés animales,* passim.

zung entsteht eine neue Idee, die die vorhergehenden aufsaugt und die folglich lebendiger ist, als jede einzelne getrennt. Das ist der Grund, warum in Massenversammlungen ein Gefühl eine derartige Gewalt erreichen kann; die Lebhaftigkeit, die sie in jedem Bewußtsein hervorruft, tönt im Bewußtsein aller anderen wider. Es ist nicht einmal nötig, daß wir, auf Grund unserer individuellen Natur allein, schon ein Kollektivgefühl empfinden, damit es in uns eine derartige Stärke erreicht; denn was wir ihm hinzufügen, ist recht wenig. Es genügt bereits, daß wir nicht zu feindlich eingestellt sind, daß es sich uns, von außen kommend, mit der Kraft aufzwingt, die ihm von seinen Quellen zufließen. Da die Gefühle, die das Verbrechen verletzt, im Schoß einer und derselben Gesellschaft die am allgemeinsten kollektiven Gefühle sind, die es gibt, da sie sogar besonders heftige Zustände des allgemeinen Bewußtseins sind, ist es unmöglich, daß sie den Widerspruch dulden. Besonders wenn dieser Widerspruch nicht rein theoretisch ist, wenn er sich nicht nur in Worten äußert, sondern durch Handlungen, bleibt uns, da er dann sein Maximum erreicht hat, nichts anderes übrig, als uns leidenschaftlich gegen ihn zu versteifen. Eine einfache Rückkehr zur gestörten Ordnung kann uns nicht genügen; wir brauchen eine gewalttätige Genugtuung. Die Kraft, gegen die das Verbrechen stößt, ist zu heftig, um mit Mäßigung zu reagieren. Sie könnte es im übrigen gar nicht tun, ohne schwächer zu werden, denn nur dank der Intensität der Reaktion kann sie sich wieder fassen und sich auf dem alten Grad der Energie erhalten.

Auf diese Weise kann man einen Zug dieser Reaktion erklären, den man oft als irrational bezeichnet hat. Es ist gewiß, daß auf dem Grund des Begriffs der Sühne der Gedanke einer Genugtuung ruht, der einer realen oder idealen Macht zugebilligt wird, die über uns steht. Wenn wir die Bestrafung des Verbrechens verlangen, dann wollen nicht wir uns persönlich rächen, sondern etwas Höheres, das wir mehr oder weniger undeutlich außerhalb und oberhalb unser fühlen. Dieses Etwas wird von uns nach Zeit und Ort verschieden begriffen: Manchmal ist es ein einfacher Gedanke wie die Moral oder die Pflicht; meistens stellen wir es uns unter der Form einer oder mehrerer konkreter Wesen dar: die Ahnen, die Gottheiten. Das ist der Grund, warum das Strafrecht nicht nur in seinem Ursprung wesentlich religiös ist, sondern noch

immer ein bestimmtes Zeichen von Religiosität bewahrt. Die Taten, die es bestraft, scheinen Angriffe auf etwas Transzendentes zu sein, seien es nun Wesen oder Ideen. Mit demselben Grund erklären wir uns, warum sie anscheinend eine Bestrafung erheischen, die über der einfachen Wiedergutmachung liegt, mit der wir uns in der Ordnung der rein menschlichen Interessen begnügen.
Natürlich ist diese Vorstellung illusorisch; selbstverständlich rächen wir uns in einem gewissen Sinn und befriedigen uns, denn die beleidigten Gefühle liegen in uns und in uns allein. Aber diese Illusion ist notwendig. Da diese Gefühle aufgrund dieses kollektiven Ursprungs, ihrer Universalität, ihrer Beständigkeit in der Dauer, ihrer innewohnenden Intensität eine außerordentliche Kraft haben, trennen sie sich radikal vom übrigen Bewußtsein, dessen Zustände viel schwächer sind. Sie beherrschen uns, sie haben sozusagen etwas Übermenschliches, und zu gleicher Zeit binden sie uns an Objekte, die außerhalb unseres zeitlichen Lebens liegen. Sie erscheinen uns deshalb wie das Echo ihrer Kraft in uns, die uns fremd ist und die außerdem über der Kraft liegt, die wir darstellen. Wir sind daher gezwungen, diese Gefühle aus uns herauszuprojizieren und auf ein äußeres Objekt zu beziehen, was sie betrifft. Heute weiß man, wie diese teilweisen Entfremdungen der Persönlichkeit vor sich gehen. Diese Wahnvorstellung ist so unvermeidlich, daß sie unter dieser oder jener Form entsteht, solange es ein Strafsystem gibt. Um anders zu sein, dürfte es in uns nur Kollektivgefühle mäßiger Intensität geben; in dem Fall gäbe es keine Strafe mehr. Könnte man sagen, daß sich der Irrtum von selbst auflöst, wenn sich die Menschen seiner bewußt würden? Obwohl wir genau wissen, daß die Sonne eine ungeheure Kugel ist, sehen wir sie trotzdem immer unter der Form einer zollbreiten Scheibe. Der Verstand kann uns lehren, die Eindrücke zu erklären; ändern kann er sie nicht. Im übrigen ist der Irrtum nur teilweise. Da diese Gefühle Kollektivgefühle sind, sind nicht wir es, die sie in uns erzeugen, sondern die Gesellschaft. Indem wir sie rächen, rächen wir sie und nicht uns selber; also steht sie über dem Individuum. Zu Unrecht wirft man der Sühne diesen fast religiösen Charakterzug vor, um daraus eine Art parasitäre Wucherung zu machen. Es handelt sich im Gegenteil um ein der Strafe innewohnendes Element. Zweifellos drückt das ihre Natur nur metaphorisch aus, aber die Metapher ist nicht ohne Wahrheit.

Andrerseits ist es verständlich, daß die Strafreaktion nicht in allen Fällen einheitlich ist, weil die Gefühle, die sie bestimmen, nicht immer die gleichen sind. Sie sind nämlich mehr oder weniger lebhaft nach der Lebhaftigkeit des verletzten Gefühles und nach der Schwere der erlittenen Kränkung. Eine starke Natur reagiert heftiger als eine schwache und zwei gleichstarke Naturen reagieren ungleich, je nachdem ihnen mehr oder weniger kraftvoll widersprochen wird. Diese Unterschiede entstehen notwendigerweise; außerdem sind sie nützlich, denn es ist gut, wenn die Kraftreaktion im Verhältnis zur Größe der Gefahr steht. Wäre sie zu schwach, so wäre sie ungenügend; wäre sie zu heftig, so ist sie eine Verschwendung. Da die Schwere der kriminellen Handlung mit diesen Faktoren variiert, stellt sich also die Proportionalität, die man überall zwischen dem Verbrechen und der Strafe beobachten kann, mechanisch her, ohne daß gelehrte Berechnungen dafür nötig sind. Was die Abstufungen der Verbrechen erzeugt, erzeugt auch die Abstufungen der Strafen; folglich müssen sich die beiden Stufenleitern entsprechen, und diese notwendige Entsprechung ist zur gleichen Zeit auch nützlich.

Was den sozialen Charakter dieser Reaktion betrifft, so stammt er aus der sozialen Natur der verletzten Gefühle. Weil diese im Bewußtsein eines jeden anzutreffen sind, erregt das Vergehen bei allen, die Zeuge geworden sind oder die davon gehört haben, die gleiche Empfindung. Alle Welt ist getroffen und folglich versteift sich alle Welt gegen den Angriff. Nicht nur ist die Reaktion allgemein, sie ist auch kollektiv, was nicht das gleiche ist. Sie entsteht nicht abgetrennt in jedem einzelnen, sondern mit einer Gesamtheit und mit einer im übrigen fallweise veränderlichen Einheit. So wie sich die entgegengesetzten Gefühle abstoßen, so ziehen sich die ähnlichen Gefühle an, und das um so stärker, je intensiver sie sind. Da der Widerspruch eine Gefahr ist, die sie erschüttert, verstärkt er ihre Anziehungskraft. Niemals empfindet man so sehr das Bedürfnis, seine Mitbürger zu sehen, als wenn man in der Fremde ist; niemals fühlt sich der Gläubige so sehr zu seinen Mitgläubigern hingezogen, als wenn er verfolgt wird. Zweifellos lieben wir zu jeder Zeit die Gesellschaft derer, die so denken und fühlen wie wir. Aber wir suchen sie mit Leidenschaft und nicht nur mit Vergnügen, wenn wir von Diskussionen kommen, in denen unser gemeinsamer Glaube heftig bekämpft worden ist. Das Verbrechen bringt das Gewissen aller ehrbaren Leute zusammen und verdichtet es. Man braucht nur zu sehen, wie es, besonders in einer kleinen Stadt, zugeht, wenn sich ein Moralskandal ereignet hat. Man bleibt in der Stadt stehen, man besucht sich, man trifft sich an bestimmten Orten, um über das Ereignis zu reden, und man empört sich gemeinsam. Aus allen diesen einander ähnlichen Eindrücken, die ausgetauscht werden, aus all dem Zorn, der ausgedrückt wird, entsteht ein mehr oder weniger bestimmter Einheitszorn, der der Zorn eines jeden ist, ohne der Zorn eines einzelnen zu sein; der öffentliche Zorn.

Im übrigen kann nur er allein zu etwas dienen. Die Gefühle, die daran beteiligt sind, holen ihre ganze Kraft aus der Tatsache, daß sie aller Welt gemeinsam sind; sie sind kraftvoll, weil sie unbestritten sind. Der besondere Respekt, dessen sie sich erfreuen, liegt darin, daß sie allgemein respektiert werden. Das Verbrechen ist aber nur möglich, wenn dieser Respekt nicht wirklich universell ist. Folglich geht daraus hervor, daß sie nicht absolut kollektiv sind; das Verbrechen bricht in diese Einstimmigkeit ein, die die Quelle ihrer Autorität ist. Wenn also ein Verbrechen geschieht und die Gewissen, die es verletzt hat, vereinigen sie nicht, um sich gegenseitig zu bezeugen, daß sie in Verbindung bleiben und daß dieser besondere Fall eine Anomalie ist, dann kann es nicht ausbleiben, daß sie auf die Dauer erschüttert werden. Sie müssen sich stärken und gegenseitig versichern, daß sie immer im Einklang stehen. Das einzige Mittel ist die gemeinsame Reaktion. Da das gemeinsame Bewußtsein verletzt ist, muß es Widerstand leisten, und folglich muß der Widerstand kollektiv sein.

Wir müssen noch erklären, warum es sich organisiert.

Dieser Zug kann erklärt werden, wenn man feststellt, daß die organisierte Bestrafung nicht im Gegensatz zur diffusen Bestrafung steht, sondern sich nur durch Gradunterschiede unterscheidet: Die Bestrafung ist dort einheitlicher. Nun beweisen die größere Intensität und die bestimmtere Natur der Gefühle, die die eigentliche Strafe rächen, leichter jene vollkommenere Verbindung. Wenn der verneinte Zustand schwach ist oder nur schwach verneint wird, kann es nur eine schwache Konzentration der verletzten Gewissen erzeugen; ist er dagegen stark, oder ist die Verletzung schwerwiegend, dann sperrt sich die ganze berührte Gruppe vor der Gefahr und igelt sich sozusagen ein. Man begnügt sich nicht mehr damit, Eindrücke auszutauschen, wenn man Gelegenheiten dazu findet, sich hier oder dort zufälliger- oder bequemerweise zu begegnen, sondern die Aufregung, die von einem zum anderen gesprungen ist, stößt alle, die sich gleichen, mit Gewalt zueinander und vereinigt sie am gleichen Ort. Diese materielle Vergatterung der Gruppe erleichtert die gegenseitige Durchdringung der Geister und der Regungen des ganzen. Die Gefühlsreaktionen, die sich in jedem Bewußtsein abspielen, befinden sich also in der besten Lage, sich zu vereinigen. Wären sie in Quantität oder in Qualität zu verschieden, dann wäre eine vollkommene Verschmelzung zwischen diesen zum Teil heterogenen und nicht weiter ableitbaren Elementen unmöglich. Wir wissen aber, daß die Gefühle, die sie bestimmen, sehr eindeutig sind und folglich auch sehr einheitlich. Sie nehmen also an der gleichen Einheitlichkeit teil und können sich folglich ineinander verlieren und zu einer einzigen Resultante vermischen, die ihnen als Ersatz dient und nicht von jedem einzelnen, sondern von derart gebildeten sozialen Körpern ausgeübt wird.

Viele Tatsachen scheinen zu beweisen, daß dies historisch der Ursprung der Strafe war. In der Tat wissen wir, daß die ganze Volksversammlung ursprünglich als Gericht diente. Selbst wenn wir uns auf die Beispiele stützen, die wir weiter oben aus dem Pentateuch[42] zitiert haben, dann kann man feststellen, daß es sich so zugetragen hat, wie wir es beschrieben haben. Sobald die Nachricht von einem Verbrechen bekannt geworden ist, versammelte sich das Volk, und die Reaktion erfolgte einheitlich, obwohl die Strafe nicht vorbestimmt ist. In gewissen Fällen führt das Volk in seiner Gesamtheit den Richtspruch aus, sobald er gefällt worden ist[43]. Wo sich die Versammlung in der Person eines Führers verkörperte, wird dieser ganz oder zum Teil das Organ der Strafreaktion, und die Organisation vollzieht sich gemäß den allgemeinen Gesetzen einer jeden organischen Entwicklung.

Die Natur der Kollektivgefühle gibt also über die Strafe und folglich über das Verbrechen Auskunft. Und wieder kann man

42 Siehe weiter oben, S. 136, Nr. 35.

43 Siehe Thonissen, *Études*, etc., I, p. 30 et 232. – Die Zeugen eines Verbrechens spielten manchmal eine hervorragende Rolle bei der Urteilsvollstreckung.

feststellen, daß die Macht zur Reaktion, über die die Regierungsorgane verfügen, wenn sie einmal eingesetzt sind, nur eine Ausstrahlung der Macht ist, die in der Gesellschaft ruht, da sie aus ihr kommt. Die eine ist nur das Spiegelbild der anderen; die Ausdehnung der ersten verändert sich mit der Ausdehnung der zweiten. Fügen wir noch hinzu, daß die Stiftung dieser Macht dazu dient, um das allgemeine Bewußtsein selbst aufrechtzuerhalten. Denn es würde sich abschwächen, wenn das Organ, das es darstellt, nicht am Respekt teilnähme, den es einflößt, und an der besonderen Autorität, die es ausübt. Es kann aber nur dann teilnehmen, wenn alle Handlungen, die es verletzen, genauso zurückgewiesen und bekämpft werden wie jene, die das Kollektivbewußtsein verletzen, selbst dann, wenn es davon nicht direkt berührt wird.

IV

So hat die Analyse die Strafe unsere Definition des Verbrechens bestätigt. Auf induktivem Weg haben wir festzustellen vermocht, daß es im wesentlichen aus einer Handlung besteht, die den starken und bestimmten Überzeugungen des allgemeinen Bewußtseins widerspricht. Wir haben gesehen, daß sich alle Merkmale der Strafe aus dieser Natur des Verbrechens ableiten. Die Regeln, die die Strafe sanktioniert, drücken die wesentlichsten sozialen Gleichförmigkeiten aus.

Damit wird sichtbar, welche Art von Solidarität das Strafrecht symbolisiert. Es ist allgemein bekannt, daß es einen sozialen Zusammenhang gibt, dessen Ursache in einer bestimmten Konformität des Bewußtseins aller mit einem gemeinsamen Typ liegt, der nichts anderes ist als der psychische Typ der Gesellschaft. Unter diesen Bedingungen sind nicht nur alle Mitglieder der Gruppe einzeln untereinander angezogen, weil sie sich gleichen, sondern sie sind auch von dem abhängig, was die Existenzbedingung dieses Kollektivtyps ausmacht, d. h. von der Gesellschaft, die sie durch ihre Vereinigung bilden. Nicht nur, daß sich die Bürger eines Staates eher lieben und suchen als Ausländer, sie lieben auch ihr Vaterland. Sie sind mit ihm einverstanden, wie sie mit sich selbst einverstanden sind; sie möchten, daß es dauert und blüht, weil ohne das Vaterland ein ganzer Teil ihres psychischen Lebens in seinem Gang behindert wäre. Umgekehrt liegt der Gesellschaft daran, daß sie alle diese Grundähnlichkeiten aufweisen, weil sie eine Bedingung ihres Zusammenhaltes darstellen. Wir haben zwei Bewußtseinsweisen in uns: die eine enthält Zustände, die nur jedem von uns eigen sind und die uns charakterisieren, während die Zustände der anderen der ganzen Gesellschaft eigen sind[44]. Die erste stellt nur unsere individuelle Persönlichkeit dar und baut sie auf; die zweite stellt den Kollektivtyp dar und folglich die Gesellschaft, ohne die sie nicht existieren würde. Wenn ein Element der letzteren unser Verhalten bestimmt, dann geschieht das nicht im Hinblick auf unser persönliches Interesse, sondern wir verfolgen kollektive Ziele. Obwohl sich die beiden unterscheiden, sind sie dennoch aneinander gebunden, denn sie bilden zusammen nur eine Seele; sie bilden zusammen nur ein einziges und gleiches organisches Substrat. Sie sind also solidarisch. Daraus folgt eine Solidarität *sui generis*, die, aus Ähnlichkeiten erwachsen, das Individuum direkt an die Gesellschaft bindet. Im nächsten Kapitel werden wir ausführlich zeigen, warum wir sie mechanische Solidarität nennen. Sie besteht nicht nur aus allgemeinen und unbestimmten Zuneigungen des Individuums zur Gruppe, sie harmonisiert auch die Einzelheiten der Regungen. Da die Kollektivtriebe überall die gleichen sind, erzeugen sie überall die gleichen Wirkungen; kommen sie daher ans Ziel, so bewegen sich die Willensakte spontan und gemeinsam in der gleichen Richtung.

Das Strafrecht drückt diese Solidarität aus, wenigstens in dem, was sie an Vitalem hat. Denn die Handlungen, die es verbietet und die es als Verbrechen qualifiziert, sind zweierlei Art: entweder sie zeigen direkt eine zu heftige Unähnlichkeit mit dem Täter auf, der sie vollzieht, und dem Kollektivtyp, oder sie verletzen das Organ des gemeinsamen Bewußtseins. In dem einen wie in dem anderen Fall ist die Macht, die durch das Verbrechen verletzt wurde und die es unterdrückt, die gleiche. Sie ist das Ergebnis der wesentlichsten sozialen Ähnlichkeiten und sie hat die Wirkung, den sozialen Zusammenhalt, der aus diesen Ähnlichkeiten entspringt, aufrechtzuerhalten. Diese Kraft beschützt das Straf-

44 Um diese Darstellung zu vereinfachen, nehmen wir an, daß das Individuum nur einer Gesellschaft angehört. Natürlich sind wir Teil mehrerer Gruppen und wir besitzen folglich mehrere Kollektivbewußtseinszustände. Diese Komplizierung ändert aber nichts an dem Verhältnis, das wir aufzustellen versuchen.

recht gegen jede Schwächung, indem es von jedem von uns ein Minimum an Ähnlichkeiten verlangt, ohne die das Individuum eine Gefahr für die Einheit des Sozialkörpers bedeuten würde, und indem es uns zum Respekt des Symbols zwingt, das diese Ähnlichkeiten ausdrückt und zusammenfaßt, während es sie zu gleicher Zeit garantiert.

So kann man erklären, warum so oft Handlungen als kriminell eingestuft und als solche bestraft wurden, ohne daß sie an sich für die Gesellschaft schädlich gewesen wären. Wie der individuelle Typ hat sich auch der kollektive Typ unter dem Zwang von sehr verschiedenen Ursachen und sogar aus zufälligen Begegnungen gebildet. Als Ergebnis einer historischen Entdeckung trägt er das Zeichen aller möglichen Umstände, die die Gesellschaft in ihrer Geschichte durchquert hat. Es wäre also ein Wunder, wenn alles, was er enthält, auf ein nützliches Ziel ausgerichtet wäre. Es kann gar nicht anders sein, als daß nicht mehr oder weniger zahlreiche Elemente eingedrungen sind, die überhaupt keinen Bezug mit der sozialen Nützlichkeit haben. Unter den Neigungen und Tendenzen, die das Individuum von seinen Vorfahren ererbt oder in seinem Leben angenommen hat, sind bestimmt viele, die zu nichts wert sind, oder die es mehr kosten, als sie ihm einbringen. Natürlich werden sie in ihrer Mehrheit nicht schädlich sein, denn der Mensch könnte sonst nicht leben. Aber einige bleiben erhalten, ohne nützlich zu sein, und sogar diejenigen, deren Dienste am unwiderlegbarsten sind, haben oft eine Intensität, die in keinem Verhältnis zu ihrer Nützlichkeit steht, weil sie ihnen zum Teil aus anderen Ursachen erwachsen sind. Genauso ist es mit den kollektiven Leidenschaften. Alle Handlungen, die sie verletzen, sind nicht an sich gefährlich, oder sie sind nicht so gefährlich, daß sie zu verwerfen sind. Trotzdem ist die Mißbilligung, die man über sie fühlt, nicht grundlos; welches auch der Ursprung dieser Gefühle ist, sind sie einmal Teil des Kollektivtyps und vor allem eines seiner wesentlichen Elemente, dann erschüttert alles, was dazu beiträgt, sie zu erschüttern, zu gleicher Zeit den sozialen Zusammenhalt und schädigt die Gesellschaft. Ihre Entstehung war nicht nützlich; aber wenn sie einmal entstanden sind, müssen sie notwendigerweise trotz ihrer Irrationalität auch weiterbestehen. Darum ist es im allgemeinen gut, daß die Handlungen, die sie verletzen, nicht geduldet werden. Wenn man abstrakt denkt, kann man zweifellos beweisen, daß es keinen Grund gibt, damit eine Gesellschaft verbietet, dieses oder jenes Fleisch zu essen, eine an sich harmlose Handlung. Wenn aber der Abscheu vor dieser Nahrung ein Bestandteil des gemeinsamen Bewußtseins geworden ist, kann er nicht mehr verschwinden, ohne daß das soziale Band gelockert wird, und das fühlt verschwommen jedes gesunde Bewußtsein[45].

Genauso ist es mit der Strafe. Obwohl sie aus einer rein mechanischen Reaktion, aus leidenschaftlichen und zum größten Teil unbedachten Regungen herrührt, spielt sie dennoch eine nützliche Rolle. Nur liegt diese Rolle nicht dort, wo man sie gewöhnlich vermutet. Sie dient nicht oder nur sehr zweitrangig dazu, den Schuldigen zu korrigieren oder mögliche Nachahmer einzuschüchtern. Unter diesem zweifachen Gesichtspunkt ist ihre Wirksamkeit zu Recht zweifelhaft und auf alle Fälle mäßig. Ihre wirkliche Aufgabe ist, den sozialen Zusammenhalt aufrechtzuerhalten, indem sie dem gemeinsamen Bewußtsein seine volle Lebensfähigkeit erhält. Wenn sie so kategorisch verneint würde, verlöre sie notwendigerweise etwas von ihrer Kraft, wenn nicht eine leidenschaftliche Reaktion der Gemeinschaft diesen Verlust kompensieren würde; damit entstünde eine Lockerung der sozialen Solidarität. Sie muß sich also in dem Augenblick mit Getöse behaupten, wo ihr widersprochen wird, und das einzige Mittel, um sich zu behaupten, ist der einstimmige Abscheu, den das Verbrechen auch weiterhin einflößt, durch einen authentischen Akt, der nur darin besteht, dem Täter einen Schmerz zuzufügen. Dieser Schmerz ist ein notwendiges Ergebnis der Ursachen, die ihn hervorbringen; er ist also keine zweckfreie Grausamkeit. Er ist das Zeichen, daß die Kollektivgefühle noch immer kollektiv sind, daß der Einklang der Geister im selben Glauben gänzlich unangetastet geblieben ist, und damit macht er das Übel wieder gut,

45 Da heißt aber nicht, daß man eine Strafregel beibehalten müsse, weil sie zu einem bestimmten Zeitpunkt irgendeinem Kollektivgefühl entsprochen hat. Sie hat nur Daseinsberechtigung, wenn dieses Gefühl noch lebendig und kraftvoll ist. Ist es verschwunden oder abgeschwächt, dann ist nichts so müßig und nichts so schlecht, als es künstlich und mit Gewalt am Leben erhalten zu wollen. Es kann sogar vorkommen, daß man eine Praxis bekämpfen muß, die gemeinsam war, es aber nicht mehr ist, und sich nun einer neuen und notwendigen Praxis widersetzt. Aber es ist nicht unsere Aufgabe, diese kasuistische Frage zu behandeln.

das das Verbrechen der Gesellschaft zugefügt hat. Darum kann man mit Recht sagen, daß der Verbrecher im Verhältnis zu seinem Verbrechen leiden muß, und warum Theorien, die der Strafe jeden Sühnecharakter absprechen, von so vielen Geistern, die die soziale Ordnung umstürzen möchten, verteidigt werden. Denn diese Doktrinen können nur in einer Gesellschaft angewendet werden, wo das gemeinsame Bewußtsein fast gänzlich abgeschafft ist. Ohne diese notwendige Genugtuung könnte das, was man das Moralbewußtsein nennt, nicht erhalten werden. Man kann also, ohne paradox zu sein, behaupten, daß die Strafe besonders dafür bestimmt ist, auf die ehrenwerten Leute zu wirken. Da sie dazu dient, die Wunden zu heilen, die den Kollektivgefühlen beigebracht worden sind, kann sie diese Rolle nur dort erfüllen, wo diese Gefühle existieren, und in dem Maß, in dem sie lebendig sind. Zweifellos kann sie, indem sie bei den bereits erschütterten Geistern eine neue Schwächung der Kollektivseele verhindert, eine Vermehrung der Attentate verhüten. Aber dieses, im übrigen nützliche Ergebnis, ist nur eine spezifische Nebenwirkung. Um sich eine genaue Idee von der Strafe zu machen, muß man die beiden entgegengesetzten Theorien vermeiden, die man von ihr gegeben hat: die Theorie, die in ihr eine Sühne sieht, und die Theorie, die aus ihr eine Waffe der sozialen Verteidigung macht. Es ist gewiß, daß sie die Gesellschaft schützen soll; sie kann es, weil sie Sühnecharakter hat. Wenn sie andrerseits Sühnecharakter haben soll, dann nicht, weil der Schmerz aufgrund einer mystischen Tugend den Fehler wieder gutmacht, sondern weil sie diese sozial nützliche Wirkung nur unter dieser Bedingung haben kann[46].

Aus diesem Kapitel geht hervor, daß es eine soziale Solidarität gibt, die darauf zurückzuführen ist, daß eine gewisse Anzahl von Bewußtseinszuständen allen Mitgliedern einer und derselben Gesellschaft gemeinsam ist. Das Strafrecht stellt sie materiell dar, oder zum wenigsten darin, was an ihr wesentlich ist. Der Teil, den sie in der allgemeinen Integration der Gesellschaft inne hat, hängt natürlich von der mehr oder weniger großen Ausdehnung

46 Wenn man sagt, daß die Strafe, so wie sie ist, Daseinsberechtigung hat, so verstehen wir darunter nicht, daß sie vollkommen ist und nicht verbessert werden könnte. Es ist im Gegenteil nur zu deutlich, daß sie, weil sie zum größten Teil das Ergebnis rein mechanischer Ursachen ist, nur sehr unvollkommen für die Rolle geeignet sein kann. Es handelt sich nur um eine grobe Rechtfertigung.

des sozialen Lebens ab, das das gemeinsame Bewußtsein umfaßt und regelt. Je mehr es verschiedene Beziehungen gibt, in denen das Bewußtsein ihre Wirkung fühlbar macht, desto mehr Verbindungen gibt es, die das Individuum an die Gruppe fesseln; um so mehr hängt der soziale Zusammenhalt von dieser Ursache ab und trägt dessen Stempel. Andrerseits ist die Zahl dieser Beziehungen selbst proportional zur Zahl der Strafregeln. Wenn wir feststellen, welchen Anteil das Strafrecht im Justizapparat darstellt, dann messen wir zu gleicher Zeit die relative Wichtigkeit dieser Solidarität ab. Gehen wir auf diese Art vor, so berücksichtigen wir natürlich nicht bestimmte Elemente des Kollektivbewußtseins, die wegen ihrer geringeren Energie oder wegen ihrer Unbestimmtheit dem Strafrecht fremd geblieben sind, während sie doch dazu beitragen, die soziale Harmonie zu sichern. Es handelt sich um diejenigen, die durch einfach diffuse Strafen gesichert werden. Es gibt aber keine Elemente, die nicht durch die Sitten ergänzt würden, so wie es keinen Grund zur Annahme gibt, daß die Beziehung zwischen dem Recht und den Sitten nicht die gleiche in diesen verschiedenen Sphären ist; so läuft man mit dieser Ausschaltung keine Gefahr, die Ergebnisse unseres Vergleichs zu verfälschen.

3. Kapitel

Die Solidarität, die von der Arbeitsteilung abhängt, oder die organische Solidarität

I

Die Natur selbst der Restitutionssanktion genügt, um zu zeigen, daß die soziale Solidarität, die diesem Recht entspricht, von ganz anderer Art ist.

Was diese Strafe unterscheidet, ist, daß sie keinen Sühnecharakter hat, sondern sich auf eine einfache *Wiederherstellung* beschränkt. Ein Leiden, das dem Vergehen proportional wäre, wird dem, der das Recht verletzt oder verkannt hat, nicht aufgezwungen. Er wird einfach verurteilt, sich ihm zu unterwerfen. Wenn schon eine vollendete Tatsache geschaffen wurde, stellt sie der Richter wieder her, so wie sie hätte sein sollen. Er spricht Recht, er verhängt keine Strafen. Der Schadensersatz hat keinen Strafcharakter. Er ist nur ein Mittel, auf das Vergangene zurückzukommen, um es möglichst unter seiner normalen Form wiederherzustellen. Tarde hat allerdings geglaubt, in der Verurteilung zu den Kosten eine Art Zivilstrafrecht zu finden, weil sie immer zu Lasten der Partei gehen, die unterlegen ist[1]. Unterstellt man aber diesen Sinn, dann hat das Wort nur mehr einen bildlichen Wert. Um eine Strafe zu sein, müßte zum mindesten irgendein Verhältnis zwischen der Bestrafung und dem Vergehen bestehen; dazu wäre aber notwendig, daß die Schwere des Vergehens ernsthaft festgelegt würde. Nun zahlt aber derjenige, der den Prozeß verliert, die Kosten, selbst wenn seine Absichten rein gewesen wären, selbst wenn er nur aus Unkenntnis schuldig wäre. Die Gründe für diese Regel scheinen also andere zu sein: da Recht nicht umsonst gesprochen wird, erscheint es angemessen, daß die Kosten von dem getragen werden, der sie verursacht hat. Im übrigen ist es möglich, daß die Aussicht auf diese Kosten den verwegenen Kläger zurückhält; aber das genügt nicht, um daraus eine Strafe zu machen. Die Furcht vor dem Zusammenbruch, die im

1 Tarde, *Criminalité comparée*, p. 113.

allgemeinen der Faulheit oder der Nachlässigkeit folgt, kann den Kaufmann aktiv und fleißig machen, und trotzdem ist der Zusammenbruch nicht im eigentlichen Sinn des Wortes die Strafe für seine Fehler.

Der Verstoß gegen diese Regel wird nicht einmal mit einer diffusen Strafe belegt. Der Kläger, der seinen Prozeß verloren hat, wird nicht gebrandmarkt, seine Ehre ist nicht befleckt. Wir können uns sogar vorstellen, daß diese Regeln anders sein können als sie sind, ohne daß uns das aufregen würde. Der Gedanke, daß man Morde gestatten könnte, würde uns empören; aber wir akzeptieren sehr wohl, daß das Erbrecht verändert werden sollte, und viele sind der Ansicht, daß man es abschaffen könne. Wenigstens handelt es sich um eine Frage, über die man diskutieren kann. Genauso pflichten wir mühelos bei, daß das Recht auf Dienstleistungen oder Nutznießung anders gefaßt, daß die Verpflichtungen des Käufers und des Verkäufers anders festgelegt und die Verwaltungsfunktionen nach anderen Prinzipien verteilt sein könnten. Da diese Vorschriften keinem Gefühl in uns entsprechen, und da wir im allgemeinen nicht wissenschaftlich ihre Ursachen kennen, weil diese Wissenschaft noch nicht existiert, haben sie bei den meisten von uns keine Wurzeln. Natürlich gibt es Ausnahmen. Der Gedanke ist uns unerträglich, daß ein Vertrag, der sittenwidrig ist oder unter Gewalt oder mit Arglist eingegangen wurde, die Vertragspartner binden könne. Steht die öffentliche Meinung solchen Fällen gegenüber, dann zeigt sie sich weniger unberührt, als wir es eben gesagt haben, und sie verschärft durch ihren Tadel die rechtlichen Sanktionen. Das kommt daher, daß die verschiedenen Bereiche des moralischen Lebens nicht starr voneinander getrennt sind; sie sind im Gegenteil fortlaufend, und folglich gibt es Grenzgebiete, wo sich verschiedene Charakterzüge gleichzeitig befinden. Trotzdem bleibt der obige Satz in der großen Mehrheit der Fälle wahr. Das ist der Beweis, daß die Regeln der restitutiven Sanktion entweder gar nicht oder nur schwach am Kollektivbewußtsein teilhaben. Das Strafrecht entspricht dem, was das Herz und das Zentrum des gemeinsamen Bewußtseins ist. Die rein moralischen Regeln bilden hierbei schon einen weniger zentralen Teil. Das Erstattungsrecht hat seinen Ursprung in Außenbezirken und dehnt sich weit darüber aus. Je mehr es wirklich es selbst wird, desto weiter geht es hinaus.

Dieser Wesenszug äußert sich auch durch die Art, wie er funktioniert. Während das Strafrecht dahin neigt, in der Gesellschaft diffus zu bleiben, werden für das Erstattungsrecht ständig Sonderorgane geschaffen: Konsulatsgerichte, gewerbliche Schiedsgerichte, administrative Gerichte aller Art. Selbst in seinem allgemeinsten Teil, im Zivilrecht, tritt es nur dank eigener Funktionäre ein: Richter, Rechtsanwälte usw., die zu dieser Rolle nur durch eine Sonderausbildung geeignet werden.
Obwohl diese Regeln mehr oder weniger außerhalb des Kollektivbewußtseins liegen, interessieren sie dennoch nicht nur die Privatleute. Denn wenn es so wäre, dann hätte das Erstattungsrecht nichts Gemeinsames mit der sozialen Solidarität, denn die Beziehungen, die es regelt, würden nur die Individuen untereinander verbinden, ohne sie an die Gesellschaft zu binden. Es wären einfache Ereignisse des privaten Lebens, so wie z. B. Freundschaftsbeziehungen. Es stimmt aber nicht, daß die Gesellschaft aus diesen Sphären des Rechtslebens abwesend wäre. Natürlich interveniert sie nicht von sich aus und aus eigenem Anlaß; sie muß von den Beteiligten angefordert werden. Aber selbst wenn sie herausgefordert wird, bleibt trotzdem ihr Eingriff der wesentliche Antrieb des Mechanismus, da sie allein ihn in Bewegung setzen kann. Sie setzt das Recht über die Organe ihrer Vertreter.

Trotzdem hat man behauptet, daß diese Rolle nichts rein Soziales habe, sondern darauf beschränkt bliebe, die privaten Interessen zu versöhnen; daß folglich jeder Privatmann sie erfüllen könne, und daß es einzig aus Bequemlichkeitsgründen geschähe, wenn die Gesellschaft diese Rolle übernähme. Aber es gibt nichts Falscheres, als aus der Gesellschaft eine Art Oberschiedsgericht zwischen den Parteien zu machen. Wenn man sie zur Intervention zwingt, dann geschieht das nicht, um individuelle Interessen zum Einklang zu bringen; sie untersucht nicht, welches die vorteilhafteste Lösung für die Gegner ist, und sie bietet ihnen keinen Kompromiß an; sondern sie wendet die allgemeinen und herkömmlichen Regeln des Rechts auf den besonderen Fall an, der ihr unterbreitet wird. Nun ist aber das Recht hauptsächlich eine soziale Angelegenheit und es hat ein ganz anderes Ziel als das Interesse der Kläger. Der Richter, der eine Scheidungsklage untersucht, möchte nicht wissen, ob diese Trennung für die Ehegatten wirklich wünschenswert ist, sondern ob die Gründe, die angeführt werden, einer der vom Gesetz vorgesehenen Kategorien angehören.

Um die Bedeutung der sozialen Wirkung abschätzen zu können, muß man sie nicht nur in dem Augenblick beobachten, wo die Sanktion angewendet oder wo das gestörte Verhältnis wieder hergestellt wird, sondern auch, wann es zustande kam.

Sie ist in der Tat nötig, sowohl um zahlreiche juridische Beziehungen zu begründen oder zu verändern, die dieses Recht regelt, und die die Zustimmung der Betroffenen weder schaffen noch ändern kann. Es handelt sich vor allem um Beziehungen, die den Stand der Personen betreffen. Obwohl die Ehe ein Vertrag ist, können ihn die Ehegatten weder nach Belieben abschließen noch auflösen. Dasselbe gilt für alle anderen häuslichen Beziehungen und natürlich in verstärktem Maß für alle jene, die das Verwaltungsrecht regelt. Zwar können rein vertragliche Pflichten allein mit der Zustimmung der Vertragspartner geschlossen und gelöst werden. Man darf aber nicht vergessen, daß der Vertrag, wenn er bindend ist, diese Bindung der Gesellschaft verdankt. Nehmen wir an, daß sie die vertraglichen Pflichten nicht sanktionieren würde; sie wären dann nur einfache Versprechen, die keine moralische Autorität mehr haben[2]. Jeder Vertrag setzt also voraus, daß hinter den Parteien, die ihn schließen, die Gesellschaft steht, die zum Eingriff bereit ist, um den eingegangenen Verpflichtungen Respekt zu verschaffen. Daher leiht sie diese verpflichtende Kraft nur Verträgen, die selbst wieder einen sozialen Wert haben, d. h. die den Regeln des Rechts entsprechen. Wir können sogar manchmal beobachten, daß diese Intervention noch positiver ist. Sie ist also bei allen Beziehungen anwesend, die das Erstattungsrecht bestimmt, sogar bei jenen, die völlig privat erscheinen, und seine Anwesenheit ist, selbst wenn es, wenigstens im Normalzustand, nicht gefühlt wird, nicht weniger wesentlich[3].

Da die Regeln der Erstattungssanktion dem gemeinsamen Bewußtsein fremd sind, gehören die Beziehungen, die sie bestimmen, nicht jenen Beziehungen an, die unterschiedslos jeden einzelnen

2 Diese moralische Autorität kommt von den Sitten, d. h. von der Gesellschaft.

3 Wir müssen uns mit diesen allgemeinen Angaben begnügen, die allen Formen des Erstattungsrechts gemeinsam sind. Weiter unten (1. Buch, Kap. 7) sind zahlreiche Beweise dieser Wahrheit für den Teil des Rechts, das der Solidarität entspricht, die die Arbeitsteilung erzeugt.

berühren, d. h. sie entstehen unmittelbar zwischen den begrenzten und speziellen Parteien der Gesellschaft, die sie miteinander verbindet, und nicht zwischen dem Individuum und der Gesellschaft. Da diese aber andrerseits in diesen Beziehungen nicht abwesend ist, ist sie gezwungenermaßen mehr oder weniger direkt daran interessiert und fühlt ihre Rückschläge. Je nach der Lebhaftigkeit, mit der sie sie fühlt, greift sie mehr oder weniger nah oder mehr oder weniger aktiv unter der Vermittlung der Sonderorgane, die mit ihrer Vertretung betraut sind, ein. Diese Beziehungen sind also recht verschieden von denen, die das Strafrecht regelt, denn diese binden direkt und ohne Vermittlung das Einzelbewußtsein mit dem Kollektivbewußtsein, d. h. das Individuum mit der Gesellschaft.

Aber diese Beziehungen können zwei sehr verschiedene Formen annehmen: bald sind sie negativ und beschränken sich auf reine Enthaltung; bald sind sie positiv und kooperativ. Den beiden Regelklassen, die die eine und die andere bestimmen, entsprechen zwei Arten sozialer Solidarität, die man unterscheiden muß.

II

Die negative Beziehung, die als Modell für die anderen dienen kann, ist die Beziehung, die die Sache an die Person bindet.

Die Sachen bilden nämlich genauso einen Teil der Gesellschaft wie die Personen und spielen in ihr eine spezifische Rolle. Daher müssen ihre Beziehungen mit dem sozialen Organismus festgelegt sein. Man kann also sagen, daß es eine Solidarität der Sachen gibt, die sich aufgrund ihrer Sondernatur in juridischen Konsequenzen äußert, die sehr besondere Züge ausweisen.

Die Rechtsgelehrten unterscheiden in der Tat zwei Arten von Recht: das eine nennen sie dingliches (oder Real-)Recht und das andere persönliches (oder Forderungs-)Recht. Das Eigentumsrecht, die Hypothek gehört zur ersten Gruppe, das Schuldrecht zur zweiten. Das Kennzeichen der wirklichen Rechte ist, daß sie allein ein Präferenz- und Folgerecht erzeugen. In diesem Fall schließt das Recht, das ich an einer Sache habe, jedes andere aus, das sich neben meinem Recht einrichten möchte. Wenn z. B. ein Gut hintereinander durch zwei Gläubiger mit Hypotheken belastet worden ist, so kann die zweite Hypothek in nichts das Recht der ersten schmälern. Wenn aber andererseits mein Schuldner die Sache veräußert, auf die ich ein Hypothekenrecht habe, wird dieses in keiner Weise berührt, im Gegenteil, der Drittkäufer ist gezwungen, mich auszuzahlen oder das, was er erworben hat, zu verlieren. Damit das eintritt, muß ein Rechtsband diese bestimmte Sache an meine juridische Person binden, ohne daß eine andere Person dazwischentritt. Dieses Privileg ist also die Konsequenz der den Sachen eigenen Solidarität. Ist dagegen das Recht persönlich, dann kann die Person, die mir verpflichtet ist, mir, indem sie neue Verpflichtungen eingeht, Mitgläubiger geben, die gleiches Recht haben wie ich; selbst wenn ich alle Güter meines Schuldners zum Pfand habe, fallen sie, wenn er sie verkauft, aus meinem Pfand heraus, wenn sie ihm nicht mehr gehören. Die Ursache ist, daß es zwischen diesen Gütern und mir keine Sonderbeziehung gibt, sondern nur eine Beziehung zwischen der Person ihres Eigentümers und meiner Person[4].

Man sieht, worin diese reelle Solidarität besteht: sie verbindet die Sachen direkt mit den Personen, aber nicht die Personen untereinander. Im äußersten Fall kann man ein Realrecht ausüben, wenn man glaubt, allein auf der Welt zu sein, und von den anderen Menschen abstrahiert. Da die Sachen folglich nur durch die Vermittlung von Personen in die Gesellschaft integriert werden, ist die Solidarität, die die Folge dieser Integration ist, ganz negativ. Sie bewirkt nicht, daß der Wille sich nach gemeinsamen Zielen bewegt, sondern nur, daß die Sachen ordnungsgemäß um den Willen kreisen. Da die Realrechte auf diese Weise begrenzt sind, geraten sie in keinen Konflikt; man hat den Feindseligkeiten vorgebeugt; aber es gibt keine aktive Hilfe, keinen *Konsensus*. Stellt man sich einen derartigen Einklang möglichst vollkommen vor, dann wäre die Gesellschaft, in der er herrscht – wenn er allein herrscht – ähnlich einem Himmelsbau, in dem sich jeder Stern in seiner Bahn bewegt, ohne die Bewegungen der anderen Sterne zu stören. Eine derartige Solidarität macht also nicht aus Elemen-

4 Man hat manchmal behauptet, daß die Eigenschaft des Vaters oder die des Sohnes usw. Gegenstände des Realrechtes wären (siehe Ortolan, *Instituts*, I, 660). Aber diese Eigenschaften sind nur abstrakte Symbole verschiedener Rechte, von denen einige real sind (das Recht des Vaters über das Vermögen seiner minderjährigen Kinder z. B.) und die anderen persönlich.

ten, die sie einander annähert, ein Ganzes, das als Gesamtheit handeln könnte. Sie trägt nichts zur Einheit des sozialen Körpers bei.

Nach dem Gesagten kann man leicht feststellen, welches der Teil des Erstattungsrechtes ist, dem diese Solidarität entspricht: Die Gesamtheit der Realrechte. Aus der Definition ergibt sich, daß das Eigentumsrecht sein vollkommenster Typ ist. In der Tat ist die vollkommenste Beziehung, die zwischen einer Sache und einer Person besteht, die Beziehung, die die erste vollkommen von der zweiten abhängen läßt. Nur ist die Beziehung selber sehr komplex und die verschiedenen Elemente, aus denen sie gebildet sein kann, können Gegenstand sekundärer Realrechte werden, wie die Nutznießung, die Grunddienstbarkeit, der Nießbrauch und das Wohnrecht. Man kann also sagen, daß die Realrechte das Eigentumsrecht unter seinen verschiedenen Formen umfaßt (literarisches, künstlerisches, industrielles, bewegliches und unbewegliches Eigentum) und seine verschiedenen Modalitäten, so wie sie das 2. Buch unseres Zivilrechts (*Code civil*) regelt. Unser Recht nennt außerdem noch drei andere Realrechte, die aber nur Hilfs- oder mögliche Ersatzrechte personeller Rechte sind: das Pfand, das Nutzpfandrecht, das Privilegium und die Hypothek (Art. 2071–2203). Allerdings müßte man noch alles hinzufügen, was sich auf das Erbfolgerecht bezieht, auf das Recht der letzten Willensverfügung und folglich auf seine Abwesenheit, da sie eine Art provisorischer Erbfolge schafft. Das Erbe ist in der Tat eine Sache oder eine Summe von Sachen, auf die die Erben oder die Erblasser ein dingliches (reales) Recht haben, ganz gleich ob es *ipso facto* durch das Ableben des Eigentümers erworben wurde oder ob es sich durch einen rechtlichen Akt eröffnet, so wie es für indirekte Erben und für besondere Vermächtnisnehmer der Fall ist. In all diesen Fällen wird die juristische Beziehung direkt hergestellt, nicht zwischen einer Person und einer Person, sondern zwischen einer Person und einer Sache. Das gleiche gilt für die testamentarische Schenkung, die nur Ausübung des Realrechtes ist, die der Eigentümer über seine Güter hat, oder wenigstens über den Teil, der davon verfügbar ist.

Aber es gibt Beziehungen von Person zu Person, die zwar real aber trotzdem so negativ sind wie die vorhergegangenen und die eine Solidarität gleicher Art ausdrücken.

An erster Stelle sind es jene, die die Ausübung der eigentlichen Realrechte verursachen. In der Tat ist es unvermeidlich, daß das Inkrafttreten der letzteren manchmal die Personen selbst dem tatsächlichen Inhaber gegenüberstellen. Wenn z. B. eine Sache zu einer anderen hinzukommt, so wird der Eigentümer der Sache, die als erstrangig gilt, auch Eigentümer der Sache, die zweitrangig ist; allerdings muß er »dem anderen den Wert der Sache bezahlen, die vereinigt worden ist« (Art 566). Diese Verpflichtung ist natürlich persönlich. Genauso muß jeder Eigentümer einer gemeinsamen Zwischenmauer, die er erhöhen möchte, dem Miteigentümer Schadenersatz für die Beanspruchung bezahlen (Art. 658). Ein Erbe aus persönlichem Anlaß (*à titre particulier*) muß sich an den Universalerben wenden, um die Aushändigung der vererbten Sache zu erreichen, obwohl er seit dem Ableben des Erblassers ein Recht auf sie hat (Art. 1014). Aber die Solidarität, die diese Beziehungen ausdrücken, unterscheidet sich nicht von der Solidarität, von der wir eben gesprochen haben. Sie entstehen in der Tat nur, um eine Schädigung wieder gutzumachen oder ihr zuvorzukommen. Wenn der Besitzer eines jeden Realrechts es immer ausüben könnte, ohne jemals die Grenzen zu überschreiten, und jeder bei sich bliebe, dann gäbe es keinen juristischen Verkehr. In Wirklichkeit sind aber diese verschiedenen Rechte so miteinander verquickt, daß man das eine nicht zur Geltung bringen kann, ohne auf die überzugreifen, die es begrenzen. Hier ist die Sache, auf die ich ein Recht habe, in den Händen eines anderen; das ist der Fall bei Vermächtnissen. Dort kann ich nicht mein Recht haben, ohne dem Recht eines anderen zu schaden; das ist der Fall bei bestimmten Grunddienstleistungen. Beziehungen sind daher nötig, um den Schaden, wenn er bereits angerichtet ist, wiedergutzumachen oder um ihn zu verhindern. Aber sie haben nichts Positives. Sie lassen die Personen nicht mitwirken, die sie in Kontakt bringen; sie beinhalten keine Zusammenarbeit; sie stellen wieder her oder bewahren unter neuen Bedingungen jene negative Solidarität, deren Wirkung durch die Umstände gestört worden ist. Statt zu vereinen, finden sie nur statt, um das besser zu trennen, was sich durch die Macht der Dinge vereint hat, um die Grenzen wieder herzustellen, die verletzt worden sind, und jeden in seine eigene Sphäre zurückzuweisen. Sie sind den Beziehungen der Sachen mit der Person so ähnlich, daß ihnen die Verfasser des Gesetzbuches keinen eigenen Platz eingeräumt haben, sondern sie gleichzeitig mit den Realrechten abgehandelt haben.

Schließlich haben die Verpflichtungen, die aus dem Delikt und dem Scheindelikt entstehen, den gleichen Charakter[5]. In der Tat nötigen sie jeden, den Schaden wiedergutzumachen, den er durch seine Schuld an den legitimen Interessen eines anderen angerichtet hat. Sie sind also persönlich. Aber die Solidarität, der sie entsprechen, ist deutlich negativ, da sie nicht im Helfen bestehen, sondern im Nichtschaden. Das Band, dessen Bruch sie sanktionieren, ist ganz äußerlich. Der ganze Unterschied, der zwischen diesen Beziehungen und den vorhergegangenen besteht, ist, daß in dem einen Fall der Bruch aus einem Versehen kommt und im anderen Fall aus bestimmten und vom Gesetz vorgesehenen Umständen. Aber die gestörte Ordnung ist die gleiche, sie ist nicht aus einem Zusammenwirken, sondern aus einer reinen Enthaltung entstanden[6]. Im übrigen sind die Rechte, deren Verletzung Anlaß zu diesen Verpflichtungen sind, selbst wieder real; denn ich bin der Eigentümer meines Leibes, meiner Gesundheit, meiner Ehre, meines Rufes mit demselben Recht und auf dieselbe Weise wie der materiellen Dinge, die mir unterworfen sind.

Zusammenfassend kann man sagen, daß die Regeln, die die Realrechte und die dadurch entstandenen persönlichen Beziehungen angehen, ein bestimmtes System bilden, das die Aufgabe hat, nicht die verschiedenen Teile der Gesellschaft untereinander zu verbinden, sondern im Gegenteil, sie voneinander zu trennen und die Barrieren deutlich zu bezeichnen, die sie trennen. Sie entsprechen also keiner positiven sozialen Bindung. Der Ausdruck selbst der negativen Solidarität, dessen wir uns bedient haben, ist nicht ganz genau. Es handelt sich nicht um eine wirkliche Solidarität, die eine eigene Existenz und eine besondere Natur hat, sondern eher um die negative Seite einer jeden Art von Solidarität. Die erste Bedingung eines wirklichen Zusammenhangs ist, daß die Teile, die ein Ganzes ausmachen, sich nicht in unharmonischen Bewegungen

5 Art. 1382–1386 des *Code civil*. – Man könnte noch die Artikel über die Wiederholung der Nichtschuld hinzufügen.

6 Der Kontrahent, der seinen Verpflichtungen nicht nachkommt, muß auch die andere Partei entschädigen. In diesem Fall dient der Schadensersatz als Sanktion für ein positives Band. Der Schädiger zahlt nicht, weil er geschadet hat, sondern weil er nicht die versprochene Leistung ausgeführt hat.

stoßen. Aber dieser äußere Akkord bildet nicht seinen Zusammenhang; er setzt sie im Gegenteil voraus. Die negative Solidarität ist nur dort möglich, wo eine andere, positive Solidarität existiert, deren Ergebnis und Bedingung sie ist.
In der Tat können die Rechte der Individuen, die sich sowohl auf sie selbst als auf die Sachen beziehen, nur durch Kompromisse und gegenseitige Zugeständnisse bestimmt werden; denn alles, was den einen zugestanden wird, ist notwendigerweise von den anderen aufgegeben worden. Manchmal hat man gesagt, daß man die normale Ausdehnung der Entwicklung des Individuums entweder vom Begriff der Persönlichkeit deduzieren könnte (Kant) oder vom Begriff des individuellen Organismus (Spencer). Das ist möglich, obwohl die Strenge dieser Schlüsse sehr anfechtbar ist. Sicher ist aber auf alle Fälle, daß die Moralordnung nicht auf diese abstrakten Überlegungen gegründet ist. Damit der Mensch die Rechte des anderen anerkennt, und zwar nicht nur logisch, sondern in der Lebenspraxis, müßte er zugeben, seine eigenen zu beschneiden, und diese gegenseitige Begrenzung könnte nur im Geist des Einvernehmens und der Eintracht gemacht werden. Wenn man sich aber eine Masse von Individuen vorstellt, die vorher keine Verbindung gehabt haben, welche Ursache hätte sie zu diesen gegenseitigen Zugeständnissen veranlassen können? Das Bedürfnis, in Frieden zu leben? Aber der Frieden an sich ist kein Ding, das wünschenswerter ist als der Krieg. Auch der Krieg hat seine Lasten und seine Vorteile. Hat es nicht Völker gegeben, hat es nicht zu jeder Zeit Individuen gegeben, die den Krieg leidenschaftlich betrieben haben? Die Instinkte, denen er entspricht, sind nicht weniger stark als die Instinkte, die der Frieden befriedigt. Natürlich kann die Müdigkeit für eine Zeit die Feindseligkeit beenden, aber dieser Waffenstillstand ist nicht dauerhafter als die zeitweilige Müdigkeit, die ihn hervorgerufen hat; um so mehr gilt das für die Lösungen, die dem Triumph der Kraft zu verdanken sind. Sie sind genauso vorläufig und gebrechlich wie die Verträge, die internationale Kriege beenden. Die Menschen brauchen den Frieden nur in dem Maß, in dem sie bereits durch ein Band der Soziabilität gebunden sind. In diesem Fall bremsen die Gefühle, die sie zueinander neigen, auf natürliche Weise die Ausbrüche des Egoismus, und andrerseits drückt die Gesellschaft, die sie umfaßt und die nur unter der Bedingung leben kann, daß sie nicht jeden Augenblick

durch Konflikte erschüttert wird, mit ihrem ganzen Gewicht auf sie, um sie zu verpflichten, die notwendigen Konzessionen zu machen. Manchmal sieht man allerdings, daß unabhängige Gesellschaften übereinkommen, um die Tragweite ihrer respektiven Rechte über die Sachen, d. h. über ihre Länder festzulegen. Aber die äußerste Unbeständigkeit dieser Beziehungen ist gerade der beste Beweis, daß sich die negative Solidarität allein nicht genügen kann. Wenn sie heute unter zivilisierten Völkern mehr Macht zu haben scheint, und wenn dieser Teil des internationalen Rechts, der das regelt, was man die Realrechte der europäischen Gesellschaften nennen könnte, vielleicht mehr Autorität hat als früher, so darum, weil die verschiedenen Völker Europas weit mehr voneinander abhängig sind. In bestimmten Anliegen gehören sie alle einer einzigen, noch zusammenhanglosen Gesellschaft an, die sich aber immer mehr ihrer selbst bewußt wird. Was man das europäische Gleichgewicht nennt, ist der Beginn einer Organisation dieser Gesellschaft.

Gewöhnlich unterscheidet man sorgfältig die Gerechtigkeit von der Mildtätigkeit, d. h. den einfachen Respekt der Rechte anderer von jedem Akt, der diese rein negative Tugend überschreitet. In diesen beiden Praktiken glaubt man zwei unabhängige Schichten der Moral zu sehen: die Gerechtigkeit könnte allein die Grundlage bilden; die Mildtätigkeit wäre ihre Krönung. Der Unterschied ist so radikal, daß die Gerechtigkeit allein, nach der Meinung der Anhänger einer gewissen Moral, für den Untergang des sozialen Lebens notwendig wäre; die Uneigennützigkeit wäre nur eine private Tugend, die dem Individuum gut ansteht, die aber die Gesellschaft sehr wohl entbehren kann. Viele betrachten sie mit Unruhe, wenn sie in das öffentliche Leben eingreift. Man sieht durch das, was wir eben gesagt haben, wie wenig diese Auffassung mit den Tatsachen übereinstimmt. Damit sich die Menschen in Wirklichkeit erkennen und sich gegenseitig Rechte garantieren, müssen sie sich zuerst lieben und aus irgendeinem Grund aneinander und an einer gleichen Gesellschaft hängen, an der sie teilnehmen. Die Gerechtigkeit ist voll Mildtätigkeit oder, um unseren Ausdruck zu gebrauchen, die negative Solidarität ist nur die Ausstrahlung einer anderen Solidarität positiver Natur. Es ist der Widerhall in der Sphäre der Realrechte der sozialen Gefühle, die aus einer anderen Quelle kommen. Sie hat also nichts Spezifisches, sondern ist die nötige Begleitung einer jeden Art von Solidarität. Notwendigerweise begegnet man ihr überall, wo Menschen ein gemeinsames Leben leben, ob es nun aus der Teilung der sozialen Arbeit oder von der Zuneigung des Menschen zu seinesgleichen kommt.

III

Wenn man vom Restitutionsrecht die Regeln abzieht, von denen wir eben gesprochen haben, bildet das, was übrigbleibt, ein nicht weniger bestimmtes System, das das Familienrecht, das Vertragsrecht, das Handelsrecht, das Prozeßrecht, das Verwaltungs- und Verfassungsrecht umfaßt. Die Beziehungen, die dort geregelt werden, sind ganz anderer Natur als die vorher besprochenen. Sie drücken eine positive Mitwirkung aus, eine Kooperation, die wesentlich von der Arbeitsteilung abgeleitet ist.

Die Fragen, die das Familienrecht löst, können wir auf zwei Typen zurückführen:

1. Wer ist mit den verschiedenen Familienfunktionen betraut? Wer ist Ehegatte, wer Vater, wer legitimes Kind, wer Vormund usw.?

2. Welches ist der Normaltyp dieser Funktionen und ihrer Beziehungen?

Auf die erste dieser Fragen antworten die Vorschriften, die die Eigenschaften und die verlangten Bedingungen erfüllen, um eine Ehe zu schließen, und die nötigen Bedingungen, damit die Ehe gültig ist, die Bedingungen der legitimen, natürlichen, adoptiven Kindschaft, die Art, wie der Vormund gewählt werden muß usw.

Die zweite Frage wird dagegen durch die Kapitel über die respektiven Rechte und Pflichten der Ehegatten gelöst, über den Stand ihrer Beziehungen bei der Ehescheidung, die Nichtigkeit der Ehe, die Trennung von Tisch und Bett, über die väterliche Gewalt, über die Adoptionsrechte, über die Verwaltung des Vormunds und seine Beziehungen zum Mündel, über die Rolle des Familienvaters gegenüber dem Erst- und Zweitgeborenen, über die Rolle der Verwandten bei einer Vormundschaft und dem Gerichtsrat.

Dieser Teil des Zivilrechts hat also die Aufgabe festzustellen, wie sich die verschiedenen Familienfunktionen aufteilen und was sie in ihren gegenseitigen Beziehungen sein müssen; d. h., daß dieser Teil die besondere Solidarität ausdrückt, die die Familienmitglieder aufgrund der häuslichen Arbeitsteilung vereint. Zwar ist man nicht gewohnt, die Familie unter diesem Gesichtspunkt zu sehen. Meistens glaubt man, daß ausschließlich die Gemeinsamkeit der Gefühle und der Glaubensüberzeugungen den Zusammenhalt ausmacht. Es gibt aber so viele gemeinsame Dinge zwischen den Gliedern einer Familiengruppe, daß der Sondercharakter der Aufgaben, die einem jeden einzelnen zufallen, leicht übersehen wird. Darum sagt A. Comte, daß die häusliche Vereinigung »jeden Gedanken tätiger und ununterbrochener Mitwirkung an der Erreichung irgendeines Zweckes« ausschließt[7]. Aber die rechtliche Organisation der Familie, deren wesentliche Linien wir summarisch aufgezeigt haben, beweist die Wirklichkeit dieser funktionalen Unterschiede und ihre Bedeutung. Die Geschichte der Familie ist von ihrem Ursprung an nur eine ununterbrochene Auflösungsbewegung, im Laufe derer sich diese verschiedenen Funktionen, die zuerst ungeteilt und untereinander verschmolzen waren, nach und nach getrennt haben, selbständig geworden sind und sich auf die verschiedenen Verwandten nach ihrem Geschlecht, ihrem Alter, ihren Abhängigkeitsbeziehungen verteilt haben, so daß jeder von ihnen ein spezieller Funktionär der Familie geworden ist[8]. Statt ein nebensächliches und zweitrangiges Phänomen zu sein, beherrscht diese Teilung der Familienarbeit im Gegenteil die ganze Entwicklung der Familie.

Die Beziehung der Arbeitsteilung zum Vertragsrecht ist nicht weniger ausgeprägt.

In der Tat ist der Vertrag der besondere Rechtsausdruck der Zusammenarbeit. Es gibt zwar auch sogenannte Wohltätigkeitsverträge, bei denen nur eine Partei gebunden ist. Wenn ich einem anderen etwas ohne Bedingungen gebe, wenn ich unentgeltlich eine Hinterlegung oder ein Mandat übernehme, so entstehen für mich genaue und bestimmte Verpflichtungen. Trotzdem gibt es keine eigentlichen Beteiligungen zwischen den Kontrahenten, weil es nur eine einseitige Auflage gibt. Aber auch da fehlt das Phänomen der Zusammenarbeit nicht; sie ist nur unentgeltlich und einseitig. Ist zum Beispiel eine Schenkung nicht auch ein Austausch ohne ge-

7 A. Comte, *Soziologie,* I, S. 430.

8 Siehe die Ausführungen zu diesem Punkt im 7. Kap. dieses Buches.

genseitige Verpflichtung? Diese Arten von Verträgen sind also nur eine Variante der wahrhaft kooperativen Verträge.

Im übrigen sind sie sehr selten; denn nur ausnahmsweise hängen die Wohltätigkeiten von der Rechtspflege ab. Die anderen Verträge bilden die ungeheure Mehrheit, und die Verpflichtungen, die sie hervorrufen, sind korrelativ oder gegenseitige Verpflichtungen oder schon ausgeführte Leistungen. Die Verpflichtung ohne Partei entsteht entweder aus der Verpflichtung, die der andere eingegangen ist, oder aus einem von ihm bereits geleisteten Dienst[9]. Diese Gegenseitigkeit ist nur dort möglich, wo es Zusammenarbeit gibt, und diese ihrerseits geht nicht ohne die Arbeitsteilung. Zusammenarbeiten heißt in der Tat, sich eine gemeinsame Aufgabe teilen. Wenn sie in qualitativ ähnliche, obwohl untereinander unentbehrliche Aufgaben geteilt ist, ergibt sie einfache Arbeitsteilung oder Arbeitsteilung ersten Grades. Wenn sie verschiedener Natur sind, so ergibt sie zusammengesetzte Arbeitsteilung oder eigentliche Spezialisierung.

Diese letzte Form der Zusammenarbeit ist im übrigen hauptsächlich diejenige, die ganz allgemein der Vertrag ausdrückt. Der einzige Vertrag, der eine andere Bedeutung hat, ist der Gesellschaftsvertrag und vielleicht auch der Ehevertrag insoweit, als er den Anteil der Ehegatten an den Haushaltsausgaben festlegt. Damit das aber so ist, muß der Gesellschaftsvertrag alle Gesellschafter auf die gleiche Ebene stellen; ihre Anteile müssen gleich sein; ihre Funktionen müssen gleich sein. Das ist ein Fall, der in den Ehebeziehungen wegen der Teilung der ehelichen Arbeit niemals genau eintritt. Diesen seltenen Fällen muß man die Vielfalt der Verträge gegenüberstellen, die die Aufgabe haben, die speziellen und verschiedenen Funktionen einander anzugleichen: Vertrag zwischen Käufer und Verkäufer, Wechselvertrag, Vertrag zwischen Unternehmer und Arbeiter, zwischen dem Mieter einer Sache und dem Vermieter, zwischen dem Verleiher und dem Entleiher, zwischen dem Verwahrer und dem Einleger, zwischen dem Gastwirt und dem Reisenden, zwischen dem Vertreter und dem Auftraggeber, zwischen dem Gläubiger und der Kaution des Schuldners usw. Der Vertrag ist auf allgemeine Weise das Symbol des Tausches. Darum hat Spencer nicht zu Unrecht den Austausch

9 Z. B. im Fall des verzinslichen Darlehens.

des »durch die vereinte Tätigkeit der Organe gelieferten Materials« als »physiologischen Vertrag« bezeichnen können, einen Austausch, der in jedem Augenblick zwischen den verschiedenen Organen des lebendigen Körpers stattfindet[10]. Nun ist aber klar, daß der Tausch immer irgendeine mehr oder weniger entwickelte Arbeitsteilung voraussetzt. Zwar haben die Verträge, die wir eben angeführt haben, noch einen recht allgemeinen Charakter. Aber man darf nicht vergessen, daß das Recht nur die allgemeinen Umrisse und die großen Linien der sozialen Beziehungen andeutet, so wie sie sich in den verschiedenen Bereichen des kollektiven Lebens als identisch wiederfinden. Jeder dieser Vertragstypen setzt ein Vielfaches anderer, eigentümlicherer voraus, deren gemeinsamer Abdruck er ist, der aber gleichzeitig regelt, indem die Beziehungen zwischen den spezielleren Funktionen hergestellt werden. Trotz der relativen Einfachheit dieses Schemas genügt es also, um die ungeheure Kompliziertheit, die es zusammenfaßt, auszudrücken.

Diese Spezialisierung der Funktionen ist im Handelsgesetzbuch ganz offensichtlich; es regelt vor allem die dem Handel eigentümlichen Verträge: Verträge zwischen dem Makler und dem Auftraggeber, zwischen dem Fuhrmann und dem Spediteur, zwischen dem Aussteller eines Wechsels und dem Bezogenen, zwischen dem Schiffseigner und seinen Gläubigern, zwischen dem Ersten und dem Kapitän und der Schiffsbesatzung, zwischen dem Reeder und dem Befrachter, zwischen dem Darlehensgeber und dem Bodmereinehmer*, zwischen dem Versicherer und dem Versicherten. Aber auch hier besteht ein großer Ausschlag zwischen den relativen Allgemeinheiten der Rechtsvorschriften und der Vielfalt der Sonderfunktionen, deren Beziehungen sie regeln, wie es bereits der bedeutende Platz beweist, der dem Gewohnheitsrecht im Handelsrecht eingeräumt wird.

Da das Handelsrecht nicht die eigentlichen Verträge regelt, bestimmt es, was gewisse Spezialfunktionen sein müssen, wie die des Wechselagenten, des Maklers, des Kapitäns, des kommissarischen Richters beim Konkurs, um die Solidarität aller Parteien des Handelsapparates zu sichern.

10 Spencer, *Die Thatsachen der Ethik*, Stuttgart 1879, S. 158.

* Schiffsbeleihung, Schiffsverpfändung.

Das Prozeßrecht – ganz gleich, ob es sich um den Straf-, Zivil- oder Handelsprozeß handelt – spielt dieselbe Rolle in der Rechtspflege. Die Sanktionen der Rechtsregeln aller Art können nur mit Hilfe einer bestimmten Anzahl von Funktionen angewendet werden: Funktionen der Richter, der Verteidiger, der Anwälte, der Geschworenen, der Antragsteller und der Beklagten usw. Die Prozeßordnung fixiert die Art, wie die Funktionen ins Spiel und in Beziehungen kommen. Sie bestimmt, welcher Teil im allgemeinen Leben des Organs einem jeden zusteht und zukommt.

Wir glauben, daß das Prozeßrecht in einer rationalen Einteilung der Rechtsregeln nur als eine Variante des Verwaltungsrechts angesehen werden dürfte: wir sehen nicht, welcher radikale Unterschied die Verwaltung des Rechts vom Rest der Verwaltung trennt. Welche Meinung man auch habe, das eigentliche Verwaltungsrecht regelt jene schlecht definierten Funktionen, die administrativ genannt werden[11], so wie der Präzedenzfall es für die Rechtsfunktionen tut. Er bestimmt ihren Normaltyp und ihre Beziehungen entweder untereinander oder mit den diffusen Funktionen der Gesellschaft; man braucht nur eine bestimmte Anzahl von Regeln davon abzuziehen, die im allgemeinen unter dieser Rubrik geführt werden, obwohl sie einen Strafcharakter haben[12]. Schließlich tut das Verfassungsrecht das gleiche für die Regierungsfunktionen.

Vielleicht überrascht es, das Verwaltungs- und das Verfassungsrecht in einer Klasse mit dem, was man gewöhnlich das Privatrecht nennt, zusammengefaßt zu sehen. Diese Annäherung scheint aber geboten, wenn man als Klassifikationsbasis die Natur der Sanktionen nimmt, und es erscheint uns unmöglich, eine andere zu nehmen, wenn man wissenschaftlich vorgehen will. Um diese beiden Arten des Rechts vollständig voneinander zu trennen, müßte man annehmen, daß es wirklich ein Privatrecht gibt; wir glauben aber, daß jedes Recht öffentliches Recht ist, weil jedes Recht sozial ist. Alle Funktionen der Gesellschaft sind sozial, wie

11 Wir halten den geläufigen Ausdruck bei, aber er müßte definiert werden, was wir hier aber nicht tun können. Uns erscheint im großen und ganzen, daß es sich um jene Funktionen handelt, die unmittelbar unter der Wirkung der Regierungszentren stehen. Aber man müßte da genau unterscheiden.

12 Auch diejenigen, die das Realrecht der moralischen Personen der Verwaltungsordnung betreffen, denn die Beziehungen, die sie bestimmen, sind negativ.

alle Funktionen des Organismus organisch sind. Die ökonomischen Funktionen haben diesen Charakter wie die anderen. Selbst bei den diffusesten gibt es im übrigen einige, die mehr oder weniger der Wirkung des Regierungsapparates unterworfen sind. Von diesem Gesichtspunkt aus gibt es also nur Gradunterschiede.

Zusammengefaßt sind die Beziehungen, die das Kooperativrecht mit den Restitutivsanktionen regelt, und die Solidarität, die sie ausdrücken, das Ergebnis der Arbeitsteilung. Das erklärt im übrigen, warum die kooperativen Beziehungen im allgemeinen keine anderen Sanktionen beinhalten. Es liegt nämlich in der Natur der Spezialaufgaben, der Wirkung des Kollektivbewußtseins zu entschlüpfen; wenn eine Sache der Gegenstand gemeinsamer Gefühle sein soll, muß sie zuerst gemeinsam sein, d. h., sie muß im Bewußtsein eines jeden einzelnen leben, und jeder muß sie sich von einem einzigen und gleichen Gesichtspunkt aus vorstellen können. Solange die Funktionen eine gewisse Allgemeinheit bewahren, kann jeder irgend etwas fühlen; wie sie sich aber spezialisieren, wird der Kreis derer, die sich jeder einzelnen Funktion bewußt sind, immer kleiner, und damit übersteigen sie das allgemeine Bewußtsein. Die Regeln, die sie bestimmen, können also nicht jene überragende Kraft und jene transzendente Autorität haben, die eine Sühne verlangt, wenn sie verletzt wird. Die öffentliche Meinung gibt ihnen also ihre Autorität, genauso wie den Strafregeln, aber es handelt sich um eine lokalisierte Meinung in begrenzten Regionen der Gesellschaft.

Aber selbst in den speziellen Kreisen, wo sie angewendet werden und wo sie folglich dem Geist gegenwärtig sind, entsprechen sie nicht lebhaften Gefühlen, ja nicht einmal irgendeiner Art von Gefühlszustand. Da sie die Art und Weise fixieren, wie die verschiedenen Funktionen zusammenarbeiten müssen in den verschiedenen Verbindungen der Umstände, die eintreten können, sind die Objekte, auf die sie sich beziehen, nicht immer dem Bewußtsein gegenwärtig. Man braucht nicht ständig eine Vormundschaft oder eine Pflegschaft[13] anzuwenden oder seine Rechte als Gläubiger oder Käufer auszuüben usw.; man braucht sie auch nicht unter dieser oder jener Bedingung auszuüben. Nun sind aber die Bewußt-

13 Darum ist das Recht, das die Beziehungen der häuslichen Funktionen regelt, kein Strafrecht, obwohl diese Funktionen recht allgemein sind.

seinszustände nur in dem Maß stark, in dem sie dauernd sind. Die Verletzung dieser Regeln verletzt also weder die Gemeinschaftsseele der Gesellschaft in ihren lebendigen Teilen noch im allgemeinen jene der Sondergruppen; sie kann also nur eine recht bescheidene Reaktion hervorrufen. Es ist also nur notwendig, daß diese Funktionen auf regelmäßige Weise zusammenarbeiten. Erst wenn diese Regelmäßigkeit gestört ist, müssen wir sie wieder herstellen. Das heißt natürlich nicht, daß die Entwicklung der Arbeitsteilung nicht im Strafrecht weiterwirken könnte. Es gibt, wir wissen es bereits, administrative und Regierungsfunktionen, bei denen bestimmte Beziehungen durch das Strafrecht geregelt werden, und zwar wegen des Sondercharakters, mit dem das Organ des gemeinsamen Bewußtseins und alles, was sich darauf bezieht, gezeichnet ist. In anderen Fällen können die Solidaritätsbande, die bestimmte soziale Funktionen vereinen, derart sein, daß aus ihrem Bruch so allgemeine Rückwirkungen entstehen, daß sie eine Strafreaktion erzeugen. Diese Rückwirkungen sind aber die Ausnahmen, wie wir aufgezeigt haben.

Endlich spielt dieses Recht in der Gesellschaft eine ähnliche Rolle wie das Nervensystem im Organismus. Dieses hat nämlich die Aufgabe, die verschiedenen Funktionen des Körpers zu regeln, so daß sie harmonisch miteinander arbeiten: Es drückt auf diese Art ganz natürlich den Konzentrationsgrad aus, auf den der Organismus aufgrund der physiologischen Arbeitsteilung angelangt ist. Man kann auch nach den verschiedenen Stufen der Entwicklung den Grad dieser Konzentration an der Entwicklung des Nervensystems abmessen. Das heißt, daß man auch den Grad der Konzentration abmessen kann, auf den eine Gesellschaft aufgrund der Arbeitsteilung nach der Entwicklung des Kooperationsrechts mit Erstattungssanktionen gekommen ist. Man kann die Dienste ermessen, die uns dieses Kriterium leisten kann.

IV

Da die negative Solidarität selbst keine Integration erzeugt und im übrigen nichts Spezifisches hat, wollen wir nur zwei Arten von positiver Solidarität anerkennen, die durch die folgenden Züge unterschieden werden:

1. Die erste verbindet das Individuum direkt mit der Gesellschaft ohne irgendeinen Vermittler. Bei der zweiten hängt es von der Gesellschaft ab, weil das Individuum von den Teilen abhängt, die sie bilden.

2. In den beiden Fällen sieht man die Gesellschaft nicht vom gleichen Gesichtspunkt aus. Im ersten handelt es sich bei dem, was man mit diesen Namen bezeichnet, um eine mehr oder weniger organisierte Gesamtheit von Glaubensüberzeugungen und Gefühlen, die allen Mitgliedern der Gruppe gemeinsam sind: das ist der kollektive Typ. Die Gesellschaft dagegen, der wir im zweiten Fall verpflichtet sind, ist ein System von verschiedenen und speziellen Funktionen, die bestimmte Beziehungen vereinigen. Diese beiden Gesellschaften bilden im übrigen nur eine. Es handelt sich um die zwei Gesichter einer einzigen und gleichen Wirklichkeit, die aber trotzdem unterschieden werden müssen.

3. Dieser zweite Unterschied führt zu einem dritten, der uns zur Charakterisierung und zur Benennung dieser zwei Arten von Solidaritäten dienen soll.

Die erste kann nur in dem Maß stark sein, als die allen Mitgliedern der Gesellschaft gemeinsamen Ideen und Strebungen an Zahl und an Intensität die Ideen und Strebungen übersteigen, die persönlich einem jeden von ihnen angehören. Sie ist um so wirksamer, je größer dieser Überschuß ist. Unsere Persönlichkeit besteht aus dem, was jeder von uns an Eigenem und an Charakteristischem hat und uns von den anderen unterscheidet. Die Solidarität hier kann also nur im umgekehrten Verhältnis zur Persönlichkeit vergrößert werden. Im Bewußtsein eines jeden von uns gibt es zwei Bewußtseinszustände; den einen, den wir mit der ganzen Gruppe gemeinsam haben und der folglich nicht uns gehört, sondern der lebendigen und in uns wirkenden Gesellschaft; den anderen, der im Gegenteil uns nur in dem darstellt, was wir persönlich und unterscheidbar haben, in dem, was in uns das Individuum ausmacht[14]. Die Solidarität, die aus den Ähnlichkeiten kommt, erreicht ihr Maximum, wenn das Kollektivbewußtsein unser ganzes Bewußtsein genau deckt und in allen Punkten mit ihm übereinstimmt: aber in diesem Augenblick ist unsere Individualität gleich Null. Sie kann nur entstehen, wenn die Gemeinschaft weni-

14 Allerdings bilden diese beiden Bewußtseinszustände keine unterscheidbare geographische Region in uns, sondern sie durchdringen sich von allen Seiten.

ger Platz in uns einnimmt. Es handelt sich also um zwei entgegengesetzte Kräfte, von denen die eine zentrifugal und die andere zentripetal ist und die nicht zu gleicher Zeit wachsen können. Wir können uns nicht gleichzeitig in zwei entgegengesetzte Richtungen entwickeln. Wer lieber allein denkt und allein handelt, der neigt nicht sehr dazu, wie die anderen zu denken und zu handeln. Das Ideal ist, eine eigene und persönliche Physiognomie zu haben und nicht aller Welt ähnlich zu sein. In dem Augenblick, wo diese Solidarität wirkt, verschwindet unsere Persönlichkeit, könnte man sagen; denn wir sind nicht mehr wir selbst, sondern das Kollektivwesen.

Die sozialen Moleküle, die nur auf diese einzige Art zusammenhalten können, könnten sich in ihrer Gesamtheit nur in dem Maß bewegen, in dem sie keine Eigenbewegung haben, so wie es bei den Molekülen der anorganischen Körper der Fall ist. Wir schlagen daher vor, diese Art der Solidarität mechanisch zu nennen. Das Wort bedeutet nicht, daß sie durch mechanische und künstliche Mittel erzeugt wäre. Wir nennen sie nur so aus Analogie mit der Kohäsion, die die Elemente der festen Körper untereinander vereint, und aus Gegensatz zur Analogie, die die Einheit der lebenden Körper ausmacht. Eine weitere Rechtfertigung dieser Bezeichnung ist, daß das Band, das auf diese Art das Individuum mit der Gesellschaft verbindet, mit dem Band gleichartig ist, das die Sache an die Person bindet. In dieser Hinsicht ist das individuelle Bewußtsein einfach abhängig vom Kollektivtypus und folgt ihm in allen Regungen, wie der besessene Gegenstand den Bewegungen folgt, die ihm sein Besitzer aufzwingt. In den Gesellschaften, wo diese Solidarität sehr entwickelt ist, gehört sich das Individuum nicht selbst, wie wir es weiter unten sehen werden. Es ist im besten Sinn des Wortes eine Sache, über die die Gesellschaft verfügt. In diesen sozialen Typen kann man die persönlichen Rechte nicht von den Realrechten unterscheiden.

Ganz anders verhält es sich mit der Solidarität, die das Ergebnis der Arbeitsteilung ist. Während die vorherbesprochene Solidarität beinhaltet, daß sich die Individuen ähnlich sind, setzt diese voraus, daß sie sich untereinander unterscheiden. Die erste ist nur in dem Maß möglich, in dem die individuelle Persönlichkeit in der kollektiven Persönlichkeit aufgeht. Die zweite ist nur möglich, wenn jeder ein Betätigungsfeld hat, das ihm gehört, wenn er also eine

Persönlichkeit hat. Das Kollektivbewußtsein muß also einen Teil des Individualbewußtseins frei lassen, damit dort spezielle Funktionen entstehen, die es nicht regeln kann. Je größer diese Region ist, um so größer ist die Kohäsion, die aus dieser Solidarität entspringt. Einerseits hängt jeder um so enger von der Gesellschaft ab, je geteilter die Arbeit ist, und andrerseits ist die Tätigkeit eines jeden um so persönlicher, je spezieller sie ist. Natürlich ist sie, wie begrenzt sie auch sei, niemals ganz eigenständig. Selbst in der Ausübung unseres Berufes passen wir uns den Gewohnheiten und Praktiken an, die uns mit unserer ganzen Berufsgruppe gemeinsam sind. Aber selbst in dem Fall ist das Joch, das wir tragen, viel weniger schwer, als wenn die ganze Gesellschaft auf uns lastet, und es läßt viel mehr Platz für das freie Spiel unserer Initiative. Also wächst auch hier die Individualität des Ganzen zur gleichen Zeit mit der Individualität der Teile. Die Gesellschaft wird fähiger, sich als Ganzes zu bewegen, während zu gleicher Zeit jedes ihrer Elemente mehr Eigenbewegungen hat. Diese Solidarität ähnelt jener, die man bei den höheren Tieren beobachten kann. Jedes Organ hat dort seine eigene Physiognomie und seine Autonomie, und trotzdem ist die Einheit des Organismus um so größer, als die Individualisierung stärker ausgeprägt ist. Aufgrund dieser Analogie schlagen wir vor, die Solidarität, die aus der Arbeitsteilung abgeleitet ist, organische Solidarität zu nennen.

Zu gleicher Zeit liefern uns dieses und das vorhergegangene Kapitel die Mittel, den Anteil auszurechnen, der jedem dieser beiden sozialen Bande im totalen und gemeinsamen Ergebnis zukommt, das sie auf verschiedenen Wegen zu erzeugen sich bemühen. Wir wissen in der Tat, unter welchen äußeren Formen sich diese beiden Solidaritätsarten symbolisieren, d. h., welche Sammlung von Rechtsregeln jeder der beiden entspricht. Um folglich ihre respektive Bedeutung in einem gegebenen sozialen Typus zu kennen, genügt es, die respektive Ausdehnung dieser beiden Rechtsarten, die sie ausdrücken, zu vergleichen, da sich das Recht immer so verändert wie die sozialen Beziehungen, die es regelt.*

* Um diese Ideen zu präzisieren, entwickeln wir in der folgenden Aufstellung die Klassifizierung der Rechtsnormen, die unausgesprochen in diesem und im vorhergegangenen Kapitel eingeschlossen sind:

I. – Regeln der organisierten Strafsanktionen

(Die Klassifizierung folgt im nächsten Kapitel)

II. – Restitutivsanktionen folgender Beziehungen:

Negative Beziehungen oder Beziehungen der Enthaltung	der Sache mit der Person	Eigentumsrecht unter seinen verschiedenen Formen (bewegliches, unbewegliches, usw.)
		Verschiedene Modalitäten des Eigentumsrechts (Grunddienste, Nutznießung, usw.)
	der Personen untereinander	bestimmt durch die normale Ausübung der Realrechte.
		bestimmt durch die strafbare Verletzung der Realrechte.
Positive Beziehungen oder Beziehungen der Kooperation	Zwischen den häuslichen Funktionen.	
	zwischen den diffusen Wirtschaftsfunktionen	Vertragsbeziehungen im allgemeinen.
		Sonderverträge.
	der administrativen Funktionen	untereinander.
		mit den Regierungsfunktionen.
		mit den diffusen Funktionen der Gesellschaft.
	der Regierungsfunktionen	untereinander.
		mit den Verwaltungsfunktionen.
		mit den diffusen politischen Funktionen.

4. Kapitel

Anderer Beweis für das Vorhergegangene

Wegen der Bedeutung der vorgebrachten Ergebnisse ist es gut, daß wir sie, ehe wir weitergehen, noch ein letztes Mal bestätigen. Diese neuerliche Überprüfung ist um so nützlicher, weil sie uns die Gelegenheit bietet, ein Gesetz aufzustellen, das uns, während es uns als Beweis dient, auch dazu dient, all das zu erklären, was nun folgt.

Wenn die beiden Arten der Solidarität, die wir unterschieden haben, den juristischen Ausdruck haben, den wir feststellten, muß das Übergewicht des Strafrechts über das Kooperationsrecht um so größer sein, als der Kollektivtyp stärker ausgeprägt und die Arbeitsteilung rudimentärer ist. In dem Maß, wie sich umgekehrt die individuellen Typen entwickeln und die Aufgaben spezialisieren, muß das Verhältnis zu der Ausdehnung der beiden Rechte dahin tendieren, sich umzukehren. Die Wirklichkeit dieser Beziehung läßt sich experimentell beweisen.

I

Je primitiver die Gesellschaften sind, desto ähnlicher sind die Individuen, aus denen sie sich zusammensetzt. Schon Hippokrates hatte in seiner Schrift *De aere et locis* gesagt, daß die Skythen einen ethnischen Typus hätten und keine persönlichen Typen. Humboldt sagt in seinem Werk *Neuspanien,* daß man bei den barbarischen Völkern eher eine der Horde eigene Physiognomie fände als individuelle Physiognomien; diese Tatsache ist von einer großen Anzahl von Forschern bestätigt worden. »Wie schon die Römer die alten Germanen einander alle sehr ähnlich fanden, geht es gewöhnlich dem zivilisierten Europäer mit den sogenannten Wilden. Mangel an Übung des Auges mag freilich oft hauptsächlich den Reisenden zu einem solchen Urteile bestimmen ... Doch würde selbst jener Mangel kaum diese Folge haben können, wenn nicht die Unterschiede, an welche das Auge des zivilisierten Menschen in seiner Heimat gewöhnt ist, wirklich bedeutender wären als diejenigen, welche er bei unkultivierten Völkern meistens vorfindet. Bekannt und viel besprochen ist die Äußerung Ulloas, daß, wer einen eingeborenen Amerikaner gesehen hat, alle gesehen habe.«[1] Bei den zivilisierten Völkern dagegen unterscheiden sich zwei Individuen untereinander auf den ersten Blick, ohne daß eine Vorbereitung dazu nötig wäre.

Le Bon hat objektiv diese wachsende Homogenität in dem Maß feststellen können, in dem man zum Ursprung hinabsteigt. Er hat Schädel verglichen, die verschiedenen Rassen und Gesellschaften angehören, und gefunden, »daß die Unterschiede in den Gehirnvolumen zwischen Individuen gleicher Rasse ... um so größer sind, je höher die Rasse auf der Zivilisationsleiter steht. Nachdem ich die Gehirnvolumen in aufsteigenden Serien gruppiert habe (ich habe mich bemüht, nur Vergleiche über recht zahlreiche Serien zu ziehen, damit die Ergebnisse einander gradweise folgen), habe ich erkannt, daß die Volumendifferenz zwischen den größten Volumen von mehreren Schädeln und den kleinsten ungefähr 200 cm³ beim Gorilla, 280 cm³ bei indischen Parias, 310 cm³ bei Australnegern, 350 cm³ bei den alten Ägyptern, 470 cm³ bei den Parisern des 12. Jahrhunderts, 600 cm³ bei modernen Parisern und 700 cm³ bei den Deutschen ist.«[2] Es gibt sogar Stämme, bei denen der Unterschied Null ist. »Die Adamanen und die Todas sind alle ähnlich. Fast dasselbe kann man von Grönlandeskimos sagen. 5 Schädel von Patagoniern im Besitz des Laboratoriums von Broca sind identisch.«[3]

Es ist nicht zweifelhaft, daß diese organischen Ähnlichkeiten nicht psychischen Ähnlichkeiten entsprechen. »Man kann kaum in Zweifel darüber sein«, sagt Waitz, »daß diese große physische Ähnlichkeit bei den Eingeborenen vorzüglich aus mangelhafter Ausprägung geistiger Individualität, aus dem tiefen Stande der Geistesbildung überhaupt entspringt ... die Gleichförmigkeit der Gemütseigenschaften innerhalb desselben Negervolkes steht außer Zweifel; denn der Sklavenhändler in Ober-Ägypten ... erkundigt sich nur nach der Heimat des Sklaven genau, nicht nach seinen Charaktereigenschaften, weil eine lange Erfahrung gelehrt hat, daß die Differenz der Individuen desselben Stammes in die-

1 Waitz, *Anthropologie der Naturvölker*, S. 75.

2 Le Bon, *Les sociétés*, p. 193.

3 Topinard, *Anthropologie*, p. 393.

ser Hinsicht im Ganzen von weit geringerer Bedeutung ist als die Abstammung: so gelten die Nubas und Gallas für sehr treu, die aus dem nördlichen Abbessinien für verräterisch und boshaft, die meisten der übrigen hält man für treue Haussklaven, doch wenige tauglich zu körperlicher Arbeit, die von Fertit für wild und rachsüchtig.«[4] So ist Originalität nicht nur selten, sie hat sozusagen überhaupt keinen Platz. Alle üben, ohne sie zu diskutieren, die gleiche Religion aus; Sekten und Abtrünnige sind unbekannt: sie würden nicht geduldet werden. Heute umfaßt die Religion alles und dehnt sich auf alles aus. Sie schließt in einem Zustand einer verworrenen Mischung außer den eigentlichen religiösen Überzeugungen auch die Moral ein, das Recht, die Prinzipien der politischen Organisation bis hin zur Wissenschaft oder was dafür gilt. Sie regelt selbst die Einzelheiten des privaten Lebens. Wenn man also folglich sagt, daß die religiösen Überzeugungen identisch sind – und diese Identität ist vollkommen –, heißt das auch sagen, daß das Bewußtsein eines jeden, außer den Gefühlen, die sich auf den Organismus und auf die Zustände des Organismus beziehen, ungefähr aus denselben Elementen zusammengesetzt ist. Aber selbst die Gefühlseindrücke werden vermutlich wegen der physischen Ähnlichkeiten, die die Individuen zeigen, keine große Vielfalt aufweisen.

Trotzdem wird noch vielfach angenommen, daß die Zivilisation im Gegenteil die Wirkung habe, die sozialen Ähnlichkeiten zu vermehren. »In dem Maß, wie sich die menschlichen Ansammlungen ausbreiten, wird die Verbreitung der Ideen in einer geometrischen Progression deutlicher.«[5] Nach Hale[6] wäre es ein Irrtum, den primitiven Völkern eine gewisse Einförmigkeit des Charakters zuzuschreiben, und er führt als Beweis die Tatsache an, daß sich die gelbe und die schwarze Rasse des Stillen Ozeans, die nebeneinander wohnen, stärker voneinander unterscheiden als zwei europäische Völker. Sind die Unterschiede, die heute den Franzosen vom Engländer oder vom Deutschen trennen, nicht geringer als früher? In fast allen europäischen Gesellschaften sind das Recht, die Moral, die Sitten, sogar die grundlegenden politi-

4 Waitz, *Op. cit.*, I, p. 77. – Cf. *Ibid.*, p. 446.

5 Tarde, *Lois de l'imitation*, p. 19.

6 Hale, *Ethnography and philology of the United States*, Philadelphia, 1846, p. 13.

schen Institutionen fast gleich. Man weist auch darauf hin, daß man im Schoß eines und desselben Volkes heute nicht mehr die Unterschiede findet, denen man früher begegnete. Das soziale Leben unterscheidet sich nicht mehr oder nicht mehr so stark von einer Provinz zur anderen. In einem geeinten Land wie Frankreich ist es ungefähr das gleiche in allen Regionen, und diese Nivellierung erreicht ihr Maximum in den gebildeten Klassen[7].

Aber diese Tatsache entkräftet in keiner Weise unsere Behauptung. Gewiß neigen die verschiedenen Gesellschaften dazu, einander ähnlicher zu werden; das stimmt aber nicht für die Individuen, aus denen jede von ihnen zusammengesetzt ist. Heute ist der Abstand zwischen dem Franzosen und dem Engländer im allgemeinen geringer, aber das hindert nicht, daß sich die Franzosen untereinander viel stärker unterscheiden als die Franzosen von einst. Gewiß kommt jede Provinz dazu, ihre Eigenart zu verlieren. Aber das hindert nicht, daß jedes Individuum immer mehr eine annimmt, die ihm eigen ist. Der Normande unterscheidet sich weniger vom Gaskogner, der Lothringer weniger vom Provençalen: die einen und die anderen haben nur mehr die Züge gemeinsam, die alle Franzosen haben; aber die Vielfalt, die diese in ihrer Gesamtheit aufweisen, hat sich vermehrt. Denn wenn die Provinztypen, die früher existiert haben, heute dazu neigen, sich miteinander zu vermischen und zu verschwinden, dann gibt es eben an ihrer Stelle eine viel größere Vielfalt von individuellen Typen. Es gibt nicht mehr so viele Unterschiede, wie es große Regionen gibt, aber es gibt fast so viele, wie es Individuen gibt. Dort, wo umgekehrt jede Provinz ihre Persönlichkeit hat, ist es nicht dasselbe mit den Individuen. Sie können untereinander sehr heterogen und doch nur von ähnlichen Elementen gebildet sein. Das trifft ebenfalls auf die politischen Gesellschaften zu. In der Biologie ist es das gleiche: Die Einzeller unterscheiden sich voneinander in einem Maß, daß es unmöglich ist, sie in Gattungen einzuteilen[8]; und trotzdem ist jedes von ihnen aus einer völlig homogenen Materie zusammengesetzt.

7 Das führt Tarde zur Aussage: »Wer mehrere Länder Europas durchquert, kann beim gemeinen Volk mehr Unähnlichkeiten entdecken, das den alten Gebräuchen treugeblieben ist, als bei Personen der höheren Klassen« (*op. cit.*, p. 59).

8 Perrier, *Transformisme*, p. 235.

Diese Ansicht ist das Ergebnis einer Verwechslung der Individualtypen mit (provinziellen wie regionalen) Kollektivtypen. Es ist unbestreitbar, daß die Zivilisation dazu führt, diese zweiten zu nivellieren. Aber man hat daraus den falschen Schluß gezogen, daß sie dieselbe Wirkung auch auf die ersten hat und daß die Einförmigkeit allgemein wird. Statt daß sich die beiden Typen, die eine wie die andere, verändern, können wir feststellen, daß das Zurückweichen der einen die notwendige Bedingung für das Auftauchen der anderen ist[9]. Nun gibt es aber nur eine beschränkte Anzahl von Kollektivtypen in einer und derselben Gesellschaft, denn sie kann nur eine beschränkte Anzahl von Rassen und ziemlich verschiedener Regionen umfassen, um derartige Unähnlichkeiten hervorzubringen. Die Individuen dagegen können sich ins Unendliche verändern. Die Vielfalt ist also um so größer, je entwickelter die Individualtypen sind.

Was wir eben gesagt haben, gilt genauso für die Berufstypen. Es gibt Gründe für die Annahme, daß sie ihr altes Relief verlieren, daß der Abgrund, der früher die Gewerbe voneinander trennte (und da besonders bestimmte unter ihnen), sich allmählich auffüllt. Gewiß ist aber, daß innerhalb eines jeden von ihnen die Unterschiede größer geworden sind. Die Art zu denken und zu handeln ist bei jedem angestiegen und unterliegt weniger vollständig der allgemeinen Meinung der Korporation. Wenn auch die Unterschiede von Gewerbe zu Gewerbe weniger scharf sind, so sind sie dafür zahlreicher, denn sie haben sich in dem Maß vervielfältigt, als sich die Arbeit stärker teilte. Wenn sie sich untereinander nur mehr durch einfache Schattierungen unterscheiden, so sind aber diese Schattierungen eben vielfältiger. Die Vielfalt hat sich also nicht vermindert, obwohl sie sich nicht mehr unter heftigen und scharfen Kontrasten äußert.

Wir können also sicher sein, daß die Homogenität um so größer ist, je weiter wir in der Geschichte zurückgehen. Andrerseits ist die Arbeitsteilung um so entwickelter, je höher die sozialen Typen sind. Sehen wir jetzt, wie sich die beiden Formen des Rechts, die wir unterschieden haben, mit den verschiedenen Graden der sozialen Stufenleiter verändern.

9 Siehe weiter unten, 2. Buch, Kap. 2 und 3. – Was wir dort sagen, kann dazu dienen, die Tatsachen, die wir hier angeführt haben, sowohl zu erklären wie zu bestätigen.

II

Soweit man den Zustand des Rechts in den niedrigsten Gesellschaften beurteilen kann, scheint es zur Gänze Strafrecht zu sein. »Der Wilde ist nirgends frei. Überall auf der ganzen Erde sehen wir ihn im täglichen Leben durch eine Reihe von umständlichen und häufig höchst unbequemen, mit Gesetzeskraft ausgestatteten Sitten, eigentümlichen Vorrechten und widersinnigen Verboten beeinflußt. ... Jede ihrer Lebensäußerungen wird durch zahllose Regeln beschränkt, die freilich ungeschrieben, aber darum nicht minder bindend sind.«[10] Es ist bekannt, mit welcher Leichtigkeit sich die Handlungsweise der primitiven Völker in traditionellen Praktiken konsolidieren und wie groß andrerseits die Kraft der Tradition bei ihnen ist. Die Sitten der Ahnen sind von einem solchen Respekt umgeben, daß man nicht gegen sie verstoßen kann, ohne bestraft zu werden.

Natürlich sind solche Beobachtungen ungenau, denn nichts ist schwieriger, als so gleitende Gebräuche zu erfassen. Um unser Experiment methodisch durchzuführen, muß man es, soweit das möglich ist, auf dem geschriebenen Recht aufbauen.

Die vier letzten Bücher des Pentateuchs bilden das älteste Denkmal dieser Art, das wir besitzen[11]. In diesen vier oder fünftausend Versen gibt es nur eine minimale Anzahl von Regeln, die, streng genommen, keine Strafregeln sind. Sie beziehen sich auf folgende Objekte:

Eigentumsrecht: Einstandsrecht; – Jubeljahr; – Eigentum der Leviten (3. Mose 25, 14–25, 29–34 und 27, 1–34).

Familienrecht: Heirat (5. Mose 21, 11–14; 28, 5; 25, 5–10; 3. Mose 21, 7, 13, 14); – Erbrecht (4. Mose 27, 8–11 und 26, 8; 5. Mose 21, 15–17); Sklaverei von Eingeborenen und Fremden (5. Mose 25, 12–17; 2. Mose 21, 2–11; 3. Mose 19, 20; 25, 39–44; 36, 44–54).

10 Lubbock, *Die Entstehung der Civilisation,* Jena 1875, S. 374. – Cf. Spencer, *Die Principien der Sociologie,* Bd. III, 1. Kap.

11 Es steht uns nicht zu, über das wirkliche Alter des Werkes zu befinden – es genügt uns, daß es sich auf eine Gesellschaft sehr niedrigen Typs bezieht – noch über das relative Alter der Teile, aus denen es sich zusammensetzt, denn sie zeigen vom Gesichtspunkt, der uns interessiert, alle den ungefähr gleichen Charakter. Wir nehmen sie also in ihrer Gesamtheit.

Darlehen und Gehälter (2. Mose 15, 7–9; 23, 19–20; 24, 6 und 10–13; 25, 15.)
Scheindelikte (2. Mose 21, 18–33 und 33–35; 22, 6 und 10–17[12].)
Organisation der öffentlichen Funktionen: der Priesterfunktionen (4. Mose 10); der Leviten (4. Mose 3. und 4. Kap.); der Alten (5. Mose 21, 19; 22, 15; 21, 1; 3. Mose 4, 15); der Richter (2. Mose 18, 25; 5. Mose 1, 15–17).

Das Restitutionsrecht und vor allem das Genossenschaftsrecht werden kaum erwähnt. Aber das ist nicht alles. Viele von den Regeln, die wir eben angeführt haben, sind dem Strafrecht nicht so fremd, wie man auf den ersten Blick annehmen könnte, denn alle tragen religiöse Züge. Sie gehen alle von der Gottheit aus; sie zu verletzen, heißt die Gottheit verletzen, und solche Beleidigungen sind Vergehen, die gesühnt werden müssen. Das Buch unterscheidet nicht zwischen diesen oder jenen Vorschriften, sondern alle sind göttliche Worte, die man nicht ungestraft übertreten kann. »Wenn du nicht den Worten dieses Gesetzes gehorchst, die in diesem Buch geschrieben stehen, und den glorreichen und schrecklichen Namen des Ewigen, deines Gottes, fürchtest, dann wird dich der Ewige schlagen, dich und deine Nachkommen.« Das Nichtbefolgen, selbst aufgrund eines Irrtums, irgendeiner Vorschrift ist eine Sünde und verlangt Sühne. Drohungen dieser Art, deren strafrechtliche Natur nicht zweifelhaft ist, sanktionieren sogar direkt einige dieser Regeln, die wir dem Restitutionsrecht zugewiesen haben. Nachdem beschlossen wurde, daß die geschiedene Frau nicht mehr von ihrem Mann zurückgenommen werden darf, wenn sie nach ihrer Wiederheirat erneut geschieden wird, fügt der Text hinzu: »Es wäre ein Greuel vor dem Ewigen; *so belädst du das Land mit keiner Sünde,* daß der Ewige dein Gott dir zum Erbe gibt.« Hier der Vers, der die Regel enthält, wie die Löhne gezahlt werden müssen: »Du gibst ihm (dem Taglöhner) seinen Lohn am Tag selbst, an dem er gearbeitet hat, ehe die Sonne untergeht, denn er ist arm und seine Seele wartet darauf; *sonst wird er wider dich zu dem Herren rufen, und bei dir wird Sünde sein.«* Die Entschädigungen, die die Scheindelikte verursachen, scheinen ebenfalls als richtige Bußen dargestellt zu sein. So liest man 3. Mose

12 Ohne die Verse, die die öffentlichen Funktionen behandeln, sind es 135 Verse.

24, 17–20: »Wer irgendeinen Menschen erschlägt, der soll des Todes sterben. Wer aber ein Stück Vieh erschlägt, der soll's ersetzen, Leben um Leben ... Schaden um Schaden, Auge um Auge, Zahn um Zahn.« Die Wiederherstellung des angerichteten Schadens scheint der Strafe des Mordes angeglichen zu sein und wie eine Anwendung des Rechts auf Vergeltung angesehen zu werden.

Zwar gibt es eine Anzahl von Vorschriften, bei denen die Sanktion nicht besonders angegeben ist. Aber wir wissen bereits, daß es sich um Strafbestimmungen handelt. Die Ausdrücke beweisen das zur Genüge. Im übrigen wissen wir aus der Tradition, daß körperlich gestraft wurde, wer negative Vorschriften verletzte, wenn das Gesetz die Strafe auch nicht formell ausspricht[13]. Zusammenfassend kann man sagen, daß das ganze hebräische Recht, wie es in den 5 Büchern Mose ausgedrückt ist, mehr oder weniger Strafcharakter hat; an manchen Stellen ausdrücklich, an anderen latent, aber es ist überall gegenwärtig. Da alle Vorschriften, die sie enthalten, Befehle Gottes und seiner direkten Garantie unterstellt sind, verdanken sie diesem Ursprung ihre außerordentliche Achtung, die sie heilig macht. Werden sie verletzt, dann begnügt sich das öffentliche Bewußtsein nicht mit einer einfachen Wiedergutmachung, sondern verlangt für ihre Rache eine Sühne. Was die eigentliche Natur des Strafrechts ausmacht, ist die außerordentliche Autorität der Regeln, die es sanktioniert, und da die Menschen niemals eine höhere Autorität gekannt und erdacht haben, als die vom Gläubigen seinem Gott zugeschriebene Autorität, kann ein Recht, das als das Wort Gottes selbst angesehen wird, nichts anderes als wesentlich repressiv sein. Wir haben sogar sagen können, daß jedes Strafrecht mehr oder weniger religiös ist, denn sein Wesen ist ein Gefühl des Respekts für eine höhere Kraft, die über dem Menschen steht, für eine in gewisser Weise transzendente Macht, unter welchem Symbol sie auch bewußt werde, und dieses Gefühl steht an der Basis einer jeden Religiosität. Darum beherrscht auf allgemeine Weise die Unterdrückung jedes Recht bei den niedrigen Gesellschaften: Die Religion durchdringt dort das ganze Rechtsleben, wie im übrigen das ganze soziale Leben.

In den Gesetzen des Manu ist dieser Zug ebenfalls noch sehr deut-

13 Siehe Munck, *Palestine*, p. 216. – Selden, *De Sunedriis*, p. 889–913, zählt – nach Maimonides – alle Vorschriften auf, die zu dieser Kategorie gehören.

lich. Man braucht nur den übermäßigen Platz zu sehen, den sie der Kriminalgerichtsbarkeit in der Gesamtheit der nationalen Institutionen einräumen. »Um dem König in seinen Funktionen zu helfen, sagt Manu, erzeugte der Herr vom Anfang an den Genius der Strafe, den Behüter aller Wesen, den Ausführer des Rechts, seinen eigenen Sohn, dessen Wesen ganz göttlich ist. Die Furcht vor der Strafe erlaubt allen beweglichen und unbeweglichen Wesen, das zu genießen, was ihnen gehört, und hindert sie, sich von ihren Pflichten zu entfernen ... Die Strafe regiert das Menschengeschlecht; die Strafe beschützt es; die Strafe wacht, während alles schläft; die Strafe ist die Gerechtigkeit, sagen die Weisen ... Alle Klassen würden zugrundegehen, alle Schranken würden umgeworfen, die Welt geriete durcheinander, wenn die Strafe nicht mehr ihre Pflicht erfüllte.«[14]

Das Zwölftafelgesetz bezieht sich auf eine Gesellschaft, die bereits viel entwickelter und uns viel näher ist[15] als das hebräische Volk. Der Beweis dafür ist, daß die römische Gesellschaft den Stadttypus erst erreicht hat, als sie den überholt hatte, in dem die jüdische Gesellschaft stehengeblieben ist. Den Beweis werden wir später geben[16]. Andere Tatsachen bezeugen im übrigen dieses geringe Überholen. Zuerst finden wir in den Gesetzen der XII Tafeln alle Hauptkeime unseres heutigen Rechts, während es zwischen dem hebräischen und unserem Recht sozusagen nichts Gemeinsames gibt[17]. Außerdem ist das Zwölftafelgesetz völlig weltlich. Wenn man im alten Rom auch glaubte, daß die Gesetzgeber wie Numa

14 *Les Lois Manou*, Üg Loiseleur, VII, v. 14–24.

15 Wenn wir von einem sozialen Typus sagen, er wäre fortgeschrittener als ein anderer, so wollen wir damit nicht behaupten, daß sich die sozialen Typen in einer aufsteigenden Linie staffeln, die in der Geschichte mehr oder weniger gleich war. Es ist im Gegenteil sicher, daß das genealogische Bild der sozialen Typen, wenn man es vollständig ausführen könnte, eher die Form eines buschigen Baumes hätte, der zwar aus einer Wurzel kommt, aber verzweigt ist. Trotz dieser Verteilung bleibt der Abstand zwischen 2 Typen meßbar; sie sind eben mehr oder weniger gleich. Man kann vor allem nicht von einem Typus sagen, daß er über einem anderen steht, wenn er damit angefangen hat, dessen Form zu haben, den er dann überholt habe. Dann gehört er eben einem höheren Ast oder einem höheren Zweig an.

16 Siehe Kap. 6, § 2.

17 Das Vertragsrecht, das Erbrecht, die Vormundschaft, die Adoption, usw. sind dem Pentateuch unbekannt.

göttlich inspiriert und folglich das Recht und die Religion damals eng vermischt waren, dann hatte zu dem Zeitpunkt, wo die XII Tafeln redigiert wurden, die Verbindung zu existieren aufgehört, denn diese Rechtsmonumente wurden vom Anfang an als ein menschliches Werk hingestellt, das nur den menschlichen Beziehungen dienen sollte. Man findet darin nur einige Verordnungen, die die religiösen Zeremonien betreffen, und selbst die scheinen nur als Prunkgesetze zugelassen worden zu sein. Nun ist aber die mehr oder weniger vollständige Trennung zwischen dem juristischen und religiösen Element das beste Zeichen, an dem man erkennen kann, ob eine Gesellschaft mehr oder weniger entwickelt ist als eine andere[18].

Daher füllt hier das Strafrecht nicht mehr den ganzen Platz aus. Die Regeln, die durch Strafen sanktioniert werden, und die Regeln, die nur eine Wiedergutmachung kennen, sind diesmal genau voneinander unterschieden. Das Restitutionsrecht hat sich vom Repressivrecht gelöst, das es zuerst absorbiert hatte. Jetzt hat es seinen eigenen Charakter, seine persönliche Konstitution, seine Individualität. Es existiert als eigenes, unterscheidbares Recht, ausgestattet mit Spezialorganen und mit einer eigenen Prozedur. Sogar das Kooperativrecht ist bereits erschienen: Wir finden in den XII Tafeln ein Familien- und ein Vertragsrecht.

Auch wenn das Strafrecht sein ursprüngliches Übergewicht verloren hat, bleibt sein Anteil noch groß. Auf die 115 Fragmente dieses Rechts, die es Voigt gelungen ist wiederherzustellen, können nur 66 der Wiedergutmachung zugezählt werden, während 49 einen betonten Strafcharakter haben[19]. Folglich stellt das Strafrecht fast die Hälfte dieses Rechtsbuches dar, so wie es auf uns überkommen ist. Was übriggeblieben ist, kann uns nur eine recht unvollständige Idee von der Bedeutung geben, die das Repressivrecht zu dem Zeitpunkt hatte, als es redigiert wurde. Denn gerade die Teile dieses Rechts konnten am leichtesten in Verlust geraten. Wir verdanken die Fragmente, die uns erhalten sind, fast ausschließlich den Rechtsgelehrten der klassischen Epoche, denn sie interessierten sich viel mehr für die Probleme des Zivilrechts als für die Fragen des Strafrechts. Das Strafrecht eignet sich nämlich

18 Cf. Walter, *op. cit.*, §§ 1 et 2; Voigt, *Die XII Tafeln*, I, p. 43.

19 Zehn (Somptuar-)Gesetze erwähnen keine Sanktionen, aber ihr Strafcharakter ist nicht zweifelhaft.

nicht für die schönen Wortgefechte, die schon immer die Juristen begeistert haben. Die allgemeine Gleichgültigkeit, die dem Strafrecht zuteil wurde, mußte die Wirkung haben, daß ein guter Teil des alten römischen Strafrechts dem Vergessen anheimfiel. Im übrigen würde sie auch ein authentischer und vollständiger Text des Zwölftafelgesetzes bestimmt nicht ganz enthalten haben, denn es redet weder von religiösen noch von häuslichen Verbrechen, da die einen und die anderen von Sondergerichten abgeurteilt wurden, noch von den Vergehen gegen die Sitten. Man muß auch die Faulheit in Rechnung stellen, mit der sozusagen das Strafrecht kodifiziert wird. Da es dem Bewußtsein eines jeden eingeprägt ist, fühlt man kein Bedürfnis, es aufzuschreiben, um es bekannt zu machen. Aus all diesen Gründen kann man mit Recht annehmen, daß das Strafrecht auch im 4. römischen Jahrhundert noch den größten Teil der Rechtsnormen ausmachte.

Dieses Übergewicht ist noch sicherer und noch betonter, wenn man es nicht mit dem ganzen Restitutivrecht vergleicht, sondern nur mit dem Teil dieses Rechts, der der organischen Solidarität entspricht. Denn zu diesem Zeitpunkt war nur das Familienrecht genügend weit organisiert: da die Prozedur mühsam war, ist sie weder vielfältig noch komplex. Das Vertragsrecht steht erst am Anfang. »Die kleine Zahl von Verträgen, die das alte Recht kennt, steht in stärkstem Kontrast mit der Vielzahl der Verpflichtungen, die aus dem Delikt entstehen.«[20] Das öffentliche Recht ist noch sehr einfach und hat noch zum größten Teil Strafcharakter, weil es noch den religiösen Zug bewahrt hat.

Von dieser Epoche an verliert das Strafrecht ständig an seiner relativen Bedeutung. Wenn man einerseits annimmt, daß es in einer bestimmten Anzahl von Punkten nicht zurückgegangen ist und daß viele Handlungen, die ursprünglich als Verbrechen angesehen worden waren, noch immer bestraft werden – das Gegenteil stimmt, was die religiösen Delikte betrifft –, so haben sie zum wenigsten nicht zugenommen. Wir wissen, daß seit der Zeit des Zwölftafelgesetzes die hauptsächlichsten kriminologischen Typen des römischen Rechts festgelegt sind. Dagegen haben sich das Vertragsrecht, die Prozedur und das öffentliche Recht immer weiter ausgedehnt. Je weiter man vorangeht, desto mehr entwickeln sich

20 Voigt, *Die XII Tafeln*, II, p. 448.

die seltenen und mageren Formeln, die das Zwölftafelgesetz über diese verschiedenen Punkte aufführt, und sie vermehren sich, bis sie die umfangreichsten Systeme der klassischen Epoche wurden. Das Familienrecht selbst wird kompliziert und verzweigt sich in dem Maß, in dem zum primitiven Zivilrecht nach und nach das prätorianische Recht hinzukommt.

Die Geschichte der christlichen Gesellschaften bietet uns ein anderes Beispiel desselben Phänomens. Schon Sumner Maine hatte angenommen, daß der Platz des Strafrechts, wenn man die verschiedenen barbarischen Gesetze untereinander vergleicht, um so größer ist, je älter es ist[21]. Die Tatsachen bestätigen diese Annahme. Das salische Recht bezieht sich auf eine weniger entwickelte Gesellschaft als die Gesellschaft des 4. Jahrhunderts von Rom. Wenn es, wie das römische Recht, schon den sozialen Typus überschritten hat, bei dem das hebräische Volk stehengeblieben ist, so hat es sich trotzdem nicht vollständig freigemacht. Wir werden weiter unten zeigen, daß die Spuren viel sichtbarer sind; daher hat das Strafrecht darin viel größere Bedeutung. Auf die 293 Artikel, aus denen sich der Text des salischen Rechts zusammensetzt, sind nur 25, d. h. 9 %, die keinen Strafcharakter haben[22]. Es handelt sich um die Artikel, die sich auf die Konstitution der fränkischen Familie beziehen[23]. Der Vertrag ist noch nicht vom Strafrecht getrennt, denn die Weigerung, die Verpflichtung am gegebenen Tag einzulösen, wird mit einer Buße geahndet. Außerdem enthält das salische Recht nur einen Teil des Strafrechts der Franken, denn es betrifft einzig und allein die Verbrechen und Vergehen, für die ein Vergleich erlaubt ist. Aber es gab bestimmte Vergehen, die nicht gutgemacht werden konnten. Man braucht nur daran zu denken, daß das Gesetz kein Wort weder über die Verbrechen gegen den Staat noch über die Militär- und Religionsdelikte enthält, so daß das Repressivrecht noch umfangreicher erscheint[24].

Im Recht der Burgunder, das jünger ist, ist es schon geringer. Auf 311 Artikel haben wir 98, d. h. fast ein Drittel, die keinen Strafcharakter aufweisen. Die Vermehrung bezieht sich allein auf das

21 Sumner Maine, *Ancien droit*, p. 347.

22 Waitz, *Das alte Recht der salischen Franken*, Kiel, 1846.

23 Tit. 44, 45, 46, 59, 60, 62.

24 Cf. Thonissen, *Procédure de la loi salique*, p. 244.

Familienrecht, das komplizierter geworden ist, sowohl was das Recht der Sachen wie das Recht der Personen betrifft. Das Vertragsrecht ist nicht viel entwickelter als im salischen Recht.

Schließlich das Recht der Westgoten, das noch jünger ist, und das sich auf ein noch kultivierteres Volk bezieht; es bezeugt einen neuerlichen Fortschritt im selben Sinn. Obwohl das Strafrecht noch vorherrscht, hat die Wiedergutmachung fast die gleiche Bedeutung. Hier finden wir ein ganzes Prozeßrecht (Buch 1 und 2), schon sehr entwickelte Ehe- und Familienrechte (Buch 3, tit. 1 und 4; Buch 4). Und schließlich zum erstenmal ein ganzes Buch (das 5.), das den Vergleichen gewidmet ist.

Eine Beobachtung gleicher Genauigkeit über diese doppelte Entwicklung ist uns in der ganzen Folge unserer Geschichte nicht mehr möglich, da keine weitere Kodifizierung vorhanden ist. Aber es ist unbestreitbar, daß sie sich in der gleichen Richtung fortgesetzt hat. In der Tat ist der Rechtskatalog der Verbrechen und der Delikte von dieser Zeit an schon recht vollständig. Das Familienrecht, das Vertragsrecht, die Prozedur und das öffentliche Recht haben sich dagegen ohne Unterbrechung weiter entwickelt, bis schließlich das Verhältnis zwischen den beiden Teilen des Rechts, die wir vergleichen, völlig umgekehrt ist.

Das repressive und das kooperative Recht variieren also genauso, wie es die Theorie voraussehen ließ, die damit bestätigt ist. Manchmal hat man allerdings dieses Übergewicht des Strafrechts in den niedrigen Gesellschaften einem anderen Grund beigemessen. Man hat es erklärt »mit der gewohnheitsmäßigen Gewalttätigkeit in den Gesellschaften, die ihre Gesetze niederzuschreiben begannen. Man behauptet, daß der Gesetzgeber sein Werk im Verhältnis zur Häufigkeit bestimmter Vorfälle im barbarischen Leben aufgeteilt hat.«[25] Sumner Maine führt diese Erklärung an, findet sie aber nicht vollständig. In Wirklichkeit ist sie nicht nur unvollständig, sondern falsch. Sie macht aus dem Recht eine künstliche Schöpfung des Gesetzgebers, das gesatzt worden sei, um den öffentlichen Sitten zu widersprechen und gegen sie zu reagieren. Heute ist eine derartige Annahme nicht mehr aufrechtzuerhalten. Das Recht drückt die Sitten aus, und wenn es gegen sie

25 Sumner Maine, *Ancien droit*, p. 348.

reagiert, dann mit der Kraft, die es von ihnen ausborgt. Dort, wo Gewalttaten häufig sind, werden sie geduldet; ihre Strafbarkeit steht im umgekehrten Verhältnis zu ihrer Häufigkeit. So sind bei den niedrigen Völkern die Verbrechen gegen die Personen häufiger als in unseren zivilisierten Gesellschaften; sie stehen daher an der letzten Stufe der Strafleiter. Man kann fast sagen, daß die Attentate um so strenger bestraft werden, je seltener sie sind. Was das primitive Strafrecht so vollblütig macht, ist nicht, daß unsere heutigen Verbrechen darin den Gegenstand ausgedehnter Anordnungen ausmachen, sondern daß es eine überquellende Kriminalität gibt, die diesen Gesellschaften eigen ist und deren angebliche Gewalttätigkeit nicht erklärbar wäre: Vergehen gegen den religiösen Glauben, gegen den Ritus, gegen die Zeremonien, gegen Traditionen aller Art, usw. Der wahre Grund der Entwicklung der Strafregeln ist, daß zu diesem Zeitpunkt der Entwicklung das kollektive Bewußtsein ausgedehnt und stark ist, während die Arbeit noch nicht geteilt ist.

Haben wir diese Prinzipien erst aufgestellt, dann folgt der Schluß ganz selbständig.

5. Kapitel

Fortschreitendes Übergewicht der organischen Solidarität und seine Folgen

I

Ein Blick auf unsere Gesetzbücher genügt, um den geringen Platz festzustellen, den das Strafrecht im Verhältnis zum Genossenschaftsrecht einnimmt. Was ist es schon neben dem Riesensystem des Familien-, des Vertrags-, des Handelsrechts usw.? Die Gesamtheit der Beziehungen, die einer Strafregelung unterworfen sind, stellt also nur einen Bruchteil des allgemeinen Lebens dar, und folglich sind die Bande, die uns an die Gesellschaft binden und die aus der Gemeinschaft des Glaubens und der Gefühle kommen, viel weniger zahlreich als diejenigen, die aus der Arbeitsteilung kommen.

Wahr ist, daß das allgemeine Bewußtsein und die Solidarität, die es erzeugt, nicht vollständig durch das Strafrecht ausgedrückt werden. Das erste erzeugt andere Bande als jene, deren Bruch es unterdrückt. Es gibt weniger starke oder undeutlichere Zustände des Kollektivbewußtseins, die ihre Wirkung durch die Vermittlung der Sitten und der öffentlichen Meinung fühlbar machen, ohne daß damit eine legale Sanktion verbunden wäre, und die trotzdem dazu beitragen, den Zusammenhalt der Gesellschaft zu sichern. Aber auch das Genossenschaftsrecht drückt nicht alle Bande aus, die die Arbeitsteilung erzeugt; denn es vermittelt uns ebenfalls von dieser ganzen Seite des sozialen Lebens nur eine schematische Darstellung. In vielen Fällen sind die Beziehungen der gegenseitigen Abhängigkeit, die die verteilten Funktionen verbinden, nur durch Bräuche erhalten, und diese nicht fixierten Regeln übersteigen bestimmt an Zahl jene Regeln, die zur Verlängerung des Repressivrechts dienen, denn sie müssen ebenso vielfältig sein wie die sozialen Funktionen selber. Die Beziehung zwischen den einen und den anderen ist also die gleiche wie die Beziehung der beiden Rechte, die sie ergänzen, und folglich kann man sie nicht auslassen, ohne daß das Ergebnis der Rechnung verändert wäre.

Wenn wir jedoch diese Beziehung nur in unseren heutigen Gesellschaften und zum jetzigen Zeitpunkt festgestellt hätten, so könnte man sich fragen, ob sie nicht von zeitgebundenen und vielleicht von pathologischen Ursachen abhängt. Aber wir haben gesehen, daß das Kooperativrecht um so überwiegender wird, je näher ein sozialer Typus sich unserem Typus genähert hat. Das Strafrecht dagegen nimmt um so mehr Platz ein, je mehr es sich von unserer heutigen Organisation entfernt. Dieses Phänomen ist also nicht an eine zufällige und mehr oder weniger krankhafte Ursache gebunden, sondern an die Struktur unserer Gesellschaften in dem, was an ihr am wessentlichsten ist, da es sich um so mehr entwickelt, je mehr es sich festigt. Daher ist uns das Gesetz, das wir im vorigen Kapitel aufgestellt haben, doppelt nützlich. Nicht nur, daß es die Prinzipien bestätigt hat, auf denen unser Schluß ruht, es erlaubt uns auch, seine Allgemeingültigkeit aufzustellen.

Aber aus diesem Vergleich allein können wir noch nicht darauf schließen, welches der Anteil der organischen Solidarität im allgemeinen Zusammenhalt der Gesellschaft ist. Die Ursache, die das Individuum mehr oder weniger eng an seine Gruppe fixiert, ist nicht nur die mehr oder weniger große Vielfalt der Anknüpfungspunkte, sondern auch die veränderliche Intensität der Kräfte, die es dort festhalten. Es könnte also geschehen, daß die Bande, die aus der Arbeitsteilung entstehen, zwar zahlreicher, jedoch schwächer sind als die anderen, und daß ihre größere Kraft ihre zahlenmäßige Unterlegenheit aufwiegt. Aber das Gegenteil ist der Fall.

Was die relative Kraft dieser beiden sozialen Bande mißt, ist die ungleiche Leichtigkeit, mit der sie sich auflösen. Das am wenigsten widerstandsfähige ist das Band, das unter dem geringsten Druck bricht. Nun sind aber diese Brüche in den niedrigen Gesellschaften, in denen die Solidarität aus Ähnlichkeiten die einzige oder fast die einzige ist, am häufigsten und am leichtesten. »Anfangs ... ist es, obschon der Anschluß an irgendeine Gruppe geboten erscheint, doch nicht notwendig, bei derselben Gruppe zu bleiben. In den frühesten Zuständen sind Wanderungen von Stamm zu Stamm sehr gewöhnlich. Werden die Kalmücken und Mongolen sehr von ihren Häuptlingen geplagt, so verlassen sie dieselben und gehen zu anderen über. Auch die Abiponen ... wandern.«[1] In Südafrika

1 Spencer, *Die Principien der Sociologie,* III, S. 336.

ziehen die Balondas ständig von einem Gebiet ins andere. Mac Culloch hat dasselbe für die Kukis festgestellt. Bei den Germanen konnte jeder Mann, der den Krieg liebte, unter einem Führer seiner Wahl Krieger werden. »Nichts ist gewöhnlicher und nichts erschien legitimer. Ein Mann stand in der Versammlung auf; er kündigte an, daß er an diesen oder jenen Ort gegen diesen oder jenen Feind ziehen werde. Wer ihm vertraute und an der Beute teilhaben wollte, rief ihn zum Führer aus und folgte ihm ... Das soziale Band war zu schwach, um die Männer gegen ihren Willen vor den Versuchungen des fahrenden Lebens und der Aussicht auf Beute zurückzuerhalten.«[2] Waitz behauptet von den niedrigen Gesellschaften im allgemeinen, daß sie dort, wo sich eine Führungsmacht gebildet hat, jedes Individuum noch so viel Unabhängigkeit bewahrt hat, um sich sofort von seinem Häuptling trennen zu können, »und gegen ihn aufzutreten, wenn er die Macht dazu hat, ohne daß dies als ein Unrecht von seiner Seite erschiene.«[3] Selbst in einer Despotie, sagt der gleiche Autor, hat jeder immer die Freiheit, sich mit seiner Familie vom Stamme zu trennen. Könnte man die Regel, nach der ein Römer, wenn er vom Feind gefangengenommen wurde, aufhörte, der Stadt anzugehören, nicht auch durch die Leichtigkeit erklären, mit der damals das soziale Band gelöst wurde?

Ganz anders wird es in dem Maß, als sich die Arbeit teilte. Die verschiedenen Teile des Räderwerks können, weil sie verschiedene Funktionen erfüllen, nicht leicht voneinander getrennt werden. »Denkt man sich die Grafschaft Middlesex von ihrer ganzen Umgebung abgeschnitten, so würden in wenigen Tagen alle ihre sozialen Vorgänge aus Mangel an Zufuhr stillstehen. Man unterbinde den Baumwolldistrikten unseres Landes den Verkehr mit Liverpool und anderen Häfen, und sofort wäre die Industrie lahmgelegt, und es würde eine gewaltige Sterblichkeit der Bevölkerung eintreten. Würde eine Scheidewand zwischen der Bevölkerung in den Kohlendistrikten und derjenigen der angrenzenden Landesteile errichtet, wo Metalle geschmolzen oder Tuchwaren fabriziert werden, so müßten beide zunächst in sozialer Hinsicht durch Stillstand ihrer Tätigkeit absterben, bald aber auch der Tod ihrer In-

2 Fustel de Coulanges, *Histoire des institutions politiques de l'ancienne France*, Teil I, S. 352.

3 Waitz, *Anthropologie*, S. 359–360.

dividuen eintreten. Obgleich, wenn eine zivilisierte Gesellschaft so zertrennt wird, daß ein Teil derselben ohne zentrale herrschende Macht übrigbleibt, sich sehr bald eine solche von neuem entwikkeln kann, so entsteht doch in der Zwischenzeit die große Gefahr, daß alles sich auflöse, und bevor die Reorganisation durchgeführt ist, muß eine längere Zeit der Unordnung und Schwäche durchlaufen werden.«[4] Das ist der Grund, warum gewaltsame Anschlüsse, die früher so häufig waren, immer mehr gefährliche und höchst unsichere Operationen werden. Heute einem Land eine Provinz zu entreißen, heißt ein oder mehrere Organe von einem Organismus abtrennen. Das Leben der angeschlossenen Region wäre zutiefst gestört, weil es von den Organen getrennt ist, von denen es abhängt. Solche Zerstückelungen und solche Verletzungen führen notwendigerweise zu dauernden Leiden, deren Erinnerung nicht gelöscht werden kann. Selbst für den einzelnen Menschen ist es nicht leicht, die Nationalität zu wechseln, trotz der großen Ähnlichkeit der verschiedenen Zivilisationen[5].

Das umgekehrte Experiment wäre nicht weniger überzeugend. Je schwächer die Solidarität ist, d. h., je lockerer das soziale Band ist, um so leichter wird es fremden Elementen, in die Gesellschaften eingegliedert zu werden. Nun ist aber bei den niedrigen Völkern die Einbürgerung das Einfachste von der Welt. Bei den Indianern Nordamerikas hat jedes Stammesmitglied das Recht, neue Mitglieder über die Adoption einzuführen. »Kriegsgefangene wurden entweder getötet oder von irgendeiner Gens (Clan) adoptiert. Gefangene Weiber und Kinder wurden gewöhnlich in dieser Form begnadigt. Die Adoption verlieh nicht nur Gentilrechte, sondern auch die Nationalität des Stammes.«[6] Bekannt ist, mit welcher Leichtigkeit Rom am Anfang das Stadtrecht Leuten ohne Asyl und Stämmen, die Rom unterjocht hatte, gewährte[7]. Im übrigen haben sich primitive Gesellschaften durch Einverleibungen dieser Art vermehrt. Um so durchdringbar zu sein, mußte das Bewußtsein ihrer Einheit und ihrer Persönlichkeit nicht sehr stark

4 Spencer, *Die Principien der Sociologie*, II, S. 49.

5 Im 7. Kapitel wird dargestellt, daß das Band, das das Individuum an die Familie bindet, um so stärker und um so schwerer zu lösen ist, je mehr die häusliche Arbeit geteilt ist.

6 Morgan, *Urgesellschaft*, S. 68.

7 Dionysios von Helicarnas, I, 9. – Cf. Accarias, *Précis de droit romain*, I, § 51.

sein[8]. Das umgekehrte Phänomen kann man dort beobachten, wo die Funktionen schon spezialisiert sind. Natürlich kann der Fremde vorläufig in eine Gesellschaft eindringen, aber der Assimilierungsvorgang, d. h. die Naturalisation, wird lange und kompliziert. Sie ist ohne die Zustimmung der Gruppe, die feierlich verkündet wird und besonderen Bedingungen unterworfen ist, nicht mehr möglich[9].

Vielleicht ist man darüber erstaunt, daß ein Band, das das Individuum in einem Maß an die Gemeinschaft bindet, daß es darin aufgeht, sich mit dieser Leichtigkeit lösen oder knüpfen kann. Was aber die Starrheit eines sozialen Bandes ausmacht, ist nicht das, was seine Widerstandskraft ausmacht. Weil sich die Teile des Räderwerks, wenn sie vereint sind, nur gemeinsam bewegen, folgt noch nicht, daß sie verpflichtet sind, vereint zu bleiben oder zugrundezugehen. Da sie im Gegenteil einander nicht nötig haben und da jeder alles in sich trägt, was das soziale Leben ausmacht, kann er es um so leichter anderswo hintragen, als diese Trennungen meistens in Trupps ausgeführt werden. Das Individuum ist dann so ausgerichtet, daß es sich nur in Gruppen bewegen kann, selbst um sich von seiner Gruppe zu trennen. Andrerseits verlangt die Gesellschaft von jedem ihrer Mitglieder die Einheit der Glaubensüberzeugungen und der Sitten, solange sie ihr angehören. Da sie aber eine bestimmte Anzahl ihrer Mitglieder verlieren kann, ohne daß die Ökonomie ihres inneren Lebens gestört wird (weil die soziale Arbeit wenig geteilt ist), widersetzt sie sich nicht stark diesen Verminderungen. Auch dort, wo die Solidarität aus Ähnlichkeiten kommt, wird jeder, der nicht zu weit vom Kollektivtyp abweicht, ohne Widerstand in den Lebenskreis einverleibt. Es gibt keine Gründe, um ihn zurückzuweisen; es gibt im Gegenteil Gründe, ihn anzuziehen, wenn Plätze frei sind. Aber dort, wo die Gesellschaft ein System von unterschiedlichen Teilen bildet, die sich gegenseitig ergänzen, können neue Elemente nicht auf die alten aufgepfropft werden, ohne die Harmonie zu stören und ohne die

8 Diese Tatsache ist nicht unversöhnbar mit jener anderen, daß in diesen Gesellschaften der Fremde ausgestoßen wird. Er vermittelt dieses Gefühl, solange er fremd bleibt. Wir behaupten, daß er diese Fremdeigenschaft leicht verliert, um naturalisiert zu werden.

9 Im 7. Kapitel werden wir sehen, daß diese Einbrüche von Fremden in die Familiengesellschaft um so leichter sind, je weniger die häusliche Arbeit geteilt ist.

Beziehungen zu verändern; der Organismus widersteht also Einbrüchen, die nicht ohne Störungen abgehen.

II

Nicht nur, daß die mechanische Solidarität im allgemeinen die Menschen weniger stark bindet als die organische, sie wird auch in dem Maß, wie die soziale Entwicklung weiterschreitet, immer lokkerer.

Denn die Kraft der sozialen Bindungen, die diesen Ursprung haben, variieren nach dem Maß der drei folgenden Bedingungen:

1. Nach dem Verhältnis zwischen dem Umfang des gemeinsamen Bewußtseins und dem Umfang des individuellen Bewußtseins. Sie verfügen über um so größere Energie, je vollkommener sich das erste mit dem zweiten deckt.

2. Nach der durchschnittlichen Intensität der Zustände des Kollektivbewußtseins. Nimmt man das Verhältnis der Umfänge als gleich an, wirkt es um so stärker auf das Individuum, je lebendiger es ist. Besteht es nur aus schwachen Anstößen, reißt es den Menschen nur schwach in die kollektive Richtung. Um so leichter folgt er seinem eigenen Sinn und um so weniger stark ist die Solidarität.

3. Nach der mehr oder weniger großen Festigkeit dieser Zustände. Je deutlicher die Glaubensüberzeugungen und die Praktiken sind, um so weniger Platz lassen sie den individuellen Meinungsverschiedenheiten. Wir gießen alle einheitlich unsere Ideen und unsere Handlungen in einheitliche Modeln. Der *Konsensus* ist also so vollkommen wie möglich. Das Bewußtsein aller tönt im Einklang. Je allgemeiner und bestimmter dagegen die Verhaltens- und Denkweisen sind, desto mehr muß die individuelle Überlegung eingreifen, um sie auf die besonderen Fälle anzuwenden. Sie kann aber nicht erwachen, ohne daß der Aufruhr ausbricht. Denn so wie sie von Mensch zu Mensch in Qualität und Quantität verschieden ist, so hat alles, was sie erzeugt, den gleichen Charakter. Die zentrifugalen Tendenzen vervielfältigen sich auf Kosten des sozialen Zusammenhalts und der Harmonie der Bewegungen.

Andrerseits sind die starken und deutlichen Zustände des gemeinsamen Bewußtseins die Wurzeln des Strafrechts. Wir werden aber sehen, daß die Zahl dieser Wurzeln heute kleiner ist als früher und daß sie ständig in dem Maß abnimmt, wie sich die Gesellschaften unserem heutigen Typ nähern. Also haben sich die mittlere Intensität und der mittlere Grad der Bestimmtheit der Kollektivzustände selber vermindert. Allerdings können wir daraus nicht schließen, daß die Gesamtbreite des Kollektivbewußtseins enger geworden ist; denn es ist möglich, daß sich die Region, die dem Strafrecht entspricht, verengt hat, während sich der Rest im Gegenteil ausgeweitet hat. Es kann vielleicht weniger starke und deutliche Zustände geben und dafür eine größere Anzahl anderer. Wenn diese Vermehrung wirklich ist, ist sie höchstens die Entsprechung der Vermehrung, die im individuellen Bewußtsein stattgefunden hat. Denn dieses hat sich mindestens in denselben Verhältnissen vergrößert. Wenn es mehr Dinge gibt, die allen gemeinsam sind, so gibt es auch viel mehr, die Eigentum eines jeden einzelnen sind. Man kann sogar annehmen, daß die letzteren stärker zugenommen haben als die anderen, denn die Unähnlichkeiten zwischen den Menschen sind in dem Maß stärker geworden, in dem die Menschen kultivierter wurden. Wir haben gesehen, daß sich die Spezialtätigkeiten stärker entwickelt haben als das gemeinsame Bewußtsein. Es ist also wahrscheinlich, daß sich in jedem Bewußtsein die persönliche Sphäre viel stärker vergrößert hat als die andere. Auf alle Fälle ist aber das Verhältnis zwischen ihnen wenigstens das gleiche geblieben. Von diesem Standpunkt aus hat folglich die mechanische Solidarität nichts gewonnen, vorausgesetzt daß sie nichts verloren hat. Wenn wir also von einer anderen Seite feststellen, daß das Kollektivbewußtsein schwächer und undeutlicher geworden ist, so können wir sicher sein, daß diese Solidarität schwächer geworden ist, denn von den drei Bedingungen, von denen ihre Handlungsfähigkeit abhängt, verlieren mindestens zwei ihre Intensität, während die dritte unverändert geblieben ist.

Um das zu beweisen, würde es uns nichts nützen, die Zahl der Regeln mit Repressivsanktionen in den anderen sozialen Typen zu vergleichen, denn sie verändert sich nicht genau so wie die Zahl der Gefühle, die sie darstellen. Ein und dasselbe Gefühl kann nämlich auf verschiedene Weise verletzt werden, und daher mehrere Regeln hervorbringen, ohne sich deshalb zu vervielfachen. Weil es jetzt mehrere Arten gibt, Eigentum zu erwerben, gibt es auch mehr Arten zu stehlen. Aber das Gefühl der Achtung vor dem Eigentum eines anderen hat sich deshalb nicht vervielfacht. Weil sich die individuelle Persönlichkeit entwickelt hat und mehr Elemente umfaßt, sind mehr Attentate auf sie möglich. Aber das Gefühl, das sie verletzen, bleibt immer das gleiche. Wir dürfen also nicht die Regeln zählen, sondern müssen sie in Klassen und Unterklassen ordnen, je nachdem sie sich auf ein Gefühl oder auf verschiedene Gefühle beziehen oder auf verschiedene Varianten eines und desselben Gefühls. Damit stellen wir die kriminologischen Typen und ihre wesentlichen Varianten auf, deren Zahl notwendigerweise die gleiche ist wie die Zahl der starken und deutlichen Zustände des Kollektivbewußtseins. Je zahlreicher diese sind, desto mehr kriminelle Gattungen muß es geben, und folglich spiegeln die Varianten der einen genau die Varianten der anderen wider. Zum Überblick haben wir in der folgenden Tafel die Haupttypen und die Hauptvarianten zusammengestellt, die in den verschiedenen Gesellschaftsarten aufgetreten sind. Natürlich kann eine derartige Klassifizierung weder vollständig noch streng genau sein; aber für den Schluß, den wir daraus ziehen wollen, weist sie eine genügende Genauigkeit auf. Sie umfaßt in der Tat alle heutigen kriminologischen Typen. Vielleicht haben wir jene vergessen, die seither verschwunden sind. Da wir aber beweisen wollen, daß sich ihre Zahl verringert hat, wären diese Auslassungen nur ein weiteres Argument, um unsere Beweisführung zu stützen.

Regeln, die Handlungen verbieten, die den Kollektivgefühlen zuwiderlaufen

I Allgemeine Ziele

Religiöse Gefühle	Positive	(zwingen die Religionspraxis auf).	
	Negative[9a]	die sich auf Überzeugungen beziehen, die das Göttliche betreffen.	
		die sich auf den Kult beziehen.	
		die sich auf die Kultorgane beziehen	Heilige Stätten, Priester.

9 a Wir nennen Gefühle positiv, die positive Handlungen erzwingen, wie die Glaubensausübung; negative Gefühle verlangen nur Enthaltung. Zwischen beiden bestehen also nur Gradunterschiede. Trotzdem sind sie bedeutsam, denn sie kennzeichnen zwei Momente ihrer Entwicklung.

Nationale Gefühle	Positive	(positive Bürgerpflichten).	
	Negative	(Verrat, Bürgerkrieg, usw.).	
Familiengefühle	Positive	Väterliche und kindliche Gefühle.	
		eheliche.	
		verwandtschaftliche Gefühle im allgemeinen.	
	Negative:	die gleichen.	
Gefühle der sexuellen Beziehungen	verbotene Verbindungen	Inzest	
		Sodomie	
		Mißheiraten	
	Prostitution		
	öffentliche Schamhaftigkeit		
	Schamhaftigkeit Minderjähriger		
Gefühle, die sich auf die Arbeit beziehen	Bettelei.		
	Herumtreiberei.		
	Trunkenheit[10].		
	Strafrechtliche Regelung der Arbeit.		
Verschiedene herkömmliche Gefühle	in Bezug auf bestimmte Bräuche des Berufs.		
	in Bezug auf das Begräbnis.		
	in Bezug auf die Nahrung.		
	in Bezug auf die Kleidung.		
	in Bezug auf das Zeremoniell.		
	in Bezug auf Gebräuche aller Arten.		
Gefühle in Bezug auf das Organ des allgemeinen Bewußtseins	soweit sie direkt verletzt sind	Majestätsbeleidigung.	
		Anschlag gegen die legitime Macht.	
		Beleidigungen, Gewalttaten gegen die Autorität. – Aufruhr.	
	indirekt[11]	Übergriffe von Einzelpersonen auf öffentliche Funktionen. – Anmaßungen. – Fälschungen.	
		Verletzung der Amtspflicht durch Beamte und andere Verfehlungen im Beruf.	
		Betrug zum Schaden des Staates. Ungehorsam aller Art (administrative Übertretungen).	

10 Es ist möglich, daß noch andere Beweggründe in unsere Ablehnung der Trunkenheit eingreifen, besonders der Abscheu, den der Zustand der Erniedrigung erzeugt, in dem sich der Betrunkene befindet.

11 Unter dieser Rubrik führen wir die Handlungen auf, die ihren kriminellen Charakter der Reaktion verdanken, die dem Organ des Kollektivbewußtseins wenigstens zum Teil eigen ist. Eine genaue Trennung dieser beiden Unterabteilungen ist im übrigen schwierig zu vollziehen.

II Individuelle Ziele

Gefühle in Bezug auf die Einzelperson	Mord, Verwundungen. – Selbstmord.	
	Individuelle Freiheit	physische. moralische (Zwang in der Ausübung der bürgerlichen Rechte).
	Ehre	Beleidigungen, Verleumdungen. Falsches Zeugnis.
In Bezug auf die Sachen des Individuums	Raub. – Hochstapelei, Vertrauensmißbrauch. verschiedene Betrügereien.	
Gefühle in Bezug auf die Allgemeinheit der Individuen, sowohl in ihren Personen wie in ihren Gütern		Falschmünzerei. – Konkurs. Brandschaden. Straßenraub. – Plünderung. Öffentliche Gesundheit.

III

Ein Blick auf diese Tafel genügt, um zu erkennen, daß sich eine große Zahl von kriminologischen Typen allmählich aufgelöst hat.

Heute hat die Regelung des häuslichen Lebens fast völlig jeden Strafcharakter verloren. Eine Ausnahme macht nur das Verbot des Ehebruchs und der Bigamie. Selbst der Ehebruch nimmt auf der Liste unserer Verbrechen einen Ausnahmeplatz ein, denn der Ehemann hat das Recht, die verurteilte Frau von der Strafe zu verschonen. Was die Pflichten der anderen Mitglieder der Familie betrifft, so haben sie keine repressiven Sanktionen mehr. Früher war das anders. Die Zehn Gebote machen aus der Kinderliebe eine soziale Verpflichtung. Daher wurde mit dem Tod bestraft, wer seine Eltern schlug[12] oder wer sie verfluchte[13] oder wer dem Vater nicht gehorchte[14].

Der athenische Stadtstaat gehört zum selben Typ wie der römische, stellt aber eine ursprünglichere Variante dar. Seine Rechtspflege hatte in diesem Punkt denselben Charakter. Die Verfeh-

12 2. Mose 21,15.

13 2. Mose 21,17. – 5. Mose 27,16.

14 5. Mose 21,18–21.

lungen gegen die Pflichten der Familie führten zur Eröffnung einer besonderen Klage, der *graphe kakoseos**. »Wer seine Eltern oder seine Vorfahren mißhandelte oder beleidigte, wer ihnen nicht das Begräbnis zuteil werden ließ, das der Würde ihrer Familie entsprach ... konnte mit der *graphe kakoseos* belangt werden.«[15] Die Pflichten der Eltern gegenüber dem Waisenknaben oder dem Waisenmädchen wurden durch Urteil der gleichen Art sanktioniert. Immerhin beweisen die wesentlich milderen Strafen, die dafür verhängt wurden, daß die entsprechenden Gefühle in Athen nicht dieselbe Kraft oder dieselbe Entschlossenheit hatten wie in Judäa[16].

In Rom ist ein weiterer und noch deutlicherer Rückgang festzustellen. Die einzigen Verpflichtungen der Familie, die das Strafrecht erwähnt, sind jene, die den Hintersassen (*cliens*) an den Herren (*patronus*) binden, und umgekehrt[17]. Die anderen häuslichen Verfehlungen werden nur mehr disziplinarisch durch den Familienvater bestraft. Zweifellos erlaubte ihm die Autorität, über die er verfügte, streng zu bestrafen; aber er übt diese Macht nicht als öffentlicher Richter oder als Beamter aus, der den Auftrag hat, in seinem Haus das allgemeine Staatsgesetz zu vertreten, sondern als Privatmann[18]. Diese Verfehlungen neigen also dazu, reine private Angelegenheiten zu werden, an denen die Gesellschaft nicht interessiert ist. Auf diese Weise sind die Familiengefühle nach und nach aus der Zentralpartie des gemeinsamen Bewußtseins herausgetreten[19].

* Anklage wegen Mißhandlung und Vernachlässigung der Eltern.

15 Thonissen, *Droit pénal de la République athénienne*, p. 288.

16 Die Strafe war nicht bestimmt, aber sie scheint im Verlust der bürgerlichen Rechte (*dégradation*) bestanden zu haben (Siehe Thonissen, *op. cit.*, p. 291).

17 *Patronus, si clienti fraudem fecerit, sacer esto* (Der Patron, der seine Klienten arglistig behandelt, soll [moralisch] verflucht sein), sagt das Zwölftafelgesetz. – Am Anfang war das Strafrecht stärker im Familienleben vertreten. Eine *lex regio*, die die Tradition bis auf Romulus zurückführt, verflucht das Kind, das die Eltern mißhandelt hatte (Festus, p. 230, s. v. *plorare*).

18 Siehe Voigt, *XII Tafeln*, II, 273.

19 Man ist vielleicht erstaunt, daß man über einen Rückschritt der Familiengefühle in Rom sprechen kann, dem Vorzugsort der patriarchalischen Familie. Wir können nur Tatsachen feststellen. Ihre Erklärung liegt darin, daß die Bildung der patriarchalischen Familie die Wirkung hatte, dem öffentlichen Leben eine ganze Menge von Elementen zu entziehen und eine Sphäre privater Wirkung, eine Art innerer Festung aufzubauen. Damit entstand eine Quelle

Das war die Entwicklung der Gefühle, die sich auf die Beziehungen der Geschlechter bezog. Im Pentateuch nimmt die Unzucht noch einen bedeutenden Platz ein. Eine Vielzahl von Handlungen wurden noch als Verbrechen behandelt, die unsere Rechtspflege nicht mehr unterdrückt: die Schändung der Verlobten (5. Mose 22,23–27), der Beischlaf mit einer leibeigenen Magd (3. Mose 19,20–22), der Betrug eines Mädchens, das sich bei der Heirat als Jungfrau ausgegeben hat (5. Mose 22,13–21), die Sodomie (3. Mose 18,23; 2. Mose 22,19), die Hurerei (3. Mose 19,29), besonders der Priestertöchter (3. Mose 21,9), die Blutschande (3. Mose 18,6–18 zählt 17 Arten auf). Alle diese Verbrechen werden sehr streng bestraft, meistens mit dem Tod. Im athenischen Recht sind sie schon weniger zahlreich; es unterdrückt nur mehr die bezahlte Päderastie, die Kuppelei, den Verkehr mit einer ehrbaren Bürgerin außerhalb der Ehe und die Blutschande, obwohl wir über die Charaktermerkmale der Blutschande (des Inzestaktes) schlecht unterrichtet sind. Die Strafen waren im allgemeinen auch weniger streng. Im römischen Staat ist die Lage ungefähr gleich, obwohl dieser ganze Teil der Rechtspflege recht unbestimmt ist: man könnte sagen, daß er an Relief verloren hat. »Die Päderastie war im primitiven Rom zwar nicht vom Gesetz vorgesehen, wurde aber vom Volk, von den Zensoren oder vom Familienvater mit Tod, Buße oder Ehrverlust bestraft.«[20] Das gleiche gilt ungefähr für das *stuprum*, d. h. die Unzucht mit einer *matrona* (einer älteren Frau). Der Vater hatte das Recht, seine Tochter zu bestrafen. Das Volk bestrafte mit Buße oder Exil dasselbe Verbrechen auf die Klage eines *aedilis* (eines Polizeibeamten)[21]. Es scheint, als ob die Unterdrückung dieser Delikte zum Teil schon eine häusliche und private Angelegenheit sei. Heute haben diese Gefühle nur mehr ein Echo im Strafrecht in zwei Fällen: Wenn es öffentlich oder an Minderjährigen geschieht, die sich nicht verteidigen können[22].

von Varianten, die es bis dahin nicht gegeben hat. Vom Tag an, wo sich das Familienleben der sozialen Wirkung entzogen hat, um sich im Haus einzuschließen, verändert es sich von Haus zu Haus, und die Familiengefühle haben ihre Einheit und ihre Einstimmigkeit verloren.

20 Rein, *Criminalrecht der Römer*, p. 865. 21 ID., *ibid.*, p. 869.

22 Wir führen in dieser Rubrik weder die Entführung noch die Notzucht auf, in denen andere Elemente mitwirken. Sie sind eher Gewalttaten als Akte der Unsittlichkeit.

Die Klasse der Strafnormen, die wir unter *verschiedene Traditionen* aufgeführt haben, stellt in Wirklichkeit eine Menge von unterschiedlichen kriminologischen Typen dar, die den verschiedenen Kollektivgefühlen entsprechen. Nun sind sie alle oder fast alle nach und nach verschwunden. In den einfachen Gesellschaften, in denen die Tradition allmächtig und fast alles gemeinsam ist, werden die kindischesten Gebräuche durch die Macht der Gewohnheit imperative Pflichten. Im Tonkin gibt es eine Menge Verfehlungen gegen den Anstand, die strenger unterdrückt werden als schwere Attentate gegen die Gesellschaft[23]. In China wird der Arzt bestraft, der seine Verordnungen nicht regelrecht ausgestellt hat[24]. Der Pentateuch ist voller Vorschriften dieser Art. Wir brauchen eine große Anzahl von halbreligiösen Sitten nicht zu erwähnen, deren Ursprung natürlich historisch ist und deren ganze Kraft aus der Tradition kommt: die Ernährung[25], die Kleidung[26], tausend Einzelheiten des Wirtschaftslebens sind dabei einer sehr ausgedehnten Reglementierung unterworfen[27]. Der Staat »übte seine Tyrannei bis in die kleinsten Dinge aus. In Lokris* untersagte das Gesetz den Männern, reinen Wein zu trinken; in Rom, in Milet, in Marseille den Frauen. Gewöhnlich war die Kleidung von den Gesetzen einer jeden Stadt unveränderlich bestimmt; die Gesetzgebung von Sparta bestimmte die Haartracht der Frauen, und die von Athen untersagte ihnen, auf der Reise mehr als drei Kleider mitzunehmen. In Rhodus verbot das Gesetz, sich den Bart zu schneiden, in Byzanz strafte es den mit einer Geldstrafe, der bei sich ein Rasiermesser trug; in Sparta im Gegenteil forderte es, daß man sich den Schnurrbart abschere.«[28] Aber die Zahl dieser Delikte ist schon geringer. In Rom kann man nur mehr einige Somtuargesetze anführen, die die Frauen betreffen. Heute wäre es wohl schwierig, auch nur eins in unserem Recht zu entdecken.

23 Post, *Bausteine* I, 226.

24 Post, *ibid.* – Dasselbe im alten Ägypten (Siehe Thonissen, *Études sur l'histoire du droit criminel des peuples anciens,* I, 149).

25 5. Mose 14, 3 sequ. 26 5. Mose 22, 5,11,12 und 14,1.

27 »Du sollst deinen Weinberg nicht mit Zweierlei bepflanzen ...« (5. Mose, 22,9). – »Du sollst nicht ackern zugleich mit einem Rind und einem Esel.« Mose 22,10.

* Lokris, antike Gegend in Mittelgriechenland.

28 Fustel de Coulanges, *Der antike Staat,* Berlin u. Leipzig 1907. S. 273.

Aber der bedeutsamste Verlust des Strafrechts liegt im völligen oder fast völligen Verschwinden der religiösen Verbrechen. Es handelt sich um eine ganze Welt von Gefühlen, die aufgehört haben, unter die starken und bestimmten allgemeinen Bewußtseinszustände gezählt zu werden. Wenn man sich allerdings damit begnügt, unsere Rechtspflege in dieser Materie mit der der niedrigen sozialen Typen in ihrer Gesamtheit zu nehmen, dann erscheint dieser Rückschritt so stark zu sein, daß man zu zweifeln beginnt, ob er normal und dauerhaft ist. Folgt man aber genauer der Entwicklung der Fakten, so stellt man fest, daß dieser Ausschluß von einer steten Regelmäßigkeit war. Man sieht, wie er in dem Maß immer vollständiger wird, in dem man sich von einem sozialen Typ zum anderen erhebt. Folglich ist es unmöglich, daß er an einer provisorischen und zufälligen Erscheinung liegen kann.

Es ist unmöglich, alle religiösen Verbrechen aufzuzählen, die der Pentateuch unterscheidet und bestraft. Der Hebräer mußte den Befehlen des Gesetzes gehorchen, wollte er nicht ausgeschlossen werden. »Wenn aber ein einzelner aus Vorsatz frevelte, es sei ein Einheimischer oder Fremdling, so hat der den HERRN geschmäht. Er soll ausgerottet werden aus seinem Volk.«[29] Damit mußte er nicht nur nichts tun, was verboten war, sondern auch alles tun, was geboten war, sich und die seinen beschneiden lassen, den Sabbat zu feiern, die Feste, usw. Wir brauchen nicht zu erwähnen, wie zahlreich die Vorschriften sind und mit welchen schrecklichen Strafen sie belegt waren.

Auch in Athen war der Platz der religiösen Kriminalität noch sehr groß. Es gab eine besondere Anklage, die *graphe asebeias* (Anklage wegen Gotteslästerung), die die Attentate gegen die nationale Religion verfolgte. Ihre Sphäre war sehr ausgedehnt. »Allem Anschein nach hatte das attische Recht nicht deutlich die Verbrechen und Delikte definiert, die unter die *asebeia* fielen, so daß der Bewertung des Richters ein weiter Spielraum gelassen war.«[30] Bestimmt war aber die Liste weniger lang als im hebräischen Recht. Außerdem handelt es sich bei allen oder fast allen um Handlungen und nicht um Enthaltungen. Die wichtigsten sind die folgenden: Die Weigerung, an die Götter, an ihre Existenz und an ihre Rolle in den menschlichen Angelegenheiten zu glau-

29 4. Mose 15,30.
30 Meier und Schömann, *Der attische Prozeß*, [2]1863, S. 367.

ben; die Entweihung der Feste, der Opfer, der Spiele, der Tempel und der Altäre; die Verletzung des Asylrechts, die Verstöße in den Pflichten gegenüber den Göttern, die Unterlassung oder die Verfälschung ritualer Praktiken durch den Priester, die Tat, den Laien in das Geheimnis der Mysterien einzuweihen, heilige Ölbäume zu entwurzeln, Tempel zu betreten, die dem Laien verboten waren[31]. Das Verbrechen bestand also nicht darin, nicht den Kult zu zelebrieren, sondern ihn durch aktive Handlungen oder durch Worte zu stören[32]. Schließlich ist nicht bewiesen, daß die Einführung neuer Gottheiten regelmäßig nötig hatte, autorisiert zu werden, und daß sie als Gottlosigkeit behandelt wurde, obwohl die natürliche Elastizität dieser Anklage manchmal erlaubt hätte, sie in diesem Fall anzustrengen[33]. Im übrigen ist klar, daß das religiöse Gewissen im Vaterland der Sophisten und von Sokrates weniger unduldsam war als in einer theokratischen Gesellschaft wie der hebräischen. Damit hier die Philosophie entstehen und sich entwickeln konnte, durfte die herkömmliche religiöse Überzeugung nicht so stark sein, daß sie die Entfaltung verhinderte.

In Rom drücken sie noch weniger schwer auf das individuelle Gewissen. Fustel de Coulanges hat mit Recht auf den religiösen Charakter der römischen Gesellschaft hingewiesen; aber verglichen mit den älteren Völkern war der römische Staat viel weniger von Religiosität durchdrungen[34]. Die politischen Funktionen, die schon sehr früh von den religiösen Funktionen getrennt wurden, unterwarfen sie sich. »Dank dem Übergewicht des politischen Prinzips und dem politischen Charakter der römischen Religion, gewährte der Staat der Religion nur soviel Unterstützung, als die Attentate gegen die Religion ihn selbst indirekt gefährdeten. Religiöse Glaubensüberzeugungen fremder Staaten oder von Fremden, die im römischen Staat lebten, wurden geduldet, wenn sie sich in ihre Grenzen einschlossen und den Staat nicht zu nahe

31 Wir zählen diese Liste nach Meier und Schömann auf, *op. cit.*, S. 368. – Cf. Thonissen, *op. cit.*, Kap. 2.

32 Fustel de Coulanges wiederholt nach einem Text von Pollux (VIII, 46), daß das Festefeiern verpflichtend war. Aber der Text spricht von einer positiven Profanation und nicht von einer Enthaltung.

33 Meier und Schömann, *op. cit.* 369. – Cf. *Dictionnaire des Antiquités*, art. »Asebeia«.

34 Fustel gibt selber zu, daß dieser Zug in Athen viel betonter war (Kap. 18, Schluß).

berührten.«[35] Aber der Staat griff ein, wenn sich Bürger fremden Gottheiten zuwandten und damit der nationalen Religion schadeten. »Immerhin wurde diese Angelegenheit weniger als eine Rechtsfrage behandelt als ein Interesse der obersten Behörden; man schritt dagegen ein nach dem Bedürfnis der Umstände durch Warnungen und Verbote oder durch Strafen, die bis zum Tod gingen.«[36] Die religiösen Prozesse hatten in Rom aber niemals die Bedeutung im Strafrecht wie im Strafrecht von Athen. Hier finden wir keine Rechtsnorm, die an die *graphe asebeias* erinnert.

Nicht nur, daß die Verbrechen gegen die Religion eindeutiger und weniger zahlreich sind, viele von ihnen sind auch um einen oder zwei Grad heruntergegangen. Tatsächlich setzten sie die Römer nicht alle auf den gleichen Fuß, sondern unterschieden die *scelera expiabilia* von den *scelera inexpiabilia* (sühnbare und unsühnbare Freveltaten). Die ersten erfordern nur eine Sühne, die aus einem Opfer an die Götter bestand[37]. Zweifellos war dieses Opfer eine Strafe in dem Sinn, daß der Staat die Durchführung verlangen konnte, weil der Fleck, mit dem sich der Schuldige besudelt hatte, die Gesellschaft angesteckt hatte, und die Gefahr heraufbeschwor, die Rache der Götter auf sie herabzuziehen. Immerhin ist das aber eine andere Strafe als der Tod, die Einziehung, das Exil, usw. Gerade diese so leicht verzeihlichen Fehler waren es, die das athenische Recht mit der größten Strenge unterdrückte. Es handelte sich um:

1. die Profanation eines jeden heiligen Ortes;
2. die Profanation eines jeden religiösen Ortes;
3. die Scheidung nach einer religiösen Eheschließung;
4. den Verkauf eines Sohnes aus einer solchen Ehe;
5. einen Toten den Sonnenstrahlen auszusetzen;
6. eines der *scelera inexpiabilia* auch ohne böse Absicht begehen.

In Athen wurde Tempelschändung, die geringste Störung der religiösen Zeremonien, manchmal der geringste Verstoß gegen das Ritual[38] mit dem Tod bestraft.

35 Rein, *op. cit.*, S. 887–888.
36 Walter, *op. cit.*, 9, 804.
37 Marquardt, *Römische Staatsverwaltung*, 2. Aufl. Leipzig 1878, Bd. III, S. 248.
38 Siehe Beweismaterial bei Thonissen, *op. cit.*, p. 187.

In Rom gab es wirkliche Strafen nur für Attentate, die sowohl sehr schwer wie beabsichtigt waren. Die einzigen *scelera inexpiabilia* waren die folgenden:

1. Jeder gewollte Verstoß der Amtspflichten bei der Ausübung der Vogelschau oder der Opfer (*sacra*) oder ihrer Schändung;
2. Als Beamter an einem Unheilstag, und zwar absichtlich, eine Amtshandlung durchzuführen (*legis actio*);
3. Die absichtliche Schändung der Feiertage (*feriae*) durch Handlungen, die in diesem Fall verboten sind;
4. Blutschande einer Vestalin oder mit einer Vestalin[39].

Man hat oft dem Christentum seine Unduldsamkeit vorgeworfen. In diesem Punkt bedeutete es aber einen bedeutenden Fortschritt gegenüber den vorhergegangenen Religionen. Das religiöse Gewissen der christlichen Gesellschaften, selbst zur Zeit, wo der Glaube sein Maximum erreicht hatte, ruft nur dann eine Strafreaktion hervor, wenn man sich gegen ihn mit einer aufsehenerregenden Handlung auflehnt, wenn man ihn verleugnet oder ihn offen angreift. Er ist vom weltlichen Leben viel stärker abgeschieden als es selbst in Rom der Fall war; er kann sich daher nicht mehr mit der gleichen Autorität aufzwingen und muß sich stärker in eine Abwehrstellung einschließen. Er verlangt keine Unterdrückung mehr für Bagatellfälle, wie wir sie eben erwähnt haben, sondern nur wenn er in einem seiner Grundprinzipien bedroht ist. Die Zahl dieser Prinzipien ist nicht sehr groß, denn der Glaube wurde einfacher, indem er sich spiritualisierte, indem er allgemeiner und abstrakter wurde. Die religiöse Lästerung, von der die Gotteslästerung nur eine Variante ist, und die Ketzerei unter ihren verschiedenen Formen sind von nun an die einzigen religiösen Verbrechen[40]. Die Liste wird also immer kürzer; ein Beweis, daß

39 Nach Voigt, *XII Tafeln*, I, 450–455. – Cf. Marquardt, a. a. O. – Wir lassen ein oder zwei *scelera* (Verbrechen) aus, die einen weltlichen und zu gleicher Zeit auch einen religiösen Charakter hatten; wir zählen nur diejenigen auf, die direkte Verletzungen der heiligen Sache sind.

40 Du Boys, *op. cit.*, VI, p. 62 sequ. – Es muß auch festgehalten werden, daß die Strenge gegen religiöse Verbrechen erst sehr spät einsetzt. Im 9. Jahrhundert kann man die Gotteslästerung mit 30 Pfund Silber sühnen (Du Boys, V, 231). Eine Verfügung von 1226 fällt zum erstenmal die Todesstrafe für die Ketzer. Man kann also annehmen, daß die Strafverschärfung ein anormales Phänomen ist, das von außerordentlichen Umständen abhing, und das nicht die normale Entwicklung des Christentums implizierte.

die starken und bestimmten Gefühle selbst weniger zahlreich werden. Wie kann es auch anders sein? Jeder gibt zu, daß die christliche Religion die idealistischste Religion ist, die es jemals gegeben hat. Also besteht sie viel mehr aus sehr breiten und sehr allgemeinen Glaubensartikeln als aus besonderen Glaubensüberzeugungen und bestimmten Praktiken. Darum war auch der Ausbruch des freien Gedankens im Schoß des Christentums verhältnismäßig frühzeitig. Von Anfang an entstanden abweichende Schulen und sogar entgegengesetzte Sekten. Kaum hatten sich die christlichen Gesellschaften im Mittelalter organisiert, als auch schon die Scholastik auftauchte, jener erste methodische Versuch der unabhängigen Überlegung, jene erste Quelle der Spaltung. Das Recht zur Diskussion wird im Prinzip anerkannt. Unnötig zu zeigen, daß diese Bewegung seither immer deutlicher wurde. Damit ist die religiöse Kriminalität völlig oder fast völlig aus dem Strafrecht verschwunden.

IV

Hier haben wir also eine ganze Anzahl von kriminologischen Varianten, die allmählich und ohne Ersatz verschwunden sind, denn es haben sich keine neuen gebildet, die völlig neu wären. Wenn wir die Bettelei verbieten, bestrafte Athen dafür den Müßiggang[41]. Es gibt keine Gesellschaft, in der Attentate, die gegen die nationalen Gefühle oder gegen die nationalen Einrichtungen gerichtet waren, jemals geduldet worden wären. Die Unterdrükkung war anscheinend früher sogar strenger. Folglich kann man annehmen, daß die entsprechenden Gefühle schwächer geworden sind. Das Verbrechen der Majestätsbeleidigung, das früher so schrecklich war, verschwindet immer mehr.

Man hat manchmal behauptet, daß dagegen die Verbrechen gegen die Einzelperson bei den niedrigen Völkern nicht anerkannt und der Diebstahl und der Mord sogar belohnt worden wären. Lombroso hat erst kürzlich diese These verteidigt. Er hat behauptet, »das Verbrechen bei den Wilden erscheint nicht als eine Ausnahme, sondern als die allgemeine Regel. Es wird daher von niemand als solches aufgefaßt.«[42] Um diese Behauptung zu stützen, zitiert

41 Thonissen, *op. cit.*, p. 363.

42 Lombroso, *Verbrecher*, Hamburg, 1887, Bd. 1, S. 35.

er nur einige seltene und zweideutige Fälle, die er kritiklos interpretiert. So muß er schließlich zugeben, daß der Diebstahl mit der Praxis des Kommunismus oder mit der internationalen Räuberei identisch ist[43]. Weil nun aber das Eigentum unteilbar unter allen Mitgliedern der Gruppe ist, folgt noch nicht, daß das Recht auf Diebstahl anerkannt sei; es kann sich hier nur in dem Maß um Raub handeln, als es Eigentum gibt[44]. Wenn eine Gesellschaft die Plünderung von Nachbarstämmen nicht empörend findet, so braucht man daraus noch nicht zu schließen, daß sie dieselben Verfahren in ihren inneren Beziehungen duldet und nicht ihre Volksgenossen gegeneinander schützt. Man hätte also die Straflosigkeit der internen Räuberei feststellen müssen. Tatsächlich gibt es einen Text von Diodoros und einen anderen von Aulus Gellius, der die Annahme erlaubt, daß eine derartige Berechtigung im alten Ägypten existiert habe[45]. Aber diese Texte werden durch alles, was wir über die ägyptische Zivilisation wissen, widerlegt. Sehr richtig sagt Thonissen: »Wie sollen wir zugeben, daß der Diebstahl in einem Land geduldet wurde ... wo die Gesetze die Todesstrafe über den aussprechen, der von unerlaubten Gewinnen lebt; wo die einfache Änderung eines Gewichtes oder eines Maßes mit dem Verlust der beiden Hände bestraft wurde?«[46] Man kann durch Mutmaßungen[47] Fakten rekonstruieren, die Schriftsteller ungenau beschrieben haben; die Ungenauigkeit ihrer Erzählung kann nicht zweifelhaft sein.

Was die Tötungen betrifft, von denen Lombroso spricht, so geschehen sie immer unter außerordentlichen Umständen. Entweder finden sie im Krieg statt, oder es handelt sich um religiöse Opfer

43 »Selbst bei den zivilisierten Völkern hat es lange gedauert, bis sich das Eigentum begründet hat«. Lombroso, *op. cit.*, p. 36. Damit will er seine These stützen.

44 Das darf man nicht vergessen, um gewisse Gedanken primitiver Völker über den Raub zu beurteilen. Wo der Kommunismus erst kürzlich eingeführt wurde, ist das Band zwischen der Sache und der Person noch schwach, d. h. das Recht des Individuums über die Sache ist noch nicht so stark wie heute; folglich sind die Attentate gegen dieses Recht nicht so schwer. Damit ist aber nicht gesagt, daß der Raub geduldet würde. Er existiert in dem Maß nicht, als das private Eigentum nicht existiert.

45 Diodoros, I, 39; Aulus Gellius, *Noctes Atticae*, XI, 18.

46 Thonissen, *Études*, etc., I, 168.

47 Die Mutmaßungen sind leicht (siehe Thonissen und Tarde, *Criminalité*, p. 40).

oder um das Ergebnis absoluter Gewalt, die ein barbarischer Despot über seine Untertanen ausübt oder ein Vater über seine Kinder. Was aber gezeigt werden soll, ist die Abwesenheit einer jeden Regel, die im Prinzip den Mord verbietet; unter diesen besonderen außerordentlichen Beispielen gibt es keine, die eine derartige Schlußfolgerung beinhaltet. Die Tatsache, daß man in Sonderfällen von dieser Regel abgeht, beweist noch nicht, daß sie nicht existiert. Finden wir im übrigen nicht auch in unseren zeitgenössischen Gesellschaften ähnliche Ausnahmen? Handelt ein General, der ein Regiment in den sicheren Tod schickt, um den Rest des Heeres zu retten, anders als der Priester, der einen Menschen opfert, um den Nationalgott zu befriedigen? Wird nicht auch im Krieg getötet? Genießt der Ehemann, der seine ehebrecherische Frau umbringt, nicht in bestimmten Fällen eine relative, wenn nicht gar eine vollständige Straffreiheit? Die Sympathie, die manchmal Mörder und Räuber genießen, ist bezeichnend. Man kann den Mut eines Mannes bewundern, ohne daß man die Tat im Prinzip duldet.

Im übrigen ist die Vorstellung, die dieser Doktrin als Basis dient, schon in ihren Elementen widersprüchlich. Sie setzt nämlich voraus, daß die primitiven Völker überhaupt keine Moralität hätten. Nun gibt es aber, von dem Augenblick an, wo die Menschen eine Gesellschaft bilden (wie rudimentär sie auch sei), notwendigerweise Regeln, die ihre Beziehungen beherrschen, und folglich eine Moral, die, wenn sie auch unserer Moral nicht ähnlich ist, doch existiert. Wenn es andererseits eine all diesen Moralauffassungen gemeinsame Regel gibt, dann ist es bestimmt die Regel, die den Menschenmord verbietet. Denn Menschen, die sich ähnlich sind, können nicht zusammenleben, ohne daß nicht jeder für seinesgleichen eine Sympathie empfindet, die sich jeder Handlung widersetzt, die sie zum Leiden bringen könnte[48].

Was an dieser Theorie wahr ist, ist zuerst, daß die Gesetze, die die Person schützen, früher einen Teil der Bevölkerung nicht

48 Dieser Satz widerspricht nicht jenem anderen, in dieser Arbeit oft zitierten Satz, daß die individuelle Persönlichkeit zu dem Zeitpunkt der Entwicklung nicht existiert. Die psychische Persönlichkeit fehlte eben und da besonders die höhere psychische Persönlichkeit. Die Individuen haben aber immer ein unterschiedliches organisches Leben, und das genügt, um jene Sympathie hervorzurufen, obwohl sie stärker wird, je entwickelter die Persönlichkeit ist.

schützten, und zwar die Kinder und die Sklaven. Man darf auch zu Recht annehmen, daß dieser Schutz jetzt viel sorgfältiger beachtet wird, und daß folglich die Kollektivgefühle, die ihnen entsprechen, stärker geworden sind. Aber in diesen beiden Tatsachen ist nichts, was unsere Behauptung entkräftet. Wenn heute alle Individuen, die, wie auch immer, Teil der Gesellschaft sind, gleichmäßig geschützt werden, dann verdanken wir diese Besänftigung der Sitten nicht dem Auftauchen einer wirklich neuen Strafnorm, sondern der Ausdehnung einer alten. Von Anfang an war es verboten, einen Mordanschlag auf Gruppenmitglieder zu verüben. Diese Qualität war den Kindern und den Sklaven verwehrt. Heute, wo wir diese Unterschiede nicht mehr machen, sind Handlungen strafbar geworden, die nicht kriminell waren. Das liegt einfach daran, daß es mehr Kollektivgefühle gibt. Sie haben sich nicht vervielfacht, sondern das Objekt, auf das sie sich beziehen. Wenn man trotzdem zugeben muß, daß der Respekt der Gesellschaft für das Individuum stärker geworden ist, so folgt daraus nicht, daß sich die Zentralregion des gemeinsamen Bewußtseins erweitert hat. Es sind keine neuen Elemente dazugekommen, weil dieses Gefühl existiert und schon immer genug Energie gehabt hat, um keine Verunglimpfung zu dulden. Als einzige Veränderung ist eingetreten, daß ein altes Element intensiver geworden ist. Aber diese einfache Verstärkung kann nicht die vielfältigen und schweren Verluste ausgleichen, die wir festgestellt haben.

Zusammenfassend können wir sagen, daß das gemeinsame Bewußtsein immer weniger starke und ausgeprägte Gefühle zählt. Die mittlere Intensität und der mittlere Grad der Entschlossenheit der Kollektivzustände werden immer geringer, wie wir es angekündigt hatten. Selbst der beschränkte Zuwachs, den wir beobachtet haben, hat nur dieses Ergebnis gezeitigt. Sehr beachtenswert bleibt, daß die einzigen Kollektivgefühle, die intensiver geworden sind, jene Gefühle sind, die nicht auf soziale Dinge hinzielen, sondern auf das Individuum. Um das zu erreichen, mußte die individuelle Persönlichkeit ein wesentlich wichtigeres Element des Gesellschaftslebens geworden sein. Damit es diese Bedeutung erreichen konnte, genügt es nicht, daß das persönliche Bewußtsein eines jeden einzelnen an absolutem Wert zugenommen hat, es muß auch stärker als das gemeinsame Bewußtsein gewachsen sein.

Es muß sich vom Joch des gemeinsamen Bewußtseins befreit haben, und folglich muß dieses an Herrschaft und an bestimmender Wirkung verloren haben, die es im Prinzip ausgeübt hat. Wenn nämlich das Verhältnis zwischen diesen beiden Faktoren das gleiche geblieben wäre, wenn sich das eine wie das andere an Umfang wie an Lebensfähigkeit im selben Maß entwickelt hätte, wären die Kollektivgefühle, die sich auf das Individuum beziehen, ebenfalls gleich geblieben. Vor allem wären sie nicht die einzigen geblieben, die zugenommen hätten. Denn sie hängen einzig und allein vom sozialen Wert des individuellen Faktors ab, und dieser Wert ist seinerseits nicht von der absoluten Entwicklung dieses Faktors abhängig, sondern von der relativen Ausdehnung des Teiles, der ihm in der Gesamtheit der sozialen Phänomene zukommt.

V

Man kann diesen Satz mit einer Methode überprüfen, die wir kurz angeben wollen.

Wir haben heute keinen wissenschaftlichen Begriff, was Religion eigentlich ist. Um ihn zu erhalten, müßte man das Problem mit der gleichen vergleichenden Methode abhandeln, die wir für die Frage des Verbrechens angewendet haben, und das ist ein Versuch, der noch nicht gemacht worden ist. Oft hat man gesagt, daß die Religion zu jedem Zeitpunkt ihrer Geschichte die Gesamtheit der Glaubensüberzeugungen und der Gefühle aller Art ist, die sich auf die Beziehungen des Menschen zu einem Wesen oder zu Wesen beziehen, deren Natur er als seiner Natur überlegen ansieht. Aber eine derartige Definition ist offensichtlich unangemessen, denn es gibt tatsächlich eine Menge von Verhaltens- oder Denkregeln, die sicher religiös sind und die trotzdem auf Beziehungen ganz anderer Art angewendet werden. Die Religion verbietet dem Juden, bestimmtes Fleisch zu essen; sie befiehlt ihm, sich auf eine bestimmte Art zu kleiden; sie zwingt ihm diese oder jene Meinung über die Natur des Menschen und der Dinge auf, über den Ursprung der Welt; sie regelt sehr oft die rechtlichen, moralischen und wirtschaftlichen Beziehungen. Ihr Wirkungsbereich geht also weit über den Verkehr des Menschen mit dem Göttlichen hinaus. Außerdem behauptet man, daß es zum mindesten eine Religion ohne Gott gibt[49]; es würde genügen, daß diese Tatsache stimmt, und man hätte nicht mehr das Recht, die Religion in bezug auf die Gottesidee zu definieren. Wenn schließlich die außerordentliche Autorität, die der Gläubige der Gottheit zubilligt, das besondere Ansehen all dessen erklären kann, was Religion ist, dann müßte man noch immer erklären, was den Menschen dazu gebracht hat, einem Wesen eine derartige Autorität zuzubilligen, die nach einstimmigem Urteil in den meisten Fällen, wenn nicht immer, eine Frucht ihrer Einbildung ist. Aus nichts kommt nichts. Diese Kraft, die sie besitzt, muß also irgendwoher kommen, und folglich gibt uns diese Formel keine Auskunft über das Wesen des Phänomens.

Wenn man dieses Element aussondert, dann erscheint der einzige Zug, den alle religiösen Gedanken und alle religiösen Gefühle gleichermaßen vorweisen, daß sie einer bestimmten Anzahl von Individuen, die zusammenleben, gemeinsam sind, und daß sie überdies eine ziemlich hohe mittlere Intensität haben. Es handelt sich um eine stehende Tatsache, daß eine etwas stärkere Überzeugung, die von einer und derselben Menschengemeinschaft geteilt wird, unweigerlich einen religiösen Charakter annimmt. Sie flößt dem Bewußtsein aller den gleichen verehrenden Respekt ein wie die eigentlichen religiösen Überzeugungen. Es ist also höchst wahrscheinlich – dieser kurze Aufriß kann natürlich kein strenger Beweis sein –, daß die Religion einer sehr zentralen Region des Kollektivbewußtseins entspricht. Zwar bliebe noch übrig, diese Region zu umschreiben und sie von jener zu unterscheiden, die dem Strafrecht entspricht, mit dem sie sich im übrigen oft ganz oder teilweise vermischt. Das sind Fragen, die studiert werden müssen, deren Lösung aber nicht direkt die sehr wahrscheinliche Annahme, die wir vorgebracht haben, interessiert.

Wenn es eine Wahrheit gibt, die die Geschichte über jeden Zweifel erhoben hat, dann ist es die, daß die Religion einen immer kleineren Anteil des sozialen Lebens umfaßt. Am Anfang umfaßte sie alles; alles, was sozial ist, ist religiös; die beiden Wörter sind Synonyme. Nach und nach lösen sich die politischen, wirtschaftlichen und wissenschaftlichen Funktionen von der religiösen Funktion, richten sich gesondert ein und nehmen einen immer stärkeren

49 Vgl. Artikel Der Buddhismus (in *L'Encyclopédie des sciences religieuses*).

weltlichen Charakter an. Gott, der zuerst, wenn man so sagen darf, in allen menschlichen Beziehungen gegenwärtig war, zieht sich fortschreitend zurück. Er überläßt die Welt den Menschen und ihren Streitigkeiten. Wenn er sie noch weiter beherrscht, so von hoch und weit, und die Wirkung, die er ausübt, wird immer allgemeiner und immer unbestimmter und gibt dem Spiel der menschlichen Kräfte immer größeren Raum. Das Individuum wird sich seiner also bewußt, es wird immer weniger von außen bewirkt. Es wird immer mehr eine Quelle spontaner Aktivität. Nicht nur der Bereich der Religion wächst nicht zur gleichen Zeit mit dem weltlichen Leben und im gleichen Maß, sondern er wird immer kleiner. Dieser Übergang hat nicht zu dem oder jenem Zeitpunkt der Geschichte begonnen; trotzdem kann man die Phasen vom Anfang der sozialen Entwicklung an verfolgen. Er ist also an die Grundbedingungen der Entwicklung der Gesellschaften gebunden und bezeugt auf diese Weise, daß es immer weniger kollektive Glaubensüberzeugungen und -gefühle gibt, die sowohl kollektiv wie stark genug sind, um einen religiösen Charakter anzunehmen. Das heißt, daß die mittlere Intensität des Kollektivbewußtseins selber schwächer wird.

Diese Beweisführung hat über die vorhergehende einen Vorteil: sie erlaubt die Feststellung, daß dasselbe Gesetz der Rückbildung auch auf die Vorstellungen und Affekte des gemeinsamen Bewußtseins angewendet werden kann. Über das Strafrecht können wir nur die Phänomene der Sensibilität erreichen, während die Religion außer Gefühlen Ideen und Glaubenslehren umfaßt.

Die Verminderung der Sprichwörter, der Sinnsprüche, der Redensarten usw. in dem Maß, wie die Gesellschaften sich entwikkeln, ist ein weiterer Beweis, daß sich auch die kollektiven Vorstellungen ständig vermindern.

Bei den primitiven Völkern sind nämlich Formeln dieser Art sehr zahlreich. »Die meisten Rassen von Westafrika besitzen eine Fülle von Sprichwörtern, mindestens eines für jeden Lebensumstand, den sie gemeinsam mit den meisten Völkern haben, die erst wenige Fortschritte in der Zivilisation gemacht haben.«[50] Fortgeschrittenere Gesellschaften sind in dieser Hinsicht nur in den ersten Zeiten ihrer Existenz fruchtbar. Später entstehen nicht nur keine neuen

50 Ellis, *The Ewe-Speaking Peoples of the Slave Coast*, London, 1890, S. 258.

Sprichwörter mehr, sondern die alten werden nach und nach unverständlich, verlieren ihren eigenen Sinn, bis sie schließlich nicht mehr verstanden werden. Das zeigt deutlich, daß sie nur in niedrigen Gesellschaften gedeihen und daß sie sich heute nur mehr in den wenig gehobenen Klassen halten können[51]. Nun ist aber ein Sprichwort der gedrängte Ausdruck eines Kollektivgedankens oder eines Kollektivgefühls, die sich auf eine bestimmte Kategorie von Objekten beziehen. Es ist sogar unmöglich, daß es Glaubensüberzeugungen oder Gefühle dieser Art gibt, die nicht in dieser Form fixiert sind. Da jeder Gedanke zu einem Ausdruck neigt, der ihm angemessen ist, muß er sich, wenn er einer bestimmten Anzahl von Individuen gemeinsam ist, in einer Formel verfestigen, die ihnen ebenfalls gemeinsam ist. Jede Funktion von Dauer erschafft sich ein Organ nach diesem Bild. Man hat also unrecht, wenn man, um den Niedergang der Sprichwörter zu erklären, unseren Realismus und unsere Wissenschaftlichkeit geltend macht. In der Unterhaltung kümmern wir uns ja auch nicht um eine derartige Genauigkeit, noch verachten wir Bilder; wir finden im Gegenteil viel Saft in den alten Sprichwörtern, die uns verblieben sind. Im übrigen ist das Bild kein dem Sprichwort inhärentes Element; es ist eines der Mittel, aber nicht das einzige, mit dem der kollektive Gedanke verdichtet wird. Diese kurzen Formeln werden aber mit der Zeit zu eng, um die Vielfalt der individuellen Gefühle enthalten zu können. Ihre Einheit steht nicht mehr in Beziehung zu den Verschiedenheiten, die entstanden sind. Daher können sich diese Formeln nur erhalten, wenn sie eine allgemeinere Bedeutung erhalten, ehe sie ganz verschwinden. Das Organ verkümmert, weil es nicht mehr gebraucht wird, d. h. weil es weniger genügend deutliche Kollektivvorstellungen hat, um sich in eine bestimmte Form einzuschließen.

Alles läuft auf den Beweis hinaus, daß sich das gemeinsame Bewußtsein in dem Sinn entwickelt, den wir gezeigt haben. Höchstwahrscheinlich schreitet seine Entwicklung nicht im gleicher Weise fort wie das individuelle Bewußtsein. Es wird auf alle Fälle insgesamt schwächer und undeutlicher. Der kollektive Typus verliert sein Relief und die Formen werden abstrakter und unbestimmter. Wenn diese Rückbildung – oft ist man geneigt, so etwas anzu-

51 Wilhelm Borchardt, *Die sprichwörtlichen Redensarten*, Leipzig, 1888, XII. – Cf. v. Wyss, *Die Sprichwörter bei den römischen Komikern*, Zürich, 1889.

nehmen – ein Ergebnis unserer jüngsten Zivilisation und ein einzigartiges Ereignis in der Geschichte der Gesellschaften wäre, könnte man sich fragen, ob sie auch dauern werde. Die Entwicklung geht aber in Wahrheit seit den fernsten Zeiten ununterbrochen vor sich. Das zu zeigen, haben wir uns bemüht. Der Individualismus und der freie Gedanke stammen nicht aus unseren Tagen, auch nicht von 1789, weder von der Reformation noch von der Scholastik, weder vom Untergang des griechisch-römischen Polytheismus noch von den orientalischen Theokratien. Es ist ein Phänomen, das nirgendwo anfängt, sondern das sich unaufhaltsam die ganze Geschichte hindurch entwickelt hat. Natürlich ist diese Entwicklung nicht gradlinig. Die neuen Gesellschaften, die die erloschenen sozialen Typen ersetzen, beginnen ihren Lauf niemals an dem Punkt, wo jene ihren Lauf beendet haben. Wie sollte das auch möglich sein? Das Kind setzt nicht das Greisen- oder das reife Alter der Eltern fort, sondern seine eigene Kindheit. Wenn man sich also über den durchlaufenen Weg Rechenschaft geben will, darf man die aufeinanderfolgenden Generationen nur zur gleichen Epoche ihres Lebens beobachten. So muß man z. B. die christlichen Gesellschaften des Mittelalters mit dem primitiven Rom vergleichen, Rom mit der griechischen Stadt der Gründerzeit, usw. Dann kann man feststellen, daß dieser Fortschritt oder diese Rückbildung, wenn man so sagen will, sozusagen ohne Unterbrechung vor sich gegangen ist. Es handelt sich also um ein unausweichliches Gesetz, gegen das sich aufzulehnen absurd wäre.

Das heißt im übrigen nicht, daß das gemeinsame Bewußtsein vom völligen Verschwinden bedroht wäre. Es besteht eben nur immer mehr aus sehr allgemeinen und sehr unbestimmten Denk- und Empfindungsarten, die den Platz für eine ständig wachsende Vielfalt von individuellen Meinungsverschiedenheiten freimachen. Natürlich gibt es eine Stelle, wo es sich gefestigt und präzisiert hat: dort wo es das Individuum betrifft. In dem Maß, wie alle anderen Überzeugungen und alle anderen Praktiken einen immer weniger religiösen Charakter annehmen, wird das Individuum der Gegenstand einer Art von Religion. Wir haben für die Würde der Person einen Kult, der, wie jeder starke Kult, schon seinen Aberglauben hat. Wenn man will, handelt es sich also um einen gemeinsamen Glauben; aber er ist nur durch den Zusammenbruch der anderen möglich und kann folglich nicht die gleichen Wirkungen hervorrufen wie jene Masse von erloschenen Glaubensüberzeugungen. Hier gibt es keine Kompensation. Wenn er außerdem insoweit gemeinsam ist, als er von der Gemeinschaft geteilt wird, ist er durch sein Objekt individuell. Wenn er den Willen aller auf ein gleiches Ziel richtet, dann ist dieses Ziel doch nicht sozial. Er stellt also eine Ausnahmesituation im Kollektivbewußtsein dar. Er zieht seine Kraft aus der Gesellschaft, aber er bindet uns nicht an sie, sondern an uns selbst. Folglich bildet er kein echtes soziales Band. Darum hat man mit Recht den Theoretikern vorwerfen können, die aus diesem Gefühl die ausschließliche Basis ihrer Moraldoktrin gemacht haben, daß sie die Gesellschaft auflösen. Wir können also den Schluß ziehen, daß alle sozialen Bande, die aus der Ähnlichkeit kommen, allmählich nachlassen.

Jedoch genügt das Gesetz allein nicht, um die ganze Größe der Rolle der Arbeitsteilung aufzuzeigen. Da die mechanische Solidarität immer schwächer wird, muß sich entweder das eigentliche soziale Leben vermindern oder eine andere Solidarität muß nach und nach an die Stelle derer treten, die jetzt abtritt. Man muß wählen. Vergeblich behauptet man, daß sich das Kollektivbewußtsein erweitert und zugleich mit dem der Individuen festigt. Wir haben bewiesen, daß die beiden sich im umgekehrten Verhältnis verändern. Trotzdem besteht der soziale Fortschritt nicht aus einer stetigen Auflösung; im Gegenteil, je mehr man fortschreitet, desto tiefer sind sich die Gesellschaften ihrer selbst und ihrer Einheit bewußt. Es muß also ein anderes soziales Band geben, das dieses Ergebnis erzwingt. Nun gibt es aber kein anderes als jenes, das sich aus der Arbeitsteilung ableitet.

Wenn man sich daran erinnert, daß die mechanische Solidarität selbst dort, wo sie am widerstandsfähigsten ist, die Menschen nicht mit der gleichen Kraft verbindet wie die Arbeitsteilung, und daß sie im übrigen den größten Teil der heutigen sozialen Phänomene außer acht läßt, dann wird noch deutlicher, daß die soziale Solidarität dazu neigt, rein organisch zu werden. Die Arbeitsteilung übernimmt immer mehr die Rolle, die früher das Kollektivbewußtsein übernommen hatte. Sie hält hauptsächlich das soziale Räderwerk der höheren Typen zusammen.

Das ist natürlich eine Funktion der Arbeitsteilung, die viel bedeutender ist als jene, die die Volkswirtschaftler ihr gewöhnlich zuerkennen.

6. Kapitel

Fortschreitendes Übergewicht der organischen Solidarität und seine Folgen (Fortsetzung)

I

Es ist also ein Gesetz der Geschichte, daß die mechanische Solidarität, die zuerst allein oder fast allein war, nach und nach an Boden verliert und daß die organische Solidarität immer stärkeres Übergewicht bekommt. Aber wenn sich die Art und Weise, wie die Menschen untereinander solidarisch sind, verändert, ist es ausgeschlossen, daß sich nicht auch die Struktur der Gesellschaft verändert. Die Form eines Körpers verändert sich notwendigerweise, wenn die molekularen Verbindungen nicht mehr dieselben sind. Wenn also der vorhergegangene Satz richtig ist, dann muß es zwei soziale Typen geben, die zwei Arten von Solidarität entsprechen.
Wenn man versucht, sich den Idealtyp einer Gesellschaft vorzustellen, deren Zusammenhalt ausschließlich aus Ähnlichkeiten hervorgegangen wäre, dann müßte man sie sich als eine absolut homogene Masse vorstellen, deren Teile sich untereinander nicht unterscheiden, und die folglich nicht untereinander geordnet wären oder, mit einem Wort, keine bestimmte Form und keine Organisation hätten. Es wäre ein wahres soziales Protoplasma, der Keim, aus dem alle sozialen Typen hervorgegangen sind. Wir schlagen vor, diese solcherart charakterisierte Grundsubstanz *Horde* zu nennen.
Völlig authentisch ist es noch nicht gelungen, Gesellschaften zu beobachten, die in allen Punkten dieser Beschreibung entsprechen. Wenn man trotzdem das Recht hat, deren Existenz zu postulieren, so darum, weil die niedrigen Gesellschaften (also jene, die diesem Stadium am nächsten stehen) aus einer einfachen Wiederholung von Grundsubstanzen dieser Art zusammengesetzt sind. Ein fast reines Modell dieser sozialen Organisation findet man bei den Indianern Nordamerikas. Jeder Irokesenstamm z.B. besteht aus einer gewissen Anzahl von Teilgesellschaften (die stärkste zählt acht), die alle Züge enthalten, die wir aufgezählt haben.

Die Erwachsenen beider Geschlechter sind untereinander gleich. Die Ratsmitglieder (*Sachems*) und die Häuptlinge, die an der Spitze jeder Gruppe stehen, und deren Rat die gemeinsamen Geschäfte des Stammes leiten, genießen kein Vorrecht. Nicht einmal die Verwandtschaft ist geregelt, denn man kann diesen Namen der Verteilung der Masse in Generationsschichten geben. In der späten Zeit, wo man diese Völker beobachtet hat, gab es zwar schon Sonderverpflichtungen, die das Kind mit den mütterlichen Verwandten verbanden; aber diese Beziehungen waren minimal und unterschieden sich nicht wesentlich von denen, die sie mit den anderen Mitgliedern der Gesellschaft hatten. Im Prinzip waren alle Individuen eines Alters untereinander im selben Grad verwandt[1]. In anderen Fällen nähern wir uns noch mehr der Horde. Fison und Howitt beschreiben australische Stämme, die nur zwei dieser Unterteilungen haben[2].

Wir nennen *Clan* eine Horde, die aufgehört hat, unabhängig zu sein, um das Element einer erweiterten Gruppe zu werden, und nennen *segmentäre Gesellschaften auf der Clangrundlage* jene Völker, die aus der Zusammensetzung von Clans gebildet sind. Wir nennen diese Gesellschaften segmentäre, um aufzuzeigen, daß sie aus der Wiederholung von untereinander ähnlichen Bestandteilen gebildet sind, analog den Ringen des Ringelwurmes, und von jenem Elementaraggregat des Clans, weil dieses Wort sehr gut die gemischte, sowohl familiäre wie politische Natur ausdrückt. Es handelt sich in dem Sinn um eine Familie, in der alle Mitglieder, die sie bilden, sich untereinander als Verwandte ansehen und weil sie in der Mehrzahl blutsverwandt sind. Es sind vor allem die Affinitäten, die die Blutsverwandtschaft erzeugt, die sie zusammenhält. Außerdem unterhalten sie untereinander Beziehungen, die man mit dem Wort häuslich bezeichnen kann, weil man sie auch in Gesellschaften wiederfindet, deren familialer Charakter unwidersprochen ist: Ich spreche von der Kollektivsühne, von der Kollektivverantwortlichkeit und, von dem Augenblick an, wo das Individualeigentum auftaucht, von der gegenseitigen Vererbbarkeit. Andrerseits handelt es sich aber noch um keine Familie im eigent-

1 Morgan, *Die Urgesellschaft*, S. 52–103.

2 Fison und Howitt; *Kamilaroi and Kurnai*. – Das war im übrigen auch der Zustand, durch den anfangs die Indianergesellschaften Amerikas hindurchgegangen sind (Siehe: Morgan, *op. cit.*).

lichen Sinn des Wortes; denn um an ihr teilzunehmen, ist es nicht nötig, mit den anderen Mitgliedern des Clans Beziehungen bestimmter Blutsverwandtschaft zu haben. Es genügt, ein äußerliches Kriterium vorzuweisen, das meistens im Tragen eines gemeinsamen Namens besteht. Obwohl dieses Zeichen einen gemeinsamen Ursprung bekunden soll, stellt ein derartiger Personenstand in Wirklichkeit einen recht mangelhaften und leicht nachahmbaren Nachweis dar. Daher zählt der Clan viele Fremde, was ihm erlaubt, Ausmaße zu erreichen, die die eigentliche Familie niemals erreichen kann: Er umfaßt oft mehrere tausend Personen. Im übrigen ist er die politische Grundeinheit; die Clanführer sind die einzigen sozialen Autoritäten[3].

Man könnte also diese Organisation auch als politisch-familial bezeichnen. Nicht nur, daß der Clan die Blutsverwandtschaft zur Basis hat, sondern verschiedene Clans eines gleichen Volkes betrachten sich sehr oft als untereinander verwandt. Bei den Irokesen sehen sie sich, je nachdem, als Bruder oder als Vettern an[4]. Bei den Hebräern, die, wie wir sehen werden, die charakteristischsten Züge der gleichen sozialen Organisation aufweisen, glaubt man, daß der Ahnherr eines jeden Clans, der einen Stamm bildet, vom Gründer des Stammes abstammt, der seinerseits als der Sohn des Vaters der Rasse angesehen wird. Aber diese Bezeichnung hat gegenüber der vorhergehenden den Nachteil, nicht deutlich werden zu lassen, was die eigentliche Struktur dieser Gesellschaften ausmacht.

Wie man diese Organisationen auch nennen möge, sie hat natürlich, wie die Horde, deren Verlängerung sie ist, keine andere Solidarität als jene, die aus den Ähnlichkeiten abgeleitet ist, da die Gesellschaft ja aus einander ähnlichen Segmenten gebildet ist und diese ihrerseits nur homogene Elemente einschließen. Zweifellos

3 Wenn der Clan im Idealzustand, so wie wir annehmen, eine unteilbare und ungeordnete Familie darstellt, erscheinen später gesonderte, untereinander unterschiedliche Familien auf dem ursprünglich homogenen Untergrund. Aber diese Erscheinung verändert nicht die Grundzüge der sozialen Organisation, die wir beschreiben. Wir brauchen uns daher hierüber nicht aufzuhalten. Der Clan bleibt die politische Einheit und, da diese Familien untereinander ähnlich und gleich sind, bleibt die Gesellschaft aus ähnlichen und homogenen Segmenten gebildet, obwohl im Schoß der primitiven Segmente neue, allerdings gleichartige Teilungen aufzutauchen beginnen.

4 Morgan, *op. cit.*, S. 76.

hat jeder Clan eine eigene Physiognomie und unterscheidet sich folglich von den anderen; daher ist die Solidarität um so schwächer, je heterogener sie sind; und umgekehrt. Damit eine segmentäre Organisation möglich ist, müssen die Segmente einander ähnlich sein, sonst können sie sich nicht vereinen, und sich voneinander unterscheiden, sonst verlören sie einander und verschwänden. Jede Gesellschaft erfüllt diese gegensätzlichen Bedingungen in verschiedenem Verhältnis. Der soziale Typ bleibt aber der gleiche.

Diesmal treten wir aus dem Bereich der Vorgeschichte und der Mutmaßungen heraus. Nicht nur, daß der soziale Typ nichts Hypothetisches mehr hat, er ist auch der unter den niedrigen Gesellschaften verbreitetste; und wie zahlreich sind sie doch. Wir haben bereits gesehen, daß er der gewöhnliche Typ in Amerika und in Australien war. Post berichtet, daß er bei den Negern Afrikas sehr häufig ist[5]. Die Hebräer sind bei ihm stehen geblieben und die Kabylen haben ihn nicht überschritten[6]. Als Waitz auf allgemeine Weise die Struktur dieser Völker charakterisieren wollte (die er *Naturvölker* nennt), beschreibt er sie folgendermaßen, wobei man die allgemeinen Organisationslinien wiederfindet, die wir aufgestellt haben:

»Die Familien leben in der Regel, jede unter ihrem eigenen Haupte, in freier Selbständigkeit nebeneinander und wachsen allmählich zu kleineren oder größeren Gesellschaften an (d. h. Clans, ED)[7], die so lange gar keine bestimmte Verfassung haben als nicht entweder innerer Streit oder äußere Not, namentlich Krieg, es dahin bringen, daß einer oder mehrere Männer, an die sich die übrigen um Schutz und Hilfe wenden und um die sie sich scharen, als leitende mächtige Persönlichkeiten aus der Masse hervortreten und sich an die Spitze stellen. Ihr Einfluß, der oft bloß auf persönlicher Anmaßung beruht, geht aber nur so weit und dauert nur so lange als das Vertrauen oder die Geduld der andern sich

5 Post, *Afrikanische Jurisprudenz*, I.

6 Siehe Hanoteau et Letourneux, *La Kabylie et les coutumes kabyles*, II, und Masqueray, *Formation des cités chez les populations sédentaires de l'Algerie*, 1886, Kap. 5.

7 Waitz hat irrtümlicherweise den Clan als von der Familie kommend bezeichnet. Das Gegenteil stimmt. Wenn im übrigen diese Beschreibung bedeutend ist wegen der Zuständigkeit des Autors, so fehlt es ihr doch an Genauigkeit.

ihn gefallen lassen. Jeder einzelne erwachsene Mann bleibt auch einem solchen Häuptling gegenüber vollkommen unabhängig und frei in seinen Entschließungen ... Daher sehen wir solche Völker ohne alle innere Organisation, fast nur durch äußere Umstände und die Gewohnheit des Zusammenlebens zusammengehalten.«[8]

Die Anordnung der Clans innerhalb der Gesellschaft und folglich die Gestaltung der Gesellschaft können zwar verschiedenartig sein. So sind sie entweder einfach aneinandergeordnet wie eine Linie: Das ist der Fall bei vielen Indianerstämmen Nordamerikas[9]. Oder – und das ist schon ein Zeichen einer höheren Organisation – jede von ihnen kann in eine größere Gruppe eingekapselt sein, die aus mehreren Clans zusammengesetzt ist und ein eigenes Leben führt und einen eigenen Namen hat. Jede dieser Gruppen kann andrerseits wieder mit mehreren anderen in ein noch größeres Gebilde eingekapselt sein; aus dieser Serie von aufeinanderfolgenden Zusammenschlüssen besteht dann die Einheit der ganzen Gesellschaft. Bei den Kabylen z. B. ist die politische Einheit der Clan, der seine Form im Dorf (ğemmaa oder ṯaddart) gefunden hat; mehrere ğemmaa bilden einen Stamm (arẖ) und mehrere Stämme bilden die Genossenschaft (ṯak'ebilt), die höchste politische Gesellschaft, die die Kabylen kennen. Bei den Hebräern ist der Clan die Einheit (was die Übersetzer ungenau mit Familie wiedergegeben haben): eine Riesenfamilie aus Tausenden von Personen, die nach der Tradition von einem Stammvater abstammen[10]. Eine bestimmte Zahl von Familien* bildeten den Stamm und die Vereinigung der 12 Stämme das hebräische Volk.

Diese Gesellschaften sind vorzüglich der Ort der mechanischen Solidarität, da von ihr die physiologischen Hauptzüge ausgehen.

Wir wissen, daß hier die Religion das ganze soziale Leben durchdringt, weil das soziale Leben fast ausschließlich aus Glaubens-

8 Waitz, *Anthropologie*, S. 359.

9 Siehe Morgan, S. 128 ff.

10 So umfaßt der Stamm von Ruben im ganzen 4 Geschlechter, die nach 4. Mose 26,7 43 730 Erwachsene zählten: »alles, was Männer war, ein Monat alt und darüber« (4. Mose 3,15 ff.; Josua 7,14. – Siehe Munck, Palestine, p. 116, 125, 191).

* Moderne deutsche Bibelübersetzungen sprechen von Geschlechtern und nicht von Familien: Bei Josua ist die Unterteilung: Stamm; Geschlecht; Haus.

überzeugungen und -praktiken besteht, die eine besondere Intensität aus dem einstimmigen Bekenntnis ziehen. Fustel de Coulanges hat klassische Texte analysiert, die bis in die Epoche hinaufreichen, von der wir sprechen; dabei hat er entdeckt, daß die ursprüngliche Organisation der Gesellschaften familialer Natur war und daß andrerseits die ursprüngliche Familie die Religion zur Grundlage hatte. Er hat aber Ursache und Wirkung vertauscht. Nachdem er die religiöse Idee gesetzt hat, ohne sie von irgend etwas abzuleiten, leitet er von ihr die sozialen Einrichtungen ab, die er beobachtet hatte[11], während im Gegenteil die letzteren die Macht und die Natur der religiösen Idee erklären. Weil alle diese sozialen Massen aus homogenen Elementen gebildet waren, d. h. weil der Kollektivtypus hier sehr entwickelt war und die Individualtypen rudimentär waren, war es unvermeidlich, daß das ganze psychische Leben der Gesellschaft einen religiösen Charakter annahm.

Von hier kommt auch der Kommunismus, den man schon so oft bei diesen Völkern beobachtet hat. Der Kommunismus ist in der Tat das notwendige Ergebnis dieses besonderen Zusammenhalts, der das Individuum in der Gruppe aufsaugt, den Teil in das Ganze. Das Eigentum ist im Grund nur die Ausdehnung der Person auf die Sache. Wo also die kollektive Persönlichkeit allein existiert, muß das Eigentum notwendigerweise kollektiv sein. Es kann nur individuell werden, wenn das Individuum sich von der Masse trennt und selbst ein persönliches und unterscheidbares Wesen wird, nicht nur als Organismus allein, sondern als Faktor des sozialen Lebens[12].

11 »Wir haben die Geschichte eines Glaubens dargestellt; er wird gestiftet; die menschliche Gesellschaft dagegen begründet. Er verwandelt sich: die Gesellschaft durchquert eine Reihe von Revolutionen; er verschwindet: die Gesellschaft wechselt das Gesicht« (Fustel de Coulanges, *La Cité antique,* Schluß).

12 Schon Spencer hat darauf hingewiesen, daß die soziale Entwicklung wie im übrigen auch die universale Entwicklung, mit einem Stadium einer mehr oder weniger vollkommenen Homogenität begann. Aber diese Behauptung, so wie er sie verstand, ähnelt in nichts der Behauptung, die wir aufgestellt haben. Für Spencer wäre eine Gesellschaft, die vollkommen homogen ist, keine wirkliche Gesellschaft; denn das Homogene ist von Natur aus unbeständig, während die Gesellschaft wesentlich ein zusammenhängendes Ganzes ist. Die soziale Rolle der Homogenität ist völlig zweitrangig; sie kann für eine spätere Kooperation den Weg bahnen, aber sie ist keine spezifische Quelle des sozialen Lebens. Spencer scheint zu gewissen Augenblicken in den Gesellschaften, die wir beschrieben

Sogar der Typ kann sich verändern, ohne daß sich die Natur der sozialen Solidarität deswegen verändert. In der Tat zeigen nicht alle primitiven Völker diese Abwesenheit der Zentralisation, die wir eben beobachtet haben; es gibt im Gegenteil Völker, die einer absoluten Macht unterworfen sind. Die Arbeitsteilung ist dort also aufgetaucht. Das Band, das in diesem Fall das Individuum mit dem Führer verbindet, ist identisch mit dem Band, das heute die Sache mit der Person verbindet. Die Beziehungen des barbarischen Despoten mit seinen Untertanen, wie die Beziehungen des Herrn mit seinem Sklaven, des Vaters der römischen Familie mit seinen Nachkommen unterscheidet sich nicht von den Beziehungen des Eigentums mit dem Gegenstand, den er besitzt. Sie haben nichts von jener Gegenseitigkeit, die die Arbeitsteilung erzeugt. Mit Recht hat man gesagt, daß sie einseitig (unilateral) sind[13]. Die Solidarität, die sie ausdrücken, bleibt also mechanisch. Der ganze Unterschied besteht darin, daß sie das Individuum zwar nicht direkt an die Gruppe bindet, sondern an die Gruppe, deren Bild es ist. Aber die Einheit des Ganzen ist wie vorher unvereinbar mit der Individualität der Teile.

Diese erste Arbeitsteilung, wie bedeutend sie im übrigen auch ist, bewirkt keine Lockerung der sozialen Solidarität, wie man erwarten könnte. Der Grund liegt bei den besonderen Bedingungen, unter denen sie sich vollzieht. Es ist ein allgemeines Gesetz, daß das Hauptorgan jeder Gesellschaft an der Natur des Kollektivwesens teilhat, das es darstellt. Wo die Gesellschaft jenen religiösen und sozusagen übermenschlichen Charakter hat, dessen Quelle wir in der Beschaffenheit des Kollektivbewußtseins aufgezeigt haben, überträgt sie sich notwendigerweise auf den Führer, der damit über den Rest der Menschen emporgehoben ist. Wo die In-

haben, nur eine vergängliche Nebeneinanderreihung von unabhängigen Individuen zu sehen, den Nullpunkt des sozialen Lebens. Wir jedoch haben im Gegenteil gesehen, daß sie ein sehr starkes kollektives Leben haben, eine Leben *sui generis*, das sich nicht in Tausch und Kontrakten äußert, sondern in einer Überfülle von Glaubensüberzeugungen und gemeinsamen Praktiken. Diese Elemente sind zusammenhängend, nicht obwohl sie homogen sind, sondern in dem Maß, in dem sie homogen sind. Nicht nur ist die Gemeinschaft dort nicht allzu schwach, sondern man kann sagen, daß sie allein existiert. Außerdem haben wir einen bestimmten Typ, der aus ihrer Homogenität fließt. Man kann sie also als unbedeutend behandeln.

13 Siehe Tarde, *Les Lois de l'imitation*, p. 402–412.

dividuen einfach Nebenteile des Kollektivtyps sind, werden sie auf natürliche Weise abhängige Nebenteile der zentralen Autorität, die ihn verkörpert. Das Eigentumsrecht, das die Gemeinschaft über die Sachen ungeteilt ausübt, geht zur Gänze auf die höhere Persönlichkeit über, die auf diese Weise aufgebaut wurde. Die rein professionellen Dienste, die diese Persönlichkeit leistet, spielen also keine Rolle in der außerordentlichen Macht, mit der sie bekleidet wurde. Wenn in derartigen Gesellschaften die Führungsmacht so viel Autorität hat, dann nicht darum, wie man gesagt hat, weil sie ganz besonders eine energische Führung nötig haben, sondern weil diese Autorität zur Gänze eine Emanation des gemeinsamen Bewußtseins ist; sie ist so groß, weil das gemeinsame Bewußtsein selbst sehr entwickelt ist. Nehmen wir an, es wäre schwach oder es umfaßte nur einen geringen Teil des sozialen Lebens, dann wäre die oberste Regelfunktion nicht geringer; trotzdem wäre dann der Rest der Gesellschaft gegenüber demjenigen, der mit der Macht betraut ist, nicht im gleichen Zustand der Inferiorität. Darum ist die Solidarität noch mechanisch, solange die Arbeitsteilung nicht stärker entwickelt ist. Unter diesen Bedingungen erreicht sie sogar ihr Maximum an Energie: denn die Wirkung des gemeinsamen Bewußtseins ist am stärksten, wenn sie nicht auf diffuse Weise, sondern über die Vermittlung eines bestimmten Organs wirkt.

Es gibt also eine soziale Struktur, die der mechanischen Solidarität entspricht. Ihr Charakteristikum ist, daß sie ein System von homogenen und untereinander ähnlichen Segmenten ist.

II

Ganz anders dagegen ist die Struktur der Gesellschaften, in denen die organische Solidarität überwiegt.

Ihre Konstitution besteht nicht aus der Wiederholung von ähnlichen und homogenen Segmenten, sondern aus einem System von verschiedenen Organen, von denen jedes eine Sonderrolle hat, und die andrerseits aus unterschiedlichen Teilen bestehen. So wie die sozialen Elemente nicht von der gleichen Natur sind, so sind sie auch nicht auf die gleiche Weise angeordnet: Sie sind weder linear aneinandergereiht wie die Ringe eines Ringelwurms, noch miteinander verschachtelt, sondern einander bei- und untergeordnet rund um ein Zentralorgan, das auf den Rest des Organismus eine mäßigende Wirkung ausübt. Dieses Organ selbst hat nicht mehr denselben Charakter wie im vorhergegangenen Fall; denn wenn die anderen von ihm abhängen, so hängt es auch von ihnen ab. Zweifellos hat es trotzdem noch eine Sonderstellung und, wenn man will, sogar eine privilegierte. Aber sie hängt von der Natur der Rolle ab, die es ausübt, und nicht von irgendwelchem, seinen Funktionen fremden Grund, von irgendeiner Kraft, die ihr von außen zufließt. Es hat also nur Weltliches und Menschliches an sich. Zwischen ihm und den anderen Organen bestehen nur Gradunterschiede. Beim Tier läuft die Vorherrschaft des Nervensystems über die anderen Systeme auf das Recht hinaus (wenn man so sagen darf), eine gewählte Nahrung zu erhalten und seinen Teil vor den anderen zu bekommen; aber es braucht die anderen, wie die anderen es brauchen.

Dieser soziale Typus ruht im Vergleich zu dem zunächst behandelten Typus auf derart anderen Prinzipien, daß er sich nur in dem Maß entwickeln kann, in dem jener verschwindet. Die Individuen sind nicht mehr nach ihren Abstammungsbeziehungen gruppiert, sondern nach der besonderen Natur der sozialen Tätigkeit, der sie sich widmen. Ihre natürliche und notwendige Umwelt ist nicht mehr ihre Geburtswelt, sondern ihre Berufswelt. Es handelt sich nicht mehr um ihre wirkliche oder eingebildete Blutsverwandtschaft, die jedem seinen Platz zuweist, sondern um die Funktion, die er ausfüllt. Als diese neue Organisation auftauchte, versuchte sie zweifellos, die bestehende zu benützen und sich anzueignen. Die Art, wie sich die Funktionen teilen, wurde so getreu wie möglich auf die Art übertragen, wie sich die Gesellschaft bereits geteilt hatte. Die Segmente oder zum wenigsten die Gruppen von Segmenten, die durch spezielle Affinitäten vereint waren, werden nun Organe. So eignen sich die Clans, deren Gesamtheit den Stamm der Leviten bildet, beim hebräischen Volk die Priesterfunktionen an. Die Klassen und Kasten haben wahrscheinlich im allgemeinen weder einen anderen Ursprung noch eine andere Natur: Sie kommen aus der Vermischung der beginnenden Berufsorganisation mit der ursprünglichen familialen Organisation. Aber diese Mischeinrichtung kann nicht lange dauern, denn zwischen den beiden Gliedern, die sie zu versöhnen trachtet, besteht ein Gegensatz, der notwendigerweise ausbrechen muß. Nur eine sehr grobe Arbeitsteilung kann sich diesen starren und festen Modeln anpassen, die gar nicht für sie gemacht sind. Sie kann sich nur verbessern, wenn sie diese einengenden Rahmen verläßt. Sobald sie einen gewissen Entwicklungsgrad überschritten hat, gibt es keinen Bezug mehr zwischen der unveränderlichen Zahl der Segmente und der ständig wachsenden Zahl der sich spezialisierenden Funktionen; es gibt auch keinen zwischen den erblich fixierten Eigenschaften der ersten und den neuen Fähigkeiten, die die zweiten fordern[14]. Die soziale Materie muß also in völlig neue Verbindungen eintreten, um auf ganz anderen Grundlagen aufgebaut zu werden. Nun widersteht aber die alte Struktur, solange sie überlebt; es ist also notwendig, daß sie verschwindet.

Die Geschichte dieser beiden Typen zeigt, daß die eine nur in dem Maß fortgeschritten ist, als die andere zurückgeht.

Bei den Irokesen ist die soziale Konstitution auf Clanbasis noch ganz rein; ebenso bei den Hebräern, so wie es uns der Pentateuch zeigt (außer den leichten Veränderungen, die wir aufgezeigt haben). Der organisierte Typ existiert weder bei den einen noch bei den anderen, obwohl man vielleicht die ersten Keime in der jüdischen Gesellschaft feststellen kann.

Bei den Franken des salischen Rechts ist das nicht mehr der Fall: Jetzt stellt er sich mit eigenen, von Kompromissen freien Zügen dar. Bei diesem Volk finden wir in der Tat schon eine regelmäßige und stabile Zentralautorität und einen ganzen Apparat von administrativen und rechtlichen Funktionen; andrerseits ist das Vorhandensein eines Vertragsrechts (das allerdings noch sehr wenig entwickelt ist) der Beweis, daß die wirtschaftlichen Funktionen selber schon anfangen, sich zu teilen und zu organisieren. Damit ist die politisch-familiale Konstitution ernsthaft erschüttert. Zweifellos ist das letzte soziale Molekül, nämlich das Dorf, nichts anderes als ein verwandelter Clan. Der Beweis dafür ist, daß zwischen den Bewohnern eines und desselben Dorfes Beziehungen bestehen, die häuslicher Art und auf alle Fälle für den Clan charakteristisch sind. Alle Mitglieder des Dorfes haben untereinander Erbrecht, wenn die eigentlichen Verwandten fehlen[15]. Ein Text

14 Siehe den Grund unten im 2. Buch, 4. Kap.

15 Siehe Glasson, *Le droit de seccession dans les lois barbares*, p. 19. – Die Tatsache wird allerdings von Fustel de Coulanges bestritten, wie formell der Text, auf den sich Glasson stützt, auch erscheinen möge.

aus den *Capita extravagantia legis salicae* (art. 9) lehrt uns außerdem, daß bei einem im Dorf begangenen Mord die Nachbarn kollektiv solidarisch waren. Andrerseits ist das Dorf ein nach außen viel dichter geschlossenes und in sich eingeigeltes System als ein einfacher ortsumschriebener Kreis; denn niemand kann sich im Dorf niederlassen ohne die ausdrückliche oder schweigende Zustimmung aller Einwohner[16]. Aber trotzdem hat der Clan unter dieser Form einige seiner wesentlichen Züge verloren: Nicht nur, daß die Erinnerung an einen gemeinsamen Ursprung verloren gegangen ist, er ist auch fast vollständig jeder politischen Bedeutung entkleidet. Die politische Einheit ist die *Hundertschaft*. »Die Bevölkerung bewohnt die Dörfer, aber sie und ihr Bereich sind in Hundertschaften aufgeteilt, die in allen Kriegs- und Friedensangelegenheiten die Einheit bilden, die zur Grundlage aller Beziehungen dient.«[17]

In Rom setzt sich diese doppelte Bewegung des Fort- und Rückschritts fort. Der römische Clan ist die *gens* (Geschlecht, Sippe); es ist sicher, daß die *gens* die Grundlage der alten römischen Konstitution bildet. Aber schon bei der Gründung der Republik hatte sie aufgehört, eine öffentliche Einrichtung zu sein. Sie ist nicht mehr eine bestimmte örtliche Einheit, wie das Dorf der Franken, und auch keine politische Einheit. Man findet sie nicht mehr in der Abgrenzung des Landes und nicht in der Struktur der Volksversammlung. Die *comitia curiata* (Ratsversammlung), wo sie eine soziale Rolle spielte[18], wurden entweder durch die *comitia centuriata* (Versammlung der Hundertschaften) ersetzt oder durch die *comitia tributa* (Bezirksversammlung), die nach ganz anderen Prinzipien organisiert waren. Übriggeblieben ist sie als Privatgesellschaft, die die Gewohnheit erhalten hat, deren Schicksal aber das Verschwinden war, weil sie in nichts mehr dem Leben der Römer entsprach. Allerdings war schon mit der Epoche des Zwölftafelgesetzes die Arbeitsteilung in Rom viel weiter fortgeschritten als bei den vorhergegangenen Völkern, und die Organisationsstruktur viel entwickelter: Wir finden hier bereits bedeu-

16 Siehe den Artikel *De Migrantibus* im salischen Recht.

17 Waitz, *Deutsche Verfassungsgeschichte*, 2. Aufl. II, 317.

18 In diesen Versammlungen wurde nach Kurien gewählt, d. h. nach Gruppen von *gentes*. Aus einem Text kann man sogar herauslesen, daß innerhalb jeder Kurie nach gentes gewählt wurde (Gell. XV, 27, 4).

tende Beamtenkorporationen (Senatoren, Ritter, Priesterkollegien, usw.) »Handwerkercollegien«[19], während zur gleichen Zeit der Begriff des weltlichen Staates immer deutlicher wird.

Damit ist die Stufenleiter, die wir nach anderen, weniger methodischen Kriterien aufgestellt haben, zwischen den sozialen Typen gerechtfertigt, die wir schon früher verglichen haben. Wenn wir haben sagen können, daß die Hebräer des Pentateuch einem weniger hohen sozialen Typus angehört haben als die Franken des salischen Rechts, und daß diese ihrerseits unter den Römern des Zwölftafelgesetzes standen, so darum, weil man nach allgemeiner Regel sagen kann: Je sichtbarer und stärker bei einem Volk die segmentäre Organisation auf der Grundlage der Clans ist, desto niedriger ist es einzureihen. Es kann sich nämlich nur dann höher anheben, wenn es dieses erste Stadium überschritten hat. Das ist der Grund, warum der athenische Stadtstaat, obwohl er dem selben Typus wie der römische angehört, trotzdem eine primitivere Form ist: Dort ist die politisch-familiale Organisation viel weniger rasch verschwunden. Sie hat bis kurz vor dem Untergang bestanden[20].

Zwar bleibt der organisierte Typ nicht im reinen Zustand übrig, wenn der Clan einmal verschwunden ist. Die Clanorganisation ist nämlich nur eine Art einer größeren Gattung der segmentären Organisation. Die Aufteilung der Gesellschaft in gleiche Einzelzellen entspricht Notwendigkeiten, die selbst in den neuen Gesellschaften erhalten bleiben, wo sich das soziale Leben ausbreitet, die aber ihre Wirkungen unter einer anderen Form erzeugen. Die Masse der Bevölkerung teilt sich nicht mehr nach wahren oder eingebildeten Beziehungen der Blutsverwandtschaft, sondern nach der Aufteilung der Ländereien. Die Segmente sind nicht mehr Familienaggregate, sondern territoriale Kreise.

Im übrigen ist die Entwicklung von einem Zustand zum anderen sehr langsam. Als die Erinnerung an die ursprüngliche Gemeinde erlosch und die häuslichen Beziehungen, die sich daraus herleiten,

19 Siehe Joachim Marquardt, *Das Privatleben der Römer*, Leipzig 1882, Teil II, S. 376.

20 Bis zu Kleisthenes; 2 Jahrhunderte später verlor Athen seine Unabhängigkeit. Aber selbst nach Kleisthenes, wo der athenische Clan, der *genos*, seinen ganzen politischen Charakter verloren hatte, bewahrte er eine noch starke Organisation (Siehe Gilbert, *op. cit.*, I, 142 und 200).

die sie aber, wie wir gesehen haben, oft überleben, selbst verschwunden sind, ist sich der Clan seiner selber nur als einer Gruppe von Individuen bewußt, die einen Teil des Territoriums besitzen. Er wird das eigentliche Dorf. Alle Völker, die die Clanphase überschritten haben, setzen sich aus Ortsdistrikten zusammen (Märkten, Gemeinden, usw.), die sich, wie die römische *Gens* in Kurien verbunden haben, in anderen Distrikten gleicher oder größerer Art überlappen, die hier Hundertschaften genannt wurden, dort Kreis oder Bezirk und die andrerseits wieder von noch größeren aufgesogen wurden (Grafschaft, Provinz, *départements*), deren Zusammenschluß die Gesellschaft bildet[21]. Der Einschluß kann im übrigen mehr oder weniger hermetisch sein; genauso wie die Bande, die die allgemeinsten Distrikte untereinander verbinden, sehr eng sein können, so wie in den zentralisierten Ländern des heutigen Europas, oder lockerer, wie in den einfachen Bundesstaaten. Aber das Strukturprinzip ist das gleiche, und daher schlägt die mechanische Solidarität bis in die höchsten Gesellschaften durch.

Aber in der gleichen Weise wie diese Solidarität nicht mehr überwiegt, so ist auch die Einteilung in Segmente nicht mehr wie früher das einzige, ja nicht einmal das wesentlichste Gerüst der Gesellschaft. Die territoriale Einteilung hat notwendigerweise etwas Künstliches. Die Bande, die aus dem Zusammenleben kommen, finden im Herzen der Menschen nicht mehr die gleiche tiefe Quelle, wie die Bande, die aus der Blutsverwandtschaft kommen. Sie haben daher eine viel geringere Widerstandskraft. Wenn man in einem Clan geboren ist, kann man ihn genausowenig wechseln, wie man seine Eltern wechseln kann. Die gleichen Gründe verhindern aber nicht mehr, daß man die Stadt oder die Provinz wechselt. Die geographische Aufteilung fällt im allgemeinen und im großen und ganzen mit einer bestimmten moralischen Aufteilung der Bevölkerung zusammen. Jede Provinz zum Beispiel und jede territoriale Unterteilung hat ihre besonderen Sitten und Gebräuche,

21 Wir wollen nicht sagen, daß diese Ortsdistrikte nur eine Wiederholung der alten Familieneinteilungen wären. Diese neue Gruppierungsart kommt im Gegenteil zum Teil aus neuen Ursachen, die die alten erschüttern. Der wesentlichste Grund ist die Bildung von Städten, die Konzentrationszentren für die Bevölkerung werden (Siehe 2. Buch, 2. Kap., § 1). Welches aber auch die Ursache dieser Einrichtung sei, sie ist und bleibt segmentär.

ein Leben, das ihnen eigen ist. Sie üben daher auf die Individuen, die von ihrem Geist durchdrungen sind, eine Anziehung aus, die dahin wirkt, sie am Ort festzuhalten, während sie die anderen im Gegenteil abstößt. Aber im Schoß eines Landes dürfen die Unterschiede nicht sehr zahlreich und sehr einschneidend sein. Die Segmente sind also untereinander weiter geöffnet. Und in der Tat zirkulieren schon im Mittelalter, »nachdem die Städte erstarkt waren, die Handwerker genauso leicht und genauso weit wie die Waren selber«[22]. Die segmentäre Organisation hat ihr Relief verloren.

Sie verliert es um so mehr in dem Maß, wie sich die Gesellschaften entwickeln. Es ist ein allgemeines Gesetz, daß die Teilaggregate, die einem größeren Aggregat angehören, ihre Individualität verlieren und immer undeutlicher werden. Zur gleichen Zeit wie die Familienorganisation verschwinden auch die Lokalreligionen. Es bleiben nur Lokalgebräuche übrig. Nach und nach verschmelzen sie und vereinigen sich, während sich gleichzeitig die Dialekte und die Mundarten in eine einzige Nationalsprache auflösen und die regionale Administration ihre Autorität verliert. In dieser Tatsache hat man eine einfache Folge des Nachahmungsgesetzes sehen wollen[23]. Anscheinend handelt es sich aber eher um eine Einebnung, die kommunizierenden Flüssigkeiten ähnlich ist. Die Schotten, die die verschiedenen Zellen des sozialen Lebens trennen, werden dünner und öfter durchquert. Ihre Durchlässigkeit wird um so größer, je mehr man sie durchquert. Daraufhin verlieren sie ihre Konsistenz und brechen zusammen. Im gleichen Maß vermischen sich die Inhalte. Nun können sich aber die lokalen Verschiedenheiten nur halten, soweit sich die Verschiedenheiten der Ortseinheiten erhalten. Die territorialen Einteilungen sind also immer weniger in der Natur der Dinge begründet und folglich verlieren sie ihre Bedeutung. Man kann fast sagen, daß ein Volk um so fortgeschrittener ist, je oberflächlicher jene werden.

Je mehr die segmentäre Organisation von selbst verschwindet, um so mehr überzieht die der Berufe sie mit ihrem Gewebe. Natürlich breitet sie sich im Prinzip nur in den einfachsten Segmentgrenzen aus, ohne darüber hinaus zu gehen. Jede Stadt mit ihrer nächsten

22 Schmoller, La division du travail étudiée au point de vue historique, in *Rev. d'écon. pol.*, 1890, p. 145.

23 Siehe Tarde, *Les Lois de l'imitation, passim*, Paris, F. Alcan.

Umgebung bildet eine Gruppe, innerhalb derer die Arbeit geteilt ist, die sich aber bemüht, sich selbst zu genügen. »Die Stadt wird, so sehr es ihr möglich ist, kirchliches, politisches und militärisches Zentrum der umgebenden Dörfer. Sie versucht, alle Handwerke zu entwickeln, um das Land beliefern zu können, so wie sie versucht, auf ihrem Gebiet den Handel und den Verkehr zu konzentrieren.«[24] Zu gleicher Zeit sind im Innern der Städte die Bürger nach Professionen gegliedert. Jede Zunft ist wie eine Stadt, die ihr eigenes Leben lebt[25]. Das ist der Zustand, in dem die antiken Städte bis zu einer verhältnismäßig späten Epoche verharrt haben, und aus dem die christlichen Gesellschaften aufgebrochen sind. Vom 14. Jahrhundert an entwickelt sich die überregionale Teilung der Arbeit: »Jede Stadt hatte am Anfang soviele Tuchmacher, wie sie brauchte. Die Tuchmacher von grauem Tuch aus Basel unterliegen schon vor 1362 der Konkurrenz aus dem Elsaß; in Straßburg, Frankfurt und Leipzig geht die Leinenspinnerei um 1500 zugrunde. Damit ist die industrielle Universalität der alten Städte auf immer vernichtet.«[25]

Diese Bewegung zieht immer größere Kreise. »In der Hauptstadt konzentrieren sich heute mehr als früher die aktiven Kräfte der Zentralregierung, die Künste, die Literatur, die großen Kreditgeschäfte. In den großen Häfen konzentrieren sich heute mehr als früher alle Aus- und Einfuhren. Hunderte von kleinen Getreide- und Viehmärkten gedeihen und vergrößern sich. Während früher jede Stadt ihre Wälle und Gräben hatte, dienen heute einige große Festungen dazu, das ganze Land zu beschützen. So wie die Hauptstädte wachsen die Provinzhauptstädte durch die Konzentration der Provinzadministration, durch die Provinzeinrichtungen, durch die Archive und die Schulen. Geisteskranke und Kranke bestimmter Kategorien, die früher verstreut waren, werden jetzt für eine ganze Provinz und für ein ganzes *Département* an einem bestimmten Ort versammelt. Die verschiedenen Städte neigen immer mehr zu bestimmten Spezialitäten, so daß wir sie heute als Universitäts-, Beamten-, Fabriks-, Handels-, Bade-, Rentnerstädte unterscheiden. An bestimmten Punkten oder in bestimmten Gegenden konzentrieren sich die großen Industrien: Maschinenbau, Spinnereien, Webereien, Gerbereien, Schwerindustrie, Zuk-

24 Schmoller, *op.cit.*, p. 144.

25 Siehe Levasseur, *Les classes ouvrières en France jusqu'à la Révolution*, I, 195.

kerfabriken, die für das ganze Land arbeiten. Spezialschulen wurden eingerichtet, die Arbeiterbevölkerung paßt sich ihnen an, der Maschinenbau ballt sich hier zusammen, während sich der Verkehr und das Kreditwesen den besonderen Bedingungen anpassen.«[26]

Zweifellos bemüht sich diese Berufsorganisation in gewissem Maß, sich der Organisation anzupassen, die vor ihr existiert hat, so wie sich diese früher der Familienorganisation angepaßt hatte. Das geht aus der vorhergegangenen Beschreibung hervor. Es handelt sich um eine sehr allgemeine Tatsache, daß die neuen Einrichtungen sich zuerst der Form der alten Einrichtungen anpassen. Die örtlichen Bezirke neigen unter der Form der Gewerbe, der Organe und der verschiedenen Apparate zur Spezialisation, so wie früher die Clans. Aber wie diese sind sie in Wirklichkeit unfähig, diese Rolle zu halten. In der Tat umfaßt eine Stadt immer verschiedene Organe oder Teile verschiedener Organe; umgekehrt gibt es keine Organe, die vollständig in die Grenzen eines bestimmten Bezirks eingeschlossen sind, wie weit der Bezirk auch gesteckt sei. Fast immer greift er darüber hinaus. Obwohl die am engsten solidarischen Organe recht oft dazu neigen, sich einander zu nähern, spiegelt ihre materielle Nähe im allgemeinen nur recht ungenau die mehr oder weniger große Intimität ihrer Beziehungen wider. Manche, die direkt voneinander abhängen, liegen weit auseinander; andere sind Nachbarn, während ihre Beziehungen nur mittelbar und weitläufig sind. Die Gruppierungsart der Menschen, die aus der Arbeitsteilung kommt, ist also sehr verschieden von der Art, die die Verteilung der Bevölkerung im Raum ausdrückt. Die Arbeitsumwelt stimmt also weder mit der territorialen noch der familialen Umwelt überein. Es handelt sich um einen neuen Rahmen, der an die Stelle der anderen tritt, ersetzt sie aber nur in dem Maß, in dem sie verschwinden.

Wenn man diesen Sozialtyp nirgends in reinem Zustand beobachten kann, so wie man nirgends der organischen Solidarität allein begegnet, so befreit er sich doch immer mehr von jeder Beimischung, je größeres Übergewicht sie bekommt. Dieses Übergewicht nimmt in dem Augenblick, wo diese Struktur stärker und die andere undeutlicher wird, um so rascher zu und wird um so voll-

26 Schmoller, op.cit., in *Rev. d'écon. pol.*, p. 145–148.

ständiger. Das so bestimmte Segment, das der Clan bildete, ist nun vom örtlichen Bezirk ersetzt. Wenigstens am Anfang entsprach er, wenn auch vage und nur angenähert, der wirklichen und moralischen Einteilung der Bevölkerung. Aber nach und nach verliert er diesen Zug, und es bleibt nur eine zufällige und herkömmliche Verbindung übrig. In dem Maß, wie sich die Schranken senken, werden sie von immer entwickelteren Organsystemen überdeckt. Bleibt also die soziale Entwicklung der Wirkung derselben bestimmenden Ursachen unterworfen – weiter unten werden wir sehen, daß dies die einzige angemessene Hypothese ist –, dann darf man voraussehen, daß diese doppelte Bewegung in der gleichen Richtung weitergeht und ein Tag kommt, wo unsere soziale und politische Organisation eine reine oder fast reine Berufsbasis haben wird.

Im übrigen zeigen Untersuchungen, die weiter unten folgen werden[27], daß diese Organisation der Berufe heute noch nicht das ist, was sie sein müßte; daß anormale Gründe sie verhindert haben, schon jetzt den Entwicklungsgrad zu erreichen, der von unserem sozialen Zustand gefordert wird. Daraus kann man die Bedeutung ablesen, die sie in der Zukunft haben wird.

III

Dasselbe Gesetz gilt für die biologische Entwicklung.

Heute weiß man, daß die niedrigen Tiere aus gleichartigen Segmenten bestehen, die entweder in unregelmäßigen Massen oder in linearen Serien angeordnet sind. Selbst auf der untersten Stufe sind diese Elemente nicht nur untereinander gleich, sie sind auch gleich zusammengesetzt. Man gibt ihnen im allgemeinen den Namen von *Kolonien*. Dieser Ausdruck, der im übrigen nicht ohne Zweideutigkeit ist, bedeutet aber nicht, daß diese Vereinigungen nicht individuelle Organismen wären; denn »jede Kolonie, deren Mitglieder Gewebefortsetzungen sind, ist in Wirklichkeit ein Individuum«[28]. Was die Individualität irgendeines Aggregats kennzeichnet, ist nämlich das Vorhandensein von Vorgängen, die von allen Teilen gemeinsam ausgeführt werden. Nun werden aber die

27 Siehe weiter unten 1. Buch, 7. Kap., § 2 und 3. Buch, 1. Kap.

28 Perrier, *Le transformisme*, p. 159.

Nährstoffe von den Mitgliedern der Kolonie gemeinsam verwertet; sie sind unfähig, sich anders als in Gemeinschaftsbewegungen fortzubewegen, solange die Kolonie nicht aufgelöst ist. Weiter: Das Ei, das aus einem Verbundssegment kommt, vervielfältigt nicht dieses Segment, sondern die ganze Kolonie, dessen Teil es war: »Zwischen den Kolonien von Nesseltieren und den höchsten Tieren ist in dieser Hinsicht überhaupt kein Unterschied.«[29] Was übrigens jede radikale Trennung unmöglich macht, ist die Tatsache, daß es keine noch so zentralisierten Organismen gibt, die nicht in verschiedenen Graden Koloniekonstitution aufweisen. Wir finden die Spuren bis zu den Wirbeltieren, im Aufbau ihres Skelettes, ihres urogenitalen Apparates usw. Aber besonders ihre embryonale Entwicklung liefert den sicheren Beweis, daß sie nichts anderes sind als modifizierte Kolonien[30].

Es gibt also in der Tierwelt eine Individualität, »die außerhalb jeder Organverbindung entsteht«[31]. Es ist die gleiche Individualität wie die der Gesellschaften, die wir segmentär genannt haben. Nicht nur der Strukturplan ist der gleiche, auch die Solidarität ist von gleicher Natur. Wie die Teile, die eine Tierkolonie zusammensetzen, mechanisch aneinandergebaut sind, können sie nur zusammen handeln, wenigstens solange sie vereint sind. Ihre Tätigkeit ist also kollektiv. In einer Gesellschaft von Nesseltieren kann ein Individuum, da alle Magen untereinander verbunden sind, nicht essen, ohne daß die anderen mitessen. Es handelt sich also, wie Perrier sagt, um einen Kommunismus im reinsten Sinn des Wortes[32]. Ein Glied der Kolonie, besonders wenn es ein Schwimmglied ist, kann sich nicht zusammenziehen, ohne die Bewegung den anderen Zellen mitzuteilen; die Bewegung läuft von Zelle zu Zelle[33]. Bei einem Wurm hängt jeder Ring in starrer Weise von den anderen ab, und das, obwohl er sich von ihnen ohne Gefahr trennen könnte.

Wie sich aber der Segmenttyp in dem Maß auflöst, wenn man in der sozialen Entwicklung fortschreitet, so verschwindet der Kolonietyp in dem Maß, in dem man die Leiter der Organismen hin-

29 Perrier, *Les Colonies animales*, p. 778.

30 Ibid., 2. Buch, Kap. 5, 6 und 7.

31 Ibid., p. 779.

32 Perrier, *Le transformisme*, p. 167.

33 Perrier, *Les Colonies animales*, p. 771.

aufsteigt. Bei den Ringelwürmern schon beeinträchtigt, obwohl noch deutlich wahrnehmbar, wird er bei den Weichtieren fast unsichtbar, und nur die Analyse des Wissenschaftlers entdeckt die Spuren bei den Wirbeltieren. Wir brauchen nicht die Analogien aufzuzeigen, die es zwischen dem Typus, der den vorhergehenden ersetzt, und dem der organischen Gesellschaft bildet. In dem einen wie im anderen Fall ist die Struktur wie die Solidarität von der Arbeitsteilung abgeleitet. Jeder Teil des Tieres, der ein Organ geworden ist, hat seinen eigenen Tätigkeitsbereich, in dem er sich unabhängig und ohne sich den anderen aufzuzwingen bewegt. Von einem bestimmten Standpunkt aus hängen sie aber viel enger untereinander ab als in einer Kolonie, da sie sich nicht trennen können, ohne zu sterben. In der organischen Entwicklung genauso wie in der sozialen Entwicklung fängt die Arbeitsteilung damit an, die Rahmen der segmentären Organisation zu benützen, um sich später davon zu befreien und auf eigene Weise zu organisieren. Wenn das Organ manchmal nur ein verändertes Segment ist, so ist das die Ausnahme[34].

Wir haben zusammenfassend zwei Arten von Solidarität unterschieden: Es gibt also auch zwei soziale Typen, die ihnen entsprechen. Wie sich die ersten umgekehrt zueinander entwickeln, so geht einer der entsprechenden sozialen Typen in dem Maß regelmäßig zurück, in dem der andere fortschreitet; der letztere wird durch die Teilung der sozialen Arbeit definiert. Er bestimmt die Typen, die vorangegangen sind, und dieses Ergebnis zeigt uns schließlich die ganze Bedeutung der Arbeitsteilung. Sie ist zum größten Teil die Ursache, warum die Gesellschaften, in deren Schoß wir leben, zusammenhängen; sie bestimmt auch die Grundzüge ihrer Struktur; alles läßt voraussehen, daß ihre Rolle in der Zukunft in dieser Hinsicht nur noch größer wird.

IV

Das Gesetz, das wir in den beiden letzten Kapiteln aufgestellt haben, konnte durch einen Zug – allerdings nur durch einen einzigen – an das Gesetz erinnern, das die Soziologie Spencers be-

34 Perrier, *Les Colonies animales*, p. 763 sequ.

herrscht. Wie er haben wir gesagt, daß der Platz des Individuums in der Gesellschaft ursprünglich bei Null angefangen hat und mit der Zivilisation ständig gewachsen ist. Aber diese unbestreitbare Tatsache haben wir unter einem so völlig anderen Aspekt als der englische Philosoph gesehen, daß unsere Schlüsse am Ende seinen Schlüssen eher widersprechen, als sie wiederholen.

Nach Spencer wäre dieses Aufgehen des Individuums in der Gruppe das Ergebnis eines Zwanges und einer künstlichen Organisation, die durch den Kriegszustand, in dem sich die niedrigen Gesellschaften chronisch befinden, erzwungen werden. Tatsächlich ist im Krieg das Bündnis für den Erfolg nötig. Eine Gruppe kann sich gegen eine andere Gruppe nur verteidigen oder sie unterwerfen, wenn sie als Gesamtheit handelt. Alle individuellen Kräfte müssen also ständig in ein unauflösbares Bündel konzentriert sein. Das einzige Mittel, um diese Konzentration alle Augenblicke herzustellen, ist, eine sehr starke Autorität aufzurichten, der die einzelnen völlig unterworfen sein müssen. »Wie der Wille des Soldaten so weit aufgehoben ist, daß er in jeder Hinsicht das Werkzeug des Willens seiner Offiziere wird, so wird auch der Wille des Bürgers in allen privaten und öffentlichen Tätigkeiten durch den der Regierung beherrscht.«[35] Es handelt sich also um einen organisierten Despotismus, der die Individuen vernichtet. Da diese Organisation wesentlich militärisch ist, definiert Spencer diese Gesellschaftsarten durch den Militarismus.

Wir dagegen haben gesehen, daß dieses Verschwinden des Individuums seinen Ursprung im sozialen Typ hat, den eine völlige Abwesenheit jeder Konzentration charakterisiert. Es handelt sich um ein Ergebnis jenes Homogenitätszustandes, der die primitiven Gesellschaften unterscheidet. Wenn sich das Individuum nicht von der Gruppe unterscheidet, so darum, weil sich das individuelle Bewußtsein fast nicht vom kollektiven Bewußtsein unterscheidet. Spencer und andere Soziologen mit ihm haben diese von uns sehr entfernten Fakten mit ganz modernen Ideen interpretiert. Das starke Gefühl, das jeder von uns von seiner Individualität hat, hat sie zum Glauben verleitet, daß die persönlichen Rechte nur durch eine Zwangsorganisation derart eingeengt werden konnten. Wir legen solchen Wert darauf, daß sie glaubten, der Mensch könne

35 Spencer, *Die Principien der Sociologie*, II, S. 137.

nicht freiwillig darauf verzichtet haben. Wenn in den niedrigen Gesellschaften in der Tat der individuellen Persönlichkeit ein so kleiner Platz eingeräumt wird, so nicht darum, weil sie ihn künstlich zusammengedrängt oder zurückgedrängt hätte, sondern einfach, weil sie zu dem Zeitpunkt der Geschichte *nicht existiert hat*.

Spencer gibt zu, daß viele von diesen Gesellschaften eine so wenig militärische und autoritäre Konstitution haben, daß er sie selber demokratisch nennt[36], nur sieht er darin ein erstes Vorspiel jener zukünftigen Gesellschaften, die er industrielle Gesellschaften nennt. Um dahin zu kommen, verkennt er, daß in diesen Gesellschaften genauso wie in den Gesellschaften, die despotischen Regierungen unterworfen sind, das Individuum kein Tätigkeitsfeld besitzt, das ihm eigen wäre, wie es die allgemeine Konstitution des Kommunismus beweist. Die Bräuche, die Vorurteile, die Kollektivsitten aller Art lasten auf ihm nicht weniger schwer, als es eine konstituierte Autorität täte. Man kann sie also nur als demokratisch behandeln, wenn man den gewöhnlichen Sinn des Wortes verkennt. Wenn sie wirklich von einem verfrühten Individualismus geprägt wären, so käme man zu dem befremdenden Schluß, daß die soziale Entwicklung vom ersten Schritt an versucht hätte, die vollkommensten Typen zu erzeugen, da »die Organisation der Regierung zunächst nur in dem Gesamtwillen der versammelten Horde zum Ausdruck kommt«[37]. Wäre damit die Bewegung der Geschichte kreisläufig und bestünde der Fortschritt nur in einer Umkehr?

Es ist leicht verständlich, daß die Individuen im allgemeinen nur einem Kollektivdespotismus unterworfen sein können; denn die Mitglieder einer Gesellschaft können nur durch eine Kraft beherrscht werden, die ihnen überlegen ist. Es gibt aber nur eine, die diese Eigenschaft hat: die Macht der Gruppe. Ein einzelner, wie mächtig er auch sei, kann nichts gegen eine ganze Gruppe ausrichten; sie kann nur gegen ihren Willen unterworfen werden. Darum haben, wie wir gesehen haben, autoritäre Regierungen ihre Macht nicht aus sich selbst; sie stammt aus der Konstitution selber der Gesellschaft. Wenn im übrigen der Individualismus der Menschheit derartig angeboren wäre, dann ist nicht einzusehen, wie sich primitive Stämme so leicht der despotischen Autorität

36 Spencer, *Die Principien der Sociologie*, II, S. 138.

37 ID., *ibid.*, III, S. 373.

eines Führers unterwerfen haben können, überall dort, wo es nötig war. Die Ideen, die Sitten, die Einrichtungen selber hätten sich einer derart radikalen Umwandlung widersetzen müssen. Dagegen kann man alles erklären, wenn man sich über die Natur dieser Gesellschaften klar geworden ist; denn dann ist der Wechsel nicht mehr so tiefgreifend, wie es den Anschein hat. Statt daß sich die Individuen der Gruppe unterordnen, unterwerfen sie sich demjenigen, der sie repräsentiert, und da die Kollektivautorität absolut war, solange sie diffus war, nimmt die Autorität des Führers, die nur eine Organisation der vorhergehenden ist, auf natürliche Weise denselben Charakterzug an.

Statt von der Aufrichtung einer despotischen Macht das Verschwinden des Individuums herzuleiten, muß man im Gegenteil darin den ersten Schritt sehen, der auf den Individualismus zu gemacht worden ist. Die Führer sind nämlich die ersten individuellen Persönlichkeiten, die sich aus der sozialen Masse herausgelöst haben. Ihre Sonderstellung, die sie aus den anderen heraushebt, verschafft ihnen eine unterschiedliche Physiognomie und gibt ihnen folglich eine Individualität. Da sie die Gesellschaft beherrschen, sind sie nicht mehr gezwungen, deren Bewegungen zu folgen. Zweifellos haben sie von der Gruppe ihre Macht; aber sobald diese organisiert ist, wird sie autonom und gibt ihnen die Möglichkeit zu einer persönlichen Betätigung. Damit wird eine Quelle der Initiative geöffnet, die es bis dahin nicht gegeben hat. Nun gibt es jemanden, der Neues erzeugen und der sogar in einem gewissen Maß von den Kollektivgebräuchen abweichen kann. Das Gleichgewicht ist gestört[38].

Wir haben auf diesen Punkt besonders hingewiesen, um zwei bedeutende Schlüsse zu ziehen.

Erstens: Jedesmal, wenn wir uns vor einem Regierungsapparat von großer Autorität befinden, müssen wir seine Ursache nicht in der besonderen Lage der Regierenden suchen, sondern in der Natur der Gesellschaften, die sie regieren. Wir müssen beobachten, welches die gemeinsamen Glaubensüberzeugungen sind, die gemeinsamen Gefühle, die, indem sie sich in einer Person oder in einer Familie verkörpern, ihm oder ihr eine derartige Macht ver-

38 Damit können wir einen Satz bestätigen (siehe weiter oben Seite 161), der besagt, daß die Regierungsgewalt eine Emanation des dem Kollektivbewußtsein inhärenten Lebens ist.

leihen. Was die persönliche Überlegenheit des Führers betrifft, so spielt sie in dem Prozeß nur eine zweitrangige Rolle; sie erklärt, warum sich die Kollektivkraft eher in diesen als in jenen Händen konzentriert hat, erklärt aber nicht ihre Intensität. Von dem Augenblick an, wo diese Macht, statt diffus zu bleiben, übertragen werden muß, kann es nur zugunsten von Individuen geschehen, die schon anderswo ihre Überlegenheit gezeigt haben. Wenn diese Überlegenheit die Richtung zeigt, in der der Strom fließt, so erzeugt sie ihn doch nicht. Wenn der Familienvater in Rom absolute Macht hatte, so nicht darum, weil er der älteste ist oder der klügste oder der erfahrenste, sondern weil er aufgrund der Umstände, in denen sich die römische Familie befunden hat, den alten Familienkommunismus verkörperte. Der Despotismus ist nichts anderes (wenn er kein pathologisches oder Entartungsphänomen ist) als ein verwandelter Kommunismus.

Zweitens: Aus dem, was vorhergegangen ist, sieht man, wie falsch die Theorie ist, die aus dem Egoismus den Ausgangspunkt der Menschheit macht, während der Altruismus im Gegenteil eine junge Errungenschaft sein soll.

Die Autorität, die diese Hypothese bei bestimmten Leuten genießt, liegt darin, daß sie eine logische Konsequenz der Darwinschen Prinzipien zu sein scheint. Im Namen des Dogmas des Lebenskampfes und der natürlichen Auswahl, malt man uns unter den schwärzesten Farben jene primitive Menschheit, die Hunger und Durst, die sie übrigens schlecht stillen konnte, als einzige Leidenschaft kannte; jene dunklen Zeiten, wo die Menschen keine anderen Sorgen und keine andere Beschäftigung kannten, als sich um ihre kärgliche Nahrung zu streiten. Um sich gegen die rückschauenden Träume der Philosophen des 18. Jahrhunderts und gegen bestimmte religiöse Doktrinen zu wenden und um mit mehr Nachdruck zu zeigen, daß das verlorene Paradies nicht hinter uns liegt und unsere Vergangenheit nichts hat, was wir bedauern müßten, ist man der Ansicht, man müsse sie systematisch verdunkeln und herabsetzen. Nichts ist weniger wissenschaftlich als dieses entgegengesetzte Vorurteil. Wenn die Darwinschen Hypothesen in der Moral verwendet werden sollen, dann nur mit noch mehr Zurückhaltung und noch mehr Maß als in den anderen Wissenschaften. Es fehlt ihnen nämlich das wesentlichste Element der Moral: der mäßigende Einfluß, den die Gesellschaft auf ihre Mit-

glieder ausübt, der den rohen Kampf um das Leben und um die Auslese zügelt und neutralisiert. Überall, wo es Gesellschaften gibt, gibt es auch den Altruismus, weil es Solidarität gibt.
Wir finden ihn, selbst unter einer maßlosen Form, schon am Anfang der Menschheit; denn die Entbehrungen, die sich der Wilde auferlegt, um der religiösen Tradition zu gehorchen, die Selbstverleugnung, mit der er sein Leben opfert, wenn es die Gesellschaft verlangt, die unwiderstehliche Bereitwilligkeit, die die Witwe in Indien mitreißt, ihrem Gemahl in den Tod zu folgen, die Treue des Galliers, nicht seinen Clanführer überleben zu wollen, des alten Kelten, durch Freitod seine Genossen von einem unnützen Esser zu befreien, ist das nicht alles Altruismus? Soll man diese Praktiken als Aberglauben beurteilen? Bezeugen sie nicht eine Fähigkeit, sich hinzugeben? Wo beginnt und wo endet im übrigen der Aberglaube? Eine Antwort darauf und eine wissenschaftliche Definition wären schwer zu finden. Handelt es sich nicht auch um einen Aberglauben, wenn wir uns an Orte, wo wir gelebt haben, hingezogen fühlen, zu Personen, mit denen wir dauerhafte Beziehungen hatten? Ist diese Anhänglichkeit nicht ein Hinweis auf eine gesunde Moral? Strenggenommen, besteht unser ganzes Sinnenleben nur aus Aberglauben, da es vor der Vernunft kommt und sie eher beherrscht als von ihr abhängt.
Wissenschaftlich ist ein Verhalten in dem Maß egoistisch, in dem es durch Gefühle und Vorstellungen geprägt ist, die nur wir persönlich haben können. Wenn wir uns erinnern, bis zu welchem Punkt das Bewußtsein des Individuums in den niedrigen Gesellschaften von dem Kollektivbewußtsein überwuchert ist, dann sind wir fast versucht zu glauben, daß es etwas ganz anderes ist als das Selbstbewußtsein, daß es reiner Altruismus ist, wie Condillac sagen würde. Trotzdem wäre dieser Schluß übertrieben, denn es gibt einen Bereich des psychischen Lebens, der, wie entwickelt der Kollektivtyp auch sei, von Mensch zu Mensch verschieden ist: Es ist der Bereich der Vorstellungen, der Gefühle und der Neigungen, die sich auf den Organismus und seine Zustände beziehen; es ist die Welt der inneren und äußeren Empfindungen und der Regungen, die damit direkt verbunden sind. Diese erste Basis einer jeden Individualität ist unveräußerlich und hängt nicht vom sozialen Status ab. Man darf also nicht sagen, daß der Altruismus vom Egoismus kommt; eine derartige Abstammung wäre nur aus einer

Schöpfung aus dem Nichts möglich. Strenggenommen, haben sich diese beiden Triebfedern des Verhaltens vom Anfang an in jedem menschlichen Bewußtsein befunden, denn man kann keines haben, das nicht gleichzeitig Dinge spiegelt, die sich allein auf das Individuum beziehen, und Dinge, die es nicht persönlich besitzt.

Alles, was man sagen kann, ist, daß bei den Wilden dieser niedrigere Teil von uns selbst einen größeren Bruchteil des Gesamtwesens ausmacht, weil dieser weniger groß ist und die höheren Bereiche des psychischen Lebens noch wenig entwickelt sind; er hat also eine relativ größere Bedeutung und folglich mehr Macht über den Willen. Andrerseits liegt das primitive Bewußtsein für alles, was den Kreis der physischen Notwendigkeiten übersteigt, ganz außerhalb unser, wie es Espinas so eindrucksvoll sagt. Bei dem zivilisierten Menschen dagegen dringt der Egoismus bis in den Schoß der höheren Vorstellungen ein: Jeder von uns hat seine Ansichten, seine Überzeugungen, seine eigenen Gelüste, an denen er festhält. Er mischt sich sogar in den Altruismus ein, denn es kann vorkommen, daß wir eine eigene Art haben, altruistisch zu sein, die von unserem persönlichen Charakter und von unserem Geist abhängt, und von der abzugehen wir uns weigern. Daraus braucht man nicht zu schließen, daß der Anteil des Egoismus im Gesamt des Lebens größer geworden ist; denn man muß die Tatsache in Rechnung stellen, daß das ganze Bewußtsein größer geworden ist. Trotzdem bleibt wahr, daß der Individualismus absolut gewachsen ist, weil er in Bereiche eingedrungen ist, die ihm am Anfang verschlossen waren.

Aber dieser Individualismus, diese Frucht der historischen Entwicklung ist durchaus nicht der Individualismus, den Spencer beschrieben hat. Die Gesellschaften, die er industrielle Gesellschaften nennt, ähneln genausowenig den organisierten Gesellschaften wie die militärischen Gesellschaften nicht den segmentären Gesellschaften ähnlich sind, die auf der Familienbasis ruhen. Das werden wir im nächsten Kapitel sehen.

7. Kapitel

Organische Solidarität und Vertragssolidarität

I

Tatsächlich kommt die soziale Harmonie in den industriellen Gesellschaften Spencers wie in den organisierten Gesellschaften im wesentlichen von der Arbeitsteilung her[1]. Ihr Charakteristikum ist, daß sie aus einer Zusammenarbeit besteht, die automatisch schon dadurch entsteht, daß jeder seine eigenen Interessen verfolgt. Es genügt, daß sich jeder Mensch einer speziellen Funktion widmet, und schon ist er, durch die Macht der Dinge, für die anderen verantwortlich. Ist das nicht das Kennzeichen der organisierten Gesellschaften?

Wenn Spencer auch richtig darauf hingewiesen hat, welches in den höheren Gesellschaften die Hauptursache der sozialen Solidarität ist, so hat er sich doch über die Art getäuscht, wie diese Ursache ihre Wirkung erzielt, und folglich auch über die Natur dieser Wirkung.

Bei ihm weist die industrielle Solidarität, wie er sie nennt, die beiden folgenden Züge auf:

Da sie spontan ist, braucht sie keinen Zwangsapparat, weder um sie hervorzubringen, noch um sie zu erhalten. Die Gesellschaft braucht also keine Hilfestellung zu geben, da sie sowieso vorhanden ist. »Jeder einzelne kann sich durch seine Arbeit ernähren, seine Erzeugnisse gegen diejenigen anderer austauschen, anderen Hilfe leisten und Bezahlung dafür empfangen, in diesen oder jenen Verband zur Ausführung eines kleinen oder großen Unternehmens eintreten, ohne daß die Gesellschaft als solche einen leitenden Einfluß darauf ausübte.«[2] Der soziale Wirkungsbereich wird also immer enger, denn er hat keinen anderen Zweck, als die Individuen zu hindern, sich gegenseitig zu beeinträchtigen und einander zu schaden, d. h., er ist nur mehr ein negativer Ordnungsfaktor.

Unter diesen Bedingungen ist das einzige Band, das die Menschen

1 Spencer, *Die Principien der Sociologie,* III, S. 297.
2 ID., *ibid.,* III, S. 714.

verbindet, der völlig freie Austausch. »Alle industriellen Geschäfte ... geschehen im freien Austausch. Diese Beziehung erhält in dem Maß Vorrang in der Gesellschaft, in dem die industrielle Tätigkeit vorrangig wird.«[3] Nun ist aber die normale Form des Austausches der Vertrag. »Wenn aber mit der Abnahme des Militarismus und der Zunahme des Industrialismus die Macht und der Bereich der Autorität sich einschränken und die zwanglose Tätigkeit sich immer mehr ausbreitet, so wird das Vertragsverhältnis zur allgemeinen Regel, und im vollentwickelten industriellen Typus herrscht dasselbe ganz allgemein.«[4]

Damit will Spencer nicht sagen, daß die Gesellschaft jemals auf einem selbstverständlichen und formalen Vertrag beruht. Die Hypothese eines sozialen Vertrags ist im Gegenteil mit dem Prinzip der Arbeitsteilung unvereinbar. Je höher man dieses Prinzip einschätzt, desto mehr muß man auf Rousseaus Postulat verzichten. Damit ein solcher Vertrag möglich ist, müßten von einem bestimmten Zeitpunkt an alle Menschen über die gemeinsamen Grundlagen der sozialen Organisation einig sein und jeder einzelne müßte sich das politische Problem in seiner ganzen Allgemeinheit stellen. Dazu müßte aber jeder aus seinem Sonderbereich heraustreten, und alle zusammen müßten die gleiche Rolle spielen, die Rolle des Staatsmannes und des Staatsbürgers. Stellen wir uns den Augenblick vor, wo sich die Gesellschaft durch den Vertrag bildet: Ist die Zustimmung einstimmig, dann ist das Bewußtsein aller identisch. In dem Maß also, in dem die soziale Solidarität aus einer derartigen Ursache kommt, hat sie keine Beziehung zur Arbeitsteilung.

Nichts gleicht weniger dieser spontanen und automatischen Solidarität, die nach Spencer die industriellen Gesellschaften auszeichnet; denn er sieht ja im Gegenteil in dieser bewußten Verfolgung der sozialen Ziele den charakteristischen Zug der Militärgesellschaften[5]. Ein solcher Vertrag setzt aber voraus, daß sich alle Menschen die allgemeinen Bedingungen des kollektiven Lebens vorstellen können, um dann in Kenntnis der Dinge eine Wahl zu treffen. Nun weiß aber Spencer genau, daß eine derartige Vor-

3 Spencer, *Die Principien der Sociologie*, II, S. 143.

4 ID., *ibid.*, III, S. 719–720.

5 Spencer, *Die Principien der Sociologie*, II, 332. – Siehe auch *The Man Versus the State*. London 1940.

stellung die Wissenschaft in ihrem heutigen Zustand und damit folglich das Bewußtsein übersteigt. Er ist derart überzeugt von der Nichtigkeit der Überlegung, die sich hierauf bezieht, daß er sie selbst der Überlegung des Gesetzgebers entziehen will, ganz zu schweigen, sie der öffentlichen Meinung zu unterbreiten. Er glaubt, daß das soziale Leben, wie das Leben im allgemeinen, natürlich nur organisiert werden kann durch eine unbewußte und spontane Anpassung, unter dem gleichzeitigen Druck der Bedürfnisse, und nicht nach einem überlegten, intelligenten Plan. Er denkt nicht, daß sich die höheren Gesellschaften nach einem feierlich verhandelten Plan aufbauen könnten.

Daher ist die Auffassung des Gesellschaftsvertrages schwer zu verteidigen, denn sie ist ohne Beziehungen zu den Tatsachen. Der Beobachter begegnet ihr sozusagen nicht auf seinem Weg. Nicht nur, daß es keine Gesellschaften gibt, die einen derartigen Ursprung hätten, es gibt nicht einmal Gesellschaften, deren Struktur die geringste Spur einer Vertragsorganisation aufweisen, weder eine historische Tatsache noch eine Tendenz, die sich aus der historischen Entwicklung herausgelöst hätte. Um diese Doktrin zu verjüngen und ihr einigen Kredit zu geben, müßte man die Teilnahme als Vertrag bezeichnen, die jeder Erwachsene mit der Gesellschaft hat, in der er geboren ist, aus der einfachen Tatsache heraus, daß er weiter in ihr lebt. Dann muß man aber jede menschliche Maßnahme vertraglich nennen, die nicht durch einen Zwang entstanden ist[6]. Dann aber gibt es keine Gesellschaft, weder in der Gegenwart noch in der Vergangenheit, die nicht vertraglich ist oder gewesen ist; denn es gibt keine Gesellschaft, die nur aus Zwang bestehen kann. Weiter oben haben wir auf die Gründe hingewiesen. Wenn man manchmal geglaubt hat, daß der Zwang früher stärker war als heute, dann wegen der Illusion, daß in einem Zwangsregime der individuellen Freiheit in niedrigen Gesellschaften nur ein kleiner Platz gewährt werde. In Wahrheit ist aber das soziale Leben überall dort spontan, wo es normal ist; ist es jedoch anormal, so kann es nicht überdauern. Nur spontan verzichtet das Individuum. Es ist nicht einmal richtig, von Verzicht zu sprechen, weil es nichts zu verzichten gibt. Wenn man also dem Wort diesen weiten und ein wenig irreführenden Sinn gibt, dann

6 Das macht Fouillée, der die Unterdrückung dem Vertrag gegenüberstellt. (Siehe *Science sociale,* p. 8).

darf man auch keinen Unterschied zwischen den verschiedenen sozialen Typen machen. Versteht man darunter das sehr bestimmte rechtliche Band, das dieser Ausdruck bezeichnet, dann kann man behaupten, daß kein derartiges Band jemals zwischen den Individuen und der Gesellschaft existiert hat.

Wenn die höheren Gesellschaften nicht auf einem Grundvertrag beruhen, der sich auf die allgemeinen Prinzipien des politischen Lebens bezieht, dann hätten sie (oder würden, nach Spencer, haben wollen) als einzige Basis das Riesensystem der Privatverträge, die die Menschen untereinander verbinden. Die Individuen dagegen würden von der Gruppe nur in dem Maß abhängen, in dem sie untereinander abhängen, und sie hängen in dem Maß voneinander ab, das von den privat und freiwillig zugestandenen Abmachungen gekennzeichnet ist. Die soziale Solidarität wäre also nichts anderes als die spontane Übereinstimmung der individuellen Interessen, eine Übereinstimmung, deren natürlicher Ausdruck die Verträge sind. Der Typ der sozialen Beziehungen wäre die wirtschaftliche Beziehung, frei von jeder Reglementierung, so wie sie aus der völlig freien Initiative der Parteien erwachsen ist. Die Gesellschaft wäre, mit einem Wort, nur die Zusammenfassung von Individuen, die die Produkte ihrer Arbeit austauschen, eine Zusammenführung, bei der keine wirkliche soziale Tätigkeit diesen Austausch regelt.

Ist das tatsächlich der Charakter der Gesellschaften, deren Einheit aus der Arbeitsteilung kommt? Wenn es so wäre, dann könnte man wirklich an ihrer Stabilität zweifeln. Denn wenn das Interesse die Individuen auch näher bringt, so doch nur für einige Augenblicke; es kann aber zwischen ihnen nur ein äußerliches Band knüpfen. Im Tausch selbst bleiben die verschiedenen Träger außerhalb einander und jeder bleibt derselbe und zur Gänze Herr über sich, wenn das Geschäft beendet ist. Ihr Bewußtsein berührt sich nur oberflächlich, durchdringt einander nicht, noch verbindet es sich. Wenn man tiefer schaut, dann sieht man, daß jede Interessenharmonie einen schlummernden oder einfach vertagten Konflikt verdeckt. Wo aber das Interesse allein regiert, ist jedes Ich, da nichts die einander gegenüberstehenden Egoismen bremst, mit jedem anderen auf Kriegsfuß, und kein Waffenstillstand kann diese ewige Feindschaft auf längere Zeit unterbrechen. Das Interesse ist in der Tat das am wenigsten Beständige auf der Welt.

Heute nützt es mir, mich mit Ihnen zu verbinden; morgen macht mich derselbe Grund zu Ihrem Feind. Eine derartige Ursache kann nur zu vorübergehenden Annäherungen und zu flüchtigen Verbindungen führen. Daraus ersieht man die Notwendigkeit der Untersuchung, ob das wirklich die Natur der organischen Solidarität ist.

Spencer gibt selbst zu, daß es nirgends eine industrielle Gesellschaft im reinen Zustand gibt: Das ist ein teilweise idealer Typ, der sich nach und nach aus der Entwicklung herausschält, der aber noch nicht völlig entstanden ist. Um das Recht zu haben, ihm die erwähnten Charakterzüge zuzuerkennen, müßte man folglich methodisch feststellen, daß die Gesellschaften sie um so vollständiger aufweisen, je höher sie stehen, ausgenommen die Fälle von Rückschritten.

Zuerst behauptet man, daß sich der Bereich der sozialen Tätigkeit immer mehr zugunsten der Tätigkeit des Individuums verringert. Um diesen Satz experimentell zu beweisen, genügt es nicht, wie es Spencer gemacht hat, einige Fälle aufzuzählen, in denen sich das Individuum tatsächlich dem kollektiven Einfluß entzogen hat. Wie zahlreich diese Beispiele auch sein mögen, sie können nicht als Belege dienen und sind an sich ohne jede Beweiskraft. Denn es ist sehr wohl möglich, daß die soziale Wirkung in diesem Punkt zurückgegangen ist, daß sie sich aber in anderen Punkten ausgedehnt hat und daß man schließlich eine Umwandlung für ein Verschwinden hält. Die einzige Art des objektiven Beweises ist, nicht zufällig einige Tatsachen aufzuzählen, sondern den Apparat, durch den die soziale Aktion wesentlich ausgeübt wird, geschichtlich vom Anfang bis in die neuesten Zeiten zu verfolgen und zu sehen, ob er mit der Zeit größer oder kleiner geworden ist. Wir wissen, daß damit das Recht gemeint ist. Die Verpflichtungen, die die Gesellschaft ihren Mitgliedern aufzwingt, wenn sie nur einige Bedeutung und Dauer haben, nehmen eine Rechtsform an; folglich erlauben die relativen Ausdehnungen dieses Apparats die relative Ausdehnung der sozialen Aktion genau auszumessen.

Nun ist es nur zu deutlich, daß er, statt kleiner zu werden, immer größer und komplizierter wird. Je primitiver eine Rechtssammlung ist, deso kleiner ist sie auch. Sie ist dagegen um so größer, je neuzeitlicher sie ist. Darüber gibt es keinen Zweifel. Zweifellos folgt daraus aber nicht, daß der Bereich der industriellen Tätig-

keit kleiner würde. Man darf nämlich nicht vergessen, daß es, wenn es mehr reglementiertes Leben gibt, es auch mehr Leben im allgemeinen gibt. Das allein ist schon ein genügender Beweis, daß die soziale Disziplin nicht lockerer wird. Eine der Formen, die sie berührt, neigt allerdings zum Rückschritt, das haben wir selbst festgestellt; aber andere, die reicher und viel komplexer sind, entwickeln sich an ihrer Stelle. Wenn das Strafrecht Boden verliert, so nimmt das Restitutionsrecht, das ursprünglich nicht existiert hat, ständig zu. Wenn die soziale Intervention nicht mehr die Wirkung hat, aller Welt bestimmte Verhaltensweisen aufzuzwingen, so besteht sie heute mehr darin, die Sonderbeziehungen der verschiedenen Funktionen zu definieren und zu regeln; sie ist nicht minderwertiger geworden, weil sie anders geworden ist.
Spencer würde antworten, daß er nicht eine Verminderung jeder Art von Kontrollen befürwortet hat, sondern nur die der positiven Kontrolle. Lassen wir diesen Unterschied gelten. Ob die Kontrolle positiv oder negativ sei, sie bleibt trotzdem sozial, und die Hauptfrage ist, ob sie weiter oder enger geworden ist. Sei es, um zu befehlen oder zu verbieten, zu sagen: *Tu das!* oder *Tu das nicht!*, wenn die Gesellschaft stärker eingreift, dann hat man nicht das Recht zu sagen, daß die individuelle Spontaneität immer mehr für alles genügt. Wenn sich die Regeln, die das Verhalten bestimmen, vervielfachen (seien sie nun befehlender oder verbietender Art), dann ist es nicht wahr, daß sie immer vollständiger der privaten Initiative unterstehen.
Ist dieser Unterschied berechtigt? Unter positiver Kontrolle versteht Spencer die Kontrolle, die zur Aktion zwingt, während die negative Kontrolle einfach zur Enthaltung zwingt: »Ein Mann besitzt ein Stück Land. Ich bearbeite es für ihn zur Gänze oder zum Teil, oder ich zwinge ihm zur Gänze oder zum Teil die Bebauung auf, die er auch befolgt: Das ist eine positive Kontrolle. Im Gegenteil dazu: Ich helfe ihm nicht bei seiner Bebauung, noch berate ich ihn; ich hindere ihn einfach daran, die Ernte des Nachbarn anzurühren, über das Nachbargrundstück zu gehen oder dort seinen Abfall zu lagern: Das ist die negative Kontrolle. Der Unterschied ist recht deutlich, wenn man es übernimmt, anstelle eines Bürgers eine bestimmte Aufgabe zu verfolgen, die eigentlich ihm zufiele, oder sich in die Art und Weise einzumischen, die der Bürger anwendet, um sie auszuführen, und andrerseits ihn zu hin-

dern, einen anderen wirklich in der Verfolgung seines Zieles zu stören.«[7] Wenn das gemeint ist, dann stimmt die Behauptung nicht, daß die positive Kontrolle im Verschwinden ist.

Denn wir wissen in der Tat, daß das Erstattungsrecht ständig größer wird. In den meisten Fällen stellt es dem Bürger das Ziel, das er verfolgen muß, oder es mischt sich in die Mittel ein, die dieser Bürger benützt, um das Ziel seiner Wahl zu erreichen. Es löst bei jeder Rechtsbeziehung die beiden folgenden Fragen: 1. Unter welchen Bedingungen und unter welcher Form besteht sie normalerweise? 2. Welches sind die Verpflichtungen, die sie nach sich zieht? Die Bestimmung der Form und der Bedingungen ist wesentlich positiv, da sie das Individuum zwingt, eine gewisse Verfahrensweise zu befolgen, um zu seinem Ziel zu gelangen. Wenn die Verpflichtung im Prinzip nur auf das Verbot beschränkt wäre, den anderen nicht in der Ausübung seiner Funktionen zu stören, dann wäre Spencers These richtig, wenigstens zum Teil. Aber sie bestehen meistens in von Natur aus positiven Dienstleistungen.

Aber sehen wir genauer zu.

II

Wahr bleibt, daß sich die Vertragsbeziehungen, die ursprünglich selten oder völlig abwesend waren, in dem Maß vervielfachen, in dem sich die soziale Arbeit teilt. Spencer hat anscheinend nicht gesehen, daß sich zu gleicher Zeit die nichtvertraglichen Beziehungen ebenfalls entwickeln.

Untersuchen wir zuerst jenen Teil des Rechts, den man ungenau Privatrecht nennt und der in Wirklichkeit die Beziehungen der diffusen sozialen Funktionen regelt oder anders ausgedrückt, das innere Leben des sozialen Organismus.

An erster Stelle steht das Familienrecht. So einfach es am Anfang war, so ist es immer komplizierter geworden, d. h. die verschiedenen Arten der Rechtsbeziehungen, zu denen das Familienleben Anlaß gibt, sind viel zahlreicher geworden, als sie früher waren. Nun sind aber die Verpflichtungen, die daraus erwachsen, außerordentlich positiver Natur: Es handelt sich um eine Gegenseitigkeit von Rechten und Pflichten. Andrerseits sind sie keine Verträ-

7 Spencer, *Essais de morale*, p. 194, Anmerkung.

ge, wenigstens nicht in ihrer typischen Form. Die Bedingungen, von denen sie abhängen, hängen mit unserem persönlichen Stand zusammen, der wieder von der Geburt und von unseren verwandtschaftlichen Beziehungen abhängt, folglich von Tatsachen, die außerhalb unseres Willens liegen.

Trotzdem sind die Ehe und die Adoption Quellen häuslicher Beziehungen; sie eben sind Verträge. Nun ist es aber so, daß diese beiden Rechtsvorgänge, je mehr man sich den höchsten sozialen Typen nähert, desto mehr ihren eigentlichen Vertragscharakter verlieren.

Nicht nur in den niedrigen Gesellschaften, auch in Rom bis zum Ende des Kaiserreichs, war die Ehe eine rein private Angelegenheit gewesen. Es handelt sich im allgemeinen um einen Verkauf, einen echten bei den primitiven Völkern, später um einen Scheinverkauf, der mit der Anwesenheit der bezeugten Parteien schon gültig ist. Keine irgendwie feierliche Form und kein Eingriff irgendeiner Autorität war damals nötig. Erst mit dem Christentum bekommt die Ehe einen anderen Charakter. Schon früh nahmen die Christen den Brauch an, ihren Bund durch einen Priester segnen zu lassen. Ein Gesetz des Kaisers Leo des Philosophen wendet diesen Brauch in ein Gesetz für den Orient um. Das Konzil von Trient tat dasselbe für das Abendland. Von nun an konnte die Ehe nicht mehr frei eingegangen werden, sondern nur durch die Vermittlung einer öffentlichen Macht, d. h. der Kirche, und ihre Rolle beschränkt sich nicht nur auf die eines Zeugen, sondern sie, und nur sie allein, schafft das Rechtsband, das bis dahin vom Willen des einzelnen allein abhing. Es ist bekannt, wie dann später die Zivilautorität an die Stelle der religiösen Autorität getreten ist und wie zur gleichen Zeit der Anteil der sozialen Intervention und der nötigen Formalitäten ausgeweitet wurde[8].

Die Geschichte der Adoption ist noch überzeugender.

Wir haben gesehen, mit welcher Leichtigkeit und in welchem Ausmaß die Adoption in den Indianerclans Nordamerikas gehandhabt wurde. Sie war der Anlaß zu allen möglichen Formen der Verwandtschaft. Wenn der Adoptierte gleichaltrig mit dem Adoptierenden war, wurden sie Brüder und Schwestern; war sie schon eine Mutter, wurde sie die Mutter dessen, der sie adoptierte.

8 Selbstverständlich gilt das gleiche für die Lösung des Ehebundes.

Vor Mohammed diente die Adoption bei den Arabern oft dazu, wirkliche Familien zu gründen[9]. Häufig kam es vor, daß sich mehrere Personen gegenseitig adoptierten; damit wurden sie Geschwister und die Verwandtschaft, die sie vereinte, war so stark, als wären sie gemeinsamen Ursprungs. Dieselbe Adoptionsart findet man auch bei den Slawen. Mitglieder verschiedener Familien beschlossen sehr oft, Geschwister zu sein; das nannte man eine Bruderschaft (pobratimstvo*). Diese Gesellschaften werden frei und ohne Formalitäten geschlossen: Einverständnis genügt zu ihrer Gründung. Trotzdem ist das Band, das diese Wahlbrüder bindet, stärker als das der natürlichen Bruderschaft[10].

Bei den Germanen war die Adoption vermutlich genauso leicht und genauso häufig. Einfachste Zeremonien genügten, um sie einzusetzen[11]. In Indien, in Griechenland und in Rom war sie schon bestimmten Bedingungen unterworfen. Der Adoptierende mußte ein gewisses Alter haben, er durfte nicht mit dem Adoptierten in einem Grad verwandt sein, der aus ihm einen natürlichen Vater gemacht hätte; schließlich wurde dieser Familienwechsel eine sehr komplizierte Rechtsangelegenheit, die den Beistand eines Beamten erforderte. Zu gleicher Zeit wurde die Zahl derer, die das Adoptionsrecht genossen, immer kleiner. Nur Familienväter oder Junggesellen *sui generis* konnten adoptieren; und der erste konnte es nur, wenn er keine legitimen Kinder hatte.

Die Einschränkungen haben sich in unserem heutigen Recht noch weiter vervielfacht. Der Adoptierte muß großjährig sein; der Adoptivvater muß älter als 50 Jahre sein; er muß das Adoptivkind lange Zeit wie sein eigenes Kind behandelt haben. Dazu kommt noch, daß dieses Recht, selbst in dieser begrenzten Form, sehr selten geworden ist. Vor der Redaktion unseres *Code* war es ganz außer Gebrauch gekommen, und selbst heute lassen es bestimmte Länder wie Holland und Nieder-Kanada nicht zu.

Mit der größeren Seltenheit verlor die Adoption zu gleicher Zeit auch ihre Wirkung. Im Prinzip war die Adoptionsverwandtschaft in allen Punkten der natürlichen Verwandtschaft gleichgesetzt.

9 Smith, *Marriage and Kinship in early Arabia*, Cambridge, 1885, p. 135.

* pobratimstvo = Freundschaft, die dem Bruderverhältnis gleichgestellt ist; Bruderschaft nach alter slawischer Sitte.

10 Krauss, *Sitte und Brauch der Südslawen*, Kap. 31.

11 Violet, *Précis de l'histoire du droit français*, p. 402.

Selbst in Rom war die Ähnlichkeit noch sehr groß; allerdings gab es keine völlige Identität mehr[12]. Im 16. Jahrhundert verschaffte sie nicht mehr die Erbfolge *ab intestat* des Adoptivvaters[13]. Unser *Code* hat dieses Recht wieder eingesetzt; aber die Verwandtschaft, die aus der Adoption entspringt, reicht nicht mehr über den Adoptivvater und das Adoptivkind hinaus.

Daraus wird ersichtlich, wie ungenügend die herkömmliche Erklärung ist, die die Adoption bei den alten Gesellschaften dem Bedürfnis zuschreibt, den Fortbestand des Ahnenkultes zu sichern. Die Völker, wie die Indianer Amerikas, die Araber, die Slawen, die die Adoption am stärksten und am freiesten geübt hatten, haben diesen Kult gar nicht gekannt. In Rom und in Athen, d. h. in Ländern, wo die Hausreligion am höchsten stand, wurde dagegen dieses Recht zum erstenmal einer Kontrolle und Einschränkung unterworfen. Wenn es also dazu dienen könnte, diese Bedürfnisse zu befriedigen, so war es nicht dafür eingesetzt worden, um sie zu befriedigen, und umgekehrt: wenn es im Verschwinden ist, so nicht darum, weil wir weniger Wert darauf legen, unsere Namen und unser Geschlecht zu verewigen. Wir müssen vielmehr in der Struktur unserer heutigen Gesellschaften und an dem Platz, den die Familie in ihnen innehat, die Hauptursache dieser Veränderung suchen.

Ein anderer Beweis für diese Wahrheit ist, daß es noch unmöglicher geworden ist, durch einen privaten Autoritätsakt aus einer Familie aus- oder in sie einzutreten. So wie das Familienband nicht aus einem Vertrag kommt, so kann es auch nicht wie eine Verpflichtung dieser Art aufgelöst werden. Bei den Irokesen kann man manchmal beobachten, wie ein Teil des Clans austritt, um einen Nachbarclan zu vergrößern[14]. Wenn bei den Slawen ein Mitglied der *zadruga** des Gemeinschaftslebens müde geworden ist, kann es sich von dem Rest der Familie trennen, genauso wie es von ihr ausgeschlossen werden kann[15]. Bei den Germanen erlaubte eine etwas komplizierte Zeremonie jedem Franken, der Lust dazu hatte, sich von allen Verwandtschaftspflichten zu lösen[16]. In

12 Accarias, *Précis de droit romain,* I, 240.

13 Violet, *op. cit.,* p. 406.

14 Morgan, *Urgesellschaft,* S. 74 ff.

* *zadruga* = patriarchalische Sippengemeinschaft bei den Südslawen.

15 Krauss, *op. cit.,* p. 113. 16 *Salisches Recht,* Tit. LX.

Rom konnte sich der Sohn nicht nach eigenem Willen von der Familie lösen; an diesem Zeichen lesen wir einen höheren sozialen Typ ab, aber das Band, das der Sohn nicht lösen konnte, konnte durch den Vater gebrochen werden: Darin bestand die Emanzipation. Heute kann weder der Vater noch der Sohn den natürlichen Stand der Familienbeziehungen verändern: sie bleiben so, wie sie die Geburt bestimmt hat.

Zusammenfassend können wir sagen, daß die Familienpflichten, während sie zahlreicher werden, zur gleichen Zeit einen öffentlichen Charakter annehmen. Sie haben im Prinzip nicht nur keinen vertraglichen Ursprung, die Rolle, die der Vertrag darin spielt, wird auch immer kleiner. Dagegen nimmt die soziale Kontrolle über die Art, wie sie geschlossen, gelöst und verändert werden, ständig zu. Die Ursache dafür liegt im zunehmenden Verschwinden der segmentären Organisation. Denn in der Tat ist die Familie lange Zeit ein wahres soziales Segment gewesen. Am Anfang war sie mit dem Clan verschmolzen, wenn sie sich später vom Clan unterschieden hat, dann als Teil des Ganzen. Sie ist das Ergebnis einer sekundären Segmentierung des Clans, identisch mit der Segmentierung, die zum Clan selbst führte, und als er verschwunden war, hält sie sich noch in der gleichen Qualität. Nun tendiert aber alles, was Segment ist, dahin, immer mehr von der sozialen Masse aufgesogen zu werden. Statt eine autonome Gesellschaft im Schoß der großen Gesellschaft zu bleiben, wird sie immer mehr in das System der sozialen Organe eingeschmolzen. Sie wird selbst eines dieser Organe, mit Sonderfunktionen bedacht, und folglich ist alles, was in ihr geschieht, eine Quelle allgemeiner Rückwirkungen. Das bringt die Regelorgane der Gesellschaft zur Intervention, um auf die Art, wie die Familie funktioniert, mäßigend oder, in bestimmten Fällen, anregend zu wirken[17].

17 Im Fall der Vormundschaft und der Mundtoterklärung, wo die Gerichte von Amts wegen eingreifen. Der Fortschritt dieser Regelwirkung widerspricht nicht dem weiter oben festgestellten Rückgang der kollektiven Gefühle, die die Familie betreffen; das erste Phänomen setzt im Gegenteil das andere voraus, denn die Familie müßte, damit sich diese Gefühle vermindern und abschwächen, aufgehört haben, sich mit der Gesellschaft zu vermischen, und eine Sphäre persönlicher Handlung eingegangen sein, die dem gemeinsamen Bewußtsein entzogen ist. Diese Umwandlung war nötig, um später ein Organ der Gesellschaft zu werden, denn ein Organ ist ein individualisierter Teil der Gesellschaft.

Nicht nur außerhalb der Vertragsbeziehungen wirkt die soziale Aktion, sie wirkt auch auf das Spiel dieser Beziehungen selber; denn nicht alles ist vertraglich im Vertrag. Die einzigen Verpflichtungen, die diesen Namen verdienen, sind jene, die von den Individuen gewollt sind und keinen anderen Ursprung haben als ihren freien Willen. Umgekehrt hat keine Verpflichtung, die nicht gegenseitig zugestanden ist, etwas Vertragliches. Nun ist aber der Vertrag überall dort, wo er existiert, einer Regelung unterworfen, die das Werk der Gesellschaft ist und nicht das der Einzelperson. Sie wird immer umfangreicher und immer komplizierter.
Wahr ist, daß die Vertragsparteien sich verständigen können, um in bestimmten Punkten von den Bestimmungen des Gesetzes abweichen zu können. Nun ist aber ihr Recht in dieser Hinsicht nicht unbegrenzt. So können z. B. die Parteien nicht übereinkommen, einen Vertrag verbindlich zu machen, der nicht den Bedingungen der Gültigkeit genügt, die das Gesetz verlangt. Zweifellos ist der Vertrag in der großen Mehrheit der Fälle nicht mehr bestimmten Formen unterworfen. Trotzdem darf man nicht vergessen, daß es noch immer feierliche Verträge in unserem *Code* gibt. Wenn das Gesetz aber nicht mehr jene Formalitäten wie früher verlangt, so unterwirft es ihn Verpflichtungen einer anderen Art. Es verweigert jede Verbindlichkeit den Verpflichtungen, die von einem Rechtsunfähigen eingegangen wurden oder deren Ursache unerlaubt ist oder die von einer Person eingegangen wurden, die nicht verkaufen kann, oder die sich auf eine Sache beziehen, die nicht verkauft werden kann. Es gibt Verpflichtungen, die aus verschiedenen Verträgen fließen, die durch keine Absprache verändert werden können. So verstößt der Verkäufer nicht gegen die Verpflichtung, den Käufer gegen jede Besitzentziehung zu garantieren, die aus einem Faktum stammt, das ihm persönlich ist (Art. 1628); noch gegen die Verpflichtung, im Fall einer Besitzentziehung den Preis zurückzugeben, welches auch der Ursprung sei, wenn der Käufer die Gefahr nicht gekannt hat (Art. 1629); noch gegen jene, deutlich zu erklären, wozu er sich verpflichtet (Art. 1602). In einem gewissen Maß wenigstens kann er auch nicht aus der Garantie verborgener Fehler entlassen werden (Art. 1641–1643), besonders wenn er sie gekannt hat. Wenn es sich um Immobilien handelt, hat der Käufer die Pflicht, nicht von der Situation zu profitieren und einen Preis festzusetzen, der wesentlich unter dem

wirklichen Wert der Sache liegt (Art. 1674), usw. Andrerseits ist alles, was den Beweis, die Natur der Handlung, denen der Vertrag Recht verleiht, die Fristen, in denen sie erhoben werden müssen, völlig den persönlichen Abschlüssen entzogen.

In anderen Fällen wird die soziale Aktion nicht nur durch die Weigerung sichtbar, einen Vertrag, der gesetzwidrig zustandekam, anzuerkennen, sondern durch eine positive Intervention. So kann der Richter unter bestimmten Voraussetzungen dem Schuldner einen Aufschub gewähren, ungeachtet der vereinbarten Frist (Art. 1184, 1244, 1655, 1900), oder den Entleiher zwingen, dem Verleiher vorzeitig die Sache zurückzugeben, wenn der Verleiher sie dringend braucht (Art. 1189). Was aber noch besser beweist, daß die Verträge zu Verpflichtungen führen, die nicht im Vertrag enthalten waren, ist, »daß sie nicht nur zu dem verpflichten, was darin ausgedrückt ist, sondern zu all den Folgen, die die Gerechtigkeit, der Brauch oder das Gesetz der Verpflichtung nach seiner Natur geben« (Art. 1135). Nach diesem Prinzip muß man den Vertrag »mit allen Klauseln, die gebräuchlich sind, ergänzen, obwohl sie nicht ausdrücklich erwähnt werden« (Art. 1160).

Aber selbst wenn die soziale Aktion nicht unter dieser deutlichen Form ausgedrückt wird, bleibt sie doch ständig wirksam. Denn diese Möglichkeit, vom Gesetz abzuweichen (was das Vertragsrecht zu einem Eventualersatz für die eigentlichen Verträge zu machen scheint), ist in den meisten Fällen rein theoretisch. Es genügt, um sich davon zu überzeugen, sich vorzustellen, woraus es besteht.

Zweifellos haben sich die Menschen, wenn sie sich durch einen Vertrag als Folge der einfachen oder komplexen Arbeitsteilung vereinigen, untereinander nötig; um aber harmonisch zusammenzuarbeiten, genügt es nicht, miteinander in Beziehung zu treten, selbst nicht, daß sie ihre gegenseitige Abhängigkeit fühlen, in der sie sich befinden. Die Bedingungen dieser Zusammenarbeit müssen überdies für die Dauer ihrer Beziehungen festgelegt sein. Die Pflichten und die Rechte eines jeden einzelnen müssen definiert sein, nicht nur für den Zustand, wie er beim Vertragsabschluß besteht, sondern im Hinblick auf die Umstände, die eintreten und ihn verändern können. Andernfalls gäbe es jeden Augenblick Konflikte und neuerliche Schwierigkeiten. Man darf nämlich nicht vergessen, daß die Arbeitsteilung die Interessen zwar voneinander abhängig, sie aber nicht austauschbar macht; sie läßt sie unterscheidbar und rivalisierend. So wie innerhalb des individuellen Organismus jedes Organ zu jedem anderen antagonistisch ist, während es gleichzeitig mit ihm zusammenarbeitet, so versucht jeder Kontrahent, während er den anderen braucht, das, was er braucht, unter den geringsten Kosten zu erhalten, d. h. möglichst viele Rechte mit den geringsten Verpflichtungen einzutauschen.

Es ist also nötig, daß die Teilung der einen und der anderen vorherbestimmt ist, obwohl sie nicht nach einem vorgefaßten Plan gemacht werden kann. Es gibt nichts in der Natur der Dinge, aus der man ableiten könnte, daß die Verpflichtungen des einen oder des anderen eher bis zu dieser Grenze als bis zu einer anderen gehen dürften. Jede Entscheidung dieser Art kann also nur aus einem Kompromiß kommen. Er liegt in der Mitte zwischen dem vorhandenen Interessengegensatz und ihrer Solidarität. Es handelt sich um ein Gleichgewicht, das man nur nach einem mehr oder weniger mühsamen Abtasten finden kann. Ebenso deutlich ist, daß wir dieses Abtasten nicht wiederaufnehmen, noch jedesmal dieses Gleichgewicht aufs neue herstellen können, wenn wir uns in eine Vertragsbeziehung begeben. Dafür fehlen uns alle Voraussetzungen. Erst in dem Augenblick, wo die Schwierigkeiten auftauchen, muß man sie lösen; wir können weder die Vielfalt der möglichen Umstände voraussehen, durch die uns unser Vertrag führt, noch vorauserrechnen, welches in jedem Fall die Rechte und die Pflichten eines jeden einzelnen sind, außer es handelt sich um Angelegenheiten, die wir besonders genau kennen. Im übrigen widersetzen sich die materiellen Lebensbedingungen einer Wiederholung solcher Operationen. Denn in jedem Augenblick, und oft ganz unerwartet, sind wir gezwungen, diese Bindungen einzugehen, entweder weil wir kaufen oder verkaufen oder weil wir reisen, weil wir unsere Dienste anbieten oder in einem Gasthof absteigen usw. Die meisten unserer Beziehungen mit anderen sind Vertragsbeziehungen. Wenn man also jedesmal aufs neue kämpfen und die nötigen Unterhandlungen einleiten müßte, um die gegenwärtigen und zukünftigen Vertragsbestimmungen aufzustellen, wären wir handlungsunfähig. Wenn wir aber nur mit den Bedingungen unserer Verträge gebunden wären, so wie sie ausgehandelt worden sind, so ergäbe das aus all diesen Gründen nur eine höchst gebrechliche Solidarität.

Aber das Vertragsrecht ist da, um die rechtlichen Folgen unserer Handlungen, die wir nicht festgelegt haben, festzulegen. Es drückt die normalen Bedingungen des Gleichgewichts aus, so wie sie sich selber und nach und nach aus dem Mittel der Fälle ergeben haben; eine Zusammenfassung zahlreicher und verschiedener Erfahrungen; was nicht jeder einzelne von uns voraussehen kann, ist hier vorausgesehen; was wir nicht regeln können, ist hier geregelt; und diese Regelung herrscht über uns, obwohl sie nicht unser Werk ist, sondern das Werk der Gesellschaft und der Überlieferung. Es zwingt uns zu Verpflichtungen, die wir nicht im strengen Wortsinn eingegangen sind, weil wir sie nicht beraten, ja nicht einmal im vorhinein gewußt haben. Zweifellos ist der erste Akt immer vertraglicher Natur; aber er hat Folgen, sogar fühlbare, die mehr oder weniger über den Rahmen des Vertrages hinausgehen. Wir arbeiten zusammen, weil wir es gewollt haben, aber unsere freiwillige Zusammenarbeit schafft uns Pflichten, die wir nicht gewollt haben.

Unter diesem Gesichtspunkt erscheint das Vertragsrecht in einem anderen Licht. Es ist nicht mehr nur eine nützliche Ergänzung der Privatübereinkünfte, sondern ihre Grundnorm. Es beherrscht uns mit der Autorität der herkömmlichen Erfahrung und stellt die Basis unserer Vertragsbeziehungen her. Wir können ihm nur teilweise und gelegentlich entgehen. Das Gesetz gibt uns Rechte und unterwirft uns Pflichten, die aus dem Akt unseres Willens fließen. Wir können in bestimmten Fällen die einen aufgeben und uns von den anderen entlasten. Trotzdem bleiben die einen und die anderen der Normaltyp der Rechte und Pflichten, die der Umstand erfordert, und es bedarf eines Sonderaktes, um ihn zu verändern. Daher sind die Veränderungen selbst recht selten. Im Prinzip wird die Regel angewendet. Neuerungen sind die Ausnahme. Das Vertragsrecht übt also über uns eine Regelwirkung von höchster Bedeutung aus, da es vorentscheidet, was wir machen und was wir verlangen können. Es ist ein Gesetz, das durch das Einverständnis der Parteien verändert werden kann; aber solange es nicht aufgehoben oder ersetzt ist, behält es seine ganze Autorität. Andrerseits können wir nur zeitweilig gesetzgeberisch wirken. Es besteht also ein Gradunterschied zwischen dem Gesetz, das die Verpflichtungen regelt, die aus dem Vertrag fließen, und den Verpflichtungen, die die anderen Bürgerpflichten fixieren.

Außer diesem organisierten und bestimmten Druck, den das Recht ausübt, gibt es noch den Druck der Sitten. In der Art, wie wir unsere Verträge schließen und ausführen, müssen wir uns Regeln beugen, die zwar weder direkt noch indirekt durch eine Gesetzesnorm sanktioniert sind, die aber trotzdem nicht weniger verpflichtend sind. Es gibt berufliche Verpflichtungen, die rein moralisch und trotzdem sehr streng sind. Sie sind besonders in den sogenannten freien Berufen offensichtlich, und wenn sie bei den anderen Berufen auch weniger zahlreich sind, so muß man sich doch fragen (wie wir sehen werden), ob das nicht die Wirkung eines krankhaften Zustandes ist. Wenn diese Wirkung auch diffuser ist als die vorhin erwähnte, so ist sie doch auch sozial; andrerseits ist sie notwendigerweise um so weitreichender, als die Vertragsbeziehungen entwickelter sind. Denn sie vervielfacht sich wie die Verträge.

Zusammenfassend können wir sagen, daß der Vertrag sich nicht selber genügt; er ist nur möglich dank einer Reglementierung des Vertrags, die sozialen Ursprungs ist. Es setzt diese voraus, da er viel weniger die Funktion hat, neue Regeln zu schaffen, als allgemeine, vorher festgesetzte Regeln auf Einzelfälle aufzubereiten. Da er nur die Macht hat und sie nur haben kann, unter gewissen Bedingungen zu binden, muß man sie definieren. Wenn ihm die Gesellschaft im Prinzip eine zwingende Kraft verleiht, so darum, weil im allgemeinen der Wille der einzelnen genügt, ihm unter den erwähnten Voraussetzungen den harmonischen Beistand der diffusen sozialen Funktionen zu sichern. Er verstößt aber gegen seinen Zweck, wenn er das regelmäßige Spiel der Organe stört; wenn er, wie man sagt, nicht gerecht ist, dann muß er, da er keinen sozialen Wert mehr hat, auch seiner ganzen Autorität entkleidet werden. Die Rolle der Gesellschaft kann also in keinem Fall darauf zurückgeschraubt werden, passiv die Verträge auszuführen; man muß auch bestimmen, unter welchen Bedingungen sie rechtskräftig sind, und ihnen, wenn nötig, ihre normale Form wiedergeben. Die Verständigung der Parteien kann eine Klausel nicht gerecht machen, die es aus sich selber nicht ist, und es gibt Rechtsnormen, deren Verletzung das soziale Recht zuvorkommen muß, selbst wenn die Beteiligten ihnen zugestimmt haben.

Eine Regelung ist also nötig, die nicht im vorhinein begrenzt werden kann. Der Vertrag, sagt Spencer, hat den Zweck, dem Arbeiter den Gegenwert zu sichern, den er durch seine Arbeit verausgabt hat[18]. Wenn das wirklich die Rolle des Vertrages ist, dann könnte er sie niemals erfüllen, außer unter der Bedingung, noch viel genauer reglementiert zu werden, als er es heute ist. Denn es wäre ein wahres Wunder, wenn er genügte, wirklich diesen Gegenwert zu erzeugen. In Wahrheit übersteigt einmal der Gewinn die Ausgabe und dann wieder die Ausgabe den Gewinn; und das Mißverhältnis ist oft augenfällig. Darauf antwortet eine ganze Schule: Wenn die Gewinne zu niedrig sind, dann wird die Funktion von anderen aufgegeben; wenn sie zu hoch sind, wird sie gesucht, und die Konkurrenz vermindert die Gewinne. Dabei vergißt man, daß ein ganzer Teil der Bevölkerung gar nicht seinen Beruf verlassen kann, weil ihm kein anderer zugänglich ist. Selbst wer in seinen Bewegungen größere Freiheit hat, kann ihn nicht sofort wieder ergreifen; derartige Revolutionen brauchen immer lange Zeit. In der Zwischenzeit werden mit Hilfe der Gesellschaft ungerechte, an sich unsoziale Verträge durchgeführt, und wenn in einem Punkt das Gleichgewicht hergestellt ist, so gibt es keinen Grund, warum es nicht an einem anderen wieder gestört ist.

Es braucht nicht bewiesen zu werden, daß dieser Eingriff in seinen verschiedenen Formen höchst positiv ist, da er bestimmt, wie wir zusammenarbeiten müssen. Zwar gibt er nicht den Anstoß zu den Funktionen, die zusammenwirken; aber wenn einmal der Anfang gemacht ist, bleibt die Konkurrenz die Regel. Sobald wir einen ersten Akt der Zusammenarbeit getan haben, sind wir gebunden, und die Regelwirkung der Gesellschaft spannt uns ein. Wenn Spencer sie negativ nennt, so darum, weil für ihn der Vertrag einzig aus einem Tausch besteht. Aber selbst von diesem Gesichtspunkt aus ist der Ausdruck, den er gebraucht, nicht genau. Selbst wenn mir ein Gegenstand geliefert oder ein Dienst geleistet wurde und ich mich weigere, den übereingekommenen Gegenwert zu liefern, dann nehme ich einem anderen, was ihm gehört, und man kann sagen, daß die Gesellschaft, indem sie mich zwingt, mein Versprechen zu halten, einen Schaden, eine indirekte Aggression verhütet. Aber wenn ich einfach einen Dienst versprochen habe, ohne im vorhinein eine Entlohnung erhalten zu haben, so bin ich doch gezwungen, mein Versprechen zu halten; in diesem Fall be-

18 Spencer, *Die Thatsachen der Ethik,* S. 159 f.

reichere ich mich nicht zum Schaden eines anderen. Ich weigere mich nur, ihm nützlich zu sein. Der Tausch ist, wie wir gesehen haben, eben nicht der ganze Vertrag; es geht auch noch um die gute Harmonie der Funktionen, die zusammenwirken. Sie stehen nicht nur im Kontakt in dem Augenblick, wo die Sache von einer Hand in die andre wechselt; es entstehen notwendigerweise weitergehende Beziehungen, deren Solidarität im Ablauf der Dinge nicht gestört werden darf.

Selbst die biologischen Vergleiche, auf die Spencer gerne seine Theorie des freien Vertrags stützt, sind eher ihre Widerlegung. Er vergleicht, wie wir es getan haben, die Wissenschaftsfunktionen mit den Eingeweiden des individuellen Organismus und weist darauf hin, daß sie nicht direkt vom zerebrospinalen System abhängen, sondern von einem Sonderapparat, dessen wichtigste Zweige der große Sympathikus und der *nervus vagus* sind. Aber wenn man aus diesem Vergleich schließen könnte, daß die Wirtschaftsfunktionen nicht unter dem direkten Einfluß des sozialen Gehirns stehen, folgt noch nicht, daß sie von jedem regulierenden Einfluß befreit werden können. Denn wenn der große Sympathikus in einem gewissen Maß vom Gehirn abhängig ist, so beherrscht er die Bewegungen der Eingeweide genauso wie das Gehirn die Muskeln beherrscht. Wenn es in der Gesellschaft einen ähnlichen Apparat gibt, so muß er auf die Organe, die ihm unterworfen sind, eine ähnliche Wirkung haben.

Was nach Spencer dem entspricht, ist der Informationsaustausch, der ständig von einem Platz zum anderen über das Angebot und die Nachfrage stattfindet und der folglich die Produktion anhält oder anregt[19]. Darin liegt aber nichts, was einer Regelwirkung ähnlich wäre. Eine Neuigkeit weiterleiten heißt noch nicht, Bewegungen anzuordnen. Diese Funktion haben die betreffenden Nerven; aber sie hat nichts Gemeinsames mit den Nervenknoten. Aber gerade diese üben die Herrschaft aus, von der wir eben gesprochen haben. Die Empfindungen können sich nur über diese Zwischenschalter in Bewegung verwandeln. Wenn man mehr über sie wüßte, würde man wahrscheinlich sehen, daß ihre Rolle, gleichgültig ob sie nun zentral sind oder nicht, darin besteht, den harmonischen Ablauf der Funktionen zu sichern, die sie beherr-

19 Spencer, *Essais de morale*, p. 187.

schen; er wäre ständig desorganisiert, wenn er mit jeder Variation der Auslöseeindrücke wechseln müßte. Der große soziale Sympathikus muß also außer einem System von Leitungswegen wirkliche Regelorgane haben, die damit betraut sind, die Eingeweidebewegungen zu kombinieren, so wie die Zerebralganglien die äußeren Akte kombinieren, und die die Kräfte haben, entweder die Reize aufzuhalten oder sie zu verstärken oder sie nach Bedürfnis zu mäßigen.

Dieser Vergleich führte sogar zu dem Gedanken, daß die Regelwirkung, der jetzt das Wirtschaftsleben unterworfen ist, nicht so ist, wie es notwendigerweise sein müßte. Zweifellos ist es nicht Null, wir haben es eben gezeigt. Aber entweder ist es diffus, oder es kommt direkt vom Staat. Man wird schwerlich in unseren Gesellschaften Regelzentren finden, die den Knoten des großen Sympathikus ähnlich sind. Wenn dieser Zweifel keine andere Basis hätte als diesen Mangel an Symmetrie zwischen dem Individuum und der Gesellschaft, verdiente er sicher nicht unsere Aufmerksamkeit. Man darf aber nicht vergessen, daß bis vor kurzem diese Regelorgane existiert haben: das waren die Handwerkszünfte. Wir brauchen hier nicht ihre Vor- oder ihre Nachteile zu diskutieren. Im übrigen sind solche Diskussionen schwerlich objektiv, denn wir können diese praktischen Fragen nur nach unseren persönlichen Gefühlen lösen. Aber die Tatsache, daß eine derartige Einrichtung der Gesellschaften jahrhundertelang nötig war, beweist, daß es wenig wahrscheinlich ist, daß die Gesellschaften sie plötzlich aufgeben könnten. Natürlich haben sich die Gesellschaften geändert. Aber man kann *a priori* schließen, daß die Veränderungen, durch die sie gegangen sind, weniger eine völlige Zerstörung verlangt haben als vielmehr eine Veränderung. Auf alle Fälle ist zu wenig Zeit vergangen, in der sie unter diesen Bedingungen leben, als daß man entscheiden könnte, ob dieser Zustand normal und endgültig ist oder einfach zufällig und krankhaft. Die Unruhe, die seit dieser Epoche in dieser Sphäre des sozialen Lebens herrscht, scheint keine günstige Antwort zu sein. Im Verlauf dieser Arbeit werden wir noch andere Tatsachen finden, die diese Vermutung bestätigen[20].

20 Siehe 3. Buch, 1. Kap. – Siehe auch das Vorwort, wo wir ausführlicher auf diesen Punkt eingegangen sind.

III

Schließlich bleibt noch das Verwaltungsrecht. Wir bezeichnen damit die Regeln, die die Funktionen der Zentralorgane und ihre Beziehungen bestimmen, dann die Funktionen der Organe, die ihnen direkt unterstellt sind, ihre Beziehungen untereinander, mit den ersteren und mit den diffusen Funktionen der Gesellschaft. Wenn wir weiter die Sprache der Biologie verwenden, die nur metaphorisch sein kann, aber bequem ist, dann würden wir sagen, daß sie die Art regeln, wie das zerebrospinale System des sozialen Organismus funktioniert. Dieses System bezeichnet man in der Umgangssprache mit dem Namen: Staat.

Daß die soziale Aktion, die sich unter dieser Form ausdrückt, positiv ist, wird von niemandem bestritten, denn sie hat in der Tat das Ziel festzulegen, wie diese speziellen Funktionen miteinander zusammenarbeiten sollen. In bestimmten Fällen zwingt sie die Zusammenarbeit sogar auf; denn diese verschiedenen Organe können nur mit Hilfe von Beiträgen aufrechterhalten werden, die von jedem Bürger zwingend gefordert werden. Nach Spencer bildet sich aber dieser Regelapparat in dem Maß zurück, in dem der Industrietyp sich vom Militärtyp löst. Schließlich würden die Funktionen des Staates nur mehr aus der Rechtsverwaltung allein bestehen.

Allerdings sind die Gründe, die er zur Stützung dieser These anführt, von bemerkenswerter Dürftigkeit; fast einzig aus einem kurzen Vergleich zwischen England und Frankreich und zwischen dem England von ehedem und von heute glaubt Spencer dieses allgemeine Gesetz der historischen Entwicklung aufzeigen zu können[21]. Beweisführungen in der Soziologie sind aber die gleichen wie in den anderen Wissenschaften. Eine Hypothese beweisen heißt nicht zeigen, daß sie über einige günstig liegende Fakten Auskunft gibt; man muß methodische Versuche machen. Man muß zeigen, daß die Phänomene, zwischen denen man eine Beziehung herstellt, entweder immer übereinstimmen oder nicht ohne einander auskommen können oder sich im selben Sinn und im selben Verhältnis verändern. Einige außer der Reihe dargestellte Beispiele bilden keinen Beweis.

21 Spencer, *Die Principien der Sociologie,* III, S. 730–739.

Im übrigen zeigen diese Fakten für sich allein nichts; denn alles, was sie beweisen, ist, daß der Platz des Individuums größer und die Macht des Staates weniger absolut wird. Aber es besteht kein Gegensatz darin, daß die Sphäre der individuellen Handlungsfreiheit zur gleichen Zeit mit der des Staates größer wird, daß sich die Funktionen, die nicht direkt vom zentralen Regelapparat abhängen, nicht zur gleichen Zeit mit letzterem entwickeln. Andrerseits kann eine Macht zu gleicher Zeit absolut und sehr einfach sein. Nichts ist weniger komplex als das despotische Regiment eines Barbarenhäuptlings: Die Funktionen, die er ausfüllt, sind rudimentär und wenig zahlreich. Das Führungsorgan kann in ihm sozusagen das ganze soziale Leben absorbiert haben, ohne deswegen sehr entwickelt zu sein, wenn das soziale Leben selber nicht sehr entwickelt ist. Es hat über den Rest der Gesellschaft eine außerordentliche Macht, weil es nichts gibt, was es halten oder neutralisieren könnte. Aber es kann sehr wohl vorkommen, daß die Führungsmacht voluminöser wird, während sich zur gleichen Zeit andere Organe ausbilden, die ihr das Gegengewicht halten. Dazu genügt, daß das Gesamtgewicht des Organismus selber zugenommen hat. Zweifellos ist die Wirkung, die sie unter diesen Bedingungen ausübt, nicht mehr gleicher Natur. Die Punkte, auf die sie wirkt, haben sich vervielfacht, und wenn sie weniger brutal ist, so wirkt sie dennoch genauso unerträglich. Ungehorsam gegen die Autorität wird nicht mehr als Freveltat geahndet und daher nicht mit demselben Aufwand an Strenge unterdrückt; trotzdem wird sie genauso wenig geduldet; die Verbote sind eben zahlreicher und erstrecken sich auf die verschiedensten Gattungen. Wir wollen aber nicht wissen, ob die Strafmacht, über die der Führungsapparat verfügt, mehr oder weniger intensiv ist, sondern ob der Apparat selber mehr oder weniger mächtig geworden ist.

Hat man das Problem auf diese Weise formuliert, dann ist die Lösung nicht mehr zweifelhaft. Die Geschichte zeigt in der Tat, daß das Administrativrecht regelmäßig um so entwickelter ist, je höher der Typ ist, dem eine Gesellschaft angehört. Je mehr wir zu den Ursprüngen zurückgehen, desto rudimentärer ist er auch. Der Staat, aus dem Spencer ein Ideal macht, ist in Wirklichkeit die Primitivform des Staates. Denn die einzige Funktion, die ihm der englische Philosoph zubilligt, sind die Funktionen der Gerichtsbarkeit und die Funktionen des Krieges, in dem Maß zum wenigsten, wo der Krieg notwendig ist. Nun hat der Staat in der Tat in den niedrigen Gesellschaften keine andere Rolle. Zweifellos hat man unter diesen Funktionen nicht dasselbe verstanden wie heute; trotzdem sind sie nicht etwas anderes. Diese ganze tyrannische Intervention, die Spencer hierbei aufzeigt, ist nur eine der Arten, wie die richterliche Macht ausgeübt wird. Wenn der Staat also die Attentate gegen die Religion, die Etikette gegen vielerlei Traditionen aufgehoben hat, macht er dasselbe wie unsere heutigen Richter, wenn sie das Leben oder das Eigentum der Individuen schützen. Diese Vorrechte werden in dem Maß zahlreicher und verschiedenartiger, in dem man sich höheren sozialen Typen nähert. Selbst das Organ der Justiz, das im Prinzip sehr einfach ist, wird immer komplexer. Es bilden sich verschiedene Gerichte; unterschiedliche Richterfunktionen bilden sich aus, und ihre Rolle sowie ihre Beziehungen untereinander werden fixiert. Eine Vielzahl von Funktionen, die zuerst diffus waren, werden nun konzentriert. Nach und nach übernimmt das Zentralorgan die Überwachung der Erziehung der Jugend, die Protektion der öffentlichen Gesundheit und den Vorsitz über die öffentliche Fürsorge, die Verwaltung der Verkehrsmittel und der Verkehrswege. Damit wächst er selbst und spannt zu gleicher Zeit allmählich über das ganze Hoheitsgebiet ein immer engeres und komplexeres Netz von Verzweigungen aus, die an die Stelle der früheren Lokalorgane treten oder sie aufsaugen. Statistische Dienste halten ihn über alles, was in den Tiefen dieses Organismus geschieht, auf dem laufenden. Der Apparat der internationalen Verbindungen, d. h. die Diplomatie wird immer bedeutender. In dem Maß, wie sich die Institutionen (wie die großen Kreditinstitute) entwickeln und durch ihre Größe und die Mannigfaltigkeit der Funktionen mit dem Staat solidarisch sind und allgemeine Bedeutung haben. In dem Maß übt er auch einen mäßigenden Einfluß auf sie aus. Schließlich scheint sich noch der militärische Apparat, von dem Spencer den Rückgang behauptet, im Gegenteil zu entfalten und sich ununterbrochen weiter zu zentralisieren.

Die Lehren der Geschichte zeigen uns diese Entwicklung mit solcher Deutlichkeit, daß es uns nicht nötig erscheint, weitere Einzelheiten zu ihrem Beweis anzuführen. Man braucht nur die Stämme, die keine zentrale Autorität haben, mit zentralisierten Stämmen zu vergleichen, diese mit den Stadtstaaten, diese wiederum mit den Feudalgesellschaften und die Feudalgesellschaften mit den heutigen Gesellschaften, und man kann Schritt für Schritt die Hauptentwicklungsetappen verfolgen, deren allgemeinen Gang wir angeführt haben. Es widerspricht also jeder Methode, die heutigen Ausmaße der Regierungsorgane als krank und als das Zusammentreffen zufälliger Umstände zu betrachten. Alles zwingt uns, darin ein normales Phänomen zu sehen, das mit der Struktur der höheren Gesellschaften selbst zusammenhängt, da es regelmäßig und stetig in dem Maß fortschreitet, wie sich die Gesellschaften diesem Typus nähern.

Im übrigen kann man im großen und ganzen aufzeigen, wie er sich aus den Fortschritten selbst der Arbeitsteilung und der Umwandlung ergibt, die die Wirkung haben, die Gesellschaften des segmentären Typs in Gesellschaften des organisierten Typs zu verwandeln.

Solange jedes Segment sein eigenes Leben hat, bildet es eine kleine Gesellschaft in der großen, und solange hat es folglich seine eigenen Regelnormen, genauso wie die großen. Aber ihre Regelkraft ist notwendigerweise proportional der Intensität dieses Lokallebens. Sie müssen demnach schwächer werden, wenn es selber schwächer wird. Nun wissen wir, daß diese Schwächung mit dem allmählichen Verschwinden der segmentären Organisation eintritt. Das Zentralorgan stößt auf geringeren Widerstand, da die Kräfte, die es zurückdrängten, ihre Energie verloren haben, und es zieht diese Funktionen an sich, die denen gleichen, die es selbst ausübt, die aber nicht mehr von denen zurückgehalten werden können, die sie bis dahin ausübten. Statt daß die Lokalorgane ihre Individualität behalten und diffus bleiben, vermischen sie sich mit dem Zentralapparat, der folglich größer wird, und das um so mehr, als die Gesellschaft größer und die Vermischung vollständiger ist, d. h., daß er um so größer wird, je höher die Gesellschaftsgattung ist.

Dieses Phänomen geht ganz automatisch vor sich und ist im übrigen nützlich, denn es entspricht dem neuen Stand der Dinge. In dem Maß, in dem die Gesellschaft aufhört, aus einer Wiederholung von einander ähnlichen Segmenten gebildet zu sein, muß der Regelapparat selbst aufhören, aus einer Wiederholung von autonomen Segmentorganen gebildet zu sein. Damit wollen wir nicht sagen, daß der Staat normalerweise in sich alle Regelorgane der Gesellschaft aufsaugt, sondern nur diejenigen, die von der gleichen Natur sind wie die seinen, d. h., die dem allgemeinen Leben vorstehen. Die Organe, die Sonderfunktionen regeln (wie die Wirtschaftsfunktionen), liegen außerhalb seiner Anziehungssphäre. Es kann sich natürlich zwischen ihnen eine Vermischung gleicher Art vollziehen, aber nicht zwischen ihnen und ihm; oder wenn sie der Wirkung der höheren Zentren unterworfen sind, bleiben sie dennoch unterscheidbar. Bei den Wirbeltieren ist das zerebrospinale System sehr entwickelt, und es hat einen großen Einfluß auf den Sympathikus, aber es läßt ihm doch eine große Autonomie.

Solange, zweitens, die Gesellschaft aus Segmenten besteht, hat das, was einem von ihnen passiert, um so mehr Möglichkeit, sich in den anderen zu wiederholen, als die segmentäre Organisation stärker ist. Das Zellensystem ist von Natur aus zur Lokalisierung sozialer Ereignisse und ihrer Folgen geeignet. In einer Polypenkolonie kann daher eines der Einzelglieder krank sein, ohne daß es die anderen merken. Das gilt um so mehr, wenn die Gesellschaft aus einem Organsystem besteht. Infolge ihrer gegenseitigen Abhängigkeit stößt dem einen zu, was dem anderen zustößt, und eine größere Veränderung hat allgemeines Interesse.

Diese Verallgemeinerung wird noch durch zwei andere Umstände erleichtert. Je stärker sich die Arbeit teilt, desto weniger umfaßt jedes Sozialorgan unterscheidbare Teile. In dem Maß, wie die große Industrie an die Stelle der kleinen tritt, in dem Maß verringert sich die Zahl der verschiedenen Unternehmen. Jede hat eine relativ größere Bedeutung, weil sie einen größeren Teil vom ganzen darstellt. Was also in ihnen geschieht, hat wesentlich größere soziale Auswirkungen. Die Schließung einer kleinen Werkstatt verursacht nur sehr begrenzte Unruhen, die außerhalb eines kleinen Kreises nicht mehr gespürt werden. Der Zusammenbruch eines großen Industrieunternehmens bedeutet im Gegenteil eine öffentliche Störung. Da aber der Fortschritt der Arbeitsteilung eine größere Konzentration der sozialen Masse mit sich bringt, besteht zwischen den verschiedenen Teilen eines und desselben Gewebes, Organs oder Apparats ein enger Kontakt, der die Phänomene der Übertragung leichter macht. Die Bewegung, die an einem Punkt entsteht, breitet sich rasch auf die anderen aus.

Man braucht nur zu sehen, mit welcher Geschwindigkeit z. B. sich ein Streik heute in einem Betrieb verallgemeinert. Nun kann aber eine Unruhe von einer bestimmten Allgemeinheit nicht entstehen, ohne die höheren Zentren zu erfassen. Sie werden schmerzlich erfaßt, sie müssen eingreifen, und dieser Eingriff wird um so heftiger, je höher der soziale Typ ist. Dazu müssen sie entsprechend organisiert sein: Sie müssen sich in alle Richtungen verzweigen, so daß sie mit den verschiedenen Regionen des Organismus in Beziehung stehen; sie müssen auch gewisse Organe in einer strengeren Abhängigkeit halten, deren Spiel gelegentlich besonders schwere Rückschläge haben könnte. Mit einem Wort: Da ihre Funktionen zahlreicher und komplexer werden, muß sich das Organ, das ihnen als Unterlage dient, ebenfalls entwickeln, genauso wie die Rechtspflege, die sie bestimmen.

Auf den Vorwurf, den man Spencer oft gemacht hat, seiner eigenen Lehre zu widersprechen, indem er annimmt, daß sich die höheren Zentren im entgegengesetzten Sinn in den Gesellschaften und in den Organismen entwickeln, antwortet er, daß diese verschiedenen Variationen der Organe von den entsprechenden Variationen der Funktionen abhängen. Seiner Meinung nach hat das zerebrospinale System als wesentliche Aufgabe, die Beziehungen des Individuums mit der Außenwelt zu regeln, die Bewegungen zu kombinieren, entweder um die Beute zu ergreifen oder um dem Feind zu entkommen[22]. Als Angriffs- oder Verteidigungsapparat muß er natürlich bei den höchsten Organismen sehr groß sein, bei denen die Außenbeziehungen selber sehr entwickelt sind. Das ist der Fall bei den militärischen Gesellschaften, die in chronischer Feindschaft mit ihren Nachbarn leben. Bei den Industrievölkern ist dagegen der Krieg die Ausnahme; die sozialen Interessen sind hauptsächlich innenpolitischer Ordnung. Der äußere Regelapparat hat also nicht die gleiche Daseinsberechtigung und bildet sich notwendigerweise zurück.

Diese Erklärung beruht auf einem doppelten Irrtum.

Erstens lebt jeder Organismus, ob er nun Räuberinstinkte hat oder nicht, in einer Umwelt, mit der er um so zahlreichere Beziehungen hat, je komplexer sie ist. Wenn also die Feindbeziehungen in dem Maß zurückgehen, in dem die Völker friedlicher werden, so wer-

22 Spencer, *Essais de morale*, p. 179.

den sie eben von anderen ersetzt. Die Industrievölker haben untereinander einen derart entwickelten Verkehr, daß der Verkehr der niedrigen Stämme, wie kriegerisch sie auch sein mögen, dagegen verschwindet. Wir sprechen nicht vom Verkehr, der zwischen Individuen untereinander besteht, sondern vom Verkehr, der die Sozialkörper untereinander verbindet. Jede Gesellschaft muß allgemeine Interessen gegen andere verteidigen, wenn nicht durch Krieg, so durch Verhandlungen, durch Bündnisse, durch Verträge.

Im übrigen ist es nicht wahr, daß das Gehirn nur den Außenbeziehungen vorsitzt. Anscheinend kann es manchmal nicht nur den Zustand der Organe über ganz innere Wege verändern, sondern sogar dann, wenn es von außen wirkt, wirkt es auf das Innere. Selbst die Eingeweide können nur mit Hilfe von Materialien funktionieren, die von außen kommen. Da das Gehirn selbstherrlich über sie verfügt, hat es damit über den ganzen Organismus einen immerwährenden Einfluß. Man sagt, daß der Magen nicht auf seinen Befehl gehorcht; aber das Vorhandensein von Nahrungsmitteln genügt, um die peristaltischen Bewegungen hervorzurufen. Aber das Gehirn hat es gewollt, daß Nahrung da ist, daß sie in der Menge vorhanden ist und in der Qualität, die das Gehirn gewollt hat. Es befiehlt nicht dem Herzschlag, aber es kann ihn durch geeignetes Training verlangsamen oder beschleunigen. Es gibt kein Gewebe, das nicht irgendeiner Disziplin unterliegt, die es aufzwingt, und seine Herrschaft ist um so umfassender und um so tiefer, je höher der Tiertyp ist. Die wirkliche Rolle des Gehirns liegt nicht darin, die Beziehungen mit der Außenwelt zu regeln, sondern die Gesamtheit des Lebens: Diese Funktion ist um so komplexer, als das Leben reicher und konzentrierter ist. Genauso ist es mit den Gesellschaften. Ob das Regierungsorgan mehr oder weniger bedeutend ist, hängt nicht davon ab, ob die Völker mehr oder weniger friedfertig sind; sondern es wächst in dem Maß, als die Gesellschaften aufgrund der Fortschritte der Arbeitsteilung mehr verschiedene Organe umfaßt, die untereinander stärker voneinander abhängen.

IV

Folgende Urteile fassen diesen ersten Teil unserer Arbeit zusammen:

Das soziale Leben kommt aus einer doppelten Quelle: der Ähnlichkeiten der Bewußtseinszustände und der Arbeitsteilung. Im ersten Fall ist das Individuum sozialisiert, weil es keine eigene Individualität hat und sich somit mit seinesgleichen vermischt, im Schoß ein und desselben Kollektivtyps. Im zweiten Fall, weil es eine eigene Physiognomie und eine persönliche Tätigkeit hat, die es von anderen unterscheidet, aber trotzdem in dem Maß von ihnen abhängt, in dem es sich von ihnen unterscheidet und folglich von der Gesellschaft, die aus ihrer Vereinigung besteht.

Die Ähnlichkeit der Bewußtseinszustände führt zu Regelnormen, die unter dem Druck von Repressivmaßnahmen aller Welt gleichen Glauben und gleiche Praktiken aufzwingen. Je ähnlicher sie sind, um so mehr verschmilzt das soziale Leben mit dem religiösen Leben, um so näher sind die Wirtschaftseinrichtungen dem Kommunismus.

Die Arbeitsteilung führt zu Rechtsregeln, die die Natur und die Beziehungen der geteilten Funktionen bestimmen, aber deren Verletzung nur Reparationsmaßnahmen ohne Sühnecharakter nach sich ziehen.

Jede dieser Normensammlungen wird im übrigen von einer Sammlung rein moralischer Regeln begleitet. Dort, wo das Strafrecht sehr umfangreich ist, ist die gemeinsame Moral sehr ausgebreitet, d. h., es gibt eine Menge von Kollektivpraktiken, die der öffentlichen Meinung unterworfen sind. Dort, wo das Restitutivrecht sehr entwickelt ist, gibt es für jeden Beruf eine Berufsmoral. Innerhalb jeder Arbeitergruppe existiert eine Meinung, zwar diffus auf die ganze Ausdehnung dieses abstrakten Aggregats beschränkt, der, ohne daß sie mit legalen Sanktionen ausgestattet ist, dennoch gehorcht wird. Es gibt gemeinsame Sitten und Bräuche für jede Gattung von Funktionären, die keine von ihnen brechen kann, ohne von der Berufsorganisation getadelt zu werden[23]. Trotzdem unterscheidet sich diese Moral von den vorher-

23 Dieser Tadel wird im übrigen, wie jede moralische Strafe, durch äußere Bewegungen ausgedrückt (Disziplinarstrafen, Entlassungen, Verlust der Beziehungen usw.).

gegangenen durch ähnliche Unterschiede wie die, die die beiden entsprechenden Rechtsgattungen unterscheiden. Sie ist in einer begrenzten Region der Gesellschaft lokalisiert. Außerdem ist der Repressivcharakter der Sanktionen, die damit verbunden sind, wesentlich weniger betont. Berufsfehler erzeugen eine viel schwächere Mißbilligung als Attentate gegen die öffentliche Meinung.
Trotzdem sind die Berufsregeln der Moral und des Rechts genauso zwingend wie die anderen. Sie zwingen das Individuum zum Handeln im Hinblick auf Ziele, die nicht seine Ziele sind, zu Konzessionen, zu Kompromissen, zur Rücksicht auf höhere Interessen als seine eigenen. Selbst dort, wo die Gesellschaft völlig auf der Arbeitsteilung beruht, löst sie sich folglich nicht in eine Wolke von nebeneinandergestellten Atomen auf, zwischen denen es nur äußerlich und vorübergehende Kontakte geben kann. Die Mitglieder sind im Gegenteil untereinander mit Banden verbunden, die weit über den Augenblick hinausgehen, in dem der Austauch getätigt wird. Jede der Funktionen, die sie ausüben, hängt ständig von anderen ab und bildet mit ihnen ein solidarisches System. Aus der Natur der gewählten Aufgabe folgen ständige Pflichten. Um diese oder jene häusliche oder soziale Funktion zu erfüllen, sind wir in ein Netz von Verpflichtungen eingeflochten, die zu lösen wir kein Recht haben. Vor allem gibt es ein Organ, von dem wir immer stärker abhängen: Das ist der Staat. Die Punkte, durch die wir mit ihm in Kontakt kommen, vervielfachen sich genauso wie die Gelegenheiten, wo er uns zum Gefühl der gemeinsamen Solidarität zwingt.

Der Altruismus hat also nicht den Zweck, so wie es Spencer will, eine Art Verzierung unseres sozialen Lebens zu werden. Er wird immer seine Grundlage bleiben. Wie könnten wir ohne ihn auskommen? Die Menschen können nicht zusammen leben, ohne sich zu verstehen, und folglich nicht, ohne sich gegenseitig Opfer zu bringen, ohne sich untereinander stark und dauerhaft zu binden. Jede Gesellschaft ist eine moralische Gesellschaft. In bestimmten Punkten ist dieser Zug in organisierten Gesellschaften sogar noch stärker betont. Weil sich das Individuum nicht genügt, erhält es von der Gesellschaft alles, was der Mensch braucht, genauso wie es für sie arbeitet. So bildet sich ein starkes Gefühl der Abhängigkeit, in der es sich befindet: Es gewöhnt sich daran, sich richtig einzuschätzen, d. h. sich als ein Teil eines Ganzen zu betrachten, als

ein Organ eines Organismus. Derartige Gefühle führen auf natürliche Weise zu den täglichen Opfern, die die regelmäßige Entwicklung des täglichen sozialen Lebens sicherstellen, aber auch gelegentlich zu den Taten völliger Entsagung und ungeteilter Selbstverleugnung. Die Gesellschaft ihrerseits lehrt, die Mitglieder nicht als Dinge zu betrachten, auf die sie ein Recht hat, sondern als Mitarbeiter, auf die sie nicht verzichten kann und denen gegenüber sie Pflichten hat. Zu Unrecht stellt man also die Gesellschaft, die aus der Glaubensgemeinschaft kommt, der Gesellschaft gegenüber, die auf der Zusammenarbeit beruht, indem man nur der ersten einen Moralcharakter zubilligt und in der zweiten nur eine Wirtschaftsgruppierung sieht. In Wirklichkeit hat die Zusammenarbeit ebenfalls ihre eigenständige Moralität. Es genügt, wenn wir wissen (wir werden es in der Folge noch besser sehen), daß in unseren heutigen Gesellschaften diese Moralität noch nicht so weit entwickelt ist, als es jetzt schon nötig wäre.
Aber sie ist nicht gleicher Natur wie die andere. Diese ist nur stark, wenn das Individuum es nicht ist. Sie besteht aus Regeln, die ein jeder gleichmäßig praktiziert; sie erhält aus dieser allgemeinen und gleichmäßigen Praxis eine Autorität, die aus ihr etwas Übermenschliches macht und die sie mehr oder weniger der Diskussion entzieht. Die andere entwickelt sich im Gegenteil in dem Maß, wie sich die individuelle Persönlichkeit verstärkt. Wie sehr auch eine Funktion reglementiert ist, sie läßt einen breiten Platz für die Initiative eines jeden. Viele Verpflichtungen, die auf diese Weise sanktioniert sind, haben ihren Ursprung in einer Willensentscheidung. Wir wählen unseren Beruf und sogar bestimmte häusliche Funktionen. Wenn einmal unsere Entschlüsse aufgehört haben, innerlich zu sein und durch soziale Konsequenzen nach außen gedrungen sind, sind wir zweifellos gebunden: Pflichten zwingen sich uns auf, die wir nicht ausdrücklich gewollt haben. Trotzdem haben sie ihren Ursprung in einem freien Willensakt. Weil sich diese Verhaltensregeln nicht auf Bedingungen des gemeinsamen Lebens beziehen, sondern auf die verschiedenen Formen der Berufstätigkeit, haben sie damit sozusagen einen weltlicheren Charakter, der sie, obwohl er ihnen ihre zwingende Kraft läßt, dennoch der Wirkung der Menschen zugänglich macht.
Es gibt also zwei große Strömungen des sozialen Lebens, denen zwei nicht weniger unterschiedliche Strukturtypen entsprechen.

Der Strom, der seinen Ursprung in sozialen Ähnlichkeiten hat, strömt zuerst frei und ohne Rivalen. In diesem Augenblick vermischt er sich mit dem Leben selbst der Gesellschaft. Dann kanalisiert er sich nach und nach und wird magerer, während der andere Strom ständig größer wird. Genauso wird die Segmentstruktur immer mehr von der anderen überdeckt, ohne deswegen jemals völlig zu verschwinden.

Wir haben die Wirklichkeit dieser Beziehung im umgekehrten Verhältnis aufgezeigt. Die Gründe dafür finden wir im nächsten Buch.

2. Buch
Die Gründe und die Bedingungen

1. Kapitel

Die Fortschritte der Arbeitsteilung und die Fortschritte des Glücks

Welches sind die Gründe für die Fortschritte der Arbeitsteilung? Zweifellos ist es nicht möglich, eine einzige Formel zu finden, die über alle Möglichkeiten der Arbeitsteilung Auskunft gibt. Eine derartige Formel gibt es nicht. Jeder besondere Fall hängt von besonderen Ursachen ab, die nur durch eine Sonderprüfung bestimmt werden können. Das Problem, das wir uns gestellt haben, ist weniger weitgreifend. Wenn man von den Formen absieht, die die Arbeitsteilung nach zeitlichen und örtlichen Bedingungen annehmen kann, so bleibt jene allgemeine Tatsache, daß sie sich in dem Maß regelmäßig entwickelt, in dem man in der Geschichte voranschreitet. Diese Tatsache hängt bestimmt von Gründen ab, die genauso regelmäßig sind; wir wollen sie untersuchen.

Diese Ursache kann aber nicht aus einer vorweggenommenen Darstellung der Wirkungen bestehen, die die Arbeitsteilung hervorbringt, indem sie dazu beiträgt, das Gleichgewicht der Gesellschaften zu erhalten. Das ist eine zu weitentfernte Folge, als daß sie von jedem begriffen werden könnte; die meisten werden sich ihrer gar nicht bewußt. Außerdem konnte sie nur fühlbar werden, als die Arbeitsteilung bereits ziemlich fortgeschritten war.

Nach der weitestverbreiteten Theorie liegt ihr Ursprung in dem Wunsch des Menschen, sein Glück ständig zu vermehren. Man weiß in der Tat, daß der Ausstoß um so größer ist, je mehr sich die Arbeit teilt. Die Mittel, die sie zu unserer Verfügung stellt, werden immer reichlicher; sie sind auch qualitativ besser. Die Wissenschaft wird besser und schneller; die Kunstwerke werden zahlreicher und feiner; das Gewerbe erzeugt mehr und die Erzeugnisse sind vollkommener. All das braucht der Mensch. Es scheint also, als ob der Mensch um so glücklicher sein müsse, je mehr er davon besitzt, und daß es ihn natürlich reizt, sie zu suchen.

Stimmt man dem zu, so kann man leicht die Regelmäßigkeit erklären, mit der die Arbeitsteilung fortschreitet. Es genügt (so behauptet man), daß günstige Umstände, die man sich leicht vorstellen kann, die Menschen auf einige dieser Vorteile aufmerksam gemacht haben, so daß sie versucht haben, sie weiter auszubauen, um den höchsten Gewinn daraus zu ziehen. Die Arbeitsteilung hätte sich also unter dem Einfluß ausschließlich individueller und psychologischer Ursachen entwickelt. Um diese Theorie aufzustellen, braucht man also nicht die Gesellschaften und ihre Struktur zu beobachten: der einfache und grundlegende Instinkt des menschlichen Herzens genügt, um sich darüber Rechenschaft zu geben. Das Bedürfnis nach Glück treibt das Individuum dazu, sich immer mehr zu spezialisieren. Da aber jede Spezialisierung die gleichzeitige Anwesenheit mehrerer Individuen und ihre Mithilfe voraussetzt, ist sie nur in Gesellschaft möglich. Statt daß die Gesellschaft also ihre Grundursache ist, ist sie nur das Mittel zu ihrer Realisation, die nötige Materie zur Organisation der geteilten Arbeit. Sie ist also eine Wirkung des Phänomens, statt ihr Grund. Wiederholt man nicht auch ständig, daß das Bedürfnis nach Zusammenarbeit erst Gesellschaften erzeugt? Sie wären also gebildet worden, damit sich die Arbeit teilen kann, statt daß sich die Arbeit aus sozialen Gründen geteilt hat?

Das ist die klassische Erklärung in der Volkswirtschaft. Sie erscheint im übrigen so einfach und so einleuchtend, daß sie unbewußt von vielen Denkern übernommen wird, deren Begriffe sie verwirrt. Wir müssen sie also zuerst untersuchen.

I

Nichts ist weniger bewiesen als das sogenannte Axiom, auf dem sie beruht.

Man kann der Produktivkraft der Arbeit keine rationale Grenze setzen. Zweifellos hängt sie vom Zustand der Technik, der Kapitalien usw. ab. Aber diese Hindernisse sind immer nur vorläufig, wie es die Erfahrung beweist, und jede Generation rückt die Grenze weiter hinaus, an der die vorhergegangene Generation stehengeblieben ist. Selbst wenn sie eines Tages an ein Maximum käme, das sie nicht mehr überschreiten kann – was eine völlig unbeweisbare Annahme wäre –, ist wenigstens eines heute schon sicher, daß sie ein ungeheures Entwicklungsfeld hinter sich hat. Wenn also das Glück, wie man annimmt, regelmäßig mit ihr wächst, so müßte es doch auch unendlich anwachsen können, oder zum mindesten müßte der Zuwachs, zu dem es fähig wäre, dem vorhergegangenen proportional sein. Wenn das Glück in dem Maß wächst, in dem die Anregungen zahlreicher und intensiver werden, dann wäre es ganz natürlich, daß der Mensch immer mehr produziert, um immer mehr zu genießen. In Wirklichkeit ist aber unser Glücksvermögen sehr beschränkt.

Es ist heute eine allgemein anerkannte Wahrheit, daß das Vergnügen weder die Bewußtseinszustände begleitet, die zu stark sind, noch diejenigen, die zu schwach sind. Es schmerzt, wenn die Tätigkeit unserer Organe ungenügend ist; aber eine übermäßige Tätigkeit erzeugt die gleiche Wirkung[1]. Bestimmte Physiologen glauben sogar, daß der Schmerz mit einer zu heftigen nervösen Erschütterung verbunden ist[2]. Das Vergnügen liegt also zwischen diesen beiden Extremen. Diese Behauptung ist im übrigen eine Erweiterung des Weber-Fechnerschen Gesetzes. Wenn die mathematische Formel, die diese Untersuchungen ergeben haben, auch zweifelhaft ist, so gibt es doch einen Punkt, der über jeden Zweifel erhaben ist, daß nämlich die Intensitätsvariationen, durch die ein Gefühl gehen kann, innerhalb zweier Grenzen liegt. Ist der Erreger zu schwach, so wird er nicht gefühlt; überschreitet er einen bestimmten Grad, so erzeugen die Steigerungen immer weniger Wirkung, bis sie gänzlich aufhören, wahrgenommen zu werden. Dieses Gesetz gilt auch für jene Art von Gefühl, das man Vergnügen nennt. Es war sogar für das Vergnügen und für den Schmerz lange vorher formuliert worden, ehe man es für die anderen Elemente des Gefühls verwendete: Bernoulli wendet es sofort auf die komplexesten Gefühle an, und Laplace gab ihm, indem er es im gleichen Sinn interpretierte, die Form einer Beziehung zwischen dem physischen und moralischen Glück[3]. Das Variationsfeld, das der Intensität des gleichen Vergnügens offensteht, ist also begrenzt.

Mehr noch. Wenn Bewußtseinszustände, deren Intensität gemäßigt ist, im allgemeinen angenehm sind, so bieten sie doch nicht

1 Spencer, *Psychologie*, I, 288. – Wundt, *Grundzüge der physiologischen Psychologie*, 2. Aufl. Leipzig 1880, Bd. I, Kap. X, § 1.

2 Richet, Siehe seinen Artikel »Douleur« im *Dictionnaire encyclopédique des sciences médicales*.

3 Laplace, *Théorie analytique des probabilités*, Paris, 1847, p. 187, 432. – Fechner, *Psychophysik*, I, 236.

gleich günstige Bedingungen für das Vergnügen. In der Nähe der unteren Grenze sind die Veränderungen, durch die die angenehme Tätigkeit geht, absolut zu klein, um Gefühle starken Vergnügens hervorzurufen. Wenn sie sich dem Indifferenzpunkt nähert, d. h. ihrem Maximum, haben die Größen, mit denen sie zunimmt, einen relativ zu schwachen Wert. Ein Mensch, der nur ein sehr kleines Kapital hat, kann es nicht leicht in Proportionen vermehren, die zu einer wesentlichen Veränderung seiner Lage führen würden. Darum bereiten die ersten Ersparnisse so wenig Freude: sie sind zu klein, um die Lage zu verbessern. Die unbedeutenden Vorteile, die sie mit sich bringen, entschädigen nicht für die Entbehrungen, die sie gekostet haben. Genauso findet ein Mensch, dessen Reichtum übergroß ist, nur mehr an außerordentlichen Gewinnen Vergnügen, denn er mißt ihre Bedeutung an dem, was er bereits besitzt. Ganz anders steht es mit mittleren Vermögen. Hier sind die absolute Größe und die relative Größe der Variationen die besten Bedingungen, damit Vergnügen entsteht, denn sie sind leicht bedeutend genug, und trotzdem brauchen sie nicht außerordentlich zu sein, um nach ihrem Wert geschätzt zu werden. Der Richtpunkt, nach dem man ihren Wert mißt, ist nicht zu hoch, als daß eine zu starke Entwertung einträte. Die Intensität eines angenehmen Reizes kann also auf *nützliche Weise* nur zwischen noch höheren Grenzen vergrößert werden, als wir zuerst gesagt haben, denn es erzeugt seine ganze Wirkung nur in dem Zwischenraum, der dem mittleren Teil der angenehmen Tätigkeit entspricht. Diesseits und jenseits existiert zwar noch das Vergnügen, aber es steht nicht mehr in Beziehung zum Grund, der es erzeugt, während in der gemäßigten Zone die kleinsten Ausschläge genossen und gewürdigt werden. Nichts von der Energie des Reizes geht verloren, der sich ganz in Vergnügen verwandelt[4].

Was wir eben von der Intensität eines jeden Reizes gesagt haben, könnte man für ihre Anzahl wiederholen. Sie hören auf, angenehm zu sein, wenn sie zu zahlreich oder zu wenig zahlreich sind, genauso wie sie einen bestimmten Grad an Stärke überschreiten oder nicht erreichen. Nicht ohne Grund sieht die menschliche Erfahrung in der *aurea mediocritas*, in der goldenen Mittelmäßigkeit, eine Bedingung des Glücks.

4 Siehe Wundt, *loc. cit.*

Wenn also die Arbeitsteilung nur fortgeschritten wäre, um unser Glück zu vermehren, dann wäre sie längst an ihre äußerste Grenze angelangt, genauso wie die daraus entstandenen Zivilisationen, und die eine wie die anderen wären zum Stillstand gekommen. Denn, um den Menschen instand zu setzen, jene bescheidene Existenz zu führen, die für das Vergnügen die günstigste ist, dann wäre es nicht nötig gewesen, Reize aller Art unendlich anzuhäufen. Eine mäßige Entwicklung hätte genügt, um den Individuen die ganze Summe von Genüssen zu sichern, deren sie fähig sind. Die Menschheit wäre rasch zu einem Stillstand gekommen, aus dem sie nicht mehr herausgekommen wäre. Das ist bei den Tieren eingetreten: Die meisten verändern sich seit Jahrhunderten nicht mehr, weil sie dieses Gleichgewicht erreicht haben.

Andere Beobachtungen führen zu den gleichen Schlüssen.

Man kann absolut behaupten, daß jeder angenehme Zustand nützlich ist und daß sich das Vergnügen und die Nützlichkeit immer im gleichen Sinn und im gleichen Verhältnis verändern. Ein Organismus, der sich im Prinzip in Dingen gefiele, die ihm schaden, könnte sich nicht erhalten. Man kann also als allgemein wahr annehmen, daß das Vergnügen nicht an schädliche Zustände gebunden ist, d. h. daß im großen und ganzen das Glück mit der Gesundheit zusammenfällt. Nur Menschen, die physiologisch oder psychologisch pervertiert sind, finden an krankhaften Zuständen Genuß. Die Gesundheit besteht aber aus einer mittleren Tätigkeit. Sie verlangt in der Tat eine harmonische Entwicklung aller Funktionen, und die Funktionen können sich nur harmonisch entwikkeln, wenn sie sich gegenseitig mäßigen, d. h. wenn sie sich gegenseitig diesseits einer bestimmten Grenze bewegen, hinter der die Krankheit beginnt und das Vergnügen endet. Die gleichzeitige Vermehrung aller Fähigkeiten ist nur bestimmten Wesen in einem sehr begrenzten Maß möglich, das dazu dem Individuum angeboren ist.

Auf diese Weise kann man die Begrenzung des menschlichen Glücks verstehen: Sie liegt in der Konstitution des Menschen selber, und zwar so wie sie zu jedem Zeitpunkt der Geschichte ist. Nach seinem Temperament, dem Grad seiner physischen und moralischen Entwicklung gibt es ein Glücksmaximum, so wie es ein Maximum an Tätigkeit gibt, das er nicht überschreiten kann. Dieser Schluß wird nicht bezweifelt, solange es sich um den Organismus handelt: Jeder gibt zu, daß die Bedürfnisse des Körpers begrenzt sind und daß sich folglich das physische Vergnügen nicht ins Unendliche steigern kann. Aber man hat für die geistigen Funktionen an eine Ausnahme geglaubt. »Es gibt keinen Schmerz, um die großen Aufschwünge der Hingabe und der Barmherzigkeit, die leidenschaftliche und begeisternde Suche nach dem Wahren und Guten zu strafen oder zu unterdrücken ... Man befriedigt seinen Hunger mit einer bestimmten Nahrungsmenge; man kann die Vernunft nicht mit einer bestimmten Menge von Wissen befriedigen.«[5]

Dabei vergißt man, daß das Bewußtsein wie der Organismus ein System von Funktionen ist, die im Gleichgewicht stehen, daß es außerdem an eine organische Unterlage gebunden ist, von dessen Zustand es abhängt. Man sagt, daß es für die Vernunft niemals zuviel Licht gäbe, wenn es auch für die Augen einen Helligkeitsgrad gibt, den sie nicht ertragen können. Trotzdem kann ein Zuviel an Wissen nur durch eine übertriebene Entwicklung der höheren Nervenzentren erworben werden, die selbst nicht ohne schmerzhafte Störungen eintreten kann. Es gibt also eine Maximalgrenze, die nicht ungestraft überschritten werden kann, und da sie sich von Gehirn zu Gehirn verändert, war sie zu Beginn der Menschheit besonders niedrig. Folglich wäre sie sehr rasch erreicht worden. Außerdem ist der Verstand nur eine unserer Fähigkeiten. Er kann also über einen bestimmten Punkt nur auf Kosten der praktischen Fähigkeiten anwachsen, indem er die Gefühle, die Glaubensüberzeugungen und die Gewohnheiten, von denen wir leben, erschüttert; eine derartige Gleichgewichtsstörung geht nicht ohne Unruhe ab. Die Anhänger der gröbsten Religion finden in der rudimentärsten Kosmogonie und Philosophie, die man sie lehrt, ein Vergnügen, das wir ihnen ohne möglichen Ersatz wegnähmen, wenn es uns gelänge, ihnen plötzlich unsere wissenschaftlichen Lehrmeinungen aufzuzwingen, wie unbestreitbar deren Überlegenheit auch ist. In jedem Augenblick der Geschichte und in dem Bewußtsein eines jeden Menschen gibt es für die richtigen Ideen und für überlegte Meinungen, mit einem Wort, für das Wissen einen bestimmten Platz, über den man normalerweise nicht hinausgehen kann.

5 Rabier, *Leçons de philosophie*, I, 479.

Genauso ist es mit der Moralität. Jedes Volk hat seine Moralität, die nach seinen Lebensbedingungen ausgerichtet ist. Man kann ihm also keine andere eintrichtern, wie hoch sie auch sei, ohne es zu desorganisieren. Derartige Unruhen werden von jedem einzelnen schmerzhaft empfunden. Aber kann sich die Moral einer jeden einzelnen Gesellschaft nicht in den Tugenden, die es empfiehlt, ins Unendliche entwickeln? Keineswegs. Moralisch handeln heißt, seine Pflichten tun, und jede Pflicht ist begrenzt. Sie ist durch andere Pflichten begrenzt. Man kann sich nicht zu vollständig anderen hingeben, ohne sich selbst aufzugeben; man kann nicht im Übermaß seine Persönlichkeit entwickeln, ohne dem Egoismus zu verfallen. Andrerseits ist die Summe unserer Pflichten selber durch die anderen Ansprüche unserer Natur begrenzt. Wenn bestimmte Verhaltensformen notwendigerweise dieser zwingenden Regelung unterworfen sind, so gibt es andere, die ihnen im Gegenteil von Natur aus widerstehen und die trotzdem wesentlich sind. Die Moral kann nicht über alles Maß die industriellen, die kommerziellen, usw. Funktionen beherrschen, ohne sie zu paralysieren, und trotzdem sind sie lebenswichtig. Den Reichtum als unmoralisch anzusehen ist ein nicht weniger unheilvoller Irrtum als im Reichtum das höchste Gut zu sehen. Es kann also sehr wohl Auswüchse der Moral geben, an denen die Moral als erste zu leiden hat. Da sie als oberstes Ziel hat, unser zeitliches Leben zu regeln, kann sie sich davon nicht abwenden, ohne den Boden auszutrocknen, von dem sie lebt.

Tatsächlich scheint die äthetisch-moralische Tätigkeit, die ja nicht geregelt ist, keine Bremse und keine Begrenzung zu haben. Aber in Wirklichkeit ist sie durch die eigentlich moralische Tätigkeit eng umgrenzt: Sie kann ein bestimmtes Maß nur auf Kosten der Moralität überschreiten. Wenn wir zuviele Kräfte auf das Überflüssige verschwenden, bleiben nicht genug mehr für das Notwendige. Wenn man moralische Luftschlösser baut, werden Pflichtaufgaben notwendigerweise vernachlässigt. Jede Disziplin erscheint unerträglich, wenn man sich an ein Handeln gewöhnt hat, das keine anderen Regeln kennt, als die Regeln, die man sich selbst gemacht hat. Zu viel Idealismus und zu viel moralische Erhabenheit sind oft der Grund, warum der Mensch die Freude an den täglichen Pflichten verliert.

Dasselbe kann man im allgemeinen von jeder ästhetischen Tätigkeit sagen. Sie ist nur dann gesund, wenn sie mäßig ist. Das Bedürfnis zu spielen, zweckfrei und um des Vergnügens willen etwas zu tun, kann nicht über einen bestimmten Punkt hinaus betrieben werden, ohne daß man sich vom ernsten Leben löst. Eine zu große künstlerische Empfindsamkeit ist ein krankhafter Zustand, der nicht ohne Gefahr für die Gesellschaft verallgemeinert werden darf. Die Grenze, wo die Übertreibung beginnt, ist im übrigen veränderlich; sie beginnt um so früher, je weniger fortgeschritten die Gesellschaft ist oder je weniger das Milieu kultiviert ist. Wenn der Bauer mit seinen Existenzbedingungen harmoniert, dann muß er für ästhetische Vergnügungen verschlossen sein, die für Gebildete normal sind; dasselbe gilt für den Wilden in bezug auf den Zivilisierten.

Wenn das für den Luxus des Geistes gilt, so gilt es noch viel mehr für den materiellen Luxus. Es gibt also eine normale Intensität für alle unsere Bedürfnisse, für die intellektuellen und moralischen genauso wie für die physischen, die nicht überschritten werden darf. Zu jedem Zeitpunkt der Geschichte ist unser Durst nach Wissen, nach Kunst, nach Wohlstand genauso festgelegt wie unser Verlangen, und alles, was über dieses Maß hinausgeht, läßt uns gleichgültig oder verschafft uns Schmerzen. Das vergißt man nur zu sehr, wenn man das Glück unserer Väter mit dem unsrigen vergleicht. Man schließt, als ob alle unsere Vergnügen die ihren hätten sein können. Wenn man dagegen an all die Fortschritte der Zivilisation denkt, die wir genießen und die sie nicht kannten, dann neigt man dazu, ihr Los zu beklagen. Man vergißt, daß sie gar nicht fähig gewesen wären, sie zu genießen. Wenn sie sich also so sehr abgemüht haben, um die Arbeitsproduktivität zu erhöhen, so haben sie das doch nicht getan, um Güter zu erwerben, die für sie wertlos waren. Um sie genießen zu können, hätten sie zuerst an Gewohnheiten Gefallen finden müssen, die sie nicht hatten, d. h. sie hätten ihre Natur verändern müssen.

Und das haben sie in der Tat getan, wie die Geschichte an den Veränderungen zeigt, durch die die Menschheit gegangen ist. Damit das Bedürfnis nach einem größeren Glück über die Entwicklung der Arbeitsteilung Rechenschaft geben kann, hätte es auch der Grund für die Veränderungen sein müssen, die allmählich in der Natur des Menschen eingetreten sind; der Mensch hätte sich verändern müssen, um glücklicher zu werden.

Aber selbst wenn man voraussetzt, daß diese Veränderungen ein derartiges Ergebnis gehabt hätten, ist es dennoch unmöglich, daß sie sich für diesen Zweck verändert hätten, und folglich hängen sie von einem anderen Grund ab.

Eine plötzliche oder vorbereitete Existenzänderung stellt immer eine schmerzhafte Krise dar, denn sie verletzt erworbene Instinkte, die widerstehen. Die ganze Vergangenheit hält uns zurück, selbst wenn uns die schönsten Aussichten nach vorne ziehen. Gewohnheiten, die die Zeit in uns verfestigt und aufgebaut hat, zu entwurzeln, ist immer eine mühsame Operation. Es ist wahrscheinlich, daß das seßhafte Leben größere Gelegenheiten bietet, glücklich zu sein, als ein Nomadenleben. Aber wenn man seit Jahrhunderten kein anderes Leben geführt hat, dann kann man sich nicht leicht davon lösen. So gering solche Veränderungen auch sein mögen, so genügt ein individuelles Leben doch nicht, um sie durchzuführen. Eine Generation genügt nicht, um das Werk von Generationen ungeschehen zu machen, um einen neuen Menschen an die Stelle des alten zu setzen. Im heutigen Zustand unserer Gesellschaften ist die Arbeit nicht nur nützlich, sie ist notwendig. Jeder fühlt das, und seit langem ist diese Notwendigkeit bereits gefühlt worden. Trotzdem sind die Menschen relativ selten, die ihr Vergnügen in einer regelmäßigen und beständigen Arbeit finden. Für die meisten Menschen handelt es sich noch immer um ein unnatürliches Joch; das Nichtstun der Vorzeit hat für sie seinen Zauber noch immer nicht verloren. Diese Metamorphosen kosten also während langer Zeit sehr viel, ohne etwas einzubringen. Die Generationen, die sie einführen, ernten nicht ihre Früchte (wenn es sie überhaupt gibt), weil sie zu spät kommen. Sie haben nur die Mühen davon. Folglich ist es nicht die Erwartung eines größeren Glücks, die sie zu solchen Unternehmen hinreißt.

Aber ist es überhaupt wahr, daß das Glück des einzelnen in dem Maß wächst, wie der Mensch fortschreitet? Nichts ist zweifelhafter.

II

Natürlich gibt es eine Menge Vergnügungen, denen wir heute zugänglich sind und die einfachere Naturen nicht kennen. Dafür sind wir aber im Gegenteil vielen Leiden ausgesetzt, die ihnen erspart sind, und es ist gar nicht sicher, ob sich die Waage zu unseren Gunsten neigt. Das Denken ist zweifellos eine Quelle der Freude, die sehr lebhaft sein kann; aber zu gleicher Zeit, wie viele Freuden verdirbt sie! Wie viele Fragen, die ohne Antwort blieben, kommen auf ein gelöstes Problem! Für einen gelösten Zweifel: wie viele Rätsel tauchen auf, die uns aus der Fassung bringen! Wenn der Wilde nicht die Freuden fühlt, die uns ein aktives Leben bereitet, so kennt er auch keine Langeweile, diesen Schrecken kultivierter Geister; er läßt sein Leben ruhig dahinfließen ohne beständig das Bedürfnis zu haben, die viel zu kurzen Augenblicke mit zahlreichen und eiligen Taten zu füllen. Vergessen wir im übrigen nicht, daß für die Mehrheit der Menschen die Arbeit noch immer eine Pein und Last ist.

Man hält dagegen, daß das Leben bei den zivilisierten Völkern vielfältiger, die Vielfalt aber eine Bedingung des Vergnügens ist. Aber je größer die Abhängigkeit ist, desto mehr Einförmigkeit bringt die Zivilisation mit sich; denn sie hat dem Menschen die monotone und ständige Arbeit aufgezwungen. Der Wilde geht von einer Beschäftigung zur andern je nach den Umständen und den Bedürfnissen, die ihn treiben. Der zivilisierte Mensch widmet sich ganz einer Aufgabe, immer der gleichen, die ihm um so weniger Variationen bietet, je enger sie umgrenzt ist. Die Organisation beinhaltet notwendigerweise eine absolute Regelmäßigkeit in den Gewohnheiten, denn eine Veränderung kann in der Art, wie ein Organ funktioniert, nicht ohne Störung eintreten; der ganze Organismus wäre davon berührt. Von hier gesehen, bietet unser Leben der Überraschung einen geringeren Teil, während es zu gleicher Zeit durch seine größere Unabhängigkeit dem Genuß einen Teil der Sicherheit nimmt, derer es bedarf.

Wahr ist, daß unser Nervensystem empfindlicher geworden ist und für geringere Reize ansprechbar wurde, die das System unserer Väter nicht berührten, weil es viel gröber war. Andrerseits sind viele Reize, die ihnen angenehm waren, für uns zu stark geworden und folglich schmerzhaft. Wenn wir für mehr Vergnügen zugänglicher geworden sind, so auch für mehr Schmerzen. Wenn es andrerseits wahr ist, daß der Schmerz im Organismus einen tieferen Widerhall als die Freude erzeugt[6], daß uns ein unangenehmer Reiz schmerzhafter berührt als uns ein angenehmer von

6 Siehe Ed. von Hartmann, *Philosophie des Unbewußten*, 1869.

gleicher Intensität Vergnügen bereitet, dann könnte diese größere Empfindlichkeit dem Glück eher hinderlich als günstig sein. In der Tat leben sehr verfeinerte Nervensysteme nur unter Schmerzen und gewöhnen sich schließlich daran. Ist es nicht bemerkenswert, daß der Hauptkult der zivilisierten Religionen der Kult des menschlichen Leidens ist? Damit sich das Leben erhalten kann, müssen heute wie früher die Freuden im Durchschnitt der Fälle über den Schmerzen stehen. Aber es ist nicht sicher, daß dieser Überschuß größer geworden ist.

Schließlich und hauptsächlich ist noch gar nicht bewiesen, daß dieser Überschuß jemals das ganze Glück ergibt. Zweifellos kann man bei diesen dunklen und noch wenig untersuchten Fragen nichts mit Sicherheit behaupten. Trotzdem scheint sicher zu sein, daß das Glück etwas anderes ist als eine Summe von Freuden. Es ist ein allgemeiner und beständiger Zustand, der das regelmäßige Spiel aller unserer organischen und psychischen Funktionen begleitet. So bereiten ständige Tätigkeiten wie die der Atmung oder des Kreislaufes keinen positiven Genuß; trotzdem hängt von ihnen vor allem unsere gute Laune und unser Schwung ab. Jedes Vergnügen ist eine Art Krise; es beginnt, dauert einen Augenblick und hört wieder auf; das Leben aber geht im Gegenteil weiter. Was seinen Hauptreiz ausmacht, muß also in ihm liegen. Das Vergnügen ist lokal; es ist eine auf einen Punkt des Organismus oder des Bewußtseins begrenzte Regung. Das Leben liegt aber nicht hier oder dort, es ist überall. Unser Festhalten am Leben muß also an einem ebenfalls allgemeinen Grund liegen. Mit einem Wort: Was das Glück ausdrückt, ist nicht der augenblickliche Zustand des physischen und moralischen Lebens insgesamt. Da das Vergnügen die normale Ausübung der intermittierenden Funktionen begleitet, ist es sehr wohl ein Element des Glücks, und um so wichtiger, als diese Funktionen einen großen Platz im Leben einnehmen. Aber es ist nicht das Glück; es kann sein Niveau nur in begrenzten Proportionen verändern. Denn es hängt von vergänglichen Gründen ab; das Glück aber von einer beständigen Disposition. Sollen lokale Ereignisse diese Grundlage unserer Empfindlichkeit tiefer berühren, dann müssen sie sich mit ausnahmsweiser Häufigkeit und Folge wiederholen. Meistens aber hängt das Vergnügen im Gegenteil vom Glück ab: Sind wir glücklich oder unglücklich, so lacht uns alles oder alles betrübt uns. Mit

Recht kann man daher sagen, daß wir unser Glück mit uns tragen.

Wenn das aber so ist, so braucht man sich nicht mehr zu fragen, ob das Glück mit der Zivilisation wächst. Es ist das Merkmal des Gesundheitszustandes. Nun ist aber die Gesundheit einer Gattung nicht deshalb besser, weil diese Gattung höherer Art ist. Dem gesunden Säugetier geht es nicht besser als dem ebenfalls gesunden Einzeller. Genauso muß es mit dem Glück sein. Das Glück wird nicht größer, weil die Tätigkeit reicher wird, sondern es bleibt stets dasselbe, wo sie gesund ist. Das einfachste und das komplizierteste Wesen genießen dasselbe Glück, wenn sie gleicherweise ihre Natur verwirklichen. Der normale Wilde kann genauso glücklich sein wie der normale Zivilisierte.

Daher sind die Wilden mit ihrem Schicksal genauso zufrieden, wie wir es mit unserem sein können. Diese vollkommene Zufriedenheit ist sogar eines der Unterscheidungsmerkmale ihres Charakters. Sie wünschen nicht mehr, als sie haben, und haben keine Lust, ihre Lage zu verändern. »Der Nordländer«, sagt Waitz, »sucht nicht den Süden auf, um seine Lage zu verbessern, sowenig als der Bewohner eines heißen und schädlichen Klimas sich aus diesem hinwegsehnt und es mit einem günstigeren zu vertauschen strebt. Trotz der vielen Krankheiten und anderen Übel, denen z. B. der Bewohner von Darfur ausgesetzt ist, liebt er sein Land und mag nicht nur nicht auswandern, sondern sehnt sich zurück aus der Fremde ... Bei allem äußeren Elend, in welchem ein Volk leben mag, hält es ... gleichwohl in der Regel sein Land für das beste der Welt, seine Lebensweise für die genußreichste, die es gibt, und sich selbst für das vorzüglichste von allen ... Diese Überzeugung scheint bei den Negervölkern durchgängig zu herrschen, in den Gegenden aber vollends, die wie so viele Länder Amerikas von den Europäern vielfach um ihrer Schätze willen aufgesucht werden, findet sich immer bei den Eingeborenen der feste Glaube, daß die Weißen ihre eigene Heimat nur verlassen haben, um glücklichere Länder aufzusuchen, und daß sie eben nur bei ihnen die größten Güter und die höchsten Genüsse des Lebens zu finden gewußt haben.« Zwar wird uns von einigen jungen Wilden berichtet, die ein ähnlicher Drang in die Ferne trieb, »solche Fälle gehören indessen zu den äußerst seltenen Ausnahmen«[7].

7 Waitz, *Anthropologie*, I, 346.

Allerdings gibt es auch Beobachter, die uns das Leben der niedrigen Gesellschaften unter einem ganz anderen Licht beschrieben haben. Aber sie haben ihre eigenen Eindrücke für die Eindrücke der Eingeborenen genommen. Eine Existenz, die uns unerträglich scheint, kann für Menschen einer anderen physischen und moralischen Konstitution süß sein. Wenn man zum Beispiel von der Kindheit an daran gewöhnt ist, sein Leben jeden Augenblick einzusetzen und es folglich für nichts zu zählen, was bedeutet dann der Tod? Um unser Mitleid über das Schicksal der niedrigen Völker zu erregen, genügt es also nicht festzustellen, daß dort die Hygiene vernachlässigt ist und keine Ordnung herrscht. Nur das Individuum ist berechtigt, sein Glück zu schützen. Der Mensch ist glücklich, wenn er sich glücklich fühlt.

»Bis zum Bewohner des Feuerlandes und zum Hottentotten herab lebt der Mensch im Naturzustande auch im drückendsten Elend zufrieden mit sich und seinem Lose.«[8] Um wieviel seltener ist diese Zufriedenheit in Europa! Diese Tatsachen erklären, warum ein erfahrener Mann hat sagen können: »Es gibt Lagen, in denen sich der denkende Mensch dem unkultivierten Naturkind untergeordnet fühlt, in denen er zweifelt, ob seine festen Überzeugungen etwas Besseres sind als wohlklingende, aber beschränkte Vorurteile.«[9]

Hier ein objektiver Beweis.

Die einzige Erfahrungstatsache, die beweist, daß das Leben im allgemeinen gut ist, ist, daß die sehr große Mehrheit der Menschen das Leben dem Tod vorzieht. Um dieses Ergebnis zu erhalten, muß das Glück das Unglück im Durchschnitt der Existenzen übertreffen. Wäre das Verhältnis umgekehrt, dann würde man nicht verstehen, woher die Anhänglichkeit der Menschen an das Leben kommen sollte, vor allem aber nicht, wie die Anhänglichkeit bestehen bleiben könnte, wo sie doch in jedem Augenblick durch die Ereignisse verletzt wird. Die Pessimisten erklären die Beständigkeit dieses Phänomens mit den Gaukelbildern der Hoffnung. Sie behaupten, daß wir, wenn wir trotz der Enttäuschungen, wie sie die Erfahrung lehrt, am Leben festhalten, zu Unrecht hoffen, daß die Zukunft die Vergangenheit aufwiegen wird. Aber selbst wenn

8 Waitzing, *ibid.*, 347.

9 Cowper Rose, *Four years in Southern Africa*, 1829, p. 173.

wir zugeben, daß die Hoffnung genügt, um die Liebe zum Leben zu erklären, kann sie sich selbst nicht erklären. Sie ist nicht durch ein Wunder vom Himmel in unsere Herzen gefallen. Sie mußte sich, wie alle Gefühle, unter der Wirkung der Ereignisse bilden. Wenn also die Menschen die Hoffnung gelernt haben, wenn sie sich auch unter Schicksalsschlägen daran gewöhnt haben, ihre Blicke in die Zukunft zu lenken und von ihr Ersatz für die augenblicklichen Leiden zu erwarten, so liegt das daran, daß diese Kompensationen häufig sind, daß der menschliche Organismus gleichzeitig zu geschmeidig und zu widerstandsfähig ist, um leicht niedergeschlagen zu sein, daß die Augenblicke, wo das Unglück siegte, Ausnahmen waren und daß im allgemeinen immer der Ausgleich eintrat. Welchen Anteil die Hoffnung beim Aufbau des Erhaltungstriebes auch hat, dieser ist ein Beweis für die relative Güte des Lebens. Wo er entweder seine Energie oder seine Allgemeingültigkeit verliert, dort kann man aus den gleichen Gründen sicher sein, daß das Leben selbst seinen Reiz verloren hat, daß das Übel zunimmt, entweder weil sich die Leiden vervielfachen oder weil sich der Widerstand der Menschen vermindert. Wenn wir also eine objektive und meßbare Tatsache finden, die die Intensitätsvariationen wiedergibt, durch die dieses Gefühl je nach den Gesellschaften hindurchgeht, dann könnten wir die Intensitätsvariationen des durchschnittlichen Unglücks in diesen Milieus messen. Diese Tatsache ist die Zahl der Selbstmorde. Genauso wie die ursprüngliche Seltenheit der Freitode der beste Beweis für die Macht und Allgemeinheit dieses Typs ist, so zeigt die Tatsache ihrer Zunahme, daß er an Boden verliert.

Nun erscheint der Selbstmord aber erst mit der Zivilisation. Der Selbstmord, den man in den niedrigen Gesellschaften im chronischen Zustand beobachten kann, hat so besondere Züge, daß er damit ein Sonderfall wird, dessen symptomatischer Wert nicht derselbe ist. Er ist kein Akt der Hoffnungslosigkeit, sondern der Selbstverleugnung. Wenn bei den alten Dänen, den Kelten, den Thrakern der Greis ein fortgeschrittenes Alter erreicht, dann setzt er seinen Tagen ein Ende, denn es ist seine Pflicht, seine Genossen von einem überflüssigen Esser zu befreien. Wenn die Witwe in Indien ihren Gatten nicht überlebt, oder der Gallier nicht seinen Clanführer, wenn der Buddhist sich von den Rädern des Wagens, der sein Idol trägt, zermalmen läßt, dann tut er das aus dem

Zwang der moralischen oder religiösen Vorschriften. In all diesen Fällen tötet sich der Mensch, nicht weil ihm das Leben mißfällt, sondern weil das Ideal, dem er verschworen ist, dieses Opfer verlangt. Dieser freiwillige Tod ist also kein Selbstmord im gewöhnlichen Sinn des Wortes, genauso wenig wie der Tod des Soldaten oder des Arztes, der sich bewußt in Gefahr bringt, um seine Pflicht zu tun.

Der wahre Selbstmord, der traurige Selbstmord ist im Gegenteil nur bei den zivilisierten Völkern zu Hause. Er ist geographisch aufgeteilt, wie die Zivilisation. Auf den Selbstmordkarten sieht man, daß ganz Zentraleuropa zwischen dem 47. und dem 58. Breitengrad und dem 20. und 40. Längengrad dunkel gefärbt ist. Dieser Raum ist der bevorzugte Ort des Selbstmordes; Morselli nennt sie die Selbstmordzone Europas. Hier liegen die Länder, wo die wissenschaftliche, künstlerische, wirtschaftliche Tätigkeit ihr Maximum erreicht: Deutschland und Frankreich. Spanien, Portugal, Rußland, die Südslawen sind dagegen verhältnismäßig gefeit. Italien, das erst gestern geboren wurde, ist noch irgendwie geschützt, aber es verliert in dem Maß seine Unberührtheit, in dem es fortschreitet. Nur England macht eine Ausnahme. Immerhin sind wir über den genauen Grad seiner Selbstmordanfälligkeit schlecht unterrichtet. Auch innerhalb eines jeden Landes stellen wir dieselbe Beziehung fest. Überall wuchert der Selbstmord stärker in den Städten als auf dem Land. Die Zivilisation ist in den großen Städten zusammengeballt; der Selbstmord ebenso. Man hat sogar manchmal eine Art Ansteckung festgestellt, die von den Haupt- und Großstädten ausgeht und von da aus auf das Land übergreifen soll. Außerdem steigt in ganz Europa (mit Ausnahme von Norwegen) die Selbstmordrate seit einem Jahrhundert regelmäßig.[10] Nach einer Berechnung hat sie sich von 1821 bis 1880[11] verdreifacht. Der Gang der Zivilisation kann nicht mit der gleichen Genauigkeit gemessen werden, aber wir wissen, wie rasch sie in dieser Zeit gewesen ist.

Man könnte die Beweise vervielfachen. Die Bevölkerungsklassen liefern ihren Anteil am Selbstmord, der ihrem Zivilisationsgrad entspricht. Überall sind es die freien Berufe, die am schwersten

10 Siehe die Tafeln von Morselli (in: Durkheim, *Der Selbstmord*, Soz. Texte Nr. 32, S. 78).

11 Öttingen, *Moralstatistik*, Erlangen, 1882, S. 742.

betroffen sind, und die Landwirtschaft, die am meisten verschont ist. Dasselbe gilt für die Geschlechter. Die Frau ist weniger am Zivilisationsgetriebe beteiligt als der Mann; sie nimmt weniger daran teil und sie gewinnt weniger dabei; sie erinnert mehr an gewisse Züge primitiver Naturen[12]; sie bringt sich daher auch viermal weniger um als der Mann.

Wenn aber, könnte man einwerfen, der Aufwärtstrend der Selbstmorde anzeigt, daß das Unglück in gewissen Punkten fortschreitet, könnte es nicht sein, daß zur gleichen Zeit das Glück in anderen ansteigt? In diesem Fall würde vielleicht die Vermehrung der Gewinne die Verluste an anderer Stelle ausgleichen. So steigt in bestimmten Gesellschaften die Zahl der Armen, ohne daß das Volksvermögen sinkt. Es ist nur in einer kleineren Anzahl von Händen konzentriert.

Aber selbst diese Hypothese ist für unsere Zivilisation auch nicht günstiger. Denn wenn wir annehmen, daß solche Ausgleiche existierten, so könnte man daraus nichts anderes schließen, als daß das mittlere Glück stationär geblieben ist, oder wenn es größer geworden ist, dann nur in kleinen Mengen, die in keinem Verhältnis zu der Größe der Anstrengung stehen, die der Fortschritt gekostet hat, und die darüber keine Rechenschaft geben können. Aber die Hypothese selbst ist ohne Grundlage.

Wenn man tatsächlich behauptet, daß eine Gesellschaft mehr oder weniger glücklich ist als eine andere, so redet man vom mittleren Glück, d. h. vom Glück, dessen sich der Durchschnitt der Mitglieder dieser Gesellschaft erfreut. Da sie aber unter ähnlichen Existenzbedingungen leben, weil sie der Wirkung ein und desselben physischen und sozialen Milieus unterworfen sind, existiert notwendigerweise eine bestimmte Seinsweise, die ihnen gemeinsam ist. Wenn man vom Glück alles abzieht, was von individuellen oder gemeinsamen Gründen abhängt, so erhält man genau das, was wir das mittlere Glück nennen. Es handelt sich also um eine abstrakte Größe, und zwar nur um eine allein, die sich nicht gleichzeitig nach zwei entgegengesetzten Richtungen verändern kann. Sie kann größer oder kleiner werden, aber es ist unmöglich, daß sie gleichzeitig wächst und kleiner wird. Sie hat die gleiche Einheit und die gleiche Qualität wie der Mitteltyp der Gesell-

12 Tarde, *Criminalité comparée,* p. 48.

schaft, der Durchschnittsmensch von de Quételet. Denn sie stellt das Glück dar, das dieses ideale Wesen angeblich genießt. Da es nicht zu gleicher Zeit größer und kleiner werden kann, moralischer und unmoralischer, kann es auch nicht zu gleicher Zeit glücklicher und unglücklicher werden.

Nun haben aber die Ursachen, von denen die Fortschritte des Selbstmordes bei den zivilisierten Völkern abhängen, einen bestimmten allgemeinen Zug. Er kommt in der Tat nicht in isolierten Punkten oder in bestimmten Schichten der Gesellschaft mit Ausschluß der anderen vor: Man kann ihn überall beobachten. Nach den Regionen ist der Anstieg rascher oder langsamer, aber er ist ohne Ausnahme. Die Landwirtschaft ist weniger betroffen als das Gewerbe, aber der Anteil am Selbstmord wächst ständig. Wir stehen also vor einem Phänomen, das nicht an diese oder jene lokalen oder besonderen Umstände gebunden ist, sondern an einen Allgemeinzustand der sozialen Welt. Dieser Zustand wird von den besonderen Milieus (Provinzen, Berufen, Konfessionen usw.) widergespiegelt. Darum macht sich seine Wirkung nicht überall mit der gleichen Stärke bemerkbar, aber er ändert darum nicht seine Natur.

Damit sagt man, daß das Glück, dessen Rückschritt die Entwicklung des Selbstmordes bestätigt, das mittlere Glück ist. Die steigende Flut der Freitode beweist nicht nur, daß es eine größere Anzahl von Menschen gibt, die zu unglücklich sind, um das Leben zu ertragen – was für die anderen nichts präjudizieren würde, die doch die Mehrheit sind –, sondern daß sich das allgemeine Glück der Gesellschaft verringert. Da dieses Glück nicht zu gleicher Zeit größer und kleiner werden kann, ist es folglich unmöglich, daß es, auf welche Weise auch immer, größer wird, wenn sich die Selbstmorde vervielfachen. Mit anderen Worten: Das steigende Defizit, das sie offenbaren, wird durch nichts kompensiert. Die Gründe, von denen sie abhängen, erschöpfen nur einen Teil ihrer Energie unter der Form des Selbstmordes; der Einfluß, den sie ausüben, ist viel größer. Dort, wo sie nicht der Anlaß sind, daß sich der Mensch umbringt, indem sie das Glück völlig auslöschen, vermindern sie in verschiedenen Proportionen den normalen Überschuß der Freuden über die Schmerzen. Zweifellos kann es durch besondere Umstände vorkommen, daß ihre Wirkung in bestimmten Fällen so neutralisiert wird, daß selbst eine Steigerung des Glücks möglich wird; aber diese zufälligen und privaten Variationen sind ohne Wirkung auf das *soziale Glück*. Welcher Statistiker würde im übrigen zögern, im Fortschritt der allgemeinen Sterblichkeit im Schoß einer bestimmten Gesellschaft ein sicheres Symptom der Schwächung der öffentlichen Gesundheit zu sehen?

Heißt das, daß man diese traurigen Ergebnisse dem Fortschritt und der Arbeitsteilung, die seine Bedingung ist, anrechnen muß? Dieser entmutigende Schluß fließt nicht notwendigerweise aus den vorgebrachten Tatsachen. Es ist im Gegenteil sehr wahrscheinlich, daß diese beiden Tatsachenordnungen gleichzeitig bestehen. Aber diese Gleichzeitigkeit genügt zum Beweis, daß der Fortschritt unser Glück nicht vermehrt, da es sich, und zwar sehr bedeutend, im selben Augenblick verringert, wo sich die Arbeitsteilung mit einer Energie und einer Geschwindigkeit entwickelt, die zuvor völlig unbekannt war. Wenn es keinen Grund zur Annahme gibt, daß sie wirklich unsere Genußfähigkeit vermindert, so ist die Annahme noch unglaublicher, daß sie sie wesentlich vermehrt habe.

Im großen und ganzen ist das, was wir eben gesagt haben, nur eine besondere Anwendung jener alten Wahrheit, daß das Vergnügen, wie der Schmerz, eine höchst relative Angelegenheit ist. Es gibt kein absolutes Glück, das objektiv feststellbar wäre und dem sich Menschen in dem Maß nähern, wie sie fortschreiten; aber genauso wie, nach einem Wort von Pascal, das Glück des Mannes nicht das Glück der Frau ist, kann das Glück der niedrigen Gesellschaften nicht unser Glück sein, und umgekehrt. Trotzdem ist das eine nicht größer als das andere. Denn man kann die relative Intensität nur durch die Kraft messen, mit der es uns an das Leben im allgemeinen bindet und an unsere Lebensart im besonderen. Nun hängen die primtiven Völker an ihrer Existenz genauso wie wir an unserer. Sie verzichten sogar weniger leicht darauf[13]. Es gibt also keine Beziehung zwischen den Variationen des Glücks und den Fortschritten der Arbeitsteilung.

Dieser Schluß ist sehr wichtig. Es folgt daraus, daß man zur Erklärung der Veränderungen, durch die die Gesellschaften gegangen sind, nicht untersuchen muß, welchen Einfluß sie auf das Glück der Menschen gehabt haben, da es nicht dieser Einfluß war, der sie bestimmt hat. Die soziale Wissenschaft muß endgültig auf Nütz-

13 Außer den Fällen, wo der Erhaltungstrieb durch religiöse, patriotische usw. Zufälle neutralisiert wird, ohne daß er deswegen schwächer wäre.

lichkeitsvergleiche verzichten, in denen sie sich nur zu oft gefallen hat. Im übrigen sind derartige Überlegungen notwendigerweise subjektiv, denn jedesmal, wenn man Vergnügen oder Interessen vergleicht, kann man nicht umhin, da jedes objektive Kriterium fehlt, seine Ideen und seine Vorlieben in die Waagschale zu werfen; so stellt man als wissenschaftliche Wahrheit hin, was nur ein persönliches Gefühl ist. Dieses Prinzip hat bereits Auguste Comte sehr deutlich formuliert: »Der wesentlich relative Geist, in dem künftig alle Begriffe der positiven Philosophie aufzufassen sind, muß uns ... die vage metaphysische Kontroverse über das Wachstum des menschlichen Glückes während der verschiedenen Zeitalter der Zivilisation als ebenso nutzlos wie müßig ausscheiden lassen ... Da das Glück eines jeden hinlängliche Harmonie zwischen der Gesamtheit der Entwicklung seiner verschiedenen Fähigkeiten und dem Totalsystem der Umstände erfordert, die sein Leben beherrschen, und da andrerseits ein solches Gleichgewicht immer die Tendenz zeigt, sich bis zu einem gewissen Grade von selbst einzustellen, so kann man mit Bezug auf das Glück des einzelnen soziale Zustände, deren völlige Annäherung sicherlich unmöglich ist, weder vermittelst eines unmittelbaren Gefühles noch auf irgendeinem verstandesmäßigem Wege positiv vergleichen«.[14]

Aber der Wunsch, glücklicher zu werden, ist der einzige individuelle Beweggrund, der über den Fortschritt Rechenschaft hätte geben können. Schließt man ihn aus, so bleibt kein anderer übrig. Aus welchem Grund soll der Mensch von selbst Veränderungen veranlassen, die immer Mühe verursachen, wenn ihm daraus nicht mehr Glück entsteht? Die entscheidenden Gründe der sozialen Evolution liegen also außerhalb seiner, d. h. in seiner Umwelt. Wenn sich die Gesellschaften ändern und wenn er sich ändert, so darum, weil sich die Umwelt geändert hat.

Da aber andrerseits die physische Umwelt relativ beständig ist, kann er diese ununterbrochene Folge von Veränderungen nicht erklären. Daher muß man die Urbedingungen im Sozialmilieu suchen. Die Veränderungen, die dort entstehen, erzeugen die Veränderungen, durch die die Gesellschaften und die Individuen gehen. Eine methodische Regel, die wir in der Folge anwenden und bestätigen werden.

14 A. Comte, *Soziologie,* II, S. 276.

III

Man könnte sich jedoch fragen, ob nicht bestimmte Veränderungen, die das Vergnügen erleidet, allein dadurch, daß es dauert, nicht die Wirkung haben, den Menschen spontan zur Veränderung zu veranlassen, und ob man folglich die Fortschritte der Arbeitsteilung nicht damit erklären könnte.

Wenn das Vergnügen nicht das Glück ist, so ist es doch eines seiner Elemente. Nun verliert es aber durch die Wiederholung seine Intensität. Dauert es gar zu lange, so verschwindet es völlig. Die Zeit genügt, um das Gleichgewicht zu brechen, das sich herauszubilden sucht, und um neue Existenzbedingungen zu schaffen, denen sich der Mensch nur anpassen kann, wenn er sich ändert. In dem Maß, wie wir uns an ein bestimmtes Glück gewöhnen, flieht es uns, und wir müssen aufs neue versuchen, es wieder zu finden. Wir müssen das Vergnügen, das verlöscht, mit Hilfe stärkerer Reize aufs neue entfachen, d. h. die Reize, über die wir verfügen, vervielfältigen und sie intensivieren. Das ist aber nur möglich, wenn die Arbeit produktiver wird, d. h. wenn sie sich weiter teilt. Jeder Fortschritt in der Kunst, in der Wissenschaft, im Gewerbe würde uns zu neuen Fortschritten verpflichten, einzig aus dem Grund, um nicht die Früchte des vorhergegangenen Schrittes zu verlieren. Man könnte also die Entwicklung der Arbeitsteilung durch ein Spiel ganz individueller Beweggründe erklären, ohne den Eingriff irgendeiner sozialen Ursache. Zweifellos könnte man sagen, daß es, wenn wir uns spezialisieren, nicht darum geht, um neue Vergnügungen zu erwerben, sondern um den zerstörerischen Einfluß, der sich nach und nach einstellt und den die Zeit auf die erworbenen Vergnügen ausübt, zu reparieren.

Wie wirklich diese Variationen des Vergnügens auch sind, sie können nicht die Rolle spielen, die man ihnen zuschreibt; denn sie sind überall da, wo es Vergnügen gibt, d. h. überall, wo Menschen sind. Es gibt keine Gesellschaft, wo dieses psychologische Gesetz nicht herrscht. Nun gibt es aber Gesellschaften, wo die Arbeitsteilung nicht fortschreitet. Eine große Anzahl von primitiven Völkern lebt in einem stationären Zustand, aus dem sie gar nicht herauskommen wollen. Sie sehnen sich nach nichts Neuem. Trotzdem unterliegt ihr Glück dem allgemeinen Gesetz. Das gleiche gilt für die ländlichen Bezirke bei den zivilisierten Völkern. Die Arbeitsteilung geht hier nur langsam voran und die Freude am Wechsel wird hier nur schwach gefühlt. Im Schoß ein und derselben Gesellschaft entwickelt sich schließlich die Arbeitsteilung mehr oder weniger rasch je nach den Jahrhunderten. Nun ist aber der Einfluß der Zeit auf die Vergnügen immer der gleiche. Er kann also diese Entwicklung nicht bestimmen.

Unersichtlich ist auch, wie sie zu diesem Ergebnis kommen konnte. Man kann das Gleichgewicht, das die Zeit zerstört, und das Glück auf gleicher Ebene halten ohne Mühen, die um so mühsamer sind, je mehr man sich der oberen Grenze des Vergnügens nähert. Denn in der Region, die dem Maximum am nächsten ist, ist der Zuwachs immer niedriger als der Zuwachs an entsprechenden Reizen. Für dasselbe Ergebnis muß man sich immer mehr anstrengen. Was man auf der einen Seite gewinnt, verliert man auf der anderen, und man vermeidet einen Verlust nur durch erneute Ausgaben. Um dieses Geschäft gewinnreich zu gestalten, müßte folglich dieser Verlust bedeutender sein und das Bedürfnis, ihn zu ersetzen, sehr stark gefühlt werden.

Nun hat es aber nur eine sehr mittelmäßige Energie, weil die einfache Wiederholung dem Vergnügen nichts Wesentliches entzieht. Man darf nämlich den Reiz der Veränderungen nicht mit dem Reiz der Neuheit verwechseln. Der erste ist eine notwendige Bedingung des Vergnügens, weil ein ununterbrochener Genuß verschwindet oder zum Schmerz wird. Die Zeit allein unterdrückt nicht die Vielfalt, es muß die Dauer dazukommen. Ein oft wiederholter, aber unregelmäßiger Zustand kann angenehm bleiben, denn wenn die Dauer das Vergnügen zerstört, so darum, weil sie es unbewußt macht oder weil das Spiel einer jeden Funktion eine Verausgabung verlangt, die, ohne Unterbrechung verlängert, erschöpft und schmerzhaft wird. Wenn sich also der Akt, obwohl er Gewohnheit geworden ist, in zeitlich genügend weiten Zwischenräumen wiederholt, wird er auch weiterhin gefühlt und die Verausgabung kann in der Zwischenzeit repariert werden. Das ist der Grund, warum ein gesunder Erwachsener immer das gleiche Vergnügen am Trinken, am Essen, am Schlafen fühlt, obwohl er jeden Tag schläft, trinkt und ißt. Das gleiche gilt für die Bedürfnisse des Geistes, die ebenfalls periodisch sind wie die psychischen Funktionen, denen sie entsprechen. Das Vergnügen, das die Musik, die schönen Künste oder die Wissenschaft verschafft, bleibt vollständig, vorausgesetzt, daß es abwechselnd genossen wird.

Wenn auch die Dauer vermag, was die Wiederholung nicht kann, so flößt sie uns damit kein Bedürfnis nach neuen und unvorhergesehenen Reizen ein. Denn wenn sie das Bewußtsein des angenehmen Zustandes völlig auslöchst, können wir nicht mehr wahrnehmen, ob das Vergnügen, das damit verbunden war, nicht zu gleicher Zeit erloschen ist. Im übrigen wird es durch jenes allgemeine Gefühl des Wohlbehagens abgelöst, das die regelmäßige Ausübung der normal beständigen Funktionen begleitet und das nicht weniger kostbar ist. Wir bedauern also nichts. Wer von uns hat niemals verlangt, sein Herz schlagen oder seine Lungen sich weiten zu fühlen? Wenn aber im Gegenteil etwas weh tut, dann wünschen wir uns einen Zustand, der von dem, der uns belästigt, unterschieden ist. Um dieses Leiden zum Stillstand zu bringen, brauchen wir uns nichts einfallen zu lassen. Ein bekanntes Objekt, das uns gewöhnlich kalt läßt, kann uns in diesem Fall ein lebhaftes Vergnügen bereiten, wenn es mit dem kontrastiert, das uns ermüdet. Es gibt also nichts in der Art, wie die Zeit das Grundelement des Vergnügens berührt, das uns zu irgendeinem Fortschritt anspornen könnte. Allerdings ist es mit der Neuheit etwas anderes, deren Reiz nicht dauerhaft ist. Aber wenn er das Vergnügen auch auffrischt, so stellt sie es nicht dar. Es ist eine zweitrangige Nebenqualität, ohne die es sehr gut existieren kann, obwohl es Gefahr läuft, weniger schmackhaft zu sein. Verschwindet sie also, so wird die Leere, die dadurch entsteht, weniger gefühlt, genauso wie das Bedürfnis, diese Leere auszufüllen, nicht sehr lebhaft ist.

Die Intensität wird noch weiter vermindert, weil es durch ein entgegengesetztes Gefühl neutralisiert wird, das viel stärker und in uns viel tiefer verwurzelt ist: Das Gefühl der Dauer in unseren Genüssen und der Regelmäßigkeit in unseren Vergnügungen. Während wir den Wechsel lieben, hängen wir zu gleicher Zeit an dem, was wir lieben; wir können uns nicht ohne Schmerzen davon trennen. Im übrigen muß das so sein, damit das Leben weitergehen kann: Es ist gar nicht möglich ohne Wechsel, und es wird um so biegsamer je komplexer es ist, obwohl es vor allem ein System von beständigen und regelmäßigen Funktionen ist. Natürlich gibt es Menschen, bei denen das Bedürfnis nach Neuheiten eine außerordentliche Stärke erreicht. Nichts, was existiert, befriedigt sie. Sie dürsten nach unmöglichen Dingen, sie möchten eine andere Wirklichkeit an die Stelle der Wirklichkeit setzen, die ihnen aufgezwungen ist. Aber diese unverbesserlichen Unzufriedenen sind krank; ihr pathologischer Zug bestätigt nur die Tatsache, von der wir eben gesprochen haben.

Außerdem darf man nicht aus den Augen verlieren, daß das Bedürfnis seiner Natur nach sehr unbestimmt ist. Es schließt uns an nichts Präzisem an, da es ein Bedürfnis nach etwas ist, das nicht ist. Es ist also nur zur Hälfte konstituiert, denn ein vollständiges Bedürfnis fordert zweierlei: eine Willensanstrengung und ein bestimmtes Objekt. Da das Objekt nicht von außen kommt, kann es keine andere Wirklichkeit haben als die Wirklichkeit, die wir ihm geben. Dieser *Prozeß* ist nur zur Hälfte erschöpfend. Er besteht mehr aus Bilderkombinationen, mehr aus einer Art innerer Poesie als aus wirklichen Willensbewegungen. Er führt uns nicht aus uns hinaus. Es ist nur eine innere Bewegung, die einen Weg nach außen sucht, ihn aber noch nicht gefunden hat. Wir träumen von neuen Sensationen, aber es ist eine unbestimmte Sehnsucht, die verschwindet, ohne Gestalt anzunehmen. Folglich kann sie auch dort, wo sie am stärksten ist, nicht die Kraft starker und bestimmter Bedürfnisse annehmen, die den Willen in dieselbe Richtung und über ausgetretene Pfade lenken, und die sie um so gebieterischer anspornen, als sie dem Herumgetaste und den Überlegungen keinen Platz lassen.

Mit einem Wort: Man kann nicht annehmen, daß der Fortschritt nur eine Wirkung der Langeweile ist[15]. Diese periodische und in bestimmten Hinsichten sogar beständige Umwandlung der menschlichen Natur war ein mühsames Werk, das unter Schmerzen vor sich gegangen ist. Es ist unmöglich, daß sich die Menschheit einzig und allein so viel Mühe gemacht hat, um ein wenig ihre Vergnügungen zu variieren und ihnen ihre erste Frische zu erhalten.

15 Das war die Theorie von Georges Leroy; wir kennen sie nur durch das, was Comte in seiner *Soziologie,* I, S. 460, darüber sagt.

2. Kapitel

Die Ursachen

I

Wir müssen also in gewissen Veränderungen der Sozialwelt die Ursache suchen, die die Fortschritte der Arbeitsteilung erklärt. Die Ergebnisse des 1. Buches erlauben uns, sofort abzuleiten, woraus sie bestehen.

Wir haben gesehen, wie sich die organisierte Struktur und folglich die Arbeitsteilung in dem Maß regelmäßig entwickeln, in dem die Segmentstruktur verschwindet. Entweder ist dieses Verschwinden also die Ursache dieser Entwicklung, oder das zweite ist die Ursache für das erste. Diese letzte Hypothese ist unannehmbar, denn wir wissen, daß die segmentäre Organisation für die Arbeitsteilung ein unüberwindliches Hindernis ist, das verschwunden oder wenigstens zum Teil verschwunden sein muß, damit die Arbeitsteilung erscheinen kann. Sie kann nur in dem Maß auftauchen, in dem die segmentäre Organisation verschwindet. Wenn sie einmal existiert, kann sie zweifellos dazu beitragen, deren Verschwinden zu beschleunigen. Sie zeigt sich aber erst, nachdem jene zurückgegangen ist. Die Wirkung reagiert auf die Ursache, verliert aber dabei nicht die Eigenschaft der Wirkung. Die Reaktion, die sie hat, ist also nur zweitrangig. Das Anwachsen der Arbeitsteilung geht daher auf die Tatsache zurück, daß die sozialen Segmente ihre Individualität verlieren, daß die Wände, die sie trennen, durchlässiger werden, daß, mit einem Wort, zwischen ihnen eine Vermischung eintritt, die die soziale Materie freigibt, damit sie in neue Verbindungen eintreten kann.

Das Verschwinden dieses Typs kann diese Folge nur wegen eines Grundes haben. Es entsteht nämlich daraus eine Annäherung zwischen den Individuen, die getrennt waren, oder zum wenigsten eine engere Annäherung als vorher bestanden hat. Es entsteht ein Austausch an Bewegungen zwischen den Teilen der sozialen Masse, die sich bis dahin nicht gegenseitig beeinflußt hatten. Je mehr sich das Zellensystem entwickelt hat, desto mehr schließen sich die Beziehungen, in die jeder einzelne von uns eingebunden ist, in die Grenzen der Zelle ein, der wir angehören. Es entstehen, könnte man sagen, moralische Leerräume zwischen den verschiedenen Segmenten. Diese Leerräume füllen sich in dem Maß auf, wie sich das System nivelliert. Statt daß sich das soziale Leben in einer Vielfalt von unterschiedlichen aber eigenen kleinen Gruppen konzentriert, verallgemeinert es sich. Die sozialen Beziehungen (genauer gesagt: die intersozialen Beziehungen) werden folglich zahlreicher, denn sie dehnen sich nach allen Seiten und über ihre ursprünglichen Grenzen aus. Die Arbeitsteilung schreitet also um so mehr fort, als es mehr Menschen gibt, die einander irgendwie nahestehen, um aufeinander wirken zu können. Wenn wir übereinkommen, diese Annäherung und diesen aktiven Verkehr, der daraus entsteht, dynamische oder moralische Dichte zu nennen, dann können wir sagen, daß der Fortschritt der Arbeitsteilung in direkter Beziehung zur moralischen oder dynamischen Dichte der Gesellschaft steht.

Aber diese moralische Annäherung kann ihre Wirkung nur haben, wenn der wirkliche Abstand zwischen den Individuen immer geringer geworden ist, auf welche Art das auch geschehen mag. Die moralische Dichte kann also nicht stärker werden, ohne daß die materielle Dichte nicht zur selben Zeit größer wird, und diese dient dazu, um jene zu messen. Es ist im übrigen unnötig zu untersuchen, welche von den beiden die andere ausgelöst hat. Es genügt die Feststellung, daß sie untrennbar sind.

Die allmähliche Verdichtung der Gesellschaften im Lauf der historischen Entwicklung geht auf drei Hauptarten vor sich:

1. Während die niedrigen Gesellschaften sich auf Bereiche ausbreiten, die zur Zahl der Individuen, die sie zusammensetzen, relativ ungeheuer sind, konzentriert sich die Bevölkerung bei den fortgeschrittenen Völkern immer mehr.

»Wenn wir die vereinzelten Ansiedlungen in den von wilden Stämmen bewohnten Gegenden vergleichen mit den Volksmassen, die gleich ausgedehnte Landstrecken in Europa erfüllen, oder wenn wir die Bevölkerungsdichte in England zur Zeit der Heptarchie seiner heutigen Bevölkerungsdichte gegenüberstellen, so sehen wir, daß außer dem durch Vereinigung von Gruppen bewirkten Wachstum auch gewissermaßen ein interstitielles Wachstum stattgefunden hat.«[1]

1 Spencer, *Die Principien der Sociologie*, II, S. 29.

Die Veränderungen, die nach und nach im wirtschaftlichen Leben der Nationen eingetreten sind, beweisen die Allgemeinheit dieser Veränderungen. Die Wirtschaft der Nomaden, der Jäger oder der Hirten setzt in der Tat die Abwesenheit einer jeden Konzentration und die Zerstreuung über die größtmögliche Oberfläche voraus. Die Landwirtschaft setzt, weil sie notwendigerweise seßhaft ist, eine gewisse Einengung der Sozialgewebe voraus, die allerdings noch recht unvollkommen ist, da zwischen jeder Familie unbebautes Land liegt[2]. Obwohl in der Stadt die Verdichtung schon viel größer ist, waren die Häuser dennoch nicht aneinandergebaut, denn die Grenzgemeinschaft war dem römischen Recht noch unbekannt[3]. Sie entstand auf unserem Boden und beweist, daß das soziale Gewebe weniger locker geworden ist[4]. Andrerseits sind die europäischen Gesellschaften von ihrem Ursprung an ständig dichter geworden, trotz einiger Fälle vorübergehenden Rückschritts[5].

2. Der Ausbau der Städte und ihre Entwicklung ist ein anderes noch charakteristischeres Symptom des gleichen Phänomens. Die Zunahme der mittleren Dichte kann einzig an der materiellen Zunahme der Geburtenrate liegen; sie kann sich folglich mit einer sehr schwachen Konzentration und mit einem betonten Festhalten des segmentären Typs aussöhnen. Aber die Städte sind immer das Ergebnis des Bedürfnisses, das die Individuen haben, ständig untereinander in einem so engen wie möglichen Kontakt zu bleiben; sie stellen Punkte dar, wo sich die soziale Masse stärker zusammenzieht als anderswo. Sie können sich also nur vervielfachen und ausdehnen, wenn die moralische Dichte steigt. Im übrigen werden wir sehen, daß sie nur durch Zuwanderung wachsen, was nur in dem Maß möglich ist, in dem der Zusammenschluß der sozialen Segmente bereits fortgeschritten ist.

Solange die soziale Organisation wesentlich segmentär ist, gibt es

2 *»Colunt discreti ac diversi«* sagt Tacitus von den Germanen, *»suam quisque domum spatio circumdat«* (*German.*, XVI). [Sie wohnen abgesondert und zerstreut; jeder umgibt sein Haus mit einem Zwischenraum.]

3 Siehe in Accarias, *Précis*, I, 640 die Liste der Stadtfron. Siehe Fustel, *Der antike Staat*, S. 70.

4 Wenn wir diesen Schluß ziehen, so heißt das nicht, daß die Fortschritte der Dichte aus wirtschaftlichen Veränderungen kommen. Die beiden Tatsachen bedingen sich gegenseitig, und das genügt, daß die Gegenwart des einen auf die Gegenwart des anderen schließen läßt.

5 Siehe Levasseur, *La population française, passim.*

keine Stadt. In den niedrigen Gesellschaften gibt es keine Stadt: Es gibt keine weder bei den Irokesen noch bei den alten Germanen[6]. Genauso war es bei den primitiven Völkern Italiens. »Die italischen Völkerschaften wohnten in ältester Zeit nicht in Städten, sondern in Geschlechtergemeinschaften oder Gauen (pagi*), in welchen Hütten und Höfe (vici, oikoi**) zerstreut lagen.«[7] Aber schon nach kurzer Zeit taucht die Stadt auf. Athen, Rom sind oder werden Städte, und dieselbe Verwandlung findet in ganz Italien statt. In unseren christlichen Gesellschaften erscheint die Stadt vom Anfang an, denn die Städte, die vom römischen Imperium übriggeblieben sind, waren nicht mit ihm verschwunden. Seit dieser Zeit sind die Städte größer und zahlreicher geworden. Die Neigung der Landbevölkerung, in die Städte zu strömen, die in der zivilisierten Welt[8] so allgemein ist, ist nur eine Form dieser Bewegung. Sie stammt aber nicht von heute; seit dem 17. Jahrhundert hat sie die Staatsmänner beschäftigt[9].

Weil die Gesellschaften im allgemeinen mit einer landwirtschaftlichen Periode beginnen, erlag man manchmal der Versuchung, die Entwicklung der städtischen Zentren als ein Zeichen des Alters und des Untergangs anzusehen[10]. Man darf aber nicht übersehen, daß diese Landwirtschaftsphase um so kürzer ist, je höher der Gesellschaftstyp ist. Während sie bei den Germanen, bei den Indianern Nordamerikas und bei den primtiven Völkern so lange dauert, wie die Völker selber dauern, hört sie in Rom, in Athen sehr bald auf, und bei uns kann man sagen, daß sie niemals unvermischt existiert hat. Wenn umgekehrt das Stadtleben früher beginnt, nimmt es auch eine größere Ausdehnung an. Die in der Regel immer raschere Beschleunigung dieser Entwicklung zeigt, daß es, statt eine Art pathologischen Phänomens darzustellen, aus der Natur selbst der höheren sozialen Gattungen kommt. Selbst wenn wir annehmen, daß diese Bewegung heute für unsere Gesell-

6 Siehe Tacitus, *Germ.*, XVI. – Sohm, *Über die Entstehung der Städte.*

* *pagus, i,* Dorf, (Gau); ** *vicus, i,* Gehöft, Dorf; *oikos* Wohnhaus, Haus und Hof (Siehe auch älteres *Ökonomie* = Landwirtschaftsbetrieb).

7 Marquardt, *Staatsverwaltung*, Bd. I, Leipzig 1873, S. 3.

8 Siehe über diesen Punkt Dumont, *Dépopulation et civilisation*, Paris, 1890, Kap. 8, und Öttingen, *Moralstatistik*, 237.

9 Siehe Levasseur, *op. cit.*, p. 200.

10 Es scheint uns, als ob das die Meinung von Tarde in seinen *Lois de l'imitation* wäre.

schaften bedrohliche Ausmaße angenommen hätte, weil sie vielleicht nicht mehr genügend Geschmeidigkeit haben, um sich ihr anzupassen, wird es dennoch weitergehen, entweder mit ihnen oder nach ihnen, und die sozialen Typen, die nach den unsrigen entstehen werden, werden sich wahrscheinlich durch einen noch rascheren und noch vollständigeren Rückschritt der Landwirtschaft auszeichnen.

3. Schließlich die Zahl der Verkehrs- und Verbindungswege. Unterdrückt man oder vermindert man die Leerräume, die die sozialen Segmente trennen, dann vergrößern sie die Dichte der Gesellschaft. Andrerseits ist der Beweis nicht nötig, daß sie um so zahlreicher und vollkommener sind, je höher der Gesellschaftstyp ist.

Da dieses sichtbare und meßbare Symbol die Veränderungen widerspiegelt, die wir die moralische Dichte[11] genannt haben, können wir es an die Stelle der letzteren setzen in der Formel, die wir vorgeschlagen haben. Im übrigen müssen wir hier noch einmal wiederholen, was wir weiter oben gesagt haben: Wenn sich die Gesellschaft verdichtet und damit die Entwicklung der Arbeitsteilung bestimmt, so erhöht diese ihrerseits die Verdichtung der Gesellschaft. Aber das ist nicht wichtig; denn die Arbeitsteilung bleibt der abgeleitete Faktor und folglich verdankt sie die Fortschritte, durch die sie geht, den parallelen Fortschritten der sozialen Dichte, welches auch der Grund für diese letzten Fortschritte seien. Das haben wir beweisen wollen.

Aber dies ist nicht der einzige Faktor.

Wenn die Verdichtung der Gesellschaft dieses Ergebnis hat, so darum, weil sie die intersozialen Beziehungen vervielfacht. Aber diese werden noch zahlreicher, wenn außerdem die Gesamtzahl der Mitglieder der Gesellschaft bedeutender wird. Wenn sie mehr Individuen umfaßt, die zu gleicher Zeit in engerem Kontakt zueinanderstehen, ist die Wirkung notwendigerweise erhöht. Das soziale Volumen hat also auf die Arbeitsteilung denselben Einfluß wie die Dichte.

Im allgemeinen sind die Gesellschaften um so größer, je weiter sie

11 Immerhin gibt es Sonderfälle, wo die materielle und die moralische Dichte vielleicht nicht ganz in Beziehung stehen. Siehe weiter unten, im 3. Kapitel die Schlußanmerkung.

fortgeschritten sind und je geteilter folglich die Arbeit ist. »Gesellschaften beginnen ebenso wie lebende Körper als Keime, sie nehmen ihren Ursprung in Form von Massen, die außerordentlich klein sind verglichen mit der Masse, welche einige derselben schließlich erreichen. Daß aus kleinen wandernden Horden die größten Gesellschaften hervorgegangen sind, ist eine Annahme, die sich nicht mehr bezweifeln läßt.«[12] Was wir über die Segmentkonstitution gesagt haben, macht diese Wahrheit unwiderlegbar. In der Tat wissen wir, daß sich die Gesellschaften aus einer bestimmten Anzahl von ungleich ausgedehnten Segmenten gebildet haben, die sich gegenseitig umschlingen. Nun sind aber diese Kader keine künstlichen Gebilde, vor allem nicht im Prinzip. Selbst als sie schon konventionell geworden waren, ahmen sie nach und wiederholen so sehr als möglich die Formen der natürlichen Anordnung, die vorhergegangen war. Viele alte Gesellschaften haben sich unter dieser Form erhalten. Die größten unter diesen Unterteilungen, die die anderen umfassen, entsprechen dem nächstniedrigeren sozialen Typ. Unter den Segmenten, aus denen sie ihrerseits zusammengesetzt sind, tragen die größten ebenfalls Spuren des Typs, der ihnen unmittelbar vorausging, und so fort. Wir finden bei den fortgeschrittensten Völkern Spuren der primitivsten sozialen Organisation[13]. So hat sich der Stamm aus dem Zusammenschluß von Horden oder Clans gebildet; die Nation (die jüdische Nation z. B.) und die Städte aus dem Zusammenschluß von Stämmen; die Stadt ihrerseits tritt mit den Dörfern, die ihr untertan sind, als Element in zusammengesetzte Gesellschaften usw. Das soziale Volumen muß sich also vermehren, da jede Gattung aus einer Wiederholung von Gesellschaften der direkt vorhergegangenen Gattung zusammengesetzt ist.

Allerdings gibt es auch Ausnahmen. Die jüdische Nation war vor der Eroberung wahrscheinlich größer als die römische Stadtgemeinde des 4. Jahrhunderts; trotzdem ist sie von niedrigerer Art. China, Rußland sind viel volkreicher als die zivilisiertesten Nationen Europas. Folglich ist bei ihnen die Arbeitsteilung noch nicht nach Maßgabe des sozialen Volumens entwickelt. Die Zunahme an Volumen ist nicht notwendigerweise ein Zeichen von Höherwertigkeit, wenn sich die Dichte nicht zu gleicher Zeit und

12 Spencer, *Die Principien der Sociologie*, II, S. 22.

13 Das Dorf, das ursprünglich nur ein seßhaft gewordener Clan ist.

im gleichen Verhältnis verstärkt. Denn eine Gesellschaft kann sehr große Ausmaße annehmen, weil sie eine sehr große Zahl von Segmenten umfaßt, von welcher Natur diese auch seien. Wenn also selbst die größten unter ihnen nur Gesellschaften eines sehr untergeordneten Typs hervorbringen, bleibt die Segmentstruktur sehr betont und folglich die soziale Organisation wenig höher. Selbst eine Riesenmenge von Clans steht unter der kleinsten organisierten Gesellschaft, weil diese schon Entwicklungsstadien durchlaufen hat, innerhalb derer das Clanaggregat stehen geblieben ist. Wenn auch die Zahl der sozialen Einheiten Einfluß auf die Arbeitsteilung hat, dann nicht ihretwegen und notwendigerweise, sondern weil die Zahl der sozialen Beziehungen im allgemeinen mit der Zahl der Individuen größer wird. Um zu diesem Ergebnis zu kommen, genügt es nicht, daß die Gesellschaft viele Mitglieder hat, sie müssen auch in engem Kontakt stehen, um untereinander aufeinander wirken zu können. Wenn sie im Gegenteil durch dichte Schotten getrennt sind, dann können sie nur selten und schwer Beziehungen knüpfen, und alles verläuft, als wären sie nur wenig zahlreich. Der Anstieg des sozialen Volumens beschleunigt also nicht immer die Fortschritte der Arbeitsteilung; er beschleunigt sie nur, wenn sich die Masse zur gleichen Zeit und im selben Ausmaß zusammenzieht. Folglich ist es nur, wenn man so will, ein zusätzlicher Faktor; fällt er aber mit dem ersten zusammen, dann verstärkt er ihre Wirkungen durch einen Beitrag, der ihm eigen ist, und den man folglich davon unterscheiden muß.

Wir können also den folgenden Schluß formulieren: *Die Arbeitsteilung ändert sich im direkten Verhältnis zum Volumen und zur Dichte der Gesellschaften; schreitet sie ständig im Lauf der sozialen Entwicklung fort, so sind die Gesellschaften regelmäßig dichter und im allgemeinen umfangreicher geworden.*

Tatsächlich hat man schon immer gewußt, daß es zwischen diesen beiden Tatsachen eine Beziehung gibt. Damit sich die Funktionen weiter spezialisieren, muß es mehr Mitarbeiter geben, und sie müssen einander näherstehen, um zusammenarbeiten zu können. Im allgemeinen sieht man in diesem Zustand der Gesellschaft nur das Mittel, mit dem sich die Arbeitsteilung entwickelt und nicht die Ursache dieser Entwicklung. Man läßt diese Entwicklung von individuellen Wünschen zum Wohlbefinden und zum Glück abhängen, die um so besser befriedigt werden können, als die Gesellschaften ausgedehnter und gedrängter sind. Aber das Gesetz, das wir eben aufgestellt haben, ist ganz anders. Wir sagen nicht, daß das Wachstum und die Verdichtung der Gesellschaft eine größere Arbeitsteilung *erlauben*, wir sagen, daß sie sie *hervorrufen*. Es ist kein Instrument, mit dem sie verwirklicht wird; es ist die bestimmende Ursache[14].

Aber wie kann man sich die Art vorstellen, wie diese doppelte Ursache wirkt?

II

Wenn auch, nach Spencer, der Zuwachs des sozialen Volumens einen Einfluß auf die Fortschritte der Arbeitsteilung hat, so bestimmt er sie doch nicht; er beschleunigt sie nur. Es handelt sich nur um eine Hilfsbedingung des Phänomens. Von Natur aus wandelbar, wird jede homogene Masse notwendigerweise heterogen, welches Ausmaß sie auch habe. Sie zerfällt nur vollständiger und rascher, wenn sie größer ist. Da diese Heterogenität davon abhängt, daß die verschiedenen Teile der Masse der Wirkung der verschiedenen Kräfte ausgesetzt sind, ist sie um so größer, je mehr Teile verschieden gelagert sind. Das trifft für die Gesellschaft zu: »Wenn eine Gemeinschaft sehr volkreich wird und sich über ein weites Land verbreitet und dort niederläßt, derart, daß ihre Mit-

14 Auch bei diesem Punkt können wir uns auf die Autorität von Comte berufen: »Ich habe ... nur auf die fortschreitende Verdichtung unserer Gattung als auf ein letztes allgemeines Element hinzuweisen, das bei der Regelung der tatsächlichen Schnelligkeit der sozialen Bewegung mitwirkt. Man kann zunächst leicht einsehen, daß dieser Einfluß besonders am Anfang immer viel dazu beiträgt, in dem Ganzen der menschlichen Arbeit eine mehr und mehr ins einzelne gehende Teilung herbeizuführen, die mit einer zu kleinen Zahl von Mitarbeitern notwendigerweise unvereinbar ist. Außerdem spornt eine solche Verdichtung durch eine intimere und weniger bekannte, obgleich noch wesentlichere Eigenschaft unmittelbar und sehr machtvoll zur schnelleren Entwicklung der sozialen Evolution an, entweder indem sie die einzelnen antreibt, neue Anstrengungen zu wagen, um sich durch raffiniertere Mittel eine Existenz zu sichern, die sonst auf diese Weise schwieriger werden würde, oder auch indem sie die Gesellschaft nötigt, mit einer hartnäckigeren und einheitlicheren Energie zu reagieren, um gegen die mächtigere Entfaltung der Sonderbestrebungen genügend anzukämpfen. In beiden Fällen sieht man, daß es sich nicht um die absolute Erhöhung der Zahl der Individuen handelt, sondern insbesondere um die ihres intensiveren Zusammenströmens auf einem gegebenen Raum« (*Soziologie*, I, S. 466 f.).

glieder in ihren Gebieten leben und sterben, dann hält sie die verschiedenen Sektionen in verschiedenartig physischen Umständen und dann können diese Sektionen in ihrer Beschäftigung nicht mehr ähnlich bleiben. Die verstreut lebenden Sektionen bleiben weiter Jäger oder Ackerbauern; die Sektionen in Meeresnähe treiben maritime Beschäftigungen; die Bewohner eines ausgewählten Ortes (vielleicht ausgewählt wegen seiner zentralen Lage als Ort periodischer Versammlungen) treiben Handel und gründen eine Stadt ... Ein Unterschied im Boden und im Klima ist der Grund, warum die Landbewohner in den verschiedenen Regionen zum Teil spezialisierte Beschäftigungen haben und sich damit unterscheiden, daß sie Rinder, Schafe oder Weizen produzieren.«[15] Mit einem Wort: Die Verschiedenheit der Umwelt, in der die Individuen leben, erzeugt bei ihnen verschiedene Fähigkeiten, die ihre Spezialisierung in verschiedene Richtungen bestimmen und wenn sich diese Spezialisierung mit den Dimensionen der Gesellschaft vergrößert, dann vergrößern sich auch die äußeren Unterschiede zu gleicher Zeit.

Zweifellos zeichnen die äußeren Umstände die Individuen, unter denen sie leben; da die Umstände verschieden sind, machen sie sie verschieden. Es handelt sich eben darum zu wissen, ob diese Verschiedenheit, die zweifellos nicht ohne Beziehungen zur Arbeitsteilung ist, genügt, um sie zu veranlassen. Gewiß kann man sich erklären, daß die Einwohner je nach den Eigenschaften des Bodens und den Klimabedingungen hier Weizen und dort Schafe oder Rinder erzeugen. Aber diese Funktionsunterschiede schrumpfen nicht immer, wie in diesen beiden Beispielen, auf einfache Schattierungen zusammen. Sie sind manchmal so eindeutig, daß die Individuen, zwischen denen die Arbeit geteilt wird, ebenso viele unterschiedliche und sogar entgegengesetzte Gattungen bilden. Man könnte fast annehmen, daß sie sich abgesprochen haben, um sich so weit als möglich voneinander zu entfernen. Welche Ähnlichkeit besteht zwischen dem Gehirn, das denkt, und dem Magen, der verdaut? Was haben der Dichter, der in seinen Traum, und der Gelehrte, der ganz in seine Untersuchungen versunken ist, der Arbeiter, der sein Leben damit verbringt, Nadelköpfe zu machen, der Bauer, der hinter dem Pflug geht, der Kaufmann hinter

15 Spencer, *Premiers principes*, 381.

dem Ladentisch gemeinsam? Wie groß auch die Verschiedenheit der äußeren Bedingungen ist, sie zeigt nirgends Verschiedenheiten, die mit derartig starken Gegensätzen vergleichbar wären und die daher darüber Rechenschaft geben könnten. Selbst wenn man nicht so weit auseinanderliegende Funktionen vergleicht, sondern nur Zweige ein und derselben Funktion, ist es manchmal völlig unmöglich festzustellen, welchen äußeren Unähnlichkeiten ihre Trennung zuzuschreiben wäre. Die wissenschaftliche Arbeit wird immer geteilter. Welches sind nun die klimatischen, geologischen oder sogar sozialen Bedingungen, die so verschiedene Talente hervorgebracht haben wie den Mathematiker, den Chemiker, den Naturwissenschaftler, den Psychologen usw.

Aber selbst dort, wo die äußeren Umstände am stärksten auf die Individuen einwirken, daß sie sich in einem bestimmten Sinn spezialisieren, genügen sie nicht, um diese Spezialisierung zu bewirken. Durch ihren Körperbau ist die Frau darauf vorbereitet, ein anderes Leben zu führen als der Mann; trotzdem gibt es Gesellschaften, wo die Beschäftigungen der beiden Geschlechter im wesentlichen die gleichen sind. Durch sein Alter, durch die Blutsbindungen, die er mit seinen Kindern hat, ist der Vater ausersehen, in der Familie jene Leitungsfunktionen auszuführen, deren Summe die väterliche Gewalt ausmacht. Trotzdem fällt ihm in der matriarchalischen Familie diese Autorität nicht zu. Es scheint ganz natürlich zu sein, daß die verschiedenen Mitglieder der Familie Befugnisse haben, d. h. Funktionen, die nach dem Grad ihrer Verwandtschaft verschieden sind: daß der Vater und der Onkel, daß der Bruder und der Vetter weder dieselben Rechte noch dieselben Pflichten haben. Trotzdem gibt es Familientypen, wo alle Erwachsenen die gleiche Rolle spielen und sich gleichwertig gegenüberstehen, welches auch ihre Blutsbeziehungen seien. Die untergeordnete Rolle, die der Kriegsgefangene im Schoß des Siegerstammes einnimmt, scheint ihn (solange sein Leben verschont wird) zu den tiefsten sozialen Funktionen zu verdammen. Wir haben aber gesehen, daß er oft von den Siegern assimiliert und einer ihresgleichen wird.

Wenn diese Unterschiede eine Arbeitsteilung möglich machen, so rufen sie sie dennoch nicht hervor. Weil sie gegeben sind, folgt noch nicht, daß man sich ihrer bedient. Im großen und ganzen sind sie recht wenig neben den Ähnlichkeiten, die die Menschen untereinander zeigen; ein kaum bemerkbarer Keim. Damit eine Spezialisierung der Tätigkeit daraus wird, müssen sie entwickelt und organisiert werden, und diese Entwicklung hängt natürlich von anderen Ursachen ab als der Verschiedenheit der äußeren Bedingungen. Spencer behauptet allerdings, daß diese Entwicklung selbsttätig wäre, weil sie der Linie des geringsten Widerstands folgt und weil alle Kräfte der Natur unweigerlich in diese Richtung neigen. *Wenn sich die Menschen spezialisieren,* dann gewiß in der Richtung dieser natürlichen Unterschiede, denn auf diese Weise brauchen sie sich am wenigsten anzustrengen und sie ziehen den größten Gewinn daraus. Aber warum sollen sie sich spezialisieren? Spencer erklärt recht gut, wie die Evolution vor sich geht, wenn sie stattfindet; aber er sagt uns nicht, welches die Triebfeder ist, die sie hervorruft. In der Tat stellt er sich diese Frage gar nicht. Er nimmt an, daß sich das Glück mit der Produktivkraft der Arbeit vergrößert. Jedesmal, wenn sich ein neues Mittel findet, die Arbeit weiter zu teilen, scheint es ihm unmöglich, daß wir nicht davon profitieren. Wir wissen aber, daß es nicht so zugeht. In Wirklichkeit hat dieses Mittel keinen Wert für uns, außer wir bedürfen seiner, und da der primitive Mensch kein Bedürfnis hat für all jene Produkte, die der zivilisierte Mensch zu besitzen gelernt hat und deretwegen eine komplexere Arbeitsorganisation dazu da ist, sie ihm zu liefern, können wir nicht begreifen, woher die wachsende Spezialisierung der Aufgabe kommt, außer wir wissen, auf welche Weise diese neuen Bedürfnisse aufgetaucht sind.

III

Wenn sich die Arbeit in dem Maß mehr teilt, in dem die Gesellschaften umfangreicher und dichter werden, dann nicht darum, weil die äußeren Umstände mannigfaltiger sind, sondern weil der Kampf um das Leben heißer ist.

Darwin hat zu Recht bemerkt, daß die Konkurrenz zwischen zwei Organismen um so heftiger ist, je ähnlicher sie einander sind. Da sie die gleichen Bedürfnisse haben und die gleichen Ziele verfolgen, rivalisieren sie überall. Solange sie mehr Hilfsmittel haben als sie brauchen, können sie Seite an Seite leben. Erhöht sich aber ihre Zahl in einem Ausmaß, daß der Hunger nicht mehr genügend gestillt werden kann, dann bricht der Krieg aus, und er ist um so heftiger, als der Mangel größer ist, d. h. je größer die Zahl der Konkurrenten ist. Ganz anders ist es dagegen, wenn die Individuen, die zusammenleben, verschiedenen Gattungen oder Arten angehören. Da sie sich nicht auf dieselbe Weise ernähren und nicht dasselbe Leben führen, belästigen sie sich nicht gegenseitig; was dem einen zugute kommt, ist für die anderen wertlos. Die Konfliktgelegenheiten vermindern sich also mit den Gelegenheiten, sich zu begegnen, und das um so mehr, je weiter die Gattungen oder Arten voneinander entfernt sind. »In einer wenig weiten Region, die der Immigration offensteht, und wo folglich der Kampf zwischen den Individuen sehr lebhaft sein muß, stellen wir immer eine große Vielfalt in den Gattungen fest. Ich habe festgestellt, daß ein Rasenstück von 3 oder 4 Fuß, das jahrelang den gleichen Lebensbedingungen ausgesetzt worden war, 20 Pflanzenarten ernährt, die 18 Gattungen und 8 Klassen angehörten, was beweist, wie verschieden diese Pflanzen untereinander waren.«[16] Jeder kann im übrigen selber feststellen, daß in einem Feld neben dem Getreide eine große Anzahl von Unkräutern wächst. Auch die Tiere bestehen um so leichter den Kampf, je verschiedener sie sind. Unter einer Eiche kann man bis zu 200 Insektenarten finden, die untereinander in guter Nachbarschaft leben. Die einen leben von den Früchten des Baumes, die anderen von Blättern, andere wieder von der Rinde und von der Wurzel. »Es wäre absolut unmöglich, daß eine ähnliche Anzahl von Individuen auf einem Baum leben könnte, wenn alle der gleichen Gattung angehörten; wenn alle zum Beispiel von der Rinde oder nur von den Blättern lebten.«[17] Auch innerhalb des Organismus wird die Konkurrenz unter den verschiedenen Geweben dadurch vermindert, daß sie sich von verschiedenen Substanzen ernähren.

Die Menschen unterliegen dem gleichen Gesetz. In einer Stadt können die verschiedensten Berufe nebeneinander leben, ohne sich gegenseitig schädigen zu müssen, denn sie verfolgen verschiedene Ziele. Der Soldat sucht den militärischen Ruhm, der Priester die moralische Autorität, der Staatsmann die Macht, der Gewerbetreibende den Reichtum, der Gelehrte wissenschaftliches Ansehen; jeder kann sein Ziel erreichen, ohne den anderen daran zu hin-

16 Darwin, *Origine des espèces*, 131.

17 Haeckel, *Natürliche Schöpfungsgeschichte*, 1868.

dern, ebenfalls sein Ziel zu erreichen. Genauso ist es auch mit den Funktionen selbst, wenn sie weniger weit auseinander liegen. Der Augenarzt konkurriert nicht mit dem Irrenarzt, der Schuhmacher nicht mit dem Hutmacher, der Maurer nicht mit dem Tischler, der Physiker nicht mit dem Chemiker usw. Da sie verschiedene Dienste leisten, können sie sie parallel leisten.

Je mehr die Funktionen einander nähern, desto mehr Kontakt haben sie untereinander und desto größer ist folglich die Gefahr, daß sie sich gegenseitig bekämpfen. Da sie in diesem Fall durch verschiedene Mittel ähnliche Bedürfnisse befriedigen, ist es unvermeidlich, daß sie mehr oder weniger versuchen, sich gegenseitig Rechte wegzunehmen. Niemals wird ein Beamter mit einem Gewerbetreibenden konkurrieren; aber der Brauer und der Winzer, der Tuchmacher und der Seidenfabrikant, der Dichter und der Musiker werden sich Mühe geben, sich gegenseitig auszustechen. Wer die gleiche Funktion ausübt, kann nur auf Kosten des anderen gedeihen. Wenn man sich also diese verschiedenen Funktionen unter der Form eines verzweigten Busches vorstellt, der aus einem gemeinsamen Stamm kommt, dann wird an den äußersten Enden am wenigsten gekämpft, während der Kampf regelmäßig zunimmt, je mehr man sich dem Zentrum nähert. So ist es nicht nur im Inneren einer Stadt, sondern in der ganzen Gesellschaft. Ähnliche Berufe, die sich an den verschiedenen Punkten des Gebietes befinden, machen sich um so heftiger Konkurrenz, je ähnlicher sie einander sind, sofern die Verkehrs- und Transportschwierigkeiten nicht ihre Handlungsfreiheit einengen.

Dies angenommen, ist es leicht zu verstehen, daß jede Verdichtung der sozialen Masse, besonders wenn sie von einer Zunahme der Bevölkerung begleitet ist, notwendigerweise die Fortschritte der Arbeitsteilung bestimmt.

Stellen wir uns ein Industriezentrum vor, das mit einem Spezialprodukt eine bestimmte Region des Landes beliefert. Die Entwicklung, die es erreichen kann, ist doppelt begrenzt, zuerst durch die Ausdehnung der Bedürfnisse, die man zu befriedigen hat, oder wie man sagt, durch die Ausdehnung des Marktes, und andrerseits durch die Leistungsfähigkeit der Produktionsmittel, über die man verfügt. Notwendigerweise erzeugt es nicht mehr, als nötig ist, und auch nicht weniger, als es könnte. Aber wenn es ihm unmöglich ist, die Grenze, die derart gekennzeichnet ist, zu überschreiten, so bemüht es sich doch, sie zu erreichen. Denn es liegt in der Natur einer Kraft, seine ganze Energie zu entwickeln, solange sie nichts aufhält. Ist es einmal an diesem Punkt angekommen, dann hat dieses Zentrum sich seinen Existenzbedingungen angepaßt. Es befindet sich im Gleichgewicht, das sich nicht ändern kann, wenn sich nichts ändert.

Aber wenn eine bis dahin unabhängige Region mit dem Zentrum durch einen Weg verbunden wird, der zum Teil die Entfernung aufhebt, dann fällt im gleichen Augenblick eine der Barrieren, die seinen Aufschwung aufgehalten hatten. Der Markt wird größer; mehr Bedürfnisse müssen befriedigt werden. Wenn alle einzelnen Industrien, die er umfaßt, schon ihr Produktionsmaximum erreicht hätten, dann blieben die Dinge wie sie waren, da sie sich nicht weiter ausdehnen könnten. Eine derartige Bedingung ist aber völlig ideal. In Wirklichkeit gibt es immer eine Anzahl mehr oder weniger großer Unternehmen, die nicht an ihre Kapazitätsgrenze gekommen sind und die daher rasch genug weiter gehen. Da sich ein leerer Raum vor ihnen öffnet, versuchen sie notwendigerweise, sich darin auszudehnen und ihn auszufüllen. Begegnen ihnen hier ähnliche Unternehmen, die imstande sind, ihnen zu widerstehen, dann halten die zweiten die ersten zurück, sie begrenzen sich gegenseitig und ihre Beziehungen bleiben folglich unverändert. Allerdings gibt es mehr Konkurrenten. Da sie sich aber einen größeren Markt teilen, bleibt der Anteil eines jeden einzelnen der gleiche. Zeigen sich aber gewisse Unternehmen unterlegen, so müssen sie notwendigerweise das Gebiet abtreten, das sie bis dahin besetzt hatten, auf dem sie sich unter den neuen Bedingungen nicht mehr halten können. Sie haben dann keine andere Möglichkeit mehr, als zu verschwinden oder sich zu verwandeln, und diese Verwandlung muß notwendigerweise in einer neuen Spezialisierung enden. Wenn die Schwächeren, statt sofort eine weitere Spezialität zu erfinden, es vorzögen, ein anderes Gewerbe auszuüben, das bereits existiert, dann müßten sie ja mit denen konkurrieren, die es bisher ausgeübt haben. Der Kampf wäre damit nicht beendet, sondern nur verlagert, und er würde auf einem anderen Punkt seine Folgen zeigen. Schließlich müßte irgendwo ein Ausschluß oder eine neue Differenzierung eintreten. Wir brauchen nicht hinzuzufügen, daß der Kampf, wenn die Gesellschaft tatsächlich mehr Mitglieder zählt und sie zur gleichen Zeit einander näher gerückt sind, noch heftiger und die Spezialisierung, die daraus entsteht, noch rascher und noch vollständiger wird.

Mit anderen Worten: In dem Maße, in dem die soziale Ordnung segmentär ist, hat jedes Segment seine eigenen Organe, die gleichsam geschützt sind und auf Abstand von ähnlichen Organen durch Trennwände gehalten werden, die die verschiedenen Segmente trennen. In dem Maß aber, wie diese Trennwände fallen, ist es unvermeidlich, daß sich die einander ähnlichen Organe berühren, den Kampf beginnen und versuchen, sich gegenseitig auszustechen. Wie der Austausch auch geschieht, immer ist das Ergebnis irgendein Fortschritt auf dem Weg der Spezialisierung. Denn einerseits kann das Segmentorgan, das gesiegt hat, wenn man so sagen darf, der größeren Aufgabe, die ihm jetzt zufällt, nur dank einer stärkeren Arbeitsteilung genügen; andrerseits können sich die Besiegten nur halten, wenn sie sich auf eine Teilfunktion dessen zurückziehen, was sie bis dahin vollbracht hatten. Der kleine Betriebsleiter wird Vorarbeiter, der kleine Kaufmann wird Angestellter usw. Dieser Teil kann nach dem mehr oder weniger deutlichen Abstieg mehr oder weniger bedeutend sein. Es kann sogar vorkommen, daß sich die ursprüngliche Funktion in zwei Funktionen von gleicher Bedeutung teilt. Statt in Konkurrenz zu treten oder in Konkurrenz zu bleiben, finden zwei ähnliche Betriebe ihr Gleichgewicht, indem sie sich ihre gemeinsame Aufgabe teilen; statt sich unterzuordnen, ordnen sie sich bei. Auf jeden Fall aber tauchen neue Spezialitäten auf.

Obwohl die obigen Beispiele vor allem dem Wirtschaftsleben entnommen sind, gilt der Beweis für alle sozialen Funktionen. Die wissenschaftliche Arbeit, die künstlerische Arbeit usw. teilen sich auf keine andere Weise und aus keiner anderen Ursache. Aus denselben Gründen absorbiert auch der Zentralapparat (wie wir gesehen haben) die lokalen Regelorgane und macht aus ihnen spezielle Hilfsorgane.

Ist das Ergebnis dieser Veränderungen ein Zuwachs an mittlerem Glück? Es ist dafür kein Grund zu erkennen. Die größere Intensität des Kampfes fordert neue und mühsame Anstrengungen heraus, die nichts an sich haben, um die Menschen glücklicher zu machen. Alles geht mechanisch vor sich. Ein Bruch des Gleichgewichts in der sozialen Masse ruft Konflikte hervor, die nur durch eine noch entwickeltere Arbeitsteilung gelöst werden können: Das ist der Motor des Fortschritts. Was die äußeren Bedingungen betrifft, die verschiedenen Kombinationen des Erbguts (wie die Neigung des Bodens den Lauf des Flusses bestimmt, ihn aber nicht erschafft), so weisen sie nur die Richtung auf, in der sich die Spezialisierung dort entwickelt, wo sie notwendig ist, aber sie bedingt sie nicht. Die individuellen Unterschiede, die sie erzeugt, blieben virtuell, wenn wir nicht, um neuen Schwierigkeiten zu begegnen, gezwungen wären, sie zu wecken und zu entwickeln.

Die Arbeitsteilung ist also ein Ergebnis des Lebenskampfes, aber in einer gemildeteren Entwicklung. Dank der Arbeitsteilung brauchen sich die Rivalen nicht gegenseitig zu beseitigen, sie können im Gegenteil nebeneinander existieren. In dem Maß, wie sie sich entwickelt, liefert sie einer größeren Anzahl von Menschen, die in homogenen Gesellschaften zum Verschwinden verurteilt wären, die Mittel, sich zu halten und zu überleben. Bei den niedrigen Völkern mußte jeder unzeitige Organismus unvermeidlich zugrundegehen, denn man braucht ihn für keine Funktion. Manchmal verurteilte das Gesetz, indem es in gewisser Weise die Ergebnisse der natürlichen Auslese vorwegnahm und sie bestätigte, die kranken und schwachen Neugeborenen zum Tod; selbst Aristoteles[18] fand das ganz natürlich. In den fortgeschritteneren Gesellschaften ist das völlig anders. Ein Behinderter kann in den komplexen Kadern unserer sozialen Organisation einen Platz finden, wo es ihm möglich ist, Dienste zu leisten. Ist er nur körperbehindert, aber geistig gesund, kann er sich Büroarbeiten und spekulativen Funktionen widmen. Ist er geistig behindert, »dann muß er zweifellos verzichten, der großen intellektuellen Konkurrenz die Stirne zu bieten. Aber die Gesellschaft hat noch Nebenzellen in ihrem Stock, genügend kleine Plätze, die verhindern, daß er ausgemerzt wird.«[19] Bei primitiven Stämmen wird der besiegte Feind getötet; wo die Arbeitsfunktionen von den Militärfunktionen getrennt sind, bleibt er neben dem Sieger als Sklave leben.

Natürlich gibt es Umstände, wo sich die verschiedenen Funktionen Konkurrenz machen. In einem individuellen Organismus, der zu lange gehungert hat, ernährt sich das Nervensystem auf Kosten der anderen Organe, und das gleiche Phänomen tritt ein, wenn sich die Gehirntätigkeit zu sehr entwickelt. Dasselbe gilt für die

18 Aristoteles, *Politeia*, IV (VII), 16, 1335 b, 20 sequ.

19 Bordier, *Vie des sociétés*, 45.

Gesellschaft. Während einer Hungersnot oder einer Wirtschaftskrise müssen sich die lebenswichtigen Funktionen, um zu überleben, auf Kosten der weniger wichtigen Funktionen verpflegen. Luxusindustrien gehen zugrunde, und die Anteile des öffentlichen Vermögens, die zu ihrem Unterhalt dienten, werden von der Industrie zur Ernährung und zur Herstellung lebenswichtiger Gegenstände absorbiert. Andrerseits kann es vorkommen, daß ein Organismus anormal und in keinem Verhältnis zu den Bedürfnissen tätig wird; um für die Ausgaben aufzukommen, die diese übermäßige Entwicklung verursacht hat, muß es den Anteil der anderen angreifen. So gibt es Gesellschaften, die zu viele Beamte, zu viele Soldaten, zu viele Offiziere, zu viele Vermittler, zu viele Priester usw. haben. Die anderen Berufe leiden unter dieser Hypertrophie. Aber das sind pathologische Fälle; die Ursache liegt darin, daß die Ernährung des Organismus unregelmäßig oder das funktionale Gleichgewicht gestört ist.

Es gibt noch einen anderen Einwand:
Eine Industrie kann nicht leben, wenn sie nicht irgendwelchen Bedürfnissen entspricht. Eine Funktion kann sich nur spezialisieren, wenn diese Spezialisierung irgendeinem Bedürfnis der Gesellschaft entspricht. Nun hat aber jede neue Spezialisierung das Ergebnis, die Produktion zu erhöhen und zu verbessern. Wenn dieser Vorteil nicht die Ursache der Arbeitsteilung ist, so ist er doch ihre notwendige Konsequenz. Folglich kann ein Fortschritt nur dauerhaft sein, wenn die Menschen wirklich das Bedürfnis nach mehr und besseren Erzeugnissen haben. Solange sich die Transportindustrie nicht herausgebildet hatte, solange reiste jeder mit den Mitteln, über die er verfügte, und man mußte sich mit diesem Zustand abfinden. Damit jene eine Spezialität wurde, mußten die Menschen aufhören, sich mit dem zufrieden zu geben, was ihnen bis dahin genügt hatte, und anspruchsvoller werden. Woher können solche neuen Ansprüche aber kommen?
Sie haben die gleiche Ursache, die auch die Fortschritte der Arbeitsteilung bestimmen. Wir haben gesehen, daß sie auf einen heftigeren Kampfeseifer zurückgehen. Nun geht aber ein heftigerer Kampf nicht ohne ein größeres Aufgebot von Kräften ab und folglich nicht ohne größere Ermüdung. Um weiterzuleben, muß der Aufbau dem Abbau entsprechen. Die Nahrungsmittel, die ge-

nügt hatten, das organische Gleichgewicht herzustellen, genügen jetzt nicht mehr. Eine ausgiebigere und gewähltere Nahrung ist erforderlich. Darum lebt ein Bauer, dessen Arbeit weniger erschöpft als die des Arbeiters in den Städten, weiterhin gut, obwohl seine Nahrung ärmer ist. Der Arbeiter kann sich nicht mit einer Pflanzennahrung begnügen, und selbst unter diesen Bedingungen fällt es ihm schwer, das Defizit auszugleichen, das die intensive und ständige Arbeit jeden Tag in das Budget seines Organismus reißt[20].

Andrerseits trägt vor allem das zentrale Nervensystem die ganzen Lasten[21]; denn man muß sich den Kopf zerbrechen, um die Mittel zu finden, weiter zu kämpfen, um neue Spezialisierungen zu erfinden, um sie einzuführen usw. Ganz allgemein gesagt: Je mehr die Umwelt dem Wechsel unterworfen ist, desto größer wird der Anteil der Intelligenz im Leben; denn nur sie allein kann die neuen Bedingungen eines Gleichgewichts, das ständig gebrochen wird, finden und wiederherstellen. Das geistige Leben entwickelt sich also gleichzeitig, wie die Konkurrenz lebhafter wird, und im selben Maß. Diese parallelen Fortschritte kann man nicht nur bei der Elite feststellen, sondern auch bei allen Klassen der Gesellschaft. Auch in diesem Punkt braucht man nur den Arbeiter mit dem Bauern zu vergleichen: Es ist bekannt, daß der Arbeiter viel intelligenter ist, trotz des mechanischen Charakters der Aufgaben, denen er sich oft widmen muß. Im übrigen gehen nicht ohne Grund die Geisteskrankheiten im gleichen Schritt wie die Zivilisation, noch ist es ohne Grund, daß sie weit eher in den Städten wüten als auf dem Land; und in den großen Städten mehr als in den kleinen[22]. Ein größeres und empfindlicheres Gehirn hat eben andere Bedürfnisse als ein grober Enzephal. Leiden und Entbehrungen, die dieser nicht einmal fühlt, erschüttern schmerzhaft das andere. Aus dem gleichen Grund sind weniger einfache Reize nötig, um dieses Organ angenehm zu berühren, und wenn es sich einmal verfeinert hat, sind noch mehr Reize nötig, weil es sich zur gleichen Zeit auch entwickelt hat. Mehr noch als alle anderen

20 Siehe Bordier, *op. cit.*, 166 sequ.

21 Féré, *Dégénérescence et criminalité*, 88.

22 Siehe den Artikel »Aliénation mentale« im *Dictionnaire encyclopédique des sciences médicales.*

wachsen die rein intellektuellen Bedürfnisse[23], ungeschlachte Erklärungen genügen geübteren Geistern nicht mehr. Man verlangt neue Aufklärungen, und die Wissenschaft nährt diese Ansprüche, während sie sie gleichzeitig auch befriedigt.

All diese Veränderungen sind also die Ergebnisse, die mechanisch aus notwendigen Ursachen fließen. Wenn sich unser Geist und unsere Empfindsamkeit entwickeln und schärfer werden, so liegt das daran, daß wir sie stärker üben; und wenn wir sie stärker üben, dann sind wir durch den härteren Kampf, den wir führen müssen, dazu gezwungen. Ohne es gewollt zu haben, ist die Menschheit bereit, eine intensivere und eine abwechslungsreichere Kultur zu erhalten.

Aber wenn nicht ein weiterer Faktor eingreift, könnte diese einfache Veranlagung nicht selbst die Mittel hervorrufen, sich zu befriedigen, denn sie stellt nur eine Genußfähigkeit dar und »einfache Genußfähigkeiten erzeugen nicht notwendigerweise den Wunsch. Wir können die Veranlagung haben, die Musik, die Malerei, die Wissenschaften zu pflegen und es trotzdem nicht wünschen, wenn man uns immer daran gehindert hat.«[24] Selbst wenn wir uns zu einem Objekt durch einen ererbten und sehr starken Drang hingezogen fühlen, können wir es erst wünschen, nachdem wir mit ihm in Beziehungen getreten sind. Ein junger Mann, der niemals von sexuellen Beziehungen und ihren Freuden gehört hat, kann sehr wohl ein vages und unerklärliches Mißbehagen spüren; er kann das Gefühl haben, daß ihm etwas fehlt, aber er weiß nicht was und folglich hat er keine eigentlichen sexuellen Wünsche. Daher können diese undeutlichen Wünsche leicht von ihren natürlichen Zielen und ihrer normalen Richtung abgleiten. Aber von dem Augenblick an, wo der Mensch imstand ist, diese neuen Genüsse zu genießen und sie selber bewußt hervorzurufen, findet er sie unter seiner Hand, weil sich die Arbeitsteilung zur gleichen Zeit entwickelt und sie ihm liefert. Ohne daß es hierbei die geringste prästabilierte Harmonie gäbe, treffen diese beiden Tatsachengattungen aufeinander, einfach weil sie die Folgen ein und derselben Ursache sind.

Dieses Zusammentreffen kann man sich folgendermaßen vorstel-

23 Diese Entwicklung des rein intellektuellen oder wissenschaftlichen Lebens hat noch eine andere Ursache, die wir im nächsten Kapitel untersuchen werden.

24 Bain, *Émotions et volonté*, 419.

len. Der Reiz der Neuheit würde schon genügen, um den Menschen zu veranlassen, seine Genüsse auszuprobieren. Er neigt um so natürlicher dazu, als der größere Reichtum und die größere Vielfalt ihm jene mittelmäßig erscheinen ließ, mit denen er sich bis dahin begnügt hatte. Im übrigen kann er sich im Geist schon daran gewöhnen, ehe er sie noch versucht hat; und da sie in Wirklichkeit den Veränderungen entsprechen, die in seiner Konstitution eingetreten sind, fühlt er, daß es ihm besser gehen wird. Die Erfahrung bestätigt dann diese Vorahnung. Die Bedürfnisse, die bis dahin geschlafen hatten, erwachen, verdeutlichen sich, werden sich ihrer selbst bewußt und organisieren sich. Trotzdem heißt das nicht, daß diese Anpassung in allen Fällen vollendet wäre; daß jedes neue Produkt, das wir einem neuen Fortschritt der Arbeitsteilung verdanken, immer einem wirklichen Bedürfnis unserer Natur entspricht. Es ist im Gegenteil sogar wahrscheinlich, daß wir recht oft die Bedürfnisse annehmen, weil wir uns an das Objekt gewöhnt haben, auf das sie sich beziehen. Dieses Objekt war weder nötig noch nützlich, aber es ist einfach so gekommen, daß man es mehrere Male ausprobiert hat, und man hat sich so sehr daran gewöhnt, daß man es nicht mehr entbehren kann. Die Harmonien, die aus rein mechanischen Ursachen kommen, können immer nur unvollkommen und angenähert sein; aber sie genügen, um die Ordnung im allgemeinen aufrecht zu erhalten. Das trifft auch auf die Arbeitsteilung zu. Die Fortschritte, die sie macht, sind zwar nicht in allen Fällen, aber im allgemeinen in Harmonie mit den Veränderungen, die im Menschen vorgegangen sind; das erlaubt ihnen zu überdauern.

Aber noch einmal: Damit sind wir nicht glücklicher. Wenn diese Bedürfnisse einmal geweckt sind, können sie zweifellos nicht unbefriedigt bleiben, ohne daß sie schmerzen. Aber unser Glück ist deswegen nicht größer, weil sie hervorgerufen worden sind. Der Anhaltspunkt, nach dem wir die relative Intensität unserer Genüsse messen, hat sich verschoben. Das führt zu einem Umsturz aller Werteinteilungen. Die Befriedigung der Genüsse beinhaltet nicht schon eine Vermehrung. Weil die Welt nicht mehr die gleiche ist, mußten wir uns verändern; diese Veränderungen waren der Anlaß für andere Veränderungen in unserer Art, glücklich zu sein. Wer aber Veränderungen sagt, sagt damit nicht notwendigerweise Fortschritt.

Man kann sehen, wie uns die Arbeitsteilung unter einem anderen Licht erscheint als den Volkswirtschaftlern. Für sie besteht sie wesentlich darin, mehr zu erzeugen. Für uns ist diese größere Produktivität nur eine notwendige Folge, eine Fernwirkung des Phänomens. Wenn wir uns spezialisieren, dann nicht darum, um mehr zu produzieren, sondern um in den neuen Existenzbedingungen zu leben, die uns bereitet wurden.

IV

Eine Folge von all dem, was vorangegangen ist, ist, daß die Arbeitsteilung nur unter Mitgliedern einer bereits aufgebauten Gesellschaft eintreten kann.

Wenn die Konkurrenz Einzelindividuen und Fremde einander gegenüberstellt, dann trennt sie sie noch mehr. Wenn sie frei über den Raum verfügen können, dann fliehen sie sich. Können sie bestimmte Grenzen nicht überschreiten, so differenzieren sie sich in einer Weise, daß sie noch unabhängiger untereinander werden. Man kann keinen Fall anführen, wo sich rein feindliche Beziehungen ohne das Eingreifen eines anderen Faktors in soziale Beziehungen verwandelt hätten. Da zwischen den Individuen ein und derselben Tier- oder Pflanzengattung im allgemeinen kein Band besteht, so kann der Krieg kein anderes Ergebnis haben, als sie unterschiedlicher zu machen, einander unähnliche Abarten zu erzeugen, die untereinander immer unähnlicher werden. Diese zunehmende Trennung hat Darwin das Gesetz der Charakterdivergenz genannt. Nun vereint aber die Arbeitsteilung, während sie gleichzeitig entgegensetzt; sie verzweigt die Tätigkeiten, sie differenziert; sie nähert diejenigen an, die sie trennt. Da die Konkurrenz diese Annäherungen nicht erzeugt haben kann, muß sie schon vorher existiert haben; die Individuen, zwischen denen der Kampf entbrennt, müssen schon voneinander abhängen und es auch fühlen, d. h. einer Gesellschaft angehören. Dort, wo dieses Gefühl der Solidarität zu schwach ist, um dem auseinanderstrebenden Einfluß der Konkurrenz zu widerstehen, erzeugt sie eine ganz andere Wirkung als die Arbeitsteilung. In den Ländern, wo das Leben aufgrund der übergroßen Dichte der Bevölkerung zu schwierig ist, ziehen sich die Einwohner, statt sich zu spezialisieren, gänzlich oder vorläufig von der Gesellschaft zurück; sie wandern in andere Regionen aus.

Man braucht sich nur vorzustellen, was die Arbeitsteilung ist, um zu begreifen, daß es nicht anders ein kann. Sie besteht in der Tat aus der Teilung der bis dahin gemeinsamen Funktionen. Aber diese Teilung kann nicht nach einem vorbedachten Plan ausgeführt werden. Man kann nicht im vorhinein sagen, wo sich die Scheidelinie zwischen den Aufgaben befinden soll, wenn sie einmal getrennt sind. Denn sie ist nicht in der Natur der Dinge sichtbar; sie hängt im Gegenteil von einer ganzen Anzahl von Umständen ab. Die Teilung muß aus sich heraus und allmählich stattfinden. Damit unter diesen Bedingungen eine Funktion in zwei komplementäre Funktionen geteilt werden kann, so wie es die Natur der Arbeitsteilung verlangt, müssen die beiden Teile, die sich spezialisieren, während der ganzen Zeit ihrer Spaltung in ständiger Berührung sein: Es gibt keine andere Möglichkeit, damit der eine Teil die ganze Geschwindigkeit erhält, die der andere aufgibt, und damit sie sich untereinander anpassen. So wie eine Tierkolonie, deren Mitglieder eine Gewebeeinheit bilden, ein Individuum darstellt, so ist jedes Aggregat von Individuen, die in ständigem Kontakt leben, eine Gesellschaft. Die Arbeitsteilung kann also nur im Schoß einer schon existierenden Gesellschaft eintreten. Damit wollen wir nicht einfach sagen, daß die Individuen materiell aneinander hängen müssen, sondern daß es unter ihnen moralische Bande geben muß. Der materielle Zusammenhang allein erzeugt schon Bande dieser Art, wenn er nur dauerhaft ist; sie sind außerdem unmittelbar notwendig. Wenn die Beziehungen, die sich in der Periode des Herumtastens auszubilden beginnen, keiner Regel unterworfen wären, wenn keine Macht den Konflikt der individuellen Interessen mäßigt, dann gäbe es ein Chaos, aus dem keine neue Ordnung entstehen kann. Allerdings stellt man sich vor, daß alles in privaten und frei ausgehandelten Vereinbarungen vor sich geht. Anscheinend ist also jede soziale Aktion abwesend. Aber man vergißt, daß die Kontakte nur dort möglich sind, wo bereits eine rechtliche Regelung und folglich eine Gesellschaft existiert.

Zu Unrecht hat man also manchmal in der Arbeitsteilung die Grundtatsache des ganzen sozialen Lebens gesehen. Die Arbeit teilt sich nicht zwischen unabhängigen und bereits differenzierten Individuen, die sich vereinen und vergesellschaften, um ihre verschiedenen Fähigkeiten zusammenzulegen. Es wäre dann ein Wunder, wenn die Verschiedenheiten, die dem Zufall der Umstände zu verdanken sind, sich so genau ergänzen könnten, daß sie ein zusammenhängendes Ganzes bilden. Statt dem kollektiven Leben voranzugehen, hängen sie von ihm ab. Sie können nur im Schoß einer Gesellschaft und unter dem Druck der sozialen Gefühle und Bedürfnisse entstehen. Das ist es, was sie wesentlich harmonisch macht. Es gibt also ein soziales Leben außerhalb jeder Arbeitsteilung, das sie aber voraussetzt. Das haben wir direkt festgestellt, als wir sichtbar machten, daß es Gesellschaften gibt, deren Zusammenhang wesentlich von der Gemeinschaft des Glaubens und der Gefühle abhängt, und daß aus diesen Gesellschaften jene hervorgegangen sind, denen die Arbeitsteilung die Einheit sichert. Die Schlüsse des ersten Buches und die Schlüsse, zu denen wir eben gekommen sind, können also dazu dienen, sich gegenseitig zu kontrollieren und zu bestätigen. Die physiologische Arbeitsteilung ist auch diesem Gesetz unterworfen: Sie erscheint niemals im Schoß von mehrzelligen Massen, die schon mit einem gewissen Zusammenhang versehen sind.

Für eine Anzahl von Theoretikern ist es eine evidente Wahrheit, daß jede Gesellschaft im wesentlichen aus einer Zusammenarbeit besteht. »Eine Gesellschaft im wissenschaftlichen Sinne entsteht erst da, wo außer der Nebeneinanderlagerung auch ein Zusammenwirken stattfindet.«[25] Wir haben gesehen, daß dieses sogenannte Axiom das Gegenteil der Wahrheit ist. Es ist im Gegenteil deutlich, wie Auguste Comte sagt, »daß das Zusammenwirken, weit entfernt die Gesellschaft haben schaffen zu können, vielmehr notwendig ihre vorherige spontane Begründung voraussetzt«.[26] Was die Menschen näherbringt, sind mechanische Ursachen und impulsive Kräfte wie die Blutsverwandtschaft, die Bindung an eine Heimat, der Ahnenkult, die Gemeinschaft der Sitten usw. Erst wenn sich die Gruppe auf diesen Grundlagen gebildet hat, kann sich die Zusammenarbeit organisieren.

Diese einzige Zusammenarbeit, die im Prinzip möglich ist, ist auch da noch so unterbrochen und so schwach, daß das soziale Leben, hätte es keine andere Quelle, kraftlos und ohne Dauer wäre. Um so mehr ist die komplexe Zusammenarbeit, die ein Ergebnis der

25 Spencer, *Die Principien der Sociologie*, III, S. 293.

26 Comte, *Soziologie*, I, S. 431.

Arbeitsteilung ist, ein spontanes und abgeleitetes Phänomen. Sie ist das Ergebnis von innerlichen Bewegungen, die im Schoß der Masse entstehen, die sich gebildet hat. Aber wenn sie dann aufgetaucht ist, zieht sie die sozialen Bande enger und macht aus der Gesellschaft eine vollkommene Individualität. Dieser Zusammenschluß setzt einen anderen voraus, den er ersetzt. Damit sich die sozialen Einheiten differenzieren können, müssen sie sich zuerst einander angezogen und gruppiert haben, nach Maßgabe der Ähnlichkeiten, die sie darstellen. Diesen Entstehungsvorgang kann man nicht nur in den Ursprüngen, sondern auch in jedem Entwicklungsstadium beobachten. Wir wissen in der Tat, daß die höheren Gesellschaften aus der Verbindung niedrigerer Gesellschaften des gleichen Typs hervorgegangen sind: Zuerst müssen diese im Sinn eines einzigen und kollektiven Bewußtseins verschmolzen sein, damit der Prozeß der Differenzierung beginnen oder wiederbeginnen kann. So bilden sich komplexere Organismen durch die Wiederholung von einfacheren Organismen, die einander ähnlich sind und die sich erst verzweigen, wenn sie sich zusammengeschlossen haben. Mit einem Wort: Der Zusammenschluß und die Zusammenarbeit völlig verschiedener Dinge, und wenn das zweite, wenn es entwickelt ist, auf das erste zurückwirkt und es verändert, wenn die menschlichen Gesellschaften mehr und mehr Kooperationsgruppen werden, so verschwindet deswegen noch nicht die Dualität der beiden Phänomene.

Wenn diese wichtige Wahrheit von den Utilitaristen verkannt wurde, so ist das ein Irrtum, der von der Art abhängt, wie sie den Ursprung der Gesellschaft begriffen haben. Sie nehmen am Anfang isolierte und unabhängige Individuen an, die in der Folge nur in Verbindung treten können, um zusammenzuarbeiten; denn sie haben keinen anderen Grund, um den leeren Zwischenraum zu überschreiten, der sie trennt, und um sich zu verbinden. Aber diese so weit verbreitete Theorie postuliert eine wahre Schöpfung aus dem Nichts.

Sie besteht in der Tat darin, die Gesellschaft aus dem Individuum zu deduzieren; aber nichts, was wir wissen, erlaubt uns, die Möglichkeit einer derart spontanen Generation anzunehmen. Spencer hat selbst zugegeben, daß die primitiven Einheiten, um nach dieser Hypothese die Gesellschaft zu bilden, »aus dem Zustand vollkommener Unabhängigkeit in einen Zustand gegenseitiger Abhängigkeit übergehen«.[27] Was hat sie aber zu einer derart vollkommenen Veränderung bewogen? Die Aussicht auf Vorteile, die das soziale Leben bietet? Die werden doch durch den Verlust der Unabhängigkeit aufgewogen und mehr als das, denn für Wesen, die von Natur aus für das freie und einsame Leben bestimmt sind, ist ein derartiges Opfer das unerträglichste, das es gibt. Man muß noch hinzufügen, daß es in den ersten sozialen Typen so absolut wie nur möglich ist, denn nirgends ist das Individuum so völlig absorbiert wie in der Gruppe. Wenn also der Mensch als Individualist geboren wurde, wie man es voraussetzt, wie hätte er sich mit einer Existenz begnügen sollen, die so heftig mit seiner Grundneigung im Widerspruch steht? Wie müßte ihm die problematische Nützlichkeit der Zusammenarbeit bleich erscheinen neben einem derartigen Niedergang! Aus autonomen Individualitäten, wie man sie sich vorstellt, kann nichts anderes als Individuelles herauskommen, und folglich kann die Zusammenarbeit selber, die ein soziales Faktum ist, das sozialen Regeln unterworfen ist, daraus nicht entstehen. So kann der Psychologe, der sich in sein Ich einschließt, daraus nicht mehr herauskommen, um das Nicht-Ich wiederzufinden.

Das kollektive Leben kommt nicht aus dem individuellen Leben, sondern im Gegenteil, das zweite kommt aus dem ersten. Nur unter dieser Bedingung kann man sich erklären, wie sich die persönliche Individualität der sozialen Einheiten bilden und wachsen konnte, ohne die Gesellschaft zu zersetzen. Da sie ja im Schoß einer schon bestehenden sozialen Welt entsteht, trägt sie notwendigerweise deren Zeichen; sie bildet sich auf eine Weise, daß sie diese Kollektivordnung, mit der sie solidarisch ist, nicht zerstört; sie bleibt ihr angepaßt, während sie sich zugleich von ihr löst. Sie hat nichts Antisoziales, weil sie ein Teil der Gesellschaft ist. Kein Wort von der absoluten Persönlichkeit der Monade, die sich selbst genügt und ohne den Rest der Welt auskommen konnte, sondern von einem Organ oder einem Organteil, der seine bestimmte Aufgabe hat, der sich aber nicht vom Rest des Organismus trennen darf, ohne in Todesgefahr zu geraten. Unter diesen Bedingungen wird die Zusammenarbeit nicht nur möglich, sondern auch notwendig. Die Utilitaristen kehren also die natürliche Ordnung der

27 Spencer, *Die Principien der Sociologie,* III, S. 294.

Tatsachen um, und nichts ist überraschender als die Umkehrung. Ein besonderes Beispiel jener allgemeinen Wahrheit: Was man zuerst weiß, ist in Wirklichkeit das letzte. Aber weil die Zusammenarbeit das jüngste Ereignis ist, fällt es auch zuerst ins Auge. Hält man sich also an die äußere Erscheinung, wie es der gesunde Verstand tut, dann ist es unvermeidlich, darin die Urtatsache des moralischen und sozialen Lebens zu sehen.

Wenn sie aber auch nicht die ganze Moral ist, so braucht man sie deswegen nicht aus der Moral auszuschließen, wie es bestimmte Moralisten tun. Wie die Utilitaristen, lassen diese Idealisten sie ausschließlich aus einem System von Wirtschaftsbeziehungen und von privaten Abmachungen bestehen, bei denen der Egoismus die einzige Triebfeder ist. In Wirklichkeit kreist das moralische Leben durch alle Verbindungen, aus denen es besteht, da es ja nicht möglich wäre, wenn nicht soziale und folglich moralische Gefühle an ihrer Entstehung mitarbeiteten.

Man könnte die internationale Arbeitsteilung entgegenhalten. Es scheint klar zu sein, daß in diesem Fall zum mindesten die Individuen, zwischen denen sich die Arbeit teilt, nicht der gleichen Gesellschaft angehören. Aber man muß sich daran erinnern, daß eine Gruppe, während sie ihre Individualität bewahrt, von einer anderen, größeren Gruppe aufgesogen werden kann, die mehrere ihrer Art umfaßt. Man kann behaupten, daß sich eine Funktion, sei sie wirtschaftlicher oder anderer Art, nur auf zwei Gesellschaften verteilen kann, wenn sie in irgendeiner Weise an einem gemeinsamen Leben teilnehmen und folglich einer gleichen Gesellschaft angehören. Nehmen wir in der Tat an, daß diese beiden Kollektivgewissen nicht in irgendeinem Punkt verschweißt sind, dann kann man nicht einsehen, wie diese beiden Aggregate einen ständigen notwendigen Kontakt haben können, noch wie folglich eines eine seiner Funktionen dem anderen abgeben könnte. Damit sich ein Volk von einem anderen durchdringen läßt, muß es aufgehört haben, sich in einem exklusiven Patriotismus einzuschließen; es muß einen anderen, verständnisinnigeren gelernt haben.

Im übrigen kann man diesen Sachbezug am überraschendsten Beispiel der internationalen Arbeitsteilung beobachten, das uns die Geschichte bietet. Allerdings kann man sagen, daß es sich nur in Europa und zu unserer Zeit ereignet hat. Es hat sich am Ende des letzten und zu Beginn unseres Jahrhunderts ein Kollektivbewußtsein der europäischen Gesellschaften gebildet. »Es gibt ein Vorurteil, das man unbedingt ablegen muß, nämlich sich das Europa des Ancien Régime als eine Gesellschaft von regelmäßig konstituierten Staaten vorzustellen, wo ein jeder sein Verhalten nach von allen anerkannten Prinzipien ausrichtet, wo der Respekt des herrschenden Rechts die Übereinkommen regelt und die Verträge diktiert, wo man mit gutem Glauben deren Ausführung einhält, wo das Gefühl der Solidarität der Monarchien mit der Aufrechterhaltung die Dauer der von den Fürsten eingegangenen Verpflichtungen sichert ... Ein Europa, wo die Rechte eines jeden einzelnen das Ergebnis der Pflichten aller ist, war etwas so Fremdes für die Männer des Ancien Régime, daß dazu ein Krieg von einem Vierteljahrhundert, der fürchterlichste, den man jemals gesehen hat, nötig war, um ihnen den Begriff aufzuzwingen und ihnen diese Notwendigkeit zu beweisen. Der Versuch, den man in Wien und in den folgenden Kongressen unternahm, Europa eine grundlegende Organisation zu geben, war ein Fortschritt und keine Umkehr in die Vergangenheit.«[28] Umgekehrt hat jede Rückkehr zu einem engen Nationalismus immer zur Folge die Entwicklung des protektionistischen Geistes, d. h. die Tendenz der Völker, sich wirtschaftlich und moralisch untereinander zu isolieren.

Wenn in bestimmten Fällen trotzdem Völker, die durch kein Band verbunden sind und sich manchmal sogar als Feinde ansehen[29], untereinander mehr oder weniger regelmäßig Güter austauschen, dann darf man in dieser Tatsache nur Beziehungen des Mutualismus, der Wechselseitigkeit sehen, die nichts mit der Arbeitsteilung gemeinsam hat[30]. Weil zwei verschiedene Organismen Eigenschaften haben, die zum Nutzen zueinander passen, folgt noch nicht, daß sie untereinander auch Funktionen teilen[31].

28 Sorel, Albert, *L'Europe et la Révolution française*, I, 9 et 10.

29 Siehe Kulischer, *Der Handel auf den primitiven Kulturstufen (*Ztschr. f. Völkerpsychologie, X, 1877, p. 378) und Schrader, *Linguistisch-historische Forschungen zur Handelsgeschichte,* Jena, 1886.

30 Allerdings entsteht der Mutualismus im allgemeinen zwischen Individuen verschiedener Gattungen, aber das Phänomen bleibt dasselbe, auch wenn es zwischen Individuen der gleichen Gattung stattfindet (Siehe Espinas, *Sociétés animales* und Giraud, *Les sociétés chez les animaux*).

31 Wir erinnern zum Schluß, daß wir in diesem Kapitel nur untersucht haben, wie es kommt, daß die Arbeitsteilung immer größer wird, und wir haben die Gründe angeführt, die zu diesem Fortschritt führen. Es kann aber sehr wohl

eintreten, daß in einer besonderen Gesellschaft eine bestimmte Arbeitsteilung, und zwar die wirtschaftliche Arbeitsteilung, sehr entwickelt ist, obwohl der segmentäre Typ noch stark im Vordergrund steht. Das scheint besonders in England der Fall zu sein. Die Großindustrie und der Großhandel scheinen dort genauso entwickelt zu sein wie auf dem Kontinent, obwohl das Zellensystem gerade hier sehr betont ist, so wie es die Autonomie des lokalen Lebens und die Autorität beweisen, die es sich dort erhalten hat. (Der symptomatische Wert dieser letzten Tatsache soll im folgenden Kapitel bestimmt werden.)

Denn in der Tat geht die Arbeitsteilung, da sie ein abgeleitetes und zweitrangiges Phänomen ist, wie wir gesehen haben, an der Oberfläche des sozialen Lebens vor sich; das stimmt besonders für die wirtschaftliche Arbeitsteilung. Sie liegt direkt unter der Haut. Nun sind aber in jedem Organismus die Oberflächenphänomene durch ihre Lage selbst von der Wirkung äußerer Ursachen wesentlich abhängiger, während sich die inneren Gründe, von denen sie im allgemeinen abhängen, nicht geändert haben. Es genügt, daß irgendein Umstand bei einem Volk ein lebhaftes Bedürfnis nach materiellem Wohlbefinden erregt, damit sich die wirtschaftliche Arbeitsteilung entwickelt, ohne daß die soziale Struktur merkbar wechselt. Der Geist der Nachahmung, der Kontakt mit einer verfeinerten Zivilisation können dieses Ergebnis hervorrufen. So kann der Verstand als höchster Teil und folglich als oberflächlichster Teil des Bewußtseins sehr leicht durch äußere Einflüsse, wie zum Beispiel die Erziehung, verändert werden, ohne daß die Grundlagen des psychischen Lebens berührt werden. Auf diese Weise kann man genügend Verständnis erzeugen, um den Erfolg zu sichern, aber er bleibt ohne tiefe Wurzeln. Diese Art von Talent kann daher auch nicht vererbt werden.

Dieser Vergleich zeigt, daß man über den Platz nicht urteilen kann, der einer Gesellschaft auf der Sozialleiter nach dem Stand der Zivilisation zukommt, besonders nicht nach seiner wirtschaftlichen Zivilisation, denn sie braucht nur eine Nachahmung zu sein, eine Kopie, die eine soziale Struktur niedrigerer Gattung überdeckt. Der Fall ist allerdings die Ausnahme; trotzdem kommt er vor.

Nur in solchen Begegnungen drückt die materielle Dichte der Gesellschaft nicht genau den Stand der moralischen Dichte aus. Das Prinzip, das wir aufgestellt haben, ist also auf allgemeine Weise wahr, und das genügt für unsere Demonstration.

3. Kapitel

Die Nebenfaktoren

Die fortschreitende Unbestimmtheit des gemeinsamen Bewußtseins und ihre Gründe

Im ersten Teil dieser Arbeit haben wir gesehen, daß das Kollektivbewußtsein in dem Maß schwächer und undeutlicher wurde, in dem sich die Arbeitsteilung entwickelte. Als Folge dieser fortschreitenden Unbestimmtheit wird die Arbeitsteilung die Hauptquelle der Solidarität. Da diese beiden Phänomene derart verbunden sind, so ist es nicht unnütz, die Ursache dieses Rückschritts zu untersuchen. Wenn man sichtbar macht, mit welcher Regelmäßigkeit er vor sich geht, haben wir ohne Zweifel bewiesen, daß er bestimmt von irgendwelchen Grundbedingungen der sozialen Entwicklung abhängt. Aber dieser Schluß des letzten Buches wäre noch unwiderlegbarer, wenn wir finden könnten, welches seine Bedingungen sind.

Diese Frage hängt im übrigen mit der Frage zusammen, die wir eben behandelt haben. Wir haben gezeigt, daß die Fortschritte der Arbeitsteilung das Ergebnis eines stärkeren Druckes ist, den die sozialen Einheiten aufeinander ausüben und der sie zwingt, sich in die verschiedensten Richtungen zu entwickeln. Aber dieser Druck wird in jedem Augenblick durch einen Gegendruck neutralisert, den das gemeinsame Bewußtsein auf jedes Einzelbewußtsein ausübt. Während das eine uns drängt, uns eine unterschiedliche Persönlichkeit zuzulegen, macht das andere uns zum Gesetz, der ganzen Welt zu gleichen. Während das erste uns verführt, der Neigung unserer persönlichen Natur zu folgen, hält uns das andere zurück und hindert uns, vom Kollektivtyp abzuweichen. Mit anderen Worten: Damit die Arbeitsteilung entstehen und wachsen kann, genügt es nicht, daß es bei den Individuen Keime von Sonderfähigkeiten gibt, auch nicht, daß sie angeregt werden, im Sinn dieser Fähigkeiten zu variieren; es müssen diese individuellen Variationen auch möglich sein. Nun können sie aber nicht entstehen, wenn sie in Opposition mit irgendeinem starken und bestimmten Zustand des Kollektivbewußtseins stehen. Denn je stärker dieser Zustand ist, desto mehr widersetzt er sich allem, was ihn schwächen könnte; je bestimmter er ist, desto weniger gibt er Änderungen Platz. Man kann also voraussehen, daß der Fortschritt der Arbeitsteilung um so schwieriger und langsamer sein wird, je lebhafter und präziser das Kollektivbewußtsein ist. Umgekehrt wird der Fortschritt um so rascher sein, je leichter sich das Individuum mit seiner persönlichen Umwelt in Einklang bringt. Dafür genügt es aber nicht, daß diese Umwelt existiert. Es muß auch jeder frei sein, um sich an sie zu adaptieren, d. h. fähig zu sein, sich unabhängig zu bewegen, selbst wenn die ganze Gruppe sich nicht zur gleichen Zeit und in der gleichen Richtung bewegt. Nun wissen wir aber, daß diese eigenen Bewegungen des einzelnen um so seltener sind, je stärker die mechanische Solidarität entwikkelt ist.

Die Beispiele sind zahlreich, an denen man direkt diesen neutralisierenden Einfluß des gemeinsamen Bewußtseins auf die Arbeitsteilung beobachten kann. Solange das Gesetz und die Sitten aus der Unveräußerlichkeit und aus der Unteilbarkeit des Immobilieneigentums eine strikte Verpflichtung machen, können die nötigen Bedingungen für das Erscheinen der Arbeitsteilung nicht entstehen. Jede Familie bildet eine kompakte Masse, und alle haben die gleiche Beschäftigung in der Nutzung des ererbten Gutes. Bei den Slawen wächst die *zadruga* oft in solchem Ausmaß, daß die Armut groß wird; da aber der Familiengeist sehr stark ist, lebt man gemeinsam weiter, statt in andere Berufe auszubrechen, wie in die des Seemanns oder des Kaufmanns. In anderen Gesellschaften, wo die Arbeitsteilung weiter fortgeschritten ist, hat jede Klasse bestimmte und immer dieselben Funktionen, die damit jeder Erneuerung entzogen sind. Anderswo gibt es ganze Kategorien von Berufen, zu denen die Bürger mehr oder weniger formell keinen Zutritt haben. In Griechenland[1] und in Rom[2] waren Handwerk und Handel verachtete Laufbahnen. Bei den Kabylen sind bestimmte Berufe wie der des Fleischers, des Schusters usw. von der Öffentlichkeit verachtet[3]. Die Spezialisierung kann sich

1 Busschenschütz, *Besitz und Erwerb*.

2 Nach Dionysios von Helicarnas (IX,25) konnte während der ersten Zeit der Republik kein Römer Kaufmann oder Handwerker werden. – Cicero spricht noch von der Lohnarbeit als einem erniedrigenden Beruf (*De off.*, I, 42).

3 Hanoteau et Letourneux, *La Kabylie*, II,23.

also nicht in diese verschiedenen Richtungen ausdehnen. Selbst bei Völkern, wo das Wirtschaftsleben eine gewisse Entwicklung erreicht hat, wie bei uns zur Zeit der alten Zünfte, waren die Funktionen derart geregelt, daß die Arbeitsteilung keinen Fortschritt machen konnte. Wo jeder verpflichtet ist, auf dieselbe Art zu arbeiten, ist jede individuelle Variation unmöglich[4].

Dasselbe Phänomen entsteht im Repräsentativleben der Gesellschaften. Die Religion, diese außerordentliche Form des Kollektivbewußtseins, absorbiert ursprünglich alle Repräsentativfunktionen mit den praktischen Funktionen. Die ersten trennen sich von den zweiten erst, als die Philosophie erscheint. Die Philosophie ist erst möglich, wenn die Religion ein wenig von ihrer Herrschaft verloren hat. Die neue Art, sich die Dinge vorzustellen, verletzt die Öffentlichkeit, die widersteht. Man hat manchmal gesagt, daß die freie Prüfung den religiösen Glauben zurückgedrängt hat; sie setzt aber ihrerseits einen vorhergehenden Rückschritt der Glaubensüberzeugungen voraus. Er kann nur dann eintreten, wenn der gemeinsame Glaube es erlaubt.

Derselbe Antagonismus bricht jedesmal aus, wenn sich eine neue Wissenschaft konstituiert. Selbst das Christentum hat diesem Gesetz nicht entfliehen können, obwohl es sofort der individuellen Überlegung einen größeren Platz eingeräumt hat als jede andere Religion. Zweifellos war die Opposition weniger lebhaft, solange die Gelehrten ihre Studien auf die materielle Welt beschränkten, da sie im Prinzip dem Disput der Menschen überantwortet war. Da aber diese Überantwortung niemals vollständig gewesen ist, da der christliche Gott kein völlig Fremder für die Dinge dieser Erde ist, kam es notwendigerweise dahin, daß die Naturwissenschaften selbst in mehr als einem Punkt im Glauben ein Hindernis fanden. Aber als der Mensch selbst ein Wissenschaftsobjekt wurde, wurde der Widerstand energischer. Der Gläubige muß von der Idee, daß der Mensch wie ein natürliches Wesen, das den anderen analog ist, und daß die Moralfakten wie natürliche Fakten studiert werden könnten, abgestoßen werden. Es ist bekannt, wie sehr diese Kollektivgefühle unter den verschiedensten Formen, die sie angenommen haben, die Entwicklung der Psychologie und der Soziologie behindert haben.

4 Siehe Levasseur, *Les classes ouvrières en France jusqu'à la Révolution, passim.*

Man hat also nicht vollkommen die Fortschritte der Arbeitsteilung erklärt, wenn man gezeigt hat, daß sie aufgrund der im sozialen Milieu vorgekommenen Veränderungen notwendig sind; sie hängen auch noch von Sekundärfaktoren ab, die den Lauf erleichtern, hindern oder versperren können. Man darf nämlich nicht vergessen, daß die Spezialisierung nicht die einzig mögliche Lösung für den Lebenskampf ist: Es gibt auch die Integration, die Kolonisation, die Resignation gegenüber einer unsicheren und widersprüchlichen Existenz und schließlich den völligen Ausschluß der Schwächsten durch Selbstmord oder anderes. Da das Ergebnis in einem gewissen Maß zufällig ist und die Gegner nicht notwendigerweise zu einem dieser Auswege unter Ausschluß der anderen gestoßen werden, nehmen sie zu dem Zuflucht, der ihnen am günstigsten ist. Wenn nichts die Arbeitsteilung daran hindert, sich zu entwickeln, dann spezialisieren sie sich ohne Zweifel. Aber wenn die Umstände diese Lösung unmöglich oder zu schwierig machen, dann muß man auf eine andere zurückgreifen.

Der erste dieser Sekundärfaktoren besteht aus einer größeren Unabhängigkeit der Individuen von der Gruppe, die ihnen erlaubt, sich in Freiheit zu verändern. Die physiologische Arbeitsteilung ist derselben Bedingung unterworfen. »Selbst wenn die anatomischen Elemente einander nahe stehen, behalten sie dennoch ihre ganze Individualität. Wie groß ihre Anzahl auch sei, sie ernähren sich, vergrößern sich und vermehren sich in den höchsten wie in den niedrigsten Organismen ohne Rücksicht auf ihre Nachbarn. Darin besteht *das Gesetz der Unabhängigkeit der anatomischen Elemente*, das unter den Händen der Physiologen so fruchtbar geworden ist. Diese Unabhängigkeit muß als die notwendige Bedingung für die freie Ausübung einer allgemeineren Fähigkeit der Bildsamkeiten angesehen werden, als die Veränderlichkeit unter der Wirkung der äußeren Umstände oder sogar gewisser immanenter Kräfte der Protoplasmen. Dank ihrer Fähigkeit zu variieren und dank ihrer gegenseitigen Unabhängigkeit, haben sich die Elemente, die auseinander entstanden sind und ursprünglich untereinander gleich waren, in verschiedenen Richtungen ausbilden, verschiedene Formen annehmen und neue Funktionen und Eigenschaften erwerben können.«[5]

5 Perrier, *Colonies animales*, 702.

Im Gegensatz zu dem, was in den Organismen vor sich geht, ist diese Unabhängigkeit in den Gesellschaften keine ursprüngliche Tatsache, da zu Beginn das Individuum von der Gruppe absorbiert war. Aber wir haben gesehen, daß sie später erscheint und regelmäßig zur gleichen Zeit wie die Arbeitsteilung fortschreitet dank dem Rückgang des Kollektivbewußtseins. Es bleibt zu untersuchen, wie sich diese nützliche Bedingung der sozialen Arbeitsteilung in dem Maß realisiert, in dem sie nötig ist. Sie hängt eben selbst von Gründen ab, die die Fortschritte der Spezialisierung bestimmt haben. Aber wie kann das Wachstum der Gesellschaften an Volumen und an Dichte dieses Ergebnis haben?

I

Weil in einer kleinen Gesellschaft jeder ungefähr unter denselben Bedingungen lebt, ist die Kollektivumwelt wesentlich konkret. Sie besteht aus Wesen aller Art, die den sozialen Horizont füllen. Die Bewußtseinszustände, die sie darstellen, haben also denselben Charakter. Sie beziehen sich zuerst auf bestimmte Objekte wie auf dieses Tier, auf diesen Baum, auf diese Pflanze, auf diese Naturkraft usw. Da andrerseits jeder auf gleiche Weise den Dingen gegenübersteht, berühren sie auf die gleiche Weise das Bewußtsein eines jeden einzelnen. Wenn der Stamm nicht zu ausgedehnt ist, genießt oder erleidet er in gleicher Weise die Vorteile oder die Nachteile der Sonne oder des Regens, von heiß oder kalt, von dem Fluß oder jener Quelle usw. Die Kollektiveindrücke, die aus dem Zusammenschluß aller dieser Individualeindrücke kommen, sind in ihrer Form wie in ihrem Objekt festgelegt, und folglich hat das Kollektivbewußtsein einen bestimmten Charakter. Es ändert aber in dem Maß seine Natur, in dem die Gesellschaften umfangreicher werden. Weil sie sich über ein größeres Gebiet ausdehnen, muß es sich selbst über alle lokalen Verschiedenheiten ausdehnen, muß es den Raum stärker beherrschen und folglich abstrakter werden. Denn nur die allgemeinen Dinge können allen diesen verschiedenen Welten gemeinsam sein. Es handelt sich nicht mehr um dieses Tier, sondern um diese Gattung; nicht mehr um jene Quelle, sondern um Quellen; nicht mehr um diesen Wald, sondern um den Wald *in abstracto*.

Weil aber andrerseits die Lebensbedingungen nicht mehr überall die gleichen sind, können diese gemeinsamen Objekte, welche auch immer es seien, nicht mehr überall völlig identische Gefühle erregen. Die kollektiven Resultanten haben also nicht mehr die gleiche Eindeutigkeit, und das um so mehr, als die Elemente, aus denen sie zusammengesetzt sind, einander unähnlicher sind. Je größer der Unterschied zwischen den individuellen Bildern ist, die dazu gedient haben, das Gesamtbild herzustellen, um so unbestimmter ist es. Allerdings kann das lokale Kollektivbewußtsein seine Individualität im Schoß des allgemeinen Kollektivbewußtseins behalten und bleibt leichter konkret, weil es einen geringeren Horizont umfaßt. Aber wir wissen, daß es inmitten des allgemeinen Kollektivbewußtseins in dem Maß verschwindet, in dem die sozialen Segmente verschwinden, denen es jeweils entspricht.

Die Tatsache, die vielleicht am besten diese steigende Tendenz des gemeinsamen Bewußtseins aufzeigt, ist die parallele Transzendenz des wesentlichsten seiner Elemente, ich spreche vom Begriff des Göttlichen. Ursprünglich unterschieden sich die Götter nicht vom Universum, oder vielmehr, es gab keine Götter, sondern nur heilige Wesen, ohne daß dieser heilige Charakter, mit dem sie bekleidet sind, auf eine äußere Wesenheit wie auf seine Quelle bezogen wäre. Die Tiere oder die Pflanzen der Gattung, die dem Clan als Totem dient, sind die Objekte des Kultes, aber das ist nicht so, weil ein Prinzip *sui generis* ihnen von außen ihre göttliche Natur verleiht. Diese Natur liegt in ihnen; sie sind aus sich selber göttlich. Nach und nach aber lösen sich die religiösen Kräfte von den Dingen, von denen sie zuerst nur Attribute waren, und verdinglichen sich. Auf diese Weise bildet sich der Begriff der Geister oder der Götter, die, obwohl sie vorzugsweise hier oder dort wohnen, trotzdem außerhalb der bestimmten Objekte existieren, an denen sie im besonderen haften[6]. Damit werden sie weniger konkret. Trotzdem sind sie, ganz gleich ob sie vielfältig oder auf eine gewisse Einheit zurückgeführt worden sind, der Welt noch immanent. Obwohl sie teilweise von den Dingen getrennt sind, sind sie doch noch im Raum. Sie bleiben also in unserer Nähe und immer in unser Leben verquickt. Der griechisch-lateinische Polytheismus, der eine höhere und organisierte Form des Animismus ist, bedeu-

6 Siehe Réville, *Religions des peuples non civilisés,* I, 67; II, 230.

tet einen neuen Fortschritt im Sinn der Transzendenz. Die Wohnung der Götter hebt sich deutlicher von der der Menschen ab. Sie leben zurückgezogen auf den geheimnisvollen Höhen des Olymps oder in den Tiefen der Erde und greifen nur mehr recht zufällig persönlich in die Geschäfte der Menschen ein. Aber erst mit dem Christentum zieht sich Gott endgültig aus dem Raum zurück. Sein Reich ist nicht von dieser Welt. Die Trennung zwischen der Natur und dem Göttlichen ist sogar so vollständig, daß sie in Feindschaft ausartet. Zu gleicher Zeit wird der Begriff der Gottheit allgemeiner und abstrakter, denn er besteht nicht mehr aus Eindrücken, wie am Anfang, sondern aus Ideen. Der Gott der Menschheit hat notwendigerweise weniger Verständnis als die Götter der Stadt oder des Clans.

Im übrigen universalisieren sich gleichzeitig wie die Religion die Regeln des Rechts und der Moral. Nachdem sie zuerst an lokale Umstände, an ethnische, klimatische usw. Besonderheiten gebunden waren, befreien sie sich davon nach und nach und werden damit auch allgemeiner. Diese Zunahme der Verallgemeinerung wird im ununterbrochenen Niedergang des Formalismus fühlbar. In den niedrigen Gesellschaften ist sogar die äußere Form des Verhaltens bis in die Einzelheiten vorherbestimmt. Die Art, wie sich der Mensch ernähren, wie er sich bei jedem Umstand kleiden, die Gesten, die er tun, die Formeln, die er aussprechen muß, sind bis ins einzelne festgelegt. Je mehr er sich dagegen von seinem Ausgangspunkt entfernt, desto mehr verlieren die Moral- und Rechtsvorschriften an Deutlichkeit und Präzision. Sie regeln nur mehr die allgemeinsten Formen des Verhaltens und sie regeln sie nur sehr allgemein, indem sie sagen, was gemacht werden muß, und nicht, wie es gemacht werden muß. Nun wird alles, was bestimmt ist, unter einer bestimmten Form ausgedrückt. Wenn die Kollektivgefühle dieselbe Bestimmtheit hätten wie ehedem, dann würden sie sich nicht weniger bestimmt ausdrücken. Wenn die konkreten Einzelheiten des Handelns und des Denkens genauso gleichförmig wären, dann wären sie auch ebenso verpflichtend.

Man hat schon oft festgestellt, daß die Zivilisation die Tendenz zeigt, rationaler und logischer zu werden; jetzt kann man die Ursache erkennen. Nur was universal ist, ist allein rational. Was den Verstand verwirrt, ist das Besondere und das Konkrete. Wir denken nur gut, wenn wir allgemein denken. Je reicher das gemeinsame Bewußtsein an besonderen Dingen ist, desto klarer trägt es ihren Stempel und desto uneinsichtiger ist es. Daher auch die Wirkung, die primitive Zivilisationen auf uns ausüben. Da wir sie nicht auf logische Prinzipien zurückführen können, neigen wir dazu, in ihnen nur bizarre und zufällige Verbindungen heterogener Elemente zu sehen. In Wirklichkeit haben sie nichts Künstliches an sich. Man muß nur die Beweggründe in den Empfindungen und in den Bewegungen der Sensibilität suchen, nicht in den Begriffen; und das ist so, weil das soziale Milieu, für das sie gemacht sind, nicht weit genug ist. Wenn sich dagegen die Zivilisation auf einem mehr umfassenderen Betätigungsfeld entwickelt, wenn sie sich auf mehr Leute und mehr Dinge bezieht, erscheinen notwendigerweise die allgemeinen Ideen und werden vorherrschend. Der Begriff vom Menschen zum Beispiel ersetzt im Recht, in der Moral, in der Religion den Begriff des Römers, der konkreter und daher für die Wissenschaft widerspenstig ist. Die Zunahme des Volumens der Gesellschaften und ihre größere Verdichtung erklären also diese große Veränderung.

Je allgemeiner das gemeinsame Bewußtsein wird, um so mehr Platz läßt es den individuellen Variationen. Wenn Gott von den Dingen und den Menschen weit entfernt ist, dann ist er nicht mehr allgegenwärtig und breitet sich nicht über alles aus. Es gibt nichts Festes mehr als abstrakte Regeln, die auf die verschiedensten Weisen frei angewendet werden können. Sie haben auch nicht die gleiche Autorität und nicht mehr die gleiche Widerstandskraft. Wenn die Praktiken und die Formen, soweit sie präzise sind, das Denken und die Bewegungen mit einer Notwendigkeit bestimmen, die den Reflexen analog sind, dann können diese allgemeinen Prinzipien nur mit Hilfe des Verstandes auf die Handlungen einwirken. Wenn aber einmal die Reflexion erwacht ist, dann kann man sie nicht mehr leicht zurückhalten. Wenn sie stärker geworden ist, entwickelt sie sich spontan über die Grenzen hinaus, die man ihr zugewiesen hatte. Man beginnt damit, einige Glaubensartikel zur Erörterung zu stellen, und die Diskussion geht über sie hinaus. Man möchte sich von ihnen Rechenschaft geben, man verlangt ihre Daseinsberechtigung; wie sie auch immer diese Prüfung bestehen, sie verlieren dabei einen Teil ihrer Kraft. Denn der überlegte Gedanke hat niemals jene zwingende Kraft des Instinkts. Bewegungen, die man beschlossen hat, haben nicht die

Augenblicklichkeit der unwillkürlichen Bewegungen. Weil das Kollektivbewußtsein rationaler geworden ist, wird es also auch weniger imperativ, und das ist ein Grund mehr, warum es die freie Entfaltung der individuellen Abweichungen weniger behindert.

II

Aber das ist nicht der Grund, der am meisten zu diesem Ergebnis beiträgt.

Was am meisten die Kraft dieser Kollektivzustände ausmacht, ist nicht, daß sie der gegenwärtigen Generation gemeinsam sind, sondern vor allem, daß sie in den meisten Fällen ein Erbe der vorhergegangenen Generationen sind. Das gemeinsame Bewußtsein baut sich in der Tat nur sehr langsam auf und verändert sich ebenso langsam. Es braucht lange Zeit, damit eine Verhaltens- oder Glaubensform zu jenem Grad von Allgemeinheit und Kristallisierung gelangt, und Zeit, daß es ihn auch wieder verliert. Es ist also fast ganz ein Erzeugnis der Vergangenheit. Was aus der Vergangenheit kommt, ist aber im allgemeinen der Gegenstand eines besonderen Respekts. Eine Praktik, der sich alle Welt einstimmig anpaßt, hat zweifellos ein großes Ansehen; hat sie aber auch die Zustimmung der Ahnen gehabt, dann wagt man noch weniger, dagegen zu verstoßen. Die Autorität des Kollektivbewußtseins besteht also zum großen Teil aus der Autorität der Tradition. Wir werden sehen, daß sie notwendigerweise in dem Maß geringer wird, in dem der segmentäre Typ verschwindet.

Bei starker Ausbreitung bilden Segmente gleich viele kleine, untereinander mehr oder weniger geschlossene Gesellschaften. Wo sie eine Familienbasis haben, wird es ebenso schwer, sie zu wechseln, wie es schwer ist, die Familie zu wechseln. Wenn sie mehr als eine territoriale Basis haben, sind die Barrieren, die sie trennen, weniger unüberschreitbar, trotzdem bleiben sie bestehen. Im Mittelalter war es für einen Arbeiter noch schwer, in einer anderen als seiner Heimatstadt Arbeit zu finden[7]. Die Mauten bildeten rund um jede soziale Abteilung einen Ring, der ihn gegen den Zuzug fremder Elemente beschützte. Unter diesen Bedingungen bleibt

7 Levasseur, *op. cit.*, I, 239.

der Mensch am Boden haften, auf dem er geboren ist, wie durch die Bande, die ihn dort festhalten, und weil er anderswo zurückgestoßen wird. Die seltenen Verbindungs- und Austauschwege sind ein Beweis für diese Absperrung eines jeden Segments. Die Gründe, die den Menschen in seiner Geburtswelt festhalten, fixieren ihn auch in seiner häuslichen Umwelt. Ursprünglich hatten sich die beiden vermischt; wenn sie sich später auch unterschieden, kann man sich doch nicht weit von der zweiten entfernen, wenn man nicht die erste überschreiten kann. Die Anziehungskraft der Blutsverwandtschaft übt da ihre Wirkung mit maximaler Intensität aus, weil jeder sein Leben lang an der Quelle dieser Kräfte bleibt. Es handelt sich hier um ein Gesetz ohne Ausnahme, daß die Familien, je segmentärer ihre soziale Struktur ist, desto größere, ungeteiltere und in sich eingeigelte Massen bilden[8].

In dem Maß, wie die Grenzlinien, die die verschiedenen Segmente trennen, verschwinden, ist es im Gegenteil unvermeidlich, daß dieses Gleichgewicht gestört wird. Da die Individuen nicht mehr an ihrem ursprünglichen Ort eingeschlossen sind und die freien Räume, die sich vor ihnen öffnen, sie anziehen, breiten sie sich selbstverständlich darin aus. Die Kinder bleiben nicht mehr unbeweglich an das Land ihrer Eltern gebunden; sie suchen ihr Glück in allen Richtungen. Die Bevölkerung vermischt sich und damit verlieren sich ihre ursprünglichen Verschiedenheiten. Leider erlaubt uns die Statistik nicht, in der Geschichte den Verlauf dieser inneren Wanderungen zu verfolgen. Aber es gibt eine Tatsache, die genügend ihre wechselnde Bedeutung aufweist, und das ist die Bildung und Entwicklung der Städte. In der Tat entstehen Städte nicht durch eine Art spontanen Wachstums, sondern durch Zuwanderung. Statt ihre Existenz und ihren Fortschritt dem normalen Geburtenüberschuß über die Todesfälle zu verdanken, bieten sie in dieser Hinsicht nur ein allgemeines Defizit. Sie erhalten also von außen die Elemente, mit denen sie täglich wachsen. Nach Dunant[9] eignet sich der jährliche Zuwachs der Gesamtbevölkerung von 31 großen Städten Europas 784,6 ‰ von der Zuwanderung

8 Der Leser sieht selbst die Tatsachen, die dieses Gesetz verifizieren, von dem wir hier keinen ausdrücklichen Beweis liefern können. Er ergibt sich aus den Untersuchungen, die wir über die Familie gemacht haben, und die wir hoffen, in der nächsten Zeit zu veröffentlichen.

9 Zitiert von Layet, *Hygiène des paysans*, letztes Kap.

an. Die Volkszählung von 1881 wies in Frankreich im Gegensatz zur Zählung von 1876 eine Zunahme von 766 000 Einwohnern auf. Das *Département de la Seine* (im wesentlichen Paris) und 40 Städte über 30 000 Einwohner »absorbierten aus der Zahl des Zuwachses der letzten 5 Jahre mehr als 661 000 Einwohner, und ließen nur 105 000 für die mittleren, die kleinen Städte und das flache Land übrig.«[10] Diese großen Wanderungsbewegungen zielen nicht nur auf die großen Städte, sie strahlen auch auf die umgebenden Regionen aus. Bertillon hat für das Jahr 1886 ausgerechnet, daß im Mittel für Frankreich auf 100 Einwohner nur 11,25 außerhalb ihres Departements geboren wurden, während es für das *Département de la Seine* (Paris) 34,67 waren. Der Anteil der Zugewanderten ist um so höher, je volkreicher die Städte eines Departements sind. Er beträgt in der Rhone 31,47, in den *Bouches-du-Rhône* 26,29, in der *Seine-et-Oise*[11] 26,41, im *Nord* 19,46, in der *Gironde* 17,62[12]. Dieses Phänomen ist nicht nur für die großen Städte charakteristisch; es besteht auch, wenn auch weniger stark, in den kleinen Städten und in den Marktflecken. »Alle diese Ortschaften vergrößern sich ständig auf Kosten der kleineren Gemeinden; auf diese Art kann man bei jeder Zählung beobachten, daß sich die Zahl der Städte einer jeden Kategorie um einige Einheiten erhöht.«[13]

Nun hat die größere Beweglichkeit der sozialen Einheiten, die dieses Phänomen der Wanderung voraussetzt, eine Schwächung aller Traditionen zur Folge.

Was vor allem die Kraft der Tradition ausmacht, ist in der Tat der Charakter der Personen, die sie übermitteln und weitergeben: Ich spreche von den Alten. Sie sind ihr lebendiger Ausdruck. Sie allein waren die Zeugen dessen, was die Vorväter getan haben. Sie sind die einzigen Vermittler zwischen der Gegenwart und der Vergangenheit. Andrerseits genießen sie bei den Generationen, die unter ihren Augen und unter ihrer Leitung erzogen worden sind, einen Ruhm, den nichts ersetzen kann. Das Kind hat in der Tat das Bewußtsein seiner Minderwertigkeit gegenüber den älteren Personen, die es umgeben, und es fühlt, daß es von ihnen ab-

10 Dumont, *Dépopulation et civilisation*, 175.

11 Diese hohe Ziffer ist eine Wirkung der Nachbarschaft von Paris.

12 *Dictionnaire encyclop. des sciences médic.*, Art. »Migration«.

13 Dumont, *op. cit.*, 178.

hängt. Der ehrfürchtige Respekt, den es für sie hat, übermittelt sich ganz natürlich auf alles, was von ihnen kommt, auf alles, was sie sagen, und auf alles, was sie tun. Die Autorität des Alters ist es, die zum großen Teil die Autorität der Tradition ausmacht. Alles was dazu beiträgt, diesen Einfluß über die Kindheit hinaus zu verlängern, kann also nur die herkömmlichen Glaubensüberzeugungen und Praktiken festigen. Das tritt ein, wenn der Erwachsene in der Umwelt weiterlebt, in der er aufgewachsen ist, denn er bleibt dann mit den Personen in Beziehung, die er als Kind gekannt hat, und er bleibt unter ihrem Einfluß. Das Gefühl, das er für sie hat, bleibt erhalten und erzeugt folglich dieselbe Wirkung, d. h. bremst jede Neuerungslust. Damit Neuerungen im sozialen Leben eintreten, genügt es nicht, daß neue Generationen ins Licht treten, sie dürfen auch nicht zu sehr mitgerissen werden, den Irrtümern ihrer Vorgänger zu folgen. Je größer der Einfluß der letzteren ist, und er ist um so tiefer, je länger er dauert – um so mehr Hindernisse stellen sich den Veränderungen entgegen. Auguste Comte hatte mit Recht gesagt, daß, wenn die Dauer des menschlichen Lebens verzehnfacht wäre, ohne daß »die verschiedenen natürlichen Epochen dieselben entsprechenden Proportionen bewahrten«, eine solche Hypothese »eine unvermeidliche, obwohl unmöglich zu bemessende Verlangsamung unserer sozialen Entwicklung herbeiführen würde«[14].

Das Umgekehrte tritt ein, wenn der Mensch nach der Jünglingszeit in eine neue Umwelt verpflanzt wird. Zweifellos fände er auch hier ältere Leute vor; aber es sind nicht die Menschen, die in seiner Kindheit auf ihn gewirkt haben. Der Respekt, den er für sie empfindet, ist also geringer und konventioneller, denn er entspricht keiner gegenwärtigen noch vergangenen Wirklichkeit. Er hängt nicht von ihnen ab, und er hat niemals von ihnen abgehangen; er kann sie also nur aus Analogie respektieren. Im übrigen ist es eine bekannte Tatsache, daß der Ahnenkult mit der Zivilisation ständig abnimmt. War er früher sehr entwickelt, so hat er sich heute auf einige Höflichkeitsformeln verringert, die von einer Art Mitleid inspiriert werden. Man bemitleidet die Greise mehr, als daß man sie fürchtet. Die Altersstufen sind eingeebnet worden. Alle Menschen, die die Reife erreicht haben, behandeln sich

14 Auguste Comte, *Soziologie,* I, S. 462.

gegenseitig als gleichwertig. Als Folge dieser Einebnung verlieren die Sitten der Vorfahren ihren Einfluß, denn sie haben unter den Erwachsenen keine gültigen Vertreter mehr. Man ist ihnen gegenüber freier, weil man denen gegenüber freier ist, die sie verkörpern. Die Solidarität der Zeiten wird weniger gespürt, weil sie keinen materiellen Ausdruck im beständigen Kontakt der einander folgenden Generationen mehr hat. Zweifellos werden die Wirkungen der ersten Erziehung auch weiterhin gefühlt, aber weniger stark, denn sie werden nicht unterhalten.

Diese volle Jugend ist im übrigen der Augenblick, wo die Menschen am wenigsten Zügel ertragen und sich am meisten nach Veränderungen sehnen. Das Leben, das in ihnen kreist, hat noch keine Zeit gehabt, zu erstarren und endgültig bestimmte Formen anzunehmen; es ist noch zu intensiv, um sich ohne Widerstand einordnen zu lassen. Dieses Bedürfnis kann um so leichter befriedigt werden, je weniger es von außen in Schranken gehalten wird, und es kann sich nur auf Kosten der Tradition Genüge tun. Diese wird in dem Augenblick überwunden, wo sie ihre Kräfte verliert. Einmal geschlagen, entwickelt sich dieser Schwächekeim mit jeder Generation mehr; denn man übermittelt mit weniger Autorität Prinzipien, deren Autorität man weniger spürt.

Eine charakteristische Erfahrung zeigt jenen Einfluß des Alters über die Macht der Tradition.

Gerade weil die Bevölkerung der großen Städte sich aus der Zuwanderung rekrutiert, besteht sie im wesentlichen aus Leuten, die als Erwachsene die Heimat verlassen und sich damit der Wirkung der Alten entzogen haben. Daher ist die Zahl der Greise sehr gering, während im Gegenteil die Zahl der Menschen mittleren Alters sehr hoch ist. Cheysson hat gezeigt, daß sich die Bevölkerungskurve für jede Altersgruppe, für Paris und für die Provinz, nur in den Altersschichten von 15 bis 20 Jahren und von 50 bis 55 Jahren begegnen. Zwischen 20 und 50 Jahren ist die Kurve in Paris viel höher, außerdem ist sie viel tiefer[15]. 1881 hat man in Paris 1118 Leute von 20 bis 25 Jahren gezählt, gegenüber von 874 im restlichen Land[16]. Im ganzen *Département de la Seine* kommen auf 1000 Einwohner 731 von 15 bis 60 Jahren und nur 76 über diesem Alter, während in der Provinz 618 der ersten Gruppe

15 Über die Bevölkerungsfrage siehe *Annales d'hygiène*, 1884.
16 *Annales de la Ville de Paris.*

die ihr folgt, dann stellt man zweifellos eine Rückkehr zum Traditionalismus fest, nur ist die Phase, mit der jeder Sozialtyp anfängt, stets weniger ungestüm als die Phase beim vorhergegangenen war. Bei uns waren die Sitten der Vorfahren niemals Gegenstand jenes abergläubischen Kultes, den man ihnen in Rom geweiht hatte; niemals gab es in Rom eine Einrichtung, die der *graphe paranomon* des athenischen Rechts ähnlich war, die sich jeder Neuerung widersetzte[18]. Selbst zu Zeiten des Aristoteles war es in Griechenland noch eine Frage, ob es gut wäre, bestehende Gesetze zu ändern, um sie zu verbessern; der Philosoph spricht sich nur mit der größten Zurückhaltung bejahend aus[19]. Bei den Hebräern schließlich war jede Abweichung von der herkömmlichen Regel noch völlig ausgeschlossen, denn sie war eine Gottlosigkeit. Um den sozialen Fortschritt zu beurteilen, darf man nicht die Gesellschaften aneinanderreihen, so wie sie einander folgen, sondern man muß sie in den entsprechenden Perioden ihrer Entwicklung vergleichen. Wenn es also zwar richtig ist, daß jedes soziale Leben dazu neigt, sich zu verfestigen und zur Gewohnheit zu werden, so wird doch die Form, die es annimmt, immer weniger widerstandsfähig und für Veränderungen immer zugänglicher. Mit anderen Worten: Die Autorität der Sitten vermindert sich ständig. Im übrigen ist es unmöglich, daß es anders wäre, da dieses Nachlassen von den Bedingungen selbst abhängt, die die historische Entwicklung beherrschen.

Da aber andrerseits der Glaube und die gemeinsamen Praktiken zum großen Teil ihre Kraft aus der Kraft der Tradition ziehen, ist offensichtlich, daß sie immer weniger imstande sind, die freie Ausdehnung der individuellen Variationen zu behindern.

III

In dem Maß, wie sich die Gesellschaft ausweitet und konzentriert, umschließt sie das Individuum weniger eng und kann folglich

18 Siehe über diese graphe Meyer und Schömann, *Der attische Prozeß*. [*graphé* = das Dargestellte, hier bes. die Anklage. *paránomos* = dem Herkommen zuwider. Die *graphé paranómon* galt als Bollwerk der Demokratie, um Verfassungsänderungen unmöglich zu machen.]

19 Aristoteles, *Pol.*, II, 8, 1268 b, 26.

weniger gut die auseinanderstrebenden Tendenzen bändigen, die nun auftauchen.

Dazu genügt der Vergleich zwischen großen und kleinen Städten. Wer in den kleinen Städten versucht, sich von den herkömmlichen Gebräuchen zu befreien, stößt auf Widerstände, die manchmal sehr heftig sind. Jeder Unabhängigkeitsversuch ist Gegenstand eines öffentlichen Skandals, und die allgemeine Mißbilligung, die mit ihr verbunden ist, ist so stark, daß sie Nachahmer entmutigt. In den großen Städten dagegen ist der Mensch viel weniger dem Kollektivjoch unterworfen: eine Erfahrungstatsache, die nicht bestritten werden kann. Wir hängen nämlich um so enger von der Öffentlichkeit ab, je mehr sie unser Tun und Lassen überwacht. Wenn die Aufmerksamkeit aller ständig auf das gerichtet ist, was jeder tut, wird die geringste Abweichung bemerkt und sofort unterdrückt. Umgekehrt hat jeder um so mehr Möglichkeiten, seinem eigenen Sinn zu folgen, je mehr er dieser Kontrolle entwischen kann. Nun ist man aber, wie ein Sprichwort sagt, niemals so gut versteckt, wie in einer Menge von Leuten. Je größer und dichter eine Gruppe ist, desto weniger ist die kollektive Aufmerksamkeit, die über eine große Fläche verstreut ist, imstande, den Bewegungen eines jeden einzelnen zu folgen; denn die Aufmerksamkeit wird nicht größer, wenn sie zahlreicher werden. Sie ist auf zu viele Punkte gleichzeitig gerichtet, so daß sie sich auf keinen einzelnen konzentrieren kann. Die Überwachung ist also weniger gut, weil es zu viele Menschen und zu viele Dinge zu überwachen gibt.

Im übrigen fehlt die große Triebfeder der Aufmerksamkeit, nämlich das Interesse, mehr oder weniger ganz. Wir möchten das Tun und Lassen einer Person nur kennen, wenn ihr Bild in uns Erinnerungen und Empfindungen weckt, die mit ihr verbunden sind, und dieser Wunsch ist um so lebhafter, als die so erweckten Bewußtseinszustände zahlreicher und stärker sind[20]. Wenn es sich dagegen um jemanden handelt, den wir nur selten und im Vorübergehen bemerken, dann fühlen wir, was ihn betrifft, kein Echo; es

20 Allerdings ist in einer kleinen Stadt der Fremde, der Unbekannte, nicht weniger Gegenstand der Überwachung als der Einheimische. Hier ist das Bild, das er darstellt, durch einen Kontrasteffekt sehr lebendig geworden, weil es die Ausnahme ist. Dasselbe gilt nicht für die große Stadt, wo in der Regel keiner den anderen kennt.

ständig im Ort, den er bewohnt. Er interessiert sich also weniger für seine Nachbarn, weil sie einen geringeren Platz in seiner Existenz einnehmen. Überdies hat die kleine Stadt einen geringeren Einfluß auf ihn, weil sein Leben diesen engen Rahmen überschreitet, weil seine Interessen und seine Liebe weit über sie hinausreichen. Aus all diesen Gründen drückt die lokale Öffentlichkeit weniger schwer auf jeden einzelnen von uns; da die allgemeine Meinung der Gesellschaft nicht imstande ist, die vorhergegangenen zu ersetzen (weil sie das Verhalten der Bürgerschaft nicht mehr so nah überwachen kann), lockert sich unwiederbringlich die Kollektivüberwachung, das Kollektivbewußtsein verliert an Autorität und die individuelle Variabilität vergrößert sich. Mit einem Wort: Um eine strenge soziale Kontrolle und das Kollektivbewußtsein aufrechtzuerhalten, muß die Gesellschaft in recht kleine Abteilungen eingeteilt sein, die das Individuum vollständig einhüllen; beide werden jedoch in dem Maß schwächer, in dem diese Einteilungen verschwinden[22].

Aber, wird man sagen, die Verbrechen und die Delikte, denen angemessene Strafen beigefügt sind, lassen die Organe, die mit ihrer Unterdrückung beauftragt sind, nicht gleichgültig. Ganz gleich, ob die Stadt groß oder klein ist, ob die Gesellschaft dicht oder nicht dicht ist, die Richter lassen den Verbrecher oder den Übeltäter nicht ungestraft. Es würde also den Anschein haben, als ob sich die spezielle Schwächung, deren Grund wir aufgezeigt haben, in jenem Teil des Kollektivbewußtseins lokalisieren müßte, der nur diffuse Reaktionen auslöst, ohne darüber hinausgehen zu können. In Wirklichkeit ist aber diese Lokalisierung unmöglich, denn diese beiden Regionen sind so eng solidarisch, daß die eine nicht getroffen werden kann, ohne daß die andere mitleidet. Die Handlungen, die von den Sitten allein unterdrückt werden, sind nicht von einer anderen Natur als jene, die das Gesetz straft, sie sind nur weniger schwer. Wenn es also unter ihnen solche gibt, die ihre ganze Schwere verlieren, dann ist die entsprechende Einstufung der anderen ebenfalls gestört. Sie sinken um einen oder mehrere Grade und erscheinen weniger empörend. Wenn man für die

22 Dieser Grundursache muß man den ansteckenden Einfluß hinzufügen, den die große auf die kleine Stadt hat und die kleine Stadt auf das Land. Aber dieser Einfluß ist nur zweitrangig und er ist nur insofern bedeutsam, als die soziale Dichte wächst.

kleinen Fehler empfindlich wird, wird man es weniger für die großen. Wenn man den kleinen Nachlässigkeiten der religiösen Praxis keine große Bedeutung mehr beimißt, empört man sich nicht mehr so sehr über Entheiligung und Gotteslästerung. Wenn man sich daran gewöhnt, wohlwollend die freie Ehe zu dulden, dann empört der Ehebruch weniger. Wenn die schwächsten Gefühle ihre Kraft verlieren, können die stärkeren Gefühle, die aber von derselben Art sind und die gleichen Ziele haben, nicht mehr ihre ganze Kraft bewahren. So setzt sich nach und nach die Erschütterung auf das ganze Kollektivbewußtsein fort.

IV

Jetzt kann man sich erklären, wie es möglich ist, daß die mechanische Solidarität an die Existenz des segmentären Typs gebunden ist, so wie wir es bereits aufgezeigt haben. Diese besondere Struktur erlaubt eben der Gesellschaft, das Individuum ganz eng einzuschließen – es hält den Menschen stärker an seine Umwelt gebunden und folglich an die Tradition – und trägt schließlich, indem es seinen sozialen Horizont einengt, dazu bei, ihn konkret und bestimmt zu halten[23]. Es handelt sich also um rein mechanische Gründe, die bewirken, daß die individuelle Persönlichkeit von der kollektiven Persönlichkeit absorbiert wird; und Gründe gleicher Natur sind es, daß sie sich davon befreit. Zweifellos trifft es zu, daß diese Emanzipation nützlich ist, oder wenigstens genützt wird. Sie macht die Fortschritte der Arbeitsteilung möglich, noch allgemeiner: sie gibt dem sozialen Organismus mehr Geschmeidigkeit und mehr Elastizität. Aber sie entsteht nicht, weil sie nützlich ist. Sie entsteht, weil sie nicht nichtvorhanden sein kann. Die Erfahrung der Dienste, die sie leistet, kann sie, wenn sie einmal existiert, nur festigen.

Man kann sich jedoch fragen, ob das Organ in der organisierten Gesellschaft nicht dieselbe Rolle spielt wie das Segment; ob der kooperative und professionelle Geist nicht die Gefahr läuft, die

23 Diese dritte Folge ist nur zum Teil das Ergebnis der Segmentnatur; ihr Hauptgrund liegt in der Vermehrung des sozialen Volumens. Man müßte nur noch wissen, warum im allgemeinen die Dichte gleichzeitig mit dem Volumen wächst. Das ist eine Frage, die wir stellen.

4. Kapitel

Die Nebenfaktoren (Fortsetzung)

Die Vererbung

Im Vorhergegangenen haben wir geschlossen, als ob die Arbeitsteilung nur von sozialen Ursachen abhinge. Sie ist aber auch an organisch-psychische Bedingungen geknüpft. Der Mensch erhält mit der Geburt Anlagen und Fähigkeiten, die ihn für bestimmte Funktionen mehr als für andere geeignet machen, und die Veranlagungen haben bestimmt einen Einfluß auf die Art, wie die Aufgaben verteilt werden. Nach der allgemeinen Ansicht muß man in diesen Verschiedenartigkeiten der Natur sogar die Grundbedingungen der Arbeitsteilung sehen, deren Hauptursache wäre, »daß man die Arbeiter nach ihren Fähigkeiten gruppiert«[1]. Es ist also interessant festzustellen, welchen Anteil dieser Faktor hat, und das um so mehr, als er ein neues Hindernis für die individuelle Verschiedenartigkeit darstellt und damit für den Fortschritt der Arbeitsteilung.

Da uns in der Tat diese Berufungen von unseren Vorfahren vererbt werden, beziehen sie sich nicht auf die Bedingungen, unter denen sich augenblicklich das Individuum befindet, sondern auf die Bedingungen, unter denen seine Vorfahren lebten. Sie ketten uns also an unsere Rasse, so wie das Kollektivbewußtsein uns an unsere Gruppe kettet, und hindern folglich die Freiheit in ihren Bewegungen. Da dieser Teil von uns ganz in die Vergangenheit gerichtet ist, in eine Vergangenheit, die uns nicht gehört, wendet sie uns von der Sphäre unserer eigenen Interessen und den Bewegungen ab, die sich in ihr ereignen. Je stärker diese Veranlagung entwickelt ist, desto unbeweglicher macht sie uns. Die Rasse und das Individuum sind zwei entgegengesetzte Kräfte, die im entgegengesetzten Sinn voneinander variieren. In dem Maß, wie wir unsere Vorfahren wiederholen und fortsetzen, neigen wir dazu, so wie sie zu leben, und wir sind für jede Neuheit unzugänglich.

1 John Stuart Mill, *Grundsätze der Ökonomie*, I. Bd.; Jena 1924, S. 194.

Ein Wesen, das durch die Vererbung ein zu bedeutendes und zu schweres Vermächtnis erhält, wäre beinahe unfähig, irgend etwas zu verändern; das ist der Fall bei den Tieren, die nur mit äußerster Langsamkeit fortschreiten.

Das Hindernis, dem der Fortschritt auf dieser Seite begegnet, ist sogar schwerer zu überwinden als jenes, das die Gemeinschaft der religiösen Überzeugungen und Praktiken aufrichtet. Denn sie werden dem Individuum nur von außen und durch eine moralische Handlung aufgedrängt, während die Erbtendenzen angeboren sind und eine anatomische Basis haben. Je größer der Anteil der Vererbung in der Verteilung der Aufgaben ist, desto unveränderlicher ist diese Verteilung; folglich sind die Fortschritte der Arbeitsteilung um so schwerer, selbst wenn sie nützlich wären. Das gilt für den Organismus. Die Funktion einer jeden Zelle ist durch die Geburt festgelegt.

»In einem lebenden Tiere, das sich aus innig aggregierten, ursprünglich gleichartigen Einheiten zusammensetzt, beruht der Fortschritt der Organisation wesentlich darauf, daß nicht allein die jeden differenzierten Teil bildenden Einheiten jeweils ihre Lage beibehalten, sondern auch ihre Nachkommenschaft ihnen in entsprechender Lagerung folgt. Die Leberzellen, die, während sie ihre Funktion ausüben, selbst wachsen und neuen Leberzellen den Ursprung geben, werden nach ihrem Zerfall und Verschwinden durch letztere ersetzt; die von ihnen abstammenden Zellen wandern nicht in die Nieren oder die Muskeln oder die Nervenzentren ein, um diesen ihre Aufgaben erfüllen zu helfen.«[2] So sind auch die Veränderungen, die in der Organisation physiologischer Arbeit entstehen, sehr selten, sehr begrenzt und sehr langsam.

Nun scheinen aber die Tatsachen zu beweisen, daß die Vererbung ursprünglich einen sehr bedeutenden Einfluß auf die Verteilung der sozialen Funktionen hatte.

Bei den ganz primitiven Völkern spielt sie in dieser Hinsicht zweifellos gar keine Rolle. Die wenigen Funktionen, die sich zu spezialisieren beginnen, sind elektiv, d. h. wahlbestimmt, aber sie sind noch nicht konstituiert. Der Häuptling oder die Häuptlinge unterscheiden sich nicht von der Menge, die sie leiten; ihre Macht ist genauso beschränkt, wie sie vorübergehend ist. Alle Gruppen-

2 Spencer, *Die Principien der Sociologie* III, S. 309.

unterschiede aufzeigen, noch heute mit Rassenunterschieden zusammen. In allen Ländern mit gemischter Bevölkerung haben die Nachfahren ein und derselben Familie den Brauch, sich bestimmten Berufen zu widmen: In Ostdeutschland waren die Fischer jahrhundertelang Slawen.«[7] Diese Tatsachen verstärken die Wahrscheinlichkeit der Meinung von Lucas, nach der »die Vererbung der Berufe der primitive Typ und die elementare Form aller Einrichtungen ist, die auf dem Prinzip der Vererbung der moralischen Natur begründet sind«.

Wir wissen aber, wie langsam und schwierig in diesen Gesellschaften der Fortschritt ist. Jahrhundertelang bleibt die Arbeit auf die gleiche Weise organisiert, ohne daß jemandem der Gedanke käme, etwas zu verändern. »Die Vererbung erscheint hier mit ihren gewohnten Zügen: Beständigkeit und Stabilität.«[8] Damit sich die Arbeitsteilung entwickeln kann, mußten die Menschen folglich dahin gelangen, das Joch der Vererbung zu erschüttern, damit endlich der Fortschritt die Kasten und die Klassen zerbricht. Das allmähliche Verschwinden der letzteren scheint in der Tat zu beweisen, daß sich diese Emanzipation vollzieht. Wenn die Vererbung keines ihrer Rechte über das Individuum verloren hätte, dann könnte man nicht einsehen, wie sie als Institution hätte schwächer werden können. Wenn die Statistik weit genug in die Vergangenheit reichte und vor allem wenn sie in diesem Punkt besser unterrichtet wäre, dann würde sie uns wahrscheinlich zeigen, daß die Fälle der Berufsvererbung ständig abnehmen. Sicher ist, daß sich der Glaube in die Vererbung, der einstmals so stark war, heute fast in sein Gegenteil verkehrt hat. Wir glauben eher, daß der Mensch zum größten Teil das Ergebnis seiner Werke ist, und neigen dazu, die Bande selbst zu verkennen, die ihn an seine Rasse fesseln und ihn von ihr abhängen lassen. Das ist zum mindesten eine weitverbreitete Meinung, über die sich die Psychologen der Vererbung fast beklagen. Recht merkwürdig ist die Tatsache, daß die Vererbung erst wirklich in die Wissenschaft aufgenommen wurde, als man fast nicht mehr an sie glaubte. Darin liegt im übrigen gar kein Widerspruch. Was das gemeinsame Bewußtsein im Grunde behauptet, ist nämlich nicht, daß die Vererbung nicht existiert, sondern nur, daß ihr Gewicht weniger schwer ist, und die

7 Schmoller, La division du travail, in *Rev. d'écon. polit.*, 1888, p. 590.
8 Ribot, *op. cit.*, p. 360.

Wissenschaft hat nichts, wie wir sehen werden, das diesem Gefühl widerspricht.
Wichtig ist, diese Tatsache direkt festzustellen, und vor allem, die Gründe dafür zu erkennen.

I

An erster Stelle müssen wir feststellen, daß die Vererbung im Lauf der Evolution ihre Herrschaft verliert, weil gleichzeitig neue Tätigkeitsarten aufgetaucht sind, die nicht von ihrem Einfluß abhängen.
Ein erster Beweis für diesen Stillstand der Vererbung ist der Stillstand der großen menschlichen Rassen. Seit den ältesten Zeiten ist keine neue Rasse mehr entstanden. Das stimmt insofern, wenn man mit de Quatrefages diesen Namen selbst den verschiedenen Typen gibt, die aus drei oder vier großen Grundtypen entstanden sind[9]. Es muß hinzugefügt werden, daß sie, je mehr sie sich von ihrem Ausgangspunkt entfernen, um so weniger die Unterscheidungsmerkmale der Rasse aufweisen. Alle Welt ist einer Meinung, daß man das Charakteristikum der Rasse an der Existenz von vererbten Ähnlichkeiten erkennt. Daher nehmen die Anthropologen als Basis ihrer Klassifikationen physische Charakterzüge, weil sie von allen am meisten erblich sind. Je mehr die anthropologischen Typen umschrieben sind, desto schwächer wird es, sie in bezug auf ihre ausschließlich organischen Eigenschaften zu definieren, weil sie nicht zahlreich genug sind. Es sind rein moralische Ähnlichkeiten, die man mit Hilfe der Linguistik, der Archäologie, des vergleichenden Rechts feststellt, und die vorherrschend werden. Aber es gibt keinen Grund, sie als erblich zu betrachten. Sie dienen eher dazu, Zivilisationen zu unterscheiden als Rassen. In dem Maß, wie man fortschreitet, werden die menschlichen Variationen immer weniger erblich. Sie sind immer weniger Rassen. Die fortschreitende Unfähigkeit unserer Gattung, neue Rassen zu erzeugen, steht im übrigen im lebhaften Gegensatz zur entgegengesetzten Fruchtbarkeit der Tierwelt. Was soll das anderes bedeuten, als daß die menschliche Kultur in dem Maß, wie sie sich entwickelt, für diese Art der Weitergabe immer aufsässiger wird?

9 Siehe de Quatrefages, *L'espèce humaine.*

gungen vermindert, die für eine Menge von verschiedenen Umständen geeignet ist, weil sie dann das vernachlässigt, was sie an Persönlichem und Unterschiedlichem haben, um nur auf das zu zielen, was ihnen gemeinsam ist. Wenn es sich darum handelt, uns an besondere und spezifische Objekte anzupassen, um auch ihre ganzen Feinheiten in Rechnung zu stellen, können wir das nur erreichen, wenn wir eine große Anzahl von Bewußtseinszuständen kombinieren, die nach dem Bild der Dinge selbst, auf die sie sich beziehen, differenziert sind. Sind sie einmal eingeordnet und konstituiert, funktionieren diese Systeme zweifellos mit größerer Leichtigkeit und Geschwindigkeit, aber sie bleiben sehr komplex. Welche ungeheure Verbindung von Ideen, Bildern und Gewohnheiten kann man nicht bei einem Faktor beobachten, der eine Buchseite einrichtet, bei einem Mathematiker, der eine Vielfalt schon gelöster Theoreme verbindet und daraus ein neues Theorem entwickelt; bei dem Arzt, der an einem unscheinbaren Zeichen sofort die Krankheit erkennt und gleichzeitig ihren Gang voraussieht? Vergleichen wir doch die einfache Technik des alten Philosophen, des Weisen, der es allein aus dem Denken heraus unternimmt, die Welt zu erklären, und des heutigen Gelehrten, der ein ganz besonderes Problem nur durch eine sehr komplizierte Verbindung von Beobachtung und Erfahrung, durch die Lektüre von Werken in allen Sprachen, von Korrespondenzen, Diskussionen, usw., usw. lösen kann. Nur der Dilettant erhält sich seine primitive Einfachheit. Die Kompliziertheit seiner Natur ist nur scheinbar. Da er sich damit beschäftigt, sich für alles zu interessieren, hat er scheinbar eine Menge von verschiedenen Liebhabereien und Fähigkeiten. Eine reine Illusion! Sehen wir tiefer und wir erkennen, daß alles auf eine kleine Anzahl von allgemeinen und einfachen Fähigkeiten zusammenschnurrt, die, weil sie nichts von ihrer ersten Unentschlossenheit verloren haben, sich mit Leichtigkeit von den Objekten befreien, an die sie geheftet sind, um sich dann anderen zuzuwenden. Von außen sieht man eine ununterbrochene Folge von verschiedenen Ereignissen; aber es handelt sich um denselben Schauspieler, der alle Rollen unter verschiedenen Kostümen spielt. Diese Oberfläche, auf der so viele geschickt abgestufte Farbunterschiede glänzen, bedeckt einen Untergrund von beklagenswerter Gleichförmigkeit. Er hat die Kräfte seines Wesens geschmeidig gemacht und verfeinert, aber er hat es nicht verstanden, sie zu verwandeln und umzuschmelzen, um daraus ein neues und bestimmtes Werk zu ziehen. Er hat nichts Persönliches und Dauerhaftes auf dem Boden errichtet, den ihm die Natur vermacht hat. Je spezieller also die Fähigkeiten sind, um so schwerer können sie übertragen werden. Wenn es ihnen gelingt, von einer Generation auf die andere übertragen zu werden, verlieren sie notwendigerweise an Kraft und Genauigkeit. Sie sind weniger widerstandsfähig und biegsam. Als Folge ihrer größeren Unbestimmtheit können sie sich unter dem Einfluß von Umständen der Familie, des Verhaltens, der Erziehung usw. leichter verändern. Mit einem Wort: Je spezialisierter die Formen der Tätigkeit sind, desto mehr entgehen sie der Wirkung der Vererbung.

Trotzdem hat man Fälle aufgezählt, wo berufliche Fähigkeiten erblich zu sein scheinen. Aus Listen, die Galton zusammengestellt hat, scheint hervorzugehen, daß es manchmal richtige Gelehrten-, Dichter- und Musikerdynastien gegeben hat. De Candolle hat seinerseits festgestellt, daß Gelehrtensöhne »sich oft mit Wissenschaft beschäftigt haben«[10]. Aber solche Beobachtungen haben keine Beweiskraft. Wir denken gar nicht daran zu behaupten, daß die Vererbung von Spezialfähigkeiten überhaupt unmöglich wäre; wir wollen nur sagen, daß sie im allgemeinen nicht stattfindet, weil sie nur durch ein Wunder an Gleichgewicht stattfindet, das nicht oft wiederholt werden kann. Es nützt also gar nichts, diesen oder jenen Fall aufzuführen, wo es vorgekommen ist oder wo es anscheinend vorgekommen ist. Man müßte vielmehr sehen, welchen Teil diese Fälle in der Gesamtheit der wissenschaftlichen Berufungen darstellen. Erst dann könnte man urteilen, ob sie tatsächlich beweisen, daß die Vererbung einen großen Einfluß auf die Art hat, wie sich die sozialen Funktionen teilen.
Obwohl dieser Vergleich nicht methodisch angestellt werden kann, scheint doch eine von de Candolle aufgestellte Tatsache zu beweisen, wie gering die Wirkung der Vererbung in diesen Berufen ist. Auf 100 ausländische Mitglieder der *Académie de Paris,* von denen de Candolle die Abstammung hat erforschen können, stammen 14 von protestantischen Pfarrern, nur 5 von Ärzten, Chirurgen oder Apothekern. Von 44 ausländischen Mitgliedern der

10 de Candolle, *Histoire des sciences et des savants,* 2e éd., p. 293.

Royal Society in London im Jahr 1829 sind 8 Pfarrerssöhne, und nur 4 stammen von Künstlern. Trotzdem muß die Gesamtzahl dieser letzteren »in den Ländern außer Frankreich viel größer sein als die Zahl der protestantischen Pfarrer. Unter der protestantischen Bevölkerung, gesondert betrachtet, sind die Ärzte, Chirurgen, Apotheker und Tierärzte ungefähr genauso zahlreich wie die Pfarrer, und wenn man die aus rein katholischen Ländern (außer Frankreich) hinzufügt, bilden sie eine viel bedeutendere Zahl als die der protestantischen Pfarrer und Pastoren. Die Studien, die die Mediziner gemacht haben, und die Arbeiten, die sie gewöhnlich in der Ausübung ihres Berufes machen müssen, liegen doch wesentlich mehr in der Sphäre der Wissenschaften als die Studien und die Arbeiten eines Pfarrers. Wenn der Erfolg in den Wissenschaften einzig und allein eine Angelegenheit der Vererbung wäre, hätte es viel mehr Söhne von Ärzten, Apothekern usw. auf unseren Listen geben müssen als Pfarrerssöhne.«[11]
Dabei ist noch nicht sicher, daß diese wissenschaftlichen Begabungen von Gelehrtensöhnen wirklich der Vererbung zu verdanken sind. Um sie ihr mit Recht zuschreiben zu können, genügt nicht, eine Ähnlichkeit der Veranlagungen zwischen Eltern und Kindern festzustellen, die Kinder müßten auch ihre Fähigkeiten bewiesen haben, nachdem sie von frühester Kindheit an außerhalb ihrer Familie und inmitten einer jeder wissenschaftlichen Bildung fremden Umwelt erzogen worden waren. Aber die Gelehrtensöhne, die beobachtet worden sind, waren in ihren Familien erzogen worden, wo sie natürlich mehr intellektuelle Hilfe und Förderung erfahren haben, als ihre Väter jemals erhalten hatten. Da ist auch die Beratung und das Beispiel, der Wunsch, dem Vater ähnlich zu sein, seine Bücher zu benützen, seine Sammlungen, seine Forschungen, sein Laboratorium, die für einen begabten und klugen Geist wesentliche Anregungen sind. Schließlich haben die Gelehrtensöhne in den Anstalten, wo sie ihre Studien beenden, die Kontakte mit Schöngeistern, oder sie sind aufgeschlossen für eine hohe Kultur, und die Wirkung dieser neuen Umwelt verstärkt die Wirkung der ersten. In den Gesellschaften, wo es die Regel ist, daß das Kind dem Beruf des Vaters folgt, kann eine derartige Regelmäßigkeit zweifellos nicht durch ein einfaches Zusammenfließen äußerer

11 de Candolle, *Op. cit.*, p. 294.

Umstände erklärt werden; denn es wäre ein Wunder, daß es in jedem Fall mit der gleichen vollkommenen Ähnlichkeit geschähe. Es ist aber nicht mehr dasselbe bei jenen vereinzelten und fast ausnahmsweisen Zusammentreffen, die man heute beobachtet.

Wahr ist, daß mehrere englische Wissenschaftler, die Galton gefragt hat, auf die besondere und angeborene Veranlagung hingewiesen haben, die sie von ihrer Kindheit an für die Wissenschaft fühlten[12], die sie später gepflegt haben. Aber es ist, wie schon de Candolle sagt, recht schwierig zu wissen, ob die Anlagen »von Geburt oder von lebhaften Eindrücken aus der Kindheit kommen und von Einflüssen, die sie hervorrufen und leiten. Im übrigen wechseln diese Anlagen, und die einzigen, die für eine Laufbahn wichtig sind, sind diejenigen, die durchhalten. Der Mensch, der sich in einer Wissenschaft auszeichnet oder der sie mit Vergnügen weiterpflegt, verfehlt in diesem Fall nicht zu sagen, daß es sich bei ihm um eine angeborene Veranlagung handle. Wer im Gegenteil in der Jugend besondere Fähigkeiten hatte und nicht mehr daran denkt, redet nicht mehr davon. Man denke an die vielen Kinder, die Schmetterlinge fangen oder Muscheln, Insekten usw. sammeln, und die trotzdem nicht Naturkundler werden. Ich kenne eine Anzahl von Gelehrten, die in ihrer Jugend leidenschaftlich gerne Verse oder Theaterstücke schrieben und die später ganz andere Beschäftigungen hatten.«[13]

Eine andere Beobachtung des gleichen Autors zeigt, wie groß die Wirkung der sozialen Umwelt auf die Entwicklung dieser Fähigkeiten ist. Wären sie vererbbar, so müßten sie in allen Ländern erblich sein; Gelehrte, die von Gelehrten stammen, müßten bei allen Völkern des gleichen Typs im gleichen Verhältnis vorhanden sein. »Die Tatsachen beweisen etwas anderes. In der Schweiz gibt es seit zwei Jahrhunderten mehr Gelehrte in Familien gruppiert als einzeln. In Frankreich und in Italien ist die Zahl der Gelehrten, die allein in ihrer Familie stehen, im Gegenteil die überwiegende Mehrheit. Aber die physiologischen Gesetze sind doch für alle Menschen die gleichen. Also müssen die Erziehung in jeder Familie, das Beispiel und die Ratschläge einen stärkeren Einfluß als die Vererbung auf die besonderen Lebensläufe der jungen Gelehrten ausüben. Im übrigen ist es leicht zu verstehen, warum

12 Galton, *English men of science*, 1874, p. 144.
13 de Candolle, *op. cit.*, p. 320.

dieser Einfluß in der Schweiz stärker war als in den meisten anderen Ländern. Die Studien dauern hier bis zum 18. oder 20. Lebensjahr in jeder Stadt und unter solchen Bedingungen, daß die Schüler zu Hause bei ihren Eltern leben. Das stimmte für das letzte Jahrhundert und für die erste Hälfte des jetzigen Jahrhunderts, besonders in Genf und in Basel, d. h. in den beiden Städten, die die größte Proportion an Gelehrten geliefert haben, die untereinander durch Familienbande verbunden sind. Anderswo, besonders in Frankreich und in Italien, war es immer die Regel, daß die jungen Leute in Kollegien erzogen wurden, wo sie folglich weit vom Einfluß der Familie wohnten und lebten.«[14]

Es gibt also keinen Grund, »die Existenz von angeborenen und für bestimmte Objekte zwingende Berufungen« anzunehmen[15], wenn es welche gibt, sind sie zum mindesten nicht die Regel. Bain sagt ebenfalls: »Der Sohn eines großen Philosophen erbt nicht eine einzige Vokabel; der Sohn eines großen Reisenden kann in der Schule vom Sohn eines Bergarbeiters in Geographie übertroffen werden.«[16] Das heißt nicht, daß die Vererbung ohne Einfluß wäre, aber was sie weitergibt, sind sehr allgemeine Fähigkeiten und nicht eine besondere Begabung für diese oder jene Wissenschaft. Was das Kind von seinen Eltern ererbt, ist ein bißchen Aufmerksamkeit, eine Prise Ausdauer, ein gesundes Urteil, Einbildungskraft usw. Aber jede dieser Fähigkeiten kann für eine Menge von verschiedenen Spezialitäten bedeutsam sein und darin den Erfolg sichern. Nehmen wir ein Kind mit lebhafter Einbildungskraft. Von früh an hat es Beziehungen zu Künstlern: Es wird Maler oder Dichter; lebt es in gewerblicher Umgebung, wird es ein Ingenieur mit Erfindungsgabe; führt es der Zufall in Geschäftskreise, wird es vielleicht eines Tages ein kühner Bankier. Natürlich bringt es überall seine eigene Natur mit, sein Bedürfnis zu erschaffen und zu bilden, seine Leidenschaft für das Neue; aber die Berufe, in denen es seine Talente benützen und seine Neigungen befriedigen könnte, sind sehr zahlreich. Das hat im übrigen de Candolle durch direkte Beobachtungen festgestellt. Er hat die in den Wissenschaften nützlichen Fähigkeiten gezählt, die sein Vater von seinem Großvater geerbt hatte. Hier die Liste: Wille,

14 de Candolle, *op. cit.*, p. 296.

15 *Ibid.*, p. 299.

16 Bain, *Émotions et volonté*, p. 53.

Ordnungsgeist, gesundes Urteil, eine bestimmte Schärfe der Aufmerksamkeit, Abstand von metaphysischen Abstraktionen, Unabhängigkeit der Meinung. Das ist sicher ein schönes Erbe, aber damit hätte man auch ein Verwalter, ein Staatsmann, ein Historiker, ein Wirtschaftler, ein großer Industrieller, ein ausgezeichneter Mediziner oder schließlich ein Naturwissenschaftler werden können, wie es de Candolle war. Offensichtlich ist, daß die Umstände einen großen Anteil an der Berufswahl hatten, und das hat uns sein Sohn gelehrt[17]. Allein die mathematischen und die musikalischen Begabungen könnten vielleicht öfter Veranlagungen sein, die man direkt der Vererbung der Eltern verdankt. Diese scheinbare Anomalie braucht nicht zu überraschen, wenn man sich daran erinnert, daß sich diese beiden Talente schon sehr früh in der Geschichte der Menschheit entwickelt haben. Die Musik ist die erste der Künste und die Mathematik die erste der Wissenschaften, die die Menschen gepflegt haben. Diese doppelte Fähigkeit muß also allgemeiner und weniger komplex sein, als man annimmt, und das ist es, was ihre Übertragbarkeit erklären würde.

Dasselbe kann man von einer anderen Begabung sagen, vom Verbrechen. Nach der richtigen Bemerkung von Tarde sind die verschiedenen Arten des Verbrechens und des Deliktes Berufe, obwohl sie schädlich sind. Sie haben sogar manchmal eine komplizierte Technik. Der Betrüger, der Falschmünzer, der Fälscher sind gezwungen, mehr Wissen und mehr Kunst in ihrem Gewerbe anzuwenden als viele der normalen Arbeiter. Man hat behauptet, daß nicht nur die moralische Verderbtheit im allgemeinen, sondern auch die spezifischen Formen der Kriminalität ein Ergebnis der Vererbung seien. Man[18] hat sogar geglaubt, die Quote der geborenen Verbrecher auf mehr als 40 % erheben zu können. Wenn dieses Verhältnis stimmt, dann müßte man schließen, daß die Vererbung manchmal einen großen Einfluß auf die Art hat, wie die Berufe, selbst Spezialberufe, verteilt sind.

Um das zu beweisen, hat man zwei verschiedene Methoden versucht. Oft hat man sich begnügt, Familien zu zitieren, die sich ganz dem Bösen zugewandt haben, und das mehrere Generationen hindurch. Mit dieser Methode kann man nicht den relativen Anteil der Vererbung im Gesamt der kriminellen Veranlagungen be-

17 de Candolle, *op. cit.*, p. 318.
18 Lombroso, *Der Verbrecher.*

stimmen; außerdem stellen solche Beobachtungen, wie zahlreich sie auch sein mögen, keine überzeugenden Beweise dar. Weil der Sohn eines Diebes selber Dieb wird, folgt noch nicht, daß seine Unmoral das Erbe seines Vaters ist. Um solche Fälle interpretieren zu können, müßte man die Wirkung der Vererbung von der Wirkung der Umstände, der Erziehung usw. trennen können. Wenn das Kind seine Fähigkeiten zum Diebstahl zeigt, nachdem es in einer moralisch vollkommen gesunden Familie erzogen worden ist, dann könnte man mit gutem Recht den Einfluß der Vererbung geltend machen. Wir haben aber wenige Beobachtungen dieser Art, die wirklich methodisch angestellt worden sind. Man entkommt auch nicht dem Einwand, wenn man darauf hinweist, daß die Familien, die so zum Übel neigen, manchmal sehr zahlreich sind. Die Zahl spielt aber keine Rolle; denn die häusliche Welt, die für die ganze Familie die gleiche ist, wie groß sie auch sein mag, genügt für die Erklärung dieser Dauerkriminalität.

Die Methode, die Lombroso verfolgt, wäre beweiskräftiger, wenn sie tatsächlich die Ergebnisse brächte, die sich der Autor davon verspricht. Statt eine bestimmte Anzahl von Einzelfällen aufzustellen, stellt er anatomisch und physiologisch den Typus des Verbrechens auf. Da aber die anatomischen und physiologischen Charakterzüge, besonders die ersteren, angeboren sind, d. h. von der Vererbung bestimmt sind, würde es genügen, das Verhältnis der Straffälligen fetszustellen, die diesen derart definierten Typ haben, um den Einfluß der Vererbung auf diese Sondertätigkeit genau zu messen.

Nach Lombroso wäre sie bedeutend. Aber die von ihm genannte Zahl drückt nur die relative Frequenz des kriminellen Typs im allgemeinen aus. Daraus ist einzig zu schließen, daß der Hang zum Bösen im allgemeinen oft erblich ist; aber nichts läßt auf besondere Formen des Verbrechens und des Deliktes schließen. Im übrigen weiß man heute, daß der sogenannte Verbrechertyp in Wirklichkeit nichts Spezifisches hat. Viele Züge, die ihn bilden, finden sich auch anderswo. Alles, was man sagen kann, ist, daß er dem Typ der Degenerierten und der Neurastheniker ähnlich ist[19]. Soll diese Tatsache beweisen, daß es unter den Verbrechern viele Neurastheniker gibt, so folgt daraus nicht, daß die Neurasthenie

19 Siehe Féré, *Dégénérescence et criminalité.*

immer und unweigerlich zum Verbrechen führt. Es gibt wenigstens genauso viele aus der Art Geschlagene, die ehrbare Menschen sind, wenn sie nicht gar Menschen von Talent und Genie sind.

Wenn also die Fähigkeiten um so übertragbarer sind, je spezieller sie sind, dann ist der Vererbungsanteil an der Organisation der Arbeitsteilung um so größer, je weniger sie geteilt ist. In den niedrigen Gesellschaften, wo die Funktionen sehr allgemein sind, verlangen sie ebenfalls nur allgemeine Fähigkeiten, die leichter und vollständiger von einer Generation auf die andere übertragen werden können. Jeder erhält mit der Geburt alles Wesentliche, um seine Persönlichkeit aufrechtzuerhalten; was er selbst erwerben muß, ist wenig neben dem, was ihm vererbt wurde. Damit im Mittelalter der Ritter seine Pflichten erfüllen konnte, brauchte er keine großen Kenntnisse, auch keine komplizierten Praktiken, sondern vor allem Mut, und den erhielt er mit dem Blut. Damit der Levite und der Brahmane ihren Beruf erfüllten, brauchten sie kein großes Wissen – wir können sein Ausmaß in den Büchern ermessen, die es enthalten –, sondern sie brauchten eine angeborene Höherwertigkeit der Intelligenz, die sie für Ideen und Gefühle zugänglich machte, die dem Volk verschlossen waren. Um zur Zeit des Äskulap ein guter Arzt zu sein, brauchte man keine große Unterweisung, es genügte, eine natürliche Veranlagung für die Beobachtung und für die konkreten Dinge zu haben, und da diese Veranlagung recht allgemein ist, um übertragen zu werden, war es unvermeidlich, daß sie sich in bestimmten Familien fortpflanzte, und folglich war der Arztberuf damals erblich.

Unter diesen Bedingungen ist es sehr wohl erklärlich, daß die Vererbung eine soziale Institution geworden ist. Zweifellos haben nicht diese völlig psychologischen Ursachen die Organisation der Kasten hervorgerufen; aber sobald diese einmal unter dem Zwang anderer Ursachen entstanden waren, dauerten sie an, weil sie völlig mit den Veranlagungen der Individuen und den Interessen der Gesellschaften übereinstimmten. Da das berufliche Geschick eher eine Qualität der Rasse als eine des Individuums war, war es natürlich, daß es mit der Funktion ebenso war. Da die Funktionen unweigerlich immer auf die gleiche Weise verteilt waren, konnte es nur von Vorteil sein, daß das Gesetz das Prinzip dieser Verteilung anerkannte. Wenn das Individuum nur den geringeren Teil an der Bildung seines Geistes und seines Charakters hat, kann es auch keinen größeren in der Wahl seines Berufes haben. Wenn ihm größere Freiheit gewährt wäre, so wüßte es nicht, was es damit machen soll. Aber könnte eine gleiche allgemeine Kapazität in den verschiedenen Berufen nicht die gleichen Dienste leisten? Aber gerade, weil die Arbeit wenig spezialisiert ist, gibt es nur eine geringe Anzahl von untereinander durch Gräben getrennte Funktionen; man kann also nur in einer von ihnen vorwärtskommen. Der Spielraum, der den individuellen Erwägungen gelassen ist, ist also in dieser Hinsicht noch eng. Schließlich und endlich steht es mit der Vererbung der Funktionen wie mit der Vererbung der Güter. In den niedrigen Gesellschaften stellt das Erbe, das von den Vorfahren hinterlassen wird und das meistens aus Immobilien besteht, den bedeutendsten Teil des Erbgutes einer jeden Einzelfamilie. Weil die wirtschaftlichen Funktionen damals wenig Lebenskraft hatten, kann das Individuum nicht viel zum Erbfundus hinzufügen. Nicht es also besitzt, sondern die Familie, jenes Kollektivwesen, das nicht nur aus allen Mitgliedern der jetzigen Generation besteht, sondern aus der ganzen Folge der Generationen. Darum sind die Erbgüter unveräußerlich; keiner der vorübergehenden Repräsentanten des Hauswesens kann darüber verfügen, denn es gehört nicht ihm. Es gehört der Familie, so wie die Funktion zur Kaste gehört. Selbst wenn das Recht die ersten Verbote mäßigt, wird eine Veräußerung des Erbgutes als eine Pflichtverletzung angesehen. Sie stellt für alle Klassen der Bevölkerung das dar, was eine Mißehe für die Aristokratie bedeutete. Es ist ein Verrat an der Rasse, ein Abfall. Obwohl das Gesetz ihn duldet, hat es lange Zeit alle möglichen Hindernisse aufgestellt; von hier kommt das Entzugsrecht.

Das gleiche gilt nicht für größere Gesellschaften, weil die Arbeit geteilt ist. Da die Funktionen vielfältiger sind, kann eine Fähigkeit in verschiedenen Berufen dienen. Der Bergarbeiter, der Luftschiffer, der Arzt, der Ingenieur brauchen genauso Mut wie der Soldat. Die Beobachtungsgabe kann aus einem Menschen einen Romanschreiber, einen Dramenschreiber, einen Chemiker, einen Naturwissenschaftler, einen Soziologen machen. Mit einem Wort: Die Ausrichtung des Individuums ist weniger notwendig durch die Vererbung vorherbestimmt.

Wie deren relative Bedeutung sich verringert, vergrößert sich der

Anteil des individuell Erworbenen. Um das Erbgut zu verwerten, muß man heute viel mehr hinzufügen als früher. Je mehr sich die Funktionen spezialisiert haben, desto weniger genügten die einfachen allgemeinen Fähigkeiten. Sie mußten einer aktiven Bearbeitung unterworfen werden, eine ganze Welt von Ideen, Bewegungen, Gewohnheiten erwerben, sie ändern, systematisieren, die Natur umschmelzen, ihr eine neue Form und eine neue Figur geben. Man vergleiche – wir nehmen einander recht naheliegende Vergleichspunkte – den *honnête homme* des 17. Jahrhunderts mit seinem offenen aber recht einfachen Geist und den modernen Gelehrten, der mit allen Praktiken, mit allen nötigen Kenntnissen der Wissenschaft, die er betreibt, bewaffnet ist; oder den Adligen von ehedem mit seinem natürlichen Mut und seinem natürlichen Stolz und den heutigen Offizier mit seiner schwierigen und komplizierten Technik – das erlaubt ein Urteil über die Bedeutung und die Vielfalt der Verflechtungen, die sich über den Grundfundus nach und nach gelegt haben.
Aber weil diese gelehrten Verflechtungen sehr komplex sind, sind sie auch zerbrechlich. Sie stehen in einem unstabilen Gleichgewicht, das keine schwere Erschütterung erträgt. Wenn sie wenigstens bei den beiden Eltern identisch wären, könnten sie vielleicht die Generationskrise überleben. Aber eine derartige Identität ist die unwahrscheinliche Ausnahme. Erstens sind sie für jedes Geschlecht verschieden; dann geschehen in dem Maß, wie sich die Gesellschaften ausdehnen und verdichten, die Kreuzungen über eine größere Fläche und bringen Individuen der verschiedensten Temperamente zusammen. Diese ganze übersprießende Vegetation von Bewußtseinszuständen stirbt also mit uns, und wir vererben auf unsere Nachfahren nur unbestimmte Keime. Sie müssen sie aufs neue befruchten und folglich können sie leicht, wenn es nötig ist, deren Entwicklung verändern. Sie sind nicht mehr so eng gebunden, das zu wiederholen, was ihre Väter getan haben. Zweifellos wäre es ein Irrtum zu glauben, daß jede Generation von vorne und völlig neu das Werk der Jahrhunderte beginnt, was jeden Fortschritt unmöglich machen würde. Was die Vergangenheit nicht mit dem Blut weitergibt, ist deswegen noch nicht untergegangen: Es bleibt in den Monumenten, in Traditionen aller Art, in den Gebräuchen und Sitten erhalten, die die Erziehung vermittelt. Aber die Tradition ist ein weniger starkes Band als die Vererbung. Sie beeinflußt

wesentlich weniger streng und weniger deutlich das Denken und das Verhalten. Im übrigen haben wir gesehen, wie sie selbst in dem Maß biegsamer wird, in dem die Gesellschaften dichter werden. Ein weiteres Feld wird damit den individuellen Variationen geöffnet, und es weitet sich in dem Maß mehr und mehr aus, als sich die Arbeit weiter teilt.

Die Zivilisation kann sich, mit einem Wort, im Organismus nur in den allgemeinen Grundlagen fixieren, auf denen sie ruht. Je höher sie sich erhebt, desto mehr befreit sie sich vom Körper. Sie wird immer weniger ein organisches Ding und immer mehr eine soziale Sache. Dann aber kann sie sich nicht mehr durch die Vermittlung des Körpers verewigen, d. h. die Vererbung wird immer unfähiger, ihre Kontinuität zu sichern. Sie verliert also ihre Herrschaft, nicht weil sie aufgehört hat, ein Gesetz unserer Natur zu sein, sondern weil wir zum Leben Waffen brauchen, die sie uns nicht geben kann. Aus nichts wird nichts, und die Grundstoffe, die sie allein uns liefern kann, sind von höchster Bedeutung. Aber die Materialien, die man hinzufügt, sind nicht weniger bedeutend. Das Erbgut bewahrt einen großen Wert, aber es stellt nur mehr einen immer kleineren Teil des individuellen Vermögens dar. Unter diesen Bedingungen kann man sich erklären, daß die Vererbung aus den sozialen Institutionen verschwunden ist und daß der Bürger nicht mehr so sehr ihre Bedeutung spürt, weil er nicht mehr den Erbfundus unter den Aufbauten sieht, die ihn bedecken.

II

Mehr noch. Man kann annehmen, daß sich der Erbanteil nicht nur an relativem Wert verringert, sondern auch am absoluten. Die Vererbung wird ein geringerer Faktor der menschlichen Entwicklung, nicht nur weil es eine immer größere Menge neuer Errungenschaften gibt, die sie nicht übertragen kann, sondern weil diejenigen, die sie weitergibt, weniger die individuellen Variationen verhindern. Das ist eine Annahme, die die folgenden Tatsachen sehr wahrscheinlich machen.

Man kann die Bedeutung des Erbgutes für eine gegebene Gattung an der Zahl und der Kraft der Instinkte messen. Es ist nun sehr bedeutsam, daß das instinktive Leben in dem Maß schwächer wird, in dem man die Tierleiter hinaufsteigt. Der Instinkt ist in der Tat eine bestimmte Handlungsweise, die auf ein eng begrenztes Ziel ausgerichtet ist. Er zwingt das Individuum zu Handlungen, die unveränderlich die gleichen sind und die sich automatisch wiederholen, wenn die notwendigen Bedingungen eingetreten sind. In seiner Form ist er erstarrt. Notfalls könnte man ihn davon ablenken, aber damit diese Ablenkungen stabil werden, braucht es eine lange Entwicklung; sie haben außerdem keine andere Wirkung, als daß sie an die Stelle eines Instinkts einen anderen setzen, an die Stelle eines speziellen Mechanismus einen anderen gleicher Natur. Je höher aber die Tiergattung ist, desto unverbindlicher wird der Instinkt. »Es handelt sich nicht mehr um die unbewußte Fähigkeit, einen Verbund unbestimmter Handlungen zu bilden, sondern um die Fähigkeit, nach den Umständen verschieden zu handeln.«[20] Wenn man sagt, daß der Einfluß der Vererbung allgemeiner, vager, weniger imperativ ist, dann sagt man, daß er geringer ist. Sie kettet nicht mehr die Tätigkeit des Tieres in ein starres Netz, sondern erlaubt ihm ein freieres Spiel. Oder wie Perrier auch sagt: »Während die Intelligenz größer wird, ändern sich gleichzeitig beim Tier die Bedingungen der Vererbung auf das tiefste.«

Wenn man von den Tieren zum Menschen geht, ist dieser Rückschritt noch deutlicher. »Der Mensch tut alles, was die Tiere tun, und noch mehr; aber er tut es, weil er weiß, was er tut und warum er es tut. Dieses bloße Bewußtsein seiner Handlungen scheint ihn schon von allen Instinkten zu befreien, die ihn notwendigerweise dazu treiben würden, dieselben Handlungen zu vollbringen.«[21] Es wäre zu lange, wollte man alle Bewegungen aufzählen, die beim Tier instinktiv sind und beim Menschen aufgehört haben, erblich zu sein. Selbst dort, wo der Instinkt überlebt, ist er weniger stark, und der Wille kann ihn leicht beherrschen.

Dann gibt es aber keinen Grund anzunehmen, daß dieser Rückschritt, der sich ununterbrochen von den niedrigsten Tieren bis zu den höchsten Gattungen, und von diesen bis zum Menschen vollzieht, plötzlich mit dem Anbruch der Menschheit aufhört. War der Mensch vom Tag, wo er in die Geschichte eingetreten ist, vom In-

20 Perrier, *Anatomie et physiologie animales*, 201. Siehe auch das Vorwort zu *l'Intelligence des animaux* von Romanes, p. XXIII.

21 Guyau, *Morale anglaise*, 1re éd., 330.

stinkt völlig befreit? Aber wir fühlen doch noch immer sein Gewicht. Hätten die Ursachen, die diese fortschreitende Befreiung bestimmt haben und deren Kontinuität wir eben gesehen haben, plötzlich ihre Energie verloren? Es ist offensichtlich, daß sie sich mit den Ursachen selbst vermischen, die den allgemeinen Fortschritt der Gattung bestimmten, und da er nicht stehenbleibt, können sie ihrerseits auch nicht stehenbleiben. Eine derartige Hypothese wäre allen Analogien entgegengesetzt. Sie steht sogar mit bewiesenen Tatsachen im Widerspruch. Man hat in der Tat gezeigt, daß die Intelligenz und der Instinkt im umgekehrten Verhältnis zueinander stehen. Augenblicklich brauchen wir uns nicht darum zu kümmern, woher diese Beziehung kommt; wir begnügen uns, ihre Existenz zu bestätigen. Nun hat aber seit den Anfängen die Intelligenz des Menschen nicht aufgehört, sich zu entwickeln. Der Instinkt mußte also den umgekehrten Weg gehen. Obwohl man dieses Verhältnis nicht durch positive Tatsachenbeobachtung aufstellen kann, muß man folglich annehmen, daß die Vererbung im Lauf der menschlichen Entwicklung an Boden verloren hat.

Eine andere Tatsache erhärtet die vorhergegangene. Nicht nur, daß die Evolution keine neue Rasse seit dem Beginn der Geschichte hervorgebracht hat, die alten Rassen bilden sich ständig zurück. Eine Rasse ist in der Tat durch eine bestimmte Anzahl von Individuen gebildet, die in bezug auf ein und denselben Erbtyp eine genügend große Gleichförmigkeit darstellen, so daß man die individuellen Variationen vernachlässigen kann. Aber die Bedeutung der letzteren wird immer größer. Die individuellen Typen bekommen immer stärkeres Relief zuungunsten des Erbtyps, dessen Wesenszüge, in alle Richtungen verstreut, sich mit einer Menge anderer, unendlich vervielfachter Züge vermischen. Sie können nicht mehr leicht in einem Ganzen zusammengefaßt werden, das eine Einheit hätte. Diese Zersplitterung und dieses Verschwinden hat im übrigen sogar bei den am wenigsten fortgeschrittenen Völkern begonnen. Wegen ihrer Isolierung scheinen die Eskimos unter besonders günstigen Bedingungen für die Reinerhaltung der Rasse zu leben. Trotzdem »übersteigen hier die großen Unterschiede die erlaubten persönlichen Grenzen ... Bei der Hothampassage ähnelte ein Eskimo einem Neger; beim Spafarrettrichter einem Juden (Seemann). Das ovale Gesicht, gepaart mit einer römischen Nase ist nicht selten (King). Ihre Hautfarbe ist manchmal sehr dunkel und manchmal sehr hell.«[22] Wenn das der Fall bei so kleinen Völkern ist, muß das gleiche Phänomen in unseren heutigen großen Gesellschaften noch viel betonter zu finden sein. In Mitteleuropa findet man alle überhaupt möglichen Schädelformen und alle möglichen Gesichter. Genauso ist es mit der Hautfarbe. Nach den Beobachtungen von Virchow wurde der blonde Typ, der für die germanische Rasse charakteristisch sein soll, bei 10 Millionen Kindern der verschiedensten Klassen in Deutschland nur bei 43 bis 33 % im Norden, bei 32 bis 25 % im Zentrum und bei 24 bis 18 % im Süden beobachtet[23]. Unter diesen Bedingungen, die im übrigen immer schlechter werden, ist es erklärlich, daß die Anthropologen keinen deutlich geprägten Typ mehr bestimmen können.

Galtons neueste Untersuchungen bestätigen diese Abschwächung des Erbeinflusses, während sie sie gleichzeitig erklären[24].

Nach seinen Beobachtungen und Berechnungen, die schwer widerlegbar scheinen, sind die einzigen Charakterzüge, die regelmäßig und vollständig durch Vererbung in einer bestimmten sozialen Gruppe weitergegeben werden, die Züge, deren Verbindung den Durchschnittstyp ergeben. Der Sohn von ausnahmsweise großen Eltern wird nicht ihre Größe haben, sondern sich mehr dem Mittelmaß nähern. Wenn sie umgekehrt zu klein sind, wird er größer als sie. Galton hat sogar, wenigstens angenähert, das Verhältnis dieser Abweichungen gemessen. Wenn man übereinstimmt, die Durchschnittseltern ein zusammengesetztes Wesen zu nennen, das das Mittel zweier wirklicher Eltern darstellen würde (die Züge der Frau sind so übertragen, daß sie mit denen des Vaters verglichen werden können, dann addiert und geteilt), dann weicht der Sohn im Verhältnis zu diesem festen Normalmaß ca. 2/3 von dem des Vaters ab[25].

Galton hat dieses Gesetz nicht nur für die Größe aufgestellt, sondern auch für die Farbe der Augen und für die künstlerischen Fähigkeiten. Allerdings hat er nur die quantitativen Abweichungen

22 Topinard, *Anthropologie*, 458.

23 Wagner, Die Kulturzüchtung des Menschen, in *Kosmos*, 1886.

24 Galton, *Natural Inheritance*, London, 1889.

25 ID., *op. cit.*, p. 101.

beobachtet und nicht die qualitativen, die die Individuen im Verhältnis zum Mitteltyp aufweisen. Es ist aber nicht einzusehen, warum sich das Gesetz auf die einen und nicht auf die anderen beziehen soll. Wenn die Regel ist, daß die Vererbung die konstitutiven Attribute dieses Typs nur mit dem Entwicklungsgrad vererbt, in dem sie sich hier befinden, dann darf sie nur die Attribute vererben, die sich da befinden. Was für die anomalen Größen der normalen Charaktere wahr ist, muß um so mehr für die anomalen Charaktere selber wahr sein. Sie dürfen im allgemeinen von einer Generation zur anderen nur abgeschwächt und mit der Neigung zum Verschwinden übertragen werden.

Dieses Gesetz kann man leicht erklären. Ein Kind erbt nicht nur von seinen Eltern, sondern von allen seinen Vorfahren. Ohne Zweifel ist die Wirkung der ersten besonders stark, weil sie in der Gegenwart liegt, aber die Wirkung der früheren Generationen kann sich ansammeln, wenn sie in dieselbe Richtung zielt, und dank dieser Akkumulation, die die Wirkungen des Abstandes aufheben, kann sie den nötigen Wirkungsgrad erreichen, um die frühere zu neutralisieren oder zu mindern. Der Durchschnittstyp *einer natürlichen Gruppe* ist aber der Typ, der den Bedingungen des mittleren Lebens, d. h. den gewöhnlichsten Bedingungen entspricht. Er drückt die Art aus, wie sich die Individuen dem angepaßt haben, was man das sowohl physische wie soziale mittlere Milieu nennen kann; d. h. das Milieu, in dem die Mehrzahl lebt. Diese mittleren Bedingungen waren die häufigsten in der Vergangenheit, und zwar aus demselben Grund, aus dem sie die gewöhnlichsten in der Gegenwart sind. Unter ihnen hat der größte Teil unserer Vorfahren gelebt. Allerdings haben sie sich mit der Zeit geändert; aber sie verändern sich im allgemeinen nur sehr langsam. Der Durchschnittstyp bleibt also im wesentlichen derselbe während langer Zeit. Folglich wiederholt er sich auch am häufigsten und am einheitlichsten in einer Serie von früheren Generationen, wenigstens in denen, die nah genug sind, um ihre Wirkung fühlbar zu machen. Dank dieser Beständigkeit erwirbt er eine Festigkeit, die aus ihm den Schwerpunkt des Erbeinflusses macht. Die Züge, die ihn ausmachen, sind auch die widerstandsfähigsten, die mit der größten Kraft und Genauigkeit zur Weitergabe neigen. Die Züge, die davon abweichen, überleben nur in einem Zustand einer um so größeren Unbestimmtheit, je mehr sie davon abweichen. Daher sind die Abweichungen, die eintreten, immer nur vorübergehend.

Obwohl diese Erklärung im übrigen ein wenig von der abweicht, die Galton selbst vorgeschlagen hat, erlaubt sie jedenfalls den Schluß, daß sein Gesetz, um wirklich völlig genau zu sein, es nötig hätte, leicht verbessert zu werden. Denn der Durchschnittstyp unserer Vorfahren kann nur in dem Maß mit dem Typ unserer Generation gleichgesetzt werden, in dem sich das Durchschnittsleben nicht verändert hat. Nun entstehen aber von einer Generation zur anderen Variationen, die Veränderungen in der Konstitution des Durchschnittstyps nach sich ziehen. Wenn die Tatsachen, die Galton gesammelt hat, dennoch ein solches Gesetz zu bestätigen scheinen, so darum, weil er es nur für die physischen Charaktere überprüft hat, die relativ unbeweglich sind, wie die Größe und die Farbe der Augen. Wenn man nach der gleichen Methode andererseits organische wie psychische Eigenschaften beobachten würde, dann würde man bestimmt Wirkungen der Evolution beobachten. Streng genommen sind also die Züge, deren Übertragungsgrad maximal ist, nicht die Züge, deren Gesamtheit den Durchschnittstyp einer bestimmten Generation darstellt, sondern jene, die man erhalten würde, wenn man das Mittel zwischen den Durchschnittstypen der aufeinanderfolgenden nähme. Ohne diese Korrektur könnte man sich im übrigen nicht erklären, wie das Gruppenmittel fortschreiten kann. Denn wenn man Galtons Gesetz wörtlich nimmt, wären die Gesellschaften immer und unwiederholbar auf dasselbe Niveau zurückgeschraubt, weil der Durchschnittstyp zweier, selbst weit voneinander entfernter Generationen identisch wäre. Statt daß aber diese Identität das Gesetz ist, sieht man im Gegenteil, daß sich selbst so einfache physische Züge wie die Durchschnittsgröße oder die Durchschnittsfarbe der Augen nach und nach, wenn auch langsam, verändern[26]. Wenn sich in einem Milieu Veränderungen ereignen, die dauern, dann festigen sich in Wirklichkeit die organischen und psychischen Veränderungen, die daraus entstehen, und fügen sich dem Durchschnittstyp ein, der sich entwickelt. Die Variationen, die sich auf diesem Weg ereignen, können also nicht den gleichen Übertragungsgrad haben, wie die Elemente, die sich ständig wiederholen.

26 Siehe Arréat, Récents travaux sur l'hérédité, in *Rev. phil.*, April 1890.

Der Durchschnittstyp ist die Überblendung der individuellen Typen und drückt aus, was ihnen am stärksten gemeinsam ist. Folglich sind die Züge, aus denen er gebildet ist, um so bestimmter, je identischer sie sich bei den verschiedenen Gruppenmitgliedern wiederholen; denn wenn diese Identität vollständig ist, dann finden sie sich mit allen ihren Zügen bis in ihre Feinheiten wieder. Wenn sie im Gegenteil von einem Individuum zum anderen abweichen, weil die Punkte, in denen sie übereinstimmen, selten sind, so trägt das, was im Durchschnittstyp übrigbleibt, um so allgemeinere Züge, je größer die Unterschiede sind. Nun wissen wir aber, daß die individuellen Unterschiede immer zahlreicher werden, d. h. daß sich die Grundelemente des Durchschnittstyps stärker verästeln. Dieser Typ enthält also weniger bestimmte Züge, und um so weniger, je differenzierter die Gesellschaft ist. Der Durchschnittsmensch erlangt eine immer weniger deutliche und betonte Physiognomie, ein immer schematischeres Gesicht. Er ist eine Abstraktion, die sich immer schwieriger fixieren und bestimmen läßt. Je höher aber andrerseits die Gattung ist, der die Gesellschaften angehören, desto rascher verändern sie sich, da die Tradition biegsamer geworden ist, wie wir schon gezeigt haben. Der Durchschnittstyp wechselt also von Generation zu Generation. Folglich ist der doppelt gebildete Typ, der aus der Überblendung der beiden Durchschnittstypen entstanden ist, noch abstrakter als jeder für sich allein, und wird es immer mehr. Da also die Vererbung dieses Typs die Normalvererbung darstellt, sieht man, daß sich (nach einem Wort von Perrier) die Bedingungen des letzteren zutiefst verändern. Das soll aber nicht heißen, daß die Vererbung absolut weniger weiterwirkt; denn wenn die Individuen mehr unähnliche Charakterzüge aufweisen, so weisen sie deren auch mehr auf. Was sie aber weitergibt, besteht immer mehr aus unbestimmten Veranlagungen, aus allgemeinen Gefühls- und Denkarten, die sich auf tausend verschiedene Weisen differenzieren können. Es handelt sich nicht mehr wie früher um vollständige Mechanismen, die auf bestimmte Ziele vorprogrammiert sind, sondern um sehr vage Tendenzen, die die Zukunft nicht binden. Die Vererbung ist nicht weniger reich geworden, aber sie besteht nicht mehr nur aus fließenden Gütern. Die Mehrzahl der Werte, aus denen sie besteht, sind noch nicht realisiert, und alles hängt vom Gebrauch ab, den man mit ihnen machen wird.

Die größere Flexibilität der ererbten Züge verdanken wir nicht nur ihrem Zustand der Unbestimmtheit, sondern der Erschütterung, die sie auf Grund der Veränderungen erfahren haben, durch die sie gegangen sind. Wir wissen in der Tat, daß ein Typ um so unbeständiger ist, je mehr Abweichungen er bereits erlitten hat. So sagt de Quatrefages: »Manchmal verändern die geringsten Umstände sehr rasch diese Organismen, die sozusagen unstabil geworden sind. Das Schweizer Rind wird in die Lombardei verpflanzt und wird innerhalb zweier Generationen ein lombardisches Rind. Zwei Generationen genügen auch für unsere burgundischen kleinen und braunen Bienen, und sie werden in der Bresse dick und gelb.« Aus all diesen Gründen läßt also die Vererbung immer mehr Spielraum für neue Verbindungen. Nicht nur, daß es eine steigende Anzahl von Dingen gibt, auf die sie keine Wirkung hat, auch die Eigenschaften, deren Fortbestand sie sichert, werden immer plastischer. Das Individuum ist also weniger fest an seine Vergangenheit gekettet; es wird ihm leichter gemacht, sich den neuen Bedingungen anzupassen, und die Fortschritte der Arbeitsteilung werden auf diese Weise leichter und rascher[27].

27 Was in den Theorien von Weismann am solidesten erscheint, könnte dazu dienen, das oben Gesagte zu bestätigen. Zweifellos ist nicht bewiesen, wie der Gelehrte behauptet, daß die individuellen Variationen durch die Vererbung völlig übertragbar wären. Aber er scheint bewiesen zu haben, daß der normal übertragbare Typ nicht der individuelle Typ ist, sondern der angeborene Typ, der als organisches Substrat gewissermaßen die Erbelemente hat; dazu kommt, daß dieser Typ nicht so leicht erreicht wird, wie man es manchmal durch die individuellen Variationen angenommen hat (Siehe Weismann, *Studien zur Deszendenztheorie*, 1875–76, besonders der 3. Aufsatz, – und Ball, *Hérédité et exercice*, frz. Ü-g, Paris, 1891). Daraus folgt, daß der individuelle Faktor an Boden gewinnt, je unbestimmter und plastischer dieser Typ ist.

Noch von einem anderen Gesichtspunkt aus interessieren uns diese Theorien. Einer der Schlüsse unserer Arbeit ist der Gedanke, daß die sozialen Phänomene von sozialen Tatsachen abzuleiten sind und nicht von psychologischen; daß der Kollektivtyp nicht die einfache Verallgemeinerung des Individualtyps ist, sondern im Gegenteil, daß dieser aus jenem entstanden ist. In einem anderen Sachbezug zeigt Weismann, daß die Rasse nicht die einfache Verlängerung des Individuums ist, daß der spezifische Typ vom physiologischen und anatomischen Gesichtspunkt aus nicht ein individueller Typ ist, der sich in der Zeit verewigt hat, sondern daß er seine eigene Entwicklung hat; daß der zweite sich vom ersten herleitet und nicht dessen Quelle ist. Seine Meinung ist also, wie die unsrige (wie uns scheinen will), ein Protest gegen die einfältigen Theorien, die das Zusammengesetzte auf das Einfache reduzieren, das Ganze auf den Teil, die Gesellschaft oder die Rasse auf das Individuum.

5. Kapitel

Die Folgen aus dem Vorhergegangenen

I

Das Obengesagte erlaubt uns, besser die Art und Weise zu verstehen, wie die Arbeitsteilung in der Gesellschaft funktioniert.

In dieser Hinsicht unterscheidet sich die soziale Arbeitsteilung von der physiologischen Arbeitsteilung durch einen wesentlichen Zug. Jede Zelle hat im Organismus ihre bestimmte Rolle und kann sie nicht wechseln. In der Gesellschaft werden die Aufgaben niemals in einer derart unbeweglichen Weise verteilt. Selbst dort, wo die Organisationskader am stärksten sind, kann sich das Individuum in dem Rahmen, in den es das Schicksal gestellt hat, noch mit einer gewissen Freiheit bewegen. Im frühen Rom konnte der Plebejer noch alle Funktionen frei übernehmen, die nicht ausschließlich den Patriziern vorbehalten waren. Selbst in Indien waren die Berufe, die einer jeden Kaste zugeteilt waren, genügend allgemein, um einer gewissen Wahl Platz zu lassen[1]. Wenn sich der Feind der Hauptstadt bemächtigt hat, d. h. des Gehirns der Nation, ist deswegen in keinem Land das soziale Leben unterbrochen; im Gegenteil: nach relativ kurzer Zeit übernimmt eine andere Stadt diese komplizierte Aufgabe, für die sie doch gar nicht vorbereitet war.

In dem Maß, wie sich die Arbeit weiter teilt, werden diese Biegsamkeit und diese Freiheit größer. Man sieht, wie sich ein Individuum von der niedrigsten Beschäftigung zur höchsten erhebt. Das Prinzip, nach dem alle Berufe jedem Bürger offenstehen, wäre nicht so allgemein geworden, wenn es nicht ständige Anwendung fände. Noch häufiger kommt aber vor, daß ein Arbeiter seinen Beruf aufgibt, um einen benachbarten zu ergreifen. Als die wissenschaftliche Tätigkeit noch nicht spezialisiert war, konnte der Gelehrte seine Funktion kaum ändern, da er fast noch die gesamte Wissenschaft betrieb und damit auf sie selber verzichtet hätte. Heute kommt es oft vor, daß er sich hintereinander ver-

1 *Les Lois du Manou*, I, 87–91.

schiedenen Wissenschaften widmet, daß er von der Chemie zur Biologie überwechselt, von der Physiologie zur Psychologie, von der Psychologie zur Soziologie. Diese Fähigkeit, hintereinander sehr verschiedene Formen zu übernehmen, ist nirgends so deutlich wie in der Welt der Wirtschaft. Da nichts so veränderlich ist wie der Geschmack und die Bedürfnisse, denen diese Funktionen entsprechen, müssen sich Handel und Industrie ständig in einem instabilen Gleichgewicht halten, um jeder Veränderung nachgeben zu können, die in der Nachfrage entsteht. Während früher die Unbeweglichkeit fast der natürliche Zustand des Kapitals war und das Gesetz selbst verhinderte, daß es sich zu leicht bewegte, kann man es heute fast nicht mehr in all seinen Transformationen verfolgen, so rasch fließt es in ein Unternehmen, zieht sich daraus zurück, um anderswo zu rasten, wo es dennoch nur einige Augenblicke verweilt. Daher müssen die Arbeiter bereit sein, ihm zu folgen, und folglich müssen sie ihm in verschiedenen Verrichtungen dienen.

Die Natur der Ursachen, von denen die soziale Arbeitsteilung abhängt, erklärt diesen Charakterzug. Wenn die Rolle einer jeden Zelle auf unbewegliche Weise fixiert ist, dann ist sie ihr durch die Geburt aufgezwungen; sie ist in einem System vererbter Gewohnheiten eingekerkert, die ihr Leben kennzeichnen und derer sie sich nicht entledigen kann. Sie kann sie nicht einmal merklich verändern, weil sie zu tief die Substanz berührt haben, aus der sie gebildet ist. Ihre Struktur bestimmt ihr Leben voraus. Das gleiche gilt nicht für die Gesellschaft. Das Individuum ist nicht durch seinen Ursprung zu einem bestimmten Beruf gezwungen. Seine ererbte Konstitution prädestiniert es nicht notwendigerweise für eine einzige Rolle, indem sie es für jede andere untauglich macht, aber es erhält von der Vererbung nur sehr allgemeine Veranlagungen, die deshalb sehr biegsam sind und die verschiedensten Formen annehmen können.

Allerdings bestimmt es sie selbst durch den Gebrauch, den es von ihnen macht. Da es seine Fähigkeiten in besonderen Funktionen anwenden und sie spezialisieren muß, muß es auch jene intensiver kultivieren, die sein Beruf am meisten braucht, und die anderen zum Teil verkümmern lassen. Es kann daher sein Gehirn nicht über einen bestimmten Punkt hinaus entwickeln, ohne einen Teil seiner Muskel- oder seiner Zeugungskraft zu verlieren. Es kann seine analytischen und Denkfähigkeiten nicht über die Maßen anstrengen, ohne seine Willenskraft und die Lebhaftigkeit seiner Gefühle zu schwächen; es kann nicht die Gewohnheit der Beobachtung annehmen, ohne die der Dialektik zu verlieren. Die Umstände zwingen es dazu, derjenigen Fähigkeit, die es zugunsten anderer intensiviert, eine bestimmte Form zu geben, deren Gefangene sie nach und nach wird. Es gewöhnt sich an bestimmte Praktiken, die einseitig funktionieren, die zu verändern um so schwieriger wird, je länger sie dauern. Da aber diese Spezialisierung das Ergebnis rein individueller Anstrengungen ist, hat sie nicht jene Eingleisigkeit und jene Starrheit, die allein aus einer langen Vererbung kommen kann. Diese Praktiken sind biegsamer, weil sie neueren Ursprungs sind. Da sich das Individuum auf diesen Weg gemacht hat, kann es sie auch wieder loswerden, um neue anzunehmen. Es kann sogar längst eingeschlafene Fähigkeiten wieder erwecken, sie wieder ins Leben rufen, sie in den Vordergrund schieben, obwohl diese Art der Wiederbelebung schon schwieriger ist.

Zuerst hat man in diesen Tatsachen Phänomene des Rückschritts oder den Beweis einer bestimmten Minderwertigkeit sehen wollen, zum mindesten ein Übergangsstadium eines noch unvollendeten Wesens. In der Tat können besonders bei den niedrigen Tieren die verschiedenen Teile des Aggregats leicht die Funktionen wechseln und sie untereinander austauschen. Je vollendeter aber die Organisation ist, desto unmöglicher wird es ihnen, aus der Rolle, die ihnen eigen ist, herauszutreten. Das führt uns zur Frage, ob nicht ein Tag kommen wird, wo die Gesellschaft eine festere Form annehmen wird, wo jedes Organ und jedes Individuum eine bestimmte Funktion haben wird und sich nicht mehr verändert. Das war anscheinend der Gedanke von Comte[2]; das ist bestimmt der Gedanke von Spencer[3]. Der Schluß ist trotzdem voreilig; denn das Phänomen der Substitution ist nicht nur den sehr einfachen Wesen eigen, man kann es auch an den höchsten Stufen der Hierarchie beobachten, besonders in den höchsten Organen der höchsten Organismen. So sehen wir, »daß die Störungen, die nach Beseitigung bestimmter Gebiete der Hirnrinde sich einstellen, meistens nach kürzerer oder längerer Zeit wieder behoben werden, und diese Er-

2 Auguste Comte, *Cours de Phil. posit., VI, 505.*

3 Spencer, *Die Principien der Sociologie,* II, S. 57.

scheinung konnte auf keine andere Weise als durch die Voraussetzung erklärt werden, daß andere Elemente stellvertretend die Funktion der hinweggefallenen übernehmen. Darin liegt aber eingeschlossen, daß die stellvertretenden Elemente auf neue Funktionen eingeübt werden ... Ein Element, das unter normalen Leitungsverhältnissen eine Gesichtsempfindung vermittelt, wird durch veränderte Bedingungen Träger einer Tastempfindung, einer Muskelempfindung oder motorischen Innervation, ja es wird kaum die Annahme sich abweisen lassen, daß, sofern nur durch das zentrale Fasernetz verschiedenartige Vorgänge einem und demselben Element zugeleitet werden können, dieses selbst imstande sei, eine Mehrheit verschiedener Funktionen in sich zu vereinigen.«[4] So können die motorischen Nerven zentripetal werden und die Empfindungsnerven sich in zentrifugale verwandeln[5]. Wenn schließlich eine neue Verteilung dieser Funktionen eintreten kann, wenn die Leitungsbedingungen verändert sind, dann kann man mit Wundt annehmen, daß »auch unter normalen Verhältnissen Schwankungen vorkommen, die von der verschiedenen individuellen Entwicklung abhängig sind«[6].

Denn in der Tat ist eine rigide Spezialisierung nicht notwendigerweise ein Zeichen der Höherwertigkeit. Statt unter allen Umständen gut zu sein, wäre es oft vorteilhaft, wenn das Organ nicht in seiner Rolle erstarrte. Zweifellos ist eine selbst sehr große Unabhängigkeit dort von Nutzen, wo die Umwelt selber unbeweglich ist. Das ist zum Beispiel der Fall bei den Ernährungsfunktionen im individuellen Organismus. Sie sind für einen gleichen organischen Typ keinen großen Veränderungen unterworfen. Folglich ist es kein Übel, sondern im Gegenteil ein Vorteil, wenn sie eine endgültig feststehende Form annehmen. Daher ist der Polyp, dessen inneres und äußeres Gewebe sich gegenseitig so leicht ersetzen kann, weniger gut für den Kampf gerüstet als höhere Tiere, bei denen dieser Austausch immer unvollständig und fast unmöglich ist. Ganz anders ist es aber, wenn die Umstände, von denen das Organ abhängt, oft wechseln: dann muß es selber wechseln oder zugrunde gehen. Das ist der Fall bei komplexen Funktionen, die

4 Wundt, *Grundzüge der physiologischen Psychologie*, a.a.O., I, S. 208.

5 Siehe auch das Experiment von Kühne und Paul Bert, von Wundt, *ibid.*, 207 angeführt.

6 ID., *ibid.*, I, 213.

uns komplexen Milieus anpassen. Diese sind, aufgrund ihrer Komplexität selbst, wesentlich unstabil. Ständig entstehen Gleichgewichtsstörungen, ständig Neuerungen. Um angepaßt zu bleiben, muß die Funktion selbst ständig zum Wechsel bereit sein, um sich den neuen Situationen zu beugen. Aber von allen Milieus, die es gibt, gibt es kein komplexeres als das soziale Milieu. Es ist also nur natürlich, daß die Spezialisierung der sozialen Funktionen nicht wie die der biologischen Funktionen definitiv ist und daß diese Elastizität, da diese Komplexität in dem Maß genügt, in dem sich die Arbeit weiter teilt, immer größer wird. Zweifellos ist sie immer in bestimmten Grenzen eingesperrt, aber diese weichen immer mehr zurück.

Was schließlich diese relative und ständig wachsende Flexibilität bestimmt, ist, daß die Funktion immer mehr vom Organ unabhängig wird. Nichts immobilisiert eine Funktion mehr, als an eine zu bestimmte Struktur gebunden zu sein. Denn es gibt keine Einrichtungen, die dauerhafter sind und die sich stärker den Veränderungen widersetzen. Eine Struktur ist nicht nur eine gewisse Handlungsart, sie ist eine Seinsart, die eine gewisse Handlungsart erzwingt. Sie beinhaltet nicht nur eine bestimmte Art zu vibrieren, die den Molekülen ähnlich ist, sondern eine Veränderung der Moleküle, die jede andere Art der Vibration fast unmöglich macht. Wenn also eine Funktion biegsamer wird, dann hat sie eben eine weniger enge Beziehung zur Form des Organs. Das Band zwischen den beiden ist lockerer geworden.

In der Tat kann man dieses Nachgeben in dem Maß beobachten, wie die Gesellschaften in ihren Funktionen komplexer werden. In den niedrigen Gesellschaften, wo die Aufgaben allgemein und einfach sind, unterschieden sich die verschiedenen Klassen, die damit betraut sind, durch morphologische Züge voneinander. Mit anderen Worten: Jedes Organ unterscheidet sich automatisch von den anderen. Wie jede Kaste hat jede Bevölkerungsschicht ihre Art, sich zu kleiden, zu ernähren usw.; und diese Unterschiede der Lebensweise ziehen physische Unterschiede nach sich. Die Häuptlinge der Fidschiinsulaner sind »›alle schlank, wohlgebaut und muskulös . . ., während die niederen Stände jene Magerkeit zeigen, die auf arbeitsreichem Dienst und spärlicher Nahrung beruht‹. Die Häuptlinge der Sandwichinsulaner ›sind schlank und kräftig und ihre persönliche Erscheinung ist so sehr derjenigen des gemeinen Volkes überlegen, daß einige sie für eine besondere Rasse gehalten haben‹. Ellis bestätigt eine Bemerkung von Cook, wenn er von den Tahitiern sagt, daß die Häuptlinge ›fast ohne Ausnahme ebensosehr durch physische Kraft als durch ihren Rang und ihre sonstigen Verhältnisse ... sich über die landbauende Bevölkerung erheben‹; und Erskine gedenkt eines ähnlichen Gegensatzes bei den Tonga-Insulanern.«[7]

Dagegen verschwinden bei den höheren Gesellschaften diese Unterschiede. Viele Tatsachen scheinen zu beweisen, daß die Menschen, die verschiedenen sozialen Funktionen unterworfen sind, sich heute weniger als früher durch ihre Körperform, durch ihre Züge oder durch ihre Haltung unterscheiden. Man erhebt sogar den Anspruch, seinen Beruf nicht im Gesicht zu tragen. Wenn sich die Statistik und die Anthropometrie (nach dem Wunsch von Tarde) befleißigten, mit größerer Genauigkeit die Baumerkmale der verschiedenen Berufstypen zu bestimmen, dann könnte man wahrscheinlich feststellen, daß sie sich heute weniger unterscheiden als früher, besonders wenn man die größere Differenzierung der Funktionen in Betracht zieht.

Diese Annahme wird durch die Tatsache bestätigt, daß die Sitte, Berufskleidung zu tragen, immer mehr veraltet. Obwohl diese Tracht sicher dazu gedient hat, die funktionalen Unterschiede sichtbar zu machen, darf man natürlich in dieser Rolle nicht ihren einzigen Daseinsgrund sehen, denn sie verschwinden in dem Maß, wie die sozialen Funktionen sich stärker differenzieren. Sie müssen also Unähnlichkeiten anderer Natur entsprechen. Wenn übrigens die Menschen der verschiedenen Klassen vor der Einrichtung dieser Sitte körperlich sichtbare Unterschiede gezeigt haben, dann ist nicht einzusehen, wie sie auf die Idee gekommen sein können, sich auf diese Weise zu unterscheiden. Diese äußeren Zeichen konventionellen Ursprungs könnten also nur erfunden worden sein als Nachahmung der äußeren Zeichen natürlichen Ursprungs. Die Tracht scheint uns nichts anderes zu sein als der professionelle Typ, der sie mit seinem Stempel zeichnet und sie nach seinem Bild unterscheidet, um sich selbst durch die Kleidung zu manifestieren. Die Tracht ist so etwas wie eine Verlängerung. Das trifft besonders zu für die Unterschiede, die die gleiche Rolle spielen wie die Tracht und die sicher die gleiche Ursache haben, z. B. den Bart

7 Nach Spencer, *Die Principien der Sociologie*, III, 357.

nach dieser oder jener Art geschnitten zu haben, oder überhaupt keinen zu haben, oder die Haare kurz oder lang zu tragen usw. Es sind die Kennzeichen selbst des professionellen Typs, die sich aus Nachahmung und bewußt wiederholen, nachdem sie sich spontan gebildet und festgesetzt haben. Die Vielfalt der Trachten symbolisiert also vor allem morphologische Unterschiede. Wenn sie verschwinden, dann sind eben diese Unterschiede verschwunden. Wenn die Mitglieder der verschiedenen Berufe nicht mehr das Bedürfnis fühlen, sich voneinander durch äußere Zeichen zu unterscheiden, so liegt das daran, daß dieser Unterscheidung nichts mehr in der Wirklichkeit entspricht. Trotzdem werden die funktionalen Ähnlichkeiten ständig zahlreicher und betonter; also nivellieren sich die morphologischen Typen. Das soll nicht heißen, daß alle Gehirne unterschiedslos für alle Berufe geeignet sind, sondern daß ihre funktionale Gleichgültigkeit größer wird, während sie zugleich begrenzt bleibt.

Statt daß diese Befreiung der Funktion ein Zeichen der Minderwertigkeit ist, beweist sie nur, daß die Funktion komplexer wird. Denn wenn es für die konstitutiven Elemente des Gefüges schwieriger wird, sich so einzurichten, um sie einzuverleiben und sie folglich zu halten und festzusetzen, so darum, weil sie aus künstlichen und überfeinerten Anordnungen besteht. Man kann sich sogar fragen, ob sie nicht, von einem bestimmten Grad der Komplexität an, ihnen gänzlich entwischt, ob sie nicht schließlich derart das Organ überbordet, daß es ihm unmöglich wird, sie ganz zu absorbieren. Daß sie in der Tat von der Form des Substrats abhängig ist, ist eine von den Naturwissenschaftlern seit langem anerkannte Wahrheit: Nur kann sie, wenn sie allgemein und einfach ist, nicht lange in diesem Zustand der Freiheit verharren, weil das Organ sie leicht assimiliert und damit an sich kettet. Es gibt aber keinen Grund zur Annahme, daß diese Assimilationskraft unendlich ist. Alles erlaubt im Gegenteil die Annahme, daß von einem bestimmten Augenblick an das Mißverhältnis zwischen der Einfachheit der molekularen Anordnungen und der Komplexität der funktionalen Anordnungen immer größer wird. Das Band zwischen den beiden wird also immer schwächer. Daraus folgt zweifellos nicht, daß die Funktion außerhalb eines jeden Organs existieren könne, noch daß jemals zwischen den beiden keine Beziehung sein könnte; die Beziehung wird weniger gegenwärtig.

Der Fortschritt hätte also die Wirkung, die Funktion vom Organ immer mehr zu lösen (ohne sie jemals ganz zu trennen) und das Leben von der Materie, sie folglich zu vergeistigen, sie biegsamer, freier zu machen, indem er sie komplexer macht. Weil der Spiritualismus das Gefühl hat, daß das der Charakter der höheren Existenzformen ist, hat er sich immer geweigert, im psychischen Leben eine einfache Folge der molekularen Anordnungen des Gehirns zu sehen. In der Tat wissen wir, daß die funktional gleiche Gültigkeit der verschiedenen Regionen des Gehirns, wenn schon nicht absolut, doch sehr groß ist. Daher sind die Gehirnfunktionen die letzten, sich unter einer unbeweglichen Form zu verfestigen. Sie bleiben länger als die anderen plastisch und behalten um so mehr Plastizität, je komplexer sie sind. Darum dauert ihre Entwicklung beim Gelehrten viel länger an als beim Ungebildeten. Wenn also die sozialen Funktionen dieselben Züge noch betonter aufweisen, dann nicht als Folge einer nie dagewesenen Ausnahme, sondern weil sie einem noch höheren Stadium der Entwicklung der Natur entsprechen.

II

Mit der Bestimmung der Hauptursache der Fortschritte der Arbeitsteilung haben wir zugleich den Hauptfaktor dessen bestimmt, was man Zivilisation nennt.

Die Zivilisation ist selber eine notwendige Folge der Veränderungen, die im Volumen und in der Dichte der Gesellschaft entstehen. Wenn die Wissenschaft, die Kunst und die Wirtschaftstätigkeit sich entwickeln, so entwickeln sie sich aufgrund einer Notwendigkeit, die den Menschen aufgezwungen wird; es gibt für sie keine andere Möglichkeit, in den neuen Bedingungen zu leben, in denen sie stehen. Von dem Augenblick an, wo die Zahl der Individuen, unter denen sich soziale Beziehungen hergestellt haben, bedeutender ist, können sie sich nur erhalten, wenn sie sich weiter spezialisieren, mehr arbeiten und ihre Fähigkeiten übersteigern. Aus dieser allgemeinen Anregung geht unweigerlich ein höherer Kulturgrad hervor. Von diesem Gesichtspunkt aus erscheint die Zivilisation also nicht als ein Ziel, das die Völker durch den Reiz, den es auf sie ausübt, bewegt, nicht als ein erschautes und im voraus ersehntes Gut, von dem sie sich mit allen Mitteln den größtmöglichen Teil zu sichern suchen, sondern als die Wirkung einer Ursache, als notwendige Resultante eines gegebenen Zustandes. Es ist nicht der Pol, nach dem sich die historische Entwicklung ausrichtet und dem sich die Menschen zu nähern versuchen, um glücklicher oder besser zu sein; denn weder das Glück noch die Moralität wachsen notwendigerweise mit der Intensität des Lebens. Sie marschieren, weil man marschieren muß, und was die Geschwindigkeit des Marsches bestimmt, ist der mehr oder weniger starke Druck, den sie aufeinander ausüben, je nachdem sie mehr oder weniger zahlreich sind.

Das heißt nicht, daß die Zivilisation zu nichts nütze wäre; aber sie schreitet nicht durch die Dienste fort, die sie leistet. Sie entwickelt sich, weil sie nicht anders kann, als sich zu entwickeln. Nachdem diese Entwicklung verwirklicht ist, ist sie im allgemeinen auch nützlich, oder zum mindesten wird sie genützt. Sie kommt Bedürfnissen entgegen, die gleichzeitig entstanden sind, weil sie von den gleichen Ursachen abhängen. Aber das ist nur spätere Anpassung. Es muß auch hinzugefügt werden, daß die Wohltaten, die sie in dieser Eigenschaft leistet, keine positive Bereicherung sind, kein Zuwachs für unser Glückskapital; sie machen nur die Verluste wett, die sie selbst verursacht haben. Weil diese Überanstrengung des allgemeinen Lebens unser Nervensystem ermüdet und überfordert, braucht es entsprechenden Ersatz seiner Verluste, d. h. verschiedenartige und komplexere Befriedigung. Daraus kann man noch besser ersehen, wie falsch es ist, aus der Zivilisation die Funktion der Arbeitsteilung zu machen; sie ist nur ihr Rückschlag. Sie kann weder die Existenz noch die Fortschritte der Arbeitsteilung erklären, da sie in sich selbst keinen eigentlichen und absoluten Wert hat; sie hat im Gegenteil nur in dem Maß Daseinsberechtigung, wo die Arbeitsteilung selbst benötigt wird.

Die Bedeutung braucht also nicht zu überraschen, die auf diese Weise die Zahl als Faktor bekommt, wenn man bedenkt, daß er eine ganz entscheidende Rolle in der Geschichte der Organismen spielt. Denn was das lebende Wesen definiert, ist die doppelte Eigenschaft, die es hat, sich zu ernähren und fortzupflanzen, wobei die Fortpflanzung selbst nur eine Folge der Ernährung ist. Folglich ist die Intensität des organischen Lebens, wenn alle Dinge gleich sind, die der Tätigkeit der Ernährung proportional, d. h.

der Zahl der Elemente, die der Organismus imstande ist, sich einzuverleiben. Was also das Auftauchen von komplexen Organismen nicht nur möglich macht, sondern erzwungen hat, ist, daß die einfacheren Organismen unter bestimmten Bedingungen zusammengruppiert bleiben, um umfangreichere Aggregate zu bilden. Da die Bauteile des Lebewesens dann zahlreicher sind, sind ihre Beziehungen nicht mehr die gleichen; die Bedingungen des sozialen Lebens sind verändert und diese Veränderungen bestimmen nun ihrerseits die Arbeitsteilung, den Polymorphismus und die Konzentration der Lebenskräfte und ihre größere Energie. Der Zuwachs an organischer Substanz ist also die Tatsache, die die ganze zoologische Entwicklung beherrscht. Es kann nicht überraschen, daß die soziale Entwicklung dem gleichen Gesetz unterworfen ist.

Im übrigen braucht man nicht auf diese Analogie zurückzugreifen, da es leicht ist, die Fundamentalrolle dieses Faktors zu erklären. Das ganze soziale Leben ist durch ein System von Fakten bestimmt, die aus den positiven und dauerhaften Beziehungen fließen, die sich zwischen einer Pluralität von Individuen herausgebildet haben. Es ist also um so intensiver, als die zwischen Gliedeinheiten ausgetauschten Reaktionen selbst häufiger und energischer sind. Wovon hängen aber diese Häufigkeit und diese Energie ab? Von der Natur der anwesenden Elemente oder von ihrer mehr oder weniger großen Lebensfähigkeit? Wir werden noch in diesem Kapitel sehen, daß die Individuen eher ein Produkt des gemeinsamen Lebens sind, als daß sie es bestimmen. Wenn man von jedem von ihnen alles abzieht, was sie der Wirkung der Gesellschaft verdanken, so ist der Rest, außer daß er recht gering ist, unfähig, eine größere Verschiedenartigkeit aufzuweisen. Ohne die Vielfalt der sozialen Bedingungen, von der sie abhängen, wären die Unterschiede, die sie trennen, unerklärlich. Man darf also nicht in den unterschiedlichen Fähigkeiten der Menschen die Ursache für die ungleiche Entwicklung der Gesellschaften suchen. Liegt sie also in der ungleichen Dauer dieser Beziehungen? Aber die Zeit erzeugt aus sich selbst nichts; sie ist nur nötig, damit die latenten Energien auftauchen. Es bleibt also kein anderer veränderlicher Faktor übrig als die Zahl der Individuen untereinander und ihre materielle und moralische Nähe, d. h. das Volumen und die Dichte der Gesellschaft. Je zahlreicher sie sind und je näher sie ihre Wirkung aufeinander ausüben, desto kräftiger und rascher reagieren sie aufeinander; desto intensiver wird folglich das soziale Leben. Diese Intensivierung stellt also die Zivilisation dar[8].

Obwohl die Zivilisation die Wirkung einer notwendigen Ursache ist, kann sie ein Zweck werden, ein Wunschgegenstand, mit einem Wort: ein Ideal. Eine Gesellschaft hat in jedem Augenblick ihrer Geschichte eine bestimmte Intensität des Kollektivlebens, die normal ist, wenn man die Zahl und die Aufteilung der sozialen Einheiten in Betracht zieht. Geht alles normal vor sich, so erledigt sich dieser Zustand von selbst. Aber man kann sich nicht vornehmen, daß die Dinge normal verlaufen. Wenn es natürlich ist, gesund zu sein, so ist es ebenso natürlich, krank zu sein. Die Gesundheit ist in den Gesellschaften wie in den individuellen Organismen nur ein Idealtyp, der nirgends vollkommen vorhanden ist. Jedes gesunde Individuum hat mehr oder weniger zahlreiche Züge davon; aber keines vereinigt sie alle. Es ist also ein würdiges Ziel, die Gesellschaft so weit wie möglich diesem Grad der Vollendung näher zu bringen.
Andrerseits kann der Weg, um dieses Ziel zu erreichen, verkürzt werden. Statt daß man zugibt, daß die Ursachen ihre Wirkungen nach dem Gefühl und nach der Energie, die sie treiben, erzeugen, kann die Überlegung eingreifen, um den Lauf zu lenken; sie kann den Menschen viele schmerzhafte Versuche ersparen. Die Entwick-

8 Wir brauchen hier nicht zu untersuchen, ob die Tatsache, die die Fortschritte der Arbeitsteilung und der Zivilisation bestimmt, d. h. den Zuwachs der sozialen Masse und Dichte, mechanisch aus sich selbst zu erklären ist; ob es ein notwendiges Produkt wirkender Ursachen ist oder ein eingebildetes Mittel im Hinblick auf ein Wunschziel, auf ein erahntes größeres Gut. Wir begnügen uns, dieses Gesetz der Schwerkraft der sozialen Welt aufzustellen, ohne weiter darauf einzugehen. Trotzdem scheint es nicht, daß eine teleologische Erklärung hier genauso nötig wäre wie anderswo. Die Schotten, die die verschiedenen Teile der Gesellschaft trennen, verschwinden nach und nach gezwungenermaßen, als Folge des natürlichen Verschleißes, dessen Wirkung im übrigen durch Gewaltursachen verstärkt werden kann. Die Bevölkerungsbewegungen werden auch zahlreicher und rascher, und es entstehen Durchlässe, durch die diese Bewegungen fließen: Das sind die Verkehrswege. Sie sind dort am aktivsten, wo sich mehrere Wege kreuzen: das sind die Städte. So wächst die soziale Dichte. Ursachen gleicher Art vergrößern auch das Volumen. Die Barrieren, die die Völker trennen, ähneln denen, die die verschiedenen Zellen ein und derselben Gesellschaft trennen; sie verschwinden auf die gleiche Weise.

lung des Individuums wiederholt die Entwicklung der Gattung nur in verkürzter Form. Sie durchläuft nicht alle Phasen, die die Gattung durchlaufen hat. Sie läßt Phasen aus und durchläuft andere rascher, weil die Erfahrungen, die die Rasse gemacht hat, ihr erlauben, ihre eigenen zu beschleunigen. Nun kann aber die Überlegung zu ähnlichen Ergebnissen kommen; denn sie ist ebenfalls eine Anwendung früherer Erfahrung im Blick auf die zukünftigen Erleichterungen. Unter Überlegung braucht man im übrigen keine rein wissenschaftliche Kenntnis des Zieles und der Mittel zu verstehen. Die Soziologie in ihrem heutigen Zustand ist gar nicht in der Lage, uns bei der Lösung dieser praktischen Probleme wirksam zu leiten. Aber außerhalb der klaren Vorstellungen, in deren Mitte sich der Gelehrte bewegt, gibt es noch dunkle, mit denen Strebungen verbunden sind. Damit das Bedürfnis den Willen stimuliert, ist es nicht nötig, daß er von der Wissenschaft erleuchtet sei. Dunkles Herumtasten genügt, um die Menschen zu lehren, daß ihnen etwas fehlt, um ihre Wünsche zu erwecken und ihnen gleichzeitig das Gefühl zu geben, in welche Richtung sie ihre Regungen lenken sollen.

So schließt eine mechanistische Auffassung von der Gesellschaft nicht das Ideal aus, und man wirft ihr zu Unrecht vor, den Menschen zu einem untätigen Zeugen seiner eigenen Geschichte herabzumindern. Was ist denn in der Tat ein Ideal, wenn nicht eine Vorwegnahme eines gewünschten Ergebnisses, dessen Verwirklichung nur dank dieser Vorwegnahme selbst möglich ist? Weil alles nach Gesetzen geht, folgt doch nicht, daß wir nichts mehr zu tun hätten. Vielleicht findet man ein derartiges Ziel armselig, weil es im Grund nichts anderes von uns verlangt, als gesund zu leben. Aber dann vergißt man, daß die Gesundheit für den kultivierten Menschen bedeutet, regelmäßig den höchsten Bedürfnissen genauso wie allen anderen zu genügen, denn die ersten sind nicht weniger in der Natur verwurzelt wie die zweiten. Wahr ist, daß ein derartiges Ideal vor unserer Nase liegt und nichts enthält, was uns die Horizonte der Unendlichkeit eröffnet. Auf keinen Fall besteht es daraus, die Kräfte der Gesellschaft ins Maßlose zu steigern, sondern sie in den Grenzen, die durch den Zustand der sozialen Umwelt bestimmt werden, zu entwickeln. Jedes Übermaß ist ein Übel genauso wie jede Unzulänglichkeit. Aber welches Ideal soll man sich vornehmen? Eine höhere Zivilisation zu realisieren versuchen als diejenige, die die Natur der Umweltbedingungen verlangt, heißt die Krankheit in der Gesellschaft selbst entfesseln, von der sie ein Teil ist. Denn es ist unmöglich, die kollektive Tätigkeit über einen Grad, den der Zustand des sozialen Organismus bestimmt, zu erhitzen, ohne die Gesundheit zu gefährden. Denn in der Tat gibt es in jeder Epoche eine bestimmte Verfeinerung der Zivilisation, deren krankhafter Zug durch die Unruhe und durch das Unbehagen, das sie immer begleitet, bestätigt wird. Nun hat aber die Krankheit niemals etwas Wünschenswertes gehabt.

Wenn das Ideal auch immer bestimmt ist, ist es doch niemals endgültig. Da der Fortschritt eine Folge der Veränderungen ist, die sich im sozialen Milieu zutragen, gibt es keinen Grund zur Annahme, daß er jemals aufhören könnte. Um an sein Ende zu kommen, müßte das soziale Milieu zu einem bestimmten Zeitpunkt selbst stehen bleiben. Nun widerspricht aber eine solche Hypothese den begründetsten Schlüssen. Solange es unterschiedliche Gesellschaften gibt, muß die Zahl der sozialen Einheiten notwendigerweise in jeder von ihnen unterschiedlich sein. Selbst wenn man annimmt, daß man es dahin brächte, die Geburtenzahl konstant zu erhalten, gäbe es doch immer eine Bevölkerungsbewegung von einem Land zum anderen, entweder aufgrund von kriegerischer Landnahme oder als Folge von langsamer und lautloser Durchdringung. Tatsächlich ist es unmöglich, daß nicht die stärksten Völker versuchen, sich die schwächeren einzuverleiben, so wie sich die dichtesten auf die weniger dichten ergießen. Das ist ein mechanisches Gesetz des sozialen Gleichgewichts, das nicht weniger nötig ist als das Gesetz, das das Gleichgewicht der Flüssigkeiten beherrscht. Um anders zu sein, müßten alle menschlichen Gesellschaften die gleiche Lebensenergie und die gleiche Dichte haben, was unvorstellbar ist, und sei es nur als Folge der Verschiedenheit der Wohngebiete.

Allerdings wäre diese Quelle der Variationen versiegt, wenn die ganze Menschheit nur eine einzige Gesellschaft bildete. Aber wir wissen weder, ob ein derartiges Ideal durchführbar wäre und der Fortschritt dann stehenbliebe, noch wissen wir, ob innerhalb dieser Riesengesellschaft die Beziehungen zwischen den sozialen Einheiten selbst jedem Wechsel entzogen wären. Sie müßten also immer in der gleichen Weise verteilt sein; nicht nur das Gesamtaggregat, auch jedes Elementaraggregat, aus dem es besteht, müßte die gleichen Ausmaße bewahren. Eine derartige Gleichförmigkeit ist unmöglich, aus dem einfachen Grund, weil die Teilgruppen weder die gleiche Ausdehnung noch die gleiche Lebenskraft haben. Die Bevölkerung kann nicht auf allen Punkten auf die gleiche Weise konzentriert werden. Nun ist es aber unvermeidlich, daß die größeren Zentren, in denen das Leben intensiver ist, auf die anderen eine Anziehung ausüben, die ihrer Bedeutung angemessen ist. Die Binnenwanderungen, die auf diese Weise entstehen, haben die Wirkung, die sozialen Einheiten in bestimmten Gebieten weiter zu konzentrieren und folglich neue Fortschritte zu erzeugen, die nach und nach in das übrige Land ausstrahlen. Andrerseits ziehen diese Veränderungen andere auf den Verbindungswegen nach sich, die ihrerseits wieder andere anregen, ohne daß es möglich ist zu sehen, wo diese Wellenbewegung aufhören soll. Statt daß sich die Gesellschaften in dem Maß, wie sie sich entwickeln, einem Stillstand nähern, werden sie immer beweglicher und immer plastischer.

Wenn Spencer trotzdem zugegeben hat, daß die soziale Evolution eine Grenze hat, die nicht überschritten werden kann[9], dann liegt das seiner Ansicht nach daran, daß der Fortschritt keine andere Daseinsberechtigung hat, als das Individuum an die kosmische Umwelt anzupassen, die es umgibt. Für diese Philosophie besteht die Vollendung in der Steigerung des individuellen Lebens, d. h. in einer vollkommeneren Übereinstimmung des Organismus mit den physischen Bedingungen. Die Gesellschaft ist eher eines der Mittel, diese Übereinstimmung herzustellen, als der Zustand einer besonderen Übereinstimmung. Weil das Individuum nicht allein auf der Welt, sondern von Rivalen umringt ist, die ihm seine Existenzmittel streitig machen, muß es daran interessiert sein, zwischen seinesgleichen und sich solche Beziehungen herzustellen, die ihm dienen, statt es zu hemmen. So entsteht die Gesellschaft, und der soziale Fortschritt besteht darin, diese Beziehungen so zu verbessern, daß sie vollkommen die Wirkung haben, für die man sie hergestellt hat. Trotz der biologischen Analogien, auf die Spencer so ausführlich hingewiesen hat, sieht er in den Gesellschaften dennoch keine eigentliche Wirklichkeit, die für sich selbst existiert, und die sich folglich dem Menschen durch ihre eigene Natur auf-

9 Spencer, *Premières principes*, p. 454.

zwingt und der er sich anpassen muß, um zu leben, genauso wie er sich der physischen Welt anpassen muß. Es handelt sich um eine Einrichtung, die von den Individuen eingeführt wurde, um das individuelle Leben zu verlängern und zu verbreitern[10]. Sie besteht zur Gänze aus der positiven oder negativen Zusammenarbeit, und die eine wie die andere hat kein anderes Ziel, als das Individuum an seine physische Umwelt anzupassen. Zweifellos ist sie in diesem Sinn nur eine zweitrangige Bedingung dieser Anpassung: Sie kann, je nach der Art, wie sie organisiert ist, den Menschen entweder dem Zustand vollkommenen Gleichgewichts nähern oder von ihm entfernen, aber sie ist selbst kein Faktor, der dazu beiträgt, die Natur dieses Gleichgewichts zu bestimmen. Da aber andrerseits die kosmische Umwelt mit einer relativen Konstanz ausgestattet ist und die Veränderungen unendlich lange und selten sind, ist die Entwicklung, die das Ziel hat, uns mit ihr zu harmonisieren, notwendigerweise begrenzt. Es käme unvermeidlich der Augenblick, wo es keine äußeren Beziehungen mehr gibt, denen die inneren Beziehungen entsprechen. Dann würde der soziale Fortschritt aufhören, da er sein Ziel erreicht hat, auf das er hinzielte und das seine Daseinsberechtigung gewesen ist. Er wäre vollendet.

Aber unter diesen Umständen wird der Fortschritt selbst des Individuums unerklärlich. Warum soll er dann auf diese vollkommenere Übereinstimmung mit der physischen Umwelt hinzielen? Um glücklicher zu sein? Wir haben uns schon über diesen Punkt ausgesprochen. Man kann von einer Übereinstimmung nicht einmal sagen, daß sie vollkommener ist als eine andere, nur weil sie komplexer ist. Man sagt nämlich von einem Organismus, daß er im Gleichgewicht ist, wenn er auf geeignete Weise nicht auf alle äußeren Kräfte, sondern nur auf jene, die auf ihn eindringen, antwortet. Gibt es Kräfte, die ihn nicht berühren, dann sind sie für ihn, als ob sie nicht vorhanden wären, und folglich braucht er sich ihnen nicht anzupassen. Wie nah sie ihm auch sind, sie liegen außerhalb seines Anpassungskreises, weil er außerhalb ihres Wirkungsfeldes ist. Hat der Mensch eine einfache, homogene Konstitution, so gibt es nur eine kleine Zahl von äußeren Umständen, die ihn beanspruchen, dann kann er natürlich allen Beanspruchungen ant-

10 Spencer, *Die Thatsachen der Ethik*, S. 27.

worten, d. h. fast mühelos einen Zustand vollendeten Gleichgewichts erreichen. Ist er dagegen sehr komplex, dann sind die Bedingungen der Anpassung zahlreicher und komplizierter und die Anpassung selbst wird nicht vollständig sein. Weil viele Reize auf uns wirken, die das sehr grobe Nervensystem der Menschen von ehedem unberührt ließen, müssen wir, um uns ihnen anzupassen, eine wesentlich bedeutendere Entwicklung durchmachen. Aber das Ergebnis dieser Entwicklung, nämlich die daraus entstehende Anpassung, ist in dem einen wie im anderen Fall gleich unvollkommen; sie ist nur anders, weil die Organismen, die sich anpassen, selbst verschieden sind. Der Wilde, dessen Haut die Temperaturunterschiede nicht sehr stark fühlt, ist genauso wie der zivilisierte Mensch angepaßt, der sich mit Hilfe seiner Kleider dagegen wehrt.

Wenn der Mensch also nicht von einer variablen Umwelt abhängt, dann ist nicht einzusehen, warum er sich hätte ändern sollen; genauso ist die Gesellschaft selber nicht die Nebenbedingung, sondern der Hauptfaktor des Fortschritts. Sie ist eine Wirklichkeit, die genausowenig unser Werk ist wie die äußere Welt, und der wir uns folglich beugen müssen, um leben zu können; und weil sie sich verändert, müssen wir uns auch verändern. Damit der Fortschritt aufhört, müßte zu einem bestimmten Augenblick die soziale Umwelt selber stehenbleiben; wir haben eben bewiesen, daß eine derartige Hypothese allen Erkenntnissen der Wissenschaft zuwiderläuft.

So bringt uns eine mechanistische Theorie des Fortschritts nicht um ein Ideal, sondern erlaubt uns zu glauben, daß es uns daran nie fehlen wird. Denn, weil das Ideal von der sozialen Umwelt abhängt, die ja wesentlich beweglich ist, ändert es ständig seinen Platz. Man braucht also nicht zu befürchten, daß unsere Tätigkeit jemals zu einem Ende kommt und man den Horizont sich schließen sähe. Obwohl wir niemals etwas anderes verfolgen als bestimmte und begrenzte Ziele, gibt es (und wird es immer geben) zwischen den beiden Endpunkten, von denen wir ausgehen und zu denen wir hinzielen, immer einen leeren Raum, der unseren Bemühungen offen steht.

III

Gleichzeitig mit den Gesellschaften ändern sich die Individuen als Folge der Änderungen, die in der Zahl der sozialen Einheiten und ihrer Beziehungen entstehen.

Zunächst entledigen sie sich immer mehr des Jochs des Organismus. Das Tier liegt fast ausschließlich unter der Abhängigkeit des physischen Milieus. Seine biologische Konstitution bestimmt im voraus seine Existenz. Der Mensch dagegen hängt von sozialen Ursachen ab. Zweifellos bildet das Tier auch Gesellschaften. Aber da sie klein sind, ist das Leben in ihnen sehr einfach. Es ist auch zur gleichen Zeit unbeweglich, weil das Gleichgewicht so kleiner Gesellschaften notwendigerweise stabil ist. Aus diesen beiden Gründen fixiert es sich leicht im Organismus. Es hat nicht nur seine Wurzeln darin, es verkörpert sich auch so vollständig in ihm, daß es seine eigenen Züge verliert. Es funktioniert dank einem System von Instinkten und Reflexen, die sich nicht wesentlich von denen unterscheiden, die den Ablauf des organischen Lebens sichern. Allerdings haben sie diese Eigenschaft, das Individuum an die soziale Umwelt und nicht an die physische anzupassen, weil sie Ereignisse des gemeinsamen Lebens zur Ursache haben. Trotzdem sind sie nicht von einer anderen Natur als jene, die in bestimmten Fällen ohne vorherige Erziehung die nötigen Bewegungen zum Fliegen und zum Gehen bestimmen. Beim Menschen ist es ganz anders, weil die Gesellschaften, die sie bilden, unendlich viel größer sind. Selbst die kleinsten Gesellschaften, die man kennt, überschreiten an Größe die meisten Tiergesellschaften. Da sie komplexer sind, sind sie auch öfter Veränderungen unterworfen, und diese beiden Gründe sind die Ursache, daß das soziale Leben der Menschheit nicht unter einer biologischen Form stehen bleibt. Selbst dort, wo sie am einfachsten ist, behält sie noch ihre Eigentümlichkeit. Immer gibt es Glaubensüberzeugungen und Praktiken, die den Menschen gemeinsam und dennoch nicht ihrem Gewebe eingeschrieben sind. Dieser Zug wird in dem Maß immer deutlicher, in dem die soziale Materie und die soziale Dichte größer werden. Je mehr Mitglieder es gibt, um so mehr wirken sie aufeinander, und um so mehr überschreitet das Ergebnis dieser Reaktionen den Organismus. So steht der Mensch unter der Herrschaft von Gründen *sui generis*, deren relativer Anteil an der

Konstitution der menschlichen Natur immer bedeutender wird. Mehr noch: Der Einfluß dieses Faktors steigt nicht nur an relativem sondern auch an absolutem Wert. Der gleiche Grund, der die Bedeutung der kollektiven Umwelt vergrößert, erschüttert die organische Umwelt, um sie der Wirkung der sozialen Ursachen zugänglich zu machen und sie ihnen unterzuordnen. Weil mehr Individuen zusammenleben, ist das gemeinsame Leben reicher und mannigfaltiger. Um diese Mannigfaltigkeit möglich zu machen, muß der organische Typus weniger begrenzt sein, um sie vervielfältigen zu können. Wir haben in der Tat gesehen, daß die vererbten Bestrebungen und Fähigkeiten immer allgemeiner und unbestimmter und folglich widerstandsfähiger werden, als daß sie noch unter der Form von Instinkten gefaßt werden könnten. Damit entsteht ein Phänomen, das genau das Gegenteil von dem ist, das man am Anfang der Evolution beobachten konnte. Bei den Tieren ist es der Organismus, der die sozialen Fakten assimiliert und sie, indem er sie aus ihrer speziellen Natur schält, in biologische Tatsachen verwandelt. Das soziale Leben materialisiert sich. Bei der Menschheit dagegen, und besonders bei den höheren Gesellschaften, treten die sozialen Ursachen an die Stelle der organischen. Der Organismus vergeistigt sich.

Als Folge dieses Wandels der Abhängigkeit verändert sich das Individuum. Da sich die Aktivität, die die spezielle Aktion der sozialen Ursachen erregt, nicht im Organismus fixieren kann, fügt sich ein neues Leben von gleichfalls besonderer Art zum Leben des Körpers noch hinzu. Freier, komplexer, unabhängiger von den Organen, die es tragen, werden die Züge, die es charakterisieren, in dem Maß immer deutlicher, wie es fortschreitet und sich festigt. An dieser Beschreibung erkennt man die Hauptzüge des psychischen Lebens. Zweifellos wäre die Behauptung übertrieben, daß das psychische Leben erst mit den Gesellschaften beginnt. Sicher ist jedoch, daß es sich erst ausweitet, als sich die Gesellschaften entwickelt haben. Darum stehen die Fortschritte des Bewußtseins, man hat es oft bemerkt, im umgekehrten Verhältnis zu jenen des Instinktes. Was man aber auch gesagt hat, es ist nicht das erste, das das zweite auflöst. Der Instinkt, das Ergebnis von Erfahrungen, die Generationen gesammelt haben, hat eine zu große Widerstandskraft, als daß er sich allein schon deswegen auflösen würde, weil er bewußt geworden ist. In Wahrheit hat das Bewußtsein nur den Boden besetzt, den der Instinkt aufgegeben hat oder den, auf dem er sich nicht hat einrichten können. Nicht das Bewußtsein hat den Instinkt zurückgedrängt; es füllt nur den Raum, den er freigelassen hat. Wenn er andrerseits zurückweicht, statt sich in dem Maße auszudehen, wie sich das allgemeine Leben ausdehnt, dann liegt die Ursache in der größeren Bedeutung des sozialen Faktors. Daher liegt der große Unterschied, der den Menschen vom Tier trennt, nämlich die stärkere Entwicklung seines psychischen Lebens, in seiner größeren Soziabilität. Um zu begreifen, warum die psychischen Funktionen vom ersten Schritt der menschlichen Gattung an zu einem Vollkommenheitsgrad gebracht worden sind, der den Tiergattungen unbekannt war, müßte man zuerst wissen, wie es möglich ist, daß sich die Menschen, statt einzeln oder in kleinen Horden zu leben, angewöhnt haben, größere Gesellschaften zu bilden. Wenn der Mensch, um eine klassische Definition zu wiederholen, ein vernünftiges Tier ist, dann ist er es, weil er ein geselliges Tier ist, oder zum mindesten, weil er unendlich viel geselliger ist als die anderen Tiere[11].

Das ist nicht alles. Solange die Gesellschaften nicht bestimmte Größen erreichen oder einen bestimmten Grad der Konzentration, ist das einzige psychische Leben, das wirklich entwickelt ist, das Leben, das allen Mitgliedern der Gruppe gemeinsam und bei jedem einzelnen identisch ist. In dem Maß, wie die Gesellschaften größer und vor allem dichter werden, erscheint ein psychisches Leben neuer Art. Die individuellen Verschiedenheiten, die erst in der Masse der sozialen Ähnlichkeiten verloren und vermischt waren, lösen sich ab, bekommen Relief und vervielfältigen sich. Eine Vielfalt von Dingen, die außerhalb des Bewußtseins geblieben waren, weil sie das Kollektivwesen nicht berührt hatten, wird nun Gegenstand der Vorstellung. Während die Individuen nur gehandelt haben, wenn sie sich gegenseitig mitrissen (außer in den Fällen, wo ihr Verhalten durch physische Bedürfnisse bestimmt war), wird nun jeder eine Quelle spontaner Tätigkeit. Einzelpersönlichkeiten bilden sich heraus, werden sich ihrer selbst bewußt, und trotzdem schwächt dieser Zustand an psychischem Leben des

11 Die Definition von de Quatrefages, daß der Mensch ein religiöses Tier sei, ist nur ein Sonderfall von der vorgebrachten; denn die Religiosität des Menschen ist eine Folge seiner außerordentlichen Soziabilität. – Siehe weiter oben S. 209 ff.

Individuums nicht jenes der Gesellschaft; er verändert es nur. Es wird freier, weiter, und da es schließlich kein anderes Substrat hat als das individuelle Bewußtsein aller, wird dieses ausgedehnter, komplizierter und indirekt geschmeidiger.

So ist die Ursache, die die Unterschiede hervorgerufen hat, die den Menschen vom Tier trennen, auch die Ursache, die ihn gezwungen hat, sich über sich selbst hinaus zu erheben. Der immer größere Abstand zwischen dem Wilden und dem Zivilisierten hat keine andere Ursache. Wenn sich aus der ursprünglich undeutlichen Empfindsamkeit nach und nach die Denkfähigkeit herausgeschält hat, wenn der Mensch gelernt hat, Begriffe zu fassen und Gesetze zu formulieren, dann hat sein Geist immer größere Teile des Raumes und der Zeit erfaßt, und wenn er, nicht zufrieden, die Vergangenheit festzuhalten, immer mehr die Zukunft vorwegnimmt, wenn seine Empfindungen und Strebungen, zuerst einfach und wenig zahlreich, sich vervielfältigt und vermehrt haben, dann darum, weil sich die soziale Umwelt ohne Unterbrechung verändert hat. Wenn diese Veränderungen nicht aus dem Nichts stammen, so müssen sie als Ursache entsprechende Veränderungen der Umwelt gehabt haben. Nun hängt der Mensch aber nur von drei Arten der Umwelt ab: vom Organismus, von der äußeren Welt, von der Gesellschaft. Zieht man die Zufallsvariationen ab, die den Verbindungen der Vererbung zugeschrieben werden müssen – und ihre Rolle im menschlichen Fortschritt ist bestimmt nicht sehr bedeutend –, so verändert sich der Organismus nicht spontan: Er muß selber dazu durch irgendeine äußere Ursache gezwungen werden. Die physische Welt ist im wesentlichen seit dem Beginn der Geschichte die gleiche geblieben, wenn man von den Neuerungen absieht, die sozialen Ursprungs sind[12]. Folglich bleibt nur die Gesellschaft, die sich genug verändert hat, um die parallelen Veränderungen der individuellen Natur erklären zu können.

Man braucht also nicht kühn zu sein, um schon jetzt zu behaupten, daß die Psychophysiologie, welche Fortschritte sie auch machen mag, immer nur einen Bruchteil der Psychologie darstellen kann, da der größte Teil der psychischen Phänomene nicht von organischen Gründen abhängt. Das haben die spiritualistischen Philoso-

12 Veränderungen des Bodens, der Wasserläufe, durch die Kunst der Ackerbauer, der Ingenieure usw.

phen begriffen, und der größte Dienst, den sie der Wissenschaft erwiesen haben, war, alle Lehren zu bekämpfen, die das psychische Leben auf einen Abglanz des physischen Lebens reduzieren. Sie hatten das sehr richtige Gefühl, daß das psychische Leben in seinen höchsten Manifestationen viel zu frei und zu komplex ist, um nur eine Veränderung des zweiten zu sein. Weil das physische Leben größtenteils vom Organismus abhängt, folgt noch nicht, daß es nicht von irgendeiner natürlichen Ursache abhängt und daß man es außerhalb der Natur stellen müsse. Aber alle diese Fakten, deren Erklärung man nicht in der Gewebskonstitution findet, fließen aus den Eigenschaften der sozialen Umwelt. Das ist wenigstens eine Hypothese, die nach dem oben Gesagten sehr wahrscheinlich ist. Nun ist aber die Macht des Sozialen nicht weniger natürlich als die organische. Weil es also eine große Region des Bewußtseins gibt, deren Entstehung durch die Psychophysiologie unbegreiflich ist, darf man nicht schließen, daß sie sich selbst gebildet hat und daß sie folglich der wissenschaftlichen Untersuchung widersteht; man darf nur schließen, daß sie von einer anderen positiven Wissenschaft abhängt, die man die Soziopsychologie nennen könnte. Die Phänomene, die ihr Material darstellen würden, sind tatsächlich gemischter Natur: Sie haben dieselben Wesenszüge wie die anderen psychischen Fakten, aber sie kommen aus sozialen Ursachen.

Man darf nicht, wie Spencer, das soziale Leben als eine einfache Resultante der individuellen Naturen darstellen, da diese im Gegenteil vielmehr vom sozialen Leben abhängen. Die sozialen Tatsachen sind nicht die einfache Entwicklung der psychischen Tatsachen, die zum größten Teil nur die Verlängerung der sozialen innerhalb des Kollektivbewußtseins sind. Dieser Satz ist sehr wichtig, denn der entgegengesetzte Gesichtspunkt verleitet den Soziologen jeden Augenblick, die Ursache für die Wirkung zu nehmen, und umgekehrt. Wenn man zum Beispiel, wie es oft vorgekommen ist, in der Organisation der Familie den logisch notwendigen Ausdruck der menschlichen Gefühle sieht, die jedem Bewußtsein innewohnen, dann dreht man die wirkliche Reihenfolge um. Die soziale Organisation der Verwandtschaftsbeziehungen hat im Gegenteil die entsprechenden Gefühle der Eltern und der Kinder bestimmt. Sie wären ganz anders, wenn die soziale Struktur anders wäre, und der Beweis ist, daß in der Tat die

Vaterliebe in einer großen Zahl von Gesellschaften unbekannt ist[13]. Man könnte noch andere Beispiele des gleichen Irrtums anführen[14]. Es ist eine offensichtliche Wahrheit, daß es nichts im sozialen Leben gibt, was nicht im Bewußtsein eines jeden einzelnen ist; nur kommt fast alles, was sich dort vorfindet, von der Gesellschaft. Der größte Teil unserer Bewußtseinszustände hätte nicht bei isolierten Wesen entstehen können und hätte sich ganz anders bei Wesen entwickelt, die in anderer Weise gruppiert wären. Sie fließen also nicht aus der psychologischen Natur der Menschen im allgemeinen, sondern aus der Art, wie sich die Menschen, nachdem sie sich einmal vereint haben, gegenseitig beeinflussen, je nachdem sie mehr oder weniger zahlreich sind oder mehr oder weniger angenähert haben. Die Natur der Gruppe kann allein diese Produkte des Lebens in der Gruppe erklären. Selbstverständlich wären sie nicht möglich, wenn sich die individuellen Konstitutionen nicht dafür eigneten; aber sie sind nur fernere Bedingungen, nicht die bestimmenden Ursachen. Spencer vergleicht irgendwo[15] das Werk des Soziologen mit der Rechnung des Mathematikers, der aus der Form einer bestimmten Anzahl von Kugeln die Art berechnet, wie sie kombiniert werden müssen, um im Gleichgewicht zu bleiben. Der Vergleich ist ungenau und kann sich nicht auf die sozialen Fakten beziehen. Hier bestimmt viel eher die Form des Ganzen die Form der Teile. Die Gesellschaft findet nicht im Bewußtsein der Menschen die Grundlage, auf denen sie ruht; sie macht sie sich selbst[16].

13 Das ist der Fall in Gesellschaften, wo das Matriarchat herrscht.

14 Die Religion, um nur ein Beispiel zu erwähnen, hat man mit den Regungen der individuellen Empfindsamkeit erklärt, während diese Regungen beim Individuum nur die Verlängerung der sozialen Zustände sind, die die Religionen erzeugen. Wir haben diesen Punkt eingehender in einem Artikel der *Revue philosophique*, Études de science sociale, Juni 1886 dargestellt. Siehe *Année sociologique*, t. II, p. 1–28.

15 Spencer, *Einleitung in das Studium der Sociologie*, Leipzig 1896.

16 Das dürfte genügen, um denen zu antworten, die zu beweisen glauben, daß alles im sozialen Leben individuell ist, weil die Gesellschaft nur aus Individuen besteht. Zweifellos hat sie kein anderes Substrat. Aber weil die Individuen eine Gesellschaft bilden, entstehen neue Phänomene, die in der Vergesellschaftung ihre Ursache haben und die auf das Bewußtsein jedes einzelnen zurückwirken und es zum großen Teil bilden. Obwohl die Gesellschaft ohne die Individuen nichts ist, ist jedes Individuum viel eher ein Produkt der Gesellschaft, als ihr Schöpfer.

3. Buch
Die anormalen Formen

1. Kapitel

Die anomische Arbeitsteilung

Bis hierher haben wir die Arbeitsteilung als ein normales Phänomen studiert. Aber sie weist, wie alle sozialen Tatsachen, oder allgemeiner gesagt, wie alle biologischen Tatsachen, auch pathologische Formen auf, die man notwendigerweise analysieren muß. Wenn die Arbeitsteilung normalerweise die soziale Solidarität erzeugt, so kommt es trotzdem vor, daß sie auch zu ganz anderen und sogar entgegengesetzten Ergebnissen führt. Wichtig ist zu untersuchen, was sie aus ihrer natürlichen Richtung ablenkt. Denn solange nicht fest steht, daß es sich um Ausnahmen handelt, könnte man die Arbeitsteilung damit verdächtigen, sie logischerweise zu implizieren. Im übrigen erlaubt uns das Studium der abweichenden Formen, die Existenz des Normalzustandes besser zu bestimmen. Wenn wir die Umstände kennen, unter denen die Arbeitsteilung aufhört, die Solidarität zu erzeugen, wissen wir besser, was nötig ist, damit sie sich voll auswirkt. Die Pathologie ist hier wie anderswo eine wertvolle Hilfe für die Physiologie.

Man könnte versucht sein, unter die unregelmäßigen Formen der Arbeitsteilung den Beruf des Verbrechens und die anderen schädlichen Berufe einzureihen. Sie sind die Verneinung selbst der Solidarität und trotzdem stellen sie nur spezielle Tätigkeiten dar. Um genau zu sein, handelt es sich hier nicht um Arbeitsteilung, sondern schlicht und einfach um Differenzierung, und diese beiden Ausdrücke dürfen nicht verwechselt werden. So vermehren der Krebs und die Tuberkulose die Vielfalt der organischen Gewebe, ohne daß es möglich ist, darin eine neue Spezialisierung der biologischen Funktionen zu sehen[1]. In diesen Fällen gibt es keine Teilung der gemeinsamen Funktion, sondern es bildet sich im Schoß des sei's individuellen sei's sozialen Organismus ein anderer, der auf Kosten des ersten zu leben versucht. Es ist nicht einmal eine Funktion; denn eine Tätigkeit verdient diesen Namen nur,

1 Das ist eine Unterscheidung, die Spencer nicht macht. Anscheinend sind die beiden Ausdrücke für ihn synonym, aber die Differenzierung, die zerstört (Krebs, Mikroben, Verbrecher), ist wesentlich verschieden von der, die die Lebenskräfte konzentriert (Arbeitsteilung).

wenn sie mit anderen zum Unterhalt des allgemeinen Lebens beiträgt. Diese Frage gehört also nicht in den Rahmen unserer Untersuchung.

Wir schränken also die Ausnahmeformen des Phänomens auf drei Typen ein, die wir untersuchen werden. Das heißt nicht, daß es nicht auch andere gäbe; aber diejenigen, von denen wir reden wollen, sind die allgemeinsten und die schwersten.

I

Ein erster Fall wird uns durch die industriellen und kommerziellen Krisen geliefert, durch die Konkurse, die nichts anderes sind als Teilzusammenbrüche der organischen Solidarität. Sie bezeugen in der Tat, daß an bestimmten Punkten des Organismus bestimmte soziale Funktionen nicht mehr aufeinander abgestimmt sind. Je mehr sich aber die Arbeit teilt, desto häufiger werden anscheinend diese Phänomene, zum mindesten in bestimmten Fällen. Von 1845 bis 1869 haben die Konkurse um 70 %[2] zugenommen. Man kann aber diese Tatsache nicht dem Wachstum des Wirtschaftslebens zuschreiben, denn die Unternehmen haben sich weit eher konzentriert als vervielfacht.

Die Feindschaft zwischen Arbeit und Kapital ist ein anderes, noch auffälligeres Beispiel des gleichen Phänomens. In dem Maß, wie sich die industriellen Funktionen weiter spezialisieren, wird der Kampf lebhafter, ohne daß sich die Solidarität vermehrt. Im Mittelalter lebte der Arbeiter an der Seite seines Meisters; sie teilten die Arbeit »im selben Laden und an derselben Werkbank«[3]. Beide gehörten der gleichen Zunft an und führten die gleiche Existenz. »Der eine und der andere waren fast gleichrangig; wer seine Lehre gemacht hatte, konnte, zum mindesten in vielen Gewerben, sich niederlassen, wenn es dazu reichte.«[4] Konflikte waren daher die Ausnahme. Vom 15. Jahrhundert an beginnen sich die Dinge zu verändern. »Die Zunft ist kein gemeinsames Asyl mehr; die Meister entscheiden allein über alle Belange ... Damit

2 Siehe Block, *Statistique de la France.*

3 Levasseur, *Les classes ouvrières en France jusqu'à la Révolution,* p. 311 et 315.

4 ID., *ibid.*, I, 496.

entsteht eine tiefe Trennung zwischen den Meistern und den Gesellen. Sie bildeten sozusagen eine eigene Zunft; sie hatten ihre Bräuche, ihre Regeln, ihre unabhängigen Einrichtungen.«[5] Nachdem diese Trennung eingetreten war, wurden die Streitigkeiten zahlreicher. »Sobald die Gesellen glaubten, sich beklagen zu müssen, streikten sie oder belegten eine Stadt oder einen Meister mit Verbot, und alle mußten diesen Parolen gehorchen ... Die Macht der Vereinigung gab den Arbeitern das Mittel, mit gleichen Waffen gegen ihre Meister zu kämpfen.«[6] Trotzdem war man noch weit entfernt »von dem Punkt, wo wir sie heute sehen. Die Gesellen streikten, um einen höheren Lohn oder eine andere Veränderung ihrer Arbeitsbedingungen zu bekommen, aber sie hielten den Meister nicht für einen ewigen Feind, dem man nur gezwungen gehorcht. Man wollte, daß er in einem Punkt nachgibt, und das tat man mit Energie; aber der Kampf war nicht ewig; die Werkstätten beherbergten nicht zwei feindliche Rassen; unsere sozialistischen Lehrmeinungen waren unbekannt.«[7] Im 17. Jahrhundert endlich beginnt die dritte Phase dieser Geschichte der Arbeiterklassen: Das Auftauchen der großen Industrie. Nun trennt sich der Arbeiter vollständiger vom Arbeitgeber. »Der Arbeiter wird in gewisser Weise eingezogen. Jeder hat seine Funktion; das System der Arbeitsteilung macht einige Fortschritte. In dem Unternehmen der Van-Robais, das 1692 Arbeiter beschäftigte, gab es eigene Werkstätten für die Stellmacherei, für die Messerschmiede, für die Wäscherei, für die Färberei, für das Scheren, und die Webereien selber unterschieden mehrere Arbeitergattungen, deren Arbeit völlig unterschiedlich war.«[8] Während die Spezialisierung immer größer wurde, wurden die Revolten immer häufiger. »Der geringste Grund zur Unzufriedenheit genügt, um über ein Haus das Arbeitsverbot zu werfen, und wehe dem Gesellen, der nicht den Beschluß der Gemeinschaft beachtet hätte.«[9] Es ist genugsam bekannt, daß der Kampf seither immer heftiger geworden ist.

Im nächsten Kapitel jedoch werden wir sehen, daß diese Spannung

5 ID., *ibid.*

6 ID., *ibid.*, I, 504.

7 Hubert Valleroux, *Les corporations d'arts et de métiers*, p. 49.

8 Levasseur, II, 315.

9 ID., *ibid.*, 319.

der sozialen Beziehungen zum Teil darin liegt, daß die Arbeiterklassen in Wirklichkeit nicht die Bedingungen wollen, die ihnen gemacht werden, und die sie nur zu oft notgedrungen und gezwungen annehmen müssen, weil sie nicht die Mittel haben, andere zu gewinnen. Jedoch kann dieser Zwang allein nicht über dieses Phänomen Rechenschaft geben. Denn er liegt nicht weniger schwer auf allen Unbemittelten im allgemeinen, und trotzdem ist dieser Zustand einer ständigen Feindschaft eine Eigentümlichkeit der Industriewelt. Innerhalb dieser Welt ist diese Feindschaft allen Arbeitern ohne Ausnahme gemeinsam. Die kleine Industrie, in der die Arbeit weniger geteilt ist, bietet das Schauspiel einer relativen Harmonie zwischen dem Arbeitgeber und dem Arbeitnehmer[10]; nur in der großen Industrie ist diese Zerrissenheit eine offene Wunde. Sie muß also eine andere Ursache haben.

In der Geschichte der Wissenschaften hat man oft ein anderes Beispiel des gleichen Phänomens erwähnt. Da bis vor kurzem die Wissenschaft nicht sehr geteilt war, konnte sie in ihrer Gesamtheit von ein und demselben Geist getrieben werden. Man hatte daher ein sehr lebhaftes Gefühl ihrer Einheit. Die einzelnen Wahrheiten, die sie erarbeitete, waren nicht so zahlreich und nicht so heterogen, daß nicht das Band, das sie in einem einzigen System vereinigte, mit Leichtigkeit gesehen werden konnte... Die Methoden selbst waren sehr allgemein und unterschieden sich wenig voneinander; man konnte den gemeinsamen Stamm erkennen, aus dem sie sich unmerklich verzweigten. In dem Maß aber, wie die Spezialisierung in der wissenschaftlichen Arbeit eingeführt worden ist, beschränkt sich jeder Gelehrte immer mehr nicht nur mit einer einzigen Wissenschaft, sondern mit einem speziellen Problemkreis. Auguste Comte beklagte sich schon, daß es zu seiner Zeit in der gelehrten Welt »recht wenige Geister gibt, die in ihren Begriffen die Gesamtheit einer einzigen Wissenschaft umfassen, die jedoch ihrerseits nur ein Teil des großen Ganzen ist. Die meisten begnügen sich schon ganz mit der Einzelbetrachtung eines mehr oder weniger großen Ausschnitts einer bestimmten Wissenschaft, ohne sich viel mit den Beziehungen dieser Spezialarbeiten zu dem allgemeinen System der positiven Erkenntnisse zu beschäftigen.«[11] Ist aber die Wissenschaft in eine Vielheit von Ein-

10 Siehe Cauwès, *Précis d'économie politique*, II, 39.

11 Auguste Comte, *Cours de philosophie positive*, I, 27.

zelheiten zersplittert, die sich nicht zusammenfügen, dann bildet sie kein solidarisches Ganzes mehr. Was am besten dieses Fehlen des Einklanges und der Einheit sichtbar macht, ist die so weit verbreitete Theorie, daß jede Einzelwissenschaft einen absoluten Wert hat und daß der Gelehrte sich nur seiner Spezialforschung hinzugeben braucht, ohne bedenken zu müssen, ob sie zu etwas diene und auf einen Zweck hinziele. »Diese Teilung der intellektuellen Arbeit gibt sogar Grund zu der ernsten Befürchtung, daß wir mit einem neuen Alexandrinismus einer neuen Epoche des Verfalles der Wissenschaften entgegengehen.«[12]

II

Diese Tatsachen sind aber deshalb so ernst, weil man darin manchmal eine notwendige Wirkung der Arbeitsteilung gesehen hat, sobald sie einen bestimmten Entwicklungsgrad überschreite. Man sagt, daß sich in diesem Fall der Mensch, der sich unter seiner Aufgabe krümmt, in seiner speziellen Tätigkeit isoliert. Er fühlt nicht mehr die Mitarbeiter, die an seiner Seite am selben Werk arbeiten; es kommt ihm nicht einmal mehr der Gedanke, daß das Werk ein gemeinsames ist. Die Arbeitsteilung darf also nicht zu weit getrieben werden, ohne eine Quelle des Zerfalls zu werden. »Da nun jederlei Zersetzung notwendig die Tendenz zeigen muß, eine entsprechende Zersplitterung zu bewirken, so muß die grundlegende Verteilung der menschlichen Arbeiten notwendig in einem verhältnismäßigen Grade individuelle Abweichungen hervorbringen, und zwar ebenso intellektuelle wie moralische, deren kombinierter Einfluß im selben Maße eine dauernde Disziplin erfordern muß, die geeignet ist, ihrer zwiespältigen Entwicklung unaufhörlich vorzubeugen oder sie in Schranken zu halten. Wenn einerseits in der Tat die Trennung der sozialen Funktionen dem auf das Einzelne gerichteten Geiste eine glückliche Entwicklung gestattet, die auf jede andere Weise unmöglich wäre, so hat sie andrerseits die Tendenz, den auf das Ganze gerichteten Geist zu ersticken oder wenigstens gründlich zu fesseln. Ebenso wird vom moralischen Standpunkte aus jeder, während er in eine enge

12 Schäffle, *Bau und Leben des socialen Körpers*, II, 367 f.

Abhängigkeit von der Masse gebracht wird, natürlich gleichzeitig durch die entsprechende Entwicklung seiner besonderen Tätigkeit davon abgelenkt, die ihn beständig an sein Privatinteresse erinnert, dessen wahren Zusammenhang mit dem öffentlichen Interesse er nur sehr undeutlich wahrnimmt ... So kommt es, daß das nämliche Prinzip, das allein die Entwicklung und Ausdehnung der Gesellschaft im allgemeinen gestattet, sie unter einem anderen Gesichtspunkt in eine Menge von unzusammenhängenden Körperschaften aufzulösen droht, die fast oder gar nicht ein und derselben Gattung anzugehören scheinen.«[13] Espinas drückt sich ungefähr gleich aus: »Teilung ist Zersplitterung.«[14]

Die Arbeitsteilung würde also gemäß ihrer Natur selber einen auflösenden Einfluß ausüben, der besonders dort fühlbar wäre, wo die Funktionen sehr spezialisiert sind. Comte schließt aber nicht aus seinem Prinzip, daß man die Gesellschaften auf das zurückführen müsse, was er selbst das Zeitalter der Allgemeinheit nennt, d. h. einen Zustand von Unterschiedslosigkeit und Homogenität, der ihr Ausgangspunkt war. Die Vielfalt der Funktionen ist nützlich und notwendig. Da aber die Einheit, die nicht weniger unentbehrlich ist, nicht spontan daraus hervorgeht, muß die Sorge, sie zu realisieren und zu bewahren, eine Spezialfunktion im sozialen Organismus einnehmen, die durch ein unabhängiges Organ dargestellt wird. Dieses Organ ist der Staat oder die Regierung.

»Die soziale Bestimmung der Regierung scheint mir vor allem darin zu bestehen, diese fatale Neigung zur wesentlichen Zersplitterung der Ideen, der Gefühle und der Interessen, die das unvermeidliche Resultat gerade des Prinzips der menschlichen Entwicklung ist, und die, wenn sie ihren natürlichen Gang ungehindert verfolgen könnte, unvermeidlich damit enden würde, den sozialen Fortschritt in allen wichtigen Beziehungen aufzuhalten, hinlänglich zu zügeln und ihr soviel als möglich vorzubeugen. Diese Auffassung bildet in meinen Augen die erste positive und rationelle Basis der elementaren und abstrakten Theorie von der eigentlichen Regierung, wenn man sie in ihrer edelsten und vollständigsten wissenschaftlichen Ausdehnung betrachtet, d. h. als im allgemeinen charakterisiert durch die notwendige, universelle, zuerst spontane und dann geregelte Rückwirkung des Ganzen auf

13 Comte, *Soziologie,* I, S. 439–440.

14 Espinas, *Sociétés animales,* Schluß, IV.

die Teile. Es ist in der Tat klar, daß das einzige wirkliche Mittel zur Verhinderung einer solchen Zerstreuung darin besteht, diese unerläßliche Rückwirkung zu einer neuen besonderen Funktion zu erheben, die geeignet ist, bei der gewöhnlichen Erfüllung aller verschiedenen Sonderfunktionen der sozialen Ökonomie entsprechend einzugreifen, um unaufhörlich den Gedanken an das Ganze und das Bewußtsein der gemeinsamen Solidarität darin wachzuerhalten.«[15]

Was die Regierung für die Gesellschaft in ihrer Gesamtheit ist, muß die Philosophie für die Wissenschaften sein. Da die Vielfalt der Wissenschaften dazu neigt, die Einheit der Wissenschaften zu zerschlagen, muß man eine neue Wissenschaft damit beauftragen, sie wiederherzustellen. Da die Einzelstudien uns die Zusammenschau der menschlichen Erkenntnisse verlieren lassen, muß man ein besonderes Forschungssystem aufstellen, um sie wiederzufinden und zu profilieren. Mit anderen Worten: »Man muß aus dem Studium der wissenschaftlichen Allgemeinheiten eine weitere große Spezialität machen. Eine neue Klasse von Gelehrten, die durch eine angemessene Erziehung vorbereitet ist (ohne sich dem Spezialstudium eines Einzelzweiges der Naturphilosophie allein hinzugeben), muß sich einzig damit beschäftigen, indem sie die verschiedenen positiven Wissenschaften in ihrem heutigen Zustand betrachtet, genau den Geist einer jeden einzelnen zu bestimmen, ihre Beziehungen und ihre Verkettung zu entdecken und womöglich deren eigene Prinzipien in einer geringeren Zahl von gemeinsamen Prinzipien zusammenzufassen ... und die Arbeitsteilung würde in den Wissenschaften ohne Gefahr so weit getrieben werden, als es die Entwicklung der verschiedenen Erkenntnisordnungen verlangt.«[16]

Wir haben weiter oben selbst gezeigt[17], daß sich das Regierungsorgan mit der Arbeitsteilung entwickelt, nicht um ein Gegengewicht zu sein, sondern dank einer mechanischen Notwendigkeit. Da die Organe dort eng solidarisch sind, wo die Funktionen sehr

15 Comte, *Soziologie*, I, S. 441–442.

16 A. Comte, *Cours de philosophie positive*. 4. Aufl. Paris 1877, t. I, p. 27–28. – Diese Annäherung zwischen Regierung und Philosophie braucht niemanden zu überraschen; denn in den Augen Comtes sind diese beiden Einrichtungen untrennbar. Die Regierung, so wie er sie sieht, ist nur möglich, wenn sich die positive Philosophie bereits konstituiert hat.

17 Siehe weiter oben, 1. Buch, 7. Kap., § III, S. 258–265.

geteilt sind, wird das, was das eine trifft, auch die anderen berühren, und die sozialen Ereignisse bekommen leichter ein allgemeines Interesse. Als Folge des Zurückweichens des segmentären Typs verbreiten sie sich gleichzeitig mit größerer Leichtigkeit auf die ganze Ausdehnung des Gewebes oder ein und desselben Apparates. Für die beiden Serien von Gründen gilt überdies, daß sie in dem Leitorgan widerhallen, dessen funktionale Tätigkeit, da öfter geübt, ebenso in dem Umfang wächst. Aber ihr Wirkungsbereich geht nicht darüber hinaus.

Unter diesem allgemeinen und oberflächlichen Leben gibt es indes ein anderes Leben, eine Welt von Organen, die, ohne vom ersten ganz unabhängig zu sein, trotzdem funktioniert, ohne daß es interveniert, ohne daß es, wenigstens im Normalzustand, sich dessen überhaupt bewußt ist. Diese Organe sind seiner Wirkung entzogen, weil es zu weit von ihnen entfernt ist. Die Regierung kann nicht jeden Augenblick die Bedingungen der verschiedenen Wirtschaftsmärkte regeln, die Preise der Dinge und der Dienste fixieren, die Produkte den Bedürfnissen des Verbrauchers anpassen usw. Alle diese Probleme werfen eine Vielfalt von Teilfragen auf, hängen von Tausenden von besonderen Umständen ab, die nur der kennt, der mitten drin steht. Um so weniger kann die Regierung diese Funktionen untereinander vergleichen und sie harmonisieren, wenn sie sich nicht selbständig in Einklang bringen. Wenn also die Arbeitsteilung die Streuwirkungen hat, die man ihr zuschreibt, dann müssen sie sich ohne Widerstand in dieser Region der Gesellschaft entwickeln können, weil es hier nichts gibt, was sie einigen könnte. Was aber die Einheit der organisierten Gesellschaften wie eines jeden Organismus ausmacht, ist der spontane Konsensus der Parteien, ist die innere Solidarität, die nicht nur genauso unentbehrlich wie die Regelwirkung der höheren Zentren, sondern deren notwendige Bedingung ist, denn sie übersetzen sie nur in eine andere Sprache und heiligen sie sozusagen. Das Gehirn schafft nicht die Einheit des Organismus, aber es drückt sie aus und krönt sie. Man spricht von der Notwendigkeit einer Gesamtreaktion auf die Teile, aber dazu muß diese Gesamtheit erst existieren, d. h. die Teile müssen schon untereinander solidarisch sein, damit das Ganze sich seiner selbst bewußt wird und als solches reagiert. Man müßte also in dem Maß, wie sich die Arbeit teilt, eine Art fortschreitender Zersetzung sehen, nicht

in diesem oder jenem Einzelpunkt sondern in der ganzen Ausdehnung der Gesellschaft, statt eine immer stärkere Konzentration, die man in Wirklichkeit beobachtet.
Aber, so sagt man, es ist nicht nötig, in Einzelheiten einzutreten. Es genüge, überall dort, wo es nötig ist, an den »Gesamtgeist und an das Gefühl der gemeinsamen Solidarität« zu erinnern, und dazu sei die Regierung allein befugt. Diese Aktion ist zwar viel zu allgemein, um die Mitarbeit der sozialen Funktionen auszulösen, wenn sie nicht von selbst zustandekommt. Denn worum handelt es sich eigentlich? Jedem Individuum begreiflich zu machen, daß es nicht allein bestehen kann, sondern ein Teil des Ganzen ist, von dem es abhängt? Eine derartige abstrakte, vage und im übrigen unregelmäßige Vorstellung kann, wie alle komplexen Vorstellungen, nichts gegen die lebhaften, konkreten Eindrücke erreichen, die die Berufstätigkeit in jedem von uns zu jeder Zeit hervorruft. Wenn diese also die Wirkung haben, die man ihr zuschreibt, wenn die Beschäftigungen, die unser tägliches Leben füllen, dazu führen, uns von der sozialen Gruppe, der wir angehören, zu trennen, dann könnte eine derartige Auffassung, die nur dann und wann eingreift und nur einen kleinen Teil unseres Bewußtseinsfeldes einnimmt, nicht genügen, um uns festzuhalten. Damit das Gefühl der Abhängigkeit, in der wir leben, wirkungsvoll sei, müßte es auch dauernd sein; das kann es aber nicht sein, wenn es an das Spiel selbst einer jeden Spezialfunktion gebunden ist. Dann hätte aber die Spezialisierung nicht mehr die Folge, die man ihr zuschreibt. Oder hat die Regierungsaktion den Zweck, unter den Berufen eine gewisse moralische Einheit aufrechtzuerhalten und zu verhindern, daß »die zwischen den Individuen desselben Berufes allmählich verstärkten sozialen Affekte allen anderen Klassen gegenüber mangels einer genügenden Analogie der Sitten und Gedanken mehr und mehr abnehmen«[18]?
Aber diese Einheitlichkeit kann nicht mit Gewalt und gegen die Natur der Dinge aufrechterhalten werden. Die funktionale Vielfalt zieht eine moralische Vielfalt nach sich, die nichts aufhalten kann, und es ist unvermeidlich, daß die eine gleichzeitig wie die andere wächst. Im übrigen wissen wir, aus welchen Gründen sich diese beiden Phänomene parallel entwickeln. Die kollektiven Ge-

18 Comte, *Soziologie*, I, S. 440.

fühle werden also immer ohnmächtiger, die zentrifugalen Kräfte zurückzuhalten, von denen man annimmt, daß sie die Arbeitsteilung erzeugen. Denn andrerseits steigen diese Tendenzen in dem Maß, wie sich die Arbeit weiter teilt, während gleichzeitig die kollektiven Gefühle selbst ständig schwächer werden.

Aus dem gleichen Grund wird die Philosophie immer unfähiger, die Einheit der Wissenschaft zu sichern. Solange ein Geist die verschiedenen Wissenschaften meistern konnte, solange war es möglich, die nötige Kompetenz zu erwerben, um die Einheit wieder herzustellen. In dem Maß aber, wie sie sich spezialisieren, können diese großen Synthesen nichts anderes mehr sein als verfrühte Verallgemeinerungen, denn es wird einem menschlichen Geist immer unmöglicher, eine genügend genaue Kenntnis von der unendlichen Vielfalt der Phänomene, der Gesetze und der Hypothesen zu haben, die sie zusammenfassen müssen. »Die Frage wäre wohl interessant, was die Philosophie als allgemeines Konzept der Welt eines Tages sein wird, wenn die Einzelwissenschaften aufgrund ihrer wachsenden Kompliziertheit im Detail unerreichbar werden und die Philosophen nur mehr die allgemeinen, notwendigerweise oberflächlichen Ergebnisse wissen können.«[19]

Zweifellos gibt es Gründe, diesen Stolz des Gelehrten als übertrieben anzusehen, der, in seine Sonderstudien eingeschlossen, sich weigert, eine ihm fremde Kontrolle anzuerkennen. Trotzdem ist es sicher, daß man, um von einer Wissenschaft eine halbwegs genaue Kenntnis zu haben, sie auch betrieben haben muß; daß man sie sozusagen gelebt haben muß. Denn sie beinhaltet nicht nur die mehr oder weniger zahlreichen Urteile, die sie endgültig bewiesen hat. Neben dieser aktuellen und realisierten Wissenschaft gibt es noch eine andere, eine konkrete und lebendige, die sich zum Teil nicht kennt und noch sucht: Neben den gesicherten Ergebnissen sind die Hoffnungen, die Gewohnheiten, die Instinkte, die Bedürfnisse, die so dunklen Ahnungen, daß man sie nicht mit Worten ausdrücken kann, die so mächtig sind, daß sie manchmal das ganze Leben des Gelehrten beherrschen. All das ist noch Wissenschaft, und sogar ihr bester und größter Teil, denn die entdeckten Wahrheiten sind neben denen, die noch zu entdecken sind, gering an Zahl. Um den ganzen Sinn der ersten zu besitzen und all das,

19 Ribot, *Psychologie allemande,* Einleitung p. XXVII.

was sie enthalten, zu verstehen, muß man andrerseits das wissenschaftliche Leben von nahem gesehen haben, solange es noch nicht in definitiven Urteilen festliegt. Sonst beweist man nur den Buchstaben und nicht den Geist. Jede Wissenschaft hat sozusagen eine Seele, die im Bewußtsein des Gelehrten lebt. Nur ein Teil dieser Seele verkörpert sich und nimmt greifbare Formen an. Die Formeln, die sie ausdrücken, sind allgemein und leicht übertragbar. Aber dasselbe gilt nicht für jenen anderen Teil der Wissenschaft, den kein Symbol nach außen übersetzt. Hier ist alles persönlich und muß durch eine persönliche Erfahrung erworben werden. Um daran teilzuhaben, muß man selbst ans Werk gehen und sich vor die Tatsachen stellen. Damit die Einheit der Wissenschaft gesichert bleibt, würde es, nach Comte, genügen, daß die Methoden auf die Einheit zurückverwiesen werden[20]. Aber gerade die Methoden sind am schwersten zu vereinen. Da sie den Wissenschaften selbst immanent sind, da es unmöglich ist, sie ganz aus dem Gesamt der aufgestellten Wahrheiten herauszulösen, um sie einzeln zu kodifizieren, kann man sie nur kennen, wenn man sie selbst erarbeitet hat. Nun ist es für einen Menschen schon jetzt unmöglich, eine größere Zahl von Wissenschaften zu betreiben. Diese großen Verallgemeinerungen können also nur auf einer recht summarischen Zusammenfassung der Dinge beruhen. Wenn man des weiteren daran denkt, mit welcher Langsamkeit und mit welcher geduldigen Behutsamkeit die Gelehrten im allgemeinen bei der Entdekkung der eigentümlichsten Wahrheiten vorgehen, dann kann man sich vorstellen, daß diese improvisierten Disziplinen nur eine recht schwache Autorität auf sie ausüben.

Welchen Wert aber diese philosophischen Allgemeinheiten auch haben mögen, die Wissenschaft kann darin ihre Einheit nicht finden, die sie braucht. Sie drücken aus, was es an Gemeinsamem unter den Wissenschaften gibt, die Gesetze, die einzelnen Methoden, aber neben den Ähnlichkeiten bleiben die Unterschiede, die erst eingegliedert werden müssen. Man sagt oft, daß das Allgemeine latent die Einzelfakten enthält, die es zusammenfaßt. Aber dieser Ausdruck ist ungenau. Er enthält nur, was sie gemeinsam haben. Nun gibt es auf der Welt keine zwei Phänomene, die sich gleichen, wie einfach sie auch wären. Daher läßt jedes allgemeine Urteil

20 Comte, *op. cit.*, I, 45.

einen Teil der Materie entwischen, den es zu beherrschen versucht. Es ist unmöglich, die konkreten Züge und die unterschiedlichen Eigenschaften der Dinge im Schoß ein und derselben unpersönlichen und homogenen Formel zu verschmelzen. Solange die Ähnlichkeiten die Unterschiede übersteigen, genügen sie, um die solcherart angenäherten Darstellungen zu integrieren. Die Einzeldissonanzen verschwinden im Schoß der Gesamtharmonie. In dem Maß aber, wie die Unterschiede zahlreicher werden, wird die Kohäsion unsicher und muß durch andere Mittel gefestigt werden. Man braucht sich nur die wachsende Zahl der Spezialwissenschaften mit ihren Theorien, ihren Gesetzen, ihren Axiomen, ihren Mutmaßungen, ihren Verfahren und ihren Methoden vorzustellen, und man wird verstehen, daß eine kurze und einfache Formel, wie das Evolutionsgesetz zum Beispiel, nicht genügen kann, um eine derart ungeheure Komplexität der Phänomene zusammenzufassen. Selbst wenn sich diese Gesamtüberblicke genau auf die Wirklichkeit bezögen, so ist doch der Teil, den sie erklären, zu gering neben dem, was sie unerklärt lassen. Auf diese Weise wird man niemals die positiven Wissenschaften aus ihrer Isolierung lösen können. Es ist ein zu großer Abstand zwischen den Einzeluntersuchungen, die sie speisen, und derartigen Synthesen. Das Band, das diese beiden Erkenntnisarten untereinander verbindet, ist zu dünn und zu locker, und wenn sich die Einzelwissenschaften ihrer gegenseitigen Abhängigkeit nur im Schoß einer Philosophie bewußt werden, die sie umfaßt, dann ist das Gefühl, das sie von ihr haben, immer zu vage, um wirksam zu sein.
Die Philosophie ist so etwas wie das Kollektivbewußtsein der Wissenschaft, und hier wie anderswo verringert sich die Rolle des Kollektivbewußtseins in dem Maß, wie sich die Arbeit teilt.

III

Obwohl Comte erkannt hatte, daß die Arbeitsteilung eine Quelle der Solidarität ist, scheint er nicht bemerkt zu haben, daß diese Solidarität eine Solidarität *sui generis* ist und sich nach und nach an die Stelle jener setzt, die die sozialen Ähnlichkeiten erzeugen. Als er bemerkt hatte, daß diese dort sehr untergeordnet sind, wo die Funktionen sehr spezialisiert sind, hat er in dieser Abnahme ein krankhaftes Phänomen gesehen, eine Bedrohung für den sozialen Zusammenhalt, an der das Übermaß an Spezialisierung schuld habe, womit er die Koordinationsstörungen erklärte, die manchmal die Entwicklung der Arbeitsteilung begleiten. Da wir aber festgestellt haben, daß das Nachlassen des Kollektivbewußtseins ein normales Phänomen ist, können wir daraus nicht die Ursache der anormalen Phänomene machen, die wir hier untersuchen wollen. Wenn die organische Solidarität in bestimmten Fällen durchaus nicht das ist, was sie sein soll, dann bestimmt nicht darum, weil die mechanische Solidarität an Boden verloren hat, sondern weil nicht alle Existenzbedingungen der organischen erfüllt worden sind.

Wir wissen in der Tat, daß man überall, wo man sie beobachtet, gleichzeitig eine genügend entwickelte Regelung bemerkt, die die tatsächlichen Beziehungen der Funktionen bestimmt[21]. Damit die organische Solidarität existieren kann, genügt es nicht, daß es ein System von einander notwendigen Organen gibt, die auf allgemeine Weise ihre Solidarität fühlen, sondern dazu muß auch die Art und Weise bestimmt sein, wie sie mitwirken müssen, wenn auch nicht in jeder Art der Begegnung, so doch in den häufigsten Umständen. Ist das nicht der Fall, so wären zu jedem Augenblick neue Kämpfe zur Herstellung des Gleichgewichts nötig, denn die Bedingungen für dieses Gleichgewicht können nur mit Hilfe tastender Versuche gefunden werden, in deren Verlauf jede Partei die andere zum mindesten genauso als Gegner wie als Helfer behandelt. Diese Konflikte würden sich ständig erneuern und folglich wäre die Solidarität nur virtuell; die gegenseitigen Verpflichtungen müßten in jedem Einzelfall zur Gänze aufs neue ausgehandelt werden. Man könnte einwerfen, daß es Verträge gibt. Aber nicht alle sozialen Beziehungen sind einer rechtlichen Form fähig. Im übrigen wissen wir, daß sich der Vertrag nicht selbst genügt, sondern eine Regelung voraussetzt, die sich ausdehnt und verkompliziert wie das Vertragsleben selber. Außerdem sind die Bande, die diesen Ursprung haben, immer von kurzer Dauer. Der Vertrag ist nur ein Waffenstillstand, und zwar ein recht zerbrechlicher; er hebt nur für eine Zeit die Feindseligkeiten auf. Wie präzise auch die Regelung sein mag, sie läßt immer einen freien Platz für alle

21 Siehe 1. Buch, 7. Kap.

möglichen Reibungen. Aber es ist weder nötig noch sogar möglich, daß das soziale Leben ohne Kampf verläuft. Es ist nicht die Rolle der Solidarität, die Konkurrenz zu unterdrücken, sondern sie zu mäßigen.

Im normalen Zustand fließen diese Regeln von selbst aus der Arbeitsteilung; sie sind nur eine Art Verlängerung derselben. Wenn sie nur die Individuen annäherte, die sich für einige Augenblicke vereinigen, um persönliche Dienste auszutauschen, dann könnte sie keine Regelwirkung erzeugen. Was sie einander gegenüberstellt, das sind die Funktionen, d. h. bestimmte Handlungsweisen, die sich unter bestimmten Bedingungen als identische wiederholen, da sie von den allgemeinen und beständigen Bedingungen des sozialen Lebens abhängen. Die Beziehungen, die sich unter diesen Funktionen bilden, müssen also notgedrungen zu dem gleichen Grad der Beständigkeit und der Regelmäßigkeit gelangen. Es gibt bestimmte Arten, aufeinander zu reagieren, die, weil sie der Natur der Dinge gemäßer sind, sich öfter wiederholen und Gewohnheiten werden. Diese Gewohnheiten verwandeln sich, je stärker sie werden, in Verhaltensregeln. Die Vergangenheit legt die Zukunft fest. Anders ausgedrückt: Es gibt einen bestimmten Start von Rechten und Pflichten, den der Brauch bestimmt und der schließlich verpflichtend wird. Die Regel erzeugt also nicht den Zustand der gegenseitigen Abhängigkeit, in dem die Organe solidarisch sind, sondern drückt ihn nur auf greifbare und bestimmte Weise aus in bezug auf eine gegebene Situation. Statt daß das Nervensystem die Evolution des Organismus beherrscht, wie man es früher geglaubt hat, hängt es von ihm ab[22]. Die Nervenstränge sind wahrscheinlich nur die Durchgangslinien, die den Bewegungs- und den zwischen den verschiedenen Organen ausgetauschten Erregungswellen gefolgt sind. Es sind die Kanäle, die das Leben sich selbst gegraben hat, weil es immer in derselben Richtung fließt, und die Ganglien sind nur die Kreuzungspunkte mehrerer dieser Linien[23]. Weil man diesen Aspekt des Phänomens verkannt hat, haben bestimmte Moralisten die Arbeitsteilung angeklagt, keine wirkliche Solidarität erzeugt zu haben. Sie haben darin nur Einzelaustausche gesehen, vergängliche Verbindungen, die ohne Vergangenheit wie ohne Zukunft sind, wo das Indivi-

22 Siehe Perrier, *Colonies animales,* p. 746.

23 Spencer, *Die Prinzipien der Biologie,* Stuttgart 1877, II, 438.

duum sich selbst überlassen ist. Sie haben nicht jene langsame Arbeit der Festigung, dieses Netz von Verbindungen gesehen, das sich nach und nach selbst spinnt und das aus der organischen Solidarität etwas Dauerhaftes macht.

In all den beschriebenen Fällen gibt es diese Regelung entweder gar nicht, oder sie steht nicht mit dem Entwicklungsgrad der Arbeitsteilung in Beziehung. Heute gibt es keine Regeln mehr, die die Zahl der Wirtschaftsunternehmen fixieren, und in keinem Industriezweig ist die Produktion derart geregelt, daß sie genau auf der Höhe des Verbrauchs stehen bleibt. Wir wollen im übrigen aus dieser Tatsache keinen praktischen Schluß ziehen. Wir behaupten nicht, daß eine restriktive Rechtspflege notwendig wäre; es ist nicht unsere Aufgabe, hier die Vor- und die Nachteile abzuwägen. Sicher ist, daß dieser Mangel an Reglementierung nicht die regelmäßige Harmonie der Funktionen erlaubt. Allerdings beweisen die Wirtschaftler, daß sich diese Harmonie von selbst herstellt, wenn es nötig ist, dank der Preiserhöhung oder dem Preisverfall, die je nach den Bedürfnissen die Produktion anregen oder verlangsamen. Auf alle Fälle stellt sie sich aber erst nach Gleichgewichtsbrüchen oder mehr oder weniger lange andauernden Störungen wieder ein. Diese Störungen sind natürlich um so häufiger, je spezialisierter die Funktionen sind. Denn je komplexer eine Organisation ist, um so mehr wird die Notwendigkeit einer ausgedehnten Reglementierung fühlbar.

Die Beziehungen zwischen Kapital und Arbeit sind bis jetzt im selben Zustand der rechtlichen Unbestimmtheit geblieben. Der Vertrag der Dienstleistungen hat in unseren Gesetzbüchern einen recht bescheidenen Platz, besonders wenn man die Vielfalt und die Komplexität der Beziehungen bedenkt, die er zu regeln berufen ist. Im übrigen ist es nicht nötig, auf eine Lücke hinzuweisen, die heute alle Völker fühlen und auszufüllen sich bemühen[24].

Die Regeln der Methode verhalten sich zur Wissenschaft wie die Regeln des Rechts und der Sitten zum Verhalten. Sie lenken das Denken des Gelehrten wie jene das Handeln der Menschen beherrschen. Wenn nun aber jede Wissenschaft ihre Methode hat, dann ist die Ordnung, die sie verwirklicht, ganz innerlich. Sie

24 Das wurde 1893 geschrieben. Seitdem hat das Industrierecht in unserem Recht einen bedeutenderen Platz eingenommen. Das beweist nur, wie groß die Lücke war; im übrigen fehlt noch viel, bis sie geschlossen ist.

koordiniert die Schritte der Gelehrten ein und derselben Wissenschaft und nicht ihre Beziehungen mit der Außenwelt. Es gibt keine Disziplinen, die die Bemühungen der verschiedenen Wissenschaften in Hinsicht auf ein gemeinsames Ziel zum Einklang bringen. Das stimmt besonders für die Moral- und Sozialwissenschaften; denn die mathematischen, die physikochemischen und sogar die biologischen Wissenschaften scheinen sich untereinander nicht so fremd zu sein. Aber der Jurist, der Soziologe, der Anthropologe, der Wirtschaftler, der Statistiker, der Linguist, der Historiker gehen in ihre Forschungen hinein, als ob die verschiedenen Tatsachenordnungen, die sie studieren, ebensoviele unabhängige Welten wären. In Wirklichkeit aber durchdringen sie sich von allen Seiten. Folglich müßte es mit den entsprechenden Wissenschaften ebenso sein. Daher kommt die Anarchie, auf die man (im übrigen nicht ohne Übertreibung) in der Wissenschaft im allgemeinen hingewiesen hat, die aber besonders in diesen Wissenschaften deutlich ist. Sie bieten in der Tat das Schauspiel einer Ansammlung einzelner Teile, die nicht zueinander passen. Wenn sie also insgesamt keine Einheit bilden, dann nicht darum, weil sie nicht das genügende Gefühl ihrer Ähnlichkeiten hätten, sondern weil sie nicht organisiert sind.

Diese verschiedenen Beispiele sind also Varietäten ein und derselben Gattung. Wenn in allen diesen Fällen die Arbeitsteilung nicht die Solidarität erzeugt, dann deshalb, weil die Beziehungen der Organe nicht geregelt sind, weil sie in einem Zustand der *Anomie* verharren.

Woher kommt dieser Zustand?

Da eine Regelsammlung die gefügte Form ist, die die Beziehungen mit der Zeit annehmen, die sich spontan zwischen den sozialen Funktionen herstellen, kann man *a priori* sagen, daß der *Anomie*zustand überall dort unmöglich ist, wo die solidarischen Organe in genügendem und genügend langem Kontakt stehen. Da sie sich berühren, unterrichten sie sich in jeder Lage leicht über das Bedürfnis, das sie untereinander haben; sie haben folglich ein lebhaftes und beständiges Gefühl ihrer gegenseitigen Abhängigkeit. Aus dem gleichen Grund vollzieht sich der gegenseitige Austausch leicht, er vollzieht sich auch häufig, da er regelmäßig stattfindet. Er regelt sich von selbst, und die Zeit vollendet nach und nach das Werk der Festigung. Weil die geringste Reaktion auf beiden Seiten gespürt wird, tragen schließlich die Regeln, die auf diese Weise entstehen, ihr Zeichen, d. h. sie sehen die Gleichgewichtsbedingungen voraus und fixieren sie bis in die Einzelheiten. Wenn aber im Gegenteil ein undurchlässiges Milieu dazwischen steht, dann können nur Erregungen einer bestimmten Intensität von einem Organ zum anderen vermittelt werden. Die Beziehungen sind selten und wiederholen sich nicht oft genug, um bestimmt zu werden; jedes neue Mal gibt es neue Versuche. Die Pfade des Übergangs, denen die Bewegungswellen folgen, können sich nicht vertiefen, weil die Wellen selbst allzu regelmäßig erfolgen. Wenn es einigen Regeln trotzdem gelingt, sich zu konstituieren, dann sind sie allgemein und vage; denn unter diesen Bedingungen können sich nur die allgemeinsten Umrisse der Phänomene fixieren. Das gleiche gilt, wenn die Nachbarschaft, so sehr sie genügen mag, allzu neuen Datums ist oder nicht lange genug gedauert hat[25].

Häufig kann diese Bedingung durch die Macht der Dinge eintreten; denn eine Funktion kann sich nur unter zwei oder mehreren Parteien eines Organismus aufteilen, wenn die Organismen mehr oder weniger Nachbarn sind. Wenn außerdem die Arbeit einmal geteilt ist, neigen sie, da sie sich untereinander brauchen, natürlich dazu, den Abstand, der sie trennt, zu vermindern. In dem Maß also, in dem man die tierische Stufenleiter hinaufsteigt, sieht man, wie sich die Organe nähern und, wie Spencer sagt, in die gegenseitigen Zwischenräume eindrängen. Aber das Zusammentreffen von außerordentlichen Umständen kann zu einem völlig anderen Ergebnis führen.

In den Fällen, die uns beschäftigen, hat sich das zugetragen. Solange der segmentäre Typus stark ausgebildet ist, gibt es ungefähr genauso viele Wirtschaftsmärkte wie unterschiedliche Segmente; folglich ist jeder von ihnen sehr begrenzt. Da die Erzeuger ganz nahe bei den Verbrauchern sind, können sie sich leicht über die Bedürfnisse, die befriedigt werden müssen, Rechenschaft geben.

25 Immerhin gibt es einen Fall, wo *Anomie* entstehen kann, obwohl Nachbarschaft genügend nah ist. Das trifft ein, wenn die nötige Regelung nur um den Preis von Veränderungen hergestellt werden kann, deren soziale Struktur dazu nicht mehr fähig ist. Denn die Plastizität der Gesellschaften ist nicht unendlich. Wenn sie an ihren Grenzen angekommen ist, dann sind selbst notwendige Veränderungen unmöglich.

Das Gleichgewicht stellt sich mühelos ein und die Erzeugung regelt sich von selbst. In dem Maß aber, wie sich der organisierte Typus entwickelt, zieht die Verschmelzung der verschiedenen Segmente untereinander auch die Verschmelzung der Märkte in einen einzigen Markt nach sich, der fast die ganze Gesellschaft umfaßt. Er dehnt sich sogar darüber hinaus aus und versucht universell zu werden; denn die Grenzen, die die Völker trennen, senken sich gleichzeitig mit den Grenzen, die die Segmente untereinander getrennt hatten. Daraus folgt, daß jede Industrie für Verbraucher erzeugt, die über das ganze Land oder sogar über die ganze Welt verstreut sind. Dann besteht kein genügender Kontakt mehr. Der Erzeuger kann den Markt nicht mehr überschauen, nicht einmal gedanklich umfassen. Er kann sich nicht mehr die Grenzen vorstellen, da er sozusagen unbegrenzt ist. Dann fehlt der Produktion jeder Zügel und jede Regel. Sie tastet blind umher und im Lauf dieser Versuche tritt unweigerlich ein, daß das Maß bald in diesem und bald in jenem Sinn überschritten wird. Daher kommen jene Krisen, die periodisch die Wirtschaftsfunktionen stören. Die Zunahme der lokalen und begrenzten Krisen (nämlich die Konkurse) ist wahrscheinlich eine Wirkung dieser gleichen Ursache.
In dem Maß, wie sich der Markt ausdehnt, erscheint die große Industrie. Sie hat die Wirkung, die Beziehung zwischen den Arbeitgebern und den Arbeitnehmern zu verändern. Eine größere Ermüdung des Nervensystems und der ansteckende Einfluß der großen Städte erhöhen die Bedürfnisse der Arbeiter. Die Arbeit der Maschine ersetzt die Arbeit des Menschen: Die Arbeit in der Fabrik die Arbeit in der Werkstatt. Der Arbeiter wird sozusagen »kaserniert« und für den ganzen Tag seiner Familie entzogen. Er lebt stets mehr von dem getrennt, der ihn beschäftigt usw. Diese neuen Bedingungen der Industriewelt verlangen natürlich eine neue Organisation. Da aber diese Umwandlungen mit einer außerordentlichen Geschwindigkeit vor sich gegangen sind, haben die konfligierenden Interessen noch keine Zeit gehabt, sich auszugleichen[26].

26 Erinnern wir jedoch daran, wie wir im nächsten Kapitel sehen werden, daß diese Feindschaft nicht zur Gänze der Geschwindigkeit dieser Umwandlung zur Last gelegt werden darf, sondern zum größten Teil der noch zu großen Ungleichheit der äußeren Bedingungen des Kampfes. Auf diesen Faktor hat die Zeit keinen Einfluß.

Daß die Moral- und Sozialwissenschaften in die Lage gekommen sind, von der wir gesprochen haben, erklärt sich daraus, daß sie die letzten waren, die in den Kreis der positiven Wissenschaften eingetreten sind. Erst seit einem Jahrhundert ist dieses neue Feld der Phänomene der wissenschaftlichen Untersuchungen zugänglich geworden. Die Gelehrten haben sich darin niedergelassen, die einen hier, die anderen dort, nach ihrem Geschmack. Über eine weite Fläche verstreut, sind sie untereinander zu weit entfernt, um die ganzen Bande zu fühlen, die sie vereinen. Aber aus der Tatsache, daß sie ihre Untersuchungen ständig weitertreiben, werden sie sich schließlich annähern und folglich ihrer Solidarität bewußt. So bildet sich die Einheit der Wissenschaft von selbst; nicht durch die abstrakte Einheit einer Formel, die im übrigen immer zu eng ist für die Vielfalt der Dinge, die sie umfassen soll, sondern durch die lebendige Einheit eines jeden Organismus. Damit die Wissenschaft eine Einheit wird, ist es nicht nötig, daß sie zur Gänze im Blickfeld eines einzigen Bewußtseins liegt – was im übrigen unmöglich ist –, es genügt, daß alle, die sie pflegen, fühlen, daß sie am gleichen Werk mitarbeiten.

Das eben Gesagte nimmt einem der schwersten Vorwürfe, den man der Arbeitsteilung gemacht hat, jede Grundlage.

Man hat sie oft beschuldigt, den Menschen zu mindern, weil sie ihn zu einer Maschine mache. Wenn er nicht weiß, wohin die Verrichtungen zielen, die man von ihm verlangt, und wenn er sie an kein Ziel bindet, kann er sich ihrer nur durch die Routine entledigen. Alle Tage wiederholt er dieselben Bewegungen mit einer monotonen Regelmäßigkeit, ohne sich dafür zu interessieren oder sie zu verstehen. Er ist nicht mehr eine lebende Zelle eines lebendigen Organismus, die ständig im Kontakt mit den Nachbarzellen schwingt, die auf sie einwirken und ihrerseits auf ihre Wirkung antworten, die sich ausdehnt, zusammenzieht, sich biegt und nach den Bedürfnissen und den Umständen verwandelt. Er ist nur mehr ein träges Rädchen, das eine äußere Kraft in Bewegung setzt, und das sich immer in derselben Richtung und auf dieselbe Weise bewegt. Wie man sich auch das moralische Ideal vorstellt, bei einer derartigen Erniedrigung der menschlichen Natur kann man unmöglich gleichgültig bleiben. Wenn die Moral die individuelle Vervollkommnung zum Ziel hat, dann kann sie nicht erlauben, daß man auf diese Weise das Individuum zerstreut, und wenn sie die Gesellschaft zum Ziel hat, dann darf sie die Quelle selbst des sozialen Lebens nicht austrocknen lassen. Denn das Übel bedroht nicht nur die Wirtschaftsfunktionen, sondern alle sozialen Funktionen, wie hoch sie auch seien. »Wenn man auf materiellem Gebiete oft mit Recht den während seines ganzen Lebens ausschließlich mit der Herstellung von Messergriffen oder Stecknadelköpfen beschäftigten Arbeiter beklagt hat, so muß die gesunde Philosophie im Grunde auf intellektuellem Gebiete die ausschließliche und fortgesetzte Beschäftigung eines menschlichen Gehirns mit der Lösung einiger Gleichungen oder der Klassifizierung einiger Insekten vielleicht nicht weniger bedauern lassen. Der moralische Effekt ist im einen wie im anderen Fall leider ein sehr analoger.«[27]

Manchmal hat man als Heilmittel vorgeschlagen, den Arbeitern, neben ihren technischen und Spezialkenntnissen, auch eine allgemeine Bildung zu geben. Wenn man annimmt, daß man damit einige der üblen Wirkungen mildern könnte, so ist das jedenfalls kein Mittel, ihnen vorzubeugen. Die Arbeitsteilung wechselt nicht ihre Natur, weil man ihr eine Allgemeinbildung vorschaltet. Zweifellos wäre es gut, wenn der Arbeiter imstände wäre, sich für die Kunst, für die Literatur usw. zu interessieren; trotzdem bleibt das Übel, daß er den ganzen Tag über wie eine Maschine behandelt wird. Wer sieht außerdem nicht, daß diese beiden Existenzen zu widersprüchlich sind, um sich versöhnen zu können und von ein und demselben Menschen gleichzeitig gelebt zu werden! Wenn man an weite Horizonte, an schöne Allgemeinheiten, an Gesamtansichten gewöhnt ist, dann läßt man sich nicht mehr ohne Ungeduld in die engen Grenzen einer Sonderaufgabe einsperren. Ein derartiges Heilmittel macht die Spezialisierung nur harmlos, indem sie sie unerträglich macht, und folglich mehr oder weniger unmöglich.

Der Widerspruch löst sich, weil im Gegenteil zu dem, was man sagt, die Arbeitsteilung nicht naturnotwendig diese Folgen hat, sondern nur unter ausnahmsweisen und anormalen Umständen. Damit sie sich entwickeln kann, ohne auf das menschliche Bewußtsein einen derart verheerenden Einfluß zu haben, ist es nicht nötig, sie mit ihrem Gegenteil zu mildern; sie muß nur sie selbst sein, und

27 A. Comte, *Soziologie,* I, S. 440–441.

es genügt, daß sie es ist, ohne daß etwas von außen kommt, um sie zu verfälschen. Denn normalerweise verlangt das Spiel einer jeden speziellen Funktion, daß sich das Individuum nicht eng darin einschließt, sondern in ständigem Kontakt mit den Nachbarfunktionen bleibt, ihrer Bedürfnisse der Veränderung, die dort eintreten, bewußt wird usw. Die Arbeitsteilung setzt voraus, daß der Arbeiter, statt über seine Aufgabe gebeugt zu bleiben, seine Mitarbeiter nicht aus den Augen verliert, auf sie einwirkt und von ihnen beeinflußt wird. Er ist also keine Maschine, die Bewegungen ausführt, deren Richtung er nicht kennt, sondern er weiß, daß sie irgendwohin tendieren, auf ein Ziel, das er mehr oder weniger deutlich begreift. Er fühlt, daß er zu etwas dient. Dazu ist es nicht nötig, daß er weite Teile des sozialen Horizonts übersieht, es genügt, daß er ihn genügend überblickt, um zu begreifen, daß seine Handlungen ein Ziel außerhalb seiner haben. Wie speziell und wie einförmig auch seine Tätigkeit sein mag, sie ist die Tätigkeit eines intelligenten Wesens, denn sie hat einen Sinn, und er weiß es. Die Wirtschaftler hätten diesen Beweis der Arbeitsteilung nicht im dunklen gelassen und sie folglich nicht diesem unverdienten Vorwurf ausgesetzt, wenn sie sie nicht auf ein Hilfsmittel reduziert hätten, zur Erhöhung der Rendite sozialer Kräfte, und wenn sie gesehen hätten, daß sie vor allem eine Quelle der Solidarität ist.

2. Kapitel

Die erzwungene Arbeitsteilung

I

Trotzdem genügt es nicht, daß es Regeln gibt; denn manchmal sind es die Regeln selbst, die die Ursache für das Übel sind. Das ist der Fall bei den Klassenkämpfen. Die Institution von Klassen oder von Kasten stellt eine Organisation der Arbeitsteilung dar, und zwar eine streng geregelte Organisation. Aber gerade sie ist oft eine Quelle der Mißhelligkeiten. Die niedrigen Klassen sind nicht oder nicht mehr mit der Rolle zufrieden, die ihnen durch die Tradition oder durch das Gesetz zugefallen sind, und sie begehren die Funktionen, die ihnen verboten sind, und versuchen die auszubooten, die sie ausüben. Daher die inneren Kämpfe, die aus der Art kommen, wie die Arbeit verteilt ist.

Ähnliches kann man im Organismus nicht beobachten. Zweifellos führen in Augenblicken der Krise die verschiedenen Gewebe Krieg, und die einen ernähren sich auf Kosten der anderen. Aber niemals versucht eine Zelle oder ein Organ eine andere Rolle zu übernehmen als die, die ihm zukommt. Der Grund ist, daß jedes anatomische Element mechanisch auf sein Ziel losgeht. Sein Bau, sein Platz im Organismus bestimmten seine Berufung: Seine Aufgabe ist eine Folge seiner Natur. Es kann sich ihrer schlecht entledigen, aber es kann nicht die Aufgabe eines anderen übernehmen, außer dieses überläßt sie ihm, wie es in den seltenen Fällen des Ersatzes vorkommt, von denen wir gesprochen haben. In der Gesellschaft ist das aber nicht der Fall. Hier ist die Zufälligkeit größer. Es besteht ein größerer Abstand zwischen den Erbanlagen des Individuums und der sozialen Funktion, die es erfüllen muß. Die ersten lösen die zweiten nicht mit gleicher Notwendigkeit aus. Dieser Raum, der den Versuchen und der Überlegung offensteht, ist auch dem Spiel einer Vielfalt von Gründen offen, die die individuelle Natur aus ihrer normalen Richtung reißen und einen pathologischen Zustand hervorrufen können. Weil diese Organisation geschmeidiger ist, ist sie auch empfindlicher und Veränderungen leichter unterworfen. Zweifellos sind wir nicht von unserer

Geburt an für einen bestimmten Beruf vorgesehen; aber wir haben Neigungen und Fähigkeiten, die unsere Wahl begrenzen. Wird ihnen nicht Rechnung getragen, so werden sie durch unsere täglichen Beschäftigungen ständig verletzt; wir leiden und suchen ein Mittel, um unsere Leiden zu beenden. Nun gibt es aber kein anderes, als die bestehende Ordnung zu ändern und eine neue herzustellen. Damit die Arbeitsteilung die Solidarität erzeugt, genügt es also nicht, daß jeder seine Arbeit hat, es muß auch jene Arbeit sein, die ihm liegt.

Nun ist aber diese Bedingung in dem Beispiel, das wir geprüft haben, nicht erfüllt. Wenn die Institution von Klassen und Kasten manchmal zu schmerzhaften Reibungen führt, statt Solidarität zu erzeugen, dann in der Tat deshalb, weil die Verteilung der sozialen Funktionen, auf der sie beruht, nicht oder nicht mehr der Verteilung der natürlichen Talente entspricht. Was man auch dazu sagen mag[1], es liegt nicht allein am Nachahmungstrieb, daß die niedrigen Klassen schließlich das Leben der höheren Klassen anstreben. Denn tatsächlich kann die Nachahmung für sich allein nichts erklären, denn sie setzt ja etwas anderes als sich selbst voraus. Sie ist nur unter Wesen möglich, die sich schon ähnlich sind, und in dem Maß, wie sie sich ähnlich sind. Sie entsteht nicht zwischen verschiedenen Gattungen und verschiedenen Arten. Dasselbe gilt für die moralische Ansteckung und für die physische Ansteckung: Sie gedeiht nur auf vorbereitetem Boden. Damit die Bedürfnisse von einer Klasse zur anderen wandern, müssen die Unterschiede, die ursprünglich diese Klassen getrennt haben, verschwunden oder vermindert sein. Durch eine Wechselwirkung, die in der Gesellschaft entstanden ist, müssen die einen für die Funktionen fähig geworden sein, denen sie zuerst nicht gewachsen waren, während die anderen ihre ursprüngliche Höherwertigkeit verloren haben. Als die Plebejer den Patriziern die Ehre der religiösen und administrativen Funktionen streitig machten, haben sie die Patrizier nicht einfach nachgeahmt, sondern sie waren intelligenter, reicher, zahlreicher geworden, und folglich hatten sich ihr Geschmack und ihr Ehrgeiz geändert. Als Folge dieser Veränderungen ist in einer ganzen Region der Gesellschaft das Verhältnis zwischen den Fähigkeiten und Individuen und der Tätigkeitsart, die ihnen zugedacht ist, gestört. Nur der mehr oder weniger gewaltsame und der

1 Tarde, *Lois de l'imitation.*

mehr oder weniger direkte Zwang bindet sie noch an ihre Funktionen. Folglich ist nur mehr eine unvollkommene und gestörte Solidarität möglich.

Dieses Ergebnis ist also keine notwendige Folge der Arbeitsteilung. Es entsteht unter besonderen Umständen, nämlich unter der Wirkung äußerer Zwänge. Ganz anders ist es jedoch, wenn es dank rein innerer Spontaneität entsteht, wenn nichts die Initiative der Individuen stört. Unter dieser Bedingung muß sich in der Tat die Harmonie zwischen den individuellen Naturen und den sozialen Funktionen herstellen, zum mindesten im Durchschnitt der Fälle. Denn wenn nichts die Konkurrenten, die sich um Aufgaben streiten, behindert oder unberechtigt begünstigt, dann ist es unvermeidlich, daß allein jene, die für jede Beschäftigungsart am geeignetsten sind, sie auch erhalten. Die einzige Ursache, die dann die Art, wie sich die Arbeit teilt, bestimmt, ist die Vielfalt der Fähigkeiten. Die Dinge erzwingen dann die Aufteilung im Sinn der Fähigkeiten, denn es gibt keinen anderen Grund für eine andere Aufteilung. So entsteht von selbst die Harmonie zwischen der Konstitution eines jeden Individuums und seiner Lage. Man könnte sagen, daß das nicht immer genügt, um die Menschen zu befriedigen, da es Menschen gibt, deren Wünsche die Fähigkeiten übersteigen. Das ist wahr; aber das sind Ausnahmen und, so könnte man sagen, krankhafte Fälle. Normalerweise findet der Mensch sein Glück, wenn er seine Natur erfüllt; seine Bedürfnisse stehen in Beziehung zu seinen Mitteln. Im Organismus verlangt jedes Organ auch nur jene Nahrungsmenge, die seiner Bedeutung entspricht.

Die erzwungene Arbeitsteilung ist also der zweite krankhafte Typus, den wir erkennen. Man darf sich aber über den Sinn des Wortes nicht täuschen. Nicht jede Art von Reglementierung ist Zwang, da die Teilung der Arbeit, wir haben es gesehen, im Gegenteil nicht ohne Regelung auskommen kann. Selbst wenn sich die Funktionen nach vorherbestimmten Regeln teilen, ist die Teilung nicht notwendigerweise die Folge eines Zwanges. Das trifft sogar für die Institution der Kasten zu, so sehr sie im Wesen der Gesellschaft gründet. In der Tat ist diese Institution nicht immer und überall willkürlich. Wenn sie in einer Gesellschaft regelmäßig und ohne Widerstand funktioniert, dann drückt sie wenigstens im großen und ganzen die unabänderliche Art aus, wie die beruflichen Fähigkeiten verteilt werden. Obwohl die Aufgaben in einer gewissen Weise vom Gesetz verteilt werden, entledigt sich doch jedes Organ spontan der seinen. Der Zwang beginnt erst, wenn die Reglementierung nicht der wahren Natur der Dinge entspricht und nur, da sie keine Basis mehr in den Sitten hat, mit Gewalt aufrechterhalten werden kann.

Umgekehrt kann man sagen, daß die Arbeitsteilung die Solidarität nur erzeugt, wenn sie spontan ist, und in dem Maß, wie sie spontan ist. Aber unter Spontaneität muß man nicht einfach das Nichtvorhandensein einer jeden ausdrücklichen und formalen Gewalt verstehen, sondern alles, was, selbst indirekt, die freie Entwicklung der sozialen Kraft behindern könnte, die jeder in sich trägt. Sie setzt nicht nur voraus, daß die Individuen gewaltsam in bestimmte Funktionen verbannt werden, sondern daß überhaupt kein Hindernis, welcher Natur auch immer, sie daran hindert, im sozialen Rahmen den Platz zu besetzen, der ihren Fähigkeiten entspricht. Mit einem Wort: Die Arbeit teilt sich nur dann spontan, wenn die Gesellschaft so geschaffen ist, daß die sozialen Ungleichheiten genau die natürlichen Ungleichheiten ausdrücken. Dazu muß es genügen und genügt es, daß die letzteren durch eine äußere Ursache weder hervorgehoben noch herabgewürdigt werden. Die vollkommene Spontaneität ist also nur eine Folge und eine andere Form dieser anderen Tatsache: der absoluten Gleichheit in den äußeren Bedingungen des Kampfes. Sie besteht nicht in einem Zustand der Anarchie, der den Menschen erlauben würde, frei alle ihre guten und schlechten Bedürfnisse zu befriedigen, sondern in einer komplizierten Organisation, wo jeder soziale Wert, der weder in dem einen noch in dem anderen Sinn durch nichts, das ihm fremd wäre, übertrieben wird, nach seinem gerechten Preis eingeschätzt wird. Man könnte einwerfen, daß es selbst unter diesen Bedingungen noch immer Kämpfe geben wird, und folglich Sieger und Besiegte, und daß die letzteren niemals, außer unter Zwang, ihre Niederlage hinnehmen werden. Aber dieser Zwang ähnelt nicht dem anderen und hat mit ihm nur den Namen gemeinsam: Was den eigentlichen Zwang kennzeichnet, ist, daß der Kampf selbst unmöglich ist, daß es einem gar nicht erlaubt ist zu kämpfen.

Zwar findet man diese vollkommene Spontaneität nirgends realisiert. Es gibt keine Gesellschaft, wo sie unvermischt vorkäme.

Wenn die Institution der Kasten der natürlichen Verteilung der Fähigkeiten entspricht, so nur angenähert und im großen und ganzen recht summarisch. Die Vererbung wirkt niemals mit einer Genauigkeit, daß selbst da, wo sie die günstigsten Bedingungen für ihren Einfluß vorfindet, die Kinder identisch die Eltern wiederholen. Immer gibt es Ausnahmen von der Regel und folglich Fälle, wo das Individuum nicht mit den Funktionen harmonisiert, die ihm zugewiesen sind. Diese Mißstände werden um so zahlreicher, je mehr sich die Gesellschaft entwickelt, bis zu dem Tag, wo die zu engen Rahmen brechen. Wenn das Kastensystem rechtlich verschwunden ist, überlebt es sich selbst in den Sitten dank der Zähigkeit bestimmter Vorurteile; die einen werden bevorzugt, die anderen vernichtet, ganz unabhängig von ihren Verdiensten. Selbst wenn nur mehr Spuren übriggeblieben sind, genügt die vererbte Übertragung des Reichtums, um die äußeren Bedingungen sehr ungleich zu machen, unter denen gekämpft werden muß; er bietet einige Vorteile, die nicht notwendigerweise ihrem persönlichen Wert entsprechen. Selbst heute und selbst bei den kultiviertesten Völkern gibt es Berufe, die völlig gesperrt sind, oder die den vom Glück Benachteiligten schwer erreichbar sind. Es könnte also scheinen, als ob man kein Recht habe, einen Charakterzug als normal anzusehen, den die Arbeitsteilung niemals in reiner Form zeigt, wenn man gleichzeitig bemerken würde, daß man, je mehr der segmentäre Typus hinter dem organisierten Typus verschwindet und je höher man in der sozialen Stufenleiter steigt, die Ungleichheiten um so mehr dazu neigen, sich völlig einzuebnen.

Der ständige Niedergang der Kasten ist von dem Augenblick, wo die Arbeitsteilung Platz gegriffen hat, ein Gesetz der Geschichte. Da sie an die politisch-familiale Organisation gebunden sind, müssen sie auch notwendigerweise mit dieser Organisation zurückweichen. Die Vorurteile, zu denen sie Anlaß gegeben haben und die sie hinter sich lassen, überleben sie nicht unbegrenzt, sondern sie verlöschen nach und nach. Die öffentlichen Berufe stehen immer mehr jedermann ohne Vermögensvorbedingungen offen. Schließlich ist auch jene letzte Ungleichheit, die aus dem Unterschied der von Geburt aus Reichen und Armen, wenn nicht völlig verschwunden, so doch wesentlich gemildert. Die Gesellschaft bemüht sich, sie so sehr wie möglich zu verringern, indem sie mit verschiedenen Mitteln jene unterstützt, die sich in einer zu benachteiligten Lage befinden, und ihnen hilft, herauszukommen. Damit bezeugt sie, daß sie sich verpflichtet fühlt, für alle Verdienste freien Platz zu schaffen, und daß sie die niedrigere Lage, die nicht persönlich verschuldet ist, als ungerecht anerkennt. Was aber diese Tendenz noch deutlicher zeigt, ist der heute so verbreitete Glaube, daß die Gleichheit unter den Bürgern immer größer wird und daß es gerecht ist, wenn sie größer wird. Ein so allgemeines Gefühl kann keine reine Illusion sein, sondern muß, zwar auf konfuse Weise, einen Teil der Wirklichkeit ausdrücken. Andrerseits kann die Gleichheit, da die Fortschritte der Arbeitsteilung im Gegenteil eine ständig wachsende Ungleichheit implizieren, deren Notwendigkeit das öffentliche Bewußtsein aber solcherart bestätigt, nur jene Gleichheit sein, von der wir gesprochen haben, nämlich die Gleichheit in den äußeren Bedingungen des Kampfes.

Im übrigen kann man leicht verstehen, was diese Einebnung nötig macht. Wir haben in der Tat gesehen, daß jede äußere Ungleichheit die organische Solidarität gefährdet. Dieses Ergebnis schadet niedrigen Gesellschaften nicht, wo die Solidarität selbst durch die Gemeinschaft der Glaubensüberzeugungen und der Gefühle gesichert ist. Wie gestört auch die Bande sein mögen, die aus der Arbeitsteilung fließen, da nicht sie es sind, die das Individuum am stärksten an die Gesellschaft binden, ist der soziale Zusammenhalt nicht gefährdet. Das Unbehagen, das aus den unbefriedigten Wünschen kommt, genügt nicht, um diejenigen, die darunter leiden, gegen die soziale Ordnung zu wenden, die die Schuld trägt, denn sie halten an ihr fest, nicht weil sie darin das Betätigungsfeld für die Entwicklung ihrer Berufstätigkeit finden, sondern weil sie in ihren Augen eine Vielfalt von Überzeugungen und von Praktiken zusammenfaßt, von denen sie leben. Sie halten daran fest, weil ihr ganzes inneres Leben damit verbunden ist, weil alle ihre Überzeugungen sie voraussetzen, weil sie heilig erscheint, da sie als Basis der moralischen und religiösen Ordnung dient. Private und zeitlich begrenzte Empfindlichkeiten wiegen zu leicht, um Bewußtseinszustände zu erschüttern, die aus derartigen Ursprüngen eine größere Kraft ziehen. Da im übrigen das Berufsleben wenig entwickelt ist, tauchen diese Empfindlichkeiten nur selten auf. Aus all diesen Gründen werden sie nur schwach gefühlt. Man paßt sich also ohne Schwierigkeiten an. Man findet diese Ungleichheit nicht nur erträglich, man findet sie sogar natürlich.

Das Gegenteil ereignet sich, wenn die organische Solidarität vorherrschend wird. Denn dann trifft alles, was sie lockert, das soziale Band im Lebensnerv. Da die speziellen Tätigkeiten unter diesen Bedingungen fast ununterbrochen ausgeübt werden müssen, dürfen sie nicht gestört werden, sollen nicht ständige Schmerzzustände erzeugt werden. Da das Kollektivbewußtsein schwächer wird, können die Reibungen, die auf diese Weise entstehen, nicht vollständig neutralisiert werden. Die gemeinsamen Gefühle haben nicht mehr die Kraft, um das Individuum, das an die Gruppe gebunden ist, trotzdem zurückzuhalten; Umsturztendenzen, die nicht mehr das gleiche Gegengewicht haben, treten leichter auf. Die soziale Organisation verliert immer mehr den transzendenten Charakter, der sie über die menschlichen Interessen stellte, und sie hat nicht mehr die gleiche Widerstandskraft, während sie immer mehr angegriffen wird. Da sie ein völlig menschliches Werk ist, kann sie sich nicht mehr so gut der menschlichen Ansprüche erwehren. Je stärker die Flut wird, desto mehr ist der Damm erschüttert: um so gefährlicher ist sie geworden. Darum ist es in den organisierten Gesellschaften unbedingt nötig, daß die Arbeitsteilung sich immer mehr jenem Ideal der Spontaneität nähert, das wir definiert haben. Wenn sie sich bemühen (und sie müssen sich bemühen), so sehr als möglich die äußeren Ungleichheiten zu mildern, so nicht nur, weil diese Aufgabe schön ist, sondern weil ihre Existenz selber von diesem Problem abhängt. Sie können sich nur halten, wenn alle Teile, die sie bilden, solidarisch sind, und die Solidarität ist nur unter dieser Bedingung möglich. Man kann also voraussehen, daß dieses Werk der Gerechtigkeit in dem Maß immer vollständiger wird, als der organisierte Typ sich entwickelt. Wie bedeutend auch die Fortschritte sein mögen, die man bisher gemacht hat, so geben sie wahrscheinlich nur eine schwache Idee von denen, die noch gemacht werden müssen.

II

Die Gleichheit in den äußeren Bedingungen des Lebenskampfes ist nicht nur nötig, um den Menschen an seinen Beruf zu binden, sie muß auch die Berufe untereinander verbinden.

Die vertraglichen Beziehungen entwickeln sich nämlich notwendigerweise mit der Arbeitsteilung, da sie nicht ohne den Tausch möglich ist, dessen rechtliche Form der Vertrag ist. Anders ausgedrückt: Eine der bedeutendsten Spielarten der organischen Solidarität ist das, was man die Vertragssolidarität nennen könnte. Zweifellos ist es falsch zu glauben, daß alle sozialen Beziehungen sich auf den Vertrag zurückführen lassen, um so mehr als der Vertrag noch etwas anderes als sich selbst voraussetzt. Trotzdem gibt es Sonderbande, die ihren Ursprung im Willen der Individuen haben. Es gibt einen *Konsensus* besonderer Art, der sich in den Verträgen ausdrückt und der in den höheren Gattungen einen wichtigen Faktor des allgemeinen *Konsensus* darstellt. Es ist also nötig, daß in diesen Gesellschaften die Vertragssolidarität, so sehr wie möglich, geschützt wird vor allem, was sie stören könnte. Denn wenn sie in weniger fortgeschrittenen Gesellschaften ohne großen Schaden aus den Gründen unbeständig sein kann, die wir genannt haben, so kann sie dort, wo sie eine der hervorragenden Formen der sozialen Solidarität ist, nicht bedroht werden, ohne daß gleichzeitig die Einheit des sozialen Körpers bedroht wird. Die Konflikte, die aus Verträgen kommen, werden in dem Maß schwerer, in dem der Vertrag selbst im allgemeinen Leben bedeutsamer wird. Während es also primitive Gesellschaften gibt, die nicht einmal eingreifen, um sie zu lösen[2], wird das Vertragsrecht der zivilisierten Völker ständig voluminöser; es hat aber keinen anderen Zweck, als den regelmäßigen Lauf der Funktionen, die auf diese Weise in Beziehung treten, zu sichern.

Um dieses Ergebnis zu erreichen, genügt es nicht, daß die öffentliche Autorität darüber wacht, daß die Vertragspflichten eingehalten werden; sie müssen, wenigstens im großen Durchschnitt der Fälle, auch spontan gehalten werden. Wenn die Verträge nur unter Gewalt oder aus Furcht vor der Gewalt gehalten werden, wäre die Vertragssolidarität erstaunlich zerbrechlich. Eine rein äußerliche Ordnung würde nur schlecht die zu allgemeinen Reibungen verbergen, um ständig gezügelt zu bleiben. Aber, so sagt man, damit man diese Gefahr nicht zu fürchten braucht, würde es genügen, wenn man den Verträgen freiwillig zustimmt. Das ist wahr; aber die Schwierigkeit ist damit nicht gelöst, denn was macht die freie Zustimmung aus? Die verbale oder schriftliche Zu-

2 Siehe Strabon, p. 702. Im Pentateuch gibt es auch noch keine Regelung des Vertrags.

stimmung ist dafür noch kein genügender Beweis. Man kann nur gezwungen zustimmen. Also darf es keinen Zwang geben; aber wo beginnt der Zwang? Er besteht doch nicht nur aus der direkten Anwendung der Gewalt; denn die indirekte Gewalt unterdrückt genauso die Freiheit. Wenn die Verpflichtung, die ich jemandem unter Todesdrohung entrissen habe, moralisch und rechtlich richtig ist, wie wäre sie gültig, wenn ich, um sie zu erhalten, eine Lage ausgenützt hätte, die ich zwar nicht hervorgerufen habe, die den anderen aber zwingt, mir nachzugeben oder zu sterben?

In einer gegebenen Gesellschaft hat jedes Tauschobjekt zu jeder Zeit einen bestimmten Wert, den man den sozialen Wert nennen könnte. Er stellt die Menge der nützlichen Arbeit dar, die er enthält. Darunter darf man nicht die gesamte Arbeit verstehen, die er vielleicht gekostet hat, sondern jenen Teil der nötigen Energie, um nützliche soziale Wirkungen zu erzielen, d. h. soziale Wirkungen, die normalen Bedürfnissen entsprechen. Obwohl eine derartige Größe nicht mathematisch berechnet werden kann, ist sie doch vorhanden. Man kann sogar die wesentlichsten Bedingungen leicht beobachten, von denen er abhängt. Das ist vor allem die Summe der nötigen Anstrengungen zu seiner Herstellung, die Intensität der zu befriedigenden Bedürfnisse und schließlich der Grad der erwarteten Befriedigung. In der Tat kreist um diesen Punkt sein mittlerer Wert. Er weicht nur unter dem Einfluß anormaler Phänomene davon ab, und in dem Fall hat das öffentliche Bewußtsein im allgemeinen ein mehr oder weniger lebhaftes Gefühl dieser Abweichung. Die Öffentlichkeit findet jeden Tausch ungerecht, in dem der Preis des Gegenstandes nicht der Höhe entspricht, die er gekostet hat, und der Dienste, die er leistet.

Nach dieser Definition können wir sagen, daß dem Vertrag nur dann voll zugestimmt wird, wenn die ausgetauschten Dienste einen gleichwertigen sozialen Wert haben. Unter diesen Bedingungen erhält jeder die Dinge, die er wünscht, und gibt die Dinge, die er dafür liefert, für den Preis, den das eine wie das andere wert ist. Dieses Gleichgewicht der Willensakte, die der Vertrag festlegt und sanktioniert, ereignet sich und hält sich aus sich selbst, weil er nur eine Folge und eine andere Form des Gleichgewichts der Dinge selbst ist. Er ist wirklich spontan. Natürlich wünschen wir manchmal, für das, was wir hergeben, mehr zu erhalten, als es wert ist. Unsere Wünsche sind ohne Grenzen und mäßigen sich folglich nur, weil sie sich untereinander begrenzen. Aber dieser Zwang, der uns hindert, selbst unsere unsinnigen Wünsche zu befriedigen, darf nicht mit dem Zwang verwechselt werden, der uns die Mittel entzieht, die gerechte Entlohnung unserer Arbeit zu erhalten. Den ersten gibt es für den gesunden Menschen nicht. Der zweite allein verdient diesen Namen; er allein verfälscht die Zustimmung. Nun existiert er aber in dem erwähnten Fall nicht. Wenn sich im Gegenteil die ausgetauschten Werte nicht ausbalancieren, dann könnten sie sich nur ausgeglichen haben, wenn eine äußere Macht in die Waagschale geworfen worden ist. Auf der einen oder auf der anderen Seite war also eine Rechtsverletzung. Die Willensakte konnten nur in Einklang gebracht werden, wenn einer von ihnen einem direkten oder indirekten Druck ausgesetzt war; dieser Druck ist ein Zwang. Mit einem Wort: Damit die verpflichtende Kraft des Vertrags vollständig sei, genügt es nicht, daß er der Gegenstand einer ausdrücklichen Zustimmung ist; er muß auch gerecht sein. Und er ist nicht allein dadurch gerecht, daß ihm verbal zugestimmt wurde. Ein bloß subjektiver Zustand kann allein nicht jene bindende Kraft erzeugen, die den Verträgen eigen ist. Damit die Zustimmung diese Eigenschaft habe, muß sie auf einer objektiven Basis ruhen.

Die nötige und genügende Bedingung, damit diese Gleichwertigkeit zur Vertragsregel wird, ist, daß die Kontrahenten unter gleichen äußeren Bedingungen stehen. Da die Bewertung der Dinge nicht *a priori* bestimmt werden kann, sondern sich aus dem Austausch selbst entwickelt, dürfen die tauschenden Individuen bei der Beurteilung dessen, was ihre Arbeit wert ist, keine andere Macht haben als jene, die sie aus ihrem sozialen Verdienst ziehen. Auf diese Weise entsprechen die Werte der Dinge genau den Diensten, die sie leisten, und den Mühen, die sie kosten. Denn jeder andere Faktor, der sie verändern könnte, ist hypothetisch ausgeschlossen. Zweifellos bereitet den Menschen ihr ungleicher Wert ungleiche Situationen in der Gesellschaft; aber diese Ungleichheiten sind nur scheinbar äußerlich, denn sie übertragen nur innere Ungleichheiten nach außen. Sie haben also keinen anderen Einfluß auf die Bestimmung der Werte, als daß sie unter ihnen eine parallele Abstufung für die Hierarchie der sozialen Funktionen aufstellen. Aber das gilt nicht mehr, wenn einige aus einer anderen Quelle einen Energiezuschuß erhalten. Dieser hat notwendigerweise die Wirkung, das Gleichgewicht zu verschieben; es ist klar, daß diese Verschiebung unabhängig von dem sozialen Wert der Dinge ist. Jede Höherwertigkeit hat ihren Rückschlag auf die Art und Weise, wie die Verträge geschlossen werden. Liegt sie nicht in der Person der Individuen oder an ihren sozialen Diensten, dann verfälscht sie die moralischen Bedingungen des Tausches. Wenn eine Klasse der Gesellschaft, um leben zu können, gezwungen ist, ihre Dienste zu jedem Preis zu verkaufen, während die andere, dank ihrer Hilfsmittel, die nicht notwendigerweise auf irgendeiner sozialen Höherwertigkeit beruhen, dies nicht nötig hat, dann übt sie über die erste ungerechterweise Gewalt aus. Anders gesagt: Es darf nicht von Geburt an Reiche und Arme geben, ohne daß es ungerechte Verträge gibt. Das trifft umso mehr zu, wenn der soziale Stand selbst erblich ist und das Recht alle möglichen Arten von Ungleichheit sanktioniert.

Allerdings werden diese Ungerechtigkeiten nicht sehr stark gespürt, solange die Vertragsbeziehungen wenig entwickelt sind und das Kollektivbewußtsein stark ist. Da die Verträge selten sind, haben sie weniger Gelegenheit einzutreten und, vor allem, die Kollektivüberzeugungen neutralisieren ihre Wirkungen. Die Gesellschaft leidet nicht darunter, weil sie deswegen keine Gefahr läuft. In dem Maß aber, wie sich die Arbeit weiter teilt und der soziale Glaube schwächer wird, werden sie unerträglich, weil die Umstände, die zu ihrer Entstehung führen, häufiger werden, und weil die Gefühle, die sie erwecken, nicht mehr ganz durch die Gegengefühle gemäßigt werden können. Das bezeugt die Geschichte des Vertragsrechts, das immer stärker dazu neigt, den Verträgen jeden Wert zu entziehen, bei denen die Kontrahenten in zu ungleichen Lagen gestanden haben.

Ursprünglich war jeder Vertrag, der gerichtlich geschlossen wurde, auch verpflichtend, wie man ihn auch erreicht haben mag. Die Zustimmung ist nicht einmal der Hauptfaktor. Die Einigkeit der Willensmeinungen genügt nicht, um sie zu binden, und die Bande sind nicht direkt das Ergebnis dieser Einigkeit. Damit ein Vertrag existiert, müssen bestimmte Zeremonien erfüllt, bestimmte Worte gesprochen werden – und sie genügen bereits – und die Natur der Verpflichtung wird nicht durch den Willen der Parteien be-

3 Siehe auch den Vertrag *verbis, litteris et re* im römischen Recht. Siehe Esmein, *Études sur les contrats dans le très ancien droit français*, Paris, 1883.

stimmt, sondern durch die angewendeten Formeln[3]. Der gleichsinnige oder Konsensualvertrag erscheint erst relativ spät[4]. Das ist ein erster Fortschritt auf dem Weg zur Gerechtigkeit. Aber lange konnte die Zustimmung, die genügte, um den Pakt gültig zu machen, sehr unvollkommen sein, d. h. mit Gewalt oder mit List erschlichen werden. Erst ziemlich spät gewährte der römische Verleiher den Opfern der List und der Gewalt die Klage *de dolo* oder die Klage *quod metus causa*[5]. Die Gewalt existierte gerichtlich nur, wenn mit dem Tod oder mit der Folter gedroht worden war[6]. Unser Recht verlangt da schon mehr. Wenn die Verletzung gerichtlich festgestellt worden war, wurde sie unter den Gründen zugelassen, die in bestimmten Fällen die Verträge ungültig machen können[7]. Ist das im übrigen nicht der Grund, warum sich alle zivilisierten Völker weigern, den Wuchervertrag anzuerkennen? Er setzt nämlich voraus, daß einer der Kontrahenten zu sehr dem anderen auf Gnade und Ungnade ausgeliefert war. Schließlich verurteilt die allgemeine Moral noch strenger jede Art von leonischen Verträgen, weil eine der Parteien von der anderen ausgebeutet wird, weil sie schwächer ist, und nicht den gerechten Preis für ihre Mühe erhält. Das öffentliche Bewußtsein verlangt immer dringender eine genaue Gegenseitigkeit in den ausgetauschten Diensten; da sie den Absprachen, die nicht diese Grundbedingung einer jeden Gerechtigkeit erfüllen, nur eine sehr verminderte Verpflichtung beimißt, ist sie viel nachsichtiger als das Gesetz es für die ist, die die Verträge verletzen.

Den Volkswirtschaftlern gebührt das Verdienst, als erste auf den Spontancharakter des sozialen Lebens aufmerksam gemacht zu haben; gezeigt zu haben, daß der Zwang es nur aus seiner natürlichen Richtung reißt und daß es normalerweise nicht aus äußerlichen und aufgezwungenen Vereinbarungen besteht, sondern aus

4 Ulpianus betrachtet die Konsensualkontrakte als dem *juris gentium* zugehörig (L. V., 7 pr., et § 1, *De pact.*, II, 14). Nun ist das *jus gentium* bestimmt erst nach dem Zivilrecht entstanden. Siehe Voigt, *Jus gentium.*

5 Die Klage *quod metus causa,* die vor der Klage *de dolo* entstanden ist, ist älter als die Diktatur von Sulla. Man verlegt sie in das Jahr 674.

6 Siehe L. 3, § 1 und L. 7, § 1.

7 Diokletian entschied, daß der Vertrag für nichtig erklärt werden könnte, wenn der Preis unter der Hälfte des wirklichen Wertes lag. Unser Recht erlaubt die Nichtigkeit wegen Verletzung nur beim Verkauf von Immobilien.

einer freien inneren Ausarbeitung. Damit haben sie der Wissenschaft der Moral einen bedeutenden Dienst geleistet; nur haben sie sich über das Wesen dieser Freiheit getäuscht. Da sie in ihr ein konstitutives Attribut des Menschen gesehen und sie logisch vom Konzept des Individuums an sich abgeleitet haben, erschien sie ihnen von Natur aus ungeteilt zu sein, ganz ohne jeden Beitrag der Gesellschaft. Es gibt nichts, ihrer Meinung nach, was man der sozialen Aktion hinzufügen müßte. Alles, was sie kann und was sie machen muß, ist, den äußeren Gang derart zu regeln, daß die konkurrierenden Freiheiten einander nicht schaden. Wenn sie sich aber nicht streng in diese Grenzen einschließt, dann greift sie auf deren Bereich über und mindert ihn.

Außer daß es falsch ist, daß jede Reglementierung das Ergebnis des Zwanges ist, kommt noch hinzu, daß die Freiheit selbst das Ergebnis einer Regelung ist. Statt eine Art Feind der sozialen Aktion zu sein, ist sie deren Ergebnis. Sie ist nicht nur keine dem Naturzustand innewohnende Eigenschaft, sondern im Gegenteil eine Errungenschaft der Gesellschaft über die Natur. Natürlich sind die Menschen untereinander ungleich an physischer Kraft; sie stehen unter äußeren Bedingungen, die ungleich vorteilhaft sind. Das Familienleben selbst ist, mit der Vererblichkeit der Güter und den Ungleichheiten, die daraus fließen, von allen Formen des sozialen Lebens dasjenige, das am engsten von natürlichen Ursachen abhängt, und wir haben gesehen, daß alle Ungleichheiten die Verneinung selbst der Freiheit sind. Was schließlich und endlich die Freiheit ausmacht, ist die Unterordnung der äußeren Kräfte unter die sozialen Kräfte; denn nur unter dieser Bedingung können sich diese entwickeln. Nun ist aber diese Unterordnung viel eher die Umkehrung der natürlichen Ordnung[8]. Sie kann also nur allmählich in dem Maß erreicht werden, in dem sich der Mensch über die Dinge erhebt, um sie zu beherrschen und sie ihres zufälligen, absurden und amoralischen Charakters zu entkleiden, d. h. in dem Maß, in dem sie ein soziales Wesen wird. Denn sie kann der Natur

8 Damit wollen wir natürlich nicht sagen, daß die Gesellschaft außerhalb der Natur steht, wenn man darunter die Gesamtheit der Phänomene versteht, die dem Kausalgesetz unterliegen. Unter Naturordnung verstehen wir jene Ordnung, die in dem Zustand entstehen würde, den wir den Naturzustand nennen, d. h. unter dem ausschließlichen Einfluß von physischen und organisch-psychischen Ursachen.

nur entwischen, wenn sie sich eine andere Welt erzeugt, von der aus sie sie beherrscht: diese Welt ist die Gesellschaft[9].

Die Aufgabe der am weitesten fortgeschrittenen Gesellschaften ist also, so könnte man sagen, ein Werk der Gerechtigkeit. Daß sie die Notwendigkeit fühlen, sich in diesem Sinn auszurichten, das haben wir schon gezeigt und das beweist uns die tägliche Erfahrung. So wie das Ideal der niedrigen Gesellschaften war, ein gemeinsames Leben so intensiv wie möglich zu erzeugen und zu erhalten, wo das Individuum aufgesogen wird, so ist unser Ideal, immer mehr Gerechtigkeit in unsere sozialen Beziehungen zu bringen, um allen sozial nützlichen Kräften die freie Entfaltung zu sichern. Wenn man bedenkt, daß sich die Menschen jahrhundertelang mit einer weit unvollkommeneren Gerechtigkeit zufrieden gegeben haben, so fragt man sich, ob dieser Drang nicht vielleicht unvernünftiger Ungeduld zugeschrieben werden muß, ob er nicht eher eine Abweichung vom Normalzustand darstellt als die Vorwegnahme eines zukünftigen Normalzustandes, ob, mit einem Wort, das Heilmittel für das Übel, das damit offenbar wird, zur Befriedigung oder zur Bekämpfung dient. Die Schlüsse, die wir im letzten Buch gezogen haben, haben uns erlaubt, genau auf diese Frage zu antworten. Es gibt keine besser begründeten Bedürfnisse als diese Strebungen, denn sie bilden eine notwendige Folge der Veränderungen, die in der Struktur der Gesellschaften eingetreten sind. Weil der segmentäre Typus verschwindet und der organisierte Typus sich entwickelt, weil die organische Solidarität nach und nach an die Stelle der Solidarität tritt, die aus den Ähnlichkeiten gekommen ist, ist es unabdingbar, daß sich die äußeren Bedingungen nivellieren. Die Harmonie der Funktionen und folglich die Existenz sind nur zu diesem Preis zu haben. So wie die alten Völker vor allem den gemeinsamen Glauben brauchten, um zu leben, so brauchen wir Gerechtigkeit, und man kann sicher sein, daß dieses Bedürfnis immer anspruchsvoller wird, wenn, wie vorauszusehen ist, die Bedingungen, die die soziale Evolution beherrschen, die gleichen bleiben.

9 Siehe 2. Buch, 5. Kap. – Hier sieht man einmal mehr, daß der freie Vertrag sich nicht selbst genügt, da er nur dank einer sehr komplexen sozialen Organisation möglich ist.

3. Kapitel

Eine andere anormale Form

Die Beschreibung einer letzten anormalen Form bleibt übrig. In einem kaufmännischen, industriellen oder anderen Unternehmen kommt es oft vor, daß die Funktionen derart verteilt sind, daß sie dem Individuum nicht genügend Raum zum Handeln bieten. Daß dabei ein bedauerlicher und offensichtlicher Kräfteverlust eintritt, ist klar, aber wir brauchen uns nicht mit der wirtschaftlichen Seite des Phänomens zu befassen. Was uns interessieren muß, ist ein anderes Faktum, das immer diese Verschwendung begleitet, nämlich die mehr oder weniger große Zusammenhanglosigkeit dieser Funktionen. In der Tat weiß man, daß in einer Verwaltung, wo kein Angestellter genügend Beschäftigung hat, die Bewegungen schlecht zusammenpassen, die Operationen nicht einheitlich verlaufen; mit einem Wort, sich die Solidarität lockert und die Unordnung auftaucht. Am Hof des oströmischen Kaiserreichs waren die Funktionen bis ins Unendliche spezialisiert, und trotzdem war das Ergebnis eine wahre Anarchie. Das ist ein Fall, wo die zu weitgetriebene Arbeitsteilung einen sehr unvollkommenen Zusammenhalt erzeugt. Woher kommt das? Man wäre versucht zu antworten, daß ein Regelorgan, eine Leitung fehlt. Die Erklärung ist wenig befriedigend, denn sehr oft ist dieser krankhafte Zustand das Werk der führenden Macht selbst. Damit das Übel verschwindet, genügt es also nicht, daß es überhaupt eine Regelfunktion gibt, sondern daß sie auf eine bestimmte Weise wirkt. Wir wissen, wie sie wirken muß. Die erste Sorge eines klugen und geübten Führers muß also sein, alle überflüssigen Verrichtungen aufzuheben, die Arbeit so zu verteilen, daß jeder genügend beschäftigt ist, folglich die funktionale Tätigkeit eines jeden Arbeiters zu erhöhen, und die Ordnung tritt spontan ein, während gleichzeitig die Arbeit wirtschaftlicher getan wird. Wie ist das möglich? Auf den ersten Blick ist das schwer zu sehen. Denn wenn jeder Funktionär eine bestimmte Arbeit hat, wenn er sie genau ausführt, dann braucht er notwendigerweise benachbarte Funktionäre, und er kann gar nicht anders, als sich mit ihnen solidarisch zu fühlen. Was liegt also daran, ob diese Aufgabe klein oder groß

ist, wenn sie nur spezialisiert ist? Was liegt daran, ob sie seine Zeit und seine Kräfte verbraucht oder nicht?
Es liegt im Gegenteil sehr viel daran. Denn in der Tat hängt die Solidarität auf sehr allgemeine Weise sehr eng von der funktionalen Tätigkeit der spezialisierten Parteien ab. Die eine variiert genauso wie die andere. Wo also die Funktionen lustlos sind, können sie noch so spezialisiert sein, sie passen schlecht zusammen und fühlen nur unvollständig ihre gegenseitige Abhängigkeit. Einige Beispiele werden diese Tatsache sichtbar machen. »Die Atemnot ruft beim Menschen einen Widerstand hervor, so daß das Blut nicht mehr durch die Kapillaren zirkulieren kann, und auf dieses Hindernis folgt ein Blutandrang und ein Stillstand des Herzens; in einigen Sekunden ist der ganze Organismus gestört und nach ein oder zwei Minuten hören die Funktionen auf.«[1] Das ganze Leben hängt also sehr eng von der Atmung ab. Bei einem Frosch dagegen kann die Atmung lange eingestellt werden, ohne daß eine Veränderung eintritt, weil ihm entweder die Hautatmung genügt, oder weil ihm, ohne Zufuhr von Atemluft, der aufgespeicherte Sauerstoff für sein Gewebe genügt. Es besteht also eine große Unabhängigkeit und folglich eine vollkommene Solidarität zwischen den Atmungsfunktionen des Frosches und den anderen Funktionen des Organismus, denn sie können ohne die Hilfe der anderen auskommen. Das liegt daran, daß die Gewebe des Frosches eine kleinere funktionale Tätigkeit haben als die Gewebe des Menschen, und sie daher weniger nötig haben, den Sauerstoff zu erneuern und die Kohlensäure, das Produkt ihrer Verbrennung, loszuwerden. Außerdem muß sich ein Säugetier regelmäßig ernähren. Der Atemrhythmus bleibt im Normalzustand fast immer derselbe; seine Ruheperioden sind niemals sehr lang. Mit anderen Worten: Seine Atemfunktionen, seine Ernährungsfunktionen, seine Beziehungsfunktionen brauchen einander ständig und sind für den ganzen Organismus nötig, so daß keine Funktion ohne Gefahr für die andere und für das allgemeine Leben ausgesetzt werden darf. Die Schlange dagegen braucht nur in großen Abständen Nahrung; ihre Perioden der Tätigkeit und der Ruhe liegen weit auseinander. Ihre Atmung, die zu bestimmten Augenblicken sehr deutlich ist, ist manchmal fast Null, d. h. ihre Funk-

1 Spencer, *Die Prinzipien der Biologie*, II, 131.

tionen sind nicht eng verbunden; sie können sich ohne Schaden voneinander isolieren. Der Grund ist, daß ihre funktionale Tätigkeit geringer ist als die der Säugetiere. Der Verbrauch der Gewebe ist schwächer; sie brauchen weniger Sauerstoff. Da der Verbrauch weniger groß ist, ist der Ersatz weniger oft notwendig, genauso wie die Bewegungen, die zur Verfolgung und zum Ergreifen der Beute nötig sind. Spencer hat im übrigen darauf hingewiesen, daß man in der unorganisierten Natur Beispiele desselben Phänomens findet. »Schauen wir uns eine Maschine an, deren Teile nicht mehr genau zusammenpassen oder die durch die Abnutzung locker geworden sind. Beobachten wir sie, wenn sie stehenbleibt. Man sieht bestimmte Unregelmäßigkeiten der Bewegungen in dem Augenblick, wo sie zur Ruhe kommt: Einige Teile bleiben als erste stehen, geraten aber wieder in Bewegung, weil sich noch die anderen bewegen, dann werden sie ihrerseits die Ursache, daß sich wieder andere bewegen, die schon aufgehört haben, sich zu bewegen. Mit anderen Worten: Wenn die rhythmischen Wechsel der Maschine schnell sind, sind die Aktionen und die Reaktionen, die sie aufeinander ausüben, regelmäßig und alle Bewegungen sind aufeinander abgestimmt; in dem Maß aber, wie die Geschwindigkeit abnimmt, entstehen Unregelmäßigkeiten und die Bewegungen zerfallen.«[2]

Jedes Anwachsen der funktionalen Tätigkeit bewirkt ein Anwachsen der Solidarität, weil die Funktionen eines Organismus nur aktiver werden können, wenn sie stetiger werden. Sehen wir ein Beispiel: Da sie nichts ohne die Hilfe der anderen vermag, kann sie nur mehr erzeugen, wenn auch die anderen mehr erzeugen; aber deren Ertrag kann nicht steigen, wenn sich der Ertrag der vorhergegangenen nicht durch eine neue Wirkung steigert. Jedes Anwachsen der Tätigkeit in einer Funktion, die einen entsprechenden Überschuß in den solidarischen Funktionen voraussetzt, setzt einen neuen Überschuß in der ersten voraus. Das ist nur möglich, wenn sie stetiger wird. Natürlich setzen sich diese Rückwirkungen nicht unendlich fort, denn es kommt der Augenblick, wo aufs neue Gleichgewicht herrscht. Arbeiten die Muskeln und die Nerven mehr, brauchen sie eine reichere Nahrung, die ihnen der Magen unter der Bedingung liefert, aktiver zu funktionieren; dazu

2 Spencer, *Die Prinzipien der Biologie*, II, 121.

braucht er aber mehr Nahrung zur Verarbeitung, und diese Nahrung kann er nur mit einer neuen Ausgabe an nervöser und muskulärer Energie erhalten. Eine größere industrielle Erzeugung braucht die Stillegung eines größeren Kapitals unter der Form von Maschinen; aber dieses Kapital verlangt seinerseits zu seiner Unterhaltung und um die Verluste zu ersetzen, d. h. um die Zinsen zu bezahlen, eine größere industrielle Produktion. Wenn die Bewegung, die alle Teile einer Maschine in Schwung bringt, sehr rasch ist, ist sie ununterbrochen, weil sie ohne Unterlaß von den einen zu den anderen Bewegungen übergeht. Sie reißen sich sozusagen gegenseitig mit. Wenn es sich nicht um eine einzelne Funktion handelt, sondern um alle auf einmal, die aktiver werden, dann ist die Kontinuität um so größer.

Folglich sind sie solidarisch. Da sie stetiger sind, stehen sie in fortgesetzteren Beziehungen und haben untereinander ein beständigeres Bedürfnis. Sie fühlen also besser ihre Abhängigkeit. Unter der Herrschaft der großen Industrie sind die Unternehmen stärker von den Arbeitern abhängig, wenn sie einträchtig handeln wollen; denn die Streiks halten die Produktion auf und hindern das Kapital, sich zu erhalten. Aber auch der Arbeiter kann weniger leicht feiern, weil seine Bedürfnisse mit seiner Arbeit gestiegen sind. Ist im Gegenteil die Tätigkeit geringer, dann sind die Bedürfnisse stoßweise, und so steht es auch mit den Beziehungen, die die Funktionen verbinden. Sie fühlen nur von Zeit zu Zeit ihre Solidarität, die aus diesem Grund auch lockerer ist.

Wenn nun die gelieferte Arbeit nicht nur nicht bedeutend ist, sondern auch noch nicht genügend, dann ist es natürlich, daß die Solidarität nicht nur weniger vollkommen ist, sie bleibt auch mehr oder weniger ganz aus. Das passiert in den Unternehmen, wo die Aufgaben derart geteilt sind, daß die Tätigkeit eines jeden Mitarbeiters unter das Niveau sinkt, die sie normalerweise haben müßte. Die verschiedenen Funktionen sind dann zu sehr unzusammenhängend, als daß sie sich genau aufeinander einspielen und im gleichen Schritt marschieren könnten. Daher kommt die Zusammenhanglosigkeit, die man hier feststellen kann.

Aber es müssen schon außergewöhnliche Zustände herrschen, damit die Arbeitsteilung auf diese Weise vor sich geht. Normalerweise entwickelt sie sich nicht, ohne daß die funktionale Tätigkeit nicht gleichzeitig und in demselben Maß anwächst. Denn die gleichen Ursachen, die uns zwingen, uns stärker zu spezialisieren, zwingen uns auch, mehr zu arbeiten. Wenn die Zahl der Konkurrenten im Gesamt der Gesellschaft steigt, dann steigt sie auch in jedem Beruf. Der Kampf wird heftiger, und folglich muß man größere Anstrengungen machen, um ihn zu bestehen. Außerdem neigt die Arbeitsteilung schon selbst dazu, die Funktionen aktiver und stetiger zu machen. Die Volkswirtschaftler haben schon seit langem die Gründe für dieses Phänomen aufgezeigt: Wenn die Arbeiten nicht geteilt sind, muß man ständig unterwegs sein und von einer Beschäftigung zur anderen übergehen. Die Arbeitsteilung spart diese verlorene Zeit; nach einem Wort von Karl Marx »bildet sie gewissermaßen Poren in seinem Arbeitstag«[3]. Die funktionale Tätigkeit vergrößert sich mit der Geschicklichkeit und mit dem Talent des Arbeiters, die die Arbeitsteilung entwickelt; man verschwendet weniger Zeit mit Zögern und mit Versuchen.

Der amerikanische Soziologe Carey hat das deutlich ausgedrückt: »In den Bewegungen des isolierten Ansiedlers kann keine Beständigkeit stattfinden. In seinem Unterhalt abhängig von seinen Appropriationskräften und gezwungen, über ausgedehnte Flächen zu wandern, kommt er nicht selten in Gefahr, aus Mangel an Nahrung zugrunde zu gehen. Selbst bei gutem Erfolg ist er genötigt, häufig von seinem Suchen abzulassen und sich mit der Bewerkstelligung des *Ortswechsels* zu beschäftigen, der erforderlich ist, um seine Nahrung, seine elende Wohnung und sich selbst zusammen zu bringen. Ist ihm dies gelungen, so muß er wieder Koch und Schneider, Maurer und Zimmermann werden ... Da er kein künstliches Licht besitzt, sind seine Nächte ganz nutzlos, während seine Kraft, die Tage produktiv zu verwenden, von den Zufällen der Witterung abhängt. Mit der Zeit entdeckt er endlich einen Nachbarn[4] und nun entsteht ein gegenseitiger Austausch: allein da sie verschiedene Teile der Insel bewohnen, sehen sie sich gezwungen, sich in derselben Weise zu nähern, wie die Steine, mit welchen sie ihr Getreide zermalmen ... Wenn sie zusammenkommen, entstehen Streitigkeiten über die Bedingungen des Handels, wegen der Unregelmäßigkeit in der Lieferung der verschiedenen Lebensbe-

3 Marx, *Das Kapital,* Bd. I, Marx-Engels Werke. Berlin 1963, Bd. 23, S. 369.

4 Natürlich ist das nur eine Art, die Dinge darzustellen. Historisch ist das nicht so abgelaufen. Der Mensch hat nicht eines Tages entdeckt, daß er einen Nachbarn hat.

dürfnisse, die sie abgeben wollen. Der Fischer war glücklich gewesen und hat viele Fische gefangen; allein der Zufall hat den Jäger instand gesetzt, sich einen Vorrat von Fischen zu verschaffen und er braucht jetzt nur Früchte, die der Fischer nicht hat. Die Verschiedenheit ist, wie wir bereits wissen, eine unerläßliche Bedingung der Assoziation und hier setzt der Mangel an Verschiedenheit der Assoziation eine Schranke, die schwer zu übersteigen ist. Mit der Zeit wachsen aber Reichtum und Bevölkerung und mit diesem Zuwachs entsteht eine Vermehrung der Bewegung in den Gemeinwesen, der Ehegatte tauscht jetzt Dienste mit seinem Weibe aus, die Eltern mit den Kindern, und die Kinder untereinander; der eine verschafft Fische, der andere Fleisch, ein dritter Getreide, während ein vierter die Wolle in Tuch und ein fünfter die Felle in Schuhe verwandelt. Die Bewegung wird jetzt anhaltender und mit dieser Zunahme der Bewegung entsteht eine stete Zunahme der Herrschaft des Menschen über die Natur.«[5]

Im übrigen kann man feststellen, daß die Arbeit in dem Maß stetiger wird, in dem sie sich mehr teilt. Die Tiere, die Wilden arbeiten auf die eigenwilligste Weise, wenn sie gezwungen sind, irgendein augenblickliches Bedürfnis zu befriedigen. In den reinen Bauern- und Hirtengesellschaften ruht die Arbeit fast ganz in der schlechten Jahreszeit. In Rom war sie durch eine Vielfalt von Festen und unheilvollen Tagen unterbrochen[6]. Im Mittelalter herrschte vielfach Arbeitsruhe[7]. Je weiter man in der Geschichte vorwärtsgeht, desto mehr wird die Arbeit eine stetige Beschäftigung, sogar eine Gewohnheit, und wenn diese Gewohnheit genügend gefestigt ist, ein Bedürfnis. Aber sie hätte sich nicht festigen und das entsprechende Bedürfnis hätte nicht entstehen können, wenn die Arbeit unregelmäßig und unterbrochen geblieben wäre wie ehedem.

Wir müssen also eine neue Ursache anerkennen, die aus der Arbeitsteilung eine Quelle des sozialen Zusammenhalts macht. Sie macht nicht nur die Individuen solidarisch, wie wir es bisher gesagt haben, weil sie die Tätigkeit eines jeden einzelnen begrenzt,

5 Carey, *Grundlagen der Sozialwissenschaft*, München 1863–1864, Bd. I, S. 255 bis 256.

6 Siehe Marquardt, *Röm. Staatsverwaltung*, Bd. III, S. 545 ff.

7 Siehe Levasseur, *Les classes ouvrières en France jusqu'à la Révolution*, I, 474 et 475.

sondern weil sie sie steigert. Sie verstärkt die Einheit des Organismus, und damit allein schon erhöht sie das Leben; im Normalzustand erzeugt sie nicht eine dieser Wirkungen ohne die andere.

Zusammenfassung

I

Jetzt können wir das praktische Problem, das wir uns am Anfang dieser Arbeit gestellt haben, lösen.

Wenn es eine Verhaltensregel gibt, deren Moralcharakter nicht bestritten wird, dann ist es die Regel, die uns befiehlt, in uns die Wesenszüge des Kollektivtyps zu realisieren. Sie erreicht bei den niedrigen Völkern ihr Maximum an Strenge. Hier ist die erste Pflicht, aller Welt zu gleichen, nichts Persönliches zu haben, weder im Glauben noch in der Praxis. In den fortgeschritteneren Gesellschaften sind die verlangten Ähnlichkeiten weniger zahlreich. Trotzdem gibt es noch welche, wir haben es gesehen, deren Fehlen uns in den Stand moralischer Verfehlung bringt. Zweifellos zählt das Verbrechen weniger verschiedene Kategorien, aber wenn der Verbrecher, heute wie früher, das Objekt der Mißbilligung ist, so darum, weil er uns nicht gleicht. In einem geringeren Grad sind die einfach unmoralischen und verbotenen Akte ebenso Akte, die zwar weniger tiefe, aber gleichwohl schwerere Unähnlichkeiten aufweisen. Handelt es sich nicht im übrigen um diese Regel, die die Volksmoral ausdrückt, wenn auch in einer anderen Sprache, wenn sie vom Menschen verlangt, Mensch im vollen Sinn des Wortes zu sein, d. h. alle Ideen und alle Gefühle zu haben, die ein menschliches Bewußtsein ausmachen? Nimmt man die Formel wörtlich, dann wäre der Mensch, den sie uns vorschreibt, zweifellos der Mensch im allgemeinen und nicht der Mensch der oder jener sozialen Gattung. Aber in Wirklichkeit ist dieses menschliche Bewußtsein, das wir vollständig in uns realisieren sollen, nichts anderes als das Kollektivbewußtsein der Gruppe, der wir angehören. Denn woraus soll es denn bestehen, wenn nicht aus den Ideen und den Gefühlen, denen wir am meisten verbunden sind? Wo sollen wir die Züge für unser Modell suchen, wenn nicht in uns und um uns? Wenn wir glauben, daß dieses Kollektivideal das Ideal der ganzen Menschheit ist, dann nur, weil es abstrakt und allgemein genug geworden ist, um allen Menschen ohne Unterschied angemessen zu sein. Nun stellt sich aber jedes Volk von diesem sogenannten menschlichen Typ etwas Besonderes vor, das mit seinem Temperament zusammenhängt. Jeder stellt es sich nach seinem Bild vor. Sogar dem Moralisten, der kraft seines Denkens glaubt, sich den Umweltideen entziehen zu können, geht es nicht anders; denn auch er ist davon ganz durchdrungen, und was er auch macht, er findet sie immer wieder in seinen Schlüssen. Darum hat jede Nation ihre Schule der Moralphilosophie, die in Beziehung zu ihrem Charakter steht.

Andrerseits haben wir gezeigt, daß diese Regel dazu dienen könnte, jede Erschütterung des gemeinsamen Bewußtseins zu vermeiden, d. h. der sozialen Solidarität, und daß sie diese Rolle unter der Bedingung erfüllen kann, einen moralischen Charakter zu haben. Es ist unmöglich, daß die Verletzung der grundlegendsten Kollektivgefühle geduldet würde, ohne daß die Gesellschaft zerfällt. Sie muß mit Hilfe jener besonders energischen Reaktion bekämpft werden, die den Moralregeln eigen ist.

Nun hat aber die Gegenregel, die uns befiehlt, uns zu spezialisieren, genau die gleiche Funktion. Auch sie ist für den Zusammenhalt der Gesellschaften nötig, zum mindesten von einem bestimmten Punkt ihrer Entwicklung an. Zweifellos unterscheidet sich die Solidarität, die sie sichert, von der vorhergehenden. Aber wenn es auch eine andere Solidarität ist, so ist sie doch nicht weniger unerläßlich. Die höheren Gesellschaften können sich nur im Gleichgewicht halten, wenn bei ihnen die Arbeit geteilt ist; die Anziehung des Menschen auf den Menschen genügt immer weniger, um diese Wirkung zu erzielen. Wenn also der Moralcharakter der ersten dieser Regeln nötig ist, damit sie ihre Rolle erfüllen kann, so ist es für die zweite genauso nötig. Beide entsprechen demselben sozialen Bedürfnis und befriedigen es nur auf verschiedene Weise, weil die Existenzbedingungen der Gesellschaften selbst unterschiedlich sind. Wir können also, ohne daß es nötig ist, über die Urbegründung der Ethik zu spekulieren, den Moralwert der einen aus dem Moralwert der anderen folgern. Wenn es zwischen ihnen in bestimmten Gesichtspunkten auch einen wahren Antagonismus gibt, so dienen sie doch nicht verschiedenen Zwecken; sie führen im Gegenteil zum selben Ziel, aber auf entgegengesetzten Wegen. Es ist also nicht nötig, ein für allemal zwischen ihnen zu wählen, noch die eine im Namen der anderen zu verurteilen; man muß nur jeder von ihnen zu jedem Augenblick der Geschichte den Platz geben, der ihr zukommt.

Vielleicht können wir noch mehr verallgemeinern.
Die Notwendigkeiten unseres Themas haben uns in der Tat gezwungen, die Moralregeln zu klassifizieren und die Hauptgattungen zu untersuchen. Damit sind wir jetzt besser imstande als zu Beginn, festzustellen, oder zum mindesten zu vermuten, was ihnen nicht nur äußerlich, sondern auch innerlich gemeinsam ist, und was uns zu ihrer Definition dienen kann. Wir haben sie in zwei Gruppen aufgeteilt: die sowohl diffusen wie organisierten Regeln mit Repressivsanktionen und die Regeln mit Restitutivsanktion. Wir haben gesehen, daß die ersten die Bedingung jener Solidarität *sui generis* ausdrücken, die von den Ähnlichkeiten abhängen und der wir den Namen mechanisch gegeben haben; die zweiten der negativen[1] und der organischen Solidarität. Wir können also im allgemeinen sagen, daß das Kennzeichen der Moralregeln ist, daß sie Fundamentalbedingungen der sozialen Solidarität ausdrücken. Das Recht und die Moral sind die Summe der Bedingungen, die uns untereinander und mit der Gesellschaft verbinden, die aus der Masse der Individuen ein Aggregat und einen Zusammenschluß machen. Moralisch ist, könnte man sagen, alles, was Quelle der Solidarität ist, alles, was den Menschen zwingt, mit dem anderen zu rechnen, seine Regungen auf etwas anderes abzustimmen als die Triebe seines Egoismus; die Moralität ist um so fester, als diese Bande zahlreicher und stärker sind. Hiermit sieht man, wie ungenau es ist, sie durch die Freiheit zu definieren, wie man es oft gemacht hat; sie besteht viel eher aus einem Zustand der Abhängigkeit. Statt daß sie dazu dient, den Menschen zu emanzipieren, ihn aus der Welt, die ihn umhüllt, loszulösen, hat sie im Gegenteil die wesentliche Aufgabe, aus ihm einen integrierenden Teil eines Ganzen zu machen und ihm folglich etwas von der Freiheit seiner Bewegungen zu nehmen. Allerdings begegnet man manchmal Menschen, die nicht ohne Adel sind und die trotzdem die Idee dieser Abhängigkeit unerträglich finden. Aber sie haben eben nicht jene Quellen bemerkt, aus denen ihre eigene Moralität fließt, weil diese Quellen zu tief sind. Das Bewußtsein ist ein schlechter Richter dessen, was sich im Grund des Wesens zuträgt, weil es dort nicht eindringen kann.
Die Gesellschaft ist also nicht, wie man oft geglaubt hat, der Moral

1 Siehe 1. Buch, 3. Kap., § 2.

fremd oder habe auf sie nur weitläufige Rückwirkungen. Sie ist im Gegenteil die nötige Bedingung. Sie ist nicht eine einfache Aneinanderreihung von Individuen, die mit ihrem Eintritt eine vollständige Moral mitbringen; sondern der Mensch ist nur ein moralisches Wesen, weil er in Gesellschaft lebt, da die Moralität darin besteht, mit einer Gruppe solidarisch zu sein, und sich wie diese Solidarität verändert. Bringt man jedes soziale Leben zum Stillstand, dann bringt man auch gleichzeitig das Moralleben zum Stillstand, da es keinen Gegenstand mehr hat, an den es sich hängen könnte. Der Naturzustand der Philosophen des 18. Jahrhunderts ist, wenn nicht unmoralisch, dann zum mindesten amoralisch. Das hat selbst Rousseau erkannt. Im übrigen kommen wir nicht auf die Formel zurück, die die Moral in Beziehung zum sozialen Interesse ausdrückt. Zweifellos kann die Gesellschaft nicht existieren, wenn ihre Teile nicht solidarisch sind; aber die Solidarität ist nur eine ihrer Existenzbedingungen. Es gibt noch andere, die nicht weniger nötig sind und die nicht moralisch sind. Außerdem kann es vorkommen, daß es in diesem Netz der Bindungen, die die Moral ausmachen, solche gibt, die aus sich selbst für die Moral nicht nützlich sind, die aber eine Kraft besitzen, die nicht mit ihrem Nützlichkeitsgrad in Beziehung steht. Die Idee der Nützlichkeit ist also in unserer Definition kein wesentliches Element.

Was die sogenannte individuelle Moral betrifft (wenn man darunter die Summe der Pflichten versteht, in denen der Mensch sowohl Subjekt wie Objekt ist, die ihn nur an sich selbst binden und die folglich auch dann übrigbleiben, wenn er ganz allein wäre), so ist das ein abstrakter Begriff, dem nichts in der Wirklichkeit entspricht. Man begegnet der Moral in all ihren Graden nur im Zustand der Gesellschaft; sie hat sich niemals verändert außer in bezug auf ihre sozialen Bedingungen. Man verläßt also die Wirklichkeit und begibt sich in das Reich der ungewissen Hypothesen und der unbeweisbaren Einbildungen, wenn man sich fragt, was sie hätte werden können, wenn die Gesellschaften nicht existierten. Die Pflichten des Individuums sich selbst gegenüber sind in Wirklichkeit die Pflichten gegenüber der Gesellschaft. Sie entsprechen bestimmten Kollektivgefühlen, die man ebensowenig verletzten darf, wenn der Verletzte und der Verletzer ein und dieselbe Person sind, als wenn es zwei verschiedene Wesen wären. Heute existiert zum Beispiel im gesunden Bewußtsein eines jeden einzelnen das sehr lebhafte Gefühl des Respekts für die menschliche Würde, dem wir allesamt unser Verhalten in unseren Beziehungen mit uns selbst und mit anderen unterordnen müssen, und das ist schon das Wesentliche der Moral, die man die individuelle nennt. Jede Handlung, die dagegen verstößt, wird getadelt, selbst wenn der Beleidigte und der Beleidiger ein und dieselbe Person sind. Das ist der Grund, warum wir, nach der Formel von Kant, die menschliche Persönlichkeit überall respektieren müssen, wo man sie antrifft, d. h. bei uns wie bei unsresgleichen. Denn das Gefühl, dessen Objekt sie ist, ist im einen wie im anderen Fall gleich verletzt.

Nun bietet die Arbeitsteilung nicht nur den Wesenszug, mit dem wir die Moralität definieren, sie neigt sogar immer mehr dazu, die Hauptbedingung der sozialen Solidarität zu werden. In dem Maß, wie man in der Entwicklung fortschreitet, werden die Bande lockerer, die das Individuum an die Familie, an die Heimat, an die Traditionen, die ihm die Vergangenheit vererbt hat, und an die Kollektivgebräuche binden. Der Mensch wird beweglicher, wechselt leichter die Heimat, verläßt die Seinen, um anderswo ein autonomeres Leben zu führen und bildet sich mehr eigene Ideen und eigene Gefühle. Zweifellos verschwindet damit nicht völlig das gemeinsame Bewußtsein; es bleibt wenigstens immer jener Kult der Person, der individuellen Würde, von dem wir eben gesprochen haben und der heute das einzige Bindeglied so vieler Geister ist. Aber wie wenig ist das, wenn man an die wachsende Ausdehnung des sozialen Lebens denkt und damit an die Ausdehnung des individuellen Bewußtseins! Da es um so umfangreicher wird, wie die Intelligenz reicher und die Tätigkeit abwechslungsreicher wird (damit die Moralität konstant bleibt, d. h. damit das Individuum mit der gleichen Kraft wie früher an die Gruppe gebunden bleibt), müssen diese Bande, die es an die Gruppe binden, stärker und zahlreicher sein. Wenn sich also keine anderen bilden als jene, die aus der Ähnlichkeit kommen, so wäre das Zurückweichen des segmentären Typus von einem regelmäßigen Niedergang der Moralität begleitet. Der Mensch würde nicht mehr genügend zurückgehalten werden. Er würde nicht mehr rund um sich und über sich jenen heilsamen Druck der Gesellschaft spüren, der seinen Egoismus mäßigt und ihn moralisch macht. Das ist der moralische Wert der Arbeitsteilung. Durch sie wird sich der Mensch seiner

Abhängigkeit gegenüber der Gesellschaft bewußt; von ihr kommen die Kräfte, die ihn zurückhalten und begrenzen. Mit einem Wort: Da die Arbeitsteilung die Hauptquelle der sozialen Solidarität wird, wird sie gleichzeitig die Basis der moralischen Ordnung.

Man kann also wörtlich sagen, daß in den höheren Gesellschaften die Pflicht nicht darin besteht, unsere Tätigkeit weiter auszudehnen, sondern sie zu konzentrieren und zu spezialisieren. Wir müssen unsere Horizonte begrenzen, eine bestimmte Aufgabe wählen und uns ihr ganz hingeben, statt aus unserem Wesen eine Art vollkommenes Kunstwerk zu machen, das seinen ganzen Wert aus sich selbst zieht und nicht aus den Diensten, die es leistet. Schließlich muß diese Spezialisierung um so weiter getrieben werden, je höher die Gesellschaft ist, ohne daß es möglich wäre, ihr eine andere Grenze anzuweisen[2]. Natürlich müssen wir auch arbeiten, um in uns den Kollektivtyp in dem Maß zu verwirklichen, in dem er existiert. Es gibt eben gemeinsame Gefühle und gemeinsame Ideen, ohne die man, wie man sagt, kein Mensch ist. Die Regel, die uns vorschreibt, uns zu spezialisieren, wird von der entgegengesetzten Regel begrenzt. Wir behaupten nicht, daß es gut wäre, die Spezialisierung soweit wie möglich zu treiben, sondern nur soweit es nötig ist. Der Anteil, den die beiden antagonistischen Notwendigkeiten haben sollen, muß aus der Erfahrung gewonnen werden und darf nicht *a priori* berechnet werden. Es genügt uns, gezeigt zu haben, daß die zweite nicht anderer Natur ist als die erste, sondern daß sie selbst Moral ist und daß darüber hinaus diese Pflicht immer bedeutender und dringlicher wird, weil die allgemeinen

2 Es kann noch eine andere Grenze geben, von der wir nicht zu reden brauchen, denn sie berührt eher die individuelle Hygiene. Man könnte wegen unserer organisch-psychischen Konstitution behaupten, daß die Arbeitsteilung eine bestimmte Grenze nicht überschreiten kann, ohne daß es zu Unordnungen kommt. Ohne weiter zu gehen, wollen wir nur feststellen, daß die extreme Spezialisierung, zu der die biologischen Funktionen gelangt sind, diese Hypothese nicht zu bestätigen scheinen. Hat im übrigen in der Ordnung selbst der psychischen und sozialen Funktionen die Arbeitsteilung in der Folge der geschichtlichen Entwicklung nicht zur Teilung von Mann und Frau geführt? Wurden dabei nicht von der Frau ganze Fähigkeiten verloren, und umgekehrt? Warum soll sich nicht dasselbe Phänomen zwischen den Individuen gleichen Geschlechts zutragen? Zweifellos braucht es dazu Zeit, damit sich der Organismus an diese Veränderungen gewöhnt; aber man sieht nicht, warum eines Tages diese Anpassung nicht möglich wäre.

Qualitäten, von denen wir gesprochen haben, immer weniger genügen, um das Individuum zu sozialisieren.

Nicht ohne Grund empfindet das öffentliche Gefühl einen immer betonteren Abstand zum Dilettanten und sogar gegenüber jenen Menschen, die sich zu sehr für eine ausschließlich allgemeine Bildung begeistern und sich weigern, sich ganz in das Netz einer Berufsorganisation einfangen zu lassen. Sie hängen zu wenig an der Gesellschaft, oder, wenn man so will, die Gesellschaft hält sie nicht genug; sie entgleiten ihr, und gerade weil sie sie weder in ihrer Lebendigkeit noch in ihrer Stetigkeit so fühlen, wie es sein müßte, sind sie sich nicht aller Verpflichtungen bewußt, die ihre Stellung als soziales Wesen verlangt. Das allgemeine Ideal, dem sie verpflichtet sind, ist aus den Gründen, die wir aufgezählt haben, formal und fließend und kann sie daher nicht aus sich herausziehen. Man hängt nicht sehr an etwas, wenn man kein bestimmtes Ziel hat, und folglich kann man sich über einen mehr oder weniger verfeinerten Egoismus erheben. Wer sich dagegen einer bestimmten Aufgabe widmet, wird jeden Augenblick an das Gefühl der gemeinsamen Solidarität für die tausend Pflichten der Berufsmoral erinnert[3].

II

Aber zieht die Arbeitsteilung, indem sie aus jedem von uns ein unvollständiges Wesen macht, nicht eine Verminderung der individuellen Persönlichkeit nach sich? Das ist doch ein Vorwurf, den man ihr oft gemacht hat.

Stellen wir gleich fest, daß es schwer einzusehen ist, warum es

3 Unter den praktischen Folgen, die man aus unserem Schluß ziehen könnte, ist eine, die die Pädagogik interessiert. In bezug auf die Erziehung schließt man immer, als ob die Moralbasis des Menschen aus Allgemeinheiten bestünde. Wir haben gesehen, daß das nicht der Fall ist. Das Schicksal des Menschen ist, eine spezielle Funktion im sozialen Organismus zu erfüllen, und folglich muß er von vornherein lernen, seine Organrolle zu spielen; denn dazu braucht man eine Erziehung, genauso wie man ihn lehren muß, seine Rolle als Mensch zu spielen, wie man sagt. Damit wollen wir im übrigen nicht sagen, daß das Kind vorzeitig für diesen oder jenen Beruf erzogen werden muß, sondern man muß es lehren, begrenzte Aufgaben und bestimmte Horizonte gerne zu haben. Dieses Gefühl aber ist ganz etwas anderes als das Gefallen an Allgemeinheiten und kann auch nicht mit den gleichen Mitteln erweckt werden.

mehr in der Logik der menschlichen Natur läge, sich eher an der Oberfläche als in der Tiefe zu entwickeln, warum soll eine ausgedehntere, aber stärker zersplitterte Tätigkeit höherwertiger sein als eine konzentriertere und umgrenztere Tätigkeit? Warum soll es würdiger sein, vollständig und mittelmäßig zu sein, als ein besonderes, aber intensiveres Leben zu führen, besonders wenn es uns möglich ist, das was wir auf diese Art verlieren, durch unsere Verbindung mit anderen Wesen wiederzufinden, die das besitzen, was uns fehlt, und die uns vervollständigen? Man geht von dem Prinzip aus, daß der Mensch seine Natur als Mensch erfüllen muß, um sein *oikeion ergon* zu vollenden, wie Aristoteles sagte. Aber diese Natur bleibt ja in den verschiedenen Zeiten der Geschichte nicht dieselbe; sie verändert sich mit den Gesellschaften. Bei den niedrigen Völkern ist die Hauptaufgabe des Menschen, seinen Mitmenschen zu gleichen, in sich alle Züge des Kollektivtypus zu erfüllen, den man damals mehr noch als heute mit dem menschlichen Typus verwechselte. In den fortgeschritteneren Gesellschaften besteht seine Natur zum größten Teil darin, ein Organ der Gesellschaft zu sein, und seine Hauptaufgabe ist folglich, seine Rolle als Organ zu spielen.

Mehr noch: Statt von den Fortschritten der Spezialisierung beeinträchtigt zu sein, entwickelt sich die individuelle Persönlichkeit erst mit der Arbeitsteilung.

Eine Person zu sein heißt, eine autonome Quelle des Handelns zu sein. Der Mensch erwirbt diese Eigenschaft nur in dem Maß, in dem er etwas in sich hat, das ihm und nur ihm allein gehört und das ihn individualisiert, wo er mehr ist als eine einfache Verkörperung des Gattungstyps seiner Rasse und seiner Gruppe. Man könnte auf jeden Fall sagen, daß er die Gabe der freien Entscheidung hat und daß das genügt, um seine Persönlichkeit zu begründen. Was es auch mit dieser Freiheit auf sich habe (die Gegenstand so vieler Diskussionen ist), es ist nicht jenes metaphysische, unpersönliche und unveränderliche Attribut, das als einzige Basis für die konkrete, empirische und veränderliche Persönlichkeit der Individuen dient. Sie kann nicht aus der ganz abstrakten Kraft entstehen, zwischen zwei Gegensätzen zu wählen. Diese Fähigkeit muß auch auf Ziele und Beweggründe wirken, die dem Träger eigen sind. Mit anderen Worten: Selbst die Materialien seines Bewußtseins müssen einen persönlichen Charakter haben. Nun haben wir im 2. Buch gesehen, daß dieses Ergebnis in dem Maß allmählich entsteht, in dem die Arbeitsteilung selbst fortschreitet. Das Verschwinden des segmentären Typus befreit, während es gleichzeitig eine größere Spezialisierung benötigt, teilweise das individuelle Bewußtsein aus der organischen Umwelt, die es trägt, wie aus der sozialen Umwelt, die es umgibt, und das Individuum wird als Folge dieser doppelten Emanzipation immer mehr ein unabhängiger Faktor seines eigenen Verhaltens. Die Arbeitsteilung trägt selbst zu dieser Befreiung bei, denn die individuellen Naturen werden, indem sie sich spezialisieren, komplexer, und sind damit zum Teil der Kollektivwirkung und den Erbeinflüssen entzogen, die nur auf einfache und allgemeine Dinge wirken können.

Manchmal hat man sich wirklich eingebildet, daß die Persönlichkeit ganzheitlicher war, solange die Arbeitsteilung nicht in sie eingedrungen ist. Wenn man von außen die Vielfalt der Tätigkeiten sieht, die damals das Individuum umfaßte, dann kann es zweifellos so scheinen, als ob es sich freier und vollständiger entwickelt hätte. Aber in Wirklichkeit ist die Tätigkeit, die es aufweist, gar nicht seine Tätigkeit. Die Gesellschaft, die Rasse wirken in ihm und durch es; es ist nur der Vermittler, durch den sie sich realisieren. Seine Freiheit ist nur scheinbar und seine Persönlichkeit ist nur geborgt. Weil das Leben dieser Gesellschaften in gewissen Beziehungen weniger regelmäßig ist, bildet man sich ein, daß Originaltalente leichter durchbrechen können, daß es für jeden leichter ist, seinen eigenen Gelüsten zu folgen, daß hier der freien Phantasie breiterer Raum gelassen ist. Dabei vergißt man aber, daß die persönlichen Gefühle damals sehr selten waren. Wenn die Beweggründe, die das Verhalten regieren, nicht mit der gleichen Periodizität wie heute wiederkehren, dann sind sie eben kollektiv, folglich unpersönlich, und das gleiche gilt für die Handlungen, die sie hervorrufen. Andrerseits haben wir weiter oben gezeigt, wie die Tätigkeit in dem Maß reicher und intensiver wird, wie sie sich spezialisiert[4].

Also hängen die Fortschritte der individuellen Persönlichkeit und die der Arbeitsteilung von ein und derselben Ursache ab. Es ist also unmöglich, die einen zu wollen, ohne die anderen zu wollen. Niemand bestreitet heute mehr den verpflichtenden Charakter der

4 Siehe weiter oben S. 312 ff. und S. 352.

Regel, die uns befiehlt, eine Person, und immer mehr eine Person zu sein.

Eine letzte Erwägung läßt uns erkennen, bis zu welchem Punkt die Arbeitsteilung mit unserem Moralleben verbunden ist.

Ein lange gehegter Traum der Menschen ist, endlich das Ideal der menschlichen Brüderlichkeit zu verwirklichen. Die Völker wünschen sich einen Zustand, wo der Krieg nicht mehr das Gesetz der internationalen Beziehungen ist, wo die Beziehungen der Gesellschaften untereinander friedlich geregelt sein würden, so wie es die Beziehungen der Individuen untereinander bereits sind, wo alle Menschen am gleichen Werk mitarbeiten und das gleiche Leben leben. Obwohl diese Wünsche zum Teil durch jene neutralisiert werden, die die jeweilige Gesellschaft zum Ziel haben, der wir angehören, sind sie trotzdem sehr lebhaft und werden immer stärker. Sie können aber nur befriedigt werden, wenn alle Menschen eine einzige Gesellschaft bilden, die den gleichen Gesetzen unterworfen ist. Denn so wie die privaten Konflikte nur durch die regulierende Wirkung der Gesellschaft begrenzt werden können, die die Individuen umfaßt, so können die intersozialen Konflikte nur durch die regulierende Wirkung einer Gesellschaft begrenzt werden, die in ihrem Schoß alle anderen umfaßt. Die einzige Macht, die den individuellen Egoismus zu drosseln dienen könnte, ist die Macht der Gruppe; die einzige, die den Gruppenegoismus drosseln könnte, ist die Macht einer anderen Gruppe, die sie einschließt.

Wenn man das Problem so stellt, muß man allerdings zugeben, daß dieses Ideal noch nicht auf der Schwelle der Erfüllung steht; denn es gibt noch zu viele intellektuelle und moralische Verschiedenartigkeiten unter den verschiedenen sozialen Typen, die auf der Erde zusammenleben, als daß sie sich im Schoß einer einzigen Gesellschaft verbrüdern könnten. Möglich ist aber, daß sich die Gesellschaften einer selben Gattung zusammenfinden, und in diesem Sinn scheint sich unsere Evolution zu bewegen. Wir haben schon gesehen, daß sich heute über die europäischen Völker hinweg in einer spontanen Bewegung eine europäische Gesellschaft zu bilden beginnt, die schon jetzt ein Gefühl ihrer selbst und den Beginn einer Organisation hat[5]. Wenn die Bildung einer einzigen mensch-

5 Siehe S. 321 f.

lichen Gesellschaft für immer unmöglich scheint (was allerdings zu beweisen wäre[6]), so nähert uns die Bildung von immer größeren Gesellschaften doch immer mehr dem Ziel. Diese Tatsachen widersprechen im übrigen nicht der Definition, die wir von der Moralität gegeben haben, denn wenn wir an der Humanität hängen und an ihr hängen müssen, so darum, weil sie eine Gesellschaft ist, die sich auf diese Weise realisiert, und weil wir mit ihr solidarisch sind[7].

Nun wissen wir aber, daß sich größere Gesellschaften nicht bilden können, ohne daß sich die Arbeitsteilung entwickelt: denn sie könnten sich nicht ohne eine größere Spezialisierung der Funktionen im Gleichgewicht halten; die Erhöhung der Zahl der Konkurrenten würde allein schon genügen, dieses Ergebnis automatisch herzustellen. Und das um so mehr, als die Zunahme an Volumen im allgemeinen nicht ohne eine Zunahme an Dichte vor sich geht. Man kann also folgenden Satz formulieren: Das Ideal der menschlichen Brüderlichkeit kann sich nur in dem Maß erfüllen, in dem die Arbeitsteilung fortschreitet. Man muß wählen: Entweder auf unseren Traum verzichten, wenn wir uns weigern, unsere Tätigkeit weiter zu begrenzen, oder deren Vollendung weiter verfolgen, aber unter der Bedingung, die wir eben aufgezeigt haben.

III

Wenn die Arbeitsteilung aber die Solidarität erzeugt, so nicht nur darum, weil sie aus jedem Individuum einen Austauschpartner macht, wie die Volkswirtschaftler sagen[8]. Sie erzeugt unter den Menschen ein ganzes System von Rechten und Pflichten, die sie untereinander dauerhaft binden. So wie die sozialen Ähnlichkeiten ein Recht und eine Moral erzeugen, die sie beschützen, so

6 Es ist noch gar nicht gesagt, daß die intellektuelle und moralische Vielfalt erhalten bleiben muß. Die immer größere Ausdehnung der höheren Gesellschaften, die die weniger fortgeschrittenen Gesellschaften absorbieren und auslöschen, neigt auf alle Fälle dazu, sie zu vermindern.

7 Übertreffen die Pflichten, die wir ihr gegenüber haben, nicht die Pflichten, die uns an das Vaterland binden? Denn das Vaterland ist heute die einzige realisierte Gesellschaft, der wir angehören; die andere ist nur ein Wunsch, dessen Erfüllung nicht einmal gesichert ist.

8 Das Wort stammt von de Molinari, *La morale économique*, p. 248.

erzeugt die Arbeitsteilung Regeln, die den friedlichen und regelmäßigen Zusammenschluß der geteilten Funktionen sichern. Wenn die Wirtschaftler geglaubt haben, daß sie eine genügende Solidarität erzeugt, wie immer sie auch sein möge, und wenn sie folglich behauptet haben, daß sich die menschlichen Gesellschaften in rein wirtschaftliche Vereinigungen auflösen könnten und müßten, dann glaubten sie, daß die Arbeitsteilung nur individuelle und zeitlich begrenzte Interessen berührt. Um nun die strittigen Interessen und die Art zu schätzen, wie sie ins Gleichgewicht kommen müssen, d. h. um die Bedingungen zu bestimmen, unter denen der Tausch sich vollziehen muß, sollen die Individuen allein befähigt sein; und da diese Interessen einem ständigen Werden unterliegen, sei für keine ständige Regelung Platz. Aber eine derartige Auffassung stimmt in keiner Weise mit den Tatsachen überein. Die Arbeitsteilung stellt nicht Individuen einander gegenüber, sondern soziale Funktionen. Nun ist aber die Gesellschaft nur am Spiel der letzteren interessiert. Je nachdem sie regelmäßig ablaufen oder nicht, ist sie gesund oder krank. Ihre Existenz hängt also davon ab (und um so enger davon ab), je geteilter sie ist. Sie kann sie also nicht in einem Zustand der Unbestimmtheit lassen; im übrigen bestimmen sie sich selber. So bilden sich diese Regeln, deren Zahl in dem Maß ansteigt, in dem sich die Arbeit teilt, und deren Fehlen die organische Solidarität unmöglich oder unvollendet macht.

Es genügt aber nicht, daß es nur Regeln gibt, sie müssen auch gerecht sein, und dazu ist es nötig, daß die äußeren Konkurrenzbedingungen gleich sind. Wenn man sich andrerseits erinnert, daß sich das Kollektivbewußtsein immer mehr auf den Kult des Individuums reduziert, dann kann man sagen, daß das, was die Moral der organisierten Gesellschaften im Vergleich zu den segmentären Gesellschaften charakterisiert, etwas Menschlicheres und daher Rationaleres ist. Es lenkt nicht unsere Tätigkeit auf Ziele, die uns nicht direkt betreffen; es macht aus uns keine Diener idealer Mächte und einer ganz anderen Natur als der unsrigen, die ihre eigenen Wege gehen, ohne sich um die Interessen der Menschen zu kümmern. Es verlangt nur, unsere Nächsten zu lieben und gerecht zu sein, unsere Aufgabe gut zu erfüllen, zu arbeiten, daß jeder die Funktion ausfüllt, die ihm am besten liegt, und daß er den gerechten Lohn für seine Mühe bekommt. Die Regeln, die dieses Kollektivbewußtsein bilden, sind nicht so zwingend, daß sie die freie Prüfung ersticken; aber weil sie eher für uns und in einem gewissen Sinn von uns gemacht sind, sind wir ihnen gegenüber freier. Wir möchten sie begreifen und wir fürchten weniger, sie zu ändern. Im übrigen muß man sich hüten, ein derartiges Ideal ungenügend zu finden unter dem Vorwand, daß es zu irdisch sei und zu sehr in unserer Hand liege. Ein Ideal ist nicht höher, weil es transzendenter ist, sondern weil es uns größere Perspektiven bietet. Es kommt nicht auf das an, was recht hoch über uns schwebt, so daß es uns fremd wird, sondern daß es für unsere Tätigkeit ein weites Feld eröffnet; es fehlt noch viel, bis dies erfüllt ist. Wir fühlen nur zu sehr, wie schwer es ist, diese Gesellschaft zu bauen, wo jedes Individuum seinen Platz hat, den es verdient, wo jeder nach seinem Verdienst belohnt wird, wo folglich alle Welt spontan zum Wohlergehen eines jeden beiträgt. Eine Moral steht aber nicht deshalb unter einer anderen, weil sie trokkener und autoritärer befiehlt oder weil sie stärker der Reflexion entzogen ist. Sie muß uns zweifellos an etwas anderes binden als an uns selbst; aber es ist nicht nötig, daß sie uns bis zur Unbeweglichkeit ankettet.

Mit Recht hat man gesagt[9], daß die Moral – und darunter muß man nicht nur die Doktrinen verstehen, sondern die Sitten – eine schwere Krise durchquert. Was wir gesagt haben, kann uns helfen, die Natur und die Gründe dieses krankhaften Zustandes zu verstehen. Tiefe Veränderungen sind in sehr kurzer Zeit in der Struktur unserer Gesellschaften eingetreten. Sie haben sich mit einer Geschwindigkeit und in einem Ausmaß vom segmentären Typus befreit, wofür die Geschichte kein anderes Beispiel bietet. Folglich ist die Moral, die diesem Sozialtypus entsprach, zurückgegangen, ohne daß sich die neue genügend rasch entwickelt hat, um den Raum zu füllen, den die andere in unserem Bewußtsein leer gelassen hat. Das individuelle Urteil hat sich vom Kollektivurteil freigemacht. Andrerseits haben die Funktionen, die sich im Verlauf des Umschwungs voneinander getrennt haben, keine Zeit gehabt, sich einander anzupassen; das neue Leben, das sich plötzlich losgelöst hat, hat keine Zeit gehabt, sich zu organisieren, und hat sich vor allem nicht so organisiert, daß es das

9 Siehe Beaussire, *Les principes de la morale,* Einleitung.

Gerechtigkeitsbedürfnis zu befriedigen vermöchte, das in unseren Herzen so glühend erwacht ist. Wenn das so ist, dann kann das Hilfsmittel nicht darin liegen, die Traditionen und die Praktiken wiederzubeleben zu suchen, die nicht mehr den gegenwärtigen Bedingungen des sozialen Zustandes entsprechen und die nur künstlich zu einem Scheinleben erweckt werden könnten. Wichtig ist, daß diese Anomie aufhört und daß man die Mittel zu einem harmonischen Zusammenspiel derjenigen Organe findet, die sich noch unharmonisch aneinander stoßen, daß man in ihren Beziehungen mehr Gerechtigkeit einbringt, indem man immer mehr jene äußeren Ungleichheiten vermindert, die die Quelle des Übels sind. Unser Unbehagen ist also nicht, wie man manchmal zu glauben scheint, intellektueller Natur; es kommt aus tieferen Ursachen. Wir leiden nicht, weil wir nicht wissen, auf welchen theoretischen Begriff wir die Moral, die wir ausüben, stützen sollen; sondern weil in einigen bestimmten Partien diese Moral unweigerlich erschüttert ist und weil sich die Moral, die wir brauchen, erst bildet. Unsere Angst hängt nicht davon ab, daß die Kritik der Gelehrten die herkömmliche Erklärung, die man uns von unseren Pflichten gegeben hat, umgestoßen hat; folglich kann sie auch kein neues philosophisches System jemals zerstören. Aber weil bestimmte Pflichten nicht mehr auf der Wirklichkeit der Dinge beruhen, ergibt sich eine Lockerung, die nur in dem Maß beendet werden kann, in dem eine neue Disziplin entsteht und sich festigt. Mit einem Wort: Unsere erste Pflicht besteht heute darin, uns eine neue Moral zu bilden. Ein derartiges Werk kann nicht in der Stille der Studierstube improvisiert werden; es muß aus sich selbst entstehen, nach und nach, unter dem Druck innerer Gründe, die es notwendig machen. Wozu aber die Reflexion dienen kann und muß, ist, das Ziel, das erreicht werden muß, zu verdeutlichen. Das haben wir zu tun versucht.